살아 있는 협동학습 2

이상우 지음

Σ 시그마프레스

살아 있는 협동학습 2 협동학습 수업의 질적 접근

발행일 | 2015년 9월 10일 1쇄 발행
2017년 2월 25일 2쇄 발행

지은이 | 이상우
발행인 | 강학경
발행처 | (주)시그마프레스
디자인 | 이상화
편집 | 김성남

등록번호 | 제10-2642호
주소 | 서울시 영등포구 양평로 22길 21 선유도코오롱디지털타워 A401~403호
전자우편 | sigma@spress.co.kr
홈페이지 | http://www.sigmapress.co.kr
전화 | (02)323-4845, (02)2062-5184~8
팩스 | (02)323-4197

ISBN | 978-89-6866-505-9

이 도서의 국립중앙도서관 출판예정도서목록(CIP)은 서지정보유통지원시스템 홈페이지(http://seoji.nl.go.kr)와 국가자료공동목록시스템(http://www.nl.go.kr/kolisnet)에서 이용하실 수 있습니다.(CIP제어번호: CIP2015023946)

협동학습을 알고 시작한 지도 15년이 다 되어 갑니다. 그동안 협동학습의 매력에 빠져 더 깊이 연구하고 실험적 활동도 하고 관련 서적도 많이 읽으면서 자기 연찬을 하였지만 지금 생각해 보면 파고 들어갈수록 오히려 더 어렵고 힘들어하는 나 자신을 발견하게 되었습니다. 3~4년 전부터 "왜 그럴까?" 하는 질문에 나 스스로 답을 찾기 위해 여러 노력을 해 보았습니다. 아직도 그 답을 찾는 중이지만 어렴풋하게나마 나름의 답을 찾았다고 생각합니다. 그 답은 바로 내 안에 있었으니까 말입니다.

그동안 협동학습을 단지 방법이 아니라 철학이라는 차원에서 바라보고 협동학습에 대한 각성의 단계를 넘어서 진각성의 단계에 도전해 보고자 하였지만 늘 되지 않았습니다. 그 이유를 이제야 알게 되었습니다. 내가 감히 신의 경지에 도전을 했던 것이었습니다. 그래서 늘 아팠습니다. 그것을 포기하고 나니 오히려 나 자신이 편안해졌습니다. 그리고 그 이전에 볼 수 없었던 더 많은 것들이 보이기 시작하였습니다. 그리고 협동학습만을 바라보던 나의 시각과 눈을 "수업은 왜 하지?"라는 지극히 본질적인 영역으로 돌리고 나니 수업의 예술적인 측면과 함께 한계와 끝을 알 수 없는 엄청난 무게감이 느껴져 나 자신이 얼마나 어리석었고 얼마나 오만하였던가를 깨닫게 되었습니다. 그러면서부터 '나 자신'에 대한 성찰과 반성, 그리고 그것과 협동적 학급운영(특히 수업)에 대한 질적인 고민 속으로 빠져들어 갔습니다. 그런 고민을 시작하면서 조금씩 나의 생각을 남겨 갔고 그것들이 언젠가는 세상의 빛을 볼 날이 있을 것이라 여기며 오랜 시간을 나 자신과 대화하며 보냈습니다. 비록 아직은 미천하고 가볍기만 한 수준의 자성적 목소리라 여기고는 있지만 이런 식의 솔직한 이야기도 누군가에게는 정말로 도움이 될 것이라 여기면서 그동안의 고민들을 어느 정도 모아 이렇게 세상 밖으로 꺼내 놓게 되었습니다.

세상은 점점 빠른 속도로 변하고 있습니다. 그에 따라 교육에 대한 목적과 기대도 변하였습니다. 지금은 많은 사람들이 정보화 시대라고 말합니다. 정보화 시대는 인간의 두뇌가 저장할 수 있는 정보보다 수십억 배에 달하는 정보들이 오픈되어 무료로 제공되고 있습니다. 따라서 오늘날 사회는 많은 것을 외워서 알고 있는 아이들보다 오픈된 수많은 정보를 찾아다니며 꼭 필요한 정보들을 적절한 시기에 적당한 양만큼 모아 새롭게 가공하여 또 다른 정보를 창출해 낼 줄 아는 능력을 가진 아이들을 요구하고 있고, 교육에 그 책임을 맡기고 있다고 생각합니다. 그리고 그 과정에서 집단 지성과 협동적 문제해결력, 의사소통능력, 말과 글의 사용능력은 필수적인 핵심 역량이라고 확신하고 있습니다.

아직도 우리 교육은 암기식 교육, 정답 찾기 교육에 혈안이 되어 있습니다. 하지만 곧 암기교육은 종말을 맞이하게 될 것입니다. 그 시간이 이제 얼마 남지 않았다고 봅니다. 그 순간이 왔을 때 그에 대처해 나간다면 이미 늦어 후회해도 소용없는 일이라 생각합니다. 그 순간이 오기 전에 미리 대비책을 내놓고 그에 알맞은 교육을 실현해 나가는 것이 현명한 길이라 나는 여기고 있습니다.

앞으로의 교육은 엄청난 정보를 활용하여 협동적으로 어떤 새로운 정보를 만들어 낼 것인지를 고민해 나가지 않으면 안 됩니다. 또한 과학의 발전으로 인하여 머지않아 문자 중심의 사회가 구어 중심의 사회(일례로 스마트 폰도 말하면 되는 시대로 접어들고 있다는 것을 들 수 있습니다.)로 변하게 될 것이라 많은 학자들이 예견을 하고 있다는 것을 이해하고 있다면 학교 교육은 말하기와 듣기 능력 및 정보 수집, 분류, 분석 능력을 키우는 데 집중해야 할 필요성 또한 인식해야만 합니다. 아울러 미래사회를 예측하는 수많은 책에서 21세기 사회에 요구되는 핵심역량으로 (1) 비판적 사고력 및 문제해결력 (2) 협동심 및 다른 사람들을 넓게 포용할 수 있는 리더십 (3) 변화에 따른 적응력 (4) 의사소통능력 (5) 효과적인 발표력 및 작문 실력-말과 글 사용 능력 (6) 유용한 정보의 탐색 및 분석, 정리 능력 (7) 호기심과 상상력 및 창의성 등을 들고 있다는 것을 안다면 우리 교육이 시험 점수 중심, 암기 및 평가 중심, 입시 중심 교육(이런 교육은 주로 좌뇌 중심 활동이었다.)을 넘어서 우뇌 주도의 생각을 키우는 교육으로 방향을 선회하지 않으면 안 됩니다. 이를 증명이라도 하듯 지금의 사회도 이미 협동능력(공동의 목표를 달성하기 위해 어떻게 하면 효과적이고 능률적으로 협동할 수 있는지를 알고 있는 것, 모두가 협력자이고 파트너이며 서로를 존중하는 자세와 관용을 배움, 팀 교육을 중시) 및 창의성과 가능성을 기반으로 한 상상력을 중시하기 시작하였고, 학교에서도 그것을 인식하고 아동들 간의 상호교육 및 상호작용을 중심으로 한 다양한 수업을 만들어 나가기 시작하였습니다. 이후의 시대는 협동적 능력이나 팀워크, 창의성 및 문제해결력, 소통능력 등이 없으면 사회적으로 도태될 수밖에 없게 되었다는 것을 알게 된 것입니다. 끝으로 곧 적시지식과 적시학습[필요한 때 필요한 지식을 배움. 가령 내년에 미국을 방문하려 한다면 지금부터 그 방법을 알아 둘 필요는 없다. 내년에 가야 할 시기에 즈음하여 집단지성(인터넷 등)을 활용하여 알아보면 됩니다.]의 시대가 온다고 많은 미래학자들이 말하고 있다는 것을 볼 때 그에 걸맞게 학교 교육도 변하지 않으면 안 된다고 하다면 그 대안은 바로 교육과정 및 수업 내용의 재구성이 될 것이며 그 중심에는 교과의 경계 허물기, 수업을 통해 우리가 살아가는 세상 들여다보기, 주제 중심의 수업 및 통합, 그와 관련된 다양한 지식 포털-집단지성의 활용, 세상을 살아가는 힘과 역량 키우기 등이 있게 될 것입니다. 그곳에서 암기학습은 꼭 필요한 최소한의 것만 존재하게 될 것입니다.(암기학습을 부정하는 것이 아닙니다. 어느 정도의 암기학습은 필수적입니다. 하지만 지금까지의 교육에서처럼 그것이 주가 되어서는 안 된다는 것을 말하는 것입니다.)

하지만 교사가 지식에 대한 유일한 능동적 주체이고 아이들은 단지 수동적인 존재에 불과하다는 작금의 교육을 뛰어넘지 못한다면 우리의 미래는 불을 보듯 뻔한 결과를 보게 될지도 모를 일입니다. 이러한 현실을 맞이하지 않기 위해서 우리 모두는 체계적인 준비와 실천의 노력이 필요하며 협동학습도 그에 알맞게 변화를 주지 않으면 더 이상 필요성을 느끼지 못하게 되어 현장에서 사라지고 말 것입니다. 단지 교과서 내용을 전달하는 방법을 넘어 미래 사회를 준비하는 교육으로서 수업이란 무엇이고 그 속에서 협동학습은 어떤 역할을 해야 할 것인가, 협동학습 수업이 아이들을 어떤 길로 인도해 줄 것인가, 우리가 원하는 방향으로 사회를 바꾸어 나가는 데 협동학습은 어떤 도움을 줄 수 있을까를 생각해야만 합니다.

이 책은 그런 고민들을 바탕으로 4개의 장으로 구성해 보았습니다.

"나다움이 물씬 풍기는 나만의 창의적인 협동적 학급운영을 해 나가야 합니다. 그 밑바탕에는 자기 성찰과 끊임없는 자기 연찬, 꿈을 만들고 그것을 이루어 나가려는 노력이 있습니다. 이를 위해서는 가능한 남의 것을 보고 따라 하지 말아야 합니다. 특히 협동학습 수업에 있어서 남들이 마치 매뉴얼처럼 정리해 놓은 대로 자료나 활동지, 지도안 등을 그냥 가져다 쓰지 말고 스스로 고민한 결과로 만들어진 자료와 활동지를 바탕으로 수업을 해 나가야 합니다. 그래야만 협동학습에 대한 전문성이 신장될 수 있고 교사와 아이들 모두 함께 성장할 수 있습니다."

제1장에서는 자기 성찰 기반의 협동학습 수업을 고민해 보면서 "수업은 왜 하지?"에 대한 본질적인 고민을 바탕으로 수업 공개 및 서로의 수업 보기, 자기 성찰을 통한 협동학습 수업 바라로기, 성찰과 성장을 가져다주는 협동학습 수업으로 나누어 정리해 보았습니다.

제2장에서는 협동적 학급운영에 대한 질적인 차원에서의 접근을 통해 자신의 협동적 학급운영(특히 수업)을 훨씬 더 높은 수준으로 끌어올리기 위해 갖추어야 할 여러 가지 교사의 자세와 역량 등을 살펴보고, 이를 바탕으로 협동적 학급운영 사례 및 협동학습 수업의 실제에 대한 질적인 고민을 미친한 수준의 사례와 함께 정리해 보았습니다.

제3장에서는 꿈이라는 것을 중심 소재로 삼아 교육이, 수업이, 협동적 학급운영이 아이들의 꿈과 교사의 꿈을 실현해 나가는 데 어떤 역할을 해야 하고, 교사와 아이들이 오늘날을 살아가는 데 어떤

도움을 줄 수 있을 것인가에 대하여 고민해 보았습니다. 그리고 이를 바탕으로 내가 지금까지 내 꿈을 실현해 오면서 느꼈던 것, 나다운 꿈을 이루는 데 힘이 되었던 협동학습, 오늘날 꿈을 이루며 행복한 삶을 살아가는 데 꼭 필요한 핵심역량 10가지 등을 중심 내용으로 하여 정리해 보았습니다.

끝으로 제4장에서는 살아 있는 협동학습 : 협동적 학급운영의 이해에서 미처 다루지 못한 활용도 높은 구조들을 엄선하여 그동안의 활용 경험을 바탕으로 나름대로 꼼꼼하게 정리하여 제시해 보았습니다.

정리해 놓고 나니 또다시 아쉬움이 남습니다. 제3장까지의 주제에 대한 고민은 많았지만 어떤 답도 제시하지 않았다는 것에 대한 나 자신의 부족함과 한계를 느끼게 되었고 나 자신도 많이 부족한 것에 대하여 감히 "이래야 한다."고 말할 수 있는 자신감과 용기는 어디에서 나왔을까에 대한 반성도 하고 있습니다. 하지만 그래도 부끄러운 마음으로 몇 년간 생각하고 고민해 온 것을 2년여 기간 동안 정리하고 수정하면서 이제 마침표를 찍고자 합니다.

이것으로 나의 네 번째 작품이자 버킷 리스트가 실현되었습니다. 그 힘든 과정에서 역시 가장 큰 힘이 되었던 것은 역시 나의 가족인 두 부모님 이정식 님, 이선덕 님, 나의 사랑하는 아내 정해영 님과 두 보물 동현과 성경이었습니다. 이들이 있었기에 긴 시간 동안의 고민이 또 한 번 세상의 빛을 보게 되었던 것 같습니다. 아울러 이번에도 나의 부족한 글들이 세상 밖에 던져질 수 있도록 과감한 선택을 해 주신 (주)시그마프레스 강학경 대표님과 고영수 부장님, 편집부에도 진심으로 감사의 마음을 전합니다.

웃음은 꽃가루와 같아서 어디든 멀리 날아가 꽃을 피운다는 것을 알지만
늘 웃음이 부족하여 많이 웃으며 살고 싶은 나를 반성하며.

2015년 무더운 여름 어느 날
이상우

차 례

성장을 가져다주는 협동학습 수업

1. 수업 공개 수준 넘어서기
2. 성찰을 통한 협동학습 수업의 성장
3. 성찰과 성장을 가져다주는 협동학습 수업

 수업 공개 수준 넘어서기 !

협동학습도 결국 수업의 문제다.
수업의 본질은 하나다.
어떤 수업을 하든 그 본질은 변하지 않는다.
때문에 협동학습 수업을 고민하면서
단순히 어떤 구조를 사용하는 것이 좋은 것인가의 문제를
뛰어넘어야 협동학습을 제대로 이해할 수 있다.
협동학습 수업을 바라볼 때는
협동학습이 잘 이루어졌는가를 넘어서
'수업은 왜 하지?'라는 차원에서 바라보아야 한다.
그리고 나름의 해답을 찾는 일에
서로의 수업을 공유하는 일은 필요충분조건이다.

1) 공개수업, 왜 하는가? — 3S를 꿈꾸며!!

수업 두레 **수업 보기(See), 수업 보여 주기(Show), 생각 나누기(Share)**

대체로 사람들은 건강과 관련하여 아래 세 가지 현상을 보인다.

첫째, 평소 건강하다고 여겨질 때에도 건강검진의 중요성을 잘 알고 있어 특별히 아픈 곳도 없으면서 혹시나 하여 병원에 가기도 한다. 그러다 안 좋은 곳을 발견하면 정밀검사를 하고 치료를 한다. 다행히 아프지 않으면 더 좋은 일이다. 의사로부터 이런저런 건강 수칙을 들으면서 운동을 하면서 몸 관리를 더 하게 된다.

둘째, 평소에 건강하다고 자랑을 하고 다니거나 자기 자신의 건강을 과신하여 몸에 조금 이상이 있는 것도 대수롭지 않게 여기고 있다가 병을 키우거나 견딜 수 없을 만큼 악화되면 비로소 병원을 찾는 경우도 있다.

셋째, 평소 이상 징후를 느끼지 못한 상태로 있다가 우연히 의무적으로 받게 된 건강검진에서 특정 병에 대한 진단을 받게 되는 경우도 있다. 다행히 조기에 발견된 경우라면 모르겠지만 급성이나 악성인 경우에는 삶에 큰 변화를 맞이하게 된다. 이런 경험을 한 사람들은 주변 사람들에게 건강할 때 병원에 가 보라는 권유도 잊지 않는다.

여러분은 어느 쪽에 해당되며, 어느 쪽이 더 바람직하다고 생각하는가?

이런 이야기로 시작하는 이유는 공개수업이 건강검진을 받는 것과 비슷한 점이 있기 때문이다. 나는 어떤 교사든 가르치는 것 혹은 수업에 문제점이 있을 때만 수업 공개를 하고 컨설팅 혹은 코칭을 받아야 한다고 생각하지는 않는다. 자신의 수업에 문제가 없다고 하더라도 분명히 개선해야 할 점, 고민이 되는 점, 성찰이 필요한 부분 등이 있기 마련이다. 수업은 왕도가 없는 일이니까 수시로 하는 수업 공개를 통해 그 지점을 찾고 피드백을 한다면 더 좋지 않을까?

하지만 교사들은 공개수업에 대하여 굉장히 부정적인 인식을 갖고 있다. 교사들이 공개수업을 꺼리는 이유는 대표적으로 나의 자유의지와 상관없이 외부로부터 강제적 · 의무적으로 주어진다는 것에 대한 불편함, 평상시와 다르게 해야 한다는 부담감, 잘 보여야 한다는 부담감, 한 차시 준비를 위해 며칠을 고민하고 준비하면서 받게 되는 스트레스, 누군가에게 평가를 받고 있다는 생각에서 오는 심리적 압박감, 자신의 부족한 부분을 남들에게 드러내야 한다는 불편함, 심지어는 (아직도 이런 교실이 일부 있을 수 있다.) 아이들하고 어느 정도 약속까지 하면서 '쇼'를 할 생각에서 오는 부담감 등일 것이다.

이를 극복하는 방법은 매우 단순하다. 있는 그대로 보여 주면 된다. 그래야 문제점, 고민의 지점, 성찰이 필요한 부분이 발견되고, 그 문제를 해결해 나갈 수 있다. 수업 공개를 통해 자신의 일상 수업을 (보여 주기식의 공개가 아니라) 있는 그대로 보여 줄 필요가 있다. 그리고 공개 전에 동료 교사들에게 자신의 수업 설계나 활동지 등을 미리 점검해 달라고 요청하거나 고민이 되는 점 등을 주의 깊게 봐 달라고 부탁도 해 보라(연결짓기, 소통하기, 발문하기, 관찰이 필요한 아이 혹은 모둠 등). 아니면 자신의 연구 과제가 있는데 그 부분이 어떻게 나타나고, 그것이 어느 정도 효과를 보이고 있는지 등에 대하여 봐 달라고 요청도 해 보라.

한편으로, 수업 공개를 꺼리는 이유로 그까짓 것 해 봐야 달라지는 것이 없다는 선입견도 있다. 이런 사람들은 내 방식대로 수업을 하고, 아이들이 잘 듣고 있는데 굳이 수업 공개니 하면서 수선을 떨 필요가 없다고 주장한다. 지금까지 매년 수업 공개도 해 보고 참관도 해 보았지만 별로 도움이 되지 않았던 탓일 것이다. 형식적이면서 의무에 의한 최소한의 공개수업 방식이 이런 형상을 낳은 것이다. 그러나 앞으로도 그럴 것이라 속단하는 것은 별로 도움이 안 되는 일이다. 그리고 그 개선을 위해 스스로 먼저 자신의 교실을 열어 보이고 다른 교사들과 바람직한 방향으로 협의를 해 나가면 선입견도 시간이 흐르면서 바뀌게 될 것이라 본다.

운동선수 혹은 의사들을 보자. 운동선수들은 경기력 향상을 위해 항상 코치의 도움을 받는다. 의사들 또한 의학적인 전문성을 쌓기 위해 항상 다른 동료 선후배들과 자신의 견해를 논하고 시술과정의 공개 및 공유를 꺼리지 않는다. 수차례 우승을 하고 억대의 연봉을 받는 선수들도 꾸준히 코치의 도움을 받아 가며 훈련을 하고 경기에 임한다. 아무리 경력이 많고 높은 자리에 있는 의사라 할지라도 꾸준히 자신의 연구 및 시술과정을 공개하고 다른 동료들과 컨퍼런스를 수시로 한다. 그런데 이를 좀 더 자세히 들여다보면 이런 점을 알게 된다. 정착 코치는 현역 프로 선수보다 실력이 분명히 떨어진다. 어떤 코치는 현역 선수 시절 그렇게 뛰어나지 않았던 경우도 있다. 의사들의 경우 자신보다 경력이나 경험이 한참 떨어지거나 많은 사람들이 함께 모여 있는 앞에서 자신의 연구 및 시술과정을 그대로 공개한다. 그럼에도 프로 선수는 코치로부터 무엇인가 배우려고 노력한다. 코치는 같은 길을 가는 전문가로 모든 선수에게 도움을 준다는 확신이 있기 때문이다. 의사들 또한 자신보다 경험이 많은 동료들로부터 도움이 될 만한 견해를 듣거나 경험을 접할 수 있고 후배들에게 무엇인가 도움이 될 만한 것들을 스스로 찾을 수 있는 기회를 제공하고자 하는 분위기가 형성되어 있기 때문이다.

의사나 운동선수들에 비하면 교사는 굉장히 좋은 여건을 갖추고 있는 셈이다. 주변이 온통 전문가일 뿐만 아니라 자신보다 더 훌륭한 선수들이기 때문이다. 내가 수업 공개를 하면 그들이 나에게 코칭을 해 준다. 수업 공개가 절실히 필요한 이유가 여기에 있다. 수업 공개는 가장 먼저 나를 성장시킨다. 공개수업을 기회로 자신의 수업 전문성을 크게 향상시킬 수 있다. 또한 참관하는 동료들에게도 도움을 줄 수 있다. 내 수업 관찰 후 체계적인 토론을 통해 서로의 수업을 성장시킬 수 있는 통찰력과 시각, 실천을 바탕으로 한 자기성찰, 다양한 수업 전문성과 노하우 등을 직간접적으로 향상시킬 수 있게 된다. 이런 것이 요즘 유행하는 '윈-윈' 전략이다.

마지막으로 빼놓을 수 없는 것이 아이들이다. 수업 공개를 통해 우리는 직업적인 성장을 해야 하지만, 좋은 수업을 해야 하는 가장 근본적인 이유는 아이들의 성장과 발달을 돕기 위해서이다. 교사라면 좋은 수업을 통해서 아이들의 내면에 빛나는 잠재력을 발휘할 수 있도록, 그 안에서 아이들이 행복해질 수 있도록 돕는 일을 게을리해서는 안 된다.

그래도 수업 공개가 부담스러운 것은 사실이다. 그러나 조금만 생각해 보면 쉽게 할 수 있는 방법이 많다. 예를 들자면 동영상 녹화가 그것이다. 간단히 장비를 설치하여 자신의 수업을 녹화하고, 동료들과 함께 자리를 만들어 보라. 부끄러움 때문에 마음이 내키지 않더라도, 엉터리 수업을 하지 않기 위한 최소한의 노력이라고 생각하면 마음이 가벼워질 것이다. 최근 들어서는 수업분석실을 마련하여 교사들의 수업 연구에 도움을 주고 있는 학교가 늘어나고 있다는 점에서 매우 고무적이라 할 수 있다.

강제적으로 수업을 공개하라고 하는 시대는 끝났다고 생각한다. 이제는 자발적인 수업 공개의 시대가 열렸다고 봐도 과언이 아니다. 전문가란 여러 가지로 정의할 수 있는데, 지시받거나 주어진 일만 하는 것이 아니라 스스로 필요한 일을 찾아서 하는 경우도 포함된다. 나는 우리 모두가 자발성에 기초한 반성적 · 실천적 전문가로서 거듭나기를 바라고 또 바랄 뿐이다.

수업 두레와 3S를 제안한다.

수업이 궁극적으로 추구하는 것은 아이들이 각자 주체로서 스스로 깨달아 자신의 개성을 실현하고 타인과 조화로운 삶을 살아갈 수 있도록 하는 것이다. 이것을 실현하기 위해서는 교사를 비롯한 학교의 관리자가 일상의 수업에서 아이들이 위와 같은 삶을 살아갈 수 있도록 안내하고 지원할 수 있는 학교 환경(수업 관찰 및 수업 공유 : 수업 두레) 및 문화를 만들어야 한다. 그러나 현재의 학교는 그와는 너무나 거리가 멀다. 획일적인 수업 공개 및 양적 기준에 의한 평가 방식을 통해 서로의 수업 공유에 의한 바람직한 수업 협의로 이어지지 못하고 있다.

이를 극복하기 위한 방안으로 '수업 보기(See), 수업 보여 주기(Show), 생각 나누기(Share)'를 제안하고자 한다.

첫째, 수업 보기(See)는 교사 중심의 수업 보기에서 벗어나 여러 교실의 수업을 비평의 관점에서 바라보면서 수업 보기의 주 대상을 아이에게로 돌리고, 이를 통해 교사의 교수 활동이 아이의 의미 있는 학습으로 연결될 수 있는 자기성찰적 방안을 찾기 위함이다. 어떤 수업 활동이든 교사의 교수 활동이 아이 한 사람 한 사람의 학습과 의미 있게 연결되고, 아이들 사이의 상호작용이 의미 있게 서로 연결될 때 비로소 아이는 배움의 기쁨을 누리게 된다. 따라서 함께 수업 보기를 통해 교사의 교수 활동이 아이의 학습과 어떻게 관련 · 연결되는지, 아이들 사이의 상호작용이 어떤 상황에서 의미 있게 연결되는지를 알기 위해서는 수업 두레 중심의 수업 보기를 할 필요가 있다.

둘째, 수업 보여 주기(Show)는 다른 사람과 수업 보기 및 보여 주기를 통해 수업을 보는 눈, 수업을 설계하는 눈, 아이들 사이의 의미 있는 연결짓기를 통해 협동적 배움이 일어날 수 있도록 수업을 디자인하는 안목을 길러 주어 교사들 모두 자기성찰을 바탕으로 한 공동체적 성장을 도모하기 위한 방안으로서 제안하는 것이다. 교사의 말과 행동이 아이의 학습과 어떻게 의미 있게 연결되는지, 상호작용 속에서 아이들은 각자의 생각과 경험이 타자와 그리고 자신의 삶과 어떻게 연결되는지,

그 속에서 아이들은 어떻게 깨달음을 얻게 되는지 등을 알기 위해서는 여러 동료교사의 눈과 다양하게 관찰한 사실에 근거한 해석 및 비평적 논의가 필요하다. 이런 과정을 통해 수업 교사는 아이에게 의미 있는 학습 기회를 제공하기 위해 자신이 무엇을 어떻게 할 수 있는가에 대하여 성찰적, 반성적 대안을 협동적으로 모색할 수 있게 된다.

셋째, 생각 나누기(Share)는 서로의 수업 보기를 통해 상황과 맥락을 고려한 수업을 디자인할 수 있도록 돕기 위함이다. 교실 속에는 각기 다른 특성을 가진 여러 아이들과 다양한 주제 및 변인이 존재한다. 교사가 수업을 통해 아이에게 배움이 일어날 수 있는 기회를 제공하기 위해서는 다양한 변인을 고려해야 한다. 이를 위해서는 여러 교사의 눈을 통해 수업이 어떤 상황과 맥락 속에서 전개되는지에 대한 논의를 하고, 이를 바탕으로 다음 수업 속에서 그런 변인들을 조정할 수 있도록 도움을 주고받을 수 있는 성찰적, 반성적, 협동적 수업 두레가 필요하다. 생각 나누기는 보통 ① 사전 수업 협의 ② 사후 수업 협의 단계를 두고 하는 말인데, 나는 특히 사전 수업 협의회에 무게중심을 더 두고 있다. 사전 수업 협의회에서 수업 교사의 수업 디자인 및 활동지 제작에 대한 도움을 주고 수업 속에서 중요하게 눈여겨보아야 할 지점이나 수업 교사의 요청사항 또는 고민 등을 어느 정도까지 다루느냐에 따라 실제 수업은 굉장히 많이 달라지기 때문이다.

교사는 가르치며 동시에 배우는 존재이기도 하다. 때문에 교사도 끊임없이 배움을 통해 성장하는 모습을 보여 주기 위해서는 아이들에게만 협동학습을 강조할 것이 아니라 교사들끼리도 공동의 목표를 설정하고 긍정적인 상호작용을 통해 꿈을 실현해 나갈 수 있도록 수업 두레 및 3S를 기반으로 한 협동학습을 실천해 나갈 것을 강력히 추천한다.

생각해보기

1. 교내외 연구 모임 혹은 동아리 활동에 참여하고 있는가?
   - 하고 있다면 그 주제 및 영역, 그리고 이유는 무엇인가?
   - 하고 있지 않다면 그 이유는 무엇인가?
2. 수업 두레 및 3S에 대한 여러분의 생각은 어떠한가?
   - 필요성에 대하여 공감하는가?
   - 지금 당장의 현실적인 어려움과 한계는 무엇인가?
   - 당장의 어려움과 한계를 극복하기 위한 대안은 있는가?
3. 여러분의 학교에서는 수업 두레와 같은 형태의 모임이 이루어지고 있는가?
   - 있다면 어떤 형태로 이루어지고 있는가?(동학년 단위? 관심 영역이나 주제 혹은 교과 단위?)
   - 수업 두레와 같은 형태의 모임을 위해 학교 차원에서 어떤 지원을 하고 있는가?
   - 수업 두레와 같은 형태의 모임이 이루어지지 않고 있다면 그 이유는 무엇이고, 그것을 극복하기 위한 방법은 무엇인가?

2) 협동학습, 아이들만 하는 것이 아니다

수업 전문성 신장을 위한 협동적 연구 공동체 운영하기!

3S를 통한 교사의 전문성 신장이란 의사들이 6년이라는 대학생활 이후에 상당 기간 수련과정을 통해 전문의로 거듭나는 것과 같은 맥락이라 여기면 무리가 없을 것이다. 수련과정에서 의사가 다양한 임상활동을 직접 눈으로 지켜보고 보조 활동도 하면서 전문가로 성장하는 것처럼 교사도 다양한 수업을 관찰하고 논의하는 과정을 통해 질적으로 수업을 바라보고 접근하면서 전문성을 신장시킬 수 있다고 확신한다. 또한 교사는 수업 공개를 통하여 수업에 대한 구체적인 사례를 하나하나 축적해 가면서 자신의 수업을 성찰하고, 자신을 돌아보며 성장해 나가는 과정을 경험하게 될 것이라 자신한다. 가장 이상적인 활동은 다음과 같은 과정을 통해 이루어진다.

(1) 교사의 수업 디자인(사전 협의 : 가장 중요한 활동)

이 단계에서는 수업 두레 내에서 수업 공개를 진행(사례연구)할 교사를 선정하고, 선정된 교사는 자신의 문제의식을 바탕으로 수업을 디자인하며 관련된 활동지를 제작하고 제안한다. 가장 이상적인 것은 수업 두레에 소속된 모든 교사가 함께 조언을 해 주는 일이다. 이때 수업교사는 사전 협의에서 참관할 교사들에게 수업 설계 설명, 관련된 활동지 제시, 요청하고 싶은 사항, 고민이 되는 점 등을 미리 말해 두는 것이 좋다(예 : “본 설계에서 고민이 되는 지점이 있나요?”, “수업 설계를 하면서 더 생각해야 할 점이 있나요?”, “이 활동지가 아이들 간의 협동적 상호작용에 도움이 될까요?”, “동기 유발에 대한 아이디어를 도움 받고자 합니다.”, “이 내용을 아이들의 삶과 연결 지을 수 있는 좋은 생각 있으면 도와주세요.”, “내가 수업 속에서 아이들 간에 연결짓기를 어떻게 하고 있는지를 중점적으로 봐 주세요.”, “저희 반에서 ○모둠의 ●●● 아동을 집중 관찰해 주세요.”, “A선생님은 1모둠을, B선생님은 2모둠을, C선생님은 3모둠을 …… 집중 관찰해 주세요. 아이들 간의 도움 주고받기 활동이 잘 이루어지는지 관찰해 주세요.”, “어떤 아이가 수업에서 멀어져 가는지, 그 상황은 어떠한지를 봐 주세요.” 등).

(2) 수업 공개

수업 공개를 진행하는 동안 관찰교사(직접 관찰 혹은 동영상)는 교실 상황을 다양한 관점으로 관찰, 기록한다. 특히 사전에 수업교사가 요청한 것이 있다면 그 부분에 대하여 좀 더 관심을 가지고 기록, 정리한다. 이 단계에서 수업교사는 수업교사 그 나름대로, 관찰교사는 관찰교사 그 나름대로 경험한 내용을 판단이나 평가, 비판 없이 있는 그대로 기록, 정리한다. 이렇게 정리된 내용은 사후 협의회 시간에 토의 · 토론의 중요한 재료가 된다.(필요한 경우 자체적으로 개발한 기록지를 활용한다. 이때 척도를 활용한 체크리스트나 정량평가 방식은 별로 도움이 되지 않는다.) 사후 협의회를 위해 가능하다면 수업 공개 상황을 비디오로 담아 두는 것이 좋다. 최근 들어 이런 활동을 위한 수업분석실을 설치하는 학교가 늘어나고 있다. 참으로 고무적인 상황이라 할 수 있다. 수업분석실이 없는 경우 수업교사가 요청한 사안이 무엇인가에 따라 비디오카메라를 앞에 두고 촬영할 수도 있고, 뒤에 두고 촬영할 수도 있으며 특정 아동, 특정 모둠을 중심으로 촬영할 수도 있다. 물론 비디오카메라를 충분히 갖추고 있다면 여러 곳에 두고 촬영하는 것이 제일 좋겠지만.

이 단계에서 관찰교사가 특히 주의해야 할 점이 있다. 지금껏 교사들은 공개수업에서 교실 뒤편의 공간에 서거나 앉아서 교사의 말과 표정, 행동, 태도, 발문, 동기유발, 수업기술 등의 것들에만 주로 관심을 가져 왔다. 이런 것에서 벗어나지 못한다면 3S활동 또한 형식에 그치고 말 것이며 큰 의미를 갖지 못하게 된다. 교사 중심 관찰에서 벗어나 아이들의 모습과 아이들의 활동을 중심으로 관찰교사의 시선을 돌리려는 노력과 시각이 절절하게 요구되며 협동학습 수업 참관에서는 더욱더 필요하다. 그래야만 교사의 진행과 아이들(간)의 의미 있는 협동적 배움이 어디에서 어떻게 연결되거나 어떻게(왜) 끊어지는지, 아이들 간의 상호작용에서 긍정적으로 연결되는 부분과 부정적으로 연결되는 부분은 어디인지(무엇이 그렇게 만들었는지), 협동학습의 네 가지 원리(긍정적인 상호의존, 개인적인 책임, 동등한 참여, 동시다발적 상호작용)와 사회적 기술(특히 도움 주고받기 및 경청하기 기술) 등이 잘 녹아들어 있는지와 그 개선 방안을 찾기 위한 출발점이 만들어지기 때문이다.

(3) 사후 협의회

수업 공개에서 관찰한 내용을 바탕으로 협의회를 진행한다.

- 사전 협의를 통해 나눈 것들이 어떻게 실현되었는지 나누기
- 비디오 촬영한 동영상이 있으면 함께 활용하기(중요한 부분마다 다시 보기, 놓친 부분 돌이켜 보기, 멈춤 상태에서 보기 등을 활용)
- 수업교사 스스로의 자평과 관찰교사의 소감 나누기
- 수업교사가 요청했던 내용 혹은 수업 중 발견한 특이한 점에 대해 협의하기
- 수업교사가 힘들어하는 부분에 대한 대안을 함께 찾아주기(필요한 경우 함께 찾은 대안을 바탕으로 2차 수업 공개에 들어갈 수도 있다.)
- 관찰교사가 발견한 특이한 점(궁금한 점, 특별하게 관심을 가지고 바라본 지점과 그 이유, 고

민해 볼 지점, 문제의식, 문제 상황 등)에 대하여 있는 그대로 토의 · 토론하기

(4) 2차 수업 공개를 위한 사전 협의회

가장 이상적인 것은 1차 수업 공개를 했던 교사가 자신의 수업 속에서 발견한 문제의식 및 문제 상황, 개선해야 할 점 등을 해결하기 위해 2차 수업 공개를 계획하고, 그를 위한 수업 디자인을 함께 해 나가는 것이다. 이때 중심은 문제 상황 또는 개선해야 할 지점에 포커스를 맞춘다.(그 상황은 교사가 될 수도 있고 한 아동 혹은 한 모둠 등이 될 수 있다.)

(5) 2차 수업 공개

수업교사가 요구했던 부분이나 1차 수업 공개에서 개선해야 할 지점, 문제의식을 가지고 관찰해야 할 부분, 문제 상황을 중심으로 직접 관찰 및 동영상 촬영을 동시에 진행한다. 이때에도 1차 수업 공개와 마찬가지로 교실의 상황을 다양한 관점에서 있는 그대로 관찰, 기록한다. 그 외에도 또 다른 중요한 것들이 관찰되면 함께 기록, 정리한다.

(6) 교사의 수업 성찰 기록

모든 수업 두레 교사는 함께 수업을 공개하고 관찰하는 과정에서 경험하게 되는 모든 내용(좋은 점, 지속적으로 실천해야 할 점, 고민이 필요한 점, 개선해야 할 점 및 제시된 대안의 실천 방안, 문제의식 및 문제 상황 등에 대한 다양한 이야기들)을 기록하고 정리해 나간다. 이때 수업교사든 관찰교사든 일기를 쓰듯이 자기만의 성찰적 이야기를 충분히 덧붙여 써 내려간다면 교사는 그 과정 속에서 조금씩 성장하는 자기 자신을 느낄 수 있을 것이다.

지금까지 3S활동이 이루어지는 단계를 살펴보았다. 이러한 활동은 같은 학년 혹은 같은 학교 동료 교사들끼리 이루어질 때 가장 이상적이다. 하지만 그조차 어려울 때는 학교 밖에서 연구 모임을 해 나가는 교사들과 함께 해도 많은 도움이 된다. 이 활동은 주기적으로(매주 혹은 2주에 한 번 정도) 협의회를 갖고 수업 공개 및 그와 관련된 전반적인 논의를 하는 것이 가장 바람직하다고 할 수 있다. 이 활동에서 무엇보다 중요한 것은 수업 공개란 교사가 성장하기 위해 하는 것이지 보이거나 평가를 위한 것은 아니라는 사실이다. 또한 이를 위해 학교 차원에서 적극적으로 지원하고자 하는 의지를 가지고 시스템 및 지원 체계(교사들이 수업연구에 집중할 수 있는 학교 여건 만들기, 업무 경감 및 잡무 없애기, 불필요한 활동이나 전시행정 및 행사 줄이기, 불필요한 회의 없애기, 연구 활동에 필요한 시간 확보 및 지정 운영, 연구예산 지원 등)를 마련해야만 비로소 가능한 일이다.

3S활동 일정 예시

순서	날짜	수업교사	활동 내용	비고
1	○월 ○일	홍○○	1차 공개를 위한 사전 협의회(수업 설계)	필요한 경우 따로 일정을 잡아 강의, 발제, 워크숍 등도 함께 이루어질 수 있다.
2	○월 ○일	홍○○	1차 수업 공개 및 협의회(수업 성찰 기록)	
3	○월 ○일	홍○○	2차 공개를 위한 사전 협의회(수업 설계)	
4	○월 ○일	홍○○	2차 수업 공개 및 협의회(수업 성찰 기록)	
5	○월 ○일	강○○	1차 공개를 위한 사전 협의회(수업 설계)	
6	○월 ○일	강○○	1차 수업 공개 및 협의회(수업 성찰 기록)	
7	○월 ○일	강○○	2차 공개를 위한 사전 협의회(수업 설계)	
8	○월 ○일	강○○	2차 수업 공개 및 협의회(수업 성찰 기록)	

협의회 활동 기록			
수업일시		수업장소	
수업교사		관찰교사	

※ 협동학습 수업 관찰교사가 반드시 관심을 가지고 관찰해야 할 주요 사항

- 협동학습이 추구하는 철학(잠재적 교육과정 : 평등, 평화, 인권, 생태, 협동, 자기 삶의 주인 되기, 다 함께 잘 살기 등)이 잘 반영되어 있는지 관찰하기
- 아이들에 대한 믿음을 기초로 수업이 이루어지고 있는지 관찰하기(아이들의 배움의 과정 중시, 아이들의 가능성 존중하기, 아이들이 자신의 세계를 만들어 가도록 돕기)
- 구성주의적 사고가 반영된 수업인지 관찰하기[기존의 사고를 뒤집는 심진(心震) 일으키기, 문제의 본질 중시하기, 아이들의 눈으로 수업 바라보기, 아이들을 꼬마 학자로 만들기, 판단이나 평가를 하지 않는 대화·맥락적 사고 자극하기, 창의성 신장시키기 등]
- 수업이 아이들의 욕구(참여 동기, 흥미 ⇨ 사고 ⇨ 행동 ⇨ 상호작용하는 과정 속에서의 배움을 중시한다.)와 잘 연결되어 있는지 관찰하기
- 교사의 진행과 아이들(간)의 의미 있는 협동적 배움이 어디에서 어떻게 연결되거나 어떻게 (왜) 끊어지는지 관찰하기
- 아이들 사이의 상호작용에서 서로 긍정적으로 연결되는 부분과 부정적으로 연결되는 부분은 어디인지(무엇이 그렇게 만들었는지) 관찰하기
- 협동학습의 네 가지 원리(긍정적인 상호의존, 개인적인 책임, 동등한 참여, 동시다발적 상호작용)가 잘 스며들어 있는지 관찰하기
- 사회적 기술(도움 주고받기 및 경청하기 기술 등)이 잘 발휘되고 있는지 관찰하기
- 과정 속에서 아이들의 자존감에 상처를 주는 현상(경쟁적 활동의 최소화)이 없는지 관찰하기

1) 수업교사의 소감	수업교사가 자신의 수업에 관하여 말한 소감을 간단히 기록한다.
2) 수업교사가 의뢰 혹은 요청한 상황(문제의식 또는 문제 상황)	수업 후 자신의 문제의식에 바탕을 둔 고민을 의뢰한다.
3) 관찰교사가 발견한 사실적 활동	관찰한 수업 과정을 사실에 근거하여 있는 그대로 설명하고, 그것에 관한 수업교사의 의견을 간단히 기록한다.
3-1) 관찰교사가 발견한 내용에 대한 수업교사의 의견	
4) 관찰교사의 다양한 질문 내용	관찰한 수업 과정에 근거하여 궁금한 점에 대하여 수업교사에게 질문을 하고, 수업교사는 그에 대한 답변을 간단히 기록한다.
4-1) 관찰교사의 다양한 질문에 대한 수업자의 답변	
5) 수업교사가 주목한 것들 및 그에 대한 대화	수업교사가 관심을 가지고 주목한 행위와 그것에 관심을 가진 이유를 간단히 정리한다.
6) 관찰교사가 주목한 것들 및 그에 대한 대화	관찰교사가 관심을 가지고 주목한 행위와 그것에 관심을 가진 이유를 간단히 정리한다.
7) 수업교사에게 필요한 도움 주고받기	수업교사가 보다 바람직한 수업을 만들어 나가는 데 필요한 것이 무엇인지에 관하여 함께 논의한 사항을 간략히 정리하여 기록한다.
8) 기타 사항	그 밖에 수업교사와 관찰교사가 함께 논의하고 싶은 주제에 관하여 이야기를 나누고, 그것을 정리한다.

이와 같은 활동이 가진 긍정적인 면은 아래와 같다.

1. 교사의 자기성찰을 통한 성장과 수업 공개의 질을 높일 수 있다. 기존의 형식적인 수업 공개 및 협의회를 탈피하여 보다 질적으로 향상된 수업 공개 및 협의회 활동을 통해 교사의 성찰을 바탕으로 한 성장과 전문성 신장을 이루어 나갈 수 있다.
2. 수업을 바라보는 다양한 시각과 안목을 키울 수 있다. 수업교사 및 관찰교사의 문제의식에 기초하여 함께 수업을 관찰하면서 하나의 수업 및 하나의 현상에 대한 다양한 시각과 비평적 관점을 공유함으로써 수업의 질을 높이기 위한 디자인 활동에 도움이 될 수 있다.
3. 교사의 교수 활동이 아이의 입장에서 의미 있는 배움으로 이어지는 지점을 찾는 데 도움이 된다. 교사 중심의 수업 및 수업 관찰에서 벗어나 아이 중심의 수업 및 수업 관찰을 통해 교사의 교수 활동이 아이의 의미 있는 학습으로 연결되는 지점을 찾아 배움이 일어날 수 있도록 돕는

교사의 성장 및 성찰이 이루어질 수 있다.

4 다양한 관점과 각도에서 관찰된 사실에 기초하여 아이들을 이해하는 폭과 깊이를 더할 수 있으며 아이들의 지도에 도움이 되는 많은 정보를 얻을 수 있다. 학급운영 과정에서 교사 1인만으로 30명 내외의 아이들 모두를 세밀하게 관찰하고 적절한 지도와 피드백까지 책임을 진다는 것은 사실상 무리인 면이 많다. 특히 수업 속으로 들어가면 더욱더 그렇다. 그러다가 어떤 문제 상황을 맞이하게 되면 교사는 혼자서 판단하고 처리할 수밖에 없는 상황에 놓이기도 한다. 그러나 이러한 수업 두레 방식의 협동적 연구 공동체는 교사 개인의 판단이 아니라 다수의 교사가 사실적 관찰과 다양한 경험에 근거한 자료를 제시하고 주고받음으로써 아이를 주관적이 아니라 객관적이면서도 깊이 있게 이해할 수 있는 자료를 얻을 수 있다는 장점이 있다. 교사는 이를 바탕으로 아이의 성장과 발달에 많은 도움을 줄 수 있게 된다.

5 수업 공개에 따른 수업 두레 교사들의 협의 과정과 성찰적 기록들은 교사를 반성적·실천적 협동학습 전문가로 성장시킬 수 있는 충분한 계기가 되어 준다. 자신을 성찰하고 되돌아볼 때 비로소 인간은 성장할 수 있다. 교사들 또한 수업 두레를 활용한 협동적 연구 공동체 속에서 여유를 갖게 하고, 잠시 자신의 수업을 멈추어 서서 바라보게 해 줌으로써 수업하는 교사는 자신을 성장시킬 수 있고, 관찰하는 교사는 다양한 관점의 교류를 통해 수업을 바라보는 시각과 경험을 넓힐 수 있으며 협동학습 전문성을 향상시킬 수 있는 기회가 되어 주기도 한다.

3S로 현재의 공개수업 및 참관 방식의 한계를 극복하자.

수업이 궁극적으로 추구하는 것은 아이들이 각자 주체로서 스스로 깨달아 자신의 개성을 실현하고 타인과 조화로운 삶을 살아갈 수 있도록 돕는 것(살아가는 힘을 기를 수 있도록 돕기)이다. 이것을 실현하기 위해서 교사를 비롯한 학교의 관리자는 일상의 수업에서 아이들이 위와 같은 삶을 살아갈 수 있도록 안내하고 지원할 수 있는 학교 환경(수업 관찰 및 수업 공유 : 수업 두레) 및 문화를 만들어야 한다. 그러나 현재의 학교는 그와는 너무나 거리가 멀다. 획일적인 수업 공개 및 양적 기준에 의한 평가 방식을 통해 서로의 수업 공유에 의한 바람직한 수업 협의로 이어지지 못하고 있다.

※ 체크리스트 중심의 정량적 평가 및 수업 참관이 갖는 문제점

아래 내용은 일반적으로 학교 현장에서 공개수업 활동에 많이 활용되고 있는 수업 참관록 및 자기 평가서의 사례다.

교실수업 개선평가지(동료장학)

교과		단원명		수업 교사	
대상	학년 반	일 시	2013년 월 일 교시	참관자	

구분	평가 내용	평점				
		5	4	3	2	1
수업계획	1. 학습과제 분석을 철저히 하였는가?					
	2. 학습 내용에 맞는 학습 유형을 고려하여 계획을 수립하였는가?					
	3. 학습 자료는 흥미 있는 것으로 다양하게 준비하였는가?					
	4. 학습 분량은 수업시간에 맞고 계획이 적절한가?					
	5. 학생들이 학습목표를 성취할 수 있도록 동기화시켰는가?					
수업과정	6. 수업 내내 학생들이 활기가 넘치고 수업 참여도가 높았는가?					
	7. 학생들의 자기 주도적 학습이 이루어졌는가?					
	8. 시청각 매체 등 준비한 학습 자료가 효율적으로 활용되었는가?					
	9. 판서는 구조화 되었으며 명료성, 정확성, 간결성이 지켜졌는가?					
	10. 학생 개개인의 학습수준이 고려된 학습활동을 하였는가?					
	11. 효과적인 질문을 준비하여 활용하였는가?					
	12. 학습활동에 대하여 학생들이 스스로 평가할 수 있도록 도와주었는가?					
	13. 형성평가를 실시하였는가?					
	14. 차시 예고, 자료 안내 등을 하였는가?					
학습환경	15. 학생과 교사 간에 상호 존중의 분위기를 조성하였는가?					
	16. 개방적이고 허용적인 학습 분위기가 형성되었는가?					
	17. 정서 순화에 도움이 되는 학습 환경이 조성되었는가?					
종합 의견	* 우수 사항	평점				
	* 보완 사항	/100				

수업 교사 자기 평가서

교과		단원명		수업 교사	
대상	학년 반	일 시	2013년 월 일 교시		

번호	자기평가 문항	평점				
		5	4	3	2	1
1	수업 중 교과서 이외의 다른 관점들도 언급하며 다룬다.					
2	이 분야의 최근 정보를 다룬다.					
3	수업에 직접 관련된 유의미한 참고자료를 제공한다.					
4	개념적인 이해를 강조한다.					
5	이해를 돕기 위하여 분명한 예를 제시한다.					
6	수업준비가 잘 되었다.					
7	개요화하기 쉬운 수업을 한다.					
8	주안점을 요약한다.					
9	중요하다고 생각되는 점을 분명하게 강조한다.					
10	수업 활동 중 토론을 유도한다.					
11	학생들이 자신의 생각과 경험을 동료들과 공유하도록 한다.					
12	나의 수업 내용에 대한 학생들의 생각을 수용한다.					
13	학생들이 내 수업을 이해하는지 그렇지 않은지를 파악하고 있다.					
14	이해를 분명히 하기 위하여 학생들이 개념을 적용해보도록 유도한다.					
15	수업에서 어려움을 갖는 학생을 위한 개인적인 도움을 제공한다.					
16	학생들과 개인적인 관계를 맺는다.					
17	수업 밖에서도 학생들에게 다가갈 수 있다.					
18	흥미로운 유형의 프리젠테이션을 할 수 있다.					
19	내 목소리의 속도와 음량은 다양하다.					
20	학생들이 학업에 최선을 다하도록 동기를 부여한다.					
21	흥미롭고 동기를 유발하는 과제를 부여한다.					
22	학생들이 수업을 이해하고 있는지를 보여줄 수 있는 시험을 출제한다.					
23	학생들에게 자신의 학습 향상 정도에 대한 정보를 지속적으로 제공한다.					
자기 반성	수업소감	평점				
	우수사례 및 보완사항	/100				

- 이런 틀을 가지고 수업을 본다는 것은 기록된 항목의 틀 속에 갇혀 수업을 보게 된다는 한계, 또 다른 중요한 것들을 보지 못한다는 한계를 지닌다.

- 체크리스트에 있는 대로만 하면 좋은 수업이 된다는 위험한 생각과 동의가 기저에 깔려 있고, 현장에서는 이에 대한 고민이나 문제 제기가 거의 없다. (기준에 따라 내용과 외형적 틀만 바꾸면 좋은 수업이라 할 수 있는지 의문이 든다.)
- 수업을 측정하고 단순하게 수치화하여 계산하고자 한다면 모든 수업이 갖는 나름의 예술성 및 다양성, 교사의 철학과 의도가 담긴 창작성, 사회적 · 문화적 · 역사적 맥락 등을 무시하거나 가벼이 여기게 된다.(수업을 예술적 관점에서 바라본다면 교사라는 예술가가 어떤 대상을 철학적으로 바라본 것에 대하여 창의적인 생각을 바탕으로 다양한 방법을 통해 창조해 내는 예술작품이라 할 수 있다. 흔히 유명한 여러 화가의 그림을 예술적 관점에서 바라볼 때 이미 누군가가 만들어 놓은 정형화된 틀이나 체크리스트 혹은 점수판 등을 가지고 '어떤 작품이 몇 점이고 누구의 작품은 몇 점이다'와 같은 방식으로 바라보지는 않는다. 또한 '누구의 작품이 더 잘 그렸고 어떤 작품은 더 못 그렸다고 볼 수 있다'와 같은 비교의 시각 또한 갖지 않는다. 오히려 '작가는 어떤 의도를 담고 싶어 했고, 그 의도를 담기 위해 어떤 표현 기법이나 색채, 형상, 재료 등을 선택했으며 그것이 다른 사람들에게 의도대로 잘 전해졌는가? 어떤 점이 보는 사람들의 눈길을 끌고 있는가? 특히 주목해서 봐야 할 점은 무엇인가?' 등에 대하여 관심을 가지고 바라보게 되는데, 수업 또한 마찬가지라 할 수 있다. 이제는 '교과서 내용 중심이 아니라 삶을 가꾸는 교육과정에 기반을 둔 수업은 교사가 실제 생활의 중요한 가치를 담아내는 예술적 창조물과 같다'는 식의 사고와 발상의 전환이 필요하다. 그리고 그런 수업을 바라보면서 수업교사 혹은 자신은 어떤 의도를 수업 속에 담고자 했는지, 그런 의도가 배움이라는 과정 속에 어떻게 녹아들어 갔는지, 이를 위해 교사는 아이들이 무엇을 하게 하였으며 그 결과로 아이들에게 배움이 일어났는지, 이를 통해 아이들은 세상을 어떻게 바라보게 되는지 등을 살피는 작업이 후속적으로 이어져야만 한다.)
- 제시된 항목 모두 높은 점수를 받았다고 해서 좋은 수업이라 말하기도 어렵고 낮은 점수를 받은 부분이 있다고 해서 좋은 수업이 아니라 말할 수도 없으며 낮은 점수를 받은 부분을 보완했다고 해서 좋은 수업이 된다고 볼 수도 없다.
- 제시된 항목 이외에도 수업에 막대한 영향을 주는 중요한 변인들은 얼마든지 찾을 수 있으며 부족한 일부 항목을 몇 가지 보완한다고 해서 수업 전체를 변화시켜 좋은 수업이 되게 만들기는 매우 어렵다.
- 제시된 기준에 맞추어 평소에 하지 않는 특별한 수업을 타인에게 보여 주어야 한다는 부담감, 그것을 통해 자신의 수업 능력을 평가받게 된다는 불안심리가 현재 수업 공개의 한계를 넘어서지 못하게 한다.
- 제시된 체크리스트 항목들은 모든 수업교사들을 그 틀 속에 가두고 마치 의무이자 절대적인 법

칙인 양 인식하게 만들어 결국은 기계적이면서 획일화된 수업을 낳게 될 우려가 크다.(틀 안에서 수업을 바라보면 각 항목 기준에의 도달 여부만 바라보게 되는데 결국에 가서는 부족한 점, 잘못된 점에 대한 지적만 남게 되고 사후 협의회 자리는 불편한 기운만 감돌아 수업 공개를 더욱더 어렵게 만든다.)

- 수업 공개 및 참관을 양적인 평가와 수치화된 관찰 및 기록의 대상으로 인식하게 만들어 진정한 의미에서의 수업 개선과 교사의 성장에 별로 도움을 주지 못한다. 우리 교육의 지금까지 과정은 분명 그랬기에 이를 뛰어넘기 위해 혁신학교를 중심으로 수업혁신 운동이 시작된 것이라고 보면 틀림이 없다.

이와 같은 문제점을 극복하기 위해서는 수업 공개 및 수업을 바라보는 시각과 관점, 그리고 수업 보기 및 보여 주기를 통한 정보의 공유와 협의회 방식 그리고 그것의 질적인 개선이 시급하다.

아래 제시된 것은 인터넷상에 공개된 참관록의 사례다.(내용으로 보아 '배움의 공동체'에서 수업 보기의 틀로 사용하고 있는 것으로 짐작된다.) 이러한 틀도 중요하지만 수업 공개를 매개로 교사들끼리 사전 및 사후에 어떤 협의 내용이 오고 가느냐, 그런 과정에서 교사들이 실천적 전문가로서 협동적인 연구 공동체 문화를 형성하느냐의 문제가 더 중요하다.

수업 참관록

■ 소속 : 직위 : 성명 :

수업교과		수업교사		수업대상	학년 반
수업단원				참관일시	
학교명				지도장소	

I. 학습자의 배움	(1) 학습자는 어디에서 배우고 어디에서 주춤거리고 있는가?	[illegible] 적극적으로 수업이 [illegible]
	(2) 교사의 지시(지도)에 학생들은 어떻게 배우고 있는가?	[illegible] 상호작용이 활발함
	(3) 학생들은 학습 내용을 잘 이해하며 배우고 있는가?	· [illegible] 학습내용을 충분히 이해하며 [illegible] 학습목표에 도달함
	(4) 학생들의 표현 활동은 충분히 이루어지고 있는가?	· [illegible] 표현활동이 이루어짐
	(5) 학습자의 도약이 있는 배움은 어느 지점에서 이루어지고 있는가?	[illegible] 응용하는 [illegible] 되었음
II. 교사의 활동	(1) 학생간의 협동과 배움의 도약이 일어나도록 수업을 조직하였는가?	· 수업 설계가 조직적이며 매우 [illegible] 중심으로 수업을 조직함
	(2) 학습자 한명 한명에 대한 교사의 대응이 적절하였는가?	· 한 명의 학생도 소외되는 사람이 없도록 관심있게 수업을 이끎
III. 교실에서의 관계	(1) 교사와 학생, 학생과 학생이 서로 경청하는 자세가 잘 형성되어 있는가?	· 교사-학생, 학생-학생간 상호작용이 매우 활발히 일어남
	(2) 학생간에 서로 묻고 가르쳐주는 협동적인 배움이 일어나고 있는가?	· 짝활동을 통해 서로 묻고 가르쳐주며 협동학습이 일어남
IV. 느낀 점 (배운 점)	친절하고 자상한 교사의 태도와 조직적인 수업 설계로 학습목표에 완전 도달하였으며 생동감 있는 수업. 배움이 일어나는 수업이었음; 수업목표 도달을 위한 다양한 활동이 학생들의 배움 활동을 더욱 활성화 시킴	

수업 참관록

■ 소속 : 직위 : 성명 :

수업교과		수업교사		수업대상	학년 반
수업단원				참관일시	
학교명				지도장소	

I. 학습자의 배움	(1) 학습자는 어디에서 배우고 어디에서 주춤거리고 있는가?	게임활동을 통하여 학생들이 즐겁게 배움에 참여함
	(2) 교사의 지시(지도)에 학생들은 어떻게 배우고 있는가?	학생들을 배려하고 존중하며 개인차를 고려하여 학습할 수 있도록 도움
	(3) 학생들은 학습 내용을 잘 이해하며 배우고 있는가?	학생들의 시각자료를 적절히 활용 [illegible]에 대해 이해함
	(4) 학생들의 표현 활동은 충분히 이루어지고 있는가?	활동1과 2에서 교실에서 직접 [illegible] 짝활동을 통하여 표현할 수 있는 기회를 제공
	(5) 학습자의 도약이 있는 배움은 어느 지점에서 이루어지고 있는가?	구체적 조작물을 통하여 정확히 [illegible] 말로 표현하기와 글로 나타내기에서 이루어짐
II. 교사의 활동	(1) 학생간의 협동과 배움의 도약이 일어나도록 수업을 조직하였는가?	C자 배치와 짝활동을 중심으로 이루어졌으며, 협력이 일어날 수 있는 모둠활성화 고려
	(2) 학습자 한명 한명에 대한 교사의 대응이 적절하였는가?	학생에 대해 관심을 갖고 작은 소리도 들으며 적절하게 대응함
III. 교실에서의 관계	(1) 교사와 학생, 학생과 학생이 서로 경청하는 자세가 잘 형성되어 있는가?	학생들의 표정, 말, 행동속에서 상호작용이 잘 이루어지며, 경청하는 자세가 잘 형성되어 있음
	(2) 학생간에 서로 묻고 가르쳐주는 협동적인 배움이 일어나고 있는가?	학생간에 '협력'적인 배움이 일어나도록 활동계획을 세우며, 모둠활동을 [illegible] 협동적인 배움이 일어나도록 고려
IV. 느낀 점 (배운 점)	교실에 들어서니 선생님께 차렷하고, 아이들을 배려하고 존중해 주어 아이들의 표정이 밝고 거침없는게 좋았습니다. 경력이 3년차이시지만 학습자료를 적시에 사용하여 학습효과를 높이고 아이들이 직접 몸으로 느낄 수 있도록 하여 학습목표에 도달한 점이 인상깊었습니다.	

생각해보기

1. 교내외 연구 모임 혹은 동아리 활동에 참여하고 있는가?
   - 하고 있다면 그 주제 및 영역, 그리고 이유는 무엇인가?
   - 하고 있지 않다면 그 이유는 무엇인가?
2. 현재 교내에는 교사의 수업 연구 및 협의회 활동을 적극 지원할 수 있는 시스템 및 체계가 마련되어 있는가?
   - 마련되어 있다면 현재 여러분의 학교는 그것을 어떻게 활용하고 있는가?
   - 마련되어 있지 않다면 이를 위해 어떤 방안이 마련되어야 하겠는가?
3. 현재 교내에서는 수업 공개를 어떤 방식으로 하고 있는가?
   - 의무적으로 하고 있는가 아니면 자율적으로 하고 있는가?
   - 수업의 질 개선 차원에서 하고 있는가 아니면 평가 차원에서 하고 있는가?
   - 수업 관찰에 있어서 무엇을 가지고 어떻게 임하는가?(아직도 정량적인 체크리스트 중심의 관찰을 하고 있는 것은 아닌가?)
   - 현재의 수업 공개 및 수업 관찰에 대한 방식을 극복하기 위한 대안은 갖고 있는가?

아래 자료는 지금까지 내가 꾸준히 보완해 오면서 사용하고 있는 수업 보기의 틀이다. 개인적으로 이런 틀을 만들어 공유하는 것에 대해서는 별로 바람직하지 않다고 생각한다. 공유되는 순간 또 다른 획일화를 낳기 때문이다. 처음에는 이런 것을 통해서라도 수업을 보는 틀을 마련하는 것이 잘못된 것은 아니지만 그 틀을 사용하기만 하는 지점에 머물게 되는 현상이 거의 대부분이기 때문이다. 이 틀이 그것을 뛰어넘어 자신만의 '수업 보기의 틀'을 마련하는 데 초석이 된다면 굉장히 기쁜 마음으로 공유할 수 있다. 하지만 그 지점을 뛰어넘지 못한다면 이 틀을 공유하는 데 있어서 나는 회의적이라는 견해를 미리 밝혀 둔다.

수업, 그리고 교사의 성장을 위한 중요 체크 포인트

하나. 비평	
1) 교사의 수업에 담긴 핵심 의도(아이들이 무엇을 배워 알기를 바라는가)는 무엇인가?	
1-1) 교사의 의도대로 수업이 진행되었는가?	
2) 교사의 핵심 의도를 달성하기 위해 선정한 주제가 적절했는가?(아이들 삶과의 연관성)	

2-1) 교사의 의도와 아이들의 배움은 조화로웠는가?	
3) 교사의 수업 흐름을 간략히 정리해 보자.	
3-1) 교사 ↔ 아이들, 아이 ↔ 내면, 아이들 ↔ 아이들 간의 상호작용은 어떠하였는가?	
4) 선정된 주제 및 핵심 의도를 위해 교사는 어떤 자료를 활용하였는가?	
4-1) 주목해야 할 교사의 행위는 있었는가?	
4-2) 교사는 아이들이 무엇을 하게 하였는가?	
5) 교사의 수업을 보면서 궁금한 점이 있다면?	
6) 교사의 수업에서 가장 큰 의미를 부여하고 싶은 부분(인상적인 부분)이 있다면?	
7) 협동학습의 네 가지 원리 및 철학이 잘 스며들어 있는가?(긍정적 상호의존, 개인적 책임, 동등한 참여, 동시다발적 상호작용)	
둘. 아이의 눈	
1) 본 수업에서 아이들은 주로 무엇(표상활동 : 행위, 말, 글, 조작, 체험, 작품 등 아이들의 언어 이해하기)을 하였으며 그것이 교사의 핵심 의도 및 주제, 배움과 잘 연결되었는가?	
1-1) 본 수업에서 아이들의 배움과 가장 잘 연결된 부분은 어디인가?	
1-2) 본 수업에서 어떤 부분이 아이들로 하여금 주춤하게 만들었는가?(발전적 대안은?)	
1-3) 본 수업에서 배움으로부터 멀어졌거나 소외된 아이가 있었는가?(발전적 대안은?)	
1-4) 교사의 핵심 의도가 아이들의 배움과 연결되기까지 충분한 시간이 주어졌는가?	

2) 본 수업에서 특별히 눈에 띄는 상황이나 아이, 결과가 있었는가?(인상적인 면, 고민이 되는 면, 생각해 볼 점 등)

셋. 교사의 내면적 성찰

1) 교사는 수업을 진행하면서 아이들 스스로 배움을 만들어 가도록 돕는 일에 자신감을 가지고 활동하였는가? (예/아니요, 어떤 부분, 그렇게 생각하는 이유)

2) 교사가 수업을 진행하면서 아이들 스스로 배움을 만들어 가도록 돕는 일에 두려움을 느끼고 있다고 여겨지는 부분이 있었는가?(어떤 부분, 그렇게 생각하는 이유)

3) 교사의 본래 의도 혹은 계획과 달라진 부분 혹은 진행되지 않았다고 여겨지는 부분은 없었는가?(어떤 부분, 그렇게 생각하는 이유, 그때 수업교사의 내면은 심리적으로 어떤 상태였을까?)

4) 교사의 가르침(의도)과 아이들의 배움이 서로 어긋난 지점은 없었는가?(어떤 부분, 그렇게 생각하는 이유, 그때 교사의 내면은 심리적으로 어떤 상태였을까?)

5) 수업을 관찰하면서 느낀 점을 바탕으로 평소 자신의 수업을 돌아보았을 때 느껴지는 내면의 목소리는 어떤 것들이 있는가?(수업을 바라보고 있는 나 자신의 목소리, 수업을 통해 깨달은 점, 수업을 통해 얻은 고민들, 수업이 나에게 안겨 준 과제 등)

3) 협동학습의 바람직한 실천적 적용을 위한 최소한의 필요충분조건

철학, 전문지식, 수업기술

이제 많은 사람들이 협동학습을 말한다. 그리고 마치 모든 교사가 꼭 배워야만 하는 것처럼 말한다. 하지만 나는 그런 시각을 경계한다. 꼭 협동학습이어야만 할 필요도 없거니와 협동학습만으로는 부족함 또한 많다. 어느 이론이든지 완벽할 수는 없다. 그것들을 보완해 줄 수 있는 또 다른 학문적, 철학적, 기술적 뒷받침들이 반드시 필요하다. 이런 관점으로 바라볼 때, 협동학습을 바람직한 방향

협동학습에 필요한 세 가지 요소

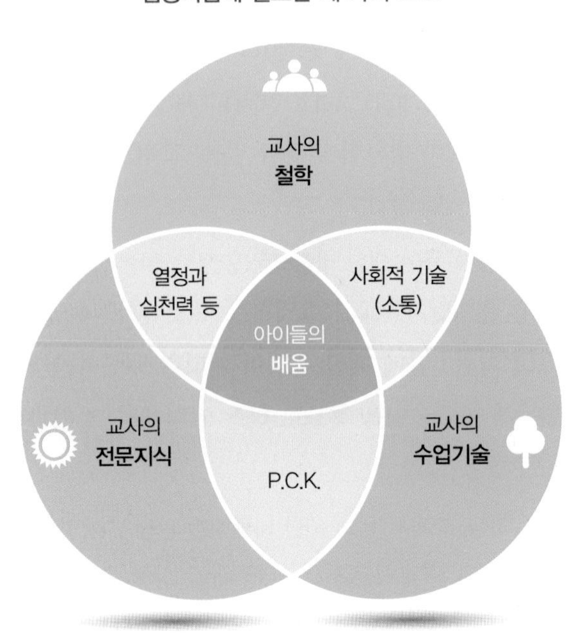

으로 실천해 나가고자 하는 교사들에게 아래와 같은 세 가지 요소에 따르는 내용들을 지속적으로 연구해 나갈 것을 강력히 권한다.(이에 대한 보다 깊이 있는 내용은 협동학습, 교사를 바꾸다, 이상우, 2012, 시그마프레스; 살아 있는 협동학습, 이상우, 2009, 시그마프레스; 협동학습으로 토의·토론 달인 되기, 이상우, 2011, 시그마프레스 참조)

(1) 교사의 철학

여기서 말하는 철학이란 인식론, 존재론, 관념론 따위의 것, 학문적인 것을 의미하는 것이 아니라 무엇인가를 바라보고 생각하고 행함에 있어서 그 중심이 되는 핵심 원리, 원칙을 말한다. 이에 대한 몇 가지만 조금 더 세부적으로 살펴보면 다음과 같다.

1. 협동(경쟁에 반대한다)의 철학과 그 실천(스티커 보상, 서열화 금지 등) : 경쟁은 아이들의 자존감에 상처를 주고 '함께'라는 가치를 파괴시키는 가장 강력한 도구 ⇨ 교실에서 '경쟁' 없애기 혹은 최소화하기(이상우, 2012)
2. 아이들에 대한 이해 : 아동관(수동적 존재인가, 능동적 존재인가, 교사와 동등한 위치에서 함께 탐구하고 연구하며 배워 나가는 존재인가, 교사의 권위 아래에서 지시와 통제를 받으며 생활하는 존재인가 등), 학년별 발달적 특성, 아동 존중, 아이들에 대한 믿음(하나－아이들

의 배움의 과정을 중시, 둘－아이들의 가능성을 존중, 셋－아이들이 자신의 세계를 만들어 가고 자신의 삶을 가꾸도록 돕기)(이상우, 2012)

3 **세상을 바라보는 시각과 관점(세계관) 그리고 믿음(희망)** : 경쟁사회인가, 협동사회인가, 경쟁을 조장하는 사회인가 등에 대한 명확한 입장과 믿음, 그리고 현재의 불편한 진실들을 극복하고자 하는 노력 등(이상우, 2012)

4 **교육철학, 교사론, 수업, 공부 등에 대한 바람직한 관점** : 교육이란 무엇인가? 교육의 목적은 무엇인가? 교사란 어떤 존재인가? 교사의 역할은 무엇인가? 수업은 왜 하지? 공부는 왜 하지? 배움이란? 가르침이란? 등에 대한 관점이 어떠한가에 따라 학교, 교실은 많이 달라짐(특히 혁신학교, 협동적 학급운영을 목표로 하는 교실에서 그 영향력은 더욱 크다.)(이상우, 2012)

5 **(협동적) 학급운영, 교육과정, 교과서 등에 대한 바람직한 관점** : '어떻게'보다는 '무엇을'을, '무엇을'보다는 '왜'를, '왜'보다는 '교사로서의 나에 대한 성찰'을 더 우선해야만 비로소 답을 찾을 수 있는 관점들(교사가 어떤 관점을 갖고 있느냐에 따라 고민의 지점과 깊이가 달라짐)(이상우, 2009)

드라마 "여왕의 교실"이 우리에게 전하는 철학적 고민

꿈과 희망을 가지고 지내려는 아이들에게 혹독한 현실에 대해 이야기하며 아이들을 성적으로 차별하는 교실. 하지만 마여진 선생의 말을 잘 들어 보면 어느 하나 틀린 말은 사실 없다. 그러다 보니 그의 말은 곧 명대사가 되어 버렸다.

14편에서 마여진 선생이 아이들에게 묻는다.

"너희는 공부를 왜 하는 거니?"

"좋은 대학에 들어가기 위해섭니다."

"좋은 대학에 들어가면?"

"그러고서는 …… 고시를 친다거나, 좋은 회사에 취업을 ……."

"그다음엔?"

"최선을 다해 열심히 일합니다."

"열심히 일하면 사장이 되는 게 목표인가?"

여왕의 교실

착한 사람에겐 끝내 복이 찾아온다는 동화를 들려주지만, 어른들은 알고 있다.
착하게만 살았다가는 굶어 죽기 딱 좋다는 걸.
하여, 때론 남에게 야박하게 굴 줄도 알아야 능력 있다고 생각한다.
나쁜 짓을 하면 반드시 벌을 받게 된다고 혼을 내지만, 어른들은 알고 있다.
나쁜 짓을 해도 힘이 센 사람의 편이라면 아무 문제 없다는 걸.
하여, 벌이란 나쁜 자에 대한 심판이 아니라, 약자의 운명으로 여긴다.
정의는 승리한다고 가르치고,
우정은 소중하다고 가르치고,
봉사는 훌륭하다고 가르치지만.
어른들은 알고 있다. 세상 돌아가는 이치가 그렇지 않다는 것쯤은.
그런데, 여기.
현실의 불편한 진실을 아이들에게 냉정하게 알려주는 선생님이 있다.
그 뿐 아니라, 스스로가 그 부조리한 사회를 닮은 권력이 되어,
교실의 아이들을 협박하고 이간질해 분열시키는 방식으로 통제하고 굴복시키려 한다.
아이들은 윤리시험의 답안을 고르는 것이 아니라,
실존적 한계상황 앞에서 자신의 세계관과 삶의 태도를 선택해야 하는 처지로 내몰린다.
그래서, 아이들은
두려움에 절망하고, 배신당해 상처받고, 싸우다 번번히 깨져나가지만
끝내 스스로의 길을 찾아가기 시작한다.
자유와 책임, 배움과 행복의 가치를 발견해낸 순간, 환하게 빛나는 아이들의 얼굴은
묵직한 울림으로 찬란한 감동을 빚어낸다.

힐링멘토의 위로가 정글의 법칙이 지배하는 현실 앞에서 소용이 없어진 이들에게,
분노하겠다던 의지가 거대한 체제의 폭력 앞에서 너무 쉽게 초라해짐을 겪었던 이들에게,
바람보다 더 빨리 눕고, 바람보다 더 빨리 울지만,
바람보다 더 먼저 일어나는 '풀'의 단단함을 되새기는 시간이 되기를.

제작진의 기획의도

"꼭 그런 건 아니지만 ……."

"꼭 그런 건 아니지만 돈을 벌고 출세하기 위해 공부를 한다? 그런데 회사가 망해 버리면 어떻게 되는 거지? 아니면 회사가 너희들을 정리해고해 버리면? 좋은 직장을 얻어 풍족한 삶을 살기 위해 했던 공부는 한순간에 소용이 없을 텐데?"

마여진 선생은 말하자면 우파적인 현실을 아이들에게 적나라하게 보여 주는 역할을 스스로 자처했다. 이 사회에서 상위 1%만이 모든 권력과 행복을 얻는다는 말을 하며 자본주의 사회의 현실을 여실히 드러내 보였다. 반면, 이 반에서 그런 마여진 선생과 가장 대립하는 역할을 가진 사람은 심하나인데 그녀는 경쟁, 성장위주의 가치관보다 온정주의적이고 친구들끼리의 화합을 도모하는 인물로 그려진다. 마여진 선생에게 심하나라는 아이는 아마도 우리 현실 속에서의 문제를 풀어 나가기 위한 첫 단추이나 도미노에서의 첫 번째 조각이었을 것이라 여겨진다. 사회, 부모, 어른들에 의해서 무조건 상위 1%의 삶을 추구하며 힘들게 살아가야 하는 6학년 3반 아이들을 변화시키기 위한 첫 번째 도미노. 그러나 그 아이 하나로는 부족하다는 것을 깨달아 일부러 '꼴찌조'라는 것을 만들고 심하나에게 동료를 만들어 주었다. 상하좌우의 조합이 잘 맞아떨어진 환상의 모둠과 조합. 늘 1등을 하는 김서현, 늘 꼴찌를 하는 오동구, 늘 밝은 심하나와 늘 어두운 모습을 하고 있는 은보미. 이렇게 4명은 '친구'라는 이름 아래 평등을 외치며 하나로 뭉치자 결국 '꼴찌조'는 교실을 변화시키기에 이른다.

사실 '꼴찌조'가 활약을 하기 전까지 6학년 3반 교실은 우리 사회 현실의 축소판이나 다름없었다. 부모들이 하는 것들을 그대로 따라 하는 아이들은 성적과 얼마나 가졌는가를 기준으로 서열을 매겼고, 권력 구조에 따라 고나리파와 황수진파로 나뉘어 싸우기도 했다. 이런 상태에서 아이들은 자신의 생각이나 의사와는 상관없이 부모들의 생각에 따라 이리저리 휩쓸려 갈 수밖에 없었다. 그러는 동안 자신의 꿈은 무엇이고 자신이 진정 무엇을 원하고 있는지에 대해서는 고민하지 못하고 그로부터 멀어져만 갔다. 실제로도 우리의 현실적 삶 속에서 경쟁과 친구에 대한 사랑은 공존하기 어려운 것이 사실이다. '내가 재를 밟고 올라서야지.'라는 마음을 갖는 것이 전의를 더 불태울 수 있는

것이니까. 또한 경쟁이 심화되고 사회의 모든 현상을 주도하게 될수록 보이지 않는 사람과 사람 간의 칼날과도 같은 '계급과 수직구조, 이익구조'가 서로를 점점 더 멀어지게 만들고, 꿈도 희망도 사라지게 만드니까 말이다. 하지만 그렇다고 모두가 다 그렇게 살아가는 것은 아니다. 실제의 삶 속에서도 꿈과 희망을 잃지 않고 '함께'라는 가치를 믿으며 실현해 나가는 사람 또한 많다. 그래서 아직 우리 세상은 참으로 살아갈 맛이 난다고 나는 분명히 믿는다. 이 드라마에서 아이들, 특히 '꼴찌조'는 그것을 보여 주었다. 그래서 더 감동적이었다.

흔히 냉소주의는 인간중심적 사고와 정면으로 대립한다고들 한다. 인간중심적 사고의 핵심에 놓여 있는 것은 모든 개인의 고유한 가치에 대한 믿음이고 냉소주의는 이러한 믿음에 의문을 제기하기 때문이다. 인간을 마치 상품처럼 등급화, 유형화하여 거래 대상으로 만드는 결혼정보회사들의 번성은 이러한 냉소주의적 시각을 뒷받침해 준다. 하지만 사람들은 인간 자신을 멸시하는 냉소주의적 시각을 쉽게 받아들이지 못한다. 자본주의의 발전과 냉소주의의 확산은 역설적으로 인간의 가치를 향한 더 큰 욕구를 불러일으킨다. 열정과 냉소는 서로 대립하면서도 맞물려 있다. 이것이 우리가 희망을 가지고 살아가는 이유이기도 하다.

냉소주의를 의도적으로 자처한 마 선생과 인간중심적 사고의 심하나가 팽팽히 대립되는 가운데 아이들이 스스로 성장해 나가는 모습을 그린 드라마가 어느새 종영을 맞이했다. 이제껏 둘의 모습을 보면서 재미있었던 것은 양측의 말을 들어 보았을 때 모두 이해가 가고 공감이 가는 합당한 말들을 했다는 것이다. 나 혼자 잘 먹고 잘 사는 것도 중요하고 '다 함께'라는 가치를 믿으며 모두가 잘 사는 세상을 만들어 나가는 것도 중요하다. 그래서 결국 마여진 선생이 심하나와 반 아이들 모두에게 던진 말은 우리에게 큰 울림을 던져 주고 있는 것 같다.

"심하나, 네가 믿는 걸 믿도록. 지금의 그 마음, 잊지 마. 너희들 모두."

이상주의자는 다치기 쉽다. 자신의 굳은 믿음이 현실과 다르기에 현실 앞에서 수백 번이고 무너지고 말 것이다. 그래서 마 선생이 사회에서 힘든 일들을 겪기 이전에 몸소 총대를 짊어지고 험난한 사회의 체험판이 되어 주었던 것은 아닐까 생각한다. 그리고 그런 모습을 지켜보면서 나는 교사로서 깊이 있는 반성의 눈물을 흘리고 성찰적 목소리를 내지 않을 수 없었다. 이제 남은 것은 하나이다. 마여진 선생의 말처럼 무엇을 믿고 그것을 위해서 노력을 할 것인지, 아니면 그냥 현실에 안주할 것인지. 어느 쪽이든 쉽지는 않을 것이다. 그렇지만 자신이 믿는 삶에 조금이라도 다가간다면 그 어떤 말로도 형언할 수 없을 정도로 행복해질 거라고 나는 믿는다. 그리고 그런 신념을 가지고 오늘도 아이들 앞에 서고 있다.

오해는 없기 바란다. 마여진 선생의 교육방식이 결코 옳았다고, 그것이 참교육이라고 말하는 것은 아니다. 또한 마여진 선생이 좋은 선생인지 아닌지에 대한 판단은 내릴 필요도 없다고 본다. 어디까지나 드라마는 드라마일 뿐이고, 드라마가 우리에게 전하고자 했던 메시지(우리 사회가 현재 어디까지 와 있는가를 둘러보고, 마여진 선생과 같은 교사가 나타나서 극단적인 처방을 통해 교육을 하기 전에 아이들이 각자 꿈을 꾸고 그것을 키워 나갈 수 있는, 아이들이 행복한 교육, 학교를 만들어 나가야 한다고 말하고 있는 것)가 있다는 것에 관심을 가져 주었으면 하는 바람일 뿐이다.

드라마 초반에 친구들에게 배신당하고 왕따를 당했던 심하나가 마여진 선생에게 했던 "난 내가 믿는 걸 믿어요. 우정은 소중한 것이고 언젠가는 진실이 꼭 이길 거예요. 선생님이 틀렸어요."라는 말과 그것을 증명하기 위해 했던 수많은 노력들, 아이들로 하여금 자신이 틀렸음을 증명해 낼 수 있도록 하기 위해 아이들을 몰아붙였던 마여진 선생의 교육(결국은 마여진 선생이 옳았던 것), 그리고 마지막 순간에 "심하나, 네가 믿는 걸 믿어!"라는 말로 자신의 패배를 인정함과 동시에 속으로 학급운영의 성공과 교육적 완성을 기뻐하는 마여진 선생의 보일 듯 말 듯한 표정 속에서 나는 여러 번 눈물을 흘렸고 정말 좋은 드라마였다고 평가하고 있으며 대한민국의 교사들과 학부모들이라면 꼭 봐야 할 것이라 생각하고 있다.

[13편에서]

▶ 마여진 선생이 자살을 시도하는 김도진 학생을 끌어안고 던진 말

"니가 널 버리지 않는다면 아무도 널 버릴 수 없어. 스스로를 소중히 여겨. 그리고 그 마음으로 니 주변에 친구들을 함부로 대하지 말고 소중히 아끼며 사는 거야. 넌 혼자가 아니니까."

(이후 김도진과 학급 친구들은 서로의 소중함을 깊이 깨달으며 하나가 된다. 그러면서 서로를 있는 그대로 받아주는 일, 용서, 수용, 미안하다는 말, 진정한 용기, 희생 등을 알게 된다.)

▶ 마여진 선생이 국제중 입시를 목표로 학원에 다니라는 심하나 엄마 vs 실력도 안 되는 국제중 대비반 학원에 가기 싫다는 심하나의 모습을 보며 던진 충고의 말

"니 맘대로 하고 싶다면 집을 나와서 독립하면 돼. 부모님 밑에서 살아야 한다면 부모님 뜻에 살아야 하는 거야. 싫다면 네 뜻을 분명히 하고 설득하고 이해시키는 방법이 있어. 그런데 그것도 아닌

거고. 넌 그냥 땡깡 부리는 거잖아."

▶ 마여진 선생이 부모님과의 갈등으로 불만들이 가득한 반 아이들에게 던진 말

"부모님들이 이런 말씀 자주 하시지. 너희들은 나처럼 살지 말아라 아니면 나처럼 살아라. 그 말에서 중요한 건 너희들이 아니라 부모님 자신이야. 그러니까 너희들이 뭘 아는가보다 몇 점을 맞았느냐가 더 중요한 거야. 뭘 아느냐는 너희들의 것이 되지만 점수는 부모들의 자랑이 되는 거니까. 능력 있는 부모의 안전한 보호 속에 평생 편안하게 살 수도 있지. 싫다면 기억해. 고통 없는 자유는 없어."(이 모든 것은 아이들이 부모님과 진정으로 소통하는 방법을 알게 해 주고자 한 말)

▶ 마여진 선생의 충고에 주인공인 심하나가 아이들 앞에서 진심을 담아 한 말

"우리가 부모님을 설득하려는 노력을 안 한 건 아닐까. 무조건 투정만 부리고 부모님이 내 맘 몰라줄 거라고 생각하고."(그리고 산들초등학교 2학기 부모님의 참관 수업 날, 아이들 모두는 교실 뒤편에 와 있는 엄마를 쳐다보며 자신의 속마음을 이야기한다. 감동받는 모든 엄마들. 그렇게 아이들은 부모님과 진정으로 소통하는 방법을 배우게 된다.)

[14편에서]

▶ 아이들이 학급운영에 대한 자율권을 얻은 뒤 환호하는 모습을 보면서 마여진 선생이 던진 말

"사람들은 자유를 원해서 얻으면 환호하지만, 그다음엔 무엇을 위해 싸웠는지 잊어버린다. 잃어버리고 또 후회한다. 친구들을 원망하지 마라. 눈앞에 작은 이익에 쉽게 흔들리고 배신하는 것은 인간의 속성이다. 멀지 않았다. 내가 너희들에게 다시 뺏어 올 날이 곧 올 것이라는 것, 그리고 그날 너희는 그걸 가질 자격이 없다는 게 증명될 것이라는 것을."

▶ 주인공인 심하나가 어떤 상황에 대한 선생님의 의견을 구하는 장면에서 마여진 선생이 던진 말

"아직도 어리광이 심하구나. 너에게 중요한 문제라면서 판단의 답을 다른 사람에게 묻고 있는 거잖아. 살아가는 동안 지금처럼 혼란스럽고 흔들리는 순간들이 아주 많을 텐데 그때마다 누군가를 찾아가서 물어볼 거니? 답을 내려 달라고. 네가 생각하고 네가 판단해. 그리고 그 결정의 책임까지 모두 네가 감당해야 하는 거야. 비록 지금의 답이 틀린다 해도 지금 당장 소중한 무언가를 잃는다 해도 두려워해선 안 돼."(마여진 선생이 아이들에게 가르치고자 했던 것)

▶ 교육 위원 참관수업 날, 김서현의 질문과 마여진 선생의 답변

김서현 : "선생님은 돈을 벌고 출세하기 위해서 하는 공부는 의미 없다고 가르쳐 주셨습니다. 그럼 공부는 왜 해야 하는 것인가요?"

마여진 선생 : "공부는 해야 하는 것이 아니야. 공부는 하게 되는 거야. 처음 세상에 태어난 아기는

온갖 신기한 것들로 가득한 세상을 만나게 돼. 나를 안아 주는 사람은 누굴까. 저 앞에 반짝이는 것들은 무얼까. 이 모든 것들을 하나씩 알아 가게 되면서 아기는 엄마라는 말도 하게 되고 장난감도 갖고 놀 수 있게 되는 거야. 이렇게 배우고 익혀 나가는 과정이 공부야."

"공부는 교과서에만 있는 것도 아니야. 공부는 시험을 치기 위해서만 있는 것도 아니야. 모든 인간이 가진 세상에 대한 순수한 호기심과 그 호기심을 풀어 나가는 과정이 공부야. 그러니 좋은 대학, 직장이 공부의 목적일 수는 없어. 시험과 성적이 공부의 모든 결과일 수 없고. 너희들은 공부는 하기 싫은 의무쯤으로 생각하지만 공부는 인간만이 누릴 수 있는 최고의 특권이야."

▶ 교육 위원 참관수업 날, 은보미의 질문과 마여진 선생의 답변

은보미 : "선생님은 왜 저희를 엄격하게만 대하는 거죠? 솔직히 선생님이 우리를 괴롭힌다고 생각한 적이 많습니다. 그 이유를 말씀해 주세요."

마여진 선생 : "동화 같은 세상은 없기 때문이야. 너희들이 살아가는 세상에서는 착한 사람은 억울하고 가난할 거야. 나쁜 짓을 해도 힘이 센 사람 편이라면 벌 대신 상을 받을 거고. 어른이 되면 내가 너희들에게 한 것보다 훨씬 심한 일들과 싸워야 할 거야. 그 순간마다 선택은 너희들의 몫이야. 하지만 그 결과 역시 너희들에게 돌아올 거야. 그동안 나와 싸우면서 뭘 배웠지? 사는 동안 너희들을 괴롭히는 문제 앞에서 초능력 따윈 현실에선 없어. 대신 한 가지 가능한 희망이 있을 뿐이지. 너희들 중에 누군가는 그 경험을 했을지도 모르겠구나."

▶ 교육 위원 참관수업 날, 심하나의 질문과 마여진 선생의 답변

심하나 : "선생님께선 세상에서 행복한 삶을 누릴 수 있는 사람은 백 명 중에 한 명, 단 1%뿐이라고 말씀하셨는데요. 왜 그렇죠? 저는 꼭 그렇지 않다고 생각합니다. 서현이는 책을 읽을 때 행복하다고 하지만 오동구는 곤충하고 놀 때 행복하다고 하고 보미는 만화를 그릴 때 행복하다고 하지만 저는 보미가 만화를 그려 줬을 때 행복했거든요. 행복은 딱 정해진 건 아니라고 생각합니다. 친구들이 다 다르듯이 친구들마다 행복도 다르니까요. 그러니까 25명 있는 우리 반에는 25개의 다른 행복이 있지 않을까요? 그런 거라면 전 우리 반 25명 모두 행복해질 수 있을 거라고 생각합니다."

마여진 선생 : "심하나~!!! 네가 믿는 걸 믿어. 그리고 그걸 잊지 마. 너희들 모두." (이것이 바로 마여진 선생이 산들초등학교 6학년 3반 아이들 스스로가 깨닫기를 바랐던 것)

▶ 교육 위원 참관수업 날, 본격적인 수업 직전 마여진 선생이 던진 말

"인생을 불평, 불만, 후회 속에서 살아가고 있는 사람들이 있다면 찌질대지 말고 잘 들어. 어리광 그만 부려. 누구에게나 지나간 시간은 다시 오지 않아. 그 시간을 어떻게 보내느냐는 각자의 선택에

달린 거야. 잊지 마."

[15편에서]

▶ 교단을 물러나기 전 마지막 수업에서 마여진 선생은 절제된 목소리로 아이들을 향해 진심 어린 마지막 충고의 말을 던진다.

"선생님께 물어봐서 결정하겠다는 어리광은 이제 그만 부려. 언제까지 선생님, 선생님 찾으면서 살 건데. 답은 너희들 안에 이미 있어. 알 수 없는 내일이 불안한 건 당연한 일이야. 하지만 그 불안함 때문에 오늘을 낭비하고 사는 건 가장 멍청한 짓이고."

"너희 같은 애들의 내일이 어떨지 알려 줄까? 너희들은 매일매일을 두려움에 떨며 살 거야. 세상을 살다 보면 불안한 속삭임과 너희들에게 두려움과 공포를 심어 주는 많은 사람을 만나게 될 거야. 좋은 대학을 나오지 않으면 낙오자가 될 거다. 성형수술을 해서 예뻐지지 않으면 모두가 널 미워할 거다. 두렵지. 내일을 위해서 오늘을 희생하면서 살아야 한다."

"하지만 기억해. 너희들이 살 수 있는 시간은 어제도 아니고 내일도 아니고 오직 오늘, 지금 여기에서의 시간밖에 없어. 마음이 불안해질 때마다 살아 있는 너희들을 느껴. 눈을 감으면 불어오는 바람. 가슴에 손을 얹으면 심장의 두근거림. 귀를 기울이면 친구들의 웃음소리가 들릴 거야. 미래에 대한 두려움 때문에 오늘 너희들에게 소중한 것들을 포기하는 멍청한 짓을 하지 마."

"꿈이 없다고? 뭐가 될지 모르겠다고? 그럼 13살 6학년 지금 할 수 있고 하고 싶고 해야 하는 일들에 최선을 다해. 틀려도 괜찮아. 실패해도 괜찮아. 오늘의 시간마다 최선을 다하다 보면 너희들을 알게 될 거고 내일의 꿈이 보이기 시작할 거야."

"6학년 너희들이 해야 할 일에서 도망가지 말고 누려야 할 행복을 찾아 충분히 누리면서 살아. 또 내가 행복해야 하듯 내 친구들도 행복해야 한다는 걸 잊지 마. 나를 소중히 여기고 그 마음으로 친구들을 소중히 여기고 최선을 다해. 친구와 함께 오늘을 행복하게 살 수 있도록."

▶ 마여진 선생의 독한 수업방식에 대한 우려로 마여진 선생을 조사한 교육위원이 던진 질문과 그에 대한 마여진 선생의 답변

교육위원 : 스스로가 부조리한 사회권력이 되어, 아이들로 하여금 뛰어넘게 만들어 성장시키려는 교육 방식. 그걸 계속 하실 겁니까?

마여진 선생 : 아이들이 살아가야 할 괴물 같은 현실이 바뀌지 않는다면 저는 계속해서 이런 식으로 교실에서 아이들을 만날 겁니다.

교육위원 : 그게 위험한 방법이라는 생각은 안 하십니까?

마여진 선생 : 불가능한 기적을 믿는 게 아닙니다. 아이들 안에 있는 가능성을 믿습니다.

[16편에서]

▶ 양민희 선생은 떠나는 마여진 선생을 붙잡고 질문을 주고받는다.

양민희 선생 : "선생님은 교사를 왜 사명으로 정했나요?"(선생님이라는 직업에 대한 생각을 물음)

마여진 선생 : "아이들은 기적을 만들기 때문입니다. 교사는 그저 안내자일 뿐. 스스로 자기 갈 길을 찾은 아이들은 자신의 삶과 세상을 나은 방향으로 변화시키죠."

▶ 마여진 선생이 학교를 떠나며 고나리 엄마(마여진 선생을 학교에서 몰아내기 위해 앞장선 학부모로 부와 권력을 상징하는 학부모임)와 나눈 이야기

마지막 엔딩 장면 : 처음으로 보여 준 마여진 선생의 미소가 아직도 머리에서 떠나지 않는다.

고나리 엄마 : 역시 선생님은 부러지더라도 굽히시지 않는 분이군요. 그런데 마 선생, 마 선생님이 꿈꾸는 그 허황된 희망이 과연 현실에서도 이루어질 수 있을까요? 현실에서의 승자는 항상 제가 속해 있는 편이던데.

마여진 선생 : 그런가요?

고나리 엄마 : 마 선생님도 잘 아시지 않나요?

마여진 선생 : 그런데 왜 저를 그렇게 두려워하셨어요?

고나리 엄마 : 네?

마여진 선생 : 제가 바라는 희망이 그렇게 허황된 것일 뿐이라면 왜 그렇게까지 애쓰셔서 저를 내몰려고 하신 거죠? (잠시 고나리 엄마는 말을 잇지 못하고 당황하는 표정을 짓고 있다.) 나리 어머님도 알고 계시기 때문 아닌가요? 가끔은 희망이 현실을 바꾸기도 한다는 걸. (고나리 엄마는 할 말을 잃어버림.)

(이 대목은 그동안 마구잡이로 내뱉던 마여진 선생의 말이 단순한 독설이 아닌 몸에 좋은 쓴 약이었다는 것을 깨닫게 해 주기에 충분했다. 교사인 내게도 그 울림이 전해졌고 아직도 그치지 않고 있으니 말이다. 자신의 소신과 철학, 가능성이 무한한 아이들을 끌어 주는 교사로서의 직업적 사명, 그리고 자신의 희망, 꿈, 아이들을 믿었기에 강행할 수 있었던 마여진 선생의 학급운영 및 수업 방식. 기본적으로 마 선생은 아이들을 아직은 어린아이, 아무것도 모르는 아이가 아니라 스스로 선택할 줄 알고, 그 선택에 책임질 수 있는 독립된 인격체로, 자기 스스로의 삶을 가꾸어 나갈 줄 아는 아이

들로 바라보고 있었던 것이라는 생각이 들었다. 그리고 자신이 가르쳤던 그대로를 자신의 삶에서 실천—언행일치—하려 했던 마여진 선생의 모습 속에서 진정한 스승상을 느껴 볼 수 있었고, 마지막 떠나는 그 뒷모습에서도 당당함이 전해졌다. 그리고 마여진 선생에 대한 용현자 교장의 이 말 한 마디는 아직도 나를 고민하게 만든다. "마여진 선생은 학생의 모든 잘못은 선생 책임이라 생각하는 사람이다. 아이들 관한 한 참 미련한 사람이다.")

모든 이미지 출처 : http://www.imbc.com/broad/tv/drama/qc/index.html

혁신학교가 답이다!

교실이 정글처럼 변했다. 약육강식의 원리가 지배하는 곳. 친구라는 이름은 허울일 뿐, 계급과 부와 권력이 교실 또한 지배한 지 오래다. 사회가, 부모가, 학교가, 교사가 교실을 그렇게 만들었던 것이다. 그리고 아이들은 그저 사회, 부모, 학교, 선생님을 따라 하고 있을 뿐이다. 착한 사람은 억울하고 가난하며 힘이 센 사람은 나쁜 짓을 해도 상을 받는, 어른들의 세상을 그대로 흉내 내고 있는 아이들. '왜 스스로 바꾸지 않고 남이 바꾸어 주길 바랄까?' 하는 의문점에서 출발해서 '남이 바꾸어 주길 바라지 말고 스스로 세상을 바꾸어 가자!'는 확신을 갖고 그런 세상, 그런 학교, 그런 교실을 만들기 위해 마여진 선생과 같은 방식은 아니지만 아이들이 행복한 학교, 아이들이 꿈꾸는 세상을 믿으며 그 실현을 위해 새롭게 시작한 교육운동. 그것이 바로 혁신학교다. 실제로 아이들은 조금씩 기적을 만들어 내고 있으며 스스로 자신의 갈 길을 찾아 열심히 노력하고 있는 아이들이 눈앞에 현실로 나타나고 있는 곳, 혁신학교!

현실에서 나타나고 있는 학원폭력이나 왕따 문제도 사실 해결 방법은 매우 간단하다. 아이들이 약육강식의 방식에 물들지 않고 자신의 행복을 찾아 열심히 노력하고 그것을 누리며 살아가면 된다. "행복은 딱 정해진 것은 아니라고 생각합니다. 친구들이 다 다르듯이 친구들마다 행복도 다 다르니까요."라는 드라마 속 대사처럼 그저 공부에서만 행복을 찾을 것이 아니라 각자 자신이 원하는 행복을 찾아서 충분히 누리며 산다면 아이들은 충분히 굳이 서열을 만들지 않고 심각한 경쟁을 하지도 않을 것이며 친구들도 괴롭히지 않을 것이다. 자신의 행복을 소중히 여기는 사람은 다른 사람의 행복 또한 소중하다는 것을 알기 때문이다. 결국 우리 사회를 힘들게 만드는 것은 행복하지 않은 아이들, 그것을 조장하고 있는 사회와 어른이다. 불확실한 먼 미래를 오늘에 저당 잡힌 채, 오직 공부만 강요받으며 살아가기 때문이다.

혁신학교가 이제는 답이다. 혁신학교와 교사들은 무엇을 어떻게 바꾸어야 하는지, 그러기 위해서는 무엇을 해야 하는지 답을 알고 있다. 그리고 말로만 하자고 하지 않고 몸으로 직접 진정한 배움, 진정한 공부, 꿈, 평등, 민주, 생태, 행복, 협동, 인권, 평화 등의 실현에 앞장서고 있다. 그래서 혁신학교 아이들과 부모, 그리고 교사들은 행복하다. 드라마 속의 6학년 3반 교사와 아이들이 해낸 것처럼 지금 혁신학교에서는 교사, 학생, 학부모 한 사람 한 사람이 자신이 해야 할 일에서 도망가지 않고 최선을 다해 살아가면서 자신이 누려야 할 행복을 누리며 살아가기 위해 애쓰고 있다. 그래서 이제 시작한 혁신학교지만 행복도, 만족도가 매우 높다. 혁신학교의 학교, 교사, 학생, 학부모 모두 변하지 않으면 안 된다는 것을 깨닫고 서서히 변해 가고 있다. 안타깝지만 드라마의 힘은 매우 크다. 혁신학교가 보여 준 답을 드라마가 증명해 주고 있다는 것(혁신학교를 살리는 것이 길이다.)을 안다면 이제 혁신학교는 공교육의 표준이자 모델이 되어야 할 것이며 일부 지역에서만 시행되어서는 안 될 일이다.

생각해보기

드라마 한 편이 우리에게 던지는 질문

1. 스스로 생각하기 시작한 아이, 스스로 자신의 꿈을 찾으려고 하는 아이, 과연 그런 아이를 여러분은 진짜 원하고 있는가?(교사로서, 어른으로서, 부모로서)
2. 그동안 여러분 혹은 우리 사회가 아이들을 위해서라고 했던 많은 것들이 사실은 어른들이 만든 세상에 아이들을 길들이려고 했던 것은 아니었는지?
3. 그동안 여러분 혹은 우리 사회가 아이들을 위해서라고 했던 많은 것들이 사실은 어른들이 만든 세계관을 세뇌시키려고 했던 것은 아니었는지?
4. 선생님 혹은 어른들 말을 잘 들으며 끝까지 선생님에게 의지하거나 어른들의 치맛자락을 붙잡고 사는 아이를 원한 것은 아니었는지?(말로는 "네가 이제 혼자 스스로의 힘으로 헤쳐 나갈 수 있겠지?"라고 하지만.)
5. 자신의 아이(제자, 자녀)가 그렇게 담담하게 품에서 벗어나 꿈을 이루기 위해 세상을 향해 나아갈 때 "너 자신을 믿어라."라고 격려하며 보내 줄 수 있는 부모, 교사가 될 마음의 각오가 되어 있는가?
6. 교사, 부모의 입장에서 어린아이들이 자신이 믿는 것을 믿는 독립적 인간이 되어도 된다고 보는가?
7. 자유와 책임, 진정한 교육의 가치와 행복에 대해 여러분 스스로 어떤 결론을 내릴 수 있겠는가?

(2) 교사의 수업기술

직접적인 수업 상황 속에서 교사가 갖추어야 할 다양한 수업기술을 말한다. 아무리 많은 전문지식을 갖추고 있다고 해도 실천 과정에서 제대로 구현해 내지 못하면 결국은 좋은 수업이 이루어질 수 없다. 이에 대한 몇 가지만 좀 더 세부적으로 살펴보면 아래와 같다.

1. **사고력 신장을 위한 수업기술(특히 고급사고력)** : 토의 및 토론, 문제해결력, 탐구능력, 기본사고를 바탕으로 한 고등정신기능 향상, 창의적 사고, 풍부한 상상력 등을 신장시킬 수 있는 다양한 수업기술(이상우, 2009, 2011, 2012)
2. **협동학습 구조 활용능력** : 다양한 상황에서 나름의 목적을 가지고 개발된 협동학습 사고의 틀(구조)을 적재적소에 활용할 줄 아는 기술로 많은 구조를 활용하는 것보다 단 한 가지 구조라도 적재적소에 꾸준히 활용할 줄 아는 것이 더 중요하다. 자칫하면 아이들은 협동학습 구조를 배우는 수업을 하기 십상이다(이상우, 2009, 2011).
3. **협동적 학급운영기술(핵심은 협동학습의 네 가지 기본 원리, 관리 및 공동체 지향)** : 경쟁을 없애거나 최소화시키면서 "하나는 모두를 위하여, 모두는 하나를 위하여"라는 가치를 지향하며 모두가 열심히 자신의 행복과 꿈을 찾아 노력해 나가는 교실을 만들어 나가는 기술로 모둠세우기, 학급세우기 등을 포함한다(이상우, 2009, 2012).
4. **발문 및 동기유발** : 핵심 발문 하나, 수업 초기에 아이들의 학습 동기만 잘 끌어낸다면 그 수업은 성공한 것이나 다름없다. 특히 발문에도 구성주의적 발문기술이 필요하다(이상우, 2012).
5. **학습자료 제작 및 평가** : 각종 활동지 및 평가기술 또한 필수다. 한 장의 활동지도 어떻게 만드느냐에 따라 아이들의 배움은 그 폭과 깊이를 달리한다. 또한 수업을 어떻게 하느냐에 따라 평가도 달라지는 만큼 다양한 평가 도구, 방법, 문항 등의 개발에도 힘써야 한다(이상우, 2012).
6. **모둠 구성 및 운영에 대한 기술** : 협동학습은 모둠을 어떻게 조직하고 해체하고 재구성하느냐에 따라 크게 달라진다. 활동 내용이나 주제 등의 특성에 따라 동질 모둠, 이질 모둠, 교사주도, 학생주도 등 다양한 모둠 구성 및 운영 노하우를 갖고 있어야 한다. 특히 수업에 있어서 모둠 운영의 핵심은 '관리'(지속적인 관찰과 피드백)다. 관리하지 않는 모둠은 있으나마나다. 관리를 통해 아이들의 생각과 현상을 읽어 내고 피드백을 해야만 모둠과 아이들은 성장할 수 있다(이상우, 2009).
7. **갈등 해결 기술** : 상호작용 속에서 갈등은 꼭 있다. 이것을 어떻게 해결해 나가느냐에 따라 성패가 좌우된다(특히 아이들의 사회적 기술이 이에 해당). 갈등을 너무 부정적인 것으로만

보면 문제가 생긴다. 갈등을 어떻게 해결해 나갈 것인가에 대해 집중하고, 갈등을 때로는 적절하게 이용하여 아이들의 갈등 해결 기술 향상에 많은 노력을 기울일 필요가 있다. 분명한 것은 갈등이 없는 곳은 최선(갈등 해결 기술을 잘 갖추고 있어 갈등을 잘 극복해 나가는 곳) 이거나 최악(누군가가 힘으로 꽉 누르고 있어 갈등이 없는 것처럼 보이는 곳) 둘 중 하나다. 따라서 갈등 해결 기술은 (잠재적)교육과정에 포함시켜서 아이들에게 반드시 지도해야만 한다(이상우, 2009, 2011).

(3) 교사의 전문지식

교사는 전문가다. 전문가라면 응당 자신의 영역에서 나름의 전문지식을 반드시 갖추고 있어야 한다. 또한 협동학습 전문가라면 협동학습 및 관련 학문에 대한 전문적 지식을 갖추어야만 제대로 실천해 나갈 수 있다. 전문지식을 기반으로 하지 않은 실천은 허울만 있을 뿐이다. 따라서 협동학습을 실천해 나가는 교사뿐만 아니라 모든 교사는 전문성 신장을 위한 연구 활동에 최선을 다해야만 한다. 이에 대한 몇 가지만 좀 더 세부적으로 살펴보면 아래와 같다.

1. 협동학습 관련 전문지식 : 협동학습에 관한 제반 전문지식을 꼭 갖추어야 한다. 이론과 실제를 겸비해야만 비로소 성공할 수 있다. 협동학습의 실제에서 외형적으로 나타나고 있는 몇 가지 기법이나 방법만으로는 협동학습을 제대로 해 나갈 수 없다. 협동학습은 결코 방법론이 아니다. 철학이고 교육운동이다.
2. 구성주의 : 협동학습은 구성주의를 기반으로 하고 있다. 따라서 구성주의에 대한 어느 정도의 이해는 갖추어져 있는 것이 좋다(구성주의에 바탕을 둔 수업 만들기, 교사로서 구성주의적인 관점 세우기, 구성주의적인 학교 만들기 등).
3. 다중지능 : 아이들의 재능과 적성을 알게 해 주고, 그 속에서 아이들의 행복한 삶을 도와주기 위한 필수 학문이다. 사람은 저마다 각기 재능과 적성이 잘 맞아떨어지는 곳에서 행복을 느낀다. 그러기 위해서 교사는 다중지능에 대한 상당 수준의 이해가 필요하다. 특히 협동학습은 다중지능과 궁합이 잘 맞는 학문이다. 왜냐하면 이질모둠 구성 및 상호작용 속에서 서로의 강점지능이 약점지능을 보완하는 방식으로 시너지를 발휘하여 성취를 맛보는 과정이 많은 활동이기 때문이다.
4. 교육연극 : 순수예술분야로서의 연극이 아니라 교육적 목적을 가지고 연극 요소를 도입한 것을 말한다. 교육연극은 협동적 활동이 이루어질 수 있는 최상의 활동으로 협동적 과정을 통해 몸으로 생각과 느낌을 주고받으면서 감수성 및 표현력을 길러 줄 수 있다.

5 **교과목에 대한 전문지식** : 교사라면 각 교과목에 대한 전문지식을 꼭 갖추고 있어야만 한다. 중등교사의 경우는 한 개 교과에 대한 전문성만 갖추면 되지만 초등교사의 경우 모든 교과에 대한 전문성을 갖추어야 하기 때문에 상대적으로 매우 어려운 여건에 놓여 있다. 그렇더라도 초등교사들 또한 한두 개 교과에 대한 깊이 있는 전문성을 갖추기 위해 연구 및 노력을 아끼지 말아야 한다. 그것을 바탕으로 동료교사들끼리 협동적 연구 활동의 장을 만들고 서로 전문적 연구 공동체로서의 실천을 이루어 나가면 어려움을 자연스럽게 극복해 나갈 수 있다.

(4) 교사와 아이들의 사회적 기술(소통능력)

사회적 기술이란 인간관계를 맺어 나가는 데 필요한 전반적인 기술로, 집단에서 서로 간의 생활을 원활하게 하기 위해서 이루어지는 의사소통이나 규칙 혹은 약속에 따르는 행동양식을 말한다. 사회적 기술이 떨어질 경우 집단은 많은 갈등을 경험하게 되는데, 개인주의적이거나 어떤 문제 또는 갈등을 타인에게 미루는 일이 보통이며 자신의 실수를 먼저 인정하려 들지 않는 일이 가장 빈번하다. 이는 함께 활동하려는 마음의 부재와 함께 사회적 기술(협동기술=다 함께 잘 사는 기술)이 부족하기 때문인데, 이를 극복하기 위해서는 적극적인 사회적 기술의 지도가 요구된다.

1 **아이들 사이의 기초적인 사회적 기술** : 가장 기초적인 사회적 기술은 듣기다. 듣기 기술이 부족하면 소통은 불가능하다. 특히 공감하며 듣기("그랬구나.")는 필수다. 그다음으로는 도움주고("내가 무엇을 도와줄까?") 받기("나, 이것 좀 도와줄래?") 기술, 칭찬하기("좋은 생각이야, 고마워, ○○○가 참 좋았어.") 및 용서 구하기("미안해, 내가 잘못했어.") 기술, 순서 지키기, 다른 사람 방해하지 않기 등이 꼭 필요하다. 기초적인 사회적 기술이 어느 정도 정착되면 한 단계 깊이 있는 사회적 기술(감정적 대응 억제하기, 합리적 의사결정, 역할 분담하기, 상대방 의견 존중하기, 의견만 비판하기, 차이점 존중하기, 문제 및 해결 방안 공유하기 등) 및 갈등 해결 기술[STOPHAC : 나누기(Share), 차례 지키기(Take turns), 외부의 도움받기(Outside help), 보류(Postpone), 유머(Humor), 회피(Avoid), 타협(Compromise)]을 지도해야 한다(이상우, 2009, 2011).

2 **교사의 사회적 기술** : 교사의 사회적 기술은 교실에서 매우 중요한 요소이다. 사회적 기술은 모델을 필요로 한다. 이 영역은 이론상으로 해야만 한다고 해서 되는 것은 아니다. 실천이 담보될 때 비로소 가능한 영역인데 그에 대한 모델로 실제 생활 속에서 제대로 보여 주어야 할 사람은 가정에서는 부모요 학교에서는 교사다. 사실 교실에서 사회적 기술이 가장 떨어

지는 사람은 교사일 가능성이 크다. 따라서 교사는 자신의 사회적 기술을 늘 고민하고 점검하면서 아이들에게 방향성을 제시해 줄 수 있어야 한다. 특히 중요한 교사의 사회적 기술로는 웃는 얼굴로 대하기, 적극적 듣기, 나 메시지 등인데 이에 대해서는 '비폭력 대화, 교사역할훈련, 감정 코칭' 등의 도움을 받아 해결하면 좋다(이상우, 2009, 2012).

3 교실에서 사회적 기술 센터 활용하기 : 기초적인 사회적 기술부터 차근차근 쌓아 갈 수 있도록 금주의 사회적 기술을 지정한 후 어느 정도 자리매김을 할 수 있을 때까지 교실에 게시하고 운영한다(구체적인 사회적 기술 및 대화요령 등을 예시하여 게시)(이상우, 2009).

(5) 교사의 열정과 실천력

협동학습의 성공은 단지 철학과 기술, 전문성만으로는 부족하다. 실천에 옮기기까지의 열정과 실행력, 혼자보다 여럿이 함께 어려움을 극복해 나가고자 하는 협동적 연구능력, 가르침과 배움에 대한 열망, 아이들에 대한 사랑, 자신의 일에 대한 애정, 자기주도적 연구능력, 독서력 등이 한데 어우러질 때 비로소 협동학습은 완성된다. 다만 걱정되는 것은 철학이나 전문지식 없이 무조건 열심히 하겠다고 나서게 되는 경우인데, 협동학습을 수업기법, 수업방법론으로 보고 열심히 해 보고자 할 때 흔히 나타난다. 무조건 열심히 할 때보다는 제대로 알지만 대충 할 때가 훨씬 더 바람직하다고 나는 생각한다. 협동학습에게 "협동학습, 너는 과연 무엇이니? 협동학습, 너는 왜 필요하니? 협동학습아, 바람직한 교육은 과연 무엇이며 너는 그 길에 어떤 힘이 되어 줄 수 있니?"라고 길을 묻고 그 과정에서 답을 찾았다면 차라리 대충 하더라도 제대로는 갈 수 있다는 점을 잊지 말기 바란다.

(6) 교사의 P.C.K.(Pedagogical Content Knowledge)

교육과정 및 교과내용 지식, 교수방법 및 전략(발문기법, 교수법, 매체 활용 능력 등), 평가지식 및 능력 그리고 앞의 모든 것들 사이의 관계에 대한 종합적이고도 맥락적인 지식을 말한다. 풀어서 말하자면 교과내용을 아이들이 잘 이해할 수 있도록 표현하고 공식화하는 방법, 특정 내용에 대해 특정 아이들의 이해를 촉진할 수 있도록 가르치는 방법에 대한 교사의 지식을 의미하는데 한마디로 압축하여 표현하면 교육과정 및 교과서 내용의 재구성 능력이라 말할 수 있다.

참고하기

★ PCK = CK(Content Knowledge) + PK(Pedagogical Knowledge)

- CK란 교사들이 가르치고자 하는 영역(또는 교과)에 대한 전문지식으로서 꼭 필요한 것은 무엇이고, 덜어 내야 할 것은 무엇인지에 대한 것까지 포함한다.
- PK란 일반적으로 교수법이라 불리는 영역으로 수업설계, 수업실행, 수업평가(수행평가)의 세 가지 하위 영역을 포함한다.

★ PCK의 특징

- 교사가 PCK를 많이 보유할수록 아이들의 성취도와 수업에 대한 만족도가 높아진다.
- PCK의 개발은 CK에 대한 철저하고 명확한 이해를 전제 조건으로 한다.
- 교수 경험이 PCK 형성에 영향을 준다.

★ PCK 수업 아이디어의 개념 정의

- 아이들이 이해하기 어려워하거나 교사가 지도하기 어려운 내용(개념, 원리, 기능 등)을 아이들의 이해 수준에 맞게 변환하는 방법에 대한 수업 아이디어를 말함
- PCK 수업 요소 : 표현 지식, 아이들에 관한 지식, 교육과정에 관한 지식, 내용에 관한 지식, 교수법 지식, 평가 지식, 교사 자신의 전문성 제고를 위한 노력

(참고 : 수업 컨설팅 바로하기, 2007, 곽영순 외 공저, 원미사)

[예시] 4학년 1학기 과학 1단원 무게 재기-'무게'의 정의 이해
(나는 2013년에 4학년 6개 학급의 과학 교과전담 교사로 수업을 했었다.)
교과서를 보면 무게의 정의가 너무 어렵게 나타나 있다.
"지구 중심이 물체를 끌어당기는 힘으로, 중력이 …… (어쩌고저쩌고)"
교사인 내가 읽어도 너무나 추상적이고 이해하기 힘든 내용이다. 아이들이 무게의 정의를 보다 현실적으로 이해할 수 있도록 재구성해 지도했었다.

교사 : '무게'라는 말은 어떤 경우에 사용하지요?
아이들 : 물체의 무게를 잴 때 사용해요.
교사 : 그러면 '무게'라는 말을 넣어서 각자 문장 두 개씩 만들어 봅시다. (잠시 문장을 쓸 시간을 가진 뒤 '모두 일어서서 나누기' 활동을 한다.)
아이들 : (각자 쓴 문장을 발표한다.)
교사 : (아이들이 발표한 문장을 그대로 칠판에 정리한다.)

필통은	무게가	가볍다.
수박은	무게가	무겁다.
책가방은	무게가	무겁다.
연필은	무게가	가볍다.
아빠는	(무게가) 나보다	무겁다.
내 동생은	(무게가) 나보다	가볍다.
자동차는	무게가	무겁다.

교사 : 그래요. 그러면 '무게'라는 말의 왼쪽에 있는 필통, 수박, 책가방, 연필, 자동차 등을 모두 가리키는 한 개의 낱말은 무엇이 있을까요?

아이들 : '사물'이요.

교사 : 그래요. '사물'이 좋겠군요. 그러면 '무게'의 오른쪽에 있는 말들을 살펴보면 어떤 공통점이 있나요?

아이들 : '무겁다, 가볍다'라는 말만 있습니다.

교사 : 그래요. 어떤 것은 무겁다고 하고, 어떤 것은 가볍다고 합니다. 사물은 각자 무겁고 가벼운 정도가 다르지요. 지금까지의 말들을 정리하여 말하면 '무게'라는 말의 뜻이 만들어집니다. '무게'란 무엇일까요?

아이들 : '사물의 가볍고 무거운 정도'를 말합니다.

교사 : 좋아요. 그게 바로 무게의 뜻입니다. 그러면 선생님 손에 들린 책을 잘 관찰해 보세요. (책을 여러 번 떨어뜨린다.) 책은 어떤 방향으로 떨어지나요?

아이들 : '아래 방향으로'입니다.

교사 : 네, 항상 아래로만 떨어지네요. 아래 방향의 바닥에는 무엇이 있나요?

아이들 : 땅입니다.

교사 : 네, 땅입니다. 지표라고도 하는데 곧 지구의 표면을 말하는 것입니다. 그러면 책이 떨어진 그곳에서 계속 아래로 구멍을 파고 들어간다면 어디가 나올까요?

아이들 : 지구 반대편이요, 지구의 중심이요 …….

교사 : 지구의 중심이 나오겠지요. 그 중심에는 항상 사물을 아래쪽(지구의 중심 쪽)으로 끌어당기는 힘이 발생하고 있지요. 그것을 무엇이라고 할까요?

아이들 : 중력이요.

교사 : 좋아요. 중력입니다. …… (뒷부분은 생략)

수업혁신에 대한 생각

최근 들어 혁신학교 운동이 일어나면서 수업혁신이라는 말이 자리를 잡아 가기 시작하고 있는데 여기에도 왜곡된 현상이 일어나고 있다. 프로젝트 수업을 해야 한다, 주제 중심 통합 교육과정 운영이 제일이다, 협동학습을 꼭 해야 한다, 발도르프 수업이 좋다 등의 이야기가 무분별하게 퍼져 나가고 있는데, 나는 이런 현상을 경계한다. 그런 것을 한다고 수업혁신이 무조건 이루어지는 것은 아니다. 앞서 말한 철학, 전문지식, 수업기술이 잘 융합되어 나타나는 상황이라면 어떤 장면에서도 수업혁신은 자연스럽게 이루어진다고 본다. 이를 위해서는 자신이 현재 잘 갖춘 것과 부족한 것을 성찰해 보고, 취약한 점을 보완하기 위해 개인적으로 또한 동료들과 함께 연구 · 노력해 나가야 하며 학교에서는 교사들이 이런 풍토 속에서 근무할 수 있도록 모든 재정적, 시간적 지원을 아끼지 말아야 한다.

생각해보기

1. 협동학습을 실천하면서 철학, 수업기술, 전문지식 가운데 여러분 자신에게 없거나 부족한 것은 무엇인가?
2. 여러분 자신에게 부족한 것에 대하여 어떤 방법과 과정을 통해 보완해 나가고 있는가?
3. 자신의 부족함을 보완하기 위해 협동학습 관련 교내외 연구 모임 등에 참여하고 있는가?
   - 참여하지 않고 있다면 그 이유는?
   - 참여하면서 가장 도움이 되는 것은?
   - 참여하면서 가장 힘든 것은?(그것을 극복하기 위해 어떤 노력들을 하고 있는가?)

4) 협동학습을 위한 배움의 맥락 이해하기

아이들은 자신을 둘러싼 환경과 상호작용을 하면서 스스로 자신의 지식을 쌓아 나가고 인지구조를 재구성해 나간다. 그 과정을 배움의 과정이라고 한다면 적어도 교사라면 배움의 맥락을 잘 이해하고 있어야 한다.

(1) 배움의 구성을 위한 세 가지 요소 : 대상(주제, 지식 등), 아이들, 교사

- 진정한 배움은 위의 세 가지가 조화를 이루면서 만날 때 비로소 이루어진다.(수평적 관계 : 교사 또한 가르치면서 끊임없이 배우는 존재라는 사실을 잊지 말자.)
- 세 가지의 만남은 도구(말과 글)를 매개로 이루어진다.

- 배움이란 3요소 사이의 상호작용을 바탕으로 개인적인 차원에서 이루어지는, 대상에 대한 의미와 이해의 재개념화(재구성) 과정을 말한다. 그리고 그 과정은 사람마다 속도, 폭과 깊이 등이 각기 다르며 개별적으로 근접 발달 영역 내에서 이루어진다. 이런 과정을 거치면서 학습은 발달을 선도하게 된다.
- 가장 효과적인 배움은 현실성(실생활과 어떤 관련을 맺고 있는가), 실용성(실생활에 쓰임이 있고 유용한가), 유용성(실제 생활에 어떻게 활용되고 있는가)을 바탕으로 할 때 일어난다(구성주의 : 사회적, 문화적, 역사적 맥락 속에서 배움을 이해).
- 배움은 곧 '앎의 과정'이고, 자기 자신의 삶을 가꾸어 가는 일이다.
- 배움은 긍정적인 상호작용(사회적 상호작용) 속에서 촉진된다.("왜 협동학습인가?"라는 물음에 대해 답이 될 수 있다.)
- 교사는 그런 환경을 만들어 나가는 데 주력해야 한다.

(2) 협동적 배움의 가장 핵심은 '소통'

- 협동학습 : 수업을 소통의 맥락으로 이해
- 소통의 맥락에서 제일 중요한 것은 '듣기'
- '교사 ↔ 아이', '아이 ↔ 아이' 관계에서 듣기와 연결짓기는 가장 핵심
- 듣기를 통해 상대방과 나와의 연결고리를 만든다. ⇨ 사회적 기술의 중요성
- 상대방의 말은 그 사람을 이해하며 들여다볼 수 있는 창문이다.
- 교사는 아이들의 말을 통해 서로(대상과 아이, 아이와 아이, 교사와 아이)를 연결 지을 수 있는 노하우가 있어야 한다.
- '배움'의 과정에서 아이들의 말 한 마디와 행동 하나가 중요한 수업 재료가 된다.
- 아이들의 말 ⇨ 교재 혹은 자료의 어디와, 이전 이야기의 어느 지점과, 한 개인 안에서 이미 알고 있는 어떤 것과, 이와 관련되어 있는 다른 누군가와, 아이들 삶-실생활 속의 무엇인가와, 아이의 과거-현재-미래와 연결 지을 것인가? 등에 대하여 고민해 보기

(3) '소통'은 곧 '참여'를 의미

- 참여의 맥락에서 가장 핵심은 자기 사고 갖기이다.
- 아이들이 자기 사고를 갖는 경우 : 활동에 능동적이면서 자기주도적으로 참여하여 나름의 배움을 구성해 나간다.
- 아이들이 자기 사고를 갖지 못하는 경우 : 활동에 수동적이거나 참여의 의미를 찾지 못하고 '출

석'에만 의미를 두게 된다.

– 동기, 흥미, 호기심, 관찰, 조작, 활동, 체험 등은 매우 중요한 밑바탕이자 과정이 됨
– 경험의 나눔 활동 : 협동적 활동(자신과 타자에 대한 이해) ⇨ 시너지
– 협동적 배움의 과정 : 다양한 경험 활동 ⇨ 협동적 활동을 통한 생각과 느낌의 표현(신체, 말과 글, 작품 등 : 자기만의 언어로 된 말과 글) ⇨ 토의 및 토론(반성과 성찰) ⇨ 이해의 재구성 및 전이(앎의 향상적 변용) ⇨ 삶에 적용

- 듣기와 표현 : 씨줄과 날줄 역할

(4) 협동적 학급운영에서 교사가 반드시 고려해야 할 중요한 요소들

- 아이 한 명 한 명의 말과 행동 그리고 다양한 반응(궁금함, 호기심, 당황스러움, 혼잣말, 다양한 신체 표현 등)
- 아이들끼리의 반응(서로가 서로에게 귀를 기울이고 있는가)
- 서로가 서로와 잘 연결되어 있는가에 관심 갖기(상호작용 ⇨ 협동적 배움)
- 아이들의 배움에 대한 욕구와 열정과 관심(그 싹을 자르고 있는 것은 아닌가)
- 아이들의 모든 반응에 대한 교사의 적절한 대응(특히 도움을 필요로 하는 아이들에 대한 것 ⇨ 다른 아이와 연결짓기를 통해 도움 주고받기 : 나, 이것을 잘 모르겠는데 도와줘! ↔ 그래, 내가 도와줄게. 내가 무엇을 도와줄까?)
- 아이들이 어느 지점에서 기뻐하고, 즐거워하고, 배움이 일어나는가에 대한 관심 갖기
- 아이들이 어느 지점에서 힘들어하고 어려워하는가에 대한 관심 갖기
- 위와 같은 모든 반응을 일으키는 원인은 무엇인지 찾기 ⇨ 협동적인 해결방안 제시

협동적 배움의 구성을 위한 세 가지 요소 사이의 관계

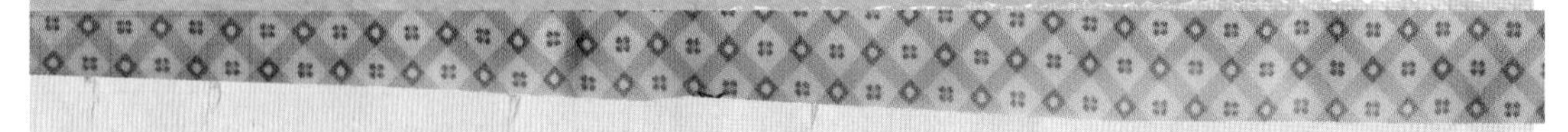

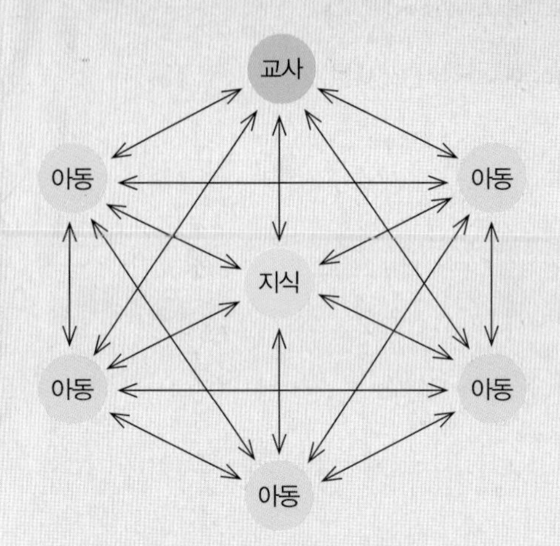

나는 왼쪽의 그림과 같이 표현하고 싶다. 이런 관계가 형성될 때 비로소 구성주의적 사고에 바탕을 둔 협동적 학급운영과 수업이 가능해진다고 생각한다.

이런 구조에서 말하는 지식은 절대적 · 직선적 · 위계적 · 권위적 · 수동적인 것이 아니라 상대적 · 협동적 · 순환적 · 상호작용적 · 역동적 · 능동적인 것으로, 이를 인식하는 각 주체의 내면 속에서 사회적으로 구성되고, 변증법적으로 진화해 나가게 된다.

이런 구조 속에서 교사는 절대적인 권위를 가질 수 없다. 교사도 아이들과 함께 배움의 길을 걸어가는 한 주체일 뿐이다. 그래서 아이들과 함께 탐구 · 연구를 해 나가면서 필요한 경우에는 아이들에게 비계(scaffolding) 역할을 하면서 앎의 여행을 떠나게 되는 것이다.

생각해보기

1. 나의 교실에서는 교사, 아동, 지식 3자 간의 관계가 어떤 그림으로 그려지고 있는가?
2. 위의 그림과 같이 그려지지 않고 있다면 그 이유는 무엇이라고 생각하는가?
3. 위의 그림과 같은 사고가 나에게 주는 이로움은 무엇이라고 생각하는가?

5) 마무리를 하며 !

지금까지 협동학습의 질적 성장을 이루기 위한 가장 기초적인 내용 몇 가지를 살펴보았다. 협동학습의 질적 성장을 이루기 위해서는 교사들 간에도 협동학습이 필요하다. 함께 연구하고 함께 탐구하고 함께 실천하고 함께 피드백하는 일련의 과정은 수업에 대한 교사들의 질적 성장을 이루는 데 큰 도움이 될 것이다.

교사는 반성적 실천가로서 거듭나지 않으면 안 된다고 할 때 '반성적 실천가'란 ① 수업 행위 중에 성찰을 성실하게 수행하는 교사 ② 자신의 수업에 대한 성찰을 통해 진정한 전문가로서 거듭나기 위한 노력을 아끼지 않는 교사 ③ 그 과정에서 자연스럽게 수업의 질, 아이들과의 관계 개선을 이루기 위해 노력하는 교사를 의미한다. 그러나 이 또한 혼자 힘으로는 결코 불가능한 일이다. 아이들에게만 협동학습을 가르칠 것이 아니라 교사들 또한 스스로 그 속에 풍덩 뛰어들어 경험적으로 협동학습을 느끼고 각성해야만 아이들에게 제대로 이야기할 수 있다. 학교 내의 동료, 학교 밖의 동료들과 함께 해야 한다. 그리고 지속적으로 경험을 나누어야 한다. 그 길만이 협동학습의 질적 성장을 이룰 수 있는 가장 확실한 길이다.

성찰을 통한 협동학습 수업의 성장

협동학습 수업을 본다는 것은
단지 교사가 어떻게 아이들을 가르치고
어떤 구조를 적용하였는지를 보는 것이 아니다.
협동학습 수업의 본질도 결국
아이들이 수업 속에서 무엇인가를
배우고 깨달아 나가는 과정의 하나라고 한다면
교사가 그 현상을 어떤 관점에서 바라보느냐에 따라
협동학습의 질적인 성장 여부가 결정된다.
그리고 여기에 한 가지 답이 있다면
오직 성찰을 통해서만이
자신의 협동학습 수업을 성장시킬 수 있다는 것이다.

1) 협동학습 수업의 성장

성찰의 눈으로 이루어 내라.

여러분은 내가 내 수업을 본다는 것이 어떤 느낌인지 아는가? 어느 때부터인가 내 수업을 직접 동영상으로 찍어 가면서 보기 시작했는데 정말로 깜짝 놀랐던 기억이 난다. 그때 기록해 두었던 나만의 성찰 일기를 이 자리에 꺼내 보고자 한다.

<20○○년 ○월 ○일 나의 성찰 일기>

'아이들을 잘 가르치는 유능한 교사'가 되겠다고 꿈을 꾸었던 적이 있었다. 이를 위해 잠을 줄여 가면서까지 수업준비를 열심히 했던 적도 있었다. 그런데 내가 노력하고 생각하는 만큼 수업은 잘되지 않았다.

언제나 열심히 노력하는 교사, 수업 준비에 많은 시간 투자와 준비를 아끼지 않는 교사, 상황이 허락하는 한 성실히 수업자료 만들기 활동에 대부분의 시간을 보내는 교사, 책상 위에 가득한 수업 준비 및 자료들, 아이들에게 많은 것을 가르쳐 주기 위해 목소리 높여 가며 열강을 했던 교사, 그리고 그런 자료들을 모아 인터넷 공간에서 공유하는 데 열을 올렸던 교사, 그게 나였다. 그러나 수업은 늘 마음처럼 되지 않았다. 무엇이 문제였을까?

그에 대한 답을 나름대로 찾기 위해 오래전부터 고민을 시작했다. 그리고 드디어 나만의 답을 찾은 것 같다. 자주 내 수업을 들여다보기 위해 동영상을 찍었는데, 내 수업 동영상을 관찰하면서 깨닫게 된 중요한 사실이 있었다. 가장 큰 문제는 이것이었다.

'교실에는 내 목소리만 있다!'

실제로 내 수업 동영상 속의 아이들은 처음에 나를 보는 듯했지만 약 20~30초가 지나자 하나둘씩 시선이나 고개가 다른 쪽으로 돌아가거나 다른 것에 관심을 갖기 시작하는 아이들이 늘어 가기 시작하는 모습을 볼 수 있었고, 더 지나자 많은 아이들이 내 이야기에 관심을 두지 않는 모습도 볼 수 있었다. 나름은 협동학습 수업을 할 때도 있었지만 수업 처음부터 끝까지 그렇게 디자인한다는 것이 쉽지만은 않은 일이었고, 대부분의 수업을 협동학습만으로 진행하는 것이 현실적으로 무리가 따른다는 것 또한 내게 큰 산이었다.

남의 강의를 들으면서 이런 생각을 할 때가 있었다.(특히 1정 연수를 들으면서 이런 생각이 제일 많이 떠올랐던 기억이 난다.) 너무나 열강을 하는 사람에게서도 가끔은 이런 생각을 갖게 된다.

'와, 저 사람은 강의 속에 수면제를 넣어서 우리에게 전하는 "인간 수면제"다!'

여러 사람들의 수업 및 내 수업 동영상을 보면서 생각 끝에 비로소 알게 된 공통점이 하나 있었다.

'언제나 잠 못 이룰 정도로, 늦게 퇴근하면서까지 열심히 준비하고, 열심히 가르치고 있는 교사들의 모습은 보였지만 열심히 배움을 만들어 가는 아이들을 진심 어린 눈으로 바라보면서 아이들의 생각을 읽고 소통을 하고 있는 교사들의 모습은 잘 보이지 않았다. 모두가 교사 중심, 교사 주도, 틀을 이미 짜 놓고 아이들을 그 속에 끼워 맞추는 식의 수업, 그래서 교사만 열심인 수업뿐이었다. 아이의 눈으로 수업을 본다는 것, 아이들 배움 중심의 수업, 아이들이 수업 속의 주인이 되도록 한다는 것이 이렇게도 어려울 줄이야!'

결국은 수업에 대한 나의 욕심, 현실적 한계를 핑계 삼아 진정한 교육과 배움이라는 것을 자꾸만 잊어버리는 일, 나의 역할과 자신에 대한 성찰의 부족 등이 늘 문제였던 것 같다. 그래서 결심했다.

'버리자! 버리고, 버리고, 또 버리고…. 그렇게 해서 남은 수업 시간의 여유를 아이들에게 넘기고 수업의 중심에 나 자신 말고 아이들을 두자. 그리고 아이들을 믿자! 그런 이후에 아이들과 눈을 맞추고 아이들 말에 귀를 기울이고, 그 과정에서 아이와 나, 대상 사이의 연결과 소통이 이루어질 수 있도록 하자.'

나를 돌아보는 시간을 통해 얻게 된 중요한 깨달음 하나!

'열심히 준비하고 가르치는 교사가 아니라 열심히 참여하고 소통하면서 배움을 만들어 가는 아이들이 존재할 때 좋은 수업은 자연스럽게 만들어진다. 진정 좋은 수업은 선생님이 아니라 아이들이 만들어 간다!'

위의 성찰 일기를 쓴 지 상당한 시간이 흘렀다. 아직도 좌충우돌하고 있다. 하지만 분명히 그때와 지금의 나는 다르다는 것을 안다. 그동안의 많은 시행착오를 통해 얻은 성찰(반성)적, 실천적 경험이 나름은 나를 성장하게 해 주었다. 그리고 나의 실패담과 경험은 다른 사람들과 나누는 많은 이야기 속에 재료가 되고 있다.

어떤 교사든 자기 나름의 철학과 다양한 수업기술 및 전문지식을 가지고 있고, 어떤 수업이든 수업교사는 나름의 의도를 가지고 접근한다. 그리고 이 모든 것이 단순한 내용과 지식의 전달을 넘어서 하나의 일관된 흐름으로 나아갈 때 우리는 흔히 철학이 있는 수업이라고 말하는데, 이 철학이라는 것은 자기 스스로의 삶에 대한 성찰이 없으면 절대로 생기지 않는 것이다. 왜냐하면 성찰은 자신의 과거를 돌아보고 현재를 살피면서 일관된 방향으로 이어 주는 역할을 하며 과거와 오늘의 '나'를 기반으로 내일의 '나'가 만들어지도록 도와주기 때문이다.(현장에서는 주로 '어떻게'라는 고민을 많이 하는데 이를 뛰어넘어 "'나'는 누구이고 어떤 삶을 추구하는가? ⇨ 나는 아이들이 어떤 삶을 살아가길 원하는가? ⇨ 나는 아이들이 어떤 아이로 성장하기를 바라는가? ⇨ 그 이유는 무엇인가? ⇨ 그것을 위하여 무엇을 경험하게 할 것인가? ⇨ 그 경험을 어떻게 하게 할 것인가?"와 같은 순서에 따라 자신의 수업을 계획하고 실천하고 교실을 돌아보는 일을 쉽게 말해 성찰적이라 보면 무리가 없을 것 같다.)

나의 경우 성찰적 시각으로 학급운영(특히 수업)을 바라보면서 적극적으로 실천하고자 했던 것이 바로 철학을 기반으로 한 협동적 학급운영이었다. 그러면서 경쟁을 조장했던 내가 경쟁을 없애거나 최소화하기 시작했고, 비로소 평화, 생태, 민주, 다 함께 잘 살기 등을 고민하며 수업 속에 담기 시작했다. 그리고 그런 고민들을 처음으로 모아서 정리한 것이 **살아 있는 협동학습 : 협동적 학급운**

영의 이해(2009, 시그마프레스)라는 부끄러운 작품이었다. 그때만 해도 자신감이 조금 떨어져서인지는 몰라도 내 생각을 과감히 담지 못했던 기억이 떠오른다. 이후 내 생각을 좀 더 과감히 담아 정리해 놓은 것이 바로 협동학습, 교사를 바꾸다(2012, 시그마프레스)였고, 그 후속으로 지금의 이 글(살아 있는 협동학습 2)을 정리하고 있다.

(1) 성찰의 눈으로 읽는 협동학습 수업 1 : 교사란 무엇인가에 대한 깊은 고민이 필요하다

교육의 문제에 있어서 '교사란 무엇인가' 하는 문제는 매우 큼에도 불구하고 우리 사회는 그런 고민과 교사에 대한 상을 정립하는 데 노력이 매우 부족했음을 반성해야 한다. 파울로 프레이리는 그의 저서 프레이리의 교사론(2000, 교육문화연구회 역, 아침이슬)을 통해 빠르게 변화하는 현대사회 속에서 발생하는 여러 가지 문제를 해결해 달라는 시민의 거센 요구에 대처하기 위한 방안으로 정치인 및 행정가들은 '희생양'을 만들기에 이르렀고, 그런 대상으로 가장 적합했던 존재가 바로 교사였다고 바라보고 있음을 곳곳에 밝히고 있다. 우리나라의 현실을 바라볼 때 나 또한 그것에 적극 동의한다. 사실 사회의 모든 문제는 교육의 문제와 직결된다고 보는 시각이 일반적이며 제대로 된 교육 하나면 모든 문제가 해결될 수 있는 것처럼 떠들어 대는 사람이 많은데 어느 정도는 타당하기도 하지만 그런 것을 인정하기 위해서는 백 년 앞을 내다보며 사회가 교육을 신뢰하고 바람직한 교육을 위해 모든 힘(제도, 시스템, 재정, 철학, 신뢰 등)의 집중이 선행되어야 하고 그 속에서 교사라는 것에 대한 역할이 무엇보다 명확하고 선명하게 드러나야만 비로소 가능한 일이다. 하지만 불과 3~4년 앞도 내다보지 못하는 우리나라 현실(수시로 교육제도와 정책이 바뀌고, 장관과 교육감이 바뀌면 있던 것이 사라지고 없던 것이 새로 생겨나고, 시행되고 있던 것조차도 갈피를 못 잡고 오락가락하는 모습이 지금의 현실이다. 때문에 핀란드 교육이 우리에게 가져다주는 의미와 교훈은 매우 크다.)에서는 그런 모습이 거의 나타나지 않고 있다. 국민 정서와 국가의 철학은 제대로 일치를 보지 못하고 사회적 합의도 끌어내지 못한 채 지역 갈등, 계급 갈등, 이념에 의한 좌우의 갈등이 깊어만 가고 있고 최고, 일류, 일등, 경쟁, 성공만을 외치는 대한민국의 현실 속에서 아이들의 상처는 더 커져 가고 있고 배움으로부터 도주하는 아이들이 늘어나고 있으며 꿈을 잃어버린 아이들이 넘쳐나고 있다. 그런 사회 속에서 벌어지는 수많은 일탈행위들, 그것을 바라보면서 근본적인 처방보다는 땜질식 극약 처방과 처벌만을 일삼으면서 모든 것을 개인의 탓, 교육과 교사의 탓으로 돌리고 있는 모습은 현재 대한민국의 슬픈 자화상이다. 그럴 수밖에 없는 이유도 있다. 대한민국 교사의 면면을 들여다보면 대체로 아주 성실하게 공부만 하며 평범하게 자라 왔고, 권위주의와 전통적인 윤리의식, 지시와 전달 및 명령 체계와 승진 구조 속에 잘 순화되어 있어 불합리하고 정의롭지 못하며 비민주적인 현상 속에서도 용기를 가지고 분노하고 연대하며 대응할 만한 힘과 의식도 별로 갖고 있지 않은 사람들이 가장 많이 모여 있는 집단(잘못되었고 부당한 것인지 알면서도 국가 공무원이기에 위에서 시키는 일이라면 어쩔 수 없이 해야만 한다고 여기는 사람들이 참으로 많은 집단이 교사 집단이다. 특히 승진구조에 발을 들여놓는 순간 그렇지 않았던 사람조차도 그렇게 변하게 만든다.)이었기 때문에 그게(희생양이 되었던 일) 가능했다고 나는 생각한다. 아이들 앞에서는 왕처럼 군림하나 부조리한 권력 앞에서는 쉽게 순응하는, 돈 몇 푼에도 연대의식을 휴지조각처럼 쉽게 던져 버리는, 승진과 개인의 명예욕 앞에서는 동료도 아이들도 없는, 용기와 분노를 표현하기보다는 공포심을 먼저 앞세워 진실을 규명하고 그를 위해 당당히 싸우는 일에 늘 뒷짐만 지고 남의 눈치만 보며 스스로 착실한 양육자 집단으로 전락한, 그래서 체제 및 권력의 유지와 승계(학교 및 교사는 정치적으로 대국민 계몽 기관이나 홍보 기관 역할을 아주 잘 수행하고 있다고 해도 과언이 아니다.)를 위해 최전방에 총알받이로 내세우기 좋은 집단인 교사.(그럼에도 불구하고 몇몇의 교사들이 부당한 교육 여건 및 현실의 개선을 위해 거리로 나서기만 하면 온갖 공문, 징계 등의 위협, 부당한 처우, 감시, 학부모 동원 등을 통해 못하게 막아 오기도 했다.) 그러니 희생양으로 삼기에 아주 적합한 존재일 수밖에 없었던 것 아닐까? 이 글을 읽고 있는 여러분 자신은 어떠한지 스스로 돌아보기 바란다.

시대의 변화에 부응하지 못하는 교육 여건과 환경 속에서 순한 양과 같은 역할만으로는 아이들의 진정한 배움과 한 나라의 민주시민으로서 교육을 받을 권리는 무시당할 가능성이 높으며, 아이들의 배움과 권리를 위해 당당히 앞으로 나설 수 있는 교사들의 용기 또한 사라질 수밖에 없다.(이 모든 현상은 권력을 가진 계층의 이데올로기가 사람들에게 불안 심리와 경쟁 심리를 조장함으로써 만들어진 결과이며 수많은 사람들은 그들이 쳐 놓은 매트릭스 속에 갇혀 살기남기 위해 안간힘을 쓰며 살아가고 있는 것이 오늘의 현실이라 해도 과언이 아니다.) 과연 교사가 된다는 것은 무엇을 의미하는가에 대한 진지한 반성과 고민이 이제 필요한 시점이 되었다.

진정으로 교사가 된다는 것은 우리 모두 아이들의 배움과 권리를 위해 용기 있게 당당히 나설 의무가 있다는 사실, 그리고 그 의무는 오직 교사에게만 주어진 특권이라는 사실을 깨닫고 몸으로 실천해 나가는 일이라고 나는 생각한다. 그 길에 때로는 두려움도, 고난도 있을 것이다. 하지만 그것이 두려워 '공포'를 앞세운다면 더 이상 교육자일 수 없다. 적어도 교사라면 '공포'와 '분노' 중에서 무엇이 먼저이고 무엇이 나중인지를 깨달을 수 있어야 한다. 그리고 마음속에 자리한 '공포'를 이겨낼 수 있어야 한다. 그것을 극복해 내지 못하는 교사는 행정의 권위주의 속에서 통제가 훨씬 수월해진다.(두려움 때문에 무기력해지거나 포기해서도 안 된다. 당당히 앞에 나서는 사람 또한 마음속에 공포와 두려움이 자리하고 있다. 다만 다른 점이 있다면 그 마음을 이겨 내느냐 그렇지 못하느냐의 차이와 그것을 위해 최선을 다해 노력을 했느냐 못했느냐의 차이가 있을 뿐이다. 사람들은 흔히 말한다. 자신은 최선을 다했다고! 그러나 지나고 보면 스스로 안다. 그때는 최선을 다했을지 모르지만 나중에 보면 최선을 다한 것처럼 보일 뿐이라는 사실을 말이다.)

교사로서 우리 스스로가 자신의 일과 역할을 어떻게 바라보느냐에 따라 사회는 교사로서 우리가 당당하게 내는 목소리를 이상하게 바라보거나 죽은 듯이 가만히 있기만을 바랄 수도 있고 그렇지 않을 수도 있다. 결국 어느 쪽이든 그렇게 만드는 것도 우리 자신이라는 사실을 잊지 말아야 한다. 교사 스스로가 자신을 바로 세워 제 목소리를 내고 사회가 교사 전문성과 그의 정당성을 하루 빨리 제대로 인식하게 할수록 그 사회는 더욱더 교사들을 지지하게 될 것이라 나는 확신한다.

> 어떤 사회가 나쁜 사회라면, 그 이유는 나쁜 사람이 많아서
> 그렇게 된 것이 아니라 나쁜 것을 보고도 나쁘다고 말하는
> 사람들의 수가 적어서 그렇게 된 것이라는 것을 잊어서는 안 된다.

(2) 성찰의 눈으로 읽는 협동학습 수업 2 : 교사는 늘 자신의 내면을 가르친다

이 세상에는 많은 교사들이 있지만 자기이해, 자신의 일에 대한 사명감이나 만족도 등은 모두 다르다. 여러분은 뼛속 깊은 곳까지 자신을 교사라고 생각하는가? 자신이 교사라는 것에 대하여 스스로도, 타인에 대해서도 자부심을 갖는가? 여러분 자신은 자기 스스로에 대하여 잘 알고 있는가? 여러분은 얼마나 자기의 내면을 들여다보고 있으며 자기 내면과 대화를 하고 있는가? 나는 나 스스로 그렇게 여기고 늘 나 자신을 들여다보며 살려고 노력한다. 파커 파머는 그의 저서 **가르칠 수 있는 용기**(2005, 이종인 · 이은정 역, 한문화)를 통해 교사 자신의 내면에 대한 성찰을 곳곳에서 매우 강조하였다.

지금까지 교사로서의 내 삶을 생각해 보면 즐겁고 행복한 날(아이들이 배움의 길을 찾아 나와 함께 즐거운 여행을 하는 날, 아이들 모두 자신의 삶을 열심히 가꾸어 가는 것을 지켜보게 되는 날, 나의 삶이 내면으로부터 성찰과 깨달음에 의해 환하게 밝혀지는 날 등)과 그렇지 못한 날(나의 교실이 혼란스러움에 지배될 때, 교사로서 나의 권리와 의무가 다양한 이유로 인해 위협받을 때, 아이들 모두가 생기를 잃어 갈 때, 교실이 경쟁과 시기와 갈등과 공포 속에 휩싸일 때, 그리고 앞의 모든 현상을 지켜보면서도 아무것도 하지 못하는, 할 수도 없는 무기력한 나를 스스로 지켜볼 때 등)을 번갈아 가며 겪어 왔던 것 같다. 그래도 나는 나의 일을 사랑하기 때문에 어려운 일이 내 앞에 놓였을 때 그 문제에 대하여 좀 더 깊이 고민해 보면서 해결책을 찾아 용기 있게 나서면서 지금까지 왔다. 그리고 앞으로도 그렇게 나아갈 것이다.

나를 포함한 많은 교사들이 이렇게 살아가고 있지만 그 내면에는 더 깊고 심오한 고민 몇 가지를 안고 어제를 보내고 오늘을 살고 내일을 준비하며 희망을 잃지 않고 살아간다. 그 몇 가지만 살펴보

면 아래와 같다.

첫째, 내가 살아가고 있는 세상의 모습에 대하여 모르고 있는 것들이 너무 많은 나를 늘 깨닫게 된다는 사실이다. 하루에도 몇 과목씩 지도하고 있지만 그 모든 내용이 겉으로 드러나는 것보다 훨씬 심오하고 복잡한 것에 비하여 내가 갖고 있는 지식과 경험은 아무리 많은 연구와 시간 투자를 해도 보잘것없다는 사실을 매 순간 경험하면서 때로는 나의 일에 두려운 마음까지 들 때가 있다.(내가 이렇게 아이들을 가르치고 있는 것이 맞는 것이며 잘하는 일인가 하는 생각을 자주 한다.)

둘째, 내 앞에 있는 아이들 모두는 한 명 한 명이 각자 하나의 우주와 같은 존재이며 나름의 역사를 만들어 나가고 있다는 사실이다. 내가 만나는 아이들 모두를 온몸으로 느껴 가며 관찰하고 이해하려 해도 그 끝 모를 모습에 때로는 신비스러움과 경외심마저 들 때가 있다. 그래서 늘 나를 낮추고 아이들 앞으로 다가서 있는 그대로의 모습으로, 한 명 한 명에 대하여 독립된 하나의 전체로 온전히 받아들이고자 하지만 늘 어렵기만 하고 잘되지 않는다. 그래서 매일 반성하며 아이들 앞에 선다.

셋째, 내가 가고 있는 이 길은 언제나 나 자신의 내면이 겉으로 드러나는 일이라는 점, 나의 내면을 통해 아이들과 만나고 있다는 점에서 겉으로 표현은 못하지만 속으로는 많이 괴롭고 부끄럽기만 하다. 사람의 모든 행위가 그렇듯 누군가를 가르치는 행위 또한 의식적으로든 무의식적으로든 자신의 내면을 기반으로 하게 된다. 교사는 대상(세상 모든 것 : 지식, 아이들, 환경 등)과 소통하면서 매 순간 이루어지는 관계방식의 틀 속에 자신의 내면을 반영시킨다. 그렇기 때문에 각기 다른 내면을 지닌 교사의 특성이 학급에 그대로 반영되어 교실마다 서로 다른 빛깔을 뽐내며 삶을 살아가게 된다. 이렇게 볼 때, 가르친다는 것(학급운영, 특히 수업)은 교사 내면을 읽을 수 있는 마음의 창이고 그것이 고스란히 드러나는 행위라 할 수 있으며 아이들은 부모의 거울이자 교사의 거울이기도 한 것이다. 교사가 이런 점을 깨닫고 교실 속 모든 행위에서 자신을 발견하고 자기 자신을 꾸준히 성찰해 나간다면 대상(특히 아이들)을 이해하는 일에 보다 쉽게 접근할 수 있을 것이다. 하지만 모든 교사가 갖추어야 할 필요충분조건임에도 불구하고 이를 알고 있는 교사는 그리 많지 않으며, 설령 안다고 하더라도 모든 고민 가운데 가장 풀기 어려운 과업이라는 점에서 나를 포함한 모든 교사는 깊고 심오한 고민 속으로 빠져들게 된다. 나 또한 이 부분이 제일 힘들고 어렵다.

사실 타인과의 만남과 소통 및 관계를 주된 책무로 삼는 교사가 자신의 내면에 대한 성찰이 부족하다면 그 교사는 자신의 아이들과 교육과정 및 교과목, 그리고 그것이 반영된 삶의 이야기를 제대로 이해하고 펼쳐 나갈 수 없게 된다.(그것이 고스란히 드러나는 장소와 시간이 교실이고 학급운영이며 수업이다. 그런 대표적인 사례 가운데 하나가 우리 사회는 협동사회임에도 불구하고 경쟁사회라 인식하면서 교실에서는 아이들에게 협동학습과 협동을 강요하면서도 경쟁시키고 있는 일들이다. 사실 우리 사회는 경쟁을 조장하는 사회임에는 분명하지만 결코 경쟁사회는 아니다. 적어도 협

13 우리 경제의 성장을 위한 근로자들의 노력으로 알맞지 **않은** 것은 어느 것입니까? …… (   )
① 질 좋은 제품을 만들기 위하여 연구한다.
② 새로운 기술을 개발하기 위하여 연구한다.
③ 산업 현장에서 자신에게 주어진 일에 최선을 다한다.
④ 자신들의 요구를 주장하기 위해 정기적으로 파업을 한다.
⑤ 세계 여러 지역으로 진출하여 우리 경제의 성장을 위하여 노력한다.

14 기업가들의 노력이 우리 경제에 미친 영향으로 알맞지 **않은** 것은 어느 것입니까? …… (   )
① 수입을 늘렸다.
② 기업을 발전시켰다.
③ 국가 경제를 발전시켰다.
④ 근로자들의 소득을 높였다.
⑤ 새로운 일자리를 만들었다.

위험한 정보 및 세상을 바라보는 눈에 대해 걱정하게 만드는 사례 : 교사들이 많이 이용하는 유료 온라인 사이트에 올라와 있는 평가문항의 일부 ⇨ 현실은 과연 그런가? 고민된다.(13번 답은 4, 14번 답은 1이라고 한다. 13번의 4번 예시, 14번의 4번 예시에 특히 더 눈이 간다.)

동학습을 실천하고자 하는 교사라면 그런 내면적 성찰이 필요하다. 그것이 부족하다면 스스로 자기 모순에 빠져들게 된다. 이런 교실에서 협동은 그저 경쟁을 위한 수단으로 전락하게 되고, 그 교실은 경쟁 시스템이 지배하게 된다.) 그리하여 우리 사회, 우리 아이들을 있는 그대로 온전히 보지 못하고 색안경을 끼고 보게 되는 심각한 오류를 범하게 되고, 위험한 정보를 진실인 양 전하게 되며, 아이들이 살아가는 세상을 제대로 바라볼 수 있는 눈을 갖지 못하게 하는 심각한 실수를 범하게 된다. 그렇게 되면 교사와 아이들 사이의 소통과 관계는 깨질 수밖에 없고 그 교실에서 진정한 가르침과 배움은 결코 일어나지 않는다. 그런 교실에서 교사와 아이들의 행복은 그저 사치스러운 구호일 뿐이고, 자기 삶을 찾아 떠나는 행복한 여행의 경험은 결코 얻지 못한 채 시간만 허비하게 될 뿐이다. 진정한 가르침과 배움은 교사 자신의 내면에 대한 성찰로부터 시작된다. 그러기 위해서 교사라면 아이들 앞에 서 있는 '나는 누구인가'에 대한 답을 찾는 고행의 길을 떠나지 않으면 안 된다. 나는 지금도 그 길을 가는 구도자다. 언제 끝날지 모르지만, 설령 끝이 없을지라도 계속 가고자 노력하고 있다. 많이 부족하지만!

(3) 성찰의 눈으로 읽는 협동학습 수업 3 : '나는 누구인가?'로부터 시작된다

교사로서 학교 현장에서 자주 하게 되는 질문 유형을 살펴보면 대체로 네 가지 범주로 분류해 볼 수 있다. 특히 파머는 그의 저서에서 "나는 누구인가?"를 매우 강조하고 있다. 다음은 파머가 강조한 네 가지 범주에 대하여 나의 생각을 반영하여 재구성해 본 것이다.

무엇을 가르칠 것인가

- 네 가지 중 두 번째로 많이 하게 되는 질문의 하나
- 어떤 내용을 가르칠 것인가의 문제
- 교과서 내용만을 가르친다면 이런 고민도 거의 하지 않게 되지만 교과서는 하나의 지도 자료일 뿐이라는 생각을 잊어서는 안 됨
- 아이들의 배움과 삶이 연결되도록 하여 살아 있는 수업이 되도록 하기 위해서는 무엇을 가르칠 것인가에 대해서도 진지한 고민을 바탕으로 한 재구성은 필수

왜 가르치려고 하는가

- 네 가지 중 두 번째로 적게 하는 질문
- 어떤 목적, 어떤 목표를 달성하기 위해 가르칠 것인가의 문제
- 단순히 교사 입장에서 교과서나 교육과정에 제시된 목표를 지도한다는 개념을 뛰어넘어야 함
- 표면적 교육과정을 뛰어넘어 잠재적 교육과정까지 고려해야 함. 아이들의 삶 속에서 이것이 어떤 의미를 갖고 어떻게 활용되는지, 아이들 스스로가 왜 배워야 하는지를 알게 할 필요가 있음

어떻게 가르칠 것인가

- 네 가지 중 가장 많이 하는 질문
- 잘 가르치려면 어떤 방법과 기술이 동원되어야 하는가의 문제
- 수업기술만 가지고 잘 가르칠 수 있다는 생각은 위험. 좋은 수업은 철학과 전문지식과 수업기술 3요소의 조화가 필요함
- 아이들의 배움을 중심으로 바라볼 때 교사 중심으로 '어떻게 가르치지?'라는 고민보다는 소통과 협동적 상호작용을 중요하게 생각하며 '아이들이 서로 무엇을 (行)하게 하지?'라는 고민이 필요

'나'는 어떤 교사(누구)인가

- 네 가지 중 거의 하지 않는 그러나 제일 중요한 질문
- 교사로서 나는 어떤 내면을 가지고 있는가에 대한 문제
- 나의 내면은 어떠하고, 그것이 타자(모든 환경 및 대상)와의 상호작용 관계 방식에 어떤 영향을 미치는가를 아는 것은 매우 중요
- 교사로서 내면에 대한 성찰은 교실에서의 모든 활동 속에 고스란히 드러나고 아이들 삶에 지대한 영향을 미치기 때문에 자신이 어떤 교사인가에 대하여 꾸준히 살피고 깨달아 나가야 함

사실 학교 현장은 '어떻게'라는 고민만으로도 충분히 어려운 곳이기도 하며 그것만 가지고도 아무런 문제 없이 살아갈 수 있는 곳이기도 하며 그것만 잘해도 유능한 교사라고 인정받는 곳이기도 하다.(어떤 교사가 정말 유능한 것인지는 심각하게 고민해 볼 필요가 있다.) 하지만 조금만 생각해 봐도 교육의 문제가 단지 교과서 내용을 잘 전달하는 것에 그치지 않는다는 것을 우리는 이미 알고 있다. 그렇게 본다면 어떤 교과든, 어떤 단원이나 주제든, 어떤 내용이든 '왜 가르쳐야 하는가? 아이들은 왜 이것을 배워야 하는가? 이것이 아이들 삶에 어떤 의미로 다가설 것이며 어떤 영향을 줄 것인가? 나는 아이들이 이것들을 배워서 어떤 아이로 자라기를 바라는가? 그것을 위해 교과서 속 내용만으로도 충분한가?' 등에 대한 질문은 매우 중요하며 교사 스스로 자기 자신과 인간의 삶에 대한 성찰이 부족하면 결코 답을 얻을 수 없는 것들이다.(협동학습을 실천해 나가면서 '왜 나는 협동학습을 선택했는가? 나는 우리 사회를 어떤 사회라고 생각하는가? 우리 사회를 많은 사람들은 경

쟁사회라고 생각하고 있는데 나는 왜 협동을 강조하는가? 나는 협동적 삶을 살아가고 있는가? 협동적 배움이 왜 필요한가? 그것이 나의 철학과 어떻게 연결되는가? 나의 철학이 아이들 삶에 어떤 영향을 주고 있는가?' 등에 대한 답을 찾는 일이 곧 자신의 내면을 들여다보는 일이요 성찰의 과정인 것이다.) 교사들은 하루 빨리 '어떻게'라는 고민을 뛰어넘어 '무엇을, 왜'라는 질문에 대한 답을 찾는 일에 관심을 더 기울여야 하고, '교사인 나는 누구인가?'라는 질문에 대한 답을 찾는 일에 총력을 기울여야 한다.('무엇을, 어떻게, 왜'라는 고민에만 안주해서는 안 된다.)

다음은 협동학습을 실천하는 교사인 나의 핵심적 고민과 실천 방향을 표로 정리한 것이다.

나는 누구(어떤 교사)인가?	나는 '다 함께'라는 가치를 소중히 여기며 실천해 나가는 교사
나는 무엇을 가르칠 것인가?	협동, 민주, 평화, 인권, 생태 등의 가치의 소중함
나는 왜 가르치려고 하는가?	'다 함께 잘 사는 사회'를 만들어 나가기 위함
나는 어떻게 가르칠 것인가?	협동적 학급운영을 통해 협동적 배움이 일어나도록

최근 들어 교육개혁을 이야기하는 사람도 크게 늘어났고 혁신학교 운동도 조금씩 자리매김을 하고 있지만 거의 근원적인 부분은 다루지 않고 있다는 점에서 나는 크게 문제의식을 갖고 있다. 왜냐하면 혁신학교 운동이 일어나고 있는 지역이나 학교를 가 보면 대부분이 다양한 프로그램과 수업 방법이나 기법 혹은 이론의 도입, 시스템의 변화와 민주적 학교 운영 등에 변화를 주고 있는 것은 사실이고 어느 정도 긍정적인 모습을 보이고 있기는 하지만 그 못지않게 형식적인 사업(또 다른 시범학교 운영과 같은 현상)과 방법론 그리고 돈에 의존한 프로그램 운영의 한계라는 비판 또한 많이 받고 있기 때문이다. 그 속을 더 파고 들어가 보면 혁신학교에 대한 생각과 이상의 스펙트럼이 너무 폭넓고 다양하다는 점 또한 알게 된다. 그리고 그 문제의 근원으로 들어가 보면 각자가 바라고 원하는 학교의 상은 있어도 진정 혁신학교 교사로서의 바람직한 상은 거의 찾아볼 수가 없다. 그저 이야기되는 것이라고는 '자발성과 열정' 정도다. 지금의 현실에서 혁신교육을 들여다보면서(혁신학교에 근무하고 있는 교사로서 내부에서 들여다본 있는 그대로의 생각을 밝힌다.) '나는 누구인가, 나는 어떤 교사인가, 나는 왜 혁신학교에 왔는가, 나는 혁신학교 교사로서 무엇을 할 수 있는가, 원해서 왔든 그렇지 않든 내가 혁신학교 교사로서 어떤 생각과 고민을 해야만 하고 또 하고 있는가, 내가 꿈꾸는 교육은 무엇인가, 그것을 위해 나는 무엇을 하고 있는가, 나와 우리가 가고 있는 이 길에서 나를 비롯한 교사들 그리고 아이들과 학부모 모두는 과연 행복한가' 등에 대한 고민과 그에 대한 공적인 토의 및 토론이 턱없이 부족함을 나는 처절하게 느낀다. 그래서 때로는 걱정스럽기까지 하다. 하지만 이제 막 걸음마를 뗀 상태이니 긴 호흡으로 바라보면서 조금씩 천천히 변화되어 가는 과

정 속에서 앞으로 '교사인 나는 누구인가?'라는 것에 대한 근원적인 고민과 질문들이 서서히 표출될 것이라고 생각하며 때를 기다려 본다. 그때가 오면 대한민국의 교육운동은 한층 더 강화되고 성장한 모습으로 2차 변혁기를 맞이하게 될 것이다.

늘 자기 스스로에게 이런 질문을 던져 보자.

나는 누구이고, 나는 어떤 교사인가? 나의 내면은 어떠한가?
나의 내면은 세상과 소통하는 방식에 어떤 영향을 미치는가?
나는 어떤 삶을 살아가고 있으며 그것은 아이들에게 어떤 영향을 미치는가?
나는 아이들이 무엇을 배워 알기를 바라며 어떤 사람으로 성장하기를 바라는가?

프레이리는 앞서 제시한 그의 저서에서 교사라는 직업은 진지함과 열정 그리고 과학적, 육체적, 예술적, 감성적인 자세가 요구된다고 하면서 가르치는 일에 헌신하는 사람들에게 있어서 무엇보다 꼭 필요한 것 두 가지를 아래와 같이 밝히고 있는데 나 또한 이에 적극 동의한다.

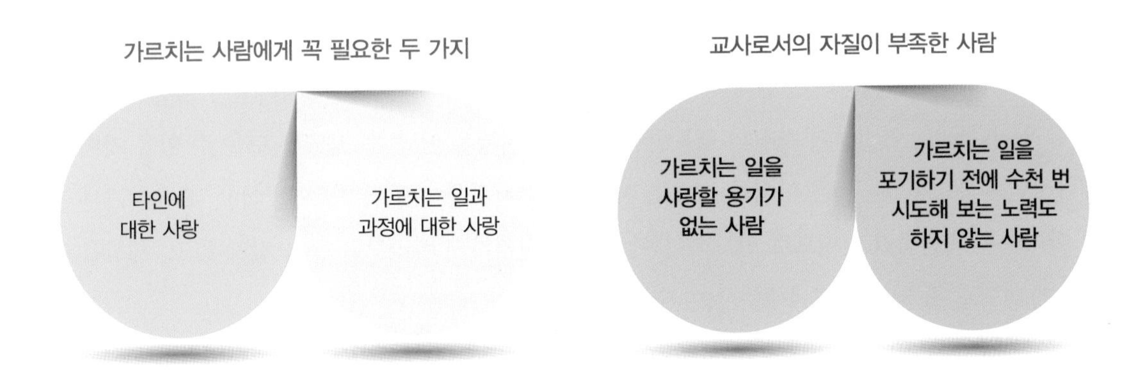

그래서인지 나는 늘 나 자신에게 묻곤 한다.

"감히 네가 누군가를 가르치려 하는가?"

그리고 늘 나 자신 스스로 이렇게 다짐하곤 한다.

"기꺼이 가르치려는지 살피고, 또 반성하고 노력하자."

나는 교사가 자기 자신을 성찰하면서 자기 내면에 꼭 갖추고 있어야 할 세 가지 요소로 삶의 철학, 냉철한 머리, 따뜻한 가슴을 꼽는다.

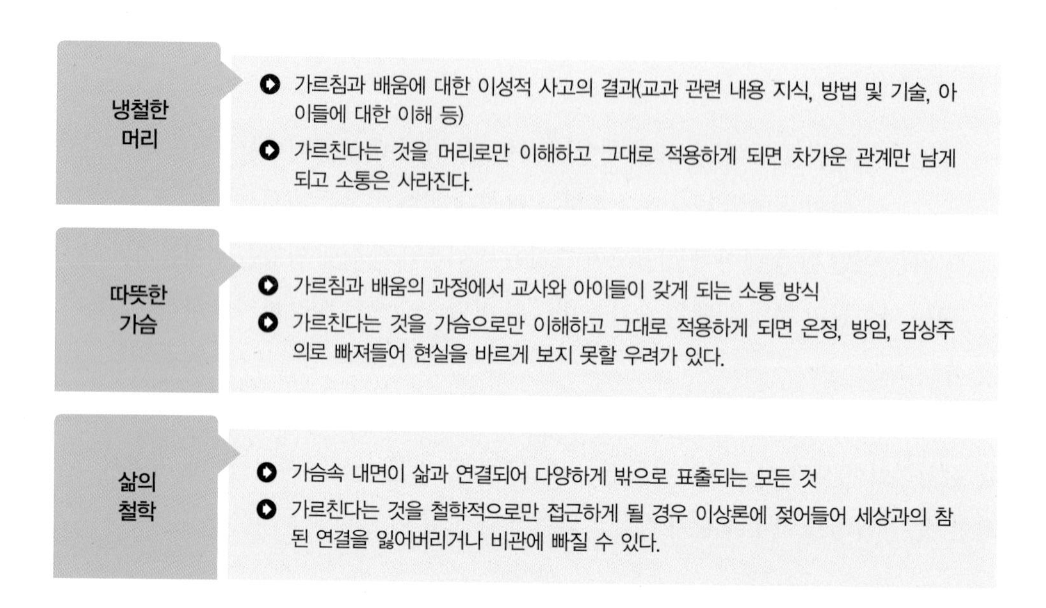

위의 세 가지가 조화를 이루면서 자신의 내면을 잘 들여다볼 줄 아는 교사라면 아이들에게 배움이 잘 일어나도록, 아이들이 자신의 행복한 삶을 찾아 여행을 떠날 수 있도록 도울 수 있을 것이다. 왜냐하면 '배움'이라는 것은 아이들 스스로 자신의 '삶 자체를 가꾸어 가는 것'이고, 교육이라는 것은 아이들을 내면적인 여행으로 인도하여 이 세상을 진지하게 바라보는 눈을 갖게 하고, 세상을 진지하게 살아갈 수 있도록 도와주는 것이기 때문이다.

(4) 성찰의 눈으로 읽는 협동학습 수업 4 : 나의 내면은 무엇으로 흔들리는가?

나는 개인적으로 성찰의 눈으로 수업을 들여다보는 활동을 매우 중요하게 여긴다. 왜냐하면 수업을 바라보는 다양한 시각들을 보면 대부분 고민되는 상황을 빠르게 극복하고 교과서 내용을 보다 잘 가르치기 위한 요령, 기술, 방법, 자료 등에 대한 정보들을 주고 다루고 있지만 성찰의 눈으로 수업을 읽는다는 것은 단순히 교과서 혹은 교육과정을 가르친다는 것을 뛰어넘어 서로의 내면을 들여다보고 교사와 아이들 모두가 참다운 배움, 앎의 기쁨, 자신의 행복을 찾기 위해 떠난 기나긴 여정 속에서 이 세상을 밝고 희망적으로 때로는 진지하고도 날카로운 매의 눈으로 바라볼 수 있도록 도움을 주고받으면서 '살아가는 힘(특히 소통, 나눔, 협동, 배려, 공감, 문제해결력, 의사결정력, 실천력, 가치관, 재능과 적성 등)'을 길러 다 같이 행복하게 살아갈 수 있도록 돕는다는 것에 더 집중하기 때문이다.

어느덧 내가 처음 아이들 앞에 선 이후로 20년이 훌쩍 지나갔다. 교단에 섰던 첫 시간의 기억이 아직도 생생하다. 나름대로 좋은 선생님이고 싶어서 첫 소개조차 신중하게 준비해서 아이들 앞에 섰었다. 처음 나와 만남의 시간을 가졌던 아이들은 동그란 눈망울로 나는 어떤 사람인가 탐색하느라 숨을 죽이고 빤히 응시만 했었다. 그래도 무엇인가 의미 있는 만남이기를 바랐던 나는 교훈이 담긴 멋진 말을 준비해 갔었는데 아이들은 그에 대한 어떤 느낌이나 반응도 별로 없었다. 게다가 몇 분이 채 지나지 않았는데 눈을 다른 곳으로 돌리는 아이들, 내 이야기에서 멀어지는 아이들이 보이기 시작했고 급기야 "차렷, 바른 자세, 여기 봐라!"라는 말만 되풀이하게 되었다. 그래서 갑자기 앞이 캄캄해졌고 이 아이들과 주어진 시간들을 잘 보낼 수 있을까 하는 고민과 함께 두려움 또한 밀려왔던 오래전의 기억들이 지금 생각해 보면 새삼스럽기만 하다. 내가 이런 기억을 떠올리는 이유는 2013년에 나의 초임시절 기억을 떠올리게 하는 새내기 선생님 곁에서 코칭을 하게 되면서 나의 지난 시간들을 다시 한 번 되돌아보는 계기가 마련되었기 때문이기도 하다.

첫 부임 인사를 멋지게 하고 아이들과 만남을 시작했던 김○○ 선생님. 그러나 설레는 마음과 교사로서의 포부는 1~2주 만에 사라져 버렸고 학교에 출근하는 모습 속에는 걱정과 근심 그리고 두려운 마음조차 드러날 정도의 어두운 표정을 나는 보았다. 그래서 내가 먼저 선뜻 다가가 도움을 주지 않으면 안 될 것 같다는 생각이 들어 먼저 손을 내밀었었다. 한 학기를 보내면서 김○○ 선생님은 짧은 시간 동안에도 힘들고 어려운 여러 형태의 도전(왕따, 학교폭력, 학부모의 도전, 아이들 지도의 어려움, 수업에 대한 노하우 부족, 소통에 대한 어려움, 생활지도 문제 등)을 경험하게 되었고 때로는 속상한 마음에 눈물을 흘리기까지 했었다. 김○○ 선생님의 어려운 상황을 내가 먼저 알게 되었거나 혹은 어려운 상황을 극복하기 위해 내게 도움을 요청해 왔을 때 최대한 부담스럽지 않게 다가서서 김○○ 선생님의 내면을 치유하는 데 보다 많은 신경을 썼고 그런 덕분인지 김○○ 선생님은 어려운 고비마다 상황을 잘 극복해 냈다. 그렇게 한 학기가 마무리될 때 감사의 마음을 전한다고 하여 식사 대접을 받았었는데, 여름방학을 맞이하는 소감이 어떠한가에 대한 나의 질문에 이런 답변이 왔다.

"누구보다도 여름방학을 기다렸어요. 한 학기가 너무 힘들었습니다."

나 또한 이런 답변을 해 주었다.

"많이 힘들었군요. 때로는 힘들 때 서로가 한 걸음씩 떨어져서 지난 시간을 돌아볼 수 있는 여유가 필요하기도 하지요. 아이들은 아이들대로, 교사는 교사대로 말이지요. 시간은 참으로 많은 것들을 해결해 줍니다. 지금이 바로 그런 시기라 여겨집니다. 그런 차원에서 이번 여름방학은 선생님에게 정말 단비와도 같은 기간이 될 것이라 여겨집니다. 이번 방학에는 지난 한 학기를 잘 돌아보고 책도 많이 읽고 여행도 다니고 좋은 연수도 들으면서 재충전하기 바랍니다."

그렇게 방학을 마치고 2학기가 시작되고 난 직후 잠시 시간을 내어 아이들을 다시 만나게 된 소감 그리고 여름방학을 어떻게 보냈는지에 대하여 물었다.

"다시 학교에 출근하게 되었는데 조금은 걱정스러운 마음도 있습니다. 그래도 이번 여름방학에 여러 가지 연수를 받으면서 2학기 생활에 대한 준비도 하였습니다. 특히 새 학기 준비 연수를 들으면서 참으로 많은 것을 배웠습니다. 프로젝트 수업이나 주제통합 수업 등에 대한 이야기를 들으면서 한번 시도해 보고 싶다는 생각을 많이 했고 그 준비도 하고 있습니다. 1학기는 힘든 시간이었지만 그래도 보람도 있었어요. 특히 윤○○ 아이가 많이 변한 것을 보면서 정말 뿌듯한 마음도 있었습니다. 처음에 그 아이가 왕따를 당할 때 정말 마음이 많이 아팠습니다만 다른 아이들에게 윤○○ 친구에 대한 상황을 있는 그대로 알게 해 주고, 부모를 만나 설득하고 전문적인 상담도 받을 수 있도록 안내하면서 윤○○ 아이를 보다 적극적으로 이해하려고 했던 노력이 이제 결실을 보는 것 같아서 좋아요. 윤○○ 아이, 지금 정말 많이 변했고 참으로 좋아졌어요. 아이들과의 관계도요. 선배님 덕분입니다. 감사해요. 그리고 참, 개학하자마자 3명의 아이가 전학을 가고 2명이 전학을 왔습니다. 그중 2명은 참 힘든 아이였는데 전학을 가고 나니 큰 짐을 덜어 낸 것 같아 솔직히 마음 한구석은 편안해졌습니다. 이러면 안 되는데!"

1학기 동안 김○○ 선생님의 수업 참관을 많이 했었다. 동영상도 찍어 보면서 이야기도 나누었다. 수업 동영상 속에 많은 것들이 담겨 있었다. 그 가운데 가장 많은 이야기를 나눈 것이 바로 김○○ 선생님의 수업 중 내면에 대한 것이었다. 대표적으로 이런 것들이었다. 수업 중 아이들은 바로 눈앞에서도 다른 것에 신경을 쓰고 활동에 집중하지 않은 모습이 많이 나타남에도 불구하고 선생님은 별로 신경을 쓰지 않는 것 같은 모습이 자주 눈에 보여 질문을 했었다.

"지금 저 아이들의 모습을 보면서 어떤 생각이 드는지요?"

"정말 힘들어요. 수업은 나름 고민하고 준비해서 진행하지만 아이들은 제 말을 잘 듣지 않아요. 저를 무시하는 것 같기도 하구요. 때로는 야단을 치기도 하지만 먹히지 않아요. 어떻게 해야 좋을지 모르겠어요."

"많이 힘들었나 보군요. 그래서 눈앞에서 펼쳐지는 모습에 대해서도 마치 못 본 것처럼 그렇게 흘려보냈던 것이군요. 내가 그 입장이었다면 나 또한 보고 있으면서도 보고 싶지 않았을 수도 있겠다는 생각이 듭니다. 그렇다면 지금 시점에서 필요한 것은 무엇이라고 생각하시는지요?"

"잘 모르겠어요. 가능하면 선생님 말처럼 아이들에게 큰 소리 내지 않고 소통하면서 천천히 변화시켜 나가야 한다고 믿으면서도 쉽게 마음이 가는 것은 큰 소리 내는 것과 꾸중, 잔소리 쪽입니다."

"그래요. 누구나 그럴 수 있습니다. 다만 지금의 상황을 좀 더 깊이 있게 살펴보면 아이들과 선생님 사이의 허용 가능한 경계선이 어디까지인지 명확하지 않다는 것이 지금의 상황을 만드는 것 같아요. 경계선이 모호하게 되면 선생님은 일관성이 없는 땜질식 처방으로 아이들을 대하게 되고, 아이들 또한 선생님이 폭발할 때까지 그 활동을 멈추지 않게 되지요. 지금 가장 시급한 것은 허용 가능한 것과 그렇지 않은 것 사이의 경계가 어디까지인지를 모두가 알게 하고 그것을 교사와 아이들 모두가 엄격하게 지켜 나갈 수 있도록 최선을 다하는 일일 것입니다."

그 뒤로 김○○ 선생님은 쌍방 간의 소통을 통해 서로의 힘들고 어려운 점을 솔직하게 나누고 아이들과 함께 경계 세우기 활동을 지속적으로 해 가면서 조금씩 수업 분위기를 바로 세워 나가고 있다. 아직도 힘들고 어렵기는 하지만 처음보다는 조금씩 나아지고 있다. 그리고 김○○ 선생님도 긴 세월이 흐르면 과거를 돌이켜 보면서 '나도 그런 때가 있었네.' 하고 웃음 짓는 날이 올 것이라 확신한다.

과거의 나 혹은 지금의 내 수업을 돌아보든, 다른 교사들의 공개수업 혹은 내게 코칭이나 컨설팅을 요청해 오는 분들의 수업을 들여다보고 이야기를 나누어 보면 몇 가지 공통점을 찾을 수 있다.

첫째, 많은 교사들이 아이들을 잘 가르치기 위해 많은 기술과 전문성을 쌓아 나가고 있고 조금씩 성장해 나가고 있지만 그것만으로는 충분하지 않다는 점이다. 그래서 수십 년 경력의 베테랑 교사든 초임교사든 매일 새로운 내용으로 아이들을 맞이할 때마다 처음부터 다시 시작한다는 기분으로 임한다는 사실이다. 다시 말해서 좋은 수업은 테크닉 너머 어딘가에 있다는 것을 의미한다.

둘째, 많은 교사들은 각기 자신의 교실에서 아이들을 만나 가면서 자신 있어 하는 영역이나 기술과 능력이 있는가 하면 어떤 능력이나 기술 혹은 교과 관련 전문지식 등이 모자라거나 그와 관련된 부분에서 굉장히 힘들어하고 내면이 흔들리고 있다는 것이다. 그리고 내면의 동요에 영향을 주는 대부분의 것들은 무엇을 어떻게 왜 가르칠 것인가의 문제와 별로 상관없는 것들(아이들의 갈등 조정 문제, 나와 아이들 사이의 유대감 문제, 나의 기대심리와 아이들이 바라는 수업 사이의 괴리감, 나의 가르침으로부터 멀어져 가려고 하는 아이들에 대한 실망감, 아이들에 대한 믿음이나 신뢰가 무너져 가는 것에 대한 공포심, 나의 권위가 무너져 간다는 생각에 의한 두려움, '나의 존재'가 타자로부터 존중받지 못함으로 인한 분노 등)이다.

셋째, 초임교사든 베테랑 교사든 연간 아이들 앞에 서서 많은 시간 수업에 임하면서도 변하지 않는 한 가지 그 무엇인가가 있다면 그것은 바로 '교사로서 나의 정체성'이다. 특히 주변의 동료교사로부터 인정받는 교사들의 면면을 살펴보면 그 사람의 노력과 가르침은 단순한 수업기술이나 테크닉으로 평가절하되지 않고 '교사로서 그 사람만의 철학과 정체성, 가치관, 실천력, 열정, 대상 및 타자와의 소통' 등으로 표현되고 있음을 알게 된다.(보통 이렇게 표현한다. "그 선생님은 수업에 정말 혼신의 힘을 다해. 그 선생님 수업은 정말 감동이야. 그 선생님은 아이들을 정말 사랑하나 봐. 그 선생님의 철학과 가치관은 정말 본받아야 해. 그 선생님의 소통 능력은 정말 대단해! 그 선생님의 수업과 아이들에 대한 열정은 정말 대단해! 그 선생님은 아이들 스스로가 삶의 주인이 될 수 있도록 최선을 다해!")

넷째, 교사마다 나름대로의 수업에 대한 노하우를 갖고 있어 어떤 교사와 어떤 수업이 훌륭하다고 딱 잘라 말하기는 어렵지만 훌륭하지 않은 교사에 대해서는 누구나(교사든 아이들이든 학부모든) 똑같이 말하고 있다는 점이다. 그들에게서 나타나는 공통점은 바로 이런 것이다. 마녀 혹은 독재자와 같은 모습, 아이들과 소통의 부재, 권위주의적임, 차별대우, 자기 일에 대한 열정과 애착의 부족, 아이들의 장점과 좋은 점을 찾아내기보다는 단점을 들추어내고 부정적인 면에 더 관심을 갖는 모습, 아이들에 대한 사랑 부족으로 사이가 멀어짐, 동화나 소설 속에서나 나올 법한 상황의 현실 재현 등. 이런 점들 속에는 머리, 가슴, 철학의 조화로움은 없고 오직 에고이즘(타자 혹은 현상에 대해서 배려하지 않고 자신의 이익이나 행복만을 고집하는 사고방식 또는 그러한 태도)만 남게 된다.

다섯째, 대부분의 교사들이 서로의 수업과 가르침, 배움, 수업의 본질 등에 대하여 진지하게 이야기 나누는 것을 꺼리거나 두려워하고 있다는 점이다. 고작 이야기하는 것이라고는 교과서 내용을 잘 전달하기 위한 수업기술이나 방법, 아이들을 잘 통제하는 수단이나 요령, 아이들의 흥미 유발 혹은 수업 집중력 향상을 위한 요령, 자료 제작 및 나눔, 그와 관련된 정보의 공유 정도밖에 없다. 이런 분위기 속에서 서로의 내면을 들여다보고 성찰을 이야기한다는 것은 꿈일 뿐이다. 진정 교사로서 성장하고 싶다면 그동안 금기시되어 왔던 틀을 깨고, 교사로서 자신의 내면에 대하여 솔직하게 이야기 나눌 수 있어야 한다. 현재의 학교 현실에서 본다면 굉장한 위험 부담이 따를 수 있고 모험적인 이야기일 수도 있다. 하지만 이런 것들을 두려워하고 겉으로 드러내는 일을 꺼린다면 더 이상 자신의 협동학습 전문성은 성장과 발전을 꾀할 수 없다. 교육 개혁 및 최근 일어난 혁신학교 운동도 한계 그 이상은 극복하지 못하고 어느 순간부터 제자리걸음만 하게 될 것이다.

(5) 성찰을 통한 협동학습 수업의 출발점 1 : 있는 그대로의 나를 인정하기

파머는 그의 저서 곳곳에서 있는 그대로의 자기 자신을 인정하라고 매우 강조하고 있다. 그러나 모든 사람이 다 그렇듯이 자기 자신의 본모습을 있는 그대로 드러내고 인정하는 것을 매우 두려워한다. 특히 교사들은 더욱 그러하다. 늘 성실하게 공부를 잘해 왔고 타인들로부터 인정을 많이 받아오며 살아왔기에 엘리트 콤플렉스에 걸려 있다고 해도 과언이 아니다. 그래서일까 자신의 교실, 자신의 수업을 있는 그대로 공유하고 그것에 대하여 토의 · 토론하는 것을 꺼리고 연례행사처럼 치르는 공개수업에서는 아이들과 참관 교사들에게 자신이 (1) 얼마나 유능하고 똑똑한 교사인지, (2) 얼마나 열심히 교재연구를 했는지, (3) 얼마나 아이들을 잘 가르치는지(평소에 쓰지 않는 단원 제목 및 단원 목표를 칠판 한구석에 써 가면서), (4) 얼마나 수업기술이 뛰어난지(평소에 잘 사용하지 않는 수업 방법을 구사하면서), (5) 얼마나 많은 지식을 쌓아 왔는지, (6) 얼마나 수업 준비를 잘하였는지(평소에 잘 만들지 않는 다양한 자료나 학습지 및 PPT 등을 보여주면서), (7) 얼마나 아이들을 사랑하는지(평소에 잘 보여 주지 않는 가식적인 미소를 보이거나 존칭어를 쓰면서) 포장하기에 바쁘다. 하지만 그것을 지켜보는 교사들은 그 화려함 뒤에 감추어진 불편한 진실들을 이미 알고 있다. 그리고 그 사람의 모습이 곧 자신의 모습일 수도 있음 또한 직감한다. 단지 겉으로 드러내고 표현하지 않을 뿐이다. 이 모든 것들 속에 숨어 있는 의미는 아이들을 배움과 깨달음의 길로 안내하는 것이 아니라 아이들 혹은 관찰교사들이 나를 훌륭한 교사로 인식하게 만들고자 있는 그대로의 나를 포장하고 감추려는 속내가 들어 있음이다.(다른 사람들에게 보여 주는 '나'와 그 이면에 감추어진 있는 그대로의 '나'가 일치하지 못하여 그것이 드러날까 걱정하는 교사들에게서 이런 모습이 많이 보인다. 그 중심에는 두려움이 가장 크게 자리한다.) 이런 교사들은 평소 자신의 모습이 어떠한지, 자신의 내면과 자아가 어떠한지, 자신이 무엇을 잘 알고 있고 무엇을 잘 모르고 있는지, 갖고 있는 것은 무엇이고 부족한 것은 무엇인지, 자신이 추구하는 행복과 가치는 무엇인지, 자신의 꿈은 무엇이고 왜 사는지, 자신이 추구하는 삶은 어떤 것인지, 자신이 왜 교사가 되었는지, 자신이 왜 아이들을 가르치려고 하는지, 아이들이 무엇을 배워 알기를 바라는지, 아이들이 어떤 어른으로 성장하기를 바라는지 등에 대한 답조차 갖고 있지 못한 경우가 많다. 설령 답을 갖고 있더라도 구호에만 그칠 뿐 내면적 자아와 현실의 모습이 불일치하는 모습을 보일 가능성이 높다. 가끔 공개수업을 보다 보면 자기도 평소에 안 해 보던 것들을 하다가 자신도 놀랐는지 관찰교사의 눈치를 살피며 겸연쩍은 웃음으로 그 순간을 모면해 보고자 안간힘을 쓰고 있는 상황을 목격할 때가 많다. 그럴 때는 정말 쓴웃음이 나온다.

성찰을 통한 협동학습 수업의 출발점은 바로 여기에 있다. 우선은 있는 그대로의 나를 만나야만 한다. 있는 그대로의 나와의 만남은 그리 행복하고 자랑스럽고 즐거운 일이 아닐 수 있다. 왜냐하면 진심으로 만났을 때 자신의 부족함에 실망할지도 모를 일이기 때문이다. 하지만 그 정도의 고통 없이는 발전도 없다고 생각한다. 그리고 부족한 자신과 만났을 때 그것을 있는 그대로 인정하고 수용하고 드러내는 일 또한 중요한 일이다. 자신의 부족함을 제대로 인정하고 받아들이고 드러내지 않는다면 가식과 연기를 할 수밖에 없는데 그런 활동들은 언젠가는 진실이 밝혀지기 마련이다. 오히려 자신의 부족함을 인정하고 드러낼수록 마음은 더 편해질 것이다. 그리고 그 부족함을 극복하기 위해 스스로 연구하고 주변의 동료교사들로부터 도움을 받기도 하면서 꾸준히 노력해 나간다면 조금씩 성장해 나가는 자신을 느낄 수 있을 것이다. 이것이야말로 진정한 용기이고 자신을 사랑하는 일이며 자신의 존재 가치를 드높이는 일이라 나는 확신한다. 협동적 학급운영 속에서 협동학습 수업의 질적 깊이는 바로 이렇게 더해진다.

(6) 성찰을 통한 협동학습 수업의 출발점 2 : 자기 내면의 목소리에 귀 기울이기

파머와 프레이리는 자기 스스로의 가슴속에서 우러나오는 솔직한 내면의 목소리에 귀를 기울여야 한다고 매우 강조하고 있다. 나 또한 교사의 진정한 가치는 그 사람 내면의 목소리에서 나온다고 굳게 믿고 있으며 좋은 수업은 그것을 바탕으로 이루어진다고 생각하고 있다. 왜냐하면 진심이 담긴 교사 내면의 목소리를 바탕으로 한 수업은 있는 그대로의 살아 있는 삶 자체를 매개로 아이들과 만나게 해 주고, 그 과정에서 진정성이 고스란히 아이들에게 전해져 공명현상을 만들어 내기 때문이다. 협동적 학급운영 속에서 협동학습 수업도 다르지 않다.

교사들은 흔히 교실에서 자신의 심적 평형상태가 깨어졌을 때 자신의 내면과 자주 만나게 된다. 그리고 다시 본래의 평형상태로 돌아가기 위해 자기 자신과 대화를 하게 된다. 그러나 자기 자신과의 대화를 나눌 만한 여유를 찾지 못했을 때 내면의 목소리는 순간적으로 사라지고 표면적으로는 분노와 화 또는 파괴적인 행위가 자리하게 된다. 그러다가 시간이 지나면 그 순간을 돌이켜 보면서 또다시 자기 내면과 대화하고 있는 자기 자신을 발견하게 된다. 그렇게 조금씩 모든 교사들은 자기를 성장시켜 나가는데 그 과정 속에서 교사의 내면과 아이들의 내면이 진실되게 만날 때 교감이 이루어져 참다운 배움이 일어난다. 그리고 한 번 형성된 교감은 지속적인 선순환을 가져다주어 훌륭한 협동적 학급운영을 가능하게 해 준다.

한편 한 교사의 내면이 어떤 식으로든 무너지거나 영향을 받게 되면 그는 결국 자신을 해치고 더 나아가 아이들까지 해치게 된다. 대표적인 첫 번째 예가 자신의 재능과 적성은 교사와 맞지 않지만 표면적인 이유(사회적 선호도, 어떤 의무감, 금전적인 면, 부모의 압력 등)로 교직을 택하였을 때 나타나는 여러 현상들이다. 학교생활을 하다 보면 좋은 일만 있는 것은 아닌데, 교사 내면으로부터 우러나와서 행해지는 모든 교육적 활동들은 아무리 힘들어도 궁극적으로는 교사와 아이들 모두를 기쁘게 한다. 왜냐하면 교사와 아이들 모두는 힘들고 어려움 속에서도 깨달음과 교훈을 얻어 서로를 성장시키기 때문이다. 그러나 반대의 경우 교사는 자기 성장 또한 불가능할 뿐만 아니라 자신이 겪는 어려움과 힘든 상황들을 아이들과 학부모, 관리자, 교육 환경 및 제도, 사회 탓으로 돌리게 되고 궁극에 가서는 상호 파괴로 이어져 모든 관계가 깨지고 만다. 그런 교사는 늘 자신의 일을 그만두려는 고민을 하거나 종국에 가서는 학교를 떠나는 선택을 하게 된다.

대표적인 두 번째 예는 교실에서 교사가 아이들을 통제하기 위해 사용하는 각종 수단과 방법을 자신의 권위로 착각하고 있을 때 나타나는 현상이다. 특히 교사들은 아이들에 대한 자신의 권위와 권위주의(특히 권력, 통제수단, 물리력 등)를 혼동하고 있는 경우가 대부분이다. 진정한 의미에서의 권위는 교사의 내면으로부터 자연스럽게 밖으로 흘러나가 타인에게 긍정적인 영향을 주지만 권위주의는 교사 밖으로부터 내면으로 들어와 교사 자신을 수동적으로 만들게 되고(교사 자신이 통제수단을 사용하는 것이 아니라 통제수단에 의존하고 있는 자신을 발견하게 된다.), 그 결과로 타인에게 부정적인 영향을 끼치게 된다. 예를 들어 교사가 진정성 있는 내면을 바탕으로 아이들과 만나게 되면 아이들로부터 자연스럽게 권위를 부여받아 아이들과 끈끈한 관계를 유지해 나가지만 외부에 있는 통제수단과 같은 강제적 힘에 의존하게 되면 아무리 교실을 협동적이고 평화스러운 곳으로 만들고 싶어도 관계의 고리가 끊어져 더 이상 회복하기 어려운 지경에 이르게 될 가능성이 높다. 아무리 외적인 힘이 강하더라도 교사의 자기성찰에서 우러나오는 진정한 권위의 힘에는 비할 바가 못 된다. 바람직한 교사의 권위, 진정한 협동적 학급운영은 교사의 자기성찰을 바탕으로 한 삶 그 자체에서 자연스럽게 우러나오는 것이고, 그런 교실에서 교사의 권위주의나 각종 통제수단 및 폭력적 행위는 더 이상 발을 붙일 곳도 없게 된다. 반면 외부의 힘(각종 칭찬 스티커 등의 테크닉이나 통제수단, 경쟁을 조장하는 일, 공포나 위협, 성적순, 체벌이나 폭력, 차별대우, 자신의 지위를 활용한 억압과 강제 등)에 의존하는 교사의 교실('나름 협동학습을 한다.'고 하는 교사의 교실을 보면 상당수가 상벌점, 스티커 등에 의존하고 있는 모습을 보게 된다. 고민이 필요한 지점이다.)에서 진정한 교사의 권위, 협동적 학급운영은 말로만 외치는 구호이고 꿈일 뿐이며 넘을 수 없는 벽임을 실감하게 된다.

교육은 본래 단순히 교과서 속의 지식을 전달하는 일이 아니라 교사와 아이들 모두의 내면을 다스리고 성장시키고 강화시켜 나가기 위한 모든 노력과 과정 및 결과라 할 수 있다. 그 속에서 내면의 힘이 충분히 성장하면 그것은 지혜로 전이되고, 그 지혜는 불의와 악을 물리치는 힘(그것이 바로 '살아가는 힘'이다.)을 가져다준다. 그때가 되면 교사와 아이들 모두는 단순한 규범이나 외압, 물리적인 힘, 두려움, 공포, 개인주의, 경쟁심, 질투, 증오 등에 의해 움직이거나 휘둘리지 않고 자기 결단에 따라 행동하게 된다. 그러나 내면의 힘이 미약하면 외압이나 권력, 두려움, 공포심, 개인주의, 경쟁심, 질투, 증오 등에 쉽게 무릎을 꿇게 되고 진실을 보는 눈을 잃어버리게 되어 결국 자기 자신 및 주변 모든 것의 파괴로까지 이어지게 된다. 그런 교실에서 협동적 학급운영은 결코 뿌리를 내리지 못한다. 그런 교실에서 이루어지는 협동학습 수업은 허울일 뿐이고 오직 교과서를 전달하는 수단이자 껍데기라는 의미 그 이상의 가치는 찾아볼 수 없게 된다. 나의 교실을 돌이켜 봐도 협동적 학급운영에 실패를 경험하는 해를 반추해 보면 분명 그러했다.

이렇게 볼 때 협동학습 수업의 출발점에서 가장 중요한 것은 늘 아이들 앞에 서 있는 교사의 내면이며 교사의 내면을 살리는 길이 곧 교육을 살리는 길이자 협동학습 수업의 처음과 끝이라고 나는 감히 주장한다. 자신의 교실에서 협동적 학급운영 및 협동학습 수업의 정수를 맛보고 그 깊이를 더하고 싶다면 끊임없이 자기 내면의 목소리에 귀를 기울이고 자기 자신과 진지한 대화를 할 것을 강력히 권한다.

가끔 누군가 내게 "자기 내면의 목소리에 귀를 기울이고 자신과 진지한 대화를 할 수 있는 좋은 방법에는 어떤 것이 있나요?" 묻는다. 여기에는 현재 자신이 처한 상황과 현실에 바탕을 둔 각자의 답이 있을 뿐 누구에게나 들어맞는 정답은 없다고 생각한다.

나의 경우는 나 자신과 만나 대화를 이루기 위해 독서하기, 낮에도 혼자 있는 시간 많이 갖기, 글쓰기, 나의 내면을 그대로 드러내 보일 수 있는 사람과 만나 이야기하기, 밤 늦게까지 혹은 새벽에 깨어 있기, 끊임없이 걷기(사실 **협동학습, 교사를 바꾸다**라는 책은 문경새재 및 그와 연결된 둘레길을 걸으며 내 자신과의 대화를 통해 구상을 마쳤고, 그 덕분에 돌아와서 미친 듯이 써 내려갈 수 있었다. 지금 쓰고 있는 이 글도 대관령 옛길을 걸으며 했던 1차 구상의 산물이라 할 수 있다.) 등의 활동을 많이 한다. 이 글을 읽은 여러분도 자기에게 맞는 방법을 찾아 수시로 자기 자신과 대화를 해 볼 것을 적극 권한다.

(7) 성찰을 통한 협동학습 수업의 출발점 3 : 두려움을 극복하는 일

수업이란 단순한 지식의 전달을 넘어 대상(타자, 지식 등)과의 의미 있는 연결짓기, 관계맺기, 소통하기를 가리킨다. 그리고 이 활동이 제대로 이루어지기 위해서는 그 과정에서 신뢰, 수용, 공감, 경청 등의 과정이 함께해야만 한다. 하지만 이런 것들은 어떤 힘에 의해서 쉽게 단절되고 만다. 그리고 그 핵심에는 바로 두려움이 자리한다. 그런 이유 때문에 파머와 프레이리는 반드시 그것을 극복하지 않으면 안 된다고 자신의 저서 곳곳에서 매우 강조하고 있다.

지금도 나는 많은 두려움 앞에 직면해 있다. 특히 교육활동과 관련하여 나를 두렵게 하는 것(이런 감정은 나를 포함한 모든 교사가 똑같이 경험하고 있을 것이다.)이 무엇인지 생각해 보면 참으로 많다.

아이들과 학부모에게 인기 없는 교사가 될 것 같은 두려움, 좋은 수업을 못할 것 같은 두려움, 아이들이 내 수업을 잘 들어 주지 않을 것 같은 두려움, 교과 전문성 부족 및 수업 연구와 준비 부족에 따른 두려움, 나의 수업을 다른 사람들이 어떤 시각으로 바라볼 것인가에 대한 두려움, 나의 경험들을 다른 사람들과 많이 나누고 다니지만 그런 나를 주변 동료교사들은 어떻게 바라보고 있는가에 대한 두려움, 내가 통제할 수 없는 상황이 교실에서 일어나지 않을까 하는 두려움, 내 질문에 아무도 답을 하지 않으면 어떻게 하나 하는 두려움, 교실 내에서 풀기 어려운 갈등이 생기지 않을까 하는 두려움, 아이들 앞에서 내가 수업을 하며 헤매지 않을까 하는 두려움, 아이들의 질문에 답을 제대로 하지 못할지도(나의 무지함이 드러날지도) 모른다는 두려움, 학부모와 아이들이 나를 어떻게 바라볼 것인가에 대한 두려움, 누군가가 나를 평가하고 있다는 불편함과 두려움, 동료나 아이들 혹은 학부모가 나에게 듣기 싫거나 불편한 말을 하게 될지도 모른다는 두려움, 나와 학부모 및 아이들 사이의 관계가 단절될 수도 있다는 두려움, 다른 동료들로부터 소외될 수도 있다는 두려움, 나의 성취욕구가 좌절될 수도 있다는 두려움, 하고 싶지 않지만 경쟁을 조장하고 있는 사회 현실 속에서 뒤로 처질 수도 있다는 두려움, 관료적인 교육 현실과 승진구조 속에서 잘 버티거나 살아남을 수 있을 것인가에 대한 두려움, 반교육적이고도 비민주적인 행위(교육부나 교육청, 교장이나 교감, 학부모, 아이들에 의해 자주 경험하게 된다.)에 당당히 맞서기 전에 만나게 되는 두려움과 그런 것들에 굴복하거나 패배하게 될지도 모른다는 두려움(내 직장, 내 지위, 내 이미지를 잃어버리게 될지도 모른다는 공포심), 그리고 그런 행위의 결과로 나에게 엄습해 올 각종 시련과 고통 및 불이익 등에 대한 두려움, 나의 말과 행위로 인하여 특히 아이들이 상처받을지도 모른다는 두려움, 시간이 흘러 동료, 아이들, 학부모들과 우연히 만났을 때 그들은 나를 어떤 교사로 기억하고 있을까 하는 것에 대한 두려움, '나'라는 사람의 정체성 상실에 대한 두려움, 그리고 이런 모든 것들이 나를 어떻게 변화시킬 것인가에 대한 두려움(사람들은 대체로 현재의 자신에 대하여 변화를 두려워하거나 힘들어하는 성향, 그냥 지금의 현실에 안주하고자 하는 성향을 가지고 있다. 그래서 원하지 않았지만 강제로 배정된 혁신학교에서 많은 교사들은 힘들어하고 있다.) 등.

하지만 상대적으로 아이들 또한 교사인 나 못지않은 두려움 앞에 직면해 있다는 것을 조금만 생각해 보면 잘 알 수 있다.

저조한 성적으로 인해 부모님께 꾸중을 들을지도 모른다는 두려움, 성적 하락에 대한 두려움, 경쟁에서 뒤로 밀려날 것에 대한 두려움, 각종 교육제도로 인해 받을 수 있는 상처나 불이익에 대한 두려움, 친구 및 교사로부터 인정받지 못하거나 비교, 폭력, 배척, 무시, 인격적인 모욕 등을 당할 수도 있다는 두려움, 선생님이 잘 모르는 것에 대하여 질문하지 않을까(나를 시키지 않을까) 하는 두려움, 내 생각 또는 나의 답변이 틀렸다면 어떻게 하나 하는 두려움(친구들 앞에서 바보취급당하지 않을까 하는 두려움), 사회적 성공(좋은 대학, 좋은 직장, 부와 권력 등)에 대한 불확실성 및 보이지 않는 자신의 미래에 대한 두려움과 불안감, 선생님이나 친구들 혹은 부모님이 나에게 듣기 싫거나 불편한 말을 하게 될지도 모른다는 두려움, 주위로부터 차별받을 수도 있다는 두려움, 주위의 기대에 부응하지 못할 수도 있다는 두려움, 교실에서 아이들 사이에 물리적인 힘의 말단에서 각종 고통과 불이익을 당할지도 모른다는 두려움, 권위주의적인 어른들의 말과 행동에 대한 두려움, 친구들로부터 왕따를 당할지도 모른다는 두려움, 자신의 외모에 대한 불안감과 두려움, 자신에게 꿈이 없거나 그것이 무엇인지 모르고 그냥 하루하루를 살아가고 있다는 막연함에 대한 두려움, 자신의 꿈과 희망, 행복 등이 외부의 어떤 힘에 의해서 좌절될 수도 있다는 공포심과 두려움, 친구, 부모, 교사로부터 버림받을지도 모른다는 두려움, 나의 자존감이 무너짐으로 인해 상처를 받을 수 있다는 두려움, 매일 그리고 매시간 끝도 없이 새로운 것을 배우고 익혀야 한다는 두려움, 그리고 이 모든 것으로 인해 현재 나의 삶이 송두리째 날아가거나 완전히 뒤바뀌거나 혹은 빼앗길지도 모른다는 두려움 등.

그러나 진짜 중요한 문제는 하루에도 몇 번씩이나 경험하게 되는 다양한 두려움을 교사나 아이들은 각자 어떻게 극복해 나가느냐 하는 것에 있다. 대체로 교사와 아이들은 두려움을 극복하기 위해 가장 손쉬운 방법인 '타자와의 관계 단절(갈등 및 폭력, 서로의 감정에 상처 내기, 상황 회피하기, 서로 멀어지기, 침묵하기, 책 뒤로 숨기, 변명과 자기 방어 뒤에 숨기, 권위주의 뒤에 숨기, 수업기술이나 테크닉으로 포장하기, 거짓으로 자기 방어하기 등)'을 선택하곤 한다. 여기에서 교사와 아이들 모두 두려움과 공포심의 주인은 바로 '나 자신'이고 두려움과 공포심 또한 없다면 그런 고민에서 자유로워질 수 있다는 것, 타자와의 단절은 결코 근본적인 해결책이 아니라는 것을 직시할 수 있어야 한다. 또한 이 모든 것의 근원은 자기 내면에 자리하고 있는 두려움과 공포심이며 가장 좋은 해결책은 그것을 없애거나 최소화하는 일이라는 것을 깨닫고 이를 위해 최선을 다해야만 한다.

사실 나와 아이들을 둘러싼 일상의 모든 현상 가운데 불편했던 상황들을 곰곰이 생각해 보면 두려움이나 공포심에 기반을 둔 타자와의 단절에서 비롯되었다는 것을 깨닫게 되는데 그럴 때마다 많은 걱정과 불안함이 물밀 듯이 몰려오는 것을 느끼곤 한다. 그 가운데서도 더 걱정스럽고 불안한 일은 학교 현장에서 두려움과 공포 심리를 이용한 각종 제도 및 활동들이 더 많이 양산되고 있으며 아무런 문제의식을 갖지 못한 채 교묘한 형태로 진화를 거듭하고 있다는 점이다. 교육현장에서부터 그런 현상을 조장하면서 당연한 것처럼 여기게 만들어 이제는 대부분의 사람들이 '본래 다 이렇게 사는 거야. 이게 정상이야. 도대체 뭐가 문제야?'라고 생각하고 말할 정도의 지경에 이르렀다고 나는 생각한다. 현재 수많은 교사들, 아이들, 학부모들은 그것들을 무감각하게 당연한 것인 양, 아무런 문제도 없다는 듯 대수롭지 않게 여기고 순응하며 살아가고 있다. 이런 곳에서 '협동, 나눔, 배려, 소통, 공감, 다 함께, 평등, 인원, 평화, 생태' 등을 부르짖으며 열심히 협동적 학급운영 및 협동학습 수업을 펼쳐 나가도 대부분의 교사와 아이들, 학부모들에게는 공허한 메아리로 들릴 뿐이고 학교 현장의 변화와 발전은 더디거나 남의 것일 수밖에 없게 된다. 결국 이런 곳에서 협동적 학급운영, 협동학습은 그저 기법이고 방법이며 수단일 뿐 그 이상도 이하도 아니라는 결론에 도달하게 된다.

한편 교사인 나의 두려움은 대부분 아이들의 두려움과 늘 같은 시간 및 공간 속에 자리하는데 그것의 힘은 매우 대단해서 교실을 순간적으로 마비시켜 버리고 나와 아이들 모두를 대상으로부터 분리시켜 놓는다. 특히 타자와의 관계맺기, 소통하기, 배움의 대상과 연결짓기, 연대 및 협동하기, 서로 도움 주고받기, 배려하고 존중하고 공감하고 나누기 등을 방해한다. 그리고 종국에 가서는 교사에게서 진정으로 가르칠 수 있는 용기와 능력을 빼앗아 가고, 그로 하여금 진정한 가르침으로부터 멀어지게 만들어 아이들로 하여금 학교 및 배움으로부터 도주하게 만든다. 그런 교실에서 협동적 학급운영 및 협동학습 수업은 역시 기법이고 방법이며 수단일 뿐이다.

성찰을 통한 협동학습 수업의 가장 핵심은 바로 수업 속에서 교사와 아이들의 두려움이 발생하는 지점은 어디고 그것의 원인은 무엇인지를 찾아낼 수 있는 눈을 가지고 이를 극복하기 위한 대안을 마련(두려움을 없애거나 부정적인 두려움을 긍정적인 두려움으로 전환시키는 방법 : 긍정적인 두려움은 미지의 그 무엇인가와 만난다는 것, 무엇인가 모두에게 좋은 일이 있을 것이라는 것, 윈윈 방식처럼 다 함께 잘 살 수 있다는 것, 무엇인가 새로운 것을 알게 된다는 것에 대한 설렘과 같은 것)하기 위함에 있다. 이것이 가능해진다면 교사와 아이들 모두가 내면의 두려움을 극복하고 진정한 협동적 가르침과 배움의 여행을 함께 떠날 수 있게 된다.

나는 10여 년 넘게 현장에서 협동적 학급운영을 실천해 오면서 두려움을 극복하기 위한 방안으로 이런 것들을 세워 실천해 오고 있다.

첫째, 교사인 내가 먼저 아이들의 세계로 들어가야 한다. 교사들은 흔히 아이들을 걸어 다니는 시한폭탄(언제 터질지 모르는)에 비유하곤 한다. 하지만 많은 경우 교사들이 아이들을 바라보는 눈은 상당히 왜곡되어 있다는 것을 알 수 있다. 교사들은 아이들의 문제행위에 대해서 표면적으로만 바라보면서 모든 것을 아이(집중력 부족, 의지 부족, 소통력 부족, 재능과 적성 문제, 도덕성 문제 등), 가정 및 부모(결손가정, 사회과 교육의 부재, 부모의 교육관 문제, 관심 부족, 지도력 부족 등), 사회와 제도(경쟁적 사회 분위기, 입시중심의 교육, 쾌락과 물질적 풍요로움의 속도를 따라가지 못하는 정신적 성장 등)의 탓으로 돌리는 데 익숙해져 있다. 그렇게 함으로써 자신은 교묘히 문제의 중심에서 빠져 버린다. 이것은 의료사고에서 사고의 원인을 모두 환자에게 떠넘기는 일(너무 늦게 왔다, 이미 건강이 악화되어 있었다, 이미 손을 쓸 수 없는 상태에 있었다 등)과 같은 것이다. 이런 행위와 사고방식들은 교육활동에서 벌어지는 수많은 문제 상황 속에서 교사들에게 면죄부를 부여하곤 한다.

의사는 자신의 진단행위에 따라 치료 방법을 결정하듯이 교사들 또한 아이들을 바라보는 시선과 관점에 따라 아이들의 행위에 따른 처방을 결정한다. 그렇게 볼 때 현재의 학교 현장은 아이들을 어떻게 바라봐야 하는지, 어떻게 소통해야만 당면 과제를 해결할 수 있는지에 대하여 잘 알지 못한다. 그저 아이들을 수동적인 존재로 바라보고, 교사가 알려 주는 것을 바른 자세로 앉아 잘 받아먹으며, 교사가 기대하는 답을 잘 찾기만 하면 성실하게 학교생활을 잘하는 아이로 인식되고 있는 곳, 그것과 멀어지면 문제아로 인식되는 곳(아이들은 자기 스스로의 삶을 가꾸어 갈 수 없는 존재, 그래서 아이들은 가치 있는 경험을 만들어 갈 능력, 기대할 만한 미래와 가능성이 없기에 교사들이 전해주는 지식들을 머릿속에 잘 꾸겨 넣기만 하면 성공적인 삶을 살 수가 있다는 것으로 인식되는 곳)이 현재 대한민국 교육 현장의 모습이다. 이런 교실에서 대부분의 아이들은 침묵을 최선으로 여기며(이렇게 하면 최소한 배척과 거부는 당하지 않으니까) 지적인 이방인으로 살아가고 있다.

우리는 아이들에게 좀 더 가까이 다가가야 한다. 우리는 아이들의 말과 행동(아이들을 이해하는 창이 된다. 이를 그 아이의 입장에서 바라보고 이해할 필요가 있음)을 통해 겉으로 드러나는 것 속에 감추어진 그들의 내면을 살필 줄 알아야 한다. 우리는 그들의 내면 가운데서도 가장 깊은 곳에 감추어진 불안감, 두려움 등을 분명하게 들여다보고 어루만져 줄 수 있어야 한다.(교사는 두려움을 가진 아이를 만나는 것이 아니라 아이의 내면에 감추어진 두려움과 만날 수 있어야 한다.) 그래야만 교실에서 즐겁고 행복한 협동적 배움의 관계가 만들어질 수 있다. 분명 훌륭한 협동적 학급운영 교사는 두려움에 떨고 있는 아이들 내면의 목소리(나는 말하고 싶어요!)를 들을 줄 아는 사람이다. 또한 훌륭한 협동적 학급운영 교사는 그런 아이들이 자신의 목소리를 되찾아 말할 수 있도록 도와줄 수 있는 사람이다. 그런 교사가 있는 협동적 교실에서 아이들은 자기 삶을 가꾸어 가며 진실하고 자신감 있게 자기의 경험을 말할 수 있게 된다.(그래서 실제적으로 학년 초 협동적 학급운영을 위해 나는 '서로 주의를 기울이고 관심을 가져 주는 교실', '틀려도 괜찮은 교실', '기다려 주는 교실', '다름을 인정하는 교실', '서로 공감하고 수용하고 존중하는 교실'을 만드는 일에 모든 에너지를 집중하고 있다. 그리고 그 출발점은 아이들이 아니라 교사인 '나' 자신이라는 점을 늘 잊지 않고 있다. 이를 위해 나는 아이들의 말과 행동에 대하여 '공감'하면서 아이들의 세계로 들어가는 방법을 선택하였고, 시간이 지나면서 아이들은 내가 자신들의 이야기 — 진실, 두려움 등 — 를 끝까지 들어 줄 수 있는 사람이라는 것을 알게 되었다. 그러자 많은 것들에서 희망이 보였고 앞에 놓였던 문제들이 사라지거나 줄어들게 되었다. 그래서일까 나의 교실에서는 특별한 프로그램이나 기법, 기교, 테크닉 등은 결코 존재하지 않는다.)

둘째, 상호 연결짓기 ⇨ 소통하기 ⇨ 관계 개선 ⇨ 협동적 학급운영 실현의 과정을 교실에서 잘 구현하는 데 최선을 다해야 한다. 상호 연결짓기를 위해서 우선 교사는 아이들을 있는 그대로 바라보고 그들의 세계로 들어가야 하는데 이것은 결코 쉬운 일이 아니다. 왜냐하면 이 작업은 교사가 먼저 자신 및 아이들의 내면에 자리한 두려움의 실체를 있는 그대로 들여다볼 수 있어야 하는데 대부분의 교사들은 그런 준비가 되어 있지 못하다. 자기 자신조차 제대로 이해하지 못하면서 다른 사람 내면의 모습까지 이해하기 위해 그들의 세계로 들어간다는 것은 결코 있을 수 없는 일이다.

일례로, 학년 초 교사들은 흔히 아이들을 빠른 시간 내에 확 휘어잡기 위해 최선을 다한다. 발령을 받았던 초기 선배 교사들이 후배 교사들에게 가장 먼저 해 주었던 말이 바로 '초장에 휘어잡아야 한다'는 것이었고, 지금도 그런 이야기는 계속되고 있다. 이런 교실에서 교사가 자신을 성찰하고, 아이들의 세계를 이해하기 위해 그들 속으로 뛰어든다는 것은 결코 있을 수 없는 일이다. 휘어잡는다는 행위 속에 드러난 교사의 내면은 두려움 그 자체다. 자신의 권위를 잃지 않기 위한 두려움. 그러나 그것이 밖으로 표출될 때는 아이들에게 공포심을 가져다준다. 처음에는 작게, 그러나 가면 갈수록 크게! 이렇게 교사들은 시간이 지날수록 더 강력한 외부의 힘을 교실로 끌어들이게 되고 갈수록 그 둘 사이는 멀어지게 된다. 심할 경우 종국에 가서는 다시는 돌아올 수 없는 강을 건너게 되기도 한다.(이런 경우를 2013년 같은 학교의 교사를 통해서 경험하기도 했다. 결국 학부모와 아이들은 담임 교체를 요구했고 결국 그 요구대로 이루어지고 말았다.) 그런 교사들의 수업 컨설팅이나 수업 코칭 활동을 많이 하게 되는데 볼 때마다 공통적으로 느껴지는 것이 바로 교사와 아이들 간의 소통과 연결고리가 끊어져 있다는 것이다. 그래서 때로는 해당 교사에게 이런 말을 건네곤 한다.

나 : 한번 아이들에게 선생님의 진심이 무엇인지 보여 줄 필요가 있는 것 같습니다.

교사 : 나의 진심이요?

나 : 네, 선생님이 진정으로 바라는 것이 무엇인지를 아이들이 알게 해 주는 것 말입니다. 선생님의 진심이 무엇인지요?

교사 : (한참을 고민한 끝에) 아이들과 교실에서 행복하게 지내는 것이요.

나 : 그런데 지금은 그것이 잘되지 않아 불안하고 힘든 것이지요? 그러면 아이들에게 한번 선생님의 솔직한 마음을 담아 진지하게 이야기해 볼 필요가 있지 않을까요? "나는 너희들과 교실에서 즐겁고 행복하게 수업하며 생활하고 싶다. 그런데 지금 그것이 잘되지 않아 몹시 괴롭고 힘들고 두렵다. 너희들과 나 사이에는 큰 벽이 있는 것 같다. 그런데 나는 그 벽을 허물기 위해 지금까지 제대로 노력해 보지 못한 것 같다. 지금부터 나는 그 벽이 아무리 두껍고 높을지라도 그것을 허물고 뛰어넘어 너희들 앞으로 열심히 다가서 보려고 한다. 그런데 그 일은 굉장히 어렵고 힘든 일이라서 나 혼자의 힘으로는 도저히 이룰 수 없는 것 같다. 이 고백을 하고 있는 순간에도 난 몹시 두렵고 떨린다. 왜냐하면 부족한 면이 많아서 잘 못할 수도 있다는 생각이 내 앞을 자꾸만 가로막고 있기 때문이다. 그래서 말인데 지금 나는 나름대로 굉장히 큰 용기를 내어 떨리는 마음으로 너희들에게 마음속의 진심을 이야기하고 있는 것이다. 난 지금 너희들의 도움이 아주 많이 필요하단다. 지금 너희들이 나에게 큰 힘이 되어 준다면 나는 분명히 그 벽을 허물고 넘어갈 수 있을 것 같구나. 지금부터 나를 도와줄 수 있겠니?"라고 말이지요. 어떤 식이든 좋다고 봅니다. 편지의 형식이든 고백의 형식이든 말입니다.

이렇게 이야기를 나누고 나면 가끔은 진짜로 용기를 내어 그렇게 해 보았고, 그런 교실을 만들기 위해 노력하는 모습을 보여 주었더니 그런 자신을 조금이나마 알아 주고 손을 내밀며 다가오는 아이들이 하나둘씩 늘어나게 되었다고, 그래서 희망을 갖게 되었다고 이야기하시는 분들이 꽤 있다. 그럴 때 나는 그 교사들의 진심 어린 용기에 큰 격려와 박수를 아끼지 않는다. 비로소 그 교사는 자신의 내면의 목소리에 귀를 기울이기 시작한 것이고, 두려움을 극복하기 위한 첫걸음을 떼기 시작한 것이고, 아이들 앞으로 다가서기 위한 나름의 길을 찾은 것이기 때문이다. 물론 그것만으로는 충분하지 않다는 것을 안다. 하지만 이런 경험을 하기 시작한 교사는 이후로도 충분히 잘해 낼 것이라 나는 믿는다. 교사가 자신의 성찰을 바탕으로 아이들의 내면을 들여다보면서 둘 사이에 놓여 있는 두려움을 극복하고 간격을 좁혀 나가기 시작한다면 협동적 학급운영은 분명히 성공하게 될 것이라 확신한다. 이 길에 지름길은 없다. 이것을 잘 만들어 주는 특별한 기술이나 마법 같은 프로그램도, 속성과정도 결코 없다. 그냥 꾸준히, 흔들림 없이, 한결같은 모습으로 가야 한다.

일단 상호 연결짓기가 잘 이루어지면 다음 단계인 소통하기에 들어서서 사회적 기술에 관심을 가지고 지속적으로 지도하고 실천해 나가면 한 걸음 더 협동적 학급운영의 완성 단계에 다가설 수 있게 된다. 물론 사회적 기술이 학급 전반에 뿌리를 내리는 데에는 상당한 시간이 걸린다. 이때 너무 조급한 마음에 욕심을 부려 충분히 기다려 주지 못한다면 실패를 경험하게 될 가능성이 높다. 협동적 학급운영의 성공을 위해 교사들은 한마디로 도(道)를 많이 닦아야 한다. 인내심을 가지고 기다림에 익숙해져야 한다. 많은 것을 내려놓아야 한다. 이 고비만 잘 넘기면 다음 단계인 관계 개선은 자연스럽게 이루어져 협동적 학급운영의 실현을 경험하게 될 것이다.

셋째, 구성주의에 입각한 학교, 교사, 교실, 수업을 만들기 위해 최선을 다해야 한다. 지식에 대한 관점은 크게 객관주의와 구성주의로 나눌 수 있다.

지식이 무엇이고, 지식이 어떻게 형성되는가에 대한 교사의 인식 차이가 실재 교수 학습 활동을 계획해 나가는 과정에서 수업 방법을 선택하는 데 상당히 큰 영향을 미치게 된다. 현재 학교 현장에는 지식을 바라보는 관점이 다음과 같이 두 가지가 공존하고 있다(우리 시대의 구성주의, 강인애 저, 2003, 문음사; 구성주의와 교과교육, 김판수 외 6인 공저, 2000, 학지사).

객관주의 관점에서 바라본 지식	구성주의 관점에서 바라본 지식
주체 밖의 세계나 실재에 대한 있는 그대로의 표상 → '학습'이라는 것은 수동적으로 외부에서 주어지는 것(있는 그대로의 지식). 이미 정해진 절대적인 지식이 존재. 배우는 것이 목적 그 자체. 획일적 교육이 강조됨.	사회적 존재로서 주체가 구성하는 것 → 학습이라는 것은 개인이 주체가 되어 이루어지는 인지적 과정으로 사회문화적 맥락 속에서 다른 사람들과 상호작용하는 가운데 이루어지는 것. 배우는 것은 하나의 과정. 다양성 교육.

객관주의	항목	구성주의
고정적이고 확인할 수 있는 대상－수동적으로 습득	지식	사회 구성원으로서 개인의 인지적·사회적 과정을 통해 구성
절대적인 성격	지식의 특징	특정 문화, 사회, 역사에 따른 상대적인 성격
절대적인 진리와 지식의 추구	목표	개인에게 의미 있고 타당하고 적합한 것이라면 모두 진리이며 지식
지식의 전달자와 지식의 습득자로서의 관계	교사와 학생	학생의 학습을 돕는 조언자로서의 교사와 자율적이고 적극적이며 책임감 있는 학습의 주체로서의 학생
개별적 학습 환경 : 개인 과제, 개인 활동, 개인 성취의 중요성 강조	학습 환경	협동적 학습 환경 : 다양한 견해에 대한 인식과 토론 기술의 습득
지식의 암기와 축적	학습	문제해결력, 사고력, 인지적 전략의 습득

우리 사회의 변화와 그에 따른 패러다임의 변화를 염두에 둔다면 지식이라는 관점도 이제는 어떤 것을 지향해야 할지 결론을 내릴 수 있을 것이다. 바로 구성주의가 그 답인 것이다. 객관주의적 관점에서 교실을 바라보면 지식의 최고 정점에는 교사가 있고, 그런 현실 속에서 교실은 공포심을 이용한 1인 절대 독재체제가 될 가능성이 높으며 지금까지 그래 왔다. 이런 교실에서는 존중과 배려, 소통과 긍정적 상호작용을 바탕으로 한 협동적 공동체는 사라지고 모두가 두려움이라는 심리 속에 지적으로나 정서적으로나 이방인처럼 생활하게 될 것이며 서로의 관계는 단절되고 만다. 오직 교사 중심의 일방적 강의, 설명, 암기, 전달식 수업이 주가 될 수밖에 없다. 하지만 배움이라는 것이 교사, 아이들, 대상 사이의 상호작용을 바탕으로 개인적인 차원에서 이루어지는, 대상에 대한 의미와 이해의 재개념화 과정임을 생각해 본다면 구성주의적 관점으로 나아가야 한다는 것을 누구도 부정하지 못할 것이다. 구성주의적 관점에서 바라본 지식은 사회적 과정을 통해 생성된다. 그렇게 볼 때, 지식의 습득 과정은 사회적이어야 하고, 교실에서의 수업도 사회적이어야 한다는 결론에 이르

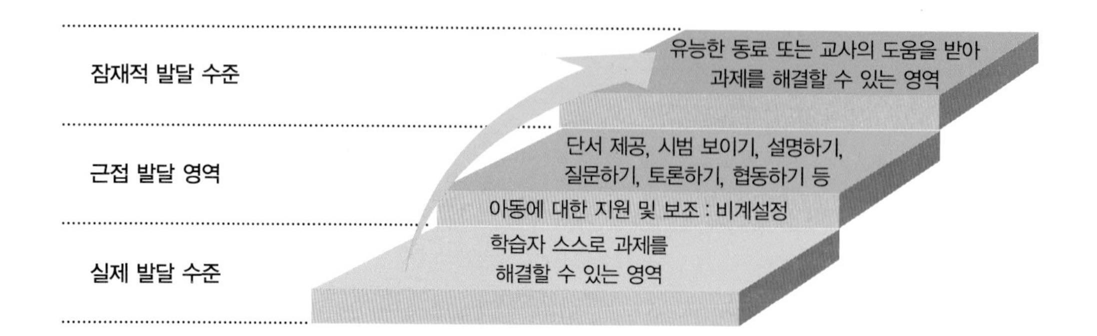

게 된다(지식과 지식을 얻는 방법 그 자체가 사회적인 산물이자 사회적 과정인 것). 여기에서 말하는 '사회적'이라는 것의 의미는 상호작용(관계를 추구하는 인간적인 방식, 그 과정에서 만남과 교류는 필연)을 말하는 것으로, 작게는 학습자들끼리의 상호작용을 말하는 것이고 폭넓게 바라본다면 모든 환경(교실에서는 교사, 동료 학생, 책상, 교실 속 모든 학습 환경, 학습자가 놓인 현재의 모든 상황 등)과의 상호작용을 말하는 것이라 이해하면 될 것이다.

지식에 대한 구성주의적 관점과 비고츠키의 생각을 협동학습 수업과 관련지어 간략히 정리해 보면 아래와 같다.

- 근접 발달 영역(Zone of Proximal Development, ZPD) : 비고츠키는 아동기에 있어서 학습의 수준을 아동이 남의 도움 없이 혼자서 문제를 해결할 수 있는 능력인 실제적 발달 수준과 성인의 안내나 보다 능력 있는 또래들과 협동하여 문제를 해결할 수 있는 능력인 잠재적 발달 수준으로 구분하였다. 그러고 나서 잠재적 발달 수준에서 실제 발달 수준 사이의 거리를 근접 발달 영역(ZPD)이라 하였다.
- 비계설정(Scaffolding)의 중요성 : 교육에서 말하는 비계설정이란 보다 능력 있는 조력자(교사, 부모, 유능한 학생)가 과제를 수행해 나가는 학생을 살피면서 과제를 성취할 수 있도록 도움을 주어 상대방의 학습에 기여하는 것을 말한다. 사회적 구성주의에서는 근접 발달 영역 내에서 교사와 아동, 또는 유능한 아동과 아동 간의 상호작용을 도울 수 있는 교수 방법으로서의 비계설정을 매우 중요시한다.
- 비고츠키는 다른 사람(비계설정 : 부모, 교사, 동료)의 도움을 받아 문제를 해결할 수 있는 근접 발달 영역을 협동적인 상호작용을 통한 효과적인 학습 범위로 설정하였다.
- 효과적인 학습은 근접 발달 영역 내에서 가능한데, 그것이 바로 협동학습이라 할 수 있다.

- 협동학습을 통해서 이루어진 긍정적인 언어적 상호작용은 특히 도움을 필요로 하는 학생으로 하여금 자기보다 유능한 누군가와 함께 활동함으로써 자신의 근접 발달 영역 내에서 능력을 향상시킬 수 있다.(비계설정)
- 바람직한 교수-학습활동(협동학습)은 학생들에게 현재 발달 수준(현재 학생의 능력-실제 발달 수준)보다 조금 앞서는 내용(잠재적 발달 수준)을 가르침으로써 그들의 인지발달을 가능케 할 수 있다.

최근 들어 '협동적 배움, 배움 공동체'라는 용어가 굉장히 상소되고 있는 그 이면에는 아이들의 협동적 배움의 과정 중시, 아이들의 가능성 존중, 아이들이 자신의 세계를 협동적으로 만들어 가는 것을 돕는다는 의미가 숨어 있다고 생각한다. 이렇게 보더라도 구성주의는 이제 매우 중요한 흐름일 수밖에 없다. 그렇다면 교사들은 이에 바탕을 둔 학교, 교실, 수업 만들기에 집중해야만 한다.

(8) 성찰을 통한 협동학습 수업의 장점

개인적으로 내가 '성찰을 통한 협동학습 수업' 활동을 시작하면서 느꼈던 장점 몇 가지를 정리해 보면 다음과 같다.

첫째, 자신이 진정으로 하고 싶은 수업이 어떤 것인지를 진지하게 고민하게 해 준다.

둘째, 수업 속에서 나다움을 발견할 수 있고 교사로서 나의 장점과 단점을 깨달을 수 있어서 자신의 강점을 지속적으로 발전시키고 약점을 보완할 수 있도록 해 준다.(수업 속에서 나를 찾게 해 준다.)

셋째, 꾸준히 지속할수록 아이들과 교사들 앞에 선다는 것에 대한 자신감이 생겨 자존감의 향상에 도움을 준다.

넷째, 자신과 아이들 모두 만족할 수 있는 수업을 고민하게 해 주고 내가 꿈꾸었던 수업과 실제 수업이 일치될 수 있도록 해 준다.

다섯째, 지속되면 끊임없이 나는 누구이고 내 앞에 앉아 있는 이들은 누구이며 나는 왜 이들을 가르치려 하는가, 나는 이들이 무엇을 배워 알기를 바라는가, 나는 이들이 어떤 어른으로 성장하기를 바라는가, 지식이란 무엇이고 왜 배워야 하는가, 내가 가르치는 교과는 무엇이고 왜 가르쳐야 하는가, 학교란 무엇인가, 학급운영이란 무엇인가, 협동학습 그리고 협동적 학급운영이란 무엇이며 왜 하려 하는가 등에 대하여 나 자신에게 묻고 답을 찾으려 노력하게 된다.

여섯째, 자신만의 철학과 정체성을 세우고 구현할 수 있도록 해 준다.

일곱째, 수업이란 소통의 과정이고 삶의 반영이라 할 때 아이들의 생각을 읽을 수 있도록 해 주고 세상 및 교실 내에서 일어나는 모든 일에 대한 교사의 감수성과 교육적 배려, 교육학적 지혜와 센스, 교육적 관찰력, 교육적 관계 맺기 능력 등을 향상시켜 주어 수업 속에서 아이들과 함께 삶을 이야기하며 함께 울고 웃을 수 있도록 해 준다.

'성찰을 통한 협동학습 수업'을 통해 변화된 나

1. 수업 전, 수업 중, 수업 후 내가 무엇을 원했고, 진정으로 꿈꾸었던 수업이 무엇인지를 어렴풋이나마 이해하게 되었고 그것은 곧 아이들과의 협동적 학급운영 속에서의 소통으로 이어짐
2. 수업 속에서 나의 내면이 무엇을 바라고 있는지를 알게 되었고 나의 내면적 목소리에 귀를 기울이면서 아이들 앞으로 다가설 수 있는 계기가 됨
3. 수업 속에서 내가 무엇을 두려워하고 있으며 무엇을 걱정하고 있는지를 생각해 보게 되면서 그것을 극복하기 위한 대안을 마련하고자 더욱더 연구 활동을 열심히 하게 됨
4. 성찰적 시각에서 나의 내면적 목소리와 대화를 하면서 나의 부족함이 무엇인지를 처절하게 깨닫고 그것을 보완하기 위한 여러 노력들을 기울이게 됨
5. 내면에서 우러나오는 목소리에 귀를 기울이면서부터 아이들과의 관계에 좀 더 신경을 쓰게 되었고 아이들 앞으로 좀 더 가까이 다가설 수 있게 됨
6. 나 자신을 성찰해 보면서 협동적 학급운영을 위한 사회적 기술에 좀 더 신경을 쓰게 되었고, 그것을 바탕으로 나의 생각과 느낌 등을 아이들에게 좀 더 솔직하게 전할 수 있게 됨
7. 수업 속에서 아이들이 왜 힘들어하고 어려움을 겪는지를 알게 되었으며 이를 해결하기 위한 다양한 방안들을 마련하는 노력들을 하게 되었고, 아이들 간의 긍정적 상호작용을 잘 활용하여 협동학습을 실천하기 위한 수업 설계에 좀 더 많은 시간을 투자하고 있음
8. 무엇보다도 나 자신의 이해를 바탕으로 아이들을 온전히, 있는 그대로의 모습으로 수용하고 받아들이고자 노력하는 자세를 갖게 됨
9. 나는 누구이고, 나는 어떤 교사이며, 왜 아이들 앞에 서게 되었는지, 아이들에게 무엇을 왜 가르치려고 하는지를 끊임없이 스스로에게 묻고 그에 대한 답을 찾는 노력을 꾸준히 지속하고 있음

2) 마무리를 하며!

사람들은 성찰을 통해 더 성숙해지고 발전한다. 특히 교사들은 더 그러한 위치에 있는 존재라 할 수 있다. 교사로서의 성찰하는 삶은 자기 삶의 질을 보다 높여 주고 동료 및 아이들, 학부모에게 비치

는 자신의 모습을 보다 경건하게 해 주는 데 큰 도움을 준다. 물론 성찰은 남을 위해, 남에게 보여 주기 위해 하는 것이 아니라는 점은 미리 밝혀 둔다.

내가 성찰을 통한 협동학습 수업을 고민하기 전에는 참다운 교사로서의 삶이란 어떤 것인지, 진정한 협동적 학급운영, 협동학습 수업이라는 것이 대체 무엇을 뜻하는 것인지 많이 궁금했었다. 그리고 아직 완벽한 답을 찾지 못하여 그 길 어딘가에서 서성이고 있다. 그런 여정 속에서 부끄럽지만 교사로서 나의 성찰적 고백이 담긴 또 한 편의 부끄러운 글을 세상에 내놓고자 이 글을 쓰고 있다.

지금 현장에는 체크리스트를 통해 수업을 바라보는 시각이 팽배해 있고 혁신학교를 통해 아이 눈으로 수업 보기, 비평의 눈으로 수업 보기, 성찰의 눈으로 수업 보기 등의 시각이 서서히 퍼져 나가고 있다. 어느 한 가지만으로는 완전하다고 할 수 없겠지만 그래도 협동적 학급운영 속에서 협동학습 수업의 질적인 성장을 갈구하는 교사들에게 꼭 추천하고 싶은 쪽은 '수업, 성찰의 눈으로 읽어라!'는 것이다. 자기 성찰과 함께 3S(수업 보기, 보여 주기, 공유하기) 활동에 기반을 둔 교내 협동적 연구 공동체가 형성된다면 자신의 협동학습 수업은 자연스럽게 질적인 성장을 거듭해 나갈 것이며 나다운 협동학습 수업 전문성, 나만의 수업 성찰과 노하우가 축적되어 나갈 것이라 확신한다.

협동학습을 꾸준히 연구해 오는 동안 교사로서 나는 나 자신을 돌아보는 시간, 내면의 소리에 귀 기울이는 것을 통해 진정한 나를 돌아보고 내 나름의 꿈을 이루어 가며 나다운 삶, 나다운 협동적 학급운영, 나다운 협동학습 수업, 그에 어느 정도 만족하면서도 더 발전하는 나를 찾아 끊임없이 발걸음을 옮기는 내 모습을 보는 것만으로도 무척 행복했다.

나의 경험이, 나의 깨달음이, 나의 성찰이 나름의 큰 의미를 지녔기에 성공적인 협동적 학급운영, 만족스러운 협동학습 수업을 하고자 하는 다른 교사들에게도 분명 도움이 될 것이라는 생각에서 나와 같은 길을 걸어 보자고 적극 권하고 싶다.

❸ 성찰과 성장을 가져다주는 협동학습 수업

협동학습 수업의 기본 원리는
구성원 간의 상호작용을 바탕으로 한 연결짓기다.
연결짓기란 나와 내 삶과 내 과거, 현재, 미래
그리고 내 주변 모든 사람들과의 인지적 공유이며
그들을 둘러싼 환경 속에서 일어나는
다양한 현상들 간의 관계 및 연결고리를
파악하거나 만드는 일이다.
연결짓기를 바탕으로 한 협동학습 수업을 통해
아이들은 진정으로 자기 삶 속에서
나름의 역사를 만들고 그 역사 속의
주인공이 될 수 있으며 그 과정에서
자신이 살아 있음을, 행복함을 느끼게 된다.

1) 살아 있는 협동학습 수업 1

철학이 있는 수업하기 - 수업은 왜 하지?

'수업은 왜 하지?'라는 질문에 대한 답을 찾기 위해 자기 자신과 혹은 다른 교사들과 이야기를 나누어 본 적이 있는 교사는 과연 얼마나 될까? 나름대로 그에 대한 답을 가지고 수업을 하는 교사와 그렇지 못한 교사는 분명히 다르다. 정답이 있다는 것은 아니다. 하지만 그것에 대한 답을 찾아 고민하고 노력하는 과정 자체가 교사와 아이 모두의 질적 성장과 발전을 가져오는 첫 출발점이 되기 때문이 결코 그냥 넘길 수 없는 질문이라 생각한다.

교사들이 학생시절이었을 때의 상황과 현재의 상황은 매우 많이 달라졌다. 교육을 바라보는 패러다임 자체가 바뀌었기 때문에 자신이 과거에 받았던 교육을 현재로 그대로 옮겨 와 연장선상에서 같은 맥락으로 아이들을 가르치면 안 되는 시대가 되었다. 과거에는 시험 점수가 중요했고, 그것만이 곧 성공이자 출세의 척도였으며 공부 잘해서 좋은 대학을 가는 아이가 목표였었다면 현재는 아이의 온전한 성장과 발달을 목표로 아이들이 이 시대를 살아가는 데 필요한 힘을 갖추는 것에 목표를 두고 있다고 할 수 있다.

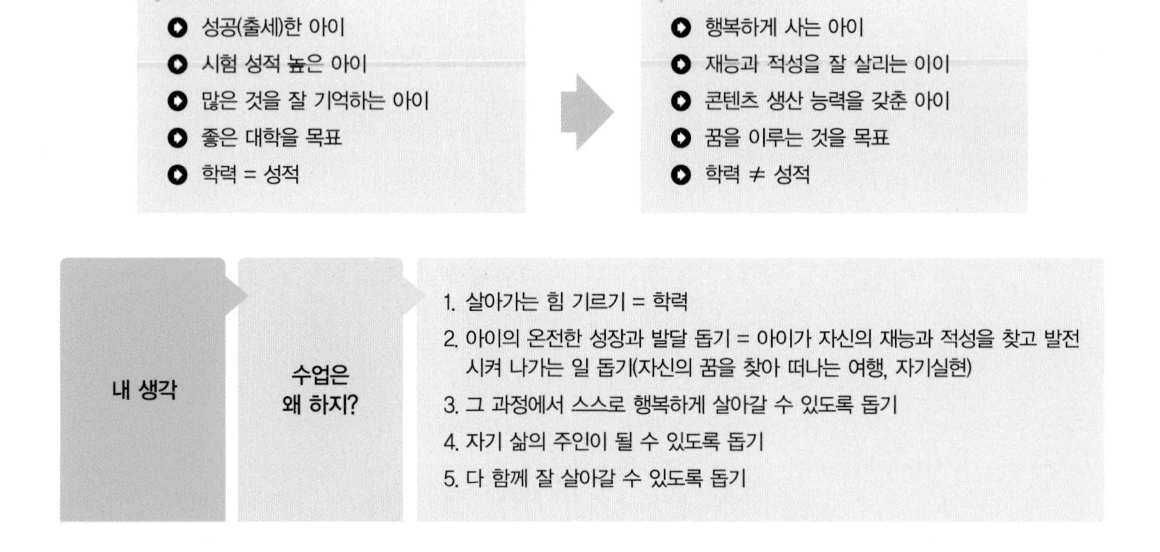

과거에는 좋은 대학에 가야만 소위 성공을 할 수 있다고 생각하였지만 지금은 대학에 가지 않고도 얼마든지 성공적인 삶을 살아갈 수 있게 되었다. 게임 하나만 잘해도 얼마든지 먹고 살 수 있는 시대가 되었다. 굳이 대학이 아니어도 되는 시대다.

시대의 변화에 따라 가치관 또한 변화하면서 돈, 권력, 지위보다는 스스로 행복하게 살아가는 삶을 추구하는 사람들이 늘어났다. 그 결과 교육에 대한 패러다임 또한 변하지 않을 수 없게 되었다. 내가 처음 발령을 받았을 때와 현재의 아이들, 학부모들의 인식을 비교해 보아도 쉽게 알 수 있다. 과거에 비하여 '공부, 성적, 출세, 성공 등'을 강조하는 학부모들은 많이 사라졌다. 오히려 아이가 스스로 좋아하고 즐길 수 있는 일이라면 그게 꼭 사회적으로 높은 지위를 누리지 못하거나 인정을 많이 받지 못하는 일일지라도 적극적으로 지원해 주려 노력하는 학부모들이 늘어나고 있다. 부모의 바람이나 뜻보다는 진심으로 아이들이 스스로 행복하게 살기를 바라는 생각이 밑바탕에 깔려 있다고 볼 수 있다.

이런 생각을 바탕으로 나 스스로 이 질문에 대한 답을 다음과 같이 내려 보았다.

(1) 살아가는 힘 기르기(실제 삶의 반영)=학력=자기실현력

학습이나 훈련을 통해서 얻은 지적 적응 능력을 학력이라고 말할 때 암기력=성적=학력이었던 시절이 있었지만 정보화시대, 다양성을 추구하는 시대가 되면서 학력은 도구사용능력(말과 글을 이용한 의사소통능력), 정보 수집 및 융합력, 콘텐츠 생산력, 창의성, 상상력, 경제관념, 협동적 문제해결력 등이 곧 학력의 개념으로 자리 잡게 되었다.

구성적 접근에 의한 교과교육(수업) 대 전제

"수업은 왜 하지?"라는 질문에 대한 대안으로서의 교과교육

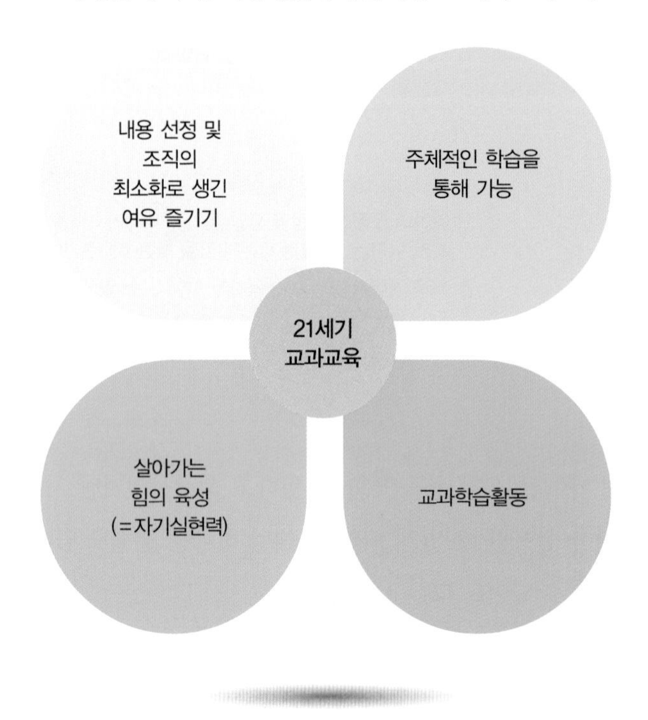

각 과(교과) 교육에 대한 고민(수업에 대한 원칙 세우기)

"수업은 왜 하지?"라는 질문에 대한 대안으로서의 교과교육

각 과(교과) 교육의 방향성

1. 사고력과 의사소통 능력, 의사결정의 신장(참여), 문제해결력 강화
2. 구성적 지식의 습득 및 적용(상호작용의 극대화)
3. 생존적 전략으로서의 교과교육(현명한 결정, 창의적 결정을 내리기) – 자료 수집, 정리, 분석, 분류, 독서, 작문

교과 학습(방법)에 대한 방향성

1. 구성적 접근
2. 도입단계에 대한 전략적 접근
3. 상호작용 활성화
4. 협동학습
5. 문제 해결 중심
6. 통합적 접근

21세기 교과교육

교과 학습요소에 대한 핵심 전략

내용 선정 및 조직의 최소화 원칙

교과 목표로서의 핵심(최종 목표)

다 함께 잘 살기 위해 노력하는 사람 (협동적 인간)

위와 같은 생각에 바탕을 두고 수업을 한다고 할 때 교육과정, 교과서, 수업 등을 바라보는 시각 및 관점도 매우 크게 달라진다. 국어 수업도, 수학 수업도, 미술 수업도 단지 그 교과 그 단원에서 요구하는 지식이나 기능을 습득하는 차원을 넘어서 다루는 소재를 매개로 하여 실제 삶 속에서 만나는 다양한 현상이나 문제 상황을 해석하고 관련 정보를 수집 · 재구성하면서 창의성, 상상력을 보태어 협동적으로 문제를 해결할 수 있도록 디자인해야 한다. 이런 모든 일련의 것들을 '재구성'이라 말한다. 단지 교과서 중심에서 내용을 바꾸고 방법을 바꾼다고 해서 다 재구성은 아니다.

[예시] 6학년 1학기 수학 5. 원주율과 원 넓이

(단원목표) • 원주율과 원 넓이가 우리 실생활과 어떤 관련을 맺고 있는가와 연결 짓기
• 생활 속에서 만나는 관련된 현상들이 왜 꼭 원이어야 하는가에 대한 이해를 돕고, 사물이나 도구를 원모양으로 만들기 위해 꼭 알아야 할 기본 개념(원주율, 넓이 구하기 등)과 연결 짓기
• 원주율과 원 넓이의 이해를 바탕으로 실생활 속에서 접할 수 있는 문제 상황을 창의적이고 협동적으로 해결해 나갈 수 있도록 돕기

위와 같은 단원목표를 설정하고 아래와 같은 모둠별 협동적 문제 해결 과제를 아이들에게 제시해 보았다.

(문제 1) 우리 생활 속에서 가장 많이 접하는 도형의 모양은 사각형, 원이다. 그중에서 원 모양을 기반으로 하는 것들은 나름의 이유가 있다. 가장 대표적인 것이 그릇이나 병, 물통 등이다. 그렇다면 왜 그것들은 다른 모양으로 만들지 않고 주로 원 모양으로 만드는지 알아보자.

⇨ 314m 길이의 끈이 있다. 이 끈의 양쪽을 서로 연결하였을 때 만들어지는 평면도형 중 가장 넓이가 큰 것은 어떤 모양일까?(직사각형, 원 모양으로 생각하고 넓이를 구해 보자. 어떤 모양의 도형이 만들어지든 그 도형 둘레의 길이는 314m이다.)

*** 아이들의 협동적 문제 해결 결과**

• 다양한 크기의 직사각형을 생각하고 넓이를 구해 보았는데 둘레의 길이는 314m이지만 직사각형보다는 정사각형에 가까울수록 넓이가 더 커진다.
• 정사각형 한 변의 길이 314m÷4=78.5m, 넓이 78.5×78.5=6162.25㎡
• 원주가 314m이므로 원의 지름=314÷3.14=100m, 원의 반지름=50m
• 원의 넓이=50×50×3.14=7850㎡

위와 같은 결과로 볼 때 원 모양일수록 넓이가 더 커진다.

(문제 2) 똑같은 크기의 종이 3장(통이나 병 등을 만드는 재료의 양은 똑같다는 조건)을 나누어 주고 각각 다른 기둥 모양의 입체도형을 만들어 보았을 때 어떤 모양의 통에 내용물이 많이 담길 수 있는지 알아보자.(삼각기둥, 사각기둥, 원기둥 등. 원기둥 모양은 꼭 만들기)

*** 아이들의 협동적 문제 해결 결과**

• 삼각기둥, 사각기둥, 원기둥 등 다양한 모양을 만들어 보고 그 안에 모래를 담아 보았는데 원기둥 모양에 가장 많은 모래가 들어갔다.
• 같은 양의 재료를 사용할 때 이왕이면 원 모양으로 만들면 더 많은 내용물을 담을 수 있다.
• 병이나 물통 등을 만들 때 재료를 아끼면서도 많은 내용물을 담고자 한다면 그 모양은 원 모양이 가장 효과적이다.

위와 같은 수업을 하면서 아이들은 활발하게 상호작용을 하였고 다양한 생각과 의견을 교환하면서 자신의 경험과 사전 지식을 이 활동과 연결짓기를 하였다. 그 과정에서 문제 해결을 위한 서로 다른 생각들을 내놓고 시행착오를 경험하면서 서서히 결론에 도달하는 모습이 목격되었다. 무엇보다도 혼자 해결하는 것보다 여러 사람이 머리를 맞대고 협동적, 창의적으로 문제를 해결해 나가는 과정 속에서 여기저기에서 '아~하, 알겠다. 이제 알았다!' 하고 흘러나오는 탄성 소리가 정말로 듣기 좋았다. 이것이 바로 협동학습을 하는 진짜 이유라는 것을 다시 한 번 확인하는 기회가 되기도 했다. 그 속에서 아이들 모두는 나름대로 무엇인가를 관찰하고 조작하고 생각하고 직접 체험하면서 관련된 내용에 대한 나름대로의 수준에서 '배움'이 있었을 것이라, 원주율과 원의 넓이를 이해하는 것이 얼마나 중요한 일이며 이 내용이 실제 생활과 어떤 관련을 맺고 있는지뿐만 아니라 수학이 우리 삶 속에 깊이 녹아들어 있다는 것을 알게 되었을 것이라, 그리고 이 작은 경험 하나가 태산처럼 쌓여 아이들이 자신의 삶을 주체적으로 살며 꿈을 이루어 나가는 데 작은 힘이 되어 줄 수 있을 것이라 나는 믿어 의심치 않았다.

끝으로 현시점에서 내가 생각하는 '살아가는 힘'에 대한 것을 이렇게 제시해 보고 싶다.(이에 대한 하나하나의 의미에 대해서는 제3장에서 자세히 다루어 보고자 한다.)

이 시대를 살아가는 데 꼭 필요한 힘

꿈, 철학(가치관), 재능과 적성(자기이해력), 실천력, 습관, 절박함,
의사소통능력, 만족지연능력(경제관념 포함), 문제해결력, 독서력, 맥락적 사고력,
자기 주도적 능력, 도구사용능력(말과 글), 상상력 기반의 창의적 사고력 등

⇨ 이런 힘을 키우기 위해 교과 및 교과서가 존재한다. 교과 및 교과서는 단지 그 영역 및 그 안에 있는 지식을 전달하는 도구가 아니다.

(2) 아이의 온전한 성장과 발달 돕기

이것은 아이가 자신의 재능과 적성을 찾고 발전시켜 나가는 일을 돕는다는 것이다. 아이 한 명 한 명이 자신의 삶을 살아가는 과정은 자신의 꿈을 찾아 떠나는 긴 여정이다. 사람들은 누구나 자기의 삶 속에서 나름의 역사를 만들고 그 역사 속의 주인공이 될 수 있으며 그 과정에서 자신이 살아 있음을, 행복함을 느끼게 된다. 그러나 실제 사람들을 하나하나 살펴보면 행복함을 느끼는 정도가 다르다. 그 가운데 가장 행복한 사람은 자신의 꿈을 실현해 나가면서 기쁨을 느끼는 사람이요 가장 불

행한 사람은 그것을 이루지 못하거나 그것조차 없는 사람이라 할 수 있다.

교육은 아이들 모두가 자신의 재능과 적성을 제대로 인식하고 그것을 최대한 발현시킬 수 있는 기회와 장을 만들어 자기 나름의 세계를 만들어 나갈 수 있도록 돕는 일이라 말할 수 있다. 그 속에서 아이들 모두는 자신의 재능과 적성을 잘 찾고 살아가는 힘을 바탕으로 사람들과 함께 잘 어우러져 행복하게 살아갈 수 있게 된다. 그러기 위해서는 교사가 수업을 바라보는 관점을 이에 맞추고, 아이들이 갖고 있는 세 가지 가능성에 대한 믿음을 가지고 교육활동에 임해야 한다.

아이들이 갖고 있는 세 가지 가능성에 대한 믿음

1. 아이들은 스스로 배움의 과정을 중요하게 여긴다.
2. 아이들 모두는 충분한 가능성을 갖고 있다.
3. 아이들 모두는 각자 나름의 세계를 가꾸어 나갈 수 있는 힘이 있다.

아이들에 대한 세 가지 믿음을 가지고 살아가는 힘을 잘 갖추어 나갈 수 있도록 돕는다면 아이들 모두는 각자 자신의 그릇(적성)에 맞는 일(소위 꿈이라는 것)을 찾아 재능을 발휘하고 발전시켜 나갈 수 있으며 그 과정에서 때로는 어렵고 힘들 수는 있지만 충분히 행복한 생활을 영위해 나갈 수 있다. 그리고 교사가 그런 길을 잘 걸어온 사람이라면 아이들에게 그 길을 더 잘 이야기해 줄 수 있다. 그냥 공부만 잘해서 교대를 졸업하고 현장에 나온 교사라면 분명히 아이들에게 해 줄 수 있는 것이 별로 없을 뿐만 아니라 수업 속에서 아이들에게 삶을 이야기하며 꿈을 찾아 떠나는 여행에 좋은 동반자가 되어 줄 수 없을 것이라 생각한다.

이를 이해하는 데 가장 도움이 되는 것이 바로 '다중지능, 협동학습'이다.

MI(다중지능)란 한 가지 혹은 그 이상의 문화권에서 가치 있는 산물을 생산하거나, 문제를 해결하는 능력이다. ① 일상생활에서 직면하는 문제를 해결하는 능력, ② 해결해야 할 문제를 발견하는 능력, ③ 문화 속에서 가치 있다고 인정되는 것을 만드는 능력 등을 의미한다.

아이들 모두는 다중지능을 갖고 있는데 그 가운데서도 나름대로의 강점지능과 약점지능을 갖고 있다. 교사는 수업을 통해 아이들이 자신의 강점지능을 잘 발전시켜 나가 적성으로 인식하고 재능으로 변화시켜 나갈 수 있도록 돕는 동시에 그것을 통해 약점지능을 보완할 수 있도록 한다면 가장 최선이라 말할 수 있겠다. 그런 과정을 통해 아이들은 재능과 적성을 발견, 개발하고 자신의 꿈을 실현시켜 나가는데 그 과정에서 보통 강점지능 2~3개 정도가 동시에 발현된다고 한다. 그리고 그 중에서도 꿈을 이룬 사람들에게 공통적으로 나타나는 점 하나가 '자기이해지능'이 모두 높다는 것

출처 : http://stori-project1.tistory.com

이다. 결국 아이 스스로 자기가 무엇을 좋아하고 잘할 수 있는지를 아는 힘, 그것을 돕는 일이 가장 좋은 수업이고 배움의 과정이 아닐까 생각한다.

다중지능을 기반으로 한 활동은 동일한 영역 내에서도 다양한 특성을 보인다. 예를 들어 음악지능이 높은 사람이라 할지라도 그 특성은 다양하다. 어떤 사람은 노래를 잘 부르고, 어떤 사람은 악기 연주를 잘하고, 어떤 사람은 작곡을 잘하고, 어떤 사람은 소리에 대한 민감성이 우수하다. 이런 특성을 가진 아이들이 한데 어우러져 함께 자신의 장점을 표출하고 다른 사람의 장점과 잘 어우러질 수 있는 방안을 찾아 협동적으로 문제를 해결해 나간다면 살아가면서 겪게 되는 어떤 어려움도 잘 극복해 나갈 수 있다고 볼 때 교실에서 협동학습과 다중지능은 함께 다루어져야 할 중요한 학문이자 이론이 될 수 있다.(예를 들어 다양한 음악 영역에서 각기 다른 장점을 가진 사람들이 모여 콜래보레이션을 통해 독특한 공연이나 연주회 등을 만들어 내는 것과 같은 이치이다.)

내가 그동안 나름대로 다중지능을 활용한 수업에 대하여 공부한 것을 바탕으로 직접 제작하여 현장에서 활용하고 있는 자료 몇 가지를 제시해 본다.

What is Multiple Intelligences

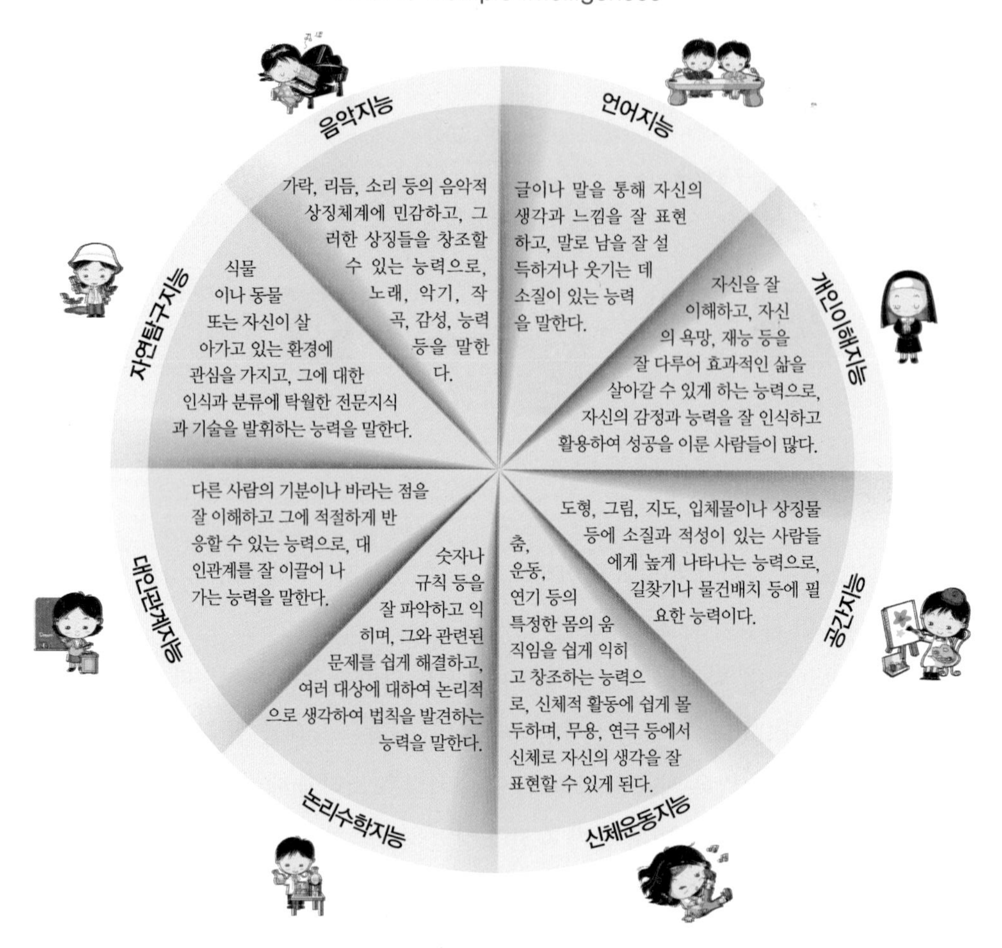

유망직업	언어지능	시인, 소설가, 정치인, 변호사, 방송인, 기자 등
	논리수학지능	수학자, 회계사, 법률가, 통계학자, 컴퓨터 프로그래머, 과학자 등
	개인이해지능	성직자(종교인), 정신분석학자, 작가, 예술가, 상담자 등
	대인관계지능	교사, 정치인, 심리치료사, 사업가, 영업사원, 종교 지도자 등
	신체운동지능	무용가, 배우, 운동 선수, 공예가, 조각가, 외과의사 등
	음악지능	가수, 연주가, 작곡가, 음악 비평가 등
	공간지능	조종사, 디자이너, 건축가, 조각가, 바둑기사, 그래픽 아티스트, 가이드, 발명가 등
	자연탐구지능	식물학자, 동물학자, 과학자, 조경사, 조련사, 수의사, 한의사, 지질학자 등

강점지능별 효과적인 학습법

강점지능	주요 학습 형태	잘하는 활동	효과적인 학습법
언어지능	읽기, 쓰기, 말하기, 듣기	낱말놀이, 이야기 꾸미기, 일어난 일 상상하기, 동화구연, 다양한 글 쓰기, 독서하기, 설명하기, 책 만들기, 대화하기, 발표하기 등	이야기 꾸미기, 낱말놀이, 토론하기, 외국어로 말하기, 번역하기, 연설하기
논리수학 지능	측정하기, 비판적으로 생각하기, 개념화하기	퍼즐, 문제풀기, 과학실험, 암산, 수 게임, 비판적 사고, 수 계산, 분류하기, 과학적 사고, 조사, 자료 해석, 도표 작성, 순서 배열하기, 추측하기, 연관성 찾기, 예상하기 등	분류하기, 계산하기, 평가하기, 추리하기, 통계자료 이용하기, 가설 세우기, 분석하기, 숫자 게임, 수수께끼, 유사점과 차이점 찾기, 인과관계 · 연관성 찾기
대인관계 지능	가르치기, 협동하기, 상호작용하기	공동체 참여, 각종 사회적 모임 만들기, 짝 활동, 집단 문제 해결, 프로젝트 활동, 보드게임, 동료와 나누기, 인터뷰, 다른 사람과 감정 나누기, 토론하기 등	봉사하기, 의사소통하기, 감정을 넣어 표현하기, 다른 사람 가르치기, 상담하기, 모집하기, 광고하기, 다른 사람 평가하기, 협동하기, 모임 만들어 학습하기
개인이해 지능	개인 생활과 관련짓기, 스스로 결정하고 선택하기	스스로 학습계획 세우기, 자기에게 맞는 학습자료 선택, 자신만의 일 찾기, 활동 선택, 명상하기, 일기쓰기, 자기 평가 이해하기, 목표 설정 및 달성, 개별학습, 감정의 표현 등	혼자 학습하기, 목표 설정하기, 계획 세우기, 결정한 것 실천하기, 조직적인 활동하기, 자기 이해하기, 자신의 미래에 대한 계획 세우기
공간지능	보기, 그리기, 색칠하기, 마인드맵하기, 시각화하기	각종 시각활동, 미술활동, 학습내용 그리기, 그래프나 이미지로 나타내기, 아이디어 그리기, 콜라주, 모빌, 예술작품, 벽화, 공예, 조각, 도표, 그림, 사진, 만화, 상상하기 등	설계하기, 지도 그리기, 사진 찍기, 장식하기, 상상하기, 묘사하기, 그래프나 표 만들고 그리기, 마인드맵하기, 만화 그리기
음악지능	노래하기, 랩 만들기, 노래 듣기, 작곡하기, 연주하기	랩하기, 노래하기, 음악 감상하기, 멜로디 창작하기, 리듬 치기, 음악을 통한 스트레스 제거, 악기 연주하기, 소리 듣고 음 알아맞히기, 학습내용과 관련된 노래 하기 등	노래 부르기, 악기 연주하기, 음악 감상하기, 녹음하기, 작곡하기, 편곡하기, 개사하기, 음을 정확하게 구별하기, 랩 만들기
신체운동 지능	몸 동작으로 나타내기, 춤으로 표현하기, 연극으로 꾸미기	체험학습, 드라마, 춤, 스포츠, 만들기, 조립하기, 역할놀이, 인형극, 율동, 신체활동, 연극, 동작으로 표현하기, 낱말을 신체로 표현하기, 여러 물질이 되어 행동하기 등	물건 나르기, 균형 잡기, 걷기, 달리기, 흉내 내기, 노래 부르기, 종이접기, 만들기, 연기하기, 춤추기, 도구를 활용하여 움직이기, 운동하기
자연탐구 지능	관찰하기, 동식물 키우기, 여행하기	자료 수집, 분류, 자연 체험, 체험활동 기록문 쓰기, 견학하기, 관찰하기, 소풍 가기, 여행하기, 하이킹하기, 자연보호 활동에 참여하기, 동식물 키우기, 관찰일지 쓰기, 자연 사진 찍기, 동식물 스케치 등	견학하기, 보고서나 기록문 쓰기, 자연보호하기, 관찰하기, 관찰일지 쓰기, 사물 분류하기, 각종 자료 수집하기, 동식물 기르기, 자연으로 나가서 직접 눈으로 확인하기

다중지능 이렇게 깨워 보자!

다중지능이론은 사람한테 다양한 지능이 있고, 이 지능이 유기적으로 결합해 한 사람의 특성을 결정한다고 주장한다. 그리고 각각의 지능은 어느 정도까지는 노력하여 계발할 수 있다고 본다.

언어적 지능	풍부한 언어자극을 준다.	1. 좋은 그림책을 많이 읽어 준다. 2. 사물의 이름을 정확히 알려 준다. 3. 유사어 대신 표준어를 사용한다. 4. 아이의 말에 항상 대꾸를 해 준다. 5. 책을 읽고 난 후에도 반드시 대화를 나눈다.
논리 · 수학적 지능	퍼즐이나 과학놀이를 많이 한다.	1. 물건을 분류하고 순서를 만드는 놀이를 한다. 2. 간단한 과학놀이를 한다. 3. 퍼즐놀이를 자주 하게 한다.
시각 · 공간적 지능	자유롭게 표현하게 도와준다.	1. 자유롭게 그림을 그리도록 한다. 2. 스스로 모형을 완성하게 한다. 3. 다양한 곳을 다녀 보게 한다.
대인관계지능	또래와 많이 어울리게 한다.	1. 양육자를 일관되게 한다. 2. 여러 곳을 데리고 간다. 3. 또래 친구와 공동 놀이를 한다. 4. 동생 돌보기를 시킨다.
신체 · 운동적 지능	마음껏 몸을 움직이게 한다.	1. 표정 짓기나 흉내 내기 놀이를 한다. 2. 실내 놀이터에서 마음껏 뛰놀게 한다. 3. 활동적인 몸놀이를 함께한다. 4. 손놀이를 한다.
자연탐구지능	산과 들, 바다로 자주 나간다.	1. 야외로 자주 나간다. 2. 돋보기로 관찰하게 한다. 3. 자연에 대한 이야기를 많이 들려준다. 4. 그림보다는 사진을 많이 보여 준다.
개인이해지능	아이의 인격을 존중해 준다.	1. 독립된 아이만의 공간을 만들어 준다. 2. 한 가지 일에 집중하게 도와준다. 3. 아이의 의사를 존중해 준다.
음악적 지능	다양한 소리 자극을 준다.	1. 자연의 소리를 많이 들려준다. 2. 다양한 음악을 접하게 한다. 3. 물건 두드리기 놀이를 한다.

다중지능별 활동 메뉴(교수-학습 활동 사례)

 언어적 지능	이야기하기 및 글로 쓰기, 토론하기, 아동시 · 신화 · 전설 · 단막극 · 역할극 · 뉴스 기사로 써 보기, 짧은 글이나 소설에 대한 이야기 발표하기, 학급회의 이끌어 가기, 라디오 프로그램 만들기, 광고 · 회보 · 작은 책자(미니 북) · 사전 만들어 보기, 슬로건 · 카피(광고문구) 만들기, 인터뷰하기, 갈래별 글쓰기, 편지 · 일기 등 쓰기
 논리 · 수학적 지능	문장제 문제 만들기, 법칙으로 옮기기, 초안 만들기, 실험하고 계획하고 수행하기, 전략게임 만들기, 설명할 때 다양한 도구 사용하기(벤다이어그램, 그래프, 도표 등), 증명을 위한 논리 만들기(연역법, 귀납법), 생각하는 방법 사용하기, 사실을 분류하기, 모양과 대칭에 대하여 설명하기, 결과가 나오기까지의 과정 설명하기
 시각 · 공간적 지능	도표 · 지도 · 그래프 그려 보기, 슬라이드 쇼나 비디오테이프 · 사진 앨범 제작하기, 벽보나 게시판 · 벽화 등 디자인하기, 사물에 대한 설계 그림 만들기, 광고 만들어 보기, 모양이나 크기 변경하기, 삽화 넣기, 색칠하기, 조각하기, 조립하기, 수업에 OHP 활용하기, 그림을 그릴 때 다양한 도구 활용하기, 각종 발표물 디자인하고 만들기
 대인관계지능	모둠(모임) 만들고 활동하기, 모둠 활동에 적극 참여하기, 짝과 소리 내며 문제를 해결하기, 입장 바꿔 생각하고 행동하기, 의도적으로 사회적 기술 교육하기, 다른 사람 가르쳐 주기, 협조적인 계획 · 규칙이나 과정 만들어 보기, 다른 지역이나 다른 세계에 대한 정보 · 문제에 대하여 이야기하기, 피드백 주고받기, 자신의 장점을 사용하여 모둠 활동에서 맡은 역할 수행하기, 상호작용에 다양한 기술 이용하기
 신체 · 운동적 지능	역할극을 하거나 흉내 내기, 교육연극 적극 활용하기, 설명을 위하여 연속된 동작 만들기, 안무를 해 보기(춤), 보드게임, 퍼즐카드 만들기, 건설하기 및 만들기, 견학에 참석하기, 간단한 트릭(눈속임) 만들어 보기, 모형 만들어 보기, 손으로 만질 수 있는 재료를 활용하여 다양한 표현 하기, 제품에 대한 디자인하기, 놀이에 대하여 과학기술 이용하기
 자연탐구지능	자료를 모아서 분류하기, 자신의 기준으로 새롭게 분류하기, 관찰일기 써 보기, 다양한 현상 분류하기, 동식물 종들이 어떻게 다르고, 닮았는지 비교 · 분석하기, 각종 과학적 도구 사용하기, 두 생물종 간의 관계 파악하기, 식물과 동물 길러 보기, 순환과 반복에 대하여 말하기, ~에 대한 특징을 찾아 나열하기, 야외에서의 관찰과 탐구에 참여하기, 탐구에 과학적 기술 이용하기
개인이해지능	달성하기 위한 목표 설정하기, 그것에 대하여 어떻게 느끼는지 이야기하기, 자신의 철학(생각) 이야기하기, 자신의 가치 말하기, 자발적으로 학습(공부)하기, 자신의 선택에 의한 학습활동(프로젝트 등) 실시하기, 나 아닌 다른 사람으로부터 피드백 받아보기, 자신이 한 일을 스스로 평가하기, 자신의 일에 대한 성공적인 결과를 보기 위해 도움이 되는 성격 알아보기
 음악적 지능	음악 반주와 함께 발표하기, 랩이나 노래 불러 보기, 리듬감 있게 표현하기, 노래 가사에 대하여 이야기하기(느낌, 노래 가사 바꾸기 등), 노래의 한 부분에 대하여 느낌 등을 이야기하기, 짧은 뮤지컬 발표하기, 악기를 만들고 연주하기, 각종 활동에서 효과를 높이기 위한 배경음악 활용하기, 노래를 모아서 발표하기, 노래 가사 (바꾸어) 써 보기, 묘사를 위하여 음악적으로 콜라주 만들기, 음악 기계 활용하기

(3) 그 과정에서 스스로 행복하게 살아갈 수 있도록 돕기

최근으로 올수록 아이들 앞에 서기가 참으로 힘들어졌다. 왜인가 곰곰이 생각해 보았고 나름 이런 것도 중요한 원인이 될 수 있겠다고 생각했다.

우선, 자신이 왜 학교에 오는지에 대한 최소한의 의미나 목적을 잃어버린 아이들이 불과 몇 년 전만 해도 이렇게 많지는 않았던 것 같다. 요즈음 아이들에게 "학교에 왜 오니?" 하고 물으면 적지 않은 아이들이 "그냥요. 엄마가 가래서요. 안 오면 딱히 할 것도 없고요. 친구들 만나려고요. (특별한 뜻 없이) 공부하려고요.(하지만 보이는 태도는 공부할 마음으로 와서 앉아 있는 모습이 아니다.)"라고 대답을 많이 한다. 과거와 비교하여 아무리 세상이 바쁘게 돌아가고 급변하는 추세라고는 하지만 물질적으로 어느 정도 풍요로움 속에서 부족한 것 없이 결핍을 모르고 자란 아이들이 현재만의 즐거움과 쾌락적인 것들에 많이 노출되다 보니 딱히 자신의 미래를 생각하고 고민하면서 그것을 이루기 위해 열심히 노력해 나간다는 것이 어떤 면에서 보면 쉽지 않은 일일지도 모를 일이라는 생각도 들어 씁쓸할 뿐이다. 그래서인지 요즈음 아이들에게 즐겁게 놀이할 수 있는 시간을 주면 스스로 잘 놀지 못하고 선생님에게 찾아와 "재미있는 것 안 해요? 재미있는 것 좀 시켜 주세요. 뭘 하고 놀아요?" 하고 알려 달란다. 그리고 스스로 찾아서 한 게임이나 놀이도 어느 정도 하면 금방 싫증을 내며 "더 재미있는 것 없나?" 하고 말하며 더 자극적인 놀이나 활동을 요구하기도 한다.

이런 아이들의 공통적인 특징을 보면 자신이 뭘 바라는지, 무얼 할 때 정말 즐겁고 행복한지, 진짜 즐겁고 재미있는 일이 무엇인지, 아무리 재미있고 즐거운 일을 하더라도 그 모든 과정 100%가 즐거움과 재미의 연속이 아니라 중간중간에 꽤 많은 시간은 힘들고 어렵기도 하고 속상하거나 화가 날 때도 있다는 사실을 잘 알지 못한다. 그래서 그런 순간이 오면 "별로 재미없네. 다른 것 없나?" 하고 쉽게 다른 것에 눈길을 돌리곤 한다.

그런 반면에 진짜로 재미나 즐거움을 아는 아이들을 보면 남들은 다 힘들고 재미없다는 수업 속에서도 조금씩 무엇인가에 대한 진리를 자기의 것으로 만들어 나가는 재미를 찾아 즐긴다. 그런 아이들은 나름대로의 뚜렷한 가치관과 목표의식을 갖고 있는 경우가 많다. 그래서 지금 당장은 조금 힘들고 어려울 수도 있지만 그 과정을 견디면 달고 맛있는 열매를 자신의 손에 쥘 수 있다는 것을 기대하면서 매 순간 몰입하여 즐기고 있는 모습을 보인다. 이런 아이들을 볼 때마다 다음과 같은 말이 떠오른다.

기는 놈 위에 뛰는 놈 있고 뛰는 놈 위에 나는 놈 있다.
하지만 나는 놈도 즐기는(노는) 놈은 당해 낼 수 없다.

매 순간을 즐기는 아이들은 무얼 해도 스스로 행복해한다. 고통스러움을 벗어날 수 없다면 그것을 즐길 줄 아는 지혜도 필요하다는 사실을 이미 알고 있는 것 같다. 자기 나름의 역사가 있는 삶 속에서 스스로가 그 역사를 만들어 가는 주인공이라는 진리를 이미 깨우친 것 같다. 그리고 그 속에서 작은 것 하나에도 감사하고 가치를 생각하며 배움을 얻어 간다. 그래서 그들은 그렇지 않은 아이들에 비하여 자기 나름의 세계를 만들어 갈 확률이 높다. 그런 아이들은 교사가 큰 힘을 기울이지 않아도 된다. 교사나 주위 또래 친구들이 조금만 건드려 주기만 하면 된다. 자주 격려하고, 자주 칭찬하고, 더 발전할 수 있는 활동과 경험을 제공하고, 그것을 그들의 삶 그리고 꿈과 연결 지을 수 있도록 돕고 …….

그러나 이것이 말처럼 쉽지만은 않다. 매 차시 수업을 그렇게 디자인한다는 것은 보통 일이 아니기 때문이다. 그래도 그런 수업을 위해 꾸준히 준비와 연구를 한다면 어느 정도까지는 결코 불가능한 일이 아니라는 것 또한 사실이다. 그래서 혼자의 힘이 아니라 동료교사들과의 전문적이면서 협동적인 연구 공동체를 통해 만들어 나가려는 노력이 필요한 것이다.

(4) 자기 삶의 주인이 될 수 있도록 돕기

우리는 어떤 때에 행복함을 느끼는가? 나의 경우 내 삶의 운전대를 내가 잡고 갈 때 가장 행복하다. 거꾸로 가장 불행한 때는 내가 원치 않은 길을 어떤 선택권도 없이 타의에 의해서 갈 때이다. 사람들은 모두들 행복한 삶을 원한다. 그러나 우리나라 아이들을 보면 유치원시절부터 선택권도 없이 강제로 공부하도록 길들여져 있다. 그래서 자신이 어떤 때 행복해하는지, 그리고 즐거워하는지조차 모른다. 그래서 진로 선택에도 어려움을 느낀다. 하지만 행복해지는 방법, 자기 삶의 주인이 되는 방법은 의외로 간단하다. 재미있고 좋아하는 것을 스스로 선택하고 책임을 지면 된다.

아이들 스스로가 자신의 능력을 발견해 나가고, 그것을 본인 스스로 빛나게 하고 그것을 바탕으로 무엇을 할 것인지 스스로 결정할 수 있는 '자기 삶에 주인이 되는 능력'을 키워 나갈 수 있도록 돕는 것이 교사의 소임이자 역할이라 생각한다.

자기 삶에 주인이 되는 교육

아이 스스로가 자신의 참된 삶에 주인이 됨과 동시에 자기 자신의 자유로운 참된 삶과 공동체의 평등한 구조를 조정할 줄 아는 능력을 갖추어 타인을 향한 따뜻한 마음을 바탕으로 공동체를 향해 자기 자신을 내놓을 수 있도록 하는 것 아이 스스로가 자신의 꿈과 살아가는 힘을 키워 나가고 이루어 나갈 수 있도록 돕고, 자기 주변의 모든 일에 대하여 스스로의 힘으로 해냈다고 말할 수 있는 당당함과 할 수 있다는 자신감을 갖도록 하는 것을 나는 '자기 삶의 주인이 되는 교육'이라고 말한다. 자신과 관련된 것에 대하여 누군가에게 묻고 의지하려는 사람, 자기 자신의 것에 대하여 제대로 알지 못하는 사람, 알려고도 하지 않는 사람은 결코 자기 삶에 주인이 될 수 없다.

자기 삶의 주인이 된다는 것

1. 사람은 누구에 의해 만들어지고 누구에 의해 길러지고 길들여지는 것이 아니라 오로지 자신의 힘으로 자신의 참된 삶에 주인이 된다는 것
2. 무엇인가를 선택해야만 하는 순간에도 현명하게 판단하여 스스로 선택하고 결정하고 그에 따른 결과에 만족할 수 있어야 한다는 것
3. 자신의 미래에 대하여 부모와 교사가 아니라 자기 자신이 더 잘 알고 있어야 하고, 부모와 교사가 아니라 자신이 선택해야 주인이라 할 수 있다면 자신에 관련된 모든 삶은 스스로 이끌어 나갈 수 있어야 한다는 것
4. 누구 위에 군림하거나 누구를 아래에 두는 그런 권위주의적 주인이 아니라 모든 사람과 평등한 관계를 유지해 나갈 줄 알아야 한다는 것

자기 삶의 주인이 되기 위해 스스로 선택해야 할 것 가운데 가장 으뜸은 바로 적성이다. 왜냐하면 재능은 적성을 이기지 못하는 법이기 때문이다. 그 외에 스스로 선택해야 할 것은 매우 많다. 과제를 할 것인가 말 것인가, 공부를 할 것인가 놀 것인가, 학교에 갈 것인가 말 것인가, 수업에 참여할 것인가 출석의 의미만 가질 것인가 등. 다양한 선택의 기로에 섰을 때 자기 삶의 주인이 되는 아이들을 보면 자신의 선택에 반드시 책임을 진다. 하지만 그렇지 못한 아이들은 자신의 선택에 대해서도 변명을 하거나 책임을 지려고 하지 않는다. 그래서 그들은 타인의 삶 언저리에서 늘 주변인, 조연배우처럼 살아갈 수밖에 없다. 그런 삶은 결코 자신이 바라는 만큼 행복할 리가 없다.

교실에서 이를 돕는 일은 평생 살아가는 힘이 되어 줄 좋은 습관 하나를 갖게 해 주는 일이다. 이를 위한 협동적 학급운영(수업과 학급활동 전반에서 일관성 있게 지도하는 것이 필요)은 매우 중요한 것이라 할 수 있다. 조금만 생각해 보면 하루 일과 속에서 아이들 스스로 선택하게 책임을 지게 할 수 있는 일들은 매우 많다.

예시 하루의 수업 시간표 내에서 먼저 어떤 수업을 먼저 할지 정하는 일, 수업 속에서 활동 과제를 다양하게 제시하고 스스로 선택한 과제를 해결하도록 하는 일, 학급 생활에서 일어나는 다양한 문제나 갈등에 대하여 교사가 해결책을 제시하지 말고 아이들 스스로 해결방안을 모색하고 선택하게 하는 일(특히 아이들이 실천해야 할 일은 아이들 스스로 결정하고 책임지게 하는 일이 매우 중요하다.) 등.

(5) 다 함께 잘 살아갈 수 있도록 돕기

현장을 돌아보면 협동학습에 대한 수많은 오해와 왜곡된 현상들이 난무하고 있다. 특히 협동학습을 기법이나 방법론으로 바라보면서 협동학습 구조 몇 가지를 적용하고, 모둠을 구성하고 역할을 이끔이, 지킴이 등으로 나누어 놓으면 다 협동학습을 실천하고 있는 것으로 여기고 있다는 사실에서 굉장히 안타까운 마음이 든다.

협동학습의 개념 정의 이전에 '협동'이라는 용어가 가지고 있는 의미를 먼저 깊이 있게 고민해 보지 않았기 때문에 발생하는 문제라 생각한다. '협동'이라는 용어는 가치를 담고 있다. 가치는 곧 우리 삶의 기본 원칙이면서 방향성(삶의 지향=사람들이 그렇게 살아가기를 바람)이기도 하다. 이를 기반으로 교육활동을 실천할 때 아이들 삶의 모습과 태도 또한 협동적이어야 하는 것은 자명한 사실이다. 하지만 협동학습을 실천하는 교실에서 우리 아이들이 그런 방향으로 변화하기를 기대하면서 모든 교육적 활동을 계획하고 실천하고 피드백하고 있다고 여겨지는가에 대하여 한번 심각하게 고민하지 않으면 안 된다. 특히 공동체를 지향한다고 하면서 아이들에게 경쟁을 강요하거나 경쟁을 조장하는 상황을 만들어 놓고 협동하라고(왜 협동적으로 활동하지 않느냐고) 말한다면 큰 모순이 아닐 수 없다.

협동학습의 본질과 그것이 가지고 있는 힘은 단순히 공동의 문제(과제)를 함께 해결해 나간다는 것 그 이상(공동체적인 실제 삶을 지향)을 바라볼 줄 알아야만 이해하고 느낄 수 있으며 바람직한 실천과 적용으로까지 나아갈 수 있다. 하지만 이를 방해하는 요소는 우리 생활 곳곳에 도사리고 있다.

협동학습의 바람직한 실천과 적용을 방해하는 요소들

우리 사회를 경쟁사회라 바라보는 시각, 경쟁을 당연한 것으로 여기는 사회, 경쟁을 최선이자 진실로 여기는 것, '어차피 경쟁사회인데' 하는 생각, 성공과 경쟁을 동일하게 여기는 사고, 경쟁적인 칭찬, 승자 중심의 사회, 국가적(사회적)으로 누구나 함께 추구해야 할 공통의 철학 부재[이에 대한 자세한 내용은 **협동학습, 교사를 바꾸다**(2012, 이상우, 시그마프레스)를 통해 살펴보기 바람]

이런 것들이 사람들의 눈과 귀와 마음을 가리고 멍들게 만들어 나만 편하면 되고, 나만 아니면 되는 사회를 만들어 왔고 지금도 많은 사회적 문제들(특히 사회적 갈등과 빈부 격차, 빈익빈 부익부, 유전무죄 무전유죄 문제 등)을 만들어 내고 있다. 이 문제를 해결하지 않으면 안 된다고 할 때 가장 큰 힘을 발휘할 수 있는 것은 바로 교육이고, 그 길에 협동학습이 있다고 말할 수 있다. 내가 협동학습을 놓지 않는 가장 핵심 이유는 바로 여기에 있다.

내가 추구하는 협동학습 수업의 바탕

1. 사람들은 누구나 자존감을 갖고 있다.
2. 자존감은 자기 인식의 밑바탕으로 살아가는 힘의 원천이 된다.
3. 자존감은 유년기시절부터 형성되기 시작하여 청소년기를 마무리하는 시점에서 1차적으로 마무리 된다.
4. 자존감에 상처를 받을수록 살아가는 힘은 약화되어 인생이라는 긴 여정 속에서 만나는 다양한 난관들을 만났을 때 일어설 수 있는 힘은 줄어들게 된다.
5. 자존감에 상처가 깊을수록 작은 난관에도 크게 쓰러져 스스로 일어날 수 없게 된다. 그리고 그 상태가 극에 달할 때는 자기를 놓아 버리게 된다(자살로 이어지는 경우가 대표적인 사례).
6. 자존감이 잘 형성된 사람들은 자기애를 바탕으로 타인에 대하여 공감하고 배려하는 삶의 태도를 보인다. 반대로 자존감이 낮은 사람은 과도한 인정의 욕구와 극단적인 성취욕으로 인하여 타인에 대한 공감과 배려가 미약한 삶의 태도를 보인다.
7. 공동체적 삶을 지향하기 위해서는 사람들의 자존감이 어릴 적부터 잘 형성될 수 있도록 돕는 일이 최우선이어야 한다. 그리고 그 길에 교육이 가장 큰 힘을 발휘해야 한다.
8. 아이들의 바람직한 자존감 형성을 위해 협동적 학급운영 속에서 아이들에게 경쟁을 조장하거나 경쟁하도록 강요하는 일을 없애거나 최소화시킬 수 있어야 한다. 이는 경쟁을 부정하는 것이 아

니다. 자존감이 충분히 형성되고 자리 잡을 수 있을 때까지 경쟁적 상황에 내몰리는 것을 최소화 하거나 막을 수 있도록 해야 한다는 것이다. 경쟁적 상황을 경험하는 일은 자존감이 충분히 자리 잡은 이후에 해도 결코 늦지 않다는 것이다.

9. 어릴 적부터 바람직한 협동적 상황을 잘 경험하면서 자란 사람들이 많은 사회일수록 건강하고 행복한 사회가 지속적으로 유지될 수 있다.
10. 자존감*의 바람직한 형성을 도울 수 있는 가장 좋은 시간은 바로 수업이며 그것을 돕기 위해 만들어진 것이 바로 교과이다.

*자존감 : 개인의 정체성을 형성하는 데 기초가 되는 개인적 가치와 능력에 대해 느끼는 감각. 어린 시절 동안의 가족 관계는 자존감 발달에 있어서 결정적 역할을 하는 것으로 알려져 있다. 부모들은 어린아이가 도달할 수 없을 만큼의 높은 기준을 설정하기보다는 현실적으로 성취할 수 있는 목표를 설정하도록 도움으로써 자존감을 길러 줄 수 있다. 또한 부모들은 어린아이들을 지원해 주고, 애정을 표현하는 것으로써 자존감을 키워 줄 수도 있다. 캐런 호니는 낮은 자존감은 과도하게 인정받기를 원하고 애정을 갈망하며, 개인적 성취에 대한 극단적인 열망을 표현하는 성격의 발달로 이어진다고 주장했다(브리태니커 백과사전 참조).

지금까지 "수업은 왜 하지?"에 대한 다섯 가지 내 생각들을 살펴보았다. 간략히 정리해 보면 다음과 같다.

1. 살아가는 힘=학력=자기실현력	꿈, 재능 및 적성, 가치관, 실천력, 의사소통능력 등
2. 아이의 온전한 성장과 발달(자기 실현)에 큰 힘이 됨	자신의 재능과 적성을 찾고 꿈을 이루는 데 큰 힘이 됨
3. 자기실현(꿈의 성취) 과정에서 자기만의 세계를 만들어 나감	그 과정에서 스스로 즐길 줄 알며 행복감을 느낌
4. 스스로 즐기고 행복해하는 자기 삶의 주인이 됨	나름의 역사가 있는 세상의 주인이 됨, 자기를 소중하게 여김
5. 협동적 공동체를 지향하는 가치관 형성—다 함께 잘 살기	자기를 소중하게 여기는 만큼 타인도 소중하게 여기는 마음 갖기

1. 자신의 수업이 '철학'이라는 것을 담고 있는지 생각해 보자.
2. "당신은 수업을 왜 하는가?"라는 질문에 어떤 답을 할 것인가?
3. 여러분은 왜 아이들을 가르치는가?, 아이들이 어떤 사람으로 성장하기를 바라는가? 그것을 위해 무엇을 하고 있는가? 교과서란 무엇인가? 국어는 왜 배워야 하는가? 수학은? 과학은? 음악은? 미술은? 이에 대한 자기만의 생각을 갖고 있는가? 또한 그것을 수업에 담기 위해 어떤 노력을 하고 있는가?
4. 여러분은 남들이 만들어 놓은 자료를 가져다 쓰기에 급급한 다운로더, 온라인 콘텐츠를 클릭만 하는 교사는 아닌가? 이를 극복하기 위한 방안에는 어떤 것이 있고, 자신은 어떤 노력을 하고 있는가?
5. 철학이 있는 수업과 없는 수업은 어떤 차이점이 있을지 생각해 보자.

2) 살아 있는 협동학습 수업 2

모두의 참여와 소통이 있는 수업하기 - 관계맺기 및 연결짓기

협동학습 수업을 바라볼 때 단순히 협동학습 구조를 활용해 교과서 내용을 아이들이 배우고 이해한다는 생각만 가져서는 안 된다. 왜냐하면 수업을 통해 아이들은 세상과 연결되고 그 과정을 통해 세상을 차근차근 알아 가기 때문이다.

협동학습 수업의 핵심 요소

(1) 참여와 소통이 기본(구성원 간의 긍정적 상호작용)

(2) 나를 둘러싼 세상의 모든 것과 연결 짓기(세상을 들여다보는 창)

여기에서 말하는 연결짓기(나, 타자, 주변의 모든 것)란 나와 내 삶과 내 과거, 현재, 미래 그리고 내 주변 모든 사람들과의 인지적 공유이며 그들을 둘러싼 환경 속에서 일어나는 다양한 현상들 간의 관계 및 연결고리를 파악하거나 만드는 일이라 말할 수 있다. 연결짓기를 바탕으로 한 협동학습 수업을 통해 아이들은 진정으로 자기의 삶 속에서 나름의 역사를 만들고 그 역사 속의 주인공이 될 수 있으며 그 과정에서 자신이 살아 있음을, 살아가는 이유를, 행복함을 느끼게 된다.

그러나 우리 교육 현장은 이것이 부족하여 자신이 학교에 오면서도 왜 오는지, 왜 공부를 하는지도 모른 채 그저 물리적 공간만 차지하다가 집으로 돌아가는 아이들이 굉장히 많다. 교과를 바탕으로 연결짓기만 잘 이루어진다면 아이들은 수업을 통해 '나'를 깨닫고 나아가 '타자'를 이해할 수 있

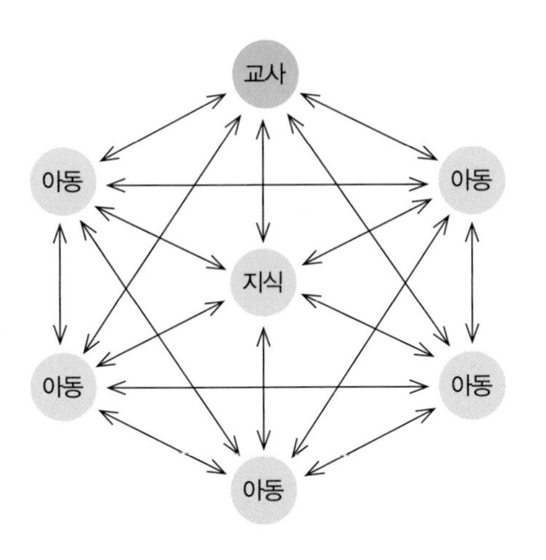

게 되며 자신이 살아가는 세상을 제대로 들여다볼 수 있게 된다. 연결짓기가 잘 이루어진 수업은 바로 세상을 들여다보는 창이 되어 줄 수 있다. 그 속에서 아이들은 왜 공부를 해야 하는지에 자기 나름의 이유를 갖고 자기 삶의 주인이 되어 살아갈 수 있게 된다.

연결짓기에 대한 관계는 이미 앞에서도 한 번 언급한 바와 같이 위의 그림과 같은 형태로 이해하면 된다. 연결짓기가 잘 이루어진 수업에 대한 사례는 바로 이어서 살펴보도록 하겠다.(그러나 정답이라는 생각을 갖고 바라보지 않을 것을 부탁하고자 한다.)

해보기

1. 자신의 교실에서 교사와 아이, 아이들 간의 소통, 아이들과 세상 사이의 연결짓기(관계맺기, 연결짓기)는 바람직하게 이루어지고 있는지 생각해 보자.
2. 여러분은 교사로서 구성원들 사이의 관계맺기, 연결짓기를 어느 정도로 중요하게 여기고 있는가?
3. 협동적 학급운영 속에서 소통을 위해 교사로서 어떤 노력을 하고 있는가?
4. 특히 수업 속에서 연결짓기를 위해 어떤 노력을 하고 있는가?(자신의 수업 속에서 아이들 간의 연결짓기, 세상과의 연결짓기를 위해 자신이 하고 있는 활동들을 돌이켜 생각해 보도록 하자.)

3) 살아 있는 협동학습 수업 3

삶을 가꾸는 수업하기 - 수업은 실제 삶의 반영(내용의 재구성)

이를 위해서 우선 아래 정의부터 살펴보도록 하자.

수업은 실제 삶의 반영

실제 삶이 반영된 수업이란 실제 생활 속의 상황이나 사례를 똑같이 수업에 적용한다는 것만을 의미하지는 않는다. 그렇게 본다면 교육과정 및 수업의 재구성은 어려워진다. 이 의미를 잘못 해석하면 억지로 실제 생활 속의 사례와 끼워 맞추려는 식의 재구성을 하게 되어 말도 안 되는 상황을 만들어 수업을 할 수밖에 없게 된다. 그 대표적인 수업이 바로 초등 수학책에서 볼 수 있는 '생활 속의 수학'이다. 실생활 속의 사례를 도입하여 수학적 사고를 돕는다고 하는데 가만히 들여다보면 억지스러운 부분이 정말로 많다. 나는 이 의미를 이렇게 해석한다.

수업은 실제 삶의 반영

1. 실제 삶이 반영된 수업=a realistic education of life
2. 실제 생활 속의 사례를 그대로 가져온다는 것의 의미를 뛰어넘음
3. 수업 속에서 다루는 것이 실제 생활과 어떤 관련을 맺고 있는지의 의미
4. 수업을 통해 습득한 지식이 실제 생활과 어떤 관계가 있는지의 의미
5. 수업을 통해 습득한 지식이 실제 생활 속에서 어떻게 적용, 응용, 반영되고 있는지의 의미
6. 수업을 통해 습득한 지식을 알면 생활 속에서 어떤 도움을 받을 수 있는지의 의미(모르면 어떤 어려움을 겪을 수 있는지의 의미)
7. '살아가는 힘(실제 삶의 반영)=학력=자기실현력'의 의미

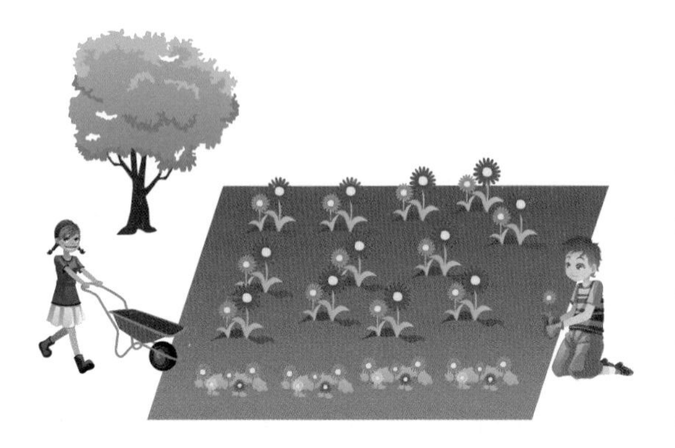

2015년에 새로 바뀐 교과서 이전의 5학년 수학책을 보면 왼쪽과 같이 평행사변형의 넓이를 구하기 위해 도입 부분에서 억지스러운 모습을 만들어 제시하고 이런 모양을 한 꽃밭의 넓이를 구할 수 있는지 생각해 보기, 구하려면 어떤 방법이 필요한지 생각해 보기 등의 질문을 제시하고 있다.(물론 2015년에 개편된 교과서 또한 같은 맥락으로 제시되어 있어서 별 차이를 못 느낀다.) 평행사변형 모양의 꽃밭을 가꾼다? 그런 모양의 꽃밭을 여러분은 본 적이 있는지 한번 묻고 싶다. 그리고 제시된 그림 아래 질문(꽃밭의 넓이를 곧바로 구할 수 있는가? 넓이를 구하려면 어떻게 해야 하는가? 등)도 교사가 생각해 보아도 답변하기 어렵게 구성되어 있다. 이렇게 구성되어 있는 수학 책 속의 내용을 교사가 나름대로 재구성하지 않고 책 내용 그대로 다룬다면 수학 수업은 아이들이 정말 힘들어할 수밖에 없다. 또한 기하학적인 측면에서 볼 때 평행사변형이라는 것은 추상적인 의미에서의 도형이지 실제 삶 속에서는 볼 수 없는 것이다. 단지 실제 삶 속에서는 평행사변형과 같은 모양을 하고 있는 사물이나 현상을 관찰할 수 있을 뿐이다.

이 단원 및 이 내용을 가르치는 핵심은 다음과 같다고 볼 수 있다.

- 실생활과의 관련성?=NO! 평행사변형의 넓이를 구하는 공식 알기?=NO!
- 평행사변형의 넓이를 이미 습득한 지식과 연결짓기를 하여 추론하기가 핵심
- 평행사변형의 넓이를 구하는 공식이 나오기까지의 논리적인 과정을 이해하기가 핵심(추론, 논리적 사고 등은 모두 살아가는 힘 : 실제 삶의 반영)
- 과정을 통해 아이들 스스로 공식을 만들어 내는 경험을 해 보는 것이 핵심
- 아이들이 경험을 통해 얻는 모든 지식은 그 아이의 살아가는 힘으로 변환됨
- 과정을 이해하고 기억하면 공식은 굳이 외우지 않아도 알게 됨
- 도형 영역의 수학적 탐구 과정을 통해 공간지각능력 키우기=이것이 곧 살아가는 힘이요 실제 삶의 반영인 것(우리 삶은 공간지각능력과 직결되어 있기 때문)

위와 같이 본다면 억지로 '평행사변형 모양의 꽃밭'이라는 상황 설정을 하지 않고 그냥 평행사변형을 제시하면 그만이다.

또한 책 속의 내용(아래는 2015년 개편 이전의 5학년 수학 교과서 내용)을 보면 '넓이' 그 자체를 구하는 것에만 초점이 맞추어져 있는데 단원 학습의 본래 목적은 넓이 자체가 아니라 그 과정을 이해하는 것이다.

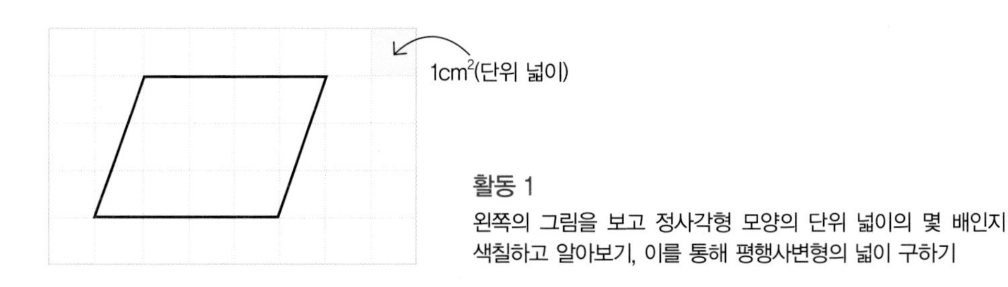

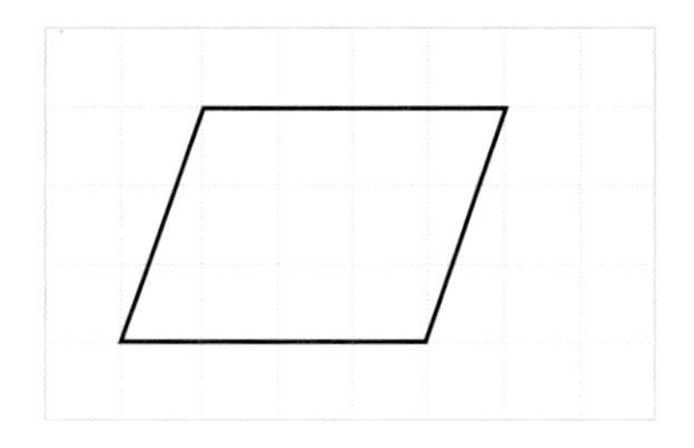

활동 2

왼쪽의 그림을 보고 평행사변형을 직사각형 모양으로 바꿀 수 있는지, 바뀌었을 때 평행사변형에서 직사각형의 가로, 세로에 해당되는 곳의 이름을 무엇이라 부르고 싶은지 묻기

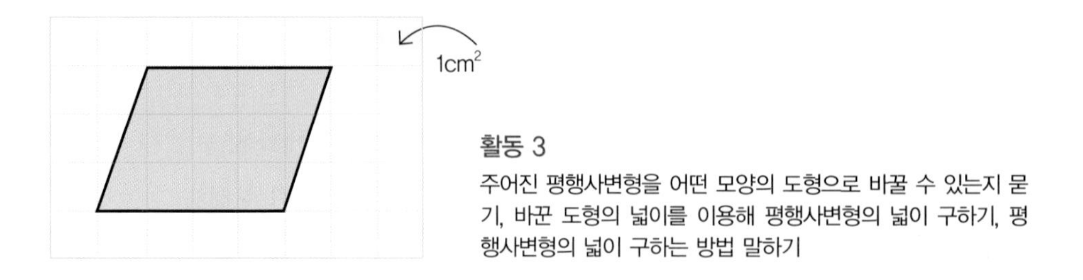

활동 3
주어진 평행사변형을 어떤 모양의 도형으로 바꿀 수 있는지 묻기, 바꾼 도형의 넓이를 이용해 평행사변형의 넓이 구하기, 평행사변형의 넓이 구하는 방법 말하기

2015년 개편 이전 교과서나 2015년에 개편된 교과서를 보면 달라진 것이 없이 아래와 같은 문제점들을 답습하고 있다.

1. 활동 1처럼 도형의 넓이와 정사각형 모양의 단위넓이에만 초점이 맞추어져 있다.
2. 활동 2처럼 질문이 바람직하지 않을 뿐만 아니라 이미 바꿀 수 있다는 전제하에 부분의 명칭을 스스로 붙여 보라고 강요하고 있다.
3. 활동 3처럼 이미 답(직사각형)을 정해 놓고 그렇게 답을 내라고 유도하고 있으며 그 변환 과정에 대한 설명도 안 해 주고 넓이 구하는 방법을 말해 보라고 되어 있다.

내가 보는 이 차시의 핵심 목표는 아래와 같다.

핵심 목표 1 주어진 평행사변형을 넓이가 같은 다른 모양(이미 알고 있는 도형인 직사각형)으로의 변형(공간지각능력 : 살아가는 힘)을 통해 논리적으로 그 넓이를 구하는 과정을 경험한다.(모양은 변하지만 넓이는 변화가 없다는 것을 알게 함)

핵심 목표 2 평행사변형의 넓이를 구하기 위해서는 밑변과 높이라는 요소가 필요하고, 밑변과 높이를 곱한 값을 넓이라고 하는지를 이해한다.

핵심 목표 3 수학을 한다는 것에는 조작활동(공간지각능력과 관련된 작업을 수행함—관찰, 자르기, 오리기, 옮기기, 끼워 보기, 맞추어 보기 등, 이것이 바로 살아가는 힘)이 매우 중요함을 알게 한다.(직접적인 조작 활동은 곧 경험으로 전환, 경험은 인지 활동에 굉장히 중요한 역할을 한다는 것을 깨닫게 해 줌)

위와 같은 목표를 설정했다면 그에 따라 교사가 독창적인 내용을 마련하여 아이들에게 제시하면 된다. 그게 바로 재구성이다. 그리고 협동학습을 적용하려고 한다면 활동지 등으로 만들어 협동적 과제로 제시하면 된다.

개별 과제 주어진 평행사변형을 직사각형으로 모양을 바꾸어 보자.

- 자르고 오리고 옮겨서 해도 좋다.(넓이는 변화가 없다.)
- 그림 속에 직접 표현해도 좋다.

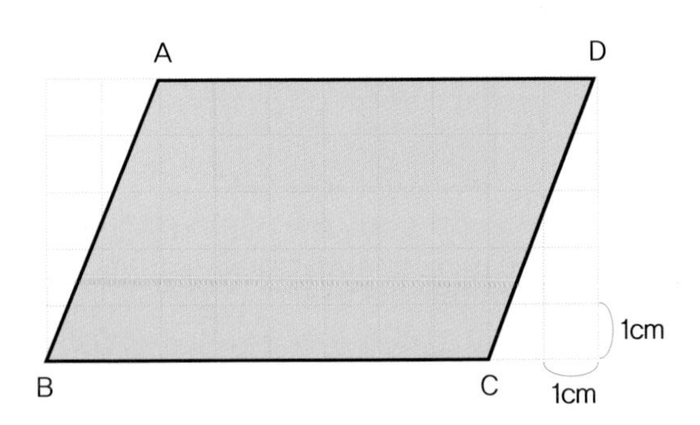

위와 같은 과제를 제시하면 아이들은 이렇게 해결해 나간다.

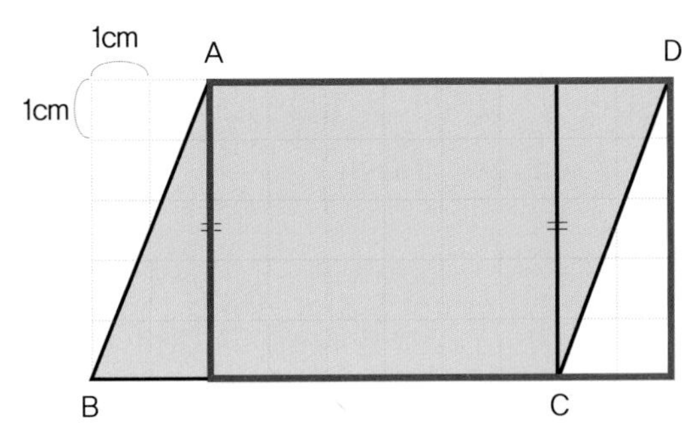

(개별 활동 이후 모둠 구성원 및 전체 아이들과 서로의 생각을 공유하고 확인한다.)

1. 왼쪽의 그림과 같이 자른다.(가운데 직사각형, 왼쪽과 오른쪽 직각삼각형)
2. 왼쪽의 직각삼각형과 오른쪽의 직각삼각형을 서로 합치면 또 하나의 직사각형이 만들어진다.(오린 후 이동하여 겹쳐 보기)
3. 전체가 하나의 직사각형으로 변환된다.
4. 이 과정에서 직사각형 넓이와 평행사변형의 넓이가 같다는 사실을 발견하게 된다.
5. 이때 직사각형에서의 가로와 세로, 평행사변형에서의 밑변과 높이와의 관계를 이해하게 한다.

협동 과제 앞에서 찾은 방법과 다른 방법으로 해결해 보고, 다양한 방법을 통해 평행사변형을 직사각형으로 변화시키면서 알게 된 사실을 정리해 보자.

- 제시된 평행사변형 모양의 종이를 직사각형 모양을 만들어야 한다.
- 자르고 오리고 옮겨서 해도 좋다.(넓이는 변화가 없다.)
- 자신이 찾은 방법을 다른 모둠원들과 서로 공유한다.

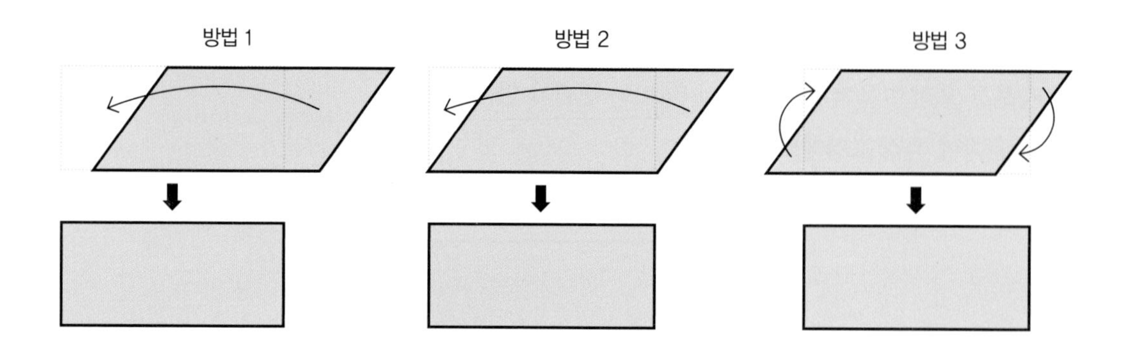

위에 제시된 결과는 아이들이 반드시 모두 찾아내야 한다는 것이 아니다. 물론 찾아내는 아이들도 있을 수 있다. 하지만 누가 찾아내고 그렇지 못하고는 별로 중요한 게 아니다. 그를 위해 노력하는 과정 및 그 과정에서 경험하게 되는 다양한 의사소통 경험과 사고가 중요한 것이다. 이와 같은 과제를 모둠원들이 협동적으로 해결해 나간다면 무엇보다 좋은 수업이 되지 않을까 생각한다. 이 활동의 결과로 아이들은 다음과 같은 것을 알게 된다.

1. 다양한 방법을 활용하여 평행사변형을 직사각형으로 변형시켰지만 크기(넓이)는 변화가 없었다.(평행사변형의 넓이는 직사각형의 넓이를 간접적으로 이용하여 구하였다.)
2. 변형된 직사각형은 가로와 세로의 길이가 모두 같았다.
3. 변형된 직사각형에서의 가로와 세로의 길이는 평행사변형에서 밑변과 높이와 같았다.
4. 앞으로 평행사변형의 넓이를 구할 때는 직사각형의 넓이를 구하는 것과 같은 방법으로 해결하면 된다.(평행사변형과 직사각형과의 연계성 : 이미 알고 있는 것과 연결짓기)
5. 하나의 원리가 또 다른 상황에 그대로 적용된다는 수학의 진리(사전지식이 왜 중요한가에 대한 이해, 전이성 : 수학의 아름다움)를 알게 된다.

1. 여러분은 매주 몇 시간 정도 수업을 재구성하고 있는가?
2. 여러분은 수업의 재구성을 위해 어느 정도 노력하고 있는가?(수업의 재구성에 있어서 나름의 원칙이나 철학은 있는가? 무엇을 위해 재구성하는가?)
3. 수업의 재구성에 있어서 어려운 점은 무엇인가?
4. 여러분은 수업의 재구성에 있어서 어려운 점을 극복하기 위해 어떤 노력을 하고 있는가?
5. 교과서 내용을 그대로 가르치기만 하는 것을 극복하기 위해 자신에게 필요한 것은 무엇인가? 이를 위하여 어떤 노력들이 필요한가?
6. 여러분은 자신의 수업 속에 '실제 삶의 반영, 살아가는 힘 키우기'라는 측면을 어느 정도 반영하고 있는가?

4) 살아 있는 협동학습 수업 4

살아가는 힘을 기르는 수업하기 - '나'를 찾아 떠나는 여행(재능, 적성)

협동적 학급운영이란 아이들이 자신의 재능과 적성을 끄집어낼 수 있는 교육적 환경(자신의 재능과 적성이 무엇인지 파악하고 계발할 수 있는 환경)을 조성하고 그 방법을 안내하여 아이들 스스로가 자신의 잠재능력을 '스스로 끄집어낼 수 있도록' 돕는 일을 가리킨다. 개개인이 자신의 재능과 적성을 정확히 파악하려면 가능성이 있는 모든 영역을 열어 두고 최대한 성취할 수 있는 교육적 여건을 만드는 것이 최선이라고 본다면 교사는 이런 환경을 마련하고 지속적으로 안내하고 도움을 주면서 아이들이 자신의 잠재능력을 발휘하고 개발할 수 있도록 촉진시켜 주면 된다. 여기에 역시 가장 많은 도움을 주는 것이 다중지능이론이다.

교실에서 협동적 학급운영 속에 다중지능이론을 도입하면서 아이들의 재능과 적성이 무한함을 확인할 수 있었고, 아이들의 재능과 적성을 아이들 스스로 끌어낼 수 있도록 돕는 방법도 조금씩 알아 가게 되었으며, 아이들이 세상을 '살아가는 힘'을 키워 나가고 자존감을 바람직하게 형성시켜 나갈 수 있도록 도울 수 있게 되었다.

협동적 학급운영에 다중지능을 접목시키기 위하여 학년 초부터 아이들에 대한 다양한 정보를 수집하는 일(각종 검사 및 설문, 토의 · 토론, 작품 활동, 수업 시간 참여도, 기초학습능력, 아이들 개개인의 특성 및 성향 등을 파악하기 위한 다양한 활동을 해 보면서 아이들에 대한 다양한 내용을 기록하고 메모)부터 시작하였다.

이러한 다양한 활동을 해 나가다 보면 아이들 개인별 특성이 자연스럽게 드러나고 아이들마다 각기 다른 장점과 단점을 조금씩 알아 나갈 수 있게 된다. 또한 학년 초에 기초학력평가라는 이름으로 일제고사방식의 시험을 보지 않아도 출발점에서의 기초학습능력을 자연스럽게 파악할 수 있게 된다.

학년 초에는 반드시 시간을 내어 아동 개개인에 대한 상담활동도 실시하고 여러 활동을 통해 파악된 내용을 바탕으로 아동 개인별 포트폴리오(개인기록카드)를 만들어 아동에 대한 다양한 정보를 누가 기록해 나가며 관리한다. 다양한 활동을 통해 알게 된 정보들은 4월에 모둠을 구성하는 데도 적극 활용된다.(나의 경우 성적 중심의 이질 모둠을 절대로 구성하지 않는다. 아이들의 다양한 다중지능적 특성들을 이질적 특성으로 잘 활용하여 모둠을 구성한다.)

한편 수업 속에서는 아이들의 다양한 다중지능적 특성들이 잘 드러나고 자신의 강점지능을 잘 파악하며 계발할 수 있도록 의도적으로 수업을 설계하도록 한다. 특히 수업 과정 속에서는 학급 전체 아이들의 생각이나 아이디어가 반영될 수 있도록 주제와 관련된 다중지능 활동 브레인스토밍 과정을 거치는 것이 매우 중요하다. 이를 위해 교사는 칠판에 다중지능 피자를 그리고 아이들에게서 나온 다양한 생각들을 정리해 나가면 활동에 매우 큰 도움이 된다. 활동 과정에서는 어떤 의견도 무시되지 않도록 수용적인 분위기를 조성하고, 교사가 아이들의 다양한 지능별 아이디어를 끌어내기 위해 약간의 예를 들어 주는 것도 좋다. 이때 아이들의 생각을 처음부터 다양한 지능별로 구분하지 말고 전체적인 사고를 할 수 있도록 돕고, 아이들에게서 나온 다양한 생각이 어떤 지능에 가까운지 분류할 수 있도록 안내해 주면 된다. 이렇게 생성된 결과들을 바탕으로 아이들은 본래의 이질 모둠에서 자신의 강점지능에 맞는 활동을 선택하여 수업에 참여하거나 이질 모둠을 벗어나 강점지능별 동질 모둠을 구성하고 그 속에서 구성원들이 협의하여 협동적 활동들을 진행하기도 하고 개별 활동을 실시하기도 한다. 다음은 이러한 활동의 사례를 제시해 본 것이다. 이를 참고로 하여 다양한 다중지능 수업 활동들을 계획해 보기 바란다.

다중지능 테스트

개인 명함 만들기

규칙 만들기 토의 · 토론

개인별 설문지 작성

문장완성검사

읽기 능력 파악(돌아가며 읽기)

기초연산능력 파악(모둠칠판)

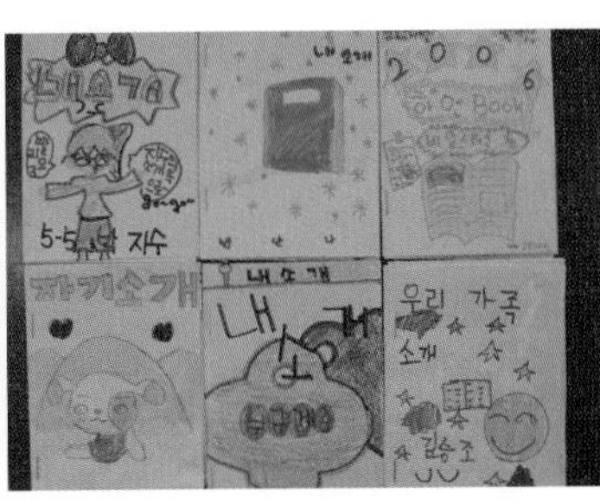

북 아트-자기 소개서 만들기

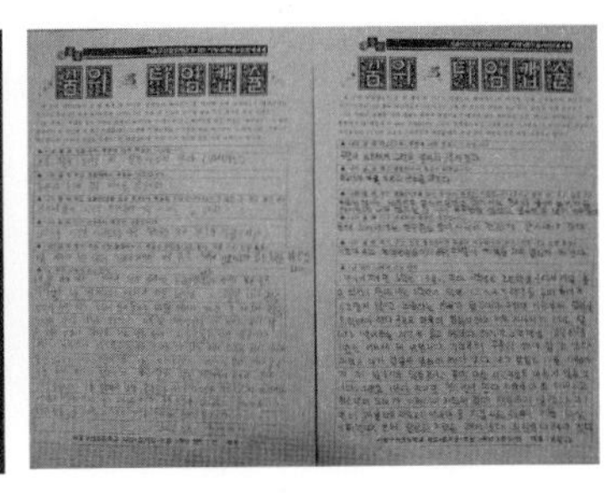

학년 초 타임캡슐 만들기

나의 다짐(올해의 목표 세우기)

말하기 듣기 연습(3단계 인터뷰)

집단 활동 관찰(자기 표현)

수업 계획

♣ 교과 : 창의적 체험활동(적응활동)

♣ 목표 : 2학기를 시작하면서 자신의 생각이나 느낌을 다양한 방법으로 표현할 수 있다.

♣ 주제 : 개학(2학기의 시작)의 느낌을 다양한 방법으로 표현하기

♣ 대상물 : 6학년 가람반 아동 28명

♣ 준비물 : 각 개인별 색연필, 싸인펜, A4용지, 활동지(3단계 인터뷰)

- 마음 열기 : 개학의 느낌 및 방학 생활에 대한 각자의 이야기를 3단계 인터뷰 활동으로 서로 나누기
- 학습 목표 확인 : 오늘의 학습 목표 안내하기(2학기 시작에 대한 자신의 생각과 느낌을 다양한 방법으로 표현하기)
- 아이디어 공유하기 : 모두 함께 다중지능별로 활동할 수 있는 다양한 사례를 공유하기(교사는 칠판에 다중지능 피자를 그리고 그 속에 아이들의 의견을 기록하여 정리한다.)
- 학습 계획 세우기 : 자신의 강점지능을 바탕으로 개별 활동 계획 세우기
- 활동하기 : 함께 공유한 사례를 바탕으로 각자 자신의 강점지능을 잘 살려 표현하기(필요시 같은 영역을 선택한 아이들끼리 동질 집단을 구성하여 활동을 할 수 있도록 한다.)

언어지능	줄글, 동시 등으로 쓰기
논리수학지능	자신의 생각과 느낌을 도표로 나타내고 설명하기
대인관계지능	다시 만난 친구들에게 하고 싶은 말을 글로 표현하기
개인이해지능	개학하면서 갖게 된 생각이나 느낌, 각오 등을 정리하기
자연탐구지능	방학 생활과 개학하면서 달라진 자신의 생활 비교해 보기
공간지능	개학하면서 드는 느낌을 그림으로 표현하기
신체운동지능	개학의 느낌을 짧은 연극으로 표현해 보기
음악지능	개학의 느낌을 노래로 표현해 보기(노래 가사 바꾸기)

- 정리 및 서로의 생각과 느낌 나누기

생각해보기

1. 여러분은 다중지능에 대하여 어느 정도 이해하고 있는가?
2. 다중지능에 대한 여러분의 생각은 어떠한가?
3. 다중지능을 학급운영에 활용하고 있는가?(하고 있다면 특히 어떤 부분에?)
4. 다중지능을 학급운영에 활용하고 있지 못하고 있다면 그 이유는 무엇인가?
5. 여러분은 교실에서 아이들이 자신의 재능과 적성을 잘 찾아 계발해 나갈 수 있도록 어떻게 돕고 있는가?
6. 수업 시간에 자신의 생각을 표현함에 있어서 여러분은 한두 가지 방식(말하기, 쓰기)만을 고수하고 있지는 않은가? 이를 해결하기 위해서 어떤 노력을 해 왔는가?
7. 앞으로 좀 더 다양한 표현방법을 개발하기 위해 다중지능을 학급운영과 접목시킬 필요성이 느껴지는가?(공부할 필요성이 느껴지는가?)

5) 살아 있는 협동학습 수업 5

'나다움'이 잘 드러나는 수업하기 – 나만이 할 수 있는 수업(PCK 관점)

수업은 교사의 질을 넘지 못한다는 말이 있다. 그 말에 상당 부분은 공감한다. 특히 수업은 교사가 어느 정도의 역량을 갖추었느냐에 따라 똑같은 내용을 주더라도 천차만별로 달라질 수밖에 없고, 거기에는 분명히 질적인 차이가 존재한다. 그래서 수업 측면으로 들어갈수록 교사들에게 전문성을 더욱 강조할 수밖에 없는 일이다. 하지만 수업 전문성은 굉장히 다양한 범위까지 포괄하고 있다. 우리나라에서는 교사의 전문성을 단지 수업 기술이나 방법 쪽으로만 생각하려는 경향이 강한데 나는 더 깊이 들여다보고 싶다. 이를 위해 PCK 및 아이들에게 배움이 일어나는 수업에 가장 큰 영향을 주는 세 가지 요소에 대하여 간략히 살펴보도록 하겠다.

우선 PCK에 대하여 간략히 도표로 정리해 보면 다음과 같다.

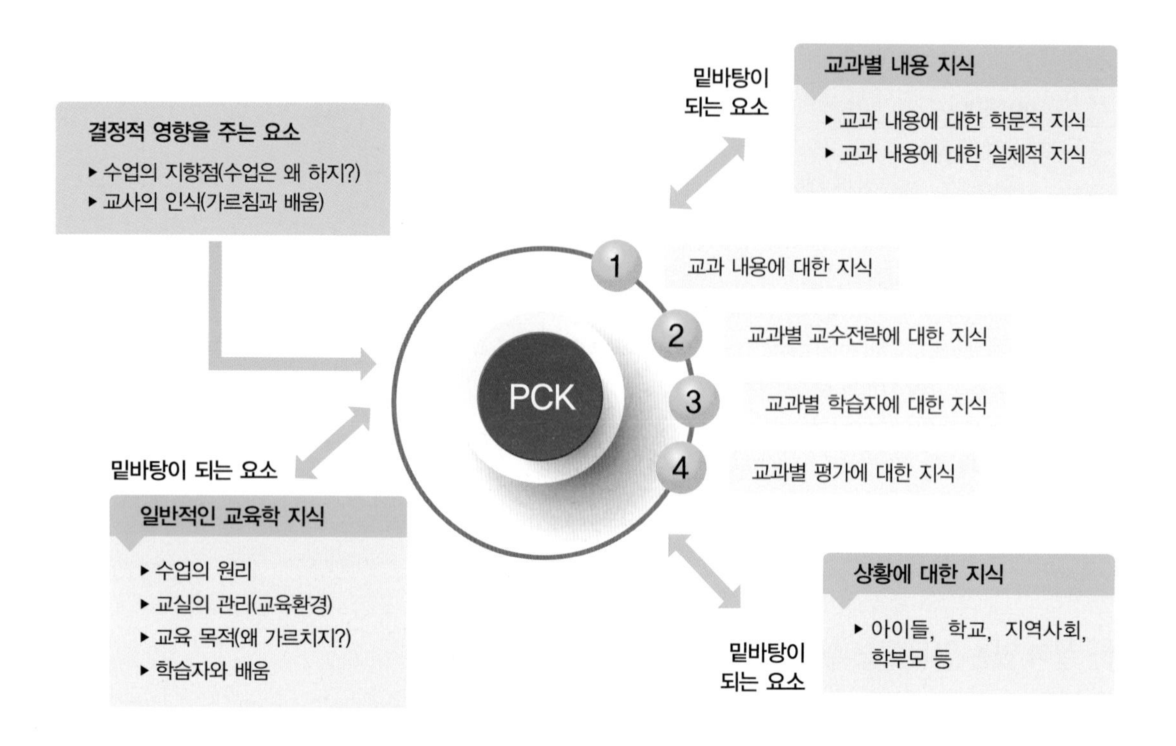

한편 나는 협동학습, 교사를 바꾸다(이상우, 2012, 시그마프레스)의 머리말에서 아래와 같이 아이들에게 배움이 일어나는 수업에 가장 큰 영향을 주는 세 가지 요소로 철학, 수업기술, 전문지식을 꼽은 바 있다. 또한 이와 연계하여 현장에서 주고 고민하고 있는 것의 중심을 '어떻게 ⇨ 무엇을 ⇨ 왜?'라는 방향으로 옮겨 가야 한다는 것도 함께 강조한 적이 있다.

1. 왜? : 바로 교육(수업)의 본질적 이유이자 목적이기 때문(아이들이 이것을 왜 배워야 하는지에 대한 본질적인 물음에 대한 답)
2. 무엇을? : "왜?"에 대한 소재(재료)가 되는 중요한 것이며, 그것에 대하여 교사가 잘 알고 있어야 하기 때문에 신중한 선택이 필요(잘 모르고 있는 것을 가르치려고 한다면 수박 겉핥기 방식, 피상적인 수준, 교과서 내용을 그대로 전달하는 수준의 수업밖에 할 수가 없기 때문)
3. 어떻게? : "왜, 무엇을?"에 대한 고민의 결과로 선택할 수 있는 수업 속의 다양한 상호작용 관계 방식의 틀 및 구조들(흔히 수업 기법이나 방법으로 생각)

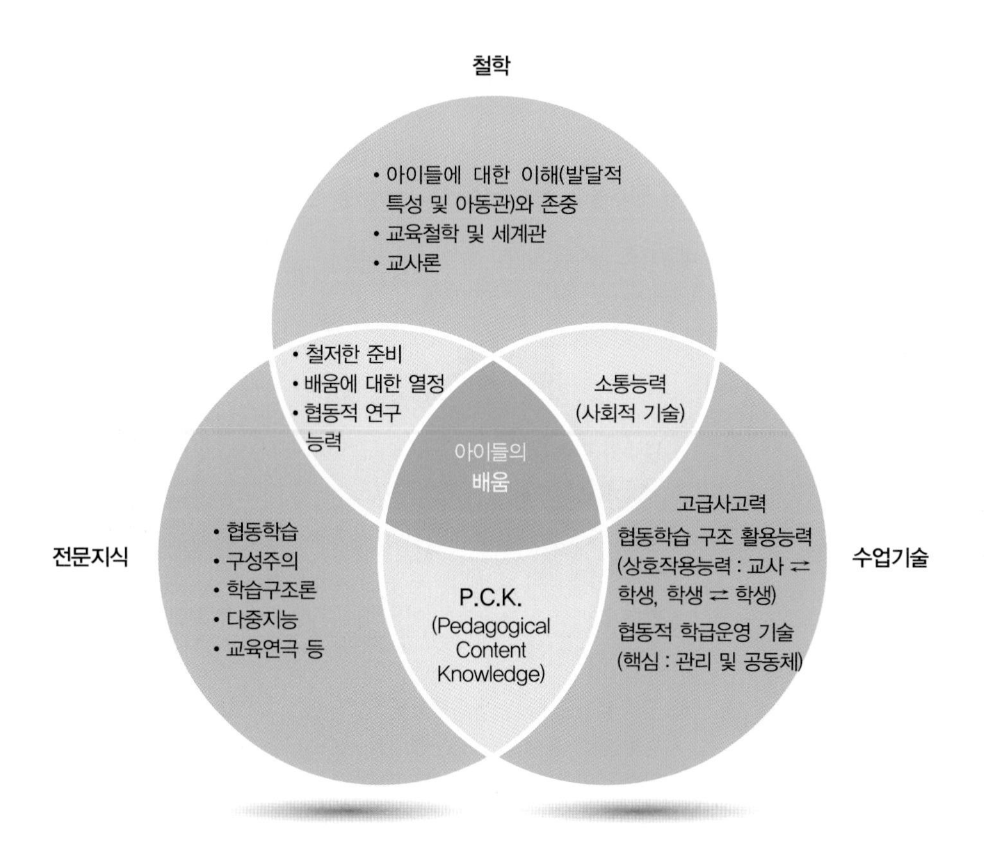

※ 고급사고력 : 토의 · 토론, 정보수집, 분류, 분석, 종합, 평가, 비판적 사고, 문제해결력 등
※ P.C.K. : 교육과정 및 교과 내용 지식(재구성), 교수방법 및 전략, 평가지식 및 능력, 앞의 모든 것의 관계에 대한 맥락적 지식

이런 맥락에서 볼 때 특히 PCK(교과교육학적 전문지식 : 앞에서 살펴본 바 있음)라는 것은 세 가지 질문에 대한 답을 모두 갖고 있어야만 쌓아 나갈 수 있는, 아주 특별하면서도 전문적인 영역이라고 말할 수 있다.

이런 것들이 잘 반영된다면 누구도 흉내 낼 수 없는 '나만이 할 수 있는 수업－나다움이 잘 묻어나는 수업'을 할 수 있게 된다. 그리고 여기에서 바로 교사의 전문성이 곧바로 드러날 수밖에 없다. 이에 대한 사례를 다음과 같이 제시해 보고자 한다.(사례로서 수학 과목을 많이 제시하는 이유는 현재의 초등 수학 교육과정 및 그에 근거한 교과서가 가장 문제점이 많다고 나는 생각하기 때문이다.)

다음 사례는 단지 PCK에만 국한된 것이 아니라 지금까지 언급한 '살아 있는 협동학습 수업 1, 2, 3, 4, 5'에 대한 내용을 종합적으로 제시해 보는 것이라 여기고 정답이라는 관점보다는 내가 왜, 무엇을, 어떻게 고민했는지에 대한 흔적과 노력이라는 측면에 관심을 가지고 봐 주면 좋겠다.

[예시] 6학년 1학기 수학 5단원 원주율과 원의 넓이 교과서 내용 분석

(목표) 원주율에 대한 이해를 바탕으로 원주의 길이와 원의 넓이 구하기

(특성) 6년의 과정 중 최초로 나타나는 곡선에 의한 평면도형

(단원 내용 및 시수)

차시	주제	수업 내용
1	원주와 원주율	• 원주와 원주율의 정의 • 원주율을 이용하여 원주 구하기
2	원의 넓이 어림하기	• 지름의 길이와 한 변의 길이와 한 대각선의 길이가 같은 원과 정사각형, 마름모의 넓이 비교로 원의 넓이 어림하기 • 원의 넓이를 모눈종이를 이용하여 구해 보고 정확한 넓이를 구할 수 없음을 이해하기
3	원의 넓이 구하는 방법 이해하기	• 원의 넓이 구하는 방법 생각하기 • 원을 여러 조각 내어 모눈종이에 붙여 넓이 구하기 • 원의 넓이를 구하는 방법을 이해하고 원의 넓이 구하기
4	원의 넓이 구하기	• 지름의 길이를 알고 원의 넓이 구하기 • 반지름의 길이를 알고 원의 넓이 구하기
5	형성평가	• 원주와 원주율의 이해, 원주 구하기, 원의 넓이 구하는 방법 이해, 반원과 원의 넓이 구하기, 원주와 원의 넓이를 응용한 문제 해결
6	탐구활동	• 생활 속에 활용되는 여러 도형의 아름다움 알기 • 다양한 평면도형의 넓이를 응용한 문제 해결하기

지도서를 보면 위와 같이 6차시(5, 6차시는 평가와 탐구활동인 것을 감안한다면 실제로는 4차시로 구성되어 있다고 보아야 한다.)로 매우 짧게 구성되어 있다. 하지만 아이들 생각은 잘 반영되어 있지 않은 구성이다. 왜냐하면 아이들은 이 단원을 매우 어렵다고 여기기 때문이다. 2014년에 6학년 담임교사로 아이들을 지도하고 있는데 한 아동이 말을 걸어왔다.

아동 선생님, 오늘 수학 뭐 공부해요?

교사 지난 시간에 4단원 끝난 것 기억하지? 그러면 오늘은 5단원 진도 나가겠지? 그래, 뭐가 궁금하니?

아동 5단원이요? 원 넓이요? 그 단원 너무 어려운데…….

교사 어려워서 잘 못할 것 같아 걱정되는구나.

아동 네, 원주와 원 넓이 너무 어려워요.

교사 그렇게 생각할 수도 있지. 하지만 너무 걱정하지 말거라. 선생님이 최선을 다해 쉽게 안내할 수 있도록 할게.

(계속)

단순한 사례지만 아이들은 6학년 1학기 모든 단원 가운데 5단원을 제일 힘들어한다. 왜냐하면 교과서 내용이 원의 넓이를 구하고 그를 응용한 문제풀이 중심으로 구성되어 있기 때문이다. 그럼에도 불구하고 시간이 너무 짧게 배정되어 있어 교사의 재량으로 시간을 늘리고 PCK와 수학의 본질에 바탕을 두어 재구성을 한 후 지도하기로 마음먹었다.

본 단원의 내용을 보다 쉽게 정리해 보면 다음과 같다.

① 원주율은 왜 필요한가?(원주율의 의미를 이해하는 것이 핵심)
② 원주율은 어떻게 해서 3.14라는 근삿값을 사용하게 되었는가?
③ 둘레의 길이와 넓이를 구하는 공식은 어떻게 해서 나온 것인가?
④ 원주와 원의 넓이를 이용한 다양한 문제 해결하기

위의 세 가지를 이해하고 설명할 수 있다면 본 단원 목표는 달성한 것이라고 나는 판단하였다.(학원 수업처럼 복잡한 응용문제를 풀어 답을 구하는 것이 목표가 아니라고 판단함) 내용은 간단하지만 실제의 학습 과정은 생각보다 복잡하고 시간이 많이 필요하다고 생각하였다. 왜냐하면 아이들이 본 단원에 대한 완벽한 인지 구조를 갖게 되기까지는 4시간이 충분하지 않다고 보았기 때문이다.

차시	주제	수업 내용
1	원주와 지름 사이의 관계 알기(수학적 지식을 탐구해 나갈 수 있도록 끊임없는 질문을 통해 지적 자극을 이끌어 낸다.)	수업 목표 원주(원의 둘레) 혹은 원의 크기와 원의 지름 사이에는 특별한 관계가 있다는 사실을 직관적으로 이해한다. (예) 정삼각형의 한 변의 길이는 둘레의 길이의 $\frac{1}{3}$ 정사각형의 한 변의 길이는 둘레의 길이의 $\frac{1}{4}$ ※ 아래 사진을 제시하고 생각해 본다. • 바퀴의 크기가 다른 2개의 자전거를 같은 힘으로 각각 페달을 10회 밟았다. 어떤 자전거가 더 멀리 갈까? (아이들 : 바퀴가 큰 자전거요.) • 왜 바퀴가 큰 자전거가 더 멀리 갈까? • 바퀴가 크다 혹은 작다는 것은 어떤 의미일까? • 둘레의 길이가 길고 짧음은 바퀴의 어떤 부분과 관련이 있을까? • 바퀴는 어떤 도형과 비슷할까? • 원과 연관 지어 생각해 보자. 결론 원의 지름과 둘레의 길이가 서로 관련이 있다는 것을 발견했다는 즐거움을 느끼게 됨.

(계속)

<table>
<tr><td></td><td></td><td>수업 목표 고대인들(이집트인, 바빌로니아인)은 어떻게 원주율을 구할 수 있었는지 알아본다.
[준비물] 모둠별로 큰 냄비나 프라이팬 등의 뚜껑 1개(지름이 30cm 정도 되는 것), 약간의 실 준비하기(협동과제)
• 아래 원을 뚜껑이라 할 때 선분 AB(지름)만큼 실을 잘라 낸다.
• 이 실의 길이(지름의 길이)는 뚜껑의 둘레를 측정하는 단위(기준)가 된다.
• 아래와 같이 어느 한 점 A로부터 시작하여 실을 뚜껑에 한 번 두른 후 점 C를 표시한다.
• 점 C에서부터 위의 작업을 두 번 더 반복하여 점 D, 점 E를 표시한다.
• 그러면 약간 남는 부분이 생긴다(AE만큼).
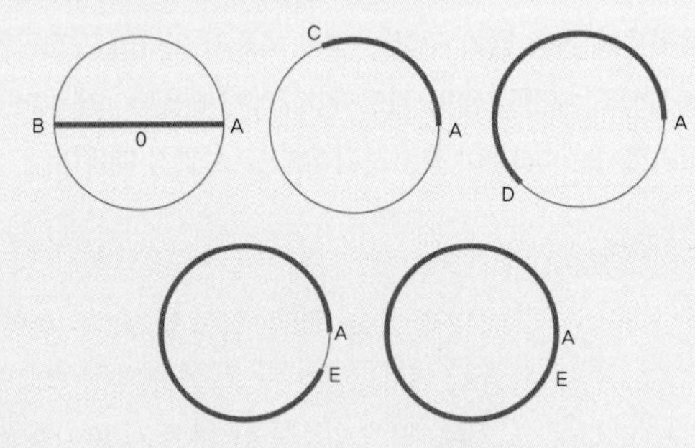

• AE만큼의 길이가 단위(기준) 길이로 사용했던 실의 길이에 얼마 만큼에 해당되는지를 재어 본다.(처음 AB단위 길이를 기준으로 분수로 표현해도 되고, AB단위 길이는 남은 길이 AE의 몇 배인가로 표현해도 된다.) ⇨ 제대로 측정했다면 약 7~8배, 오차가 더 생겼다면 6~9배까지도 될 것.
$\therefore 3\frac{1}{7}(=3.14285\cdots) < \pi < 3\frac{1}{8}(3.125)$</td></tr>
<tr><td>2</td><td>원주율 알아보기 (고대인 되어 보기 : 바빌로니아, 이집트)</td><td>

(내용 출처 : 파이의 역사, 2002, 페트르 베크만 저, 박영훈 역, 경문사)
결론 어떤 원을 택하여 지름의 길이로 둘레의 길이를 직접 재어 봄으로써 원주율(π=3.14 : 근삿값)을 알아냈다는 사실에 기쁨을 느끼게 됨(이 원리는 모든 원에 적용됨)
• 원주율이라는 것도 오랜 시간을 거쳐 만들어진 인류의 지적 활동의 산물이라는 점을 느끼게 됨
• 무엇인가에 대하여 배운다는 것은 누군가가 땀 흘려 이루어 놓은 시행착오 과정 및 지적 탐구 과정을 재현하는 것이라는 것을 깨닫게 됨(꼬마 수학자)
• 원주율의 의미와 근삿값을 확인하는 수학적 대화와 사고 활동이 가능해지는 시간(연결짓기)</td></tr>
</table>

(계속)

3	원주율과 원주와 지름 사이의 관계를 활용한 다양한 문제 해결	수업 목표 원주율(π=3.14 : 근삿값)과 원주의 길이와 지름 사이의 관계를 식으로 정리하고, 이를 응용하여 다양한 문제를 해결할 수 있다. • 지난 시간에 원의 지름의 길이를 이용하여 원의 둘레의 길이와 지름 사이의 관계를 알아보았다. 이를 활용하여 근삿값인 원주율 3.14를 구하였다. ∴ 지름을 3.14배 하면 원주의 길이를 구할 수 있다. ∴ 지난 시간에 경험했던 구체적인 활동을 통해 의미를 파악하고 그 과정을 그대로 식으로 나타내도록 한다. (식) 원주의 길이=지름의 길이×3.14(원주율) • 위의 식으로부터 다른 응용이 가능해진다. (식) 원주의 길이÷3.14=지름의 길이 질문 원의 지름이 두 배(세 배, 네 배……)가 되면 원주의 길이는 어떻게 변하는가? 결론 원주의 길이도 두 배(세 배, 네 배……)가 된다는 것을 이해할 수 있다. • 이를 활용한 다양한 문제를 해결한다.
4~5	원의 넓이를 구하는 방법 알아보기	(교과서 속에 제시되어 있는 원의 넓이를 어림해 보는 과정은 불필요하다고 생각되어 과감하게 생략해 버리고 간략하게 아이들에게 설명하였음) • 이전까지는 직선으로 둘러싸인 도형의 넓이를 구하였지만 지금은 곡선으로 둘러싸인 도형의 넓이를 구하려고 하는데 결코 쉽지가 않다는 것을 알려 주기 위한 내용이라는 것을 이해하게 해 주었다. • 그래서 원의 넓이를 구하기 위해서는 발상의 전환이 필요하다는 것을 알게 해 주었다. 수업 목표 원의 넓이 구하는 방법을 알 수 있다. • 교과서 속의 내용이 너무나도 좋아서 그대로 진행하였다. 다만 붙임딱지가 아니라 확대 복사하여 모둠 내에서 짝끼리 1세트를 완성해 보도록 하였다. 결론 원의 넓이가 직사각형의 넓이를 구하는 방식으로 변환되었다는 사실을 이해하게 함 • 원에서의 반지름의 길이가 직사각형에서의 세로의 길이로 바뀜을 이해하게 함

(계속)

		• 원주의 길이의 반($\frac{1}{2}$)이 직사각형에서의 가로의 길이로 바뀜을 이해하게 함 ∴ 원의 넓이=변환된 직사각형의 가로×세로=(지름×3.14×$\frac{1}{2}$)×반지름(여기에서 앞의 지름×$\frac{1}{2}$은 곧 반지름임을 이해) =반지름×반지름×3.14(최종 식이 만들어짐) • 이를 활용한 간략한 예시 문제를 해결해 봄
6~7	생활 속에서의 수학(원의 활용)	수업 목표 생활 속에서 만나는 다양한 현상들이 왜 꼭 원이어야 하는가에 대하여 이해할 수 있다. • 이를 위해 아래와 같은 모둠 활동지를 만들어 제시하였다. 협동과제 1 우리 생활 속에서 가장 많이 접하는 도형의 모양은 사각형, 원이다. 그중에서 원 모양을 기반으로 하는 것들은 나름의 이유가 있다. 가장 대표적인 것이 그릇이나 병, 물통 등이다. 그렇다면 왜 그것들은 다른 모양으로 만들지 않고 주로 원 모양으로 만드는지 알아보자. ⇨ 314m 길이의 끈이 있다. 이 끈의 양쪽을 서로 연결하였을 때 만들어지는 평면도형 중 가장 넓이가 큰 것은 어떤 모양일까?(직사각형, 원 모양으로 만들어 넓이를 구해 보자. 어떤 도형이 만들어지든 그 도형 둘레의 길이는 314m이다.) 아이들의 협동적 문제 해결 결과 • 다양한 크기의 직사각형을 생각하고 넓이를 구해 보았는데 둘레의 길이는 314m이지만 직사각형보다는 정사각형에 가까울수록 넓이가 더 커진다. • 정사각형 한 변의 길이 314m÷4=78.5m, 넓이 78.5×78.5=6162.25m^2 • 원주=314m, 원의 지름=314÷3.14=100m, 원의 반지름=50m, 원의 넓이=50×50×3.14=7850m^2 • 위와 같은 결과로 볼 때 원 모양일수록 넓이가 더 커진다. 협동과제 2 똑같은 크기의 종이 3장(통이나 병 등을 만드는 재료의 양은 똑같다는 조건)을 나누어 주고 각각 다른 기둥 모양의 입체도형을 만들어 보았을 때 어떤 모양의 통에 내용물이 많이 담길 수 있는지 알아보자.(삼각기둥, 사각기둥, 원기둥 등–원기둥 모양은 꼭 만들기) 아이들의 협동적 문제 해결 결과 • 삼각기둥, 사각기둥, 원기둥 등 다양한 모양을 만들어 보고 그 안에 모래를 담아 보았는데 원기둥 모양에 가장 많은 모래가 들어갔다. • 같은 양의 재료를 사용할 때 이왕이면 원 모양으로 만들면 더 많은 내용물을 담을 수 있다. • 병이나 물통 등을 만들 때 재료를 아끼면서도 많은 내용물을 담고자 한다면 그 모양은 원 모양이 가장 효과적이다.

(계속)

8	원의 넓이 구하기(다양한 원의 넓이 구하기–종합정리)	수업 목표 다양한 원의 넓이를 구할 수 있다. • 교과서 중심으로 그대로 문제 풀이를 진행하였다. 물론 아쉬움은 남는다. 그 내용은 아래와 같다. – 실생활 속의 상황을 끌어들이기 위해 피자의 넓이를 구해 보도록 한 것은 무엇인가 억지스럽게 보였다. 또한 색도화지를 오려서 과녁판을 만들고 점수에 따라 넓이를 계산하는 것은 그냥 공식에 대입하여 문제를 풀기만 하는 것이어서 학원식 수업이라는 생각도 들었다. – 복잡한 도형을 접하자마자 어떻게 해결해야 할지 몰라 시간만 보내는 아이들도 많이 보였다. – 그래도 다행인 것은 협동적 모둠학습을 통해 도움 주고받기(연결짓기)를 하면서 나름대로 해결해 나갈 수 있었다는 점이다. 이해가 되지 않는 것에 대해서는 선생님에게 먼저 질문하지 말고 모둠원들에게 도움을 구해야 한다는 경계 정하기(약속)가 협동적 수업에 큰 도움이 된다는 것을 깨닫게 된다.
9	단원평가	'탐구활동'은 가정 학습 과제(개별학습)로 제시하였음(이해가 되지 않는 것만 따로 질문을 받고 해결해 주었음) '단원평가' 시기를 미리 알려 주고 충분히 자기 학습을 할 수 있도록 시간적 여유를 둔 뒤 평가를 하고자 하였음

*주의할 점 하나 : 선행학습의 문제점

학원 등에서 선행학습을 한 아동들은 원주율(π=3.14 : 근삿값) 및 원의 넓이를 구하는 공식에 대하여 이미 알고 있음을 수업 중에도 수시로 이야기하여 활동에 방해가 되기도 하였다. 대표적인 예시는 아래와 같다.

(예시) 2차시 원주율을 구하는 활동에서 직접 실로 측정해 보지 않고 바로 이렇게 이야기하는 아동이 있었다.

"그거 재어 보나 마나야. 약 3.14배 정도 나와."

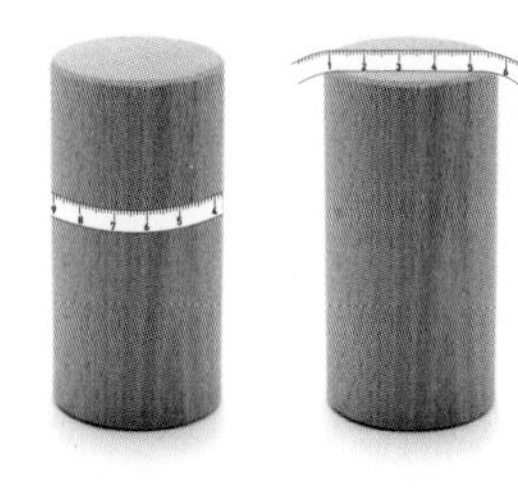

다른 반에서 교과서 내용 그대로 직접 다양한 원 둘레의 길이와 지름의 길이를 측정하고 두 측정값 사이의 관계를 파악하는 활동에서 선행학습의 결과가 그대로 드러나기도 했다. 그 내용은 아래와 같다.

왼쪽에서와 같은 활동을 하면서 어떤 모둠에서는 대충 원의 둘레의 길이만 측정하고 지름은 측정하지 않은 채 바로 원주율(π=3.14 : 근삿값)로 나누어 구하는 모둠도 있었고, 어떤 모둠에서는 지름의 길이만 측정하고 원주의 길이는 측정하지 않은 채 바로 3.14를 곱하여 계산한 결과를 표에 적기도 하였다. 이것이 바로 학원 교육의 문제점이다.

이럴 때는 이런 질문으로 결론보다는 끊임없이 탐구하고 사고하는 과정이 중요하다는 사실을 이해할 수 있도록 도와주어야 한다.(원의 넓이를 구하는 것도 같은 맥락에서 지도해야 한다.)

• 왜 3.14라는 값이 사용되는지 말해 볼 수 있겠니?
• 공식은 잘 알고 있구나. 그런데 사각형이나 삼각형의 넓이를 구하는 것과 원의 넓이를 구하는 공식 사이의

(계속)

차이점은 무엇인지 알고 있니?

*주의할 점 둘 : 넓이 구하기의 어려움에 대한 이해
이 단원은 공간 감각이 얼마나 중요한지를 알게 해 주는 단원이다. 공간 감각은 '살아가는 힘'의 하나로 세상을 어떻게 경험하고 인식하고 이해하는지에 직결된 것이기에 매우 중요한 것이다. 그런데 아이들이 이 단원을 어렵게 생각하는 이유는 공간 감각을 키우는 단원이라는 인식에서 벗어나 단지 공식을 활용하여 문제를 풀고 정답을 구하는 활동에만 몰입하였기 때문에 발생하는 문제라 할 수 있다. 특히 선행학습을 한 아동들에서도 그런 점들이 많이 나타났다.(선행학습을 했다고 하지만 제대로 배웠거나 제대로 이해를 하고 학교 수업 활동에 참여하는 아이들이 그리 많지는 않다. 적지 않은 아이들은 학원에 다닌 효과가 별로 없다고 봐도 과언이 아니다.) 왜냐하면 문제풀이, 정답을 구하는 활동에 집중한 학원식 교육을 받았기 때문이다. 예를 들어 살펴보도록 하자.

(질문) 색칠된 부분의 넓이를 구하시오.

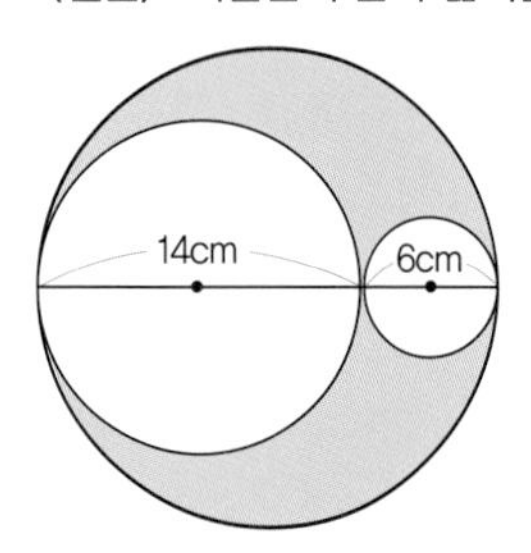

이런 문제를 접한 아이들 가운데 상당수는 무엇을 어떻게 해야 할지 몰라서 가만히 그림만 멀뚱멀뚱 쳐다보고만 있는 모습을 쉽게 발견하게 된다. '그냥 검은 것은 글씨고 선이고, 색깔은 왜 노랗지? 그리고 이 원은 도대체 뭐야?' 이런 생각을 하고 있는 것처럼 보인다. 이런 아이들은 보통 그림을 제대로 관찰하기보다는 공식을 머릿속에 먼저 떠올린다. 그 공식에 어떤 숫자를 넣어야 답을 구할 수 있는지만 생각하고 있다고 보면 된다. 다시 말해서 전체로서의 색칠된 원과 색칠이 되지 않은 부분 원과의 관계를 제대로 인지하지 못하고 있는 것에서 비롯된 문제인 것이다. 이런 현상은 이 단원의 선행학습에서 기하학다운 학습을 제대로 하지 않았다는 결론으로 직결된다. 학교 현장에서 선행학습에 그다지 좋은 인식을 갖고 있지 못한 이유(단지 먼저 배웠다는 것이 아니라 제대로 배우지 못했다는 점, 제대로 가르치지 않았다는 점)가 바로 여기에 있다. 왜냐하면 학원에서 지도하는 강사들은 초등교육에서 다루고 있는 기하학의 핵심과 중요성에 대하여 제대로 이해하고 있지 못하여 공식만 외우고 계산에 의하여 정답만을 구하도록 지도하였기 때문이다. 그리고 그런 상황은 학교 교육 현장인 교실에서도 똑같이 나타나기도 한다. 그래서 학원 선행학습 결과나 학교 교육의 결과나 별 차이를 느끼지 못하는 경우도 보게 된다. 이것은 교육이라 할 수 없다. 오히려 훈련에 가깝다.

PCK를 기반으로 교육과정이나 교과서 내용을 재구성하는 이유는 바로 이런 피해를 입은 아이들을 제대로 치유하기 위함이라 생각하면 틀림이 없다.

(질문) 색칠된 부분의 둘레의 길이와 넓이를 구하시오.

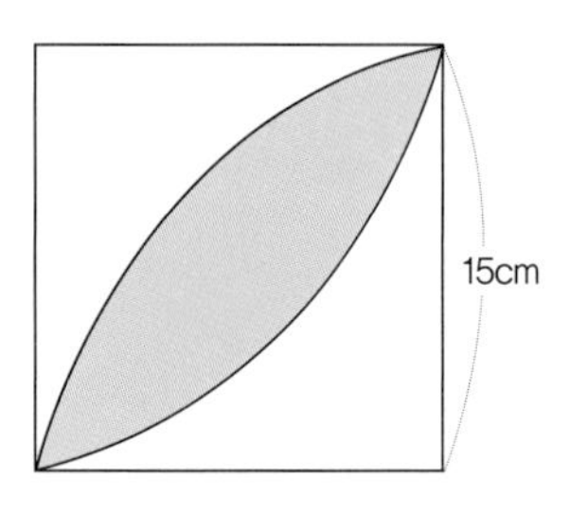

공간 감각이 떨어지는 아이들은 이런 문제를 만나게 되었을 때도 바로 어려움에 직면하게 된다. 이런 생각을 하면서 말이다.

'어, 이상하다? 이것은 럭비공처럼 생긴 모양인데. 이런 모양의 넓이와 둘레의 길이를 구하는 것은 배운 적이 없는데? 공식에다 어떤 숫자를 넣어서 풀어야 하지?'

이런 아이들 역시 도형을 바라보면서 공식을 떠올리기만 하는 잘못된 훈련을 받은 피해자라 할 수 있다.

(계속)

초등 기하학에서 가장 중요한 기초는 공간 감각으로서의 관찰이다.

① 지금까지 형성된 자신의 인지구조에 맞추어(경험적 지식에 입각) 주어진 상황(도형) 관찰
② 주어진 상황(도형)에 다양한 조작 활동 가하기(자르거나 오리기, 보조선 긋기, 옮기기, 끼워 맞추기, 회전시키기 등)
③ 자신의 인지구조(현재 발달 수준 영역)와 조작활동을 통해 새로운 도형을 만드는 경험(근접 발달 영역 내의 활동)을 쌓고 이를 통해 인지구조를 새롭게 재구성(잠재적 발달 수준 영역으로 성장)하기(근접 발달 영역 내에서 학습이 발달을 선도한다는 비고츠키의 말과도 일치)

초등 기하학 수업을 할 때 교사가 잊지 말아야 할 것은 관찰을 바탕으로 생각하거나 조작 활동한 것들에 대하여 있는 그대로 많이 말하게 하는 것이라는 점이다. 그 이유는 다음과 같다.

타인과 수학적 의사소통을 위해 머릿속으로 자기 생각 정리

새로운 아이디어 생성

주어진 도형을 머릿속에서 이미지화

함께 의사소통 과정에 참여하는 모든 아동이 같은 지적 체험을 경험하게 된다.

넓이 구하기의 어려움에 대한 결론은 이렇다.

넓이 구하기의 본질은 공식에 대입하여 계산하고 정답을 구하는 것이 아니다.

주어진 도형 전체를 몇 개의 부분으로 나누기

나눈 부분들을 조작활동을 통해 새로운 도형으로 변환시키는 활동 경험하기

주어진 도형의 관찰을 통해 문제 해결에 필요한 부분만 분리하여 찾아내기

전체 도형에서 보조선을 긋고 문제를 해결하기 위해 필요한 부분의 도형만 찾아내기

공간 감각 및 관찰 능력을 기르는 것에 중심 두기(살아가는 힘)

1. 여러분 자신은 PCK라는 측면에서 어느 정도의 전문성을 갖고 있다고 생각하는가?
2. 여러분 자신은 PCK 전문성을 신장시키기 위해 어떤 노력을 하고 있는가?
3. 모든 교과에 대한 교육학적 전문지식을 갖고 있다면 좋겠지만 그것은 쉽지 않은 일이다. 이렇게 볼 때 적어도 어느 특정 교과에 대한 PCK는 갖고 있는가? 어떤 교과인가? 그를 위해 어떤 노력을 해 왔는가? 관심 있는 또 다른 교과는 무엇인가? 아직 특정 교과에 대한 교육학적 전문지식을 갖고 있지 못하다고 생각한다면 그 이유는 무엇인가?
4. 교과서에 있는 그대로 수업을 하는 것과 PCK에 기반을 둔 수업을 디자인하고 실천하는 것에는 어떤 차이점이 있다고 생각하는가?
5. PCK라는 측면에서 동료 교사들과 (학교 또는 학교 밖에서) 어떤 노력을 하고 있는가? 하고 있지 않다면 이유는?

6) 살아 있는 협동학습 수업 6

사고를 자극하는 발문과 협동과제(활동지)

협동학습 수업의 실제에 있어서는 공동의 과제를 놓고 긍정적인 상호의존 활동이 발생하도록 해야 함이 가장 먼저 고민해야 할 일이라면 이를 해결하기 위한 가장 좋은 방법은 협동과제를 위한 발문과 활동지다.

활동지는 내용과 아이들, 교사와 아이들, 아이들 간을 연결 지어 주는 중요한 매개물이 된다. 따라서 협동학습 수업을 시작하기 전 활동지를 제대로 제작하고 검토하는 일은 어떤 면에서 보면 수업 설계 전체를 검토하는 일이며 내용과 아이들, 교사와 이이들, 아이들 간에 활발한 긍정적 상호작용이 이루어질 수 있는 것인가를 검토하는 일이며 이를 통해 학습목표에 도달할 수 있는지 여부를 가늠해 보는 일이기도 하다. 따라서 활동지를 제작한 후에는 다른 동료 교사들과 함께 검토해 보고 수정하는 작업은 꼭 필요하다. 활동지를 동료 교사들과 함께 검토하게 되면 공동으로 수업 설계를 하는 것과 같은 맥락으로 접근할 수 있기 때문에 수업 공유나 공개수업에도 부담감은 훨씬 줄어들게 된다.

활동지가 갖추어야 할 조건은 다음과 같다.

1. 아이들이 잘 이해할 수 있는 말을 사용한다.
2. 활동지만 읽어 봐도 무엇을 요구하는지 알 수 있어야 한다.(무엇을 요구하는 질문인지 아이들이 잘 이해하지 못하여 질문을 한다면 이는 활동지를 잘못 제작한 것이다.)

3. 과제는 학습목표에 알맞은 것이어야 하며 벗어나는 과제는 빼도록 한다.(잘못하면 배가 산으로 가는 수가 있다.)
4. 아이들이 활동해야 할 과제를 정확하게 안내하고 제시한다.(따로 보충설명을 하지 않아도 될 정도로 하는 것이 좋다.)
5. 활동 과제는 아이들이 사고를 돕는 데 필요한 순서(위계)로 제시한다.(Bloom의 6단계—지식, 이해, 적용, 분석, 종합, 평가—에 따라 제시하는 것도 하나의 좋은 사례가 될 수 있을 것이다.)
6. 충분한 수업 시간을 투자할 수 있을 정도의 것이어야 한다.(협동학습은 모둠 활동에 최대한 시간을 주는 것이 제일 좋다. 나의 경우 충분한 시간을 가지고 모둠원들이 과제를 해결하되 전체 모둠 중 70~80% 정도가 해결하였다면 활동을 어느 정도 마무리하고 정리한다는 나름의 기준을 정하고 있다.)

한편 활동지는 질문 형식으로 보통 만들어지는데 발문에도 굉장한 수준차가 존재한다. 쉽게 말하자면 무조건 "왜 그렇게 생각하지?"라는 질문이 좋은 것이 아니라는 이야기다. 이에 대하여 다음에 제시한 몇 가지 사례를 살펴보면 알 수 있다.

사례 1 "왜?"라고 묻는 것에도 요령이 있다.

(1) 법은 왜 지켜야 하나요? ⇨ 법을 지키지 않는다면 어떤 일이 벌어질까요?

(2) (A) [그림] (1/2)과 (B) [그림] (2/4)는 크기가 같다. 그 이유는 무엇인가?

⇨ 그림 (A), (B)는 크기가 같다. 이 두 그림에서 변한 것은 무엇이고, 변하지 않은 것은 무엇인가요?

사례 2 기존의 사고를 뒤집어 심진(心震)을 일으켜라.(지적인 불완전함을 이용하여 장애물을 설치해 두는 방식)

$\frac{1}{2}+\frac{1}{2}=1$입니다. 그러면 이것은 어떤가요?

[그림] + [그림] = [그림] 이므로 답은 $\frac{2}{4}$? 어라?

사례 3 갖고 있었던 신념이나 사고를 무너뜨리기

(1) 물 속에 사는 동물을 어류라고 한다. 그러면 고래는?

(2) 보통 물건 값이 오르면 사람들은 소비를 줄이거나 그 물건을 사지 않는다. 그런데 집값은 계속

(계속)

오르고 있음에도 불구하고 사람들은 너도 나도 집을 구입하느라 바빴다. 왜일까?

사례 4 도전의식을 가질 수 있도록 제약 조건을 둔다.(시간, 횟수, 도구 등)

(1) 눈앞에 보이는 건물의 높이를 1.5m짜리 줄자만 이용해서 구해 보시오.

(2) 1m짜리 줄을 이용하여 지름이 2m인 원을 그리고, 그 원의 둘레는 지름의 몇 배인지 알아보시오.

사례 5 생각할 수 있는 구체적인 기준을 제시해라.

(1) 도시와 촌락의 차이점을 정리해 보시오.

도시	촌락

도시	기준	촌락
	인구	
	직업	
	생활모습	
	주택	
	…	

(좀 더 다양한 사례는 협동학습, 교사를 바꾸다, 2012, 이상우, 시그마프레스, pp. 61~68. pp. 267~271 참조)

위와 같은 사례 이외에도 좋은 발문에 대한 많은 아이디어와 요령이 분명히 존재한다. 따라서 교사들은 좋은 발문에 대한 다양한 사례를 수집하고 분류하면서 공통점 등을 찾아내어 체계화시키고 자신의 것으로 만들기 위한 노력을 아끼지 말아야 한다.

생각해보기

1. 여러분은 좋은 질문이란 어떤 것이라 생각하는가?
2. 여러분은 자신의 발문 능력이 어느 정도라고 생각하는가?
3. 여러분은 좋은 질문을 만들기 위해 어떤 노력을 하고 있는가?
4. 여러분은 수업 설계를 하면서 발문에 대하여 어느 정도 신경을 쓰고 있는가?
5. 협동학습을 하면서 발문에 대하여 어느 정도의 비중을 두고 있었는가?
6. 자신의 발문 능력을 키우기 위해 어떻게 해야 할지 생각해 보자.

7) 살아 있는 협동학습 수업 7

학습 습관의 중요성 - 學과 習의 문제

협동학습 수업도 결국은 學과 習의 문제다. 수업이 아이들의 배움을 전제로 한다면 아이들이 수업 시간에 배운 것(學)을 확실히 자신의 것으로 만들 수 있도록 기록하고 그것을 다시 복습하는 일(習)은 굉장히 중요하다.

나는 협동학습을 하면서 아이들 스스로 수업 시간에 기록하고 정리하는 일, 그리고 가정에서 자기 스스로 매일 꾸준히 반복 학습하는 것(습관으로 만드는 일)을 굉장히 강조한다. 왜냐하면 이 작업은 아이들 스스로 수업 시간에 주인이 되도록 하고, 가장 확실하게 배움이 일어나도록 하는 가장 좋은 방법이기 때문이다.

學習에는 學과 習이 존재하는데 요즈음 아이들은 주로 學에만 신경 쓰고 習에는 별로 관심을 보이지 않는 것 같다. 특히 학원 교육에 의지하는 아이들에게서는 그런 현상이 더욱 두드러진다. 하지만 아무리 學을 많이 해도 혼자 익히는 데 필요한 習의 시간이 부족하다면 원하는 만큼의 학업성취를 얻을 수 없다.

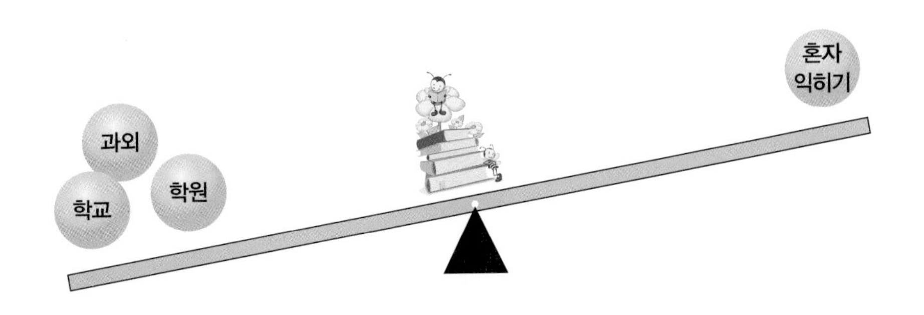

우리의 뇌는 어떤 일을 할 때 익숙하지 않은 일을 할 때는 뇌의 많은 부위가 그 일을 담당하여 많은 일을 하게 되지만 어떤 일이 반복적으로 지속될 때는 그것을 뇌가 익숙하게 받아들여 똑같은 일을 하더라도 뇌는 거의 일을 하지 않고서도(뇌의 일부분만 활성화됨 : 어떤 일을 습관적으로 많이 해서 익숙하게 되었다면 그 일은 그 사람 뇌의 입장에서 아주 쉽게 할 수 있는 일. 그래서 공부도 처음 할 때는 힘들고 어렵지만 습관이 되면 쉬워지는 일이다. 우리 아이들이 그 상황이 되기 전에 포기하기 때문에 공부를 힘들고 어렵다고만 생각한다.) 그 일을 해낼 수 있게 된다. 이것이 바로 습관의 힘인 것이다. 이를 위해 나의 교실에서 강조하는 첫 번째 활동은 바로 '스스로 배움공책'이다.

스스로 배움공책 : 가정에서 스스로 공부하는 습관을 길러 주기 위한 노트

1. 공부의 내용도 중요하지만 습관이 되도록 꾸준히 하는 것이 더 중요
2. 이에 대한 교사의 노력도 중요 : 쉬는 시간, 점심시간, 교과 전담 시간 등을 활용하여 아이들이 집에 가기 전까지 매일 제출하는 스스로 배움공책을 꼼꼼히 살펴보고 댓글을 달아 주고 조언, 틀린 부분 체크, 격려하는 메시지 등을 아끼지 않아야 한다.
3. 아이들이 스스로 배움공책을 꾸준히 해 올 수 있도록 하는 가장 좋은 방법은 칭찬하는 일(직접 얼굴을 마주하고 이야기할 때도 있지만 교실의 어느 한편에 전용 게시판을 만들고, 모델이 될 만한 사례가 있으면 복사하여 붙여 놓고 다른 아이들이 볼 수 있도록 해 주는 방법을 나는 선호한다.)
4. 교사로서 아이들에게 이와 관련한 습관이 붙는 모습을 본다는 것은 굉장히 행복한 일

나의 교실에서 두 번째로 강조하는 활동은 수업에 집중하기다. 수업에 집중하는 데도 중요한 습관이 있는데 그것은 ① 질문하기(질문은 대상과 나와 교사와 아이들을 연결 지어 주어 이해를 돕는 굉장히 중요한 일 : 질문이라는 습관은 자기에게 맞추어 수업을 이끌어 가는 습관인 셈이다.) ② 노트 기록하기(무엇인가 기록한다는 것은 사고한다는 것이고 깨어 있다는 것, 메모하는 습관은 성공하는 사람들에게서 나타나는 중요한 공통점. 이를 위해 가장 많이 알려진 코넬식 노트 기록 방법과 마인드맵 방법을 아이들에게 알려 주고 익숙해질 수 있도록 노력한다.) ③ 자기 사고를 넣어서 듣기(머릿속에서 교사의 말이나 친구의 말과 상호작용이 일어나는 일) ④ 복습하기(이를 위해 스스로 배움공책은 필수가 되었다.) 등이다.

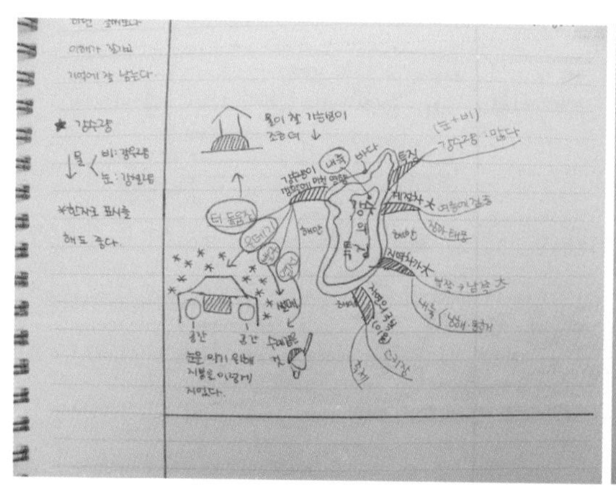
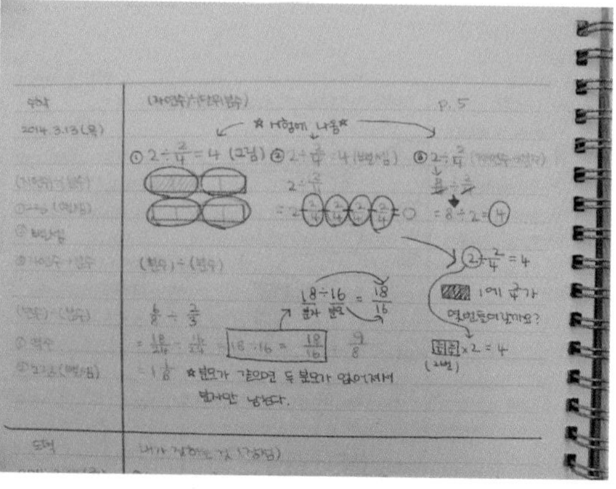

2014년 지도했던 아동의 노트 필기 사례

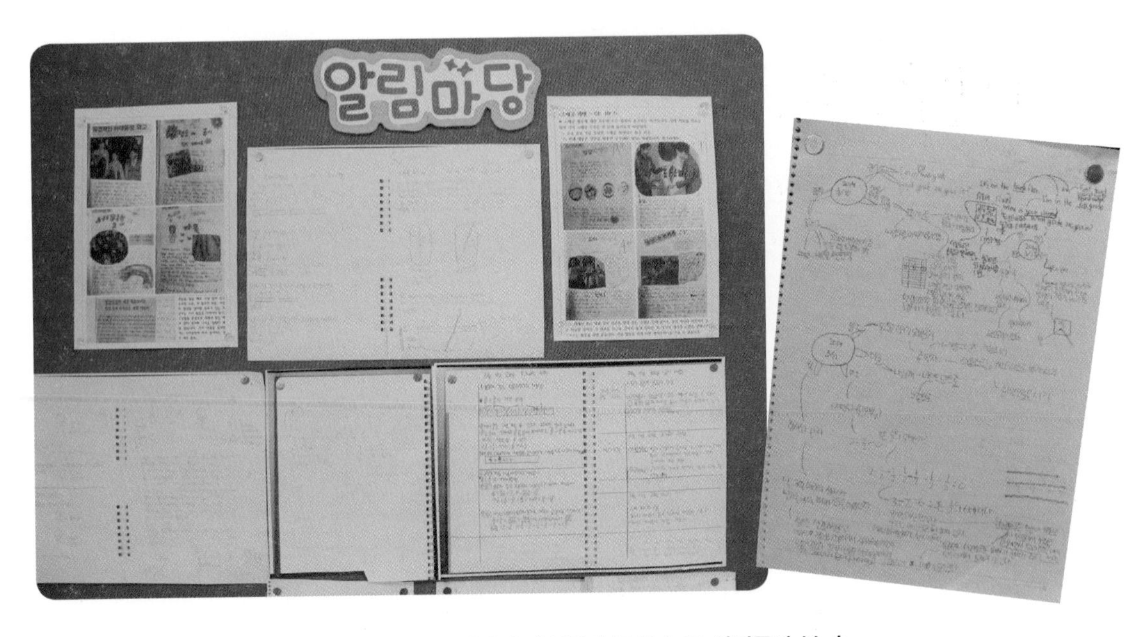

스스로 배움공책 사례 게시판. 좋은 사례를 복사하여 게시판에 붙여 놓고 아이들이 볼 수 있도록 하였다.

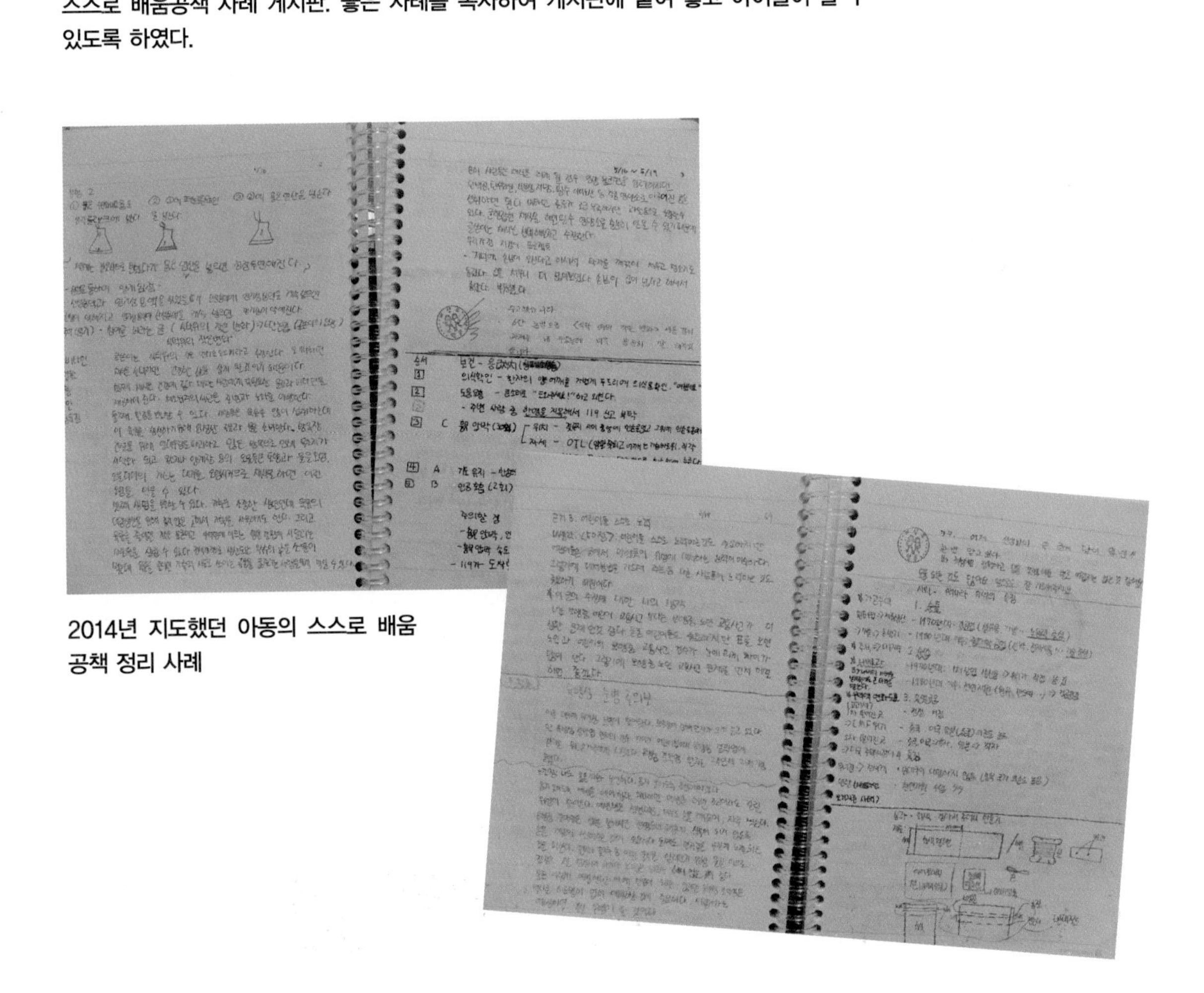

2014년 지도했던 아동의 스스로 배움 공책 정리 사례

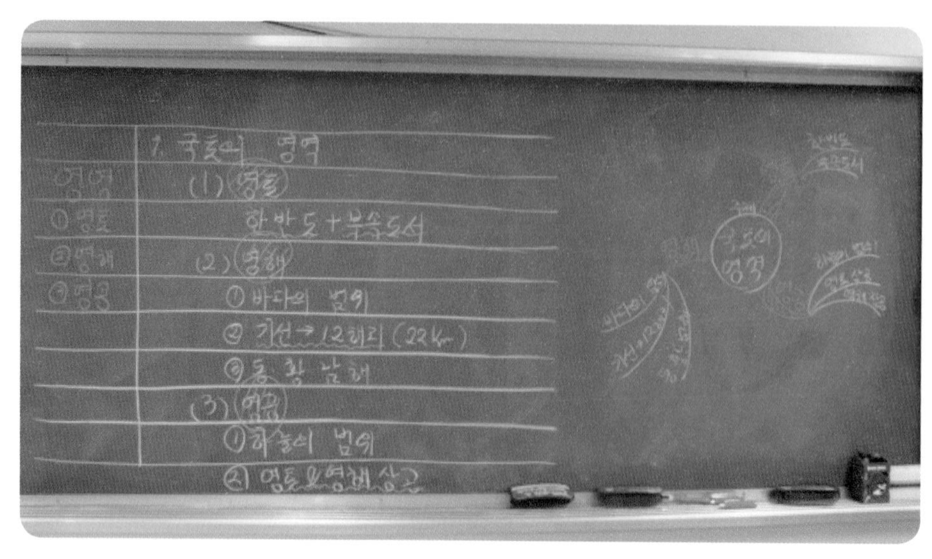

2014년 학년 초기에 사회과 수업 속에서 코넬식 및 마인드맵 방식으로 정리한 사례. 먼저 아이들이 스스로 할 수 있게 시간을 주고, 그 뒤에 칠판에 내가 정리해 본 사례

참고하기

코넬식 노트 기록 방법

다음과 같이 노트를 세 부분으로 나누어 사용한다.

①영역	②영역
③영역	

①영역 : 키워드 또는 소제목

- 키워드나 질문 형식으로 수업 내용을 떠올릴 수 있는 단서를 기록
- 복습 또는 평가 준비를 할 때 키워드만 보고도 공부한 내용을 떠올려 말하거나 쓰는 연습이 가능

②영역 : 수업 내용 기록

- 간단한 문장으로 기록, 가능한 약자나 기호 · 도식 등을 잘 활용
- 나중에 수기로 기록할 수 있도록 약간의 간격을 남겨 둔다.

③영역 : 요약 및 정리

- 수업한 내용을 가능한 간략한 문장(2~3문장)으로 정리

이와 같은 활동들이 꾸준히 습관적으로 이루어질 수 있도록 교사가 늘 신경 쓰고 노력한다면 교실에서 나날이 성장하는 아이들의 모습을 지켜볼 수 있게 된다. 끝으로 세계 최대의 갑부로 알려진 워렌 버핏이 남긴 말을 가슴에 새겨 보기 바란다.

워렌 버핏

출처 : http://www.lifehack.org/290599/warren-buffetts-10-inspiring-tips-for-young-people

"조금만 연습하면 타인의 장점을 자신의 것으로 만들 수 있다. 그리고 조금만 더 노력하면 아예 몸에 밴 습관으로 만들 수 있다."

"습관의 족쇄란 너무 가벼워서 느낌도 없다가 점점 무거워져서 결국 다리를 절단 내고 만다."

"늙은 나이에 습관을 바꾸기는 어렵다. 습관의 노예가 되었기 때문이다. 하지만 젊은 나이에 좋은 습관을 실천하면 머지않아 자신의 것으로 만들 수 있게 된다."

해보기

1. 여러분은 자신의 교실에서 협동학습과 관련하여 아이들의 學과 習의 문제를 어떻게 접근하고 있는가?
2. 여러분의 교실에서 아이들은 충분히 學과 習의 시간을 갖고 있는가?
3. 여러분이 지도하고 있는 아이들이 가정에서 충분히 習할 시간을 갖고 있다고 보는가? 이를 위해 가정과 어떻게 소통할 생각인가?
4. 여러분은 자신의 협동적 학급운영 속에서 아이들의 學과 習을 위해 어떤 노력과 어떤 활동을 실천하고 있는가?

8) 마무리를 하며!

지금까지 살아 있는 협동학습 수업을 7가지 요소로 나누어 살펴보았다. 하지만 이것만으로는 역시 한계가 있는 것 또한 사실이다. 7가지 외에도 많은 것들이 함께해야만 한다. 수업에는 왕도가 없으니 말이다. 그러나 최소한 이것만으로도 어느 정도까지는 만족을 느낄 수 있다. 7가지 이외에 더 중요한 요소들은 이 글을 읽는 여러분의 몫으로 남겨 놓고자 한다. 나 또한 이 외에 또 다른 중요한 것들을 생각하고 정리하여 보완해 나가고자 한다. 내용 속에 제시된 사례는 극히 일부이고 충분하지 않겠지만 그래도 이해를 돕는 데는 큰 어려움이 없을 것으로 생각된다. 좀 더 구체적이고 세부적이며 다양한 사례들은 앞으로 또 다른 기획을 통해 다른 지면에서 여러분과 만날 수 있도록 노력할 계획이다. 때문에 오늘도 늦게까지 습관처럼 수업 내용을 정리하고 데이터로 남기는 작업에 몰입한다.

협동적 학급운영에 대한 질적 접근 (수업을 중심으로)

협동적 학급운영에 대한 질적 접근

협동학습의 네 가지 원리를 기본으로 하여
교실에서 이루어지는 모든 활동을
협동적 학급운영이라고 한다.
그리고 여기에는 '협동'이라는 가치를
최우선으로 여기는 철학이 존재한다.
협동적 학급운영은 곧 철학이 있는 학급운영이며
그 교실을 운영하는 교사만의
빛깔이 있는 학급운영이라고 할 수 있다.

1) 협동적 학급운영은 곧 시스템이다

시스템이란 어떤 목적을 위하여 체계적으로 짜서 이룬 조직이나 제도를 말한다. 나는 학급운영 상황에서 이를 '문화'라고 표현하기도 한다. 나라, 지역사회, 학교, 교실마다 나름의 문화가 있다. 그리고 그것은 그곳의 다양한 삶의 방식과 양식을 결정한다. 시스템이라는 차원에서 협동적 학급운영을 바라본다면 여기에는 반드시 나름대로의 목적과 체계, 조직과 규범, 문화 등이 존재해야만 한다.

실제로 수많은 교실 속에는 나름대로의 다양한 요소들이 존재한다. 그런 요소들이 모이고 모여서 하나의 학급을 만들어 나가게 되는데 이를 시스템이라 하며, 학급은 하나의 목표를 향하여 움직여 나간다. 나는 이를 가리켜 시스템 학급운영이라 말한다. 아울러 교사들 저마다에게는 다양한 학급운영 목표가 존재하는데, 많은 교사들은 '협동적 학급'이라는 것을 목표로 설정하고, "우리는 하나다!"라는 공동체의식 아래 하나의 목표를 향해서 운영해 나간다. 이것이 바로 '협동적 학급운영'인 것이다. 학급이라는 하나의 조직을 운영하고 이끌어 나가는 데에는 그에 맞는 하나의 운영체제가 필요한 것이고, 나는 협동학습을 그런 다양한 운영체제 가운데 하나로 바라보고 나의 교실을 운영해 나가고 있다.

학급이라는 곳은 단지 지식과 기술을 배우는 장소가 아니다. 학급은 아이들에게 미래의 삶을 대비하게 해 주고, 미래 사회를 살아갈 사람들을 길러 내는 곳이다. 미래 사회는 단순히 지식만을 쌓은 사람을 원하지 않는다. 그보다는 대인관계 기술을 잘 갖추고, 다른 사람들과 협동적으로 상호작용(의사소통 등)할 줄 알며, 타인의 삶을 머리가 아닌 가슴으로 이해하며 함께 아파하고 함께 웃을 수 있는 사람을 원한다. 학교와 학급은 분명히 그 사회의 축소판으로서 학습하며 생활하는 공동체가 미래 사회를 살아갈 준비를 해 나가는 장소이다. 협동적 학급운영은 그런 학교와 교실을 단순한 지식을 쌓는 곳 그 이상으로 만들어 줄 수 있어야 한다고 생각한다. 그리고 그런 교실을 만들어 나가는 것을 나는 한국적 협동학습-협동적 학급운영이라고 말하고 있는 것이다. 다시 말해서 협동적 학급운영을 위해 협동학습이 꼭 필요한 것이다.

나아가 협동적인 학급운영 시스템을 위한 노력을 정리하면 다음과 같다.

1. 아이들끼리 사회적 관계를 맺고, 유지해 나가도록 의도적으로 상황 만들기
2. 교사는 수용적인 자세를 가지며 아이들에게 모범적인 모습과 태도 보이기
3. 협동적으로 문제를 해결해 나갈 수 있도록 과제 제시하기(협동놀이, 협동과제 등)
4. 협동적 학급운영을 적극적으로 실천하기(학급활동 + 수업 ⇨ 협동적 교실 만들기)
5. 또래 가르치기를 통한 긍정적인 상호작용 극대화하기

2) 협동적 학급운영은 철학을 기반으로 한다

협동적 교육철학이 추구하는 것은 아이들이 스스로의 필요와 욕구, 흥미에 따라 자신들의 활동을 선택하여 취할 수 있게 하고, 교사는 무질서한 상황이 발생하지 않도록 하고 아이들 스스로 혼돈스런 상황을 극복할 수 있도록 돕는 역할을 수행하는 방향으로의 전환이라 할 수 있다.

협동적 교육철학이 추구하는 교육이란 다음과 같다.

첫째, 민주적 공동체(평등-평화-인권-생태-협동, 다 함께 잘 살기를 추구, 사회적 기술을 통해 서로 공감과 신뢰, 배려가 묻어나는 관계 형성)로서의 학교를 재구축하는 것

둘째, 교사와 아이들 모두가 자신의 욕구와 관심을 충족시킬 수 있는 자율적이고 다양한 교육의 가능성을 찾아내는 것

셋째, 아이들의 필요와 흥미, 욕구에서 출발하는 교육을 통해 아이들의 배움에 대한 욕구를 되살리는 것(아동의 경험, 지식, 문화를 바탕 ⇨ 아이들이 교육의 중심에 있음)

넷째, '인지적 · 정의적 · 신체적 발달'이라는 교육 요소를 간과하지 않도록 하며 미래 사회를 살

아가는 데 필요한 능력 형성을 통해 지속 가능한 성장을 꾀할 수 있도록 하는 것

다섯째, 아이들을 자유로운 미래의 주역으로 교육시키는 것(학교 안에서 자유 · 민주의 개념을 가르치고 체험할 수 있도록 함)

여섯째, 교사는 아이들이 연구할 수 있도록 도와주는 관계, 교사와 아이들 모두 함께 배우는 관계를 지향하는 것

일곱째, 학교가 아이들의 요구에 맞추어 나감을 지향하는 것(아이들을 학교에 끼워 맞추는 일이 없도록 함)

여덟째, 교사는 경쟁을 최소화(지양)하며, 아이들이 앞으로 나아갈 수 있게 기본적인 것들을 안내해 주는 관계(평가는 아이들이 알고 있는 것을 부추기고 격려해 주는 것이어야 하며, 아이들의 지식 구축을 도와주는 기제! ⇨ 모르는 것이 무엇이고, 잘하는 것이 무엇인지 알려 주는 것이 중요 ⇨ 아이들의 입장에서 평가 ⇨ 모르는 것을 정확히 분석 ⇨ 아이들을 점수로 평가하지 않고 진보를 보고 평가해 주는 방안 모색)

아홉째, 이런 모든 현상이 일부 교실과 학교에서만 일어나는 것이 아니라 모든 학교 현장과 교실 그리고 학교 밖에서 실천 가능하도록 하는 것

이와 같은 것을 추구하기 위해서 필요한 것은 교과 간 경계가 없는 통합교육(교육과정의 재구성을 통해서라도 가능하게 할 필요가 있다.), 민주적인 방식의 학교 운영과 교육활동의 지원이다. 그리고 이 모든 것이 학교 이전의 경험, 학교 경험, 학교 이후의 경험까지 연계 · 지속될 수 있도록 하는 것에 중점을 두고 학교 안과 밖에서 지역사회와 함께할 수 있도록 하기 위한 시스템과 환경을 갖추는 일도 필요하다.

협동적 학급운영을 위해서는 교사가 먼저 '협동'이라는 가치와 그에 담긴 철학을 자기의 것으로 하고, 교실 내에서 교사와 아이들, 아이들과 아이들 사이의 평등, 평화, 협동, 배려, 신뢰, 생태적 가치, 민주성을 중요하게 여기는 모든 과정(목표 수립 및 계획 세우기, 실천하기, 반성하기 등)이 자연스럽게 스며 들어갈 수 있도록 학급 교육과정 재구성을 할 필요가 있다. 이를 실현할 수 있는 가장 좋은 시간은 수업인데, 그냥 교과서 내용을 그대로 전달하는 방식의 수업으로는 절대로 불가능한 일이다. 따라서 현재 자신이 처한 학교 상황 속에서 가능한 만큼만이라도 조금씩 실천해 나가면서 경험을 쌓아 나가고 그것들을 체계적으로 자료화시키는 것이 필요하다. 그것이 쌓이면 실로 엄청난 자신만의 재산이 되어 많은 것을 할 수 있게 된다. 여기에서 잊지 말아야 할 것은 반드시 교육과정 범위 내에서 억지로 끼워 맞추는 식의 무리한 재구성과 아이들에게 너무 많은 것을 요구하는 식의 재구성은 절대로 하지 말아야 한다는 것이다. 내 생각으로는 프로젝트 수업이든 주제통합 수업이든 학기에 2회 정도 해 보는 것이 가장 좋은 것 같다.

[예시] 직업 탐색 프로젝트(면담하기) : 총 13차시

관련 교과	실과 1단원 일과 진로(4시간), 2단원 인터넷과 정보(3시간) 국어 2학기 2단원 정보의 해석(듣/말/쓰 : 6시간)
1차시	• 직업 탐색 프로젝트 관련 동기 유발 • 직업 탐색 프로젝트에 대한 전반적인 안내 • 관심 있는 직업별로 동질 집단 구성 • 동질 집단별 모둠 세우기
2~4차시	• 면담하기와 관련하여 전반적인 안내 : 면담의 특성, 면담할 때 고려해야 할 점, 주의해야 할 점, 면담 절차 알기, 면담 계획 세우기 및 역할 분담
5~6차시	면담을 위한 질문지 만들기(교사가 점검)
각 모둠별로 분야별 전문가를 직접 만나 면담하고 오기(교사가 직접 쓴 편지를 아이들 편에 들려 보내 전문가들이 면담활동을 하게 된 교육적 취지를 충분히 이해할 수 있도록 돕는다.)	
7~8차시	면담 결과 정리 및 발표 준비, 간행물 제작 협의(브로셔 또는 신문 제작) – 모둠 내 역할 분담
9~10차시	발표 준비, 간행물 제작 및 완성
11~12차시	간행물 전시 및 발표(전시장 관람 구조)
13차시	총체적인 평가 및 자기 성찰 일기 쓰기

(계속)

2011년 6학년 지도할 당시 직업탐색 프로젝트 활동사진 : 가수 장혜진 면담

2011년 6학년 지도할 당시 가수에 관심 있는 아이들이 가수 장혜진을 면담한 후 발표 자료로 만든 내용의 일부

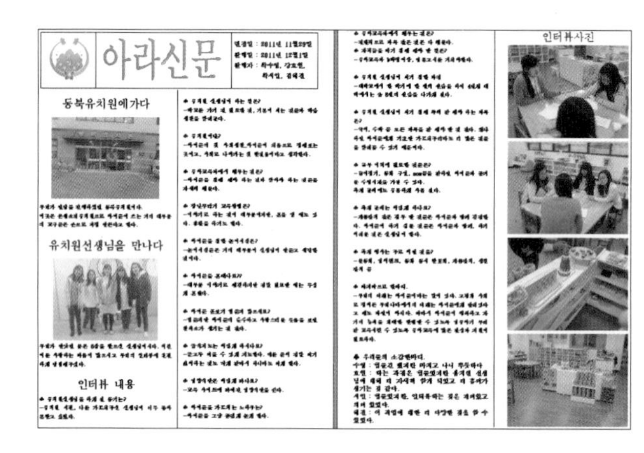

아라신문

동북유치원에가다

유치원선생님을 만나다

인터뷰 내용

인터뷰사진

2011년 6학년 지도할 당시 유치원 교사가 되는 것이 꿈이라는 아이들이 인근 유치원을 직접 방문하여 유치원 교사를 면담하고 간행물로 만든 신문 자료

예술가가 꿈인 학생들에게 조언 한마디

인생은 자기가 생각하는 대로 되지 않는 경우가 많단다.
그저 그때그때 하고 싶은 일을 하도록 하고
여러 가지 일을 할 수 있게 가능성을 열어두길 바란다.
그리고 경험을 많이 쌓아 좋은 일도 많이 해보길 바라고
혼자 있는 시간을 만들어 많은 생각을 해보렴
그리고 여행을 많이 다니는 것이 도움이 될 거야.
마지막으로 자신이 할 수 있는 일은 한정되었다고
생각하지 말고 더 많은 일들을 해보며
노력해가길 바란다.

양쿠라 선생님이

어렸적 추억과 감성에 기울다
Artist 양쿠라

예술가와의 만남

2014년 6학년 가람반 국어과 면담하기 수업 PPT 사례(김다솜, 윤여지 팀의 예술가 면담)

3) 협동적 학급운영은 아이들의 아이들에 의한 아이들을 위한 것이어야 한다

대부분의 교실은 교사의 교사에 의한 교사를 위한 교실처럼 보인다고 해도 과언이 아닐 것이다. 그래서 교실의 아이들은 수동적이고 교사에 의존하는 경향이 매우 강하다. 그러다 보니 사소한 것에도 교사에게 달려와 하소연한다. 그런 교실에 교사는 결코 없다. 오직 경찰관, 심판관, 훈계하는 어른, 왕만 존재할 뿐이다.

바람직한 협동적 학급운영을 위해서는 교실에서 일어나는 대부분의 일에 대하여 아이들 스스로 선택하고 책임을 지게 하는 것이 최선이다. 이를 실천하기 위한 구체적인 방안 중의 하나로 교실에서 어떤 사안이 있을 때마다 학급회의(학급 다모임)를 열고 함께 고민하며 좋은 방안을 모색해 나갈 것을 권한다. 그런 활동이 반복될수록 아이들은 교실의 주인이 교사가 아니라 자신들이라는 사실을 알게 되고 교실에서 이루어지는 일상의 작은 것뿐만 아니라 교사가 의도를 가지고 계획하고 실현해 나가는 모든 일이 자신들의 자신들에 의한 자신들을 위한 것이라는 사실을 깨닫게 된다.

국가의 권력은 국민으로부터 나온다는 말처럼 교실에서 교사의 권위 또한 아이들로부터 나온다는 것을 교사들은 알아야 한다. 그리고 교사는 아이들이 쥐어 준 권위를 잘 활용하여 아이들을 위한 교실, 평화와 인권이 살아 흐르는 교실을 만드는 데 최선을 다해야 한다. 협동적 학급운영에 가장 큰 걸림돌은 바로 갈등과 폭력, 왕따, 경쟁 등이기 때문이다.

교사와 아이들이라면 자신의 교실에서 평화-평등-인권-생태-협동 등의 가치가 잘 나타나기를 꿈꾸지 않는 이는 없을 것이다. 하지만 자신의 교실이 무관심, 폭력, 왕따, 갈등, 경쟁 등으로 얼룩져 있지는 않은가에 대하여 심각하게 고민해 본 적은 있는가? 이런 것들이 가정 · 사회적 문제와 함께 어우러져 발생하고 있는 것이 최근 문제가 되고 있는 학교폭력 문제라고 나는 생각한다.

그렇다면 그 원인은 무엇인가? 학교? 가정? 사회? 게임? 혹시 그 문제에 대한 책임을 무엇인가에 떠넘기기에 급급하여 근본적인 원인을 찾지 못하고 있는 것은 아닌가? 아니면 이 문제를 해결하기 위한 의지는 과연 있는 것인가? 나는 우리 사회와 교육 관련 행정가들이 내리고 있는 결론과 처방에 대하여 이런 생각을 한다.

지금의 문제는 원인과 그에 대한 증상의 혼돈에서 오는 것이다.

예를 들어, 감기 걸린 사람(학교폭력 문제 및 우리 사회, 우리 아이들)에게 기침하지 말라고(폭력 쓰지 말라고)만 말한다. 이는 매우 잘못된 처방이다.

어떻게 감기에 걸린 사람이 기침을 하지 않을 수 있겠는가? 그러고 나서 기침을 하면 그 사람을 처벌하려고만 한다. 그런다고 기침을 하지 않겠는가?

이 문제를 해결하기 위해서는 원인과 그 증상을 명확히 구분하는 지혜가 필요하다고 생각한다.

다시 말해서 기침이 증상이라면 그 원인은 기침을 한 사람이 아니라는 점, 그리고 기침한 사람의 몸에 어떤 이상이 있는지를 살펴서 그것을 치유해야 한다는 것을 필자는 꼭 강조하고 싶다.

그렇다면 이를 위해 어떤 처방이 필요하겠는가?

현재 우리 아이들은 아픈 상태다. 어디가? 마음이 아픈 상태다. 사람들은 몸이 아프면 어디에 가는가? 바로 병원에 간다. 병원이 몸을 치료한다. 그렇다면 마음이 아프면 어디서 치유받겠는가? 그곳은 바로 학교요, 가정이다. 가장 좋은 곳은 가정이라고 말하고 싶은데, 가정이 그것을 할 수 없다면 아픈 아이들을 치유할 수 있는 유일한 곳은 바로 학교라 할 수 있다. 가정과 학교가 함께한다면 더할 나위 없겠지만 말이다.

그렇다면 교사와 학교는 무엇을 해야 하는가? 가능한 처벌이나 감시, 통제는 없어야 한다. 이는 오히려 상황을 더 악화시킬 뿐이라는 사실을 우리는 잘 알고 있다. 그보다는 정확한 원인을 파악하고, 치유와 소통이 이루어지는 교실을 만들어 주고, 갈등이 발생하면 아이들끼리 문제를 스스로 해결해 나갈 수 있도록 곁에서 지켜봐 주고 적극 지원해 주며 지도나 처벌보다는 예방에 우선적인 노력을 기울여야만 한다. 그리고 그런 교실을 만들어 나가는 것을 나는 협동적 학급운영이라고 말하고 싶다.

1 아이들끼리 서로 좋아하게 하라!

2 인권과 평화가 살아 숨 쉬게 하라!

3 생태적 감수성이 살아 숨 쉬게 하라!

4 서로 도움을 주고받으며 살게 하라!

우리의 할 일

교사=원인 파악하기
처벌, 감시, 통제 NO!

치유와 소통의 교실 만들기, 아이들끼리 갈등과 문제를 서로 해결해 나가도록 하기, 교사는 옆에서 적극 지원하기, 지도보다는 예방에 우선

협동적 학급운영

성적 중심의 교실을 사람 중심의 교실로!

믿음과 소통을 지향하는 교실로!

그 속에 존중과 배려가 녹아들게!

아이들의 아이들에 의한 아이들을 위한 협동적 학급운영을 위해서는 아래와 같은 대전제가 필요하다.

협동적 학급운영을 위한 대전제!

- 누구나 교실에서 행복할 권리가 있다!
- 서로를 존중할 의무가 있다!
- 하나는 모두를, 모두는 하나를 위하여!
- 차이점 인정하기 : 육체적, 정신적, 마음의 키
- 위의 것들이 교실 속에 항상 녹아들게!

그 시작은 3월 한 달에 달려 있다!

- 특히 3월 2주 동안의 모든 것이 핵심!!
- 수업보다 협동적인 교실문화 정착이 우선!!
- 업무, 공문, 수업보다 이런 것들이 최우선!!
- 이에 대한 교사의 인식이 꼭 필요!!
- 교육청, 학교는 이를 위해 적극 지원!!

그러면 학교폭력도 자연스럽게 사라진다!

위와 같은 일을 해내기 위해서 교사들이 심각하게 고민해야 할 것이 있다. 그것은 바로 아래와 같은 일이다. 그리고 이를 위해 학교와 교육청은 적극 지원을 아끼지 말아야 한다.

협동적 학급운영의 3원칙

- 교사와 학생이 함께 만들어 나간다!
- 문제가 생겼을 때 : 스스로 해결방법 찾게!
- 사회적 기술은 매우 중요한 요소!

길동이가 ~하면
내 마음이 ~해져!
왜냐하면 ~하니까!

난 누구를 위해 일하고 있는가?
난 무엇을 위해 일하고 있는 것인가?
교육청을 위해 일하는 것인가?
성과를 위해 일하는 것인가?
승진이나 실적을 위해 일하고 있는 것인가?
그게 아니라면 진정으로
아이들의 성장과 발달을 위해?

진정으로 아이들의 삶을 가꾸어 주고 싶다면 왼쪽에 제시한 협동적 학급운영의 3원칙만이라도 꾸준히 실천해 보도록 하자. 그러면 아이들의 아이들에 의한 아이들을 위한 협동적 학급운영은 어느새 모두의 교실에 와 있을 것이고 그곳에서 아이들과 교사 모두 행복할 것이다.

아이들 간에 일어나는 문제나 갈등은 스스로 해결할 수 있는 시간을 만들어 주자. 문제는 늘 발생하는 것이라 할 때 가장 먼저 생각해야 할 중요한 한 가지는 아이들 스스로 해결방법을 찾는 일!

- 이것이 익숙해지면 서서히 조정자가 생겨난다.
- 점차 스스로 해결해 나간다.
- 시간이 지나면 정착된다.
- 갈등이 곧 기회라는 인식이 필요!!
- 친구들의 도움으로 변화 찾기

(예) 친구를 놀리거나 괴롭히는 사람이 있을 때

- 왜 그런 일을 했을까?(답 함께 찾기)
- 다른 친구들이 놀리거나 괴롭힌 아이에게 할 수 있는 일
- 놀리거나 괴롭힌 아이가 다른 아이들에게 할 수 있는 일 찾기

4) 협동적 학급운영은 협동학습의 10가지 열쇠로 열어야 한다

나는 이전에 집필한 책 살아 있는 협동학습(이상우, 2009, 시그마프레스)에서 협동적 학급운영에 대하여 아래와 같이 정의한 바 있다.

협동적 학급운영이란?

'다 함께 잘 살기'라는 학급운영의 목표를 두고, 보다 효율적인 학급운영을 위해 기존의 학급운영 전반에 네 가지 협동학습 기본 원리를 적용한 것을 말한다. 그러나 단지 기본 원리의 적용에 그치는 것이 아니라 '협동적 삶' 그 자체를 추구한다. 다시 말해서 '협동적 학급운영'은 수단이나 방법으로서가 아니라 원리이자 목적 그 자체로서 커다란 존재가치를 지닌다.

학급운영이란 교실에서 일어나는 모든 현상에 대한 것으로 크게 수업과 학급활동으로 분류할 수 있다. 이러한 학급운영의 개념에 '협동'이라는 철학과 협동학습을 접목시킨 것을 협동적 학급운영이라 말한다.

협동적 학급운영은 공동체적 삶을 추구하면서 그 원리를 수업 및 학급활동 전반에 스며 들어갈

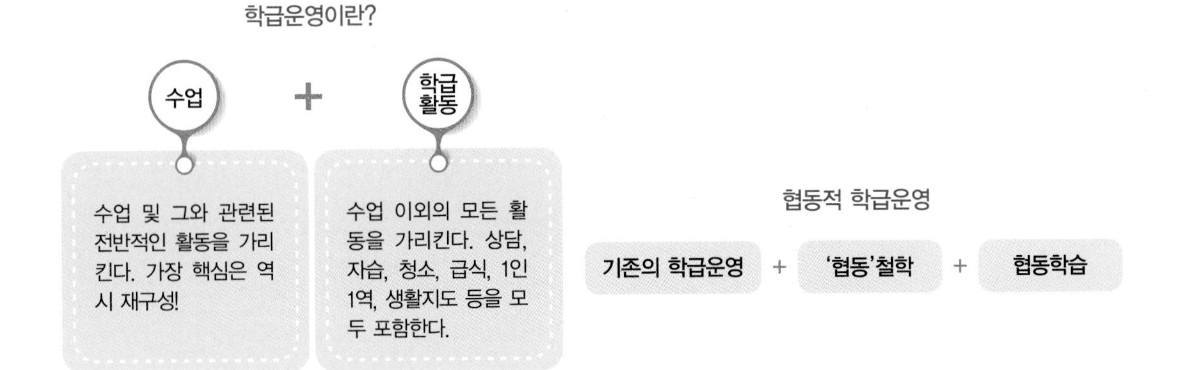

수 있도록 한다는 것이 가장 핵심이다.

'협동'이라는 철학의 밑바탕에 흐르는 기본적인 가치 ⇨ 상호존중

상호존중이란 먼저 자신을 있는 그대로, 긍정적으로 받아들이고, 자신과 마찬가지로 타인을 존중함으로써 '나, 너, 우리' 모두가 긍정적인 관계를 형성해 나가면서 공동체의식을 가지고 사회에 참여해 나가는 것이다.(풀어서 보면 '믿음'과 '신뢰'와 '공감'과 '배려'가 된다.)

※ '긍정적인'에 대한 해석 : 자신과 타인을 존중하고 바른 관계를 형성하는 것

협동적 학급운영을 위한 핵심 열쇠 10가지를 간략히 소개하면 다음과 같다.(좀 더 자세한 내용은 살아 있는 협동학습, 이상우, 2009, 시그마프레스 참조)

① 철학 : 협동적 학급운영 전반에 흐르는 기본 바탕으로 이것이 있는 교실과 없는 교실은 근본적으로 큰 차이가 있다.

② 통합적 시각의 학급운영 : 협동학습을 방법론으로 보는 순간 학급운영의 큰 틀을 놓치게 된다. 또한 학급활동 영역과 수업 영역 모두가 하나의 목표를 향하여 일관되게 나아가야 한다면 이는 반드시 필요하다.

③ 협동적 학급운영 기술 : 자리 배치, 동선 짜기, 각종 도구 마련하기, 경계 정하기(약속, 규칙 등), 역할 책임, 목소리 조절하기, 전달하기, 모둠질문, 내적 보상 중심(가능하면 외적 보상을 없애거나 최소화 : 경쟁은 협동학습에 가장 큰 적), 아동 개개인의 도전에 대한 적절한 대응, 사회적 기술 훈련 등에 관한 것을 말한다.

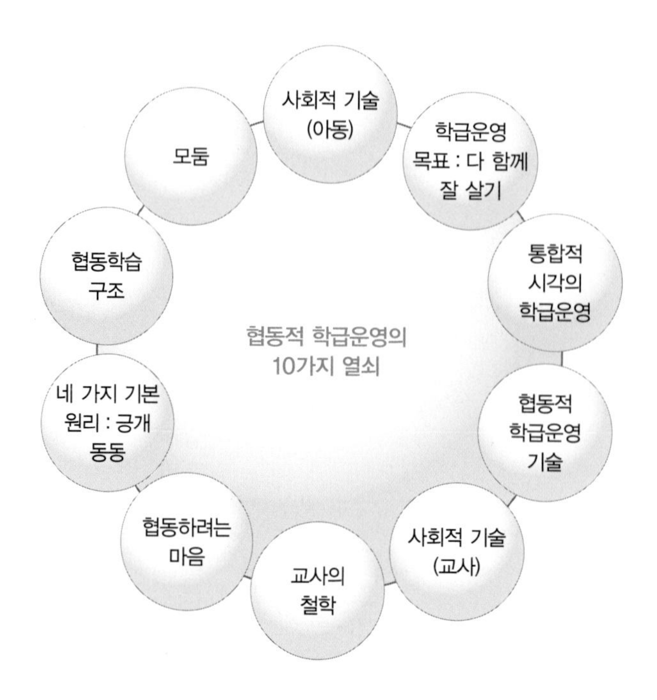

④ 교사의 사회적 기술 : 협동적 학급운영의 시작은 아이들이 아니라 교사의 사회적 기술에서부터 시작된다. 교사는 교실에서 아이들에게 배움의 모델이자 배움의 동반자가 될 수 있어야 한다. 교사의 사회적 기술 측면은 '비폭력대화, 교사역할훈련, 감정코칭'이라는 다른 전문 분야와 연계하여 공부해 나갈 것을 적극 권한다.

⑤ 협동하려는 마음 : 모둠세우기 및 학급세우기를 통해 서로 협동하려는 마음을 먼저 심어 주고 그 바탕 위에 협동적 기술을 지도해야 한다.

⑥ 네 가지 기본 원리 : 긍정적인 상호의존, 개인적인 책임, 동등한 참여, 동시다발적 상호작용이라는 네 가지 원리가 학급운영 전반에 스며 들어가도록 해야 한다.

⑦ 협동학습 구조 : 학습구조(구성원 사이에 상호작용 관계 방식의 틀 : 일제식, 개별식, 협동식, 강의식)에 대한 이해를 바탕, 협동학습 구조의 이해 및 다양한 구조의 활동 능력을 말한다.

⑧ 모둠 : 모둠의 구성 및 운영에 대한 노하우를 말한다.

⑨ 아이들의 사회적 기술 : 가장 기초적인 것은 말하기 기술로 교실 속에서 '미안해, 고마워, 나 좀 도와줄래?' 등의 대화가 자연스럽게 이루어질 수 있도록 함과 동시에 일상 속에서 겪는 다양한 갈등에 대한 바람직한 해결을 통해 모두가 행복해질 수 있도록 만들어 나가는 것을 말한다.

⑩ 협동적 학급운영 목표 : 목표(예 : 다 함께 잘 살기)는 나침반 역할을 한다. 교실에서 어려운 상황이 발생했을 때 이를 해결해 나가는 방향성이자 원칙이 되어 줄 수 있다. 적어도 협동적 학급운영 속에서 경쟁은 없거나 최소화될 수 있어야 한다.

자기 자신만의 협동적 학급운영 열쇠를 개발하자.

앞서 제시한 것들은 모두에게 꼭 유용하다고 생각하지는 않는다. 앞의 내용들은 나의 입장에서 오랜 시간 동안 경험해 오면서 중요하다고 여긴 것들 가운데 몇 가지만 뽑아서 제시한 것일 뿐이다. 그리고 그렇게 다른 교사들이 따라 한다고 해서 협동적 학급운영이 자연스럽게 이루어지는 것도 아니다.

나는 내비게이션식 협동학습을 반대한다. 실제 차량을 운전하는 데 있어서 내비게이션은 많은 도움을 주지만 교육적 활동에 있어서 내비게이션식 협동학습(소위 남들이 했던 것을 그대로 따라만 하는 협동학습)은 반드시 문제점을 야기하고 그를 해결하는 데 있어서 중심이 없기 때문에 해결 방안도 찾기가 쉽지 않다. 이를 극복하기 위해서는 가능한 부족하더라도 자기 스스로 고민하고 정보를 수집하여 자기만의 생각을 담은 '나다움'이 물씬 풍기는 협동적 학급운영 콘텐츠를 개발하는 것이 최선이 아닐까 생각한다.

5) 협동적 학급운영은 교사에게 특별한 역량을 요구한다

교실에서 교사는 아이들의 머릿속에 다양한 모습으로 존재한다. 왕의 모습(아이들에게 명령하고 권위를 앞세울 때), 부모의 모습(훈계를 하고자 할 때), 경찰의 모습(아이들의 잘못에 대하여 강압적으로 체벌을 행할 때), 판사의 모습(누가 잘못을 했는지 혹은 누가 더 잘못을 했고 누가 덜 잘못을 했는지 가려 주는 모습이 보일 때), 교사의 모습(무엇인가를 배울 수 있도록 돕고자 할 때) 등으로 다가선다.

협동적 학급운영을 하면서 교사는 반드시 교사의 모습으로 존재해야 한다. 왜냐하면 교사는 (1) 가능한 주어진 상황을 교육적 상황으로 만들 수 있는 사람이어야 하고 (2) 주어진 교육적 상황에서 깨달음을 줄 수 있어야 하며 (3) 주어진 교육적 상황에서 아이들이 무엇인가 배울 수 있도록 도울 수 있어야 하기 때문이다.

이를 위해서는 아래와 같은 교사의 역량이 요구된다.

협동적 학급운영이 요구하는 교사의 역량

교사는 협동적 학급운영의 상황에서 만나는 모든 상황을 교육적 상황으로 만들고, 아이들은 모두 다 함께 스스로 해결해 나가야 한다.

1. 교실의 모든 상황(갈등까지도)을 아이들이 무엇인가 배울 수 있는 상황으로 만들어 나갈 수 있는 능력
2. 아이들 자신에 관한 일을 협동적으로, 스스로 해결할 수 있도록 돕는 능력

아래와 같은 사례를 통해 좀 더 구체적으로 살펴보도록 하겠다.

사례 1 두 아이가 놀이시간에 교실에서 보드게임을 하던 중 한 아이가 실수를 하여 "다시 하겠다. 그럴 수 없다." 하고 옥신각신하다가 물리적 충돌까지 가게 된 모습을 보고 교사가 두 아이를 불러다가 엄중한 목소리로 이야기한다. "너희들 왜 잘 놀다가 싸우니? 그렇게 놀다가 싸우려면 보드게임 하지 마! 보드게임 압수하고 내놓지 않을 거야. 별일도 아닌 것 가지고 잘 놀다가 왜 싸우니? 두 사람은 자리로 가서 반성문 써."(물론 실제로 이렇게 하는 분은 없을 것이라 믿는다.)

사례 2 아이들이 학교 운동장 옆 화단의 나뭇가지에서 발견한 애벌레(송충이)를 잡아 작은 병에 가두고 있는 모습을 보았다. 그걸 지켜본 나는 아이들에게 다다가 물었다. "왜 잡아 병에 가두고 있니?" 아이들은 이렇게 대답했다. "그냥 재미로요." "너희들은 재미있는지 모르겠지만 송충이들은 어떨까?"라고 다시 내가 질문하자 한 아이가 이렇게 답했다. "송충이 여기 저기 많은데요?" 그래서 나는 이렇게 답변을 했다. "다른 송충이보다도 지금 너희들이 병에 담아둔 이 송충이들에게는 생명을 잃을 수도 있는 매우 중요한 일이거든. 본래 있던 자리에 그대로 놓아주면 안 될까?" 그러자 아이들은 "아. 그렇군요. 알겠어요."라고 말하면서 병에 담겼던 송충이를 놓아주었다.

위의 사례를 볼 때 어떤 상황이 교육적 가르침을 줄 수 있는 경우인지 쉽게 판단할 수 있을 것이다. 이처럼 협동적 학급운영 속에서 교사는 지혜로운 말과 행동을 통해 교육적으로 아이들에게 깨우침을 줄 수 있어야 한다. 그런 능력은 아이들로 하여금 주어진 상황 속에서 자신의 말과 행동을 돌아보고 스스로 또는 협동적으로 문제를 극복해 나갈 수 있도록 돕는다. 여기에 꼭 필요한 협동적 학급운영 지혜 몇 가지가 있다.

1. 자신의 경험과 성찰을 바탕으로 한 '교육적 배려'
2. '교육학적 지식과 센스'가 경험과 만나 조화를 이룬 지혜
3. 아이들 앞에 놓인 문제 상황을 그들에게 긍정적 영향을 줄 수 있는 상황으로 만들 수 있는 지혜

(갈등은 곧 교육적 깨달음을 위한 기회라는 인식이 필요)
4. 주어진 상황, 아이, 환경 등에 따라 적절하게 대처할 줄 아는 지혜
5. 냉철한 머리와 따스한 가슴으로 동시에 알고 이해할 줄 아는 지혜

나는 여기서 지식이라는 용어 대신 지혜라는 용어를 사용하였다. 지식이란 교육이나 경험, 또는 연구를 통해 얻은 체계화된 인식의 총체를 말하지만 지혜란 사물의 이치나 상황을 제대로 깨닫고 그것에 현명하게 대처할 방도를 생각해 내는 정신의 능력을 말하는 것으로 어떤 지식이나 학문 또는 이론으로도 설명될 수 없는 것이라 여기기 때문이다.

이와 같은 지혜를 자신의 것으로 만드는 데는 정답이 없다. 오직 수많은 시행착오의 경험을 통해 자연스럽게 습득된다. 협동적 학급운영을 해 나가는 교사는 그렇게 아이들의 행동을 주의 깊게 관찰하고 아이들의 말에 귀를 기울이면서 지혜를 쌓아 나가고 성장해 나간다.

자기 자신의 모습을 동영상으로 자주 찍어서 들여다보자.

협동적 학급운영을 실천해 나가면서 꽤 오래전부터 스스로의 수업 장면을 동영상으로 담아 살펴보는 습관이 들었다. 제일 처음 시작했을 때 기억을 돌이켜 보면 매우 충격적인 내 모습(특히 수업 중 내 얼굴표정이 거의 무표정이었던 기억이 난다.)을 보면서 나 자신을 많이 반성하는 계기가 되기도 했다. 지금의 나는 그때의 내가 아닌 것을 나는 너무 잘 알고 있다. 아직도 나는 변해 가고 있는 중이다. 그리고 지금도 동영상을 찍어서 나 혼자 자주 살펴보곤 한다.

동영상을 보다 보면 내가 아이들과 어떻게 소통하는지, 어떤 질문을 하는지, 서로 간에 어떻게 연결짓기를 해 나가는지, 그 과정에서 무엇이 잘못되었는지, 어떤 실수를 하였는지 등을 다시 한 번 돌이켜 보게 된다. 그 과정을 오래 해 나가다 보면 자신도 모르는 사이에 나름대로의 역량이 조금씩 생겨나고 성장해 나가는 모습을 느끼게 된다.

6) 협동적 학급운영은 교사 자신을 아이들에게 기꺼이 보여 주라 요구한다

협동적 학급운영 속에서 아이들은 교사의 성장과 변화를 이끌어 냄과 동시에 어떤 모습으로든 성장할 수 있다는 가능성을 경험하게 해 준다.(물론 여기에는 아이들의 가능성을 믿으며 아이들 스스로 많은 것들을 해 나갈 수 있도록 열어 주고 실패의 경험 속에서도 배움이 일어날 수 있도록 도와야 한다는 전제가 따른다.) 가장 바람직한 협동적 학급운영은 교사와 아이들 모두 성장한다는 것인데 이를 위해 교사는 아이들을 제대로 바라보고 이해하며 자신을 있는 그대로 보여 주기 위해 노력해야 한다. 이에 대해 좀 더 자세히 살펴보면 다음과 같다.

첫째, 교사와 아이들 모두는 성장하는 과정에 있기 때문에 자신의 삶을 다양하게 열린 가능성이라는 사고 아래서 자신만의 독특한 세계를 만들어 나간다. 따라서 교사는 교실에서 아이들 스스로가 자신의 가능성을 믿고 스스로의 삶을 가꾸어 나갈 수 있도록 협동적 학급운영을 통해 생생하게 보여 줌으로써 가르침을 전할 수 있도록 최선을 다해야 한다. 왜냐하면 교사란 아이들보다 먼저 삶을 살아온 선험자로서 수많은 경험을 통해 깨달음을 얻고 성장해 왔다는 것을 누구보다 잘 알고 있기 때문이다. 그런 과정에서 아이들은 교사에게 아래와 같은 질문을 지속적으로 던져 주며 고민하고 반성하며 성찰하게 만든다.

1. 우리는 어떻게 살아가야 하는가?
2. 나는 행복하게 잘 살고 있는 것인가?
3. 무엇이 나의 삶을, 우리 모두의 삶을 행복하게, 불행하게 하는가?
4. 우리 모두가 서로 돕고 나누며 행복하게 살아갈 수는 없는가?
5. 내가 어떻게 살아가는 것이 이 아이들에게 도움이 될까?
6. 나의 언행이 나와 아이들 모두가 진정으로 원하고 있는 것인가?
7. 나의 무엇이 아이들로 하여금 배움에 도달할 수 있도록 돕는가?

이런 자기 성찰적 질문을 해 봄으로써 협동적 학급운영을 해 나가는 교사로서 나는 늘 아이들에게 귀 기울이고 아이들을 통해 더 많이 배우려고 노력하고 있다.

둘째, 협동적 학급운영 속에서 교사가 자기 자신을 아이들에게 기꺼이 보여 주어야 하는 또 다른 이유는 아이들에게 협동적으로 살아가는 법을 이해시키는 가장 좋은 방법이며 아이들이 처한 상황을 이해시키는 가장 최선의 길이기 때문이다. 늘 아이들과 함께 살아가는 교사는 아이들에게 협동적 삶의 본보기가 될 수밖에 없다. 어른으로서 교사 및 부모는 아이들의 거울이자 모델일 수밖에 없다. 집에서는 부모의 일거수일투족이, 교실에서는 교사의 모든 것(언어 습관, 표정이나 말투, 소통 방식, 행동양식 등)이 은연중에 아이들 삶에 큰 영향을 준다.(신경질적인 부모와 교사 밑에 그런 아이들이 있고, 다른 사람을 도울 줄 알고 작은 것에도 나눔을 실천하며 타인을 배려하고 공감하는 부모와 교사 밑에 그런 아이들이 있다.) 그래서 나는 늘 위와 같은 질문을 스스로에게 묻고 또 물으면서 협동적 삶을 살기 위해 끊임없이 노력하고 있다.

셋째, 아이들은 학교에서의 생활, 교과 수업, 대중매체, 친구 및 주변 사람들과의 관계를 통해 세상을 알아 가고 자신만의 세계(정체성, 재능과 적성, 자존감 등)를 만들어 나가는데 여기에 매우 중요한 원칙 한 가지는 '자발적인 선택과 참여'라 할 수 있다. 따라서 교사는 협동적 학급운영 속에서 아이들 모두가 자신만의 세계를 창의적으로 만들어 나갈 수 있도록 도움을 줄 수 있어야 한다. 어떻게? 교사와 아이들 모두 스스로의 원칙을 기반으로 한 행동, 실험, 상호작용, 소통, 창조적 행위가 가능한 교실 환경을 조성해 줌으로써.(아이들의 아이들에 의한 아이들을 위한 협동적 교실 만들기)

그렇게 교사가 의도를 가지고 하나둘씩 풀어 나가는 협동적 학급운영 과정 속에서 아이들은 가슴 속에 품은 다양한 가능성을 현실로 만들어 갈 수 있게 되고 교사는 그 과정을 통해 지속적인 성찰과 교육적 성장을 경험하게 된다. 이런 차원에서 본다면 아이들도 교사에게 또 다른 스승으로 자리한다고 볼 수 있다.

내가 협동적 학급운영을 시작하기 전의 모습에 대하여 스스로 고백해 보면 참으로 부끄러운 점들이 많았다. 거의 독재자 수준이랄까? 협동학습을 만나기 전에는 나 자신뿐만 아니라 아이들을 함부로 대하기도 했었고 아이들의 이야기를 들으려 하지 않았으며 나의 생각만을 옳다고 강요하는 나쁜 버릇을 가지고 타인의 진정한 욕구를 모른 채 살아가기도 했었다. 하지만 협동학습을 만나면서부터 나는 아이들의 삶을 통해 나 스스로의 삶을 조금씩 이해할 수 있게 되었다. 협동적 학급운영을 시작하면서 더불어 살아가야 하기 때문에, 아이들을 사랑하기 때문에 더 이상 지난날의 자신으로 안주하며 살아가서는 안 된다는 것을 처절하게 깨닫게 되었다. 그때부터 나의 협동적 학급운영은 자기 성찰로 전환되었던 것 같다.

주위를 조금만 둘러보면 교사가 된 이후 자기 교육은 끝났다고 생각하며 자기연찬을 소홀히 여기는 사람들이 많다. 특히 경력이 쌓일수록 그런 경향은 더 강해진다. 이런 교사들은 대부분 자신의 부족함을 감추기 위해 화려하게 치장된 교묘한 눈속임의 교육, 교사의 권위주의만 아이들에게 강요하는 교육, 아이들의 목소리에 귀를 기울이기보다는 자신의 생각만을 옳다고 여기며 일방통행만을 일삼게 마련이다. 또한 그들은 자신을 더 이상 배울 것이 없고 배울 필요도 없는 고귀하고도 성숙하며 완벽한 존재로, 아이들은 모순투성이이자 미숙한 불완전체로 보는 경향이 매우 강하다. 그래서 그들은 아이들의 말과 행동 속에 담긴 다양한 의미(자신의 존재를 알리기 위한 몸부림, 살고 싶다는 처절한 외침, 자신의 이야기를 누군가 들어 주기를 바라는 메시지 등)를 소홀히 하거나 읽어 내지 못하게 된다. 그 결과 아이들은 교사로부터 아무것도 배우지 못하거나 죽어 가게 되고, 그런 교실에서 교사와 아이들 모두는 성장을 멈추게 된다. 아니, 멈추는 게 아니라 오히려 퇴보하게 된다는 표현이 더 적절할 것이다.

있는 그대로의 모습으로 가식 없이 아이들에게 다가서자.

협동적 학급운영의 실패와 성공의 차이는 무엇일까 생각해 보면 결국 관계 문제로 좁혀진다. 그리고 그 관계가 가식적이거나 권위적이라면 아이들은 거리를 두고 쉽게 마음의 문을 열려고 하지 않는다. 반대로 솔직하게 있는 그대로의 모습으로 다가서게 되면 아이들은 시간이 지나면서 마음의 문을 열고 서로에게 의미 있는 존재가 되기 위한 노력들을 서서히 보여 주게 된다.

이를 위해 '좋은 교사에 대한 편견(모르는 것이 없어야 한다. 감정을 드러내서는 안 된다. 항상 이성적이어야 한다. 편견이나 선입견이 없어야 한다. 모두에게 똑같이 사랑을 베풀어야 한다. 매사에 실수가 없어야 한다. 등)'을 없애려는 노력이 필요하다. 우리가 과거부터 가져왔고 아직도 버리지 못하고 있는 성스러운 교사상을 '사람 냄새가 물씬 풍기는, 보통사람으로서의 인간미가 철철 넘치는 교사상'으로 대체하고자 한다. 그러려면 있는 그대로의 모습을 아이들에게 솔직하게 보여 줄 수 있어야 한다. 다만 그것을 어떻게 표현하느냐의 문제는 여전히 중요한 것으로 남는다. 이를 위해서는 교사의 사회적 기술이 반드시 접목되어야 한다.

7) 협동적 학급운영은 배움이라는 경험에 대한 이해를 요구한다

우리가 만나는 아이들은 호기심이 매우 강하다. 그것은 곧 성장하고 발달을 거듭하는 아이들의 제1 속성이며 아이들을 스스로 움직이게 하는 에너지원이다. 그 호기심을 충족시켜 나가면서 아이들은 쑥쑥 자란다. 협동적 학급운영 속에서 배움이라는 경험은 그것(아이들의 속성 : 호기심을 바탕으로 사고하고 말하고 행동하며 상호작용하는 것을 즐긴다.)을 어떻게 이용하느냐에 따라 아이들이 매우 많이 달라진다. 하지만 그 호기심에도 질적인 차이가 존재한다.

협동적 학급운영을 해 나가고자 하는 교사가 관심을 가져야 할 배움에 대한 아이들의 호기심은 두 가지 종류가 있다. 자신이 다른 사람보다 똑똑하고 우월하다는 것을 보여 주기 위한 호기심과 세상의 모든 사물과 현상에 대한 궁금함을 해결하기 위해 한 걸음씩 내딛고 손을 내밀며 몰입하게 만드는 호기심이 그것이다. 전자는 경쟁을 통해 자신을 다른 아이들보다 공부 잘하는 아이로 돋보이게 만들고 주변 사람들로부터 칭찬과 인정을 받기 위해 잠시 생겨났다가 사라지는 흥미에 지나지 않는다. 이런 이유로 얻게 된 배움의 산물은 단지 경쟁 및 시험을 위한 정보의 축적과 기억 그 이상도 이하도 아니다. 그리고 이런 지식은 기억 속에서 금방 사라진다. 특히 협동적 학급운영을 해 나가다 보면 이런 아이들은 대개 빨리 답을 찾으려고 쉽게 질문을 하고 경쟁적으로 정답을 찾기에 혈안이 되어 있으며 주어진 상황이 조금만 어렵거나 힘들면 쉽게 포기하거나 그만두고 교사에게 와서 "정답이 뭐예요?"라고 바로 답을 구하곤 한다. 그렇기 때문에 사물의 본 모습을 제대로 파악하지 못하고 주위에 있는 또래 아이들의 생각이나 지적 호기심을 제대로 읽어 내지 못하여 마음을 다치게 하거나 짓밟고 소속된 팀의 동료성 및 정체성마저도 무너지게 만든다. 하지만 후자의 경우는 다르다. 후자의 경우 정말 궁금해하는 아이들을 보면 질문을 많이 하지 않거나 정말 핵심적인 것을 진지하게 묻는다. 때로는 그 질문을 쉽게 밖으로 꺼내기보다는 자기 가슴속에 간직하고 스스로 답을 찾기 위해 몰입하여 그것을 즐기며 논다. 그런 아이들은 참된 배움에 대한 존경심과 조심스러운 마음을 가지고 스스로 가슴속에 새긴 질문에 대하여 나름의 깨달음을 얻는 경험을 통해 자신만의 세계를 만들어 나가며 살아가는 힘을 얻게 된다.

그렇다면 협동적 학급운영 속에서 아이들에게 의미 있는 배움을 경험하도록 하기 위해서 교사는 아이들의 흥미와 호기심을 어떻게 이용해야 하는가? 어떻게 하면 아이들 스스로 궁금해하게 할 수 있는가? 그 답은 매우 간단하다. 교사가 아이의 질문이나 호기심, 흥미에 대하여 그 진의를 빨리 알아차리고 정답을 알려 주겠다는 생각에서 벗어나 아이들 스스로 자신만의 답을 찾을 수 있도록 열린 마음과 생각으로 아이들을 대할 때 비로소 가능해진다. 아래의 예를 통해 살펴보자.

(질문) 철수 : 선생님, 태양은 왜 뜨겁나요?

이런 질문을 받으면 여러분은 어떻게 대답을 하겠는가?

(답변 사례 1) 선생님 : 아 그건 말이지 태양은 많은 기체들과 ……(현대 과학자들이 밝혀낸 사실 그대로에 토대를 두고 설명을 해 줌)

철수 : 아, 그렇군요.

(답변 사례 2) 선생님 : 철수는 왜 그렇게 생각하지? 선생님이 왜 뜨거운지에 대하여 과학자들이 알아낸 것을 들려주는 것은 그리 중요한 것은 아닌 것 같다.

철수 : 저는 지구에 사는 생명들이 잘 살아갈 수 있도록 하기 위해서라고 생각해요. 태양이 뜨거워야 그것을 받아서 식물들이 살고 그것으로 인해서 많은 생명들이 살아갈 수 있거든요.

위의 두 가지 사례는 굉장히 큰 차이를 담고 있다. 아이에게 가장 좋은 답은 그 아이가 경험하고 있는 삶과 관계가 있는 답일 것이고, 그 아이 스스로의 노력과 경험의 결과로 알아낸 것이라는 것을 믿는다면 아이들의 흥미와 호기심을 이용하는 가장 좋은 방법은 질문 속에 있는 아이의 흥미(어떠한 질문을 하더라도 그 속에는 질문을 한 사람마다의 욕구와 호기심이 각기 다르게 존재하기 때문이다. 예를 들어 "지금 몇 시인가요?"라는 간단한 질문 속에도 누가 언제 어디에서 하느냐에 따라 다양한 뜻이 담겨져 있다고 볼 수 있다. 그 의미를 파악하지 못하면 단지 그 당시의 시각만 답변할 수밖에 없게 된다.)를 다시 한 번 떠올리게 하여 스스로의 질문에 대해 더 깊이 탐구할 수 있도록 가려내고 이끌어 주는 것 아닐까? 진정으로 배움을 이끌어 내기 위한 협동적 학급운영 지식이 있는 교사라면 아이가 던지는 질문 속에 담긴 지적 욕구나 호기심이 꾸준히 유지될 수 있도록 최선을 다해 노력하는 자세를 유지해 나갈 것이다.

배움과 가르침을 모두 중요하게 여기도록 하자.

최근 들어서 배움이라는 용어가 교육현장을 지배하고 어느새 가르침이라는 말이 잘못된 용어인 양 교사들 사이에서 인식되고 있는 모습이 목격되어서 참으로 안타까운 생각이 든다. 참다운 배움을 위해서는 가르침이 함께 존재해야만 비로소 가능해진다. 그것은 배움을 일컫는 '학습'이라는 용어와 가르침을 뜻하는 '교육'이라는 용어를 풀이해서 살펴보면 알 수 있다.(협동학습 교사를 바꾸다, 2012, 이상우, 시그마프레스, pp. 207~215 참조)

① 가르침(敎育) : 부모와 교사가 심사숙고해서 가려낸 뒤에 아이들이 본받도록 하라는 의미(재구성의 의미와 통함)

② 배움(學習) : 지붕 아래서 지식을 매개로 아이들이 서로 상호작용하면서 알게 된 것이 익숙해지도록 반복하여 행한다는 의미(아이들이 수업 속에 능동적으로 참여하게 하라는 뜻과 통함)

요즈음 아이들을 가르치려 하지 말라는 의미는 설명, 강의, 일방적인 지시와 전달 방식으로 아이들에게 배움이 일어나도록 해서는 안 된다는 의미로 해석해야만 한다. 배움이 더 중요하고 가르침은 덜 중요하다는 의미로 해석해서도 안 되고 배움이 중심이 되어야 한다는 말로 교육 현장을 현혹시켜서도 안 된다.

8) 협동적 학급운영은 교사가 아이들에게서 눈을 떼지 말라고 요구한다

이에 대하여 교육적 관찰과 교육적 관계 맺기라는 두 가지 차원에서 다루어 보고자 한다.

(1) 교육적 관찰에 대하여

사물을 관찰하는 데는 사람마다, 직업마다 각기 다른 관점과 시각이 존재한다. 아이들을 바라보는 관점도 마찬가지다. 예를 들어 비 오는 여름날 운동장에서 공을 차며 노는 아이들이 있다고 하자. 이 모습을 지켜보는 다양한 사람들은 모두 같은 생각과 같은 모습, 같은 동작을 보게 될까?

우리가 무엇인가를 바라본다는 것은 관찰대상(누구를), 관찰대상과의 관계방식(어떤 관계), 두 가지 요소의 결합에 의하여 만들어진다. 교사는 아이들(관찰대상)을 교육적 관계(관계방식)라는 차원에서 바라보게 된다. 2014년 6학년 담임교사로서 아래와 같은 사례를 경험하였다.

사례 학년 초에 지난해까지 여러 아이들과 관계 문제로 한 여자 아이가 학교에서 약간의 어려움을 겪고 있다는 것을 알게 되었다. 여러 아이들을 만나 이야기를 들어 보았지만 결코 왕따나 학교폭력 문제는 아니었다고 나는 바라보고 있다.(그 여자 아이는 3학년 때 학급에서 왕따를 경험한 적이 있었고, 아이들과 관계에서 조금만 힘들면 그때 상황을 떠올리며 힘들어한다. 그러다 보니 이 아이 주변의 아이들도 함께 힘들어하고 있는 모습도 관찰되었다. 자라 보고 놀란 가슴 솥뚜껑을 보고도 놀란다는 격이랄까.) 하지만 학부모는 학교폭력 문제로 접근하여 가해자와 피해자 관계로 바라보면서 적극적으로 자신의 아이를 보호해 달라고 요구하였다. 안 되면 학폭위를 열겠다는 이야기도 함께. 그러나 나는 그 아동뿐만이 아니라 관련된 다른 아동들하고도 교육적 관계를 맺고 있기 때문에 최대한 교육적으로 접근하여 아이 자신의 힘으로 교실에서의 학습과 생활을 좀 더 행복하게 이끌 수 있는 힘을 키울 수 있기를 바라며 그에 적절히 영향을 줄 수 있는 구체적인 방법을 고민해 보겠다고 설득하였다. 그러면서 아이들 가까이 다가서기(적극적 개입)도 했다가 때로는 멀리서 그냥 지켜보기(소극적 관찰)도 했다. 가끔은 모른 척 넘어가기도 했다. 그 이유는 아이들이 가지고 있는 한계와 가능성을 총체적으로 바라보면서 한 걸음 뒤로 물러나 거리를 두어야 할 때와 좀 더 가까이 다가가 살펴야 할 때와 가끔은 주관적인 접근이 필요할 때도 있다고 생각했기 때문이다. 그렇게 한 학기를 보내면서 어느새인가 그런 모습들은 조금씩 자취를 감추게 되었다. 이제 그 여자 아이는 교실에서 밝게 웃으며 즐겁게 생활한다. 학부모도 더 이상 이와 관련된 일로 어떠한 이야기도 하지 않는다.

위의 경우를 놓고 보자. 내가 본 것은 무엇인가? 문제를 제기한 학부모의 자녀나 그 주변에 있는 아이들 모두 나와 교육적 관계를 맺고 있고 그들이 말하고 행하는 삶의 모든 것을 나는 교육적 시각에서 바라보고 있으며 그 학부모의 아이가 스스로 성장할 수 있다고 생각했고 그런 믿음을 놓지 않으려 했다. 하지만 학부모는 달랐다. 거기에 교육적 관계는 없었다. 오직 가해자와 피해자의 관계만 있었다. 그래서 해결을 위해 요구하는 방식도 달랐던 것이다.

위의 사례에서 보는 바와 같이 교사가 해야 할 일은 어느 한 아이도 포기하지 않고 모두가 함께 하는 협동적 학급운영 속으로 한 발짝 다가설 수 있도록 이끌어 주는 것이라고 볼 때 특정 아이만을 바라보면서 접근하기보다는 모두의 삶에 대하여 교육적으로 관심을 가지되 교사가 직접 해 주지 말고 아이들 스스로가 독자적인 존재로서 자신의 힘으로 문제를 풀어 나가면서 성장할 수 있도록 지켜보고 안내해 주는 비계(scaffolding) 역할인 것이 아닐까? 그때 내가 만약 학부모의 말만 믿고 학부모의 요구대로 풀어 나갔다면 나와 해당되는 아이들 사이의 관계는 어른과 아이 사이의 훈계적 관계 또는 가해자와 경찰관 사이의 수사적 관계 아니면 누가 가해자고 피해자인지를 가리는 판사와 피의자 사이의 심판적 관계 등으로 바뀌었을지도 모를 일이다.

교사는 절대로 장학사나 정치인, 교장, 상담가, 평가자, 교수, 아동심리학자, 경찰, 판사, 때로는 부모까지 포함하여 그들의 시각과 관점으로 마치 전문가인 양 아이들에 대하여 속단하거나 어떤 분류된 틀 속에 가두려 선별하고 측정하고 평가하고 관리하고 반응하고 이론적으로 설명하려고만 하는 일을 더 이상 멈추어야 한다. 이런 방식으로는 아이들의 목소리에 귀를 기울일 수 있는 기회, 아이들을 제대로 관찰할 수 있는 기회를 놓치고 만다. 그 대표적인 사례가 바로 ADHD라고 하여 교실에서 교사들에게 늘 어려운 아이들로 인식되고 있는 경우이다.(아마도 에디슨도 그런 사례였을 것이고, 미국에서 대통령까지 지낸 조지 부시도 학생시절 ADHD로 판명받았었다고 알려져 있다.) 교사들에게 이 아이들은 늘 문제아로 취급받고 있는 것 같아 아쉽기만 하다. 심지어는 조금만 산만해도 ADHD라고 속단하여 아이들과 부모의 가슴에 상처를 주는 교사들도 꽤 많다.(학부모 상담을 하다 보면 담임교사로부터 "아이가 집중을 못해요. 너무 산만해요. ADHD가 의심됩니다. 병원 한 번 가 보세요."라는 식의 교사 상처를 받은 사례가 비일비재하다.)

결론적으로 협동적 학급운영 교사는 교육적으로 아이들을 볼 수 있어야 한다. 이는 아버지가 아버지답게, 어머니가 어머니답게 아이들을 보는 것과는 차원이 다른 문제다. 교육적으로 아이들을 본다는 것은 ① 판단하지 말고 꾸준히 관찰하기, ② 때로는 아이 가까이 다가서기도 하지만 동시에 일정한 거리를 유지하며 지켜보기, 이 두 가지를 잘할 수 있어야 한다는 것이다.

(2) 교육적 관계 맺기에 대하여(서로에게 삶의 의미 되어 주기)

사람이라면 누구나 타인에게 주목받고 관심받기를 바랄 것이다. 교실에서 아이들도 교사도 마찬가지다. 협동적 학급운영 속에서 교사와 아이들 사이의 교육적 관계 맺기는 서로 관심을 주고받으면서 살아가는 의미가 되어 줄 수 있을 때 완성된다. 그러나 실제 교실에서 그런 모습은 쉽게 찾아보기 힘들다.

사례 1 아침에 일찍 출근한 교사는 교실에 들어서자마자 컴퓨터를 켜고 모니터와 대화를 하고 있다. 그러는 사이 아이들이 한 명 두 명 교실로 들어서면서 선생님에게 인사를 한다. "선생님, 안녕하세요!" "응, 그래. 안녕!" 그렇게 교사는 아이들 인사를 받아 주고 한 번 쳐다본 뒤에는 다시 컴퓨터와 마주한다. 교사는 아이들이 등교하는 모습을 쳐다볼 겨를이 없이 무엇인가에 푹 빠져 있다. 아이들은 선생님의 이런 모습을 거의 매일 목격한다.

사례 2 아침에 일찍 출근한 교사는 교실에 들어서자마자 교실을 한 바퀴 둘러본다. 그러는 사이 아이들이 한 명 두 명 교실로 들어서면서 선생님에게 인사를 한다. "선생님, 안녕하세요!" "안녕, 철수! 오늘 표정이 좋은데? 무슨 좋은 일 있니?" "네. 아침에 나오면서 아버지께서 용돈을 주셨거든요. 그동안 용돈이 다 떨어져서 힘들었었는데……." "그래? 좋겠다. 그 용돈 좋은 곳에 아껴서 쓰렴." "네. 되도록 아껴 쓸게요." 그러는 사이 또 다른 아이 두 명이 함께 실로 들어온다. "안녕, 승희, 영미야! 둘이는 무슨 이야기가 그렇게 재미있니? 선생님도 껴 주면 안 될까?" "안녕하세요, 선생님. 그냥 재미있는 일이 있어요. 그런데 그건 우리들만의 이야기라서 좀 그래요." "그래? 그럼 아쉽지만 더는 묻지 않을게. 오늘도 즐거운 하루." 그렇게 교실로 들어오는 아이들 한 명 한 명과 마주하며 인사를 나누고 작은 것 하나까지 살피면서 하루를 시작한다.

앞의 두 사례에서 차이점이 느껴지는가? 작은 차이라 여길지 모르겠지만 나는 엄청난 차이가 있다고 생각한다. 사례 1의 교실에서 교사의 머릿속에는 교실로 들어서는 아이들은 없었다고 해도 과언이 아니라면 너무 과장된 표현일까? 그러나 사례 2의 교실에서 교사는 단지 아이들을 본다는 것을 넘어섰다. 아이들은 그 교사에게서 '관심을 가지고 자신을 지켜보고 있는 선생님'을 경험하게 된다. 그럼으로 인하여 협동적 학급운영이 이루어지는 교실 속에서 아이들 모두는 '존재의 의미, 존재의 이유, 삶의 의미와 이유, 학교에 오는 이유'를 확인하게 되고 서로가 서로에게 존재의 이유(의미)

가 되어 줄 수 있는 첫 단추를 끼워 나가게 된다. 그리고 더 나아가 자신의 존재 의미를 다른 또래 친구들에게로 확장시켜 나간다. 그렇게 협동적 학급운영 속에서 긍정적인 상호작용은 점점 큰 덩어리로 확장되어 나간다.

진짜로 협동적 학급운영을 해 나가는 교사라면 아이들과 어떻게 교육적 관계 맺기를 해야 하는지 알고 있다. 이는 교육적 관찰을 기반으로 한다. 교육적 관찰을 기반으로 교육적 관계 맺기를 한다는 것은 그냥 아이들을 바라보고 그냥 만나 가는 것이 아니다. 나는 협동적 학급운영을 하면서 온몸으로 아이들을 관찰하고 온몸으로 아이들과 관계 맺기를 하려고 노력한다. 매일 첫 단추를 끼우는 시간부터 아이들과 헤어지는 시간까지. 그렇게 나는 나의 시간과 공간을 아이들에게 내줌으로써 아이들은 온전히 나를 경험한다. 이를 위해 내가 세운 원칙이 바로 이것이다.

매일 모든 아이들과 한 번 이상 눈을 마주하고 웃는 얼굴로 이야기를 나누자.(스킨십까지도)

이것이 부족한 교실은 협동적 학급운영을 하려고 아무리 노력해도 기계적으로 아이들을 대하며 단지 의무감에 찬 차가운 시선으로 아이들을 가르칠 수밖에 없다. 그냥 교과서 내용대로, 남들이 했던 것들을 그대로 교실로 가져다가 가르치고, 그냥 구조(기법)만 적용하여 수업을 하거나 남들이 만들어 놓은 '○○법칙'이라는 것에 혹하여 자신의 교실에 똑같이 끌어들이기만 하면 된다고 생각하는 그런 식의 협동학습이 이루어질 수밖에 없다. 그런 곳에서 아이들은 없다. 그런 곳에서 "왜?"라는 고민은 없다. 간혹 아이들의 관심과 호기심을 불러일으키기 위해 어떤 몸부림을 해 보기는 하지만 아이들이 어떤 호기심을 갖고 있고 그걸 어떤 순간에 어떤 방식으로 드러내는지를 제대로 관찰한 적이 없기 때문에 잘되지 않는다.(사실 매 순간 아이들은 다양한 방식과 언어로 여러 신호를 보내오지만 대부분의 교사는 관찰의 경험이 부족하여 그것을 감지하지 못하고 그냥 흘려보내거나 아니면 부정적인 시각으로 바라보게 되는 경우가 일반적이다.)

서로 눈을 마주하고 수업이 아닌 일상의 것들로 웃으며 이야기를 나눌 때 아이와 나는 서로를 위해 존재한다. 협동적 학급운영 속에서 교육적 관계 맺기는 바로 이런 것이다. 미소는 마음을 열고, 이야기는 생각을 열고, 마주하는 눈은 영혼을 열고.

나는 가끔 직접 눈을 마주하고 이야기를 나눌 수 없거나 무엇인가 더 전하고자 하는 메시지가 있는 경우에는 '스스로 배움공책'에 적어 주기도 한다.

"○○야, 오늘은 수업시간에 너무나도 열심히 참여해 주어서 고마웠다."

"○○야, 오늘 프레젠테이션 정말로 훌륭했다. 준비를 많이 한 흔적이 보였다. 다른 아이들도 선생님과 같은 생각일 거야. 이것은 네가 가지고 있는 큰 재능이라 생각한다. 더 발전시켜 나가길 바란다."

"○○야, 오늘 수업시간에 네가 만화를 그리고 있어서 선생님은 안타까웠다. 네가 하나라도 더 배우고 갔으면 하는 것이 선생님 생각이다. 만화는 놀이시간이나 특별히 생긴 여유 시간에 해 주면 좋겠다. 그렇게 해 줄 수 있겠니?"

이런 모든 것들은 아이들 자신이 잘 모르고 그냥 지나치거나 가벼이 여기며 아무렇지도 않게 넘겼을 법한 일들의 의미를 되새겨 보고 매일 자기 주변의 일들을 점검하며 반성하는 기회를 제공하게 된다. 그렇게 협동적 학급운영 속에서 생활하는 아이들은 하루하루 조금씩 성장한다.

교육적 관찰과 소통을 위한 자기만의 노하우를 개발하자.

협동적 학급운영 속에서 교사가 실천하는 교육적 관찰과 소통은 아이들과 교사 사이의 관계를 매우 돈독히 하는 데 매우 큰 역할을 한다. 그러나 이것은 아무런 노력이나 역량도 필요 없이 그저 가르친다고 해서 얻어지는 것은 아니다. 현재 교사 자신이 처한 교실 상황 속에서 나름의 고민과 성찰을 통해 얻어진 대안과 꾸준한 실천의 노력만이 그것을 비로소 가능하게 해 준다. 나는 그것을 깨닫는 데 10년 정도의 시간이 걸렸고, 지금도 그것을 잘해 나가기 위해 앞에 소개한 방법으로 끊임없이 노력해 나가고 있다. 여러분도 깊은 고민을 통해 자기 자신만의 노하우를 개발하고 꾸준히 노력해 나갈 것을 적극 권한다.

9) 협동적 학급운영은 성찰을 바탕으로 가르친다

수업을 시작하기 전에는 '무엇을, 어떻게, 왜'를 중심으로 고민하지만 수업을 시작함과 동시에 그에 대한 고민은 사라지고 관계의 문제로 모든 상황이 전환된다. 그리고 교사의 모든 고민은 관계 속에서 어떤 말을 골라서 어떻게 사용해야 하는지, 아이들과 어느 정도의 거리를 유지해야 하는지(언제 적극 개입하고 언제 물러서야 하는지 등), 무엇과 무엇을 연결짓기 해야 하는지, 연결짓기를 어떻게 해야 하는지, 그 모든 것의 적절함은 어떤 것이고 어느 정도까지인지 등에 대한 내용으로 바뀐다. 하지만 이런 것들은 어떤 이론으로든 절대로 설명될 수 있는 것도 아니요 전문서적에서 접할 수 있는 교육학적인 지식도 아니며 어떤 원칙이 적용되는 것도 아니다. 또한 어떤 법칙이나 전문적인 기술이라고 함부로 이름 붙여 왜곡시킬 만큼 그런 가벼운 수준의 것도 아니다. 이는 오랜 시간 동안 자신을 성찰하고 시행착오를 경험하면서 다양한 상황을 그때그때 현실적으로 이해하고 받아들이면서 교육적으로 행동하는 것밖에는 방법이 없다. 이런 차원에서 협동적 학급운영은 교사의 성찰 능력이 부족하면 절대로 이루어질 수 없는 것이라 할 수 있다.

협동적 학급운영 능력 = 성찰 능력

1. 과거의 경험을 되돌아보는 과정에서 형성됨
2. 매 순간 즉각적으로 반응함에 있어서 무엇이 중요한지를 머리가 아닌 가슴으로 '인지'하면서 형성됨
3. 아이들의 목소리를 눈으로, 귀로, 마음으로 들으려 노력할 때 형성됨
4. 교육적 배려와 상황에 대한 교육적 감수성 및 교육적인 기다림이 뒷받침되어야 함
5. 교육적 배려와 교육적 감수성, 교육적 기다림 = 상황을 본능적으로 알고 그에 맞추어 자신의 말과 행동 등에 변화를 주면서 성급하지 않게 모든 것을 내려놓고 기다릴 줄 아는 능력, 오직 오랜 성찰적 경험을 통해 체화된 교사에게만 자연스럽게 표출되는 힘
6. 단순한 감각적 기술이 아니라 순간적인 대처능력이라 할 수 있음
7. 이는 어떤 이론이나 법칙으로 설명할 수 없고 오직 경험을 바탕으로 한 이야기를 통해서만 가능

교사라면 자신의 적절치 못한 말이나 생각 없이 한 말이 교사-아이들 간의 관계를 부정적으로 이끌어 간 경험들을 많이 갖고 있을 것이다. 교실에서 교사-아이들 간의 관계가 변하면 교사의 모든 교육적 지식 및 행위 능력들 그리고 아이들의 성장과 발달 및 그들의 가능성은 상상도 할 수 없을 만큼 부정적으로도 긍정적으로도 바뀔 수 있게 된다.

사례 아주 오래전의 일이다. 협동학습을 시작하면서 한 아이가 모둠 내에서 자신의 생각을 표현하지 못하고 있어서 도움을 주기 위해 적절한 분위기를 조성하고 조금씩 마음의 문을 열도록 애를 쓰고 있었다. 어느 날 아이가 조금씩 입을 열기 시작하자 나와 모둠 아이들 모두가 참으로 기뻐하였다. 하지만 그것도 잠시. 어떤 이유인지는 세세하게 알 수는 없지만 아이가 다시 말문을 닫아 버렸다. 그리고 그 모둠에서 아이들은 말을 하지 않는 아이에게 더 이상 신경을 쓰려 하지 않았다. 그들도 힘들었기 때문이다. 그래서 나는 어느 순간 그 아이에게 다가가 이런 말을 뱉어 버리고 말았다. "하기 싫으면 그만둬!" 하지만 시간이 채 몇 분도 지나지 않아 내가 무슨 짓을 했는지 깨달았다. 그날 이후 그 아이는 더욱더 자기 자신을 감추면서 소통을 거부하였다. 주변의 또래 아이들과도. 그해 나의 협동적 학급운영은 최악이었다.

위의 사례에서 보는 바와 같이 그 시절 나는 아이 한 명 한 명을 교육적으로 제대로 관찰하지 않았었다. 그것이 나의 협동적 학급운영을 어렵게 만들었고, 한 명과의 관계가 다른 아이들에게

까지 전이되어 나는 그해 전반적으로 아이들과 좋은 관계를 맺어 나가기 힘든 뼈아픈 경험을 해야만 했다.

아이들을 세밀하게 들여다보면 그들이 매 순간 보여 주는 것들을 통해 그가 교사인 나를 어떤 모습으로 바라보고 있는지까지도 알 수 있다. 그래서 협동적 학급운영을 위해 아이들을 제대로 알고 이해하려면 있는 그대로의 아이들을 바라보는 능력과 그들에게 나를 있는 그대로 보이는 능력, 그리고 아이들이 나를 어떻게 보고 있는지를 알아차리는 능력이 필요하다. 이를 바탕으로 교사가 작은 것 하나까지도 놓치지 않으면서 눈여겨보고 듣고 마음을 연다면 아이들과 좋은 관계를 맺어 나가는 데 큰 도움이 된다. 그 속에서 비로소 아이들은 조금씩 앎에 대한 열정을 보이면서 꼭꼭 닫아 두었던 마음의 문을 눈 녹듯이 스르르 풀어 버리고 신체적, 심리적 거리를 좁히며 교사와 서로의 곁으로 서서히 다가서게 된다.

02

사례 가끔 교실에서 아이들을 관찰하다 보면 여러 가지 이유로 힘들어하거나 교사인 내게 속상한 말을 들어서 우울해하는 아이를 보게 된다. 그럴 때 가끔 나는 주머니 속에 사탕이나 초콜릿 등을 넣고 있다가 그 아이가 혼자인 경우 혹은 복도에서 혼자 지나는 것을 보고 일부러 다가가 "○○야, 손 좀 잠깐 내밀어 볼래?" 하고 나서 그 아이가 내민 손에 살짝 사탕이나 초콜릿을 쥐어 주며 웃는 얼굴로 어깨 한번 툭툭 두드려 주곤 한다.(가끔은 그와 함께 짧은 글이 담긴 쪽지를 건네거나 "선생님 마음 알지?" 하고 한 마디 말을 더 건넬 때도 있다.) 그러면 그 아이는 무엇인가 알았다는 표정을 지으며 다시 밝은 모습을 되찾으려고 노력하는 것을 보게 된다.

한편 아이들을 세밀하게 관찰한다는 것은 단지 아이들을 바라본다는 것을 넘어선다. 아이들을 통해 교사 자신을 들여다보고 성찰한다는 것까지 포함된다. 예를 들어 수업 시간에 교사가 화난 감정을 드러내면 아이들은 순간 공포스러운 분위기에 사로잡힌다. 그것을 바라보면서 교사는 자신을 들여다볼 수 있어야 한다. 매 순간 교사와 아이들은 서로의 표정과 행동과 말 속에서 공포, 불안함, 감동, 슬픔, 기쁨, 두려움, 즐거움, 흥미, 혼란스러움 등을 알아차린다. 그리고 아이들은 교사가 입으로 말하는 것보다 눈으로, 표정으로 말하는 것을 더 잘 읽어 낸다. 만약 교사가 입으로는 "괜찮아."라고 말할지 모르지만 표정과 눈빛이 그렇지 않다면 아이들은 자신의 귀보다 눈을 더 믿는다. 교사의 말보다 눈빛과 표정을 더 믿는다. 그만큼 말은 과장이나 포장하기 쉽지만 눈이나 표정은 그의 내면을 그대로 드러내 주며 위장하기 어렵다는 것이다.

교실에서 권위주의를 버리는 연습을 하자.
나의 경험을 바탕으로 한 이야기지만 내 교실만의 이야기는 아닐 것이다.

초임시절 교실에서의 생활지도를 어떻게 해야 잘하는 것인지 혼란스러워 떠드는 아이들을 보고 야단을 치거나 공포스러운 분위기 조성을 통해 해결하려고 했다. 그런데 다른 한 교실은 그렇지 않았다. 그분은 단 한 마디로 교실을 금방 안정적인 상황으로 만들었다. 나는 아무리 애를 써도 되지 않았는데 그분은 그저 아이들을 바라보고 한마디의 말로 자신의 권위를 세웠다는 사실이 무척 놀라웠다. 그래서 그것을 배우고자 찾아갔었지만 그것은 쉽게 배울 수 있는 것이 아니라는 것을 깨달았다. 왜냐하면 나는 그것을 일종의 지도기법, 지식, 기술 정도로 인식했기 때문이다. 나중에서야 더 깊이 있게 깨달았지만 그것은 지식, 기술, 기법을 뛰어넘어 교사의 삶 그 자체여야 했다.

어떤 교사는 상황에 따라 잘 대처하지만 어떤 교사는 그렇지 못하다. 그 차이는 교실 속 상황을 이해하는 교사의 교육적 사고방식과 삶의 방식에서 비롯된다. 이것은 단순히 어떤 것을 알고 있다고 해서 되는 일이 아니다. 그의 삶 자체에서 자연스럽게 우러나오지 않으면 안 되는 일이기 때문이다. 그래서 보통은 "알고는 있는데 생각처럼 되지 않아요."라고 말한다.

물론 교실에서 교사의 권위주의를 앞세워 단숨에 아이들을 제압할 수도 있다. 그러나 이것을 교육적이라고 바라볼 수는 없다. 따라서 협동적 학급운영을 실천해 나가는 교실에서 교사들은 아이들이 처한 순간을 잘 관찰하고 교사로서 아이들에게 어떻게 다가서는 것이 좋은지를 인식하여 실행을 바탕으로 자연스럽게 몸에 익숙해지도록 하지 않으면 안 된다.

10) 협동적 학급운영은 가르침과 훈계를 구분할 줄 아는 지혜가 필요하다

우선 세 용어의 의미부터 살펴보도록 하자.

가르침=쳐내서 아이들이 본받도록 함
훈계=잘못하지 않도록 타일러 주의시킴

사전에서 살펴보면 분명히 그 의미가 다르다는 것을 알 수 있다. 협동적 학급운영을 해 나가면서 아이들과 대면할 때 나는 아이들에게 가르침의 자세로 다가서고 있는지 아니면 훈계의 자세로 다가서고 있는지 반드시 판단을 해야만 한다.

가르침은 타자와 어떤 문제를 사이에 놓고 소통한다는 의미를 포함한다. 그리고 그 과정에서 말로써 가르친다는 것을 넘어서 행위로 보여 주고 그것을 본 사람은 그의 언행을 본받는다는 의미를 내포하고 있다.

敎의 의미

글자의 구성 : 子 + 爻(效) + 攵(攴)

아들(자) 본받을(효) 칠(복)

글자의 뜻 : 쳐(내)서 아이들이 본받도록 함(쳐냄 = 가르침, 본받음 = 배움)

'쳐낸다'의 뜻 : '때리다'의 의미가 아니라 중요한 이치를 가려낸다는 의미를 담고 있다. 또한 쳐내는 주체는 교사요 본받는 주체는 아이들이다. 따라서 가르친다는 의미 속에는 아이들이 교사의 언행을 보고 따라 하며 자기 자신을 바람직한 방향으로 성장하도록 이끈다는 의미가 포함되어 있다고 볼 필요가 있다. 이런 시각을 가지고 본다면 교육적 차원에서 "왜 가르치고 배워야 하는가?" 하는 문제와 "무엇을 가르치고 배울 것인가?"의 문제는 따로 떼어서 생각할 수 없다는 것을 알 수 있다.

교사는 지식(이 세상의 모든 행동방식을 포함)을 배우는 사람이기도 하지만 그에 영향을 미치는 중요한 사람이기도 하다. 때문에 협동적 학급운영에 있어서 가르침과 배움을 배제한다면 협동적 학급운영은 존재의 이유를 찾기 힘들 것이다.

앞서 제시한 사례를 다시 한 번 가져와 이야기를 풀어 나가도록 하겠다.

아이들이 학교 운동장 옆 화단의 나뭇가지에서 발견한 애벌레(송충이)를 잡아 작은 병에 가두고 있는 모습을 보았다. 그걸 지켜본 나는 아이들에게 다다가 물었다. "왜 잡아 병에 가두고 있니?" 아이들은 이렇게 대답했다. "그냥 재미로요." "너희들은 재미있는지 모르겠지만 송충이들은 어떨까?" 라고 다시 내가 질문하자 한 아이가 이렇게 답했다. "송충이 여기저기 많은데요?" 그래서 나는 이렇게 답변을 했다. "다른 송충이보다도 지금 너희들이 병에 담아 둔 이 송충이들에게는 생명을 잃을 수도 있는 매우 중요한 일이거든. 본래 있던 자리에 그대로 놓아주면 안 될까?" 그러자 아이들은 "아. 그렇군요. 알겠어요."라고 말하면서 병에 담겼던 송충이를 놓아주었다.

위의 상황을 과학 교육의 차원에서 바라보도록 하자. 진정한 과학 교육이란 무엇일까? 그냥 주변의 생물을 가지고 만지고 살펴보고 잡아 두고 살피다가 목적이 사라지면 버려 두고 경쟁이나 시험을 위해 정보를 수집하고 분류하고 기억하는 등의 일일까? 나는 진짜 과학 교육이란 하찮은 생명이라 여길지라도 그것을 자연의 모습 그대로 바라볼 줄 아는 사람, 호기심을 해결하기 위해 잠시 본래의 자리에서 가져왔지만 목적이 사라지면 본래의 자리로 되돌려 놓을 줄 아는 사람, 지속 가능한 자연과 환경을 만들고 유지해 나가고 파괴된 자연을 복구하는 힘을 가진 사람을 길러 내는 것이라 생각한다. 그런 과학 교육이 가능한 교사는 자연, 생명을 지속 가능한 상태로 유지(자연을 지키고 생명을 보호하는 것)하고자 하는 차원에서 과학의 본질을 이해하고 바라본다. 송충이를 바라만 볼 줄 아는 아이들, 설령 관찰을 위해 채집했더라도 다시 본래의 자리로 되돌려 놓을 줄 아는 아이들이야말로 과학 교육을 제대로 받은 아이들이 아닐까?

그런데 그런 것들은 단지 말로만 가르치고 타이른다고 해서 될 일이 아니다. 누군가가 쳐내고 걸러서 중요한 것들을 몸으로 보여 주면서 배울 수 있도록 하지 않으면 안 된다. 그 역할은 바로 교사에게 있다. 그리고 이것이 진짜 교육이요 가르침이라 할 수 있다. 그리고 이것은 교사의 오랜 경험을 통해 만들어진다.

학교와 교실 곳곳에는 가르침과 관련된 수없이 많은 현상이 매일 일어나고 있다. 그리고 교사들은 그런 것들에 매일 머리 아파한다. 그래서 이를 가르침이 아닌 훈계의 상황으로 쉽게 접근하게 된다. 짜증스러우니까. 그러나 협동적 학급운영을 바람직하게 해 나가기 위해서는 모든 상황을 가르침이라는 차원에서 감각적으로 알아차리고 세밀하게 들여다볼 필요가 있다고 이미 강조한 바가 있는데, 이런 현상을 가르침의 상황으로 잘 이끌어 가기 위해서는 교사의 공감적 능력이 절대적으로 필요하다. 왜냐하면 아이들이 교실에서 경험하게 되는 다양한 현상은 교실이라는 공간을 감싸고 있지만 시시각각으로 변하는 분위기와 느낌에 좌우되는 경향이 강하기 때문이다.(공감적 능력이란 아이의 눈으로 바라볼 줄 아는 힘이라 여기면 된다.) 그리고 교사가 아이들을 대할 때마다 자신의 공감적 능력을 바탕으로 "지금 이 아이들과 관계를 잘 풀어 나가려면 내가 어떻게 해야 할까?" 하고 스스로에게 질문을 할 줄 알아야 한다.

가르침을 위한 최적의 상태로 자기 자신을 만들자.

사람은 상황에 따라서 자기 자신을 최적의 상태로 변화시킬 줄 안다. 사람은 환경에 지배를 받기 때문이다. 사람은 늘 자기 자신이 처한 환경에 최적의 몸 상태를 만들기 위해 많은 노력을 기울이며 지금까지 살아왔다. 그 대표적인 사례로 임산부를 들 수 있다. 임신하기 전과 달리 임신하게 되면 여성은 몸 상태가 변한다. 몸 상태만 변하는 것이 아니라 심리적인 측면, 삶의 방식도 모두 바뀐다. 그러면서 관심을 두지 않았던 주위의 다른 어린아이들에게도 관심을 갖게 되고 평소 눈에 들어오지 않았던 육아용품점과 그 안에 진열되어 있는 다양한 사물들이 눈 속으로 쏙 들어오게 된다. 엄마가 되기 위한 자신의 몸과 마음을 미리 만들어 둔다는 것이다. 교사도 마찬가지다. 교사도 자신을 늘 가르침이라는 상황에 적합한 상태로 만들어 두기 위해 노력해야 한다. 이를 위해서는 항상 아이의 눈으로 자신을 바라볼 줄 알아야 하고, 교사지만 아이들의 문화(책, 놀이, 사고방식, 행동방식, 언어적 특성 등)를 읽으려고 노력해야 하며 그들의 모든 것에 대하여 공감하는 자세(그랬구나!)를 잃지 않도록 해야 한다. 이런 자세를 늘 유지하고 있어야 가르침이 필요한 상황을 갑자기 접하게 되더라도 당황하지 않으면서 순간적으로 자신의 내면에 갖추어진 준비된 힘이 발휘될 수 있기 때문이다.

11) 왜 협동적 학급운영에 실패하는가? 대표적인 협동학습 실패 이유 몇 가지

많은 사람들에게 이런 질문을 자주 받는다. "어떻게 하면 협동학습을 잘할 수 있는가? 어떻게 하면 협동학습 전문성을 신장시킬 수 있는가?" 이에 대한 답은 쉽지 않다. 그저 10년 1만 시간의 법칙을 따르라고 말하면 답이 될까? 현장에서 협동학습을 교실로 끌어들이기 위해 많은 교사들이 노력을 하고 있지만 조금만 해 보면 다들 너무 힘들고 어렵다고 하소연을 한다. 그러다가 포기하고 다시 옛날 모습으로 돌아가는 모습을 많이 보게 된다. 그에 대한 몇 가지 사례를 짚어 보면 다음과 같다.

(1) 협동학습을 단지 기법(방법론)으로 인식하는 문제

협동학습을 단지 기법으로만 인식한다면 지금까지, 그리고 앞으로 살펴볼 많은 이야기들은 눈에 들어오지 않게 된다. 오직 협동학습 방법만 어떻게(어떤 과목, 어떤 단원, 어떤 차시에 어떤 구조를 사용하면 될까? 하는 고민) 적용할까 하는 문제만 자리하게 된다. 그런 교실에서 아이들은 배움을 얻어 나간다기보다는 '협동학습하는 방법을 배우는 수업'을 경험해 나갈 가능성이 크다. 그리고 그저 교과서 내용을 잘 전달했다는 것으로 만족하는 교사가 있을 뿐이다. 협동학습도 결국은 교육, 수업의 문제다. 교육, 수업의 본질을 제대로 고민하고 그것을 위해 협동학습을 활용하고자 한다면 단지 방법이나 기법의 문제로 접근해서는 안 된다는 것을 쉽게 깨달을 수 있을 것이다. 하지만 현장에는 협동학습뿐만이 아니라 다른 교육이론이나 학문을 받아들이는 데 있어서 그런 시각이 너무나도 부족하다. 때문에 우리나라는 어떤 이론이나 학문을 현장에 적용하더라도 쉽게 실패를 경험할 수밖에 없다. 이미 실패한 경험 가운데 열린교육 하나만 보더라도 충분히 알 수 있는 일이다. 협동학습을 기법으로 인식하면 수업기술만 보이게 될 것이고 협동학습을 학급운영론으로 바라본다면 학급이라는 단위 속에서 이루어지는 모든 현상에 교사가 관심을 갖게 될 것이고, 협동학습을 철학으로 바라본다면 사람의 마음을 움직이고 관계를 소중하게 여기며 세상을 바라보게 될 것이다. 여러분은 협동학습을 어떤 관점에서 바라보려고 하는가? 다른 장에서 소개한 책 제목처럼 협동학습에 대한 자신의 관점을 디자인하기 바란다. 협동학습의 본질, 기법 이외에는 없는 것인가 아니면 못 본 것인가 그도 아니면 보려 하지 않는 것인가?

(2) 학급운영에 대한 오개념 문제

많은 교사들이 이렇게 말한다. "학급운영도 잘하고 싶고 수업도 잘하고 싶다." 학급운영에 대한 오개념은 현장에 매우 심각하게 뿌리박고 있다. 그 시작은 교대 교육과정에서부터 시작된다. 교대에서 예비교사들을 지도하고 있는 교수들의 문제다. 그들 가운데는 학급운영 전문가라고 할 수 없는 사람들도 꽤 있다고 본다. 그리고 설령 교사로서의 경험을 갖고 있더라도 아주 오래전의 경험을 가지고 오늘날의 학급운영을 바라본다면 그것 또한 굉장히 위험한 일이 아닐 수 없다. 신규 교사들과 이야기 나누다 보면 교대에서 배운 학급운영과 실제 현장은 괴리감이 굉장히 크다고 말한다.(특히 교대에서는 학급운영을 실무 행정적인 측면에서만 바라보려는 측면이 강하다.)

현장에 나와서 받게 되는 학급운영 연수 또한 오개념을 형성하는 데 굉장히 큰 영향을 미친다. 학급운영 연수를 보면 주로 행사, 활동, 프로그램 위주로 진행되고 현장에서 바로 복사해서 쓰기만 하면 되는 그런 자료를 많이 나누어 주고 안내한다. 그러면 그런 연수를 교사들은 매우 좋다고 여기며 입소문을 낸다. 그렇게 연수를 받고 가면 굉장히 큰 부자가 된 것처럼 착각에 빠져들게 된다. 그리고 '개학만 해 봐라. 너희들은 행복한 교실에서 살아가게 될 것이다.'라고 생각을 한다. 하지만 막상 아이들을 만나기 시작하면 가져간 자료들 가운데 몇 개 정도만 써먹고 나머지는 책상 서랍이나 캐비닛 속에 처박혀 있다가 교실을 바꾸거나 학교를 옮길 때 발견하게 된다. 그러고는 그것을 버리지 못하고 '언젠가는 써먹을 거야.' 하는 생각에 버리지 못하고 그대로 갖고 하게 된다. 그래서 처음 발령을 받을 때는 빈 몸으로 왔지만 몇 해가 지나면 이동을 할 때 짐을 담은 박스가 상당히 늘어나 심할 경우에는 트럭을 불러 이동해야만 하는 상황도 발생하게 된다.

교실에서 교사가 어떤 목적이나 의도를 가지고 미리 계획하고 준비하고 실천하고 과정과 결과를 피드백하는 일련의 모든 과정을 통틀어 학급운영이라고 나는 쉽게 정의한다. 그리고 그 속에는 수업과 학급활동이라는 커다란 두 개의 축이 존재한다고 앞에서 제시한 바 있다(129쪽 참조).

그런데 이 가운데서도 수업이라는 축이 차지하고 있는 비중은 적어도 70~80% 정도 이상이라고 교사들은 생각한다. 그런데도 불구하고 학급운영을 말해 보라고 하면 교사의 머릿속에 수업은 어느새 사라져 버리고 학급활동 상황만 자리한다. 그래서 협동학습 또한 수업 속에서의 기술적인 측면으로만 바라보게 되는 것 아닌가 하는 생각을 하게 된다.

협동학습은 수업과 학급활동이라는 모든 측면을 아우르면서 바라보지 않으면 제대로 교실에서 실천하기 어렵다. 수업과 학급활동은 학급운영이라는 큰 틀 속에서 나름의 목표(보통 교사의 교육철학과 학급경영관이 반영된다. 그리고 이는 교실 속에서 하나의 원칙이나 원리로 작용하는데 대한민국 교사라면 대부분 '공동체'를 지향한다.)를 향하여 일관성 있게 나아가게 되는데, 협동학습을 방법론으로 바라보는 교실에서 학급활동은 '공동체, 협동'을 강조하면서도 정작 수업 속으로 들어가 보면 협동학습을 하면서도 모둠 간에는 경쟁을 조장하는 시스템을 유지하고 있는 교실이 매우 많다. 결국 아이들은 협동을 하지만 협동은 경쟁을 위한 수단으로서 활용하게 되는 것이고, 이 교실에서 공동체라는 것은 허울 좋은 구호로만 여겨질 뿐이라는 것을 아이들도 잘 알고 있다. 그래서 이런 교실에서 아이들은 협동학습을 하면서도 경쟁에 더 큰 반응을 보일 수밖에 없게 된다.

'협동'이라는 용어만 보더라도 가치를 다루는 낱말이라는 것을 우리는 잘 알고 있다. 만약 이 용어가 수단이나 방법으로 전락한다면 도덕책에서 빠져나가게 될 것이다. 가치란 우리 사회 전반에 흐르는 원리이자 원칙이다. 그런데 협동학습을 가치라는 측면에서 바라보지 못한다면 결국 협동학습을 실천하는 교실에서도 경쟁은 난무하게 된다. 결국 그런 교실은 협동학습을 빙자한 경쟁학습(협동은 경쟁을 위한 수단)을 하고 있는 것과 큰 차이가 없다는 것이다.

한편 "학급운영은 왜 하지?"라는 질문으로 교사들을 만나 가면서 이야기를 나누어 보면 "아이들의 성장과 발달을 돕는다."는 차원으로 생각이 모아지게 된다. 그러면 "아이들의 어떤 것을 성장시키고 발달시키려고 하는가?" 하는 질문으로 다시 이야기를 나누어 보라고 하면 이런 것들을 많이 이야기한다. "재능과 적성, 문제해결력, 가치관, 의사소통능력, 상상력, 창의성, 도덕지능, 자존감 등." 그렇다면 이런 것을 위해 학급운영을 한다고 할 때 이런 것들을 도울 수 있는 가장 좋은 시간은 언제일까? 답은 간단하다. 바로 수업시간이다. 학급활동에서도 이를 중심으로 다루지만 더 많이 다룰 수 있는 좋은 시간은 수업이다. 때문에 학급운영이라는 개념을 어떻게 가지느냐, 협동학습을 어떤 관점에서 바라보느냐에 따라서 협동학습의 실제는 굉장히 많은 차이를 보일 수밖에 없다. 협동학습을 학급운영이라는 관점에서 바라보게 되면 앞서서 나온 의사소통능력이나 문제해결력, 창의성 등은 수업시간에 모둠 중심의 협동적 활동을 통한 소통 과정에서 자연스럽게 길러질 수밖에 없다는 것을 잘 알 수 있다. 때문에 협동학습을 어떤 관점에서 바라보느냐의 문제는 협동학습의 성패에 매우 중요한 요소가 된다고 말하고 있는 것이다.

(3) 경쟁에 대한 불편한 진실

교사들과 함께하는 자리에서 나는 이런 질문을 꼭 던진다.

"우리 사회는 경쟁사회입니까? 아니면 협동사회입니까?"

물론 경쟁만 하는 사회, 협동만 하는 사회는 없다. 이 두 가지는 어느 사회이든 항상 함께한다. 다만 일직선상에 놓고 볼 때 두 양극단의 중심으로부터 우리 사회는 어느 쪽에 좀 더 치우쳐 있는가를 생각해 보라는 질문이다. 교사들끼리 모둠을 만들어 모둠 내에서 '돌아가며 말하기' 활동으로 자신의 생각을 이야기해 보라고 시간을 주면 대부분의 교사는 '경쟁사회'라고 바라보고 있는 경향이 강하다. 활동 이후에 나는 질문을 바꾸어 다시 교사들에게 던진다.

"우리 사회는 경쟁사회입니까? 아니면 경쟁을 조장하는 사회입니까?"

이렇게 질문을 던지면 교사들은 바로 "경쟁을 조장하는 사회요."라고 답한다. 그렇다. 우리 사회는 경쟁사회는 아니다. 그런데 그것을 조장하는 정도가 지나쳐서 우리는 그것을 경쟁사회라고 믿고 사는 것은 아닐까?

이렇게 말하면 교사들은 내게 이렇게 반문한다. "당신은 경쟁을 부정하는가?" 나의 답은 "아니다."이다. 경쟁을 부정하지 않는다. 다만 경쟁이 어떤 문제를 일으키고 있는가에 주목하라는 이야기다. 그리고 그것이 교육현장 속에서 어떤 문제를 야기하고 있는지 적어도 교육에 관계된 사람들이라면 신중하게 살펴야 한다는 것을 말하고 싶은 것이다.

사람들은 어떨 때 경쟁을 하는가? 보통 세 가지 상황에서 경쟁한다.

첫째는 희소성의 문제가 있을 때이다. 그러나 이때에도 경쟁을 하지 않아도 되는 사람이 있다. 그들은 자신의 선택에 따라 움직이기 때문이다. 그것을 갖고 싶으면 경쟁하면 된다. 갖고 싶지 않으면 그곳에서 발을 빼면 된다. 문제는 선택권이 '나 자신'에게 주어졌는가의 문제에 있다.

둘째는 욕구의 문제에서 오는 경우이다. 쌀 아흔아홉 섬을 가진 사람이 백 섬을 채우기 위해 한 섬 가진 사람 것을 빼앗아 온다는 옛말도 있듯이 욕구의 문제에서 접근하게 되면 경쟁을 하게 되는 상황이 참으로 많다. 몇 년 전에 방영했던 TV 드라마 "해를 품은 달"의 내용 중 이런 장면이 나온다.

출처 : http://www.imbc.com/broad/tv/drama/sunnmoon/

극 중 성조대왕은 3간택된 세자빈 후보들에게 다음과 같은 질문을 던진다.

"임금의 가치를 돈으로 환산하면 얼마가 될 것 같으냐?"

세 명 중 한 명은 "임금의 가치를 감히 돈으로 환산하는 일은 있을 수 없는 일이옵니다. 그런 하문은 하지 말아 주시옵소서."라고 말하였다. 그리고 보경은 "가치가 너무 높아 감히 환산할 수 있는 금액이 없을 만큼 귀하신 분이옵니다."라고 답하였다. 마지막으로 주인공인 연우는 "한 냥이옵니다."라고 답을 한다. 그러자 왕은 궁금하여 그 이유를 묻자 연우는 이렇게 답변을 한다. "굶주리고 가진 것이 없는 백성에게 가장 절실한 것은 목숨과도 같은 한 냥이니 부디 임금께서는 백성에게 언제나 한 냥의 절실하고 필요한 분이 되어 주시길 간곡히 바라옵나이다." 연우가 최종 세자빈으로 간택된다.

이 장면을 소개하는 이유는 이렇다. 욕구의 문제에서 오는 경쟁도 선택의 문제가 걸려 있지만(내가 단지 1천만 원만 갖고 있어도 행복하다고 생각하여 다른 사람과의 재산 경쟁에서 발을 빼면 나는 경쟁하지 않아도 된다는 측면) 여기에는 한 가지 문제가 더 걸려 있다. 바로 발상의 전환 문제이다. 자신이 처한 상황을 어떤 관점에서 바라보고 있느냐의 문제이다. 많이 갖고 있음에도 불구하고 더 많이 갖고 있는 사람의 관점에서 바라본다면 경쟁은 불가피한 선택이다. 그러나 반대의 측면을 바라본다면 그것만으로도 행복한 삶을 살아갈 수 있는 것이다. 그러나 우리 사회 전반에 흐르는 분위기는 자꾸만 더 많이 가진 사람을 보며 살라고 강요하고 조장하는 것만 같아 안타깝다. 방송이, 광고가, 언론이, 각종 매체가 그것을 부추기고 있다. "원조, 일류, 최초, 최고, 나는 너와 달라."라고 말하면서 말이다. 그런 것을 반영하는 대표적인 광고가 바로 이런 것이다. 한 여성이 화장실 세면대 앞에서 거울을 들여다보고 있는데 한 여성이 들어오면서 "어, 핸드폰 나랑 똑같네!"라고 말한다. 그러나 먼저 있던 그 여성은 무엇인가 불편한 표정을 지으며 '똑같아?'라고 혼잣말을 하며 갑자기 수돗물을 틀어 놓고 핸드폰을 씻기 시작한다. 그러자 늦게 들어온 그 여성은 깜짝 놀란다. 놀라는 여성의 모습을 보며 핸드폰을 씻는 그 여성은 굉장히 뿌듯해하고 자랑스러운 표정을 짓는다. 이 두 여성 사이에는 분명히 좋지 않은 감정이 자리하고 있다. 관계가 좋지 않음이 분명하다. 그런데 그런 것은 보이지 않고 핸드폰만 바라보는 일반인들, 이는 분명 우리 시대의 자화상일 것이다. 그 속에서 다른 사람과 자꾸만 차별성, 다름만 부각시켜 무엇인가 상대적으로 박탈감을 갖게 하고 소비심리를 부추겨 기업의 이익만을 추구하려는 심리. 이것은 사람들의 경쟁욕구를 자꾸만 들추어내고 사람들의 가슴을 후벼 파내려고만 한다. 이런 사례는 비단 상품의 광고뿐만이 아니다. 사회적으로 오직 1류, 1등만 알아주는 현실, 2등은 기억하려 하지 않는 사회적 분위기가 바로 이런 현상을 더 가속화시키고 있다. 스포츠 현상으로 들어가면 우리나라는 더 심각해진다. 다른 나라 사람들은 올림픽 경기에서 동메달만 따도 기뻐서 펄펄 뛰는데 우리나라 선수들은 동메달을 따면 고개를 숙이고 눈물을 흘린다. 기쁨의 눈물이 아닌 것이다.

우리 사회는 경쟁과 관련하여 발상의 전환 문제가 가장 시급하다고 나는 생각한다. 발상의 전환과 관련하여 이런 이야기로 정리해 볼까 한다.

02

발상의 전환이 우리 사회를 바꿀 수 있다.

어느 날 저녁 몇 명의 회사원은 한 주 동안의 지친 피로를 풀기 위해 저녁 약속을 하고 어느 한 음식점에서 모이기로 하였다. 하지만 한 사람은 일이 조금 늦게 끝나 약속 장소에 늦게 되었다. 그 사람이 약속 장소로 들어가려 하는데 입구에서 한 할머니가 그의 손을 꼭 붙들고 하소연을 하는 것이었다.

(할머니) 여보게 젊은이, 이 장미 한 송이 좀 사 주지 않겠나?

(남자) 할머니, 저 바빠요.

(할머니) 젊은이, 내가 이 장미 한 송이라도 팔아야 내 손자가 사네.

(남자) 왜요 할머니?

(할머니) 내 손자가 아주 몹쓸 병에 걸려서 수술을 받지 않으면 살 수 없다네. 내가 이것이라도 팔아 수술비를 마련하지 않으면 내 손자는 죽네. 그러니 나 좀 도와주지 않겠나?

(남자) 그래요? 그럼 한 송이만 주세요. 힘 내시구요.

그렇게 장미 한 송이를 사 들고 들어간 남자는 먼저 있던 동료들을 만나자마자 늦은 것에 대하여 미안해하며 장미 한 송이를 쑥 내밀었다. 그러자 동료들 가운데 한 명이 이렇게 물었다.

(동료) 너, 그것 입구에서 어느 할머니한테 샀지?

(남자) 그래. 그런데 왜? 뭐가 문제지?

(동료) 너, 그 할머니에게 속았다.

(남자) 내가 속았다고? 왜?

(동료) 그 할머니가 나쁜 병이 든 손자 이야기를 하지? 그런데 그 할머니에게는 손자가 없다. 그러니 네가 속았다는 것이지.

이런 말을 듣는 순간 장미 한 송이를 사 들고 들어갔던 남자의 얼굴표정은 갑자기 환한 표정으로 바뀌었다. 그러면서 그 남자에게서 나온 첫 마디는 바로 이것이었다.

(남자) 그래, 정말 다행이다.

만약 그 할머니에게 정말 아픈 손자가 있었다면 그 할머니의 삶은 얼마나 고되고 힘들었을까? 그런데 그런 손자가 없다는 말에 자신이 속았다는 것보다 다행이라는 것을 생각한 그 남자의 발상. 이것이 바로 내가 하고 싶은 이야기의 핵심이다. 똑같은 것을 보더라도 어떻게 바라보고 생각하느냐에 따라서 우리의 삶은 전혀 달라진다. 살아생전에 전쟁을 반대하는 집회에 한 번도 참여하지 않았다는 테레사 수녀, 평화를 사랑하는 집회에만 참여했다는 테레사 수녀의 이야기도 같은 맥락에서 생각해 볼 필요가 있다.

셋째는 앞의 두 가지 상황이 경쟁을 조장하는 상황과 결부되었을 때이다. 그리고 우리가 경쟁에 대하여 문제의식을 갖는 것도 모두 이 상황에 해당된다. 경쟁을 조장하는 상황에서 선택권의 문제는 '나'에게 있지 않다. 그래서 모두가 힘들어한다. 예를 들어 우리나라의 고질적인 입시문제를 살펴보면 쉽게 알 수 있다. 우리나라 입시문제에 있어서 아이들에게 과연 선택권이 있다고 생각하는가? 쉽게 생각하면 있다고 볼 수 있겠지만 우리 사회를 좀 더 깊이 들여다보면 없다는 것을 알게 된다. 우리 사회가 대학을 나오지 못한 사람을 어떻게 바라보는가? 그다지 곱지 않은 시각으로 바라본다. 대학을 나오지 못하면 우리 사회는 루저, 패배자, 낙오자, 무엇인가 부족한 사람으로 바라본다. 나는 대학을 나오지 않아도 된다고 생각할지 모르겠지만 사회는 그런 사람을 원하지 않는다. 그리고 대학도 일류대학만을 바라보게 만들면서 그중에서도 서열화를 조장하고 있다. 그래서 선택권이 나에게 없는 것과 다름이 없다. 다 키워 놓은 자녀를 놓고 이야기하다가도 대학 이야기가 나오면 서울대를 간 부모는 어깨에 힘주며 이야기하고 지방대학이나 아예 가지 못한 자녀를 둔 부모는 고개를 숙여야만 하는 이런 현상과 사회. 나는 이런 현상을 경쟁을 조장하는 현상, 우리 사회를 경쟁을 조장하는 사회라고 바라보고 있는 것이다. 그 속에서 경쟁은 많은 문제를 야기한다.

이런 관점에서 교육 현장을 들여다보자. 학교 현장에서, 자신의 교실에서(심지어는 협동학습을 한다고 하는 교사들의 교실에서도) 우리 교사들은 아이들을 어떻게 경쟁 속으로 몰아넣고 있는가? 아이들에게 선택권은 주고 있는 것인가? 내가 바라보는 관점은 그렇지 않다. 교육부가, 교육청이, 학교가, 교사들이 아이들을 경쟁 속으로 내몰고 경쟁적인 상황을 자꾸만 조장하고 있다. 강의를 하면서 문제의식을 가지고 바라보아야 할 '경쟁을 조장하는 현상'에 대하여 교사들에게 이야기해 보라고 하면 대체로 이런 것들을 꼽는다. 선착순, 모둠 점수, 각종 보상제도, 성적을 바탕으로 한 서열화, 각종 인증제도 및 시상제도, 회장 선출, 교사의 무조건적인 칭찬, 순위나 서열을 매기는 각종 활동들. 그리고 이런 것들에 대하여 문제의식을 가지면서도 어쩔 수 없이 한다고 말하기도 한다. 특히 스티커나 보상제도는 사실상 칭찬의 측면보다는 통제 수단으로 활용하는 경향이 더 강하다는 자성적인 목소리도 섞여 있다. 나는 이런 것들에 대하여 고민하지 않으면 진정한 협동학습은 이루어질 수 없다고 감히 말한다. 이런 현상 속에서 발생하는 문제점을 보완하기 위한 노력이 함께 동반되어야만 협동적 학급운영은 비로소 가능해질 수 있는 것이다. 나의 경우 보완책을 마련해 보려고 많은 수단과 방법을 동원해 보았지만 모두 잘되지 않아 가장 쉬운 방법으로 경쟁을 조장하는 행위를 하지 않는 방법(경쟁적 상황으로 아이들을 몰고 가는 활동들을 교실에서 가능한 모두 사라지게 함)을 약 10년 정도 전부터 선택하여 지금까지 꾸준히 해 오고 있다. 적어도 내 교실에서 경쟁을 조장하는 현상은 거의 없다고 해도 과언이 아니다. 그 속에서 아이들도 나도 경쟁적 현상 속에서 겪게 되는 불편함으로부터 자유로워졌고 매우 행복하다고 감히 말할 수 있다.

02

'불편한 진실'이라는 것이 가진 의미가 바로 그런 것이다. 인정하고 싶지 않지만 인정하지 않을 수 없는 그런 것. 나는 하고 싶지 않지만 남들도 다 하는 것이라서 하지 않을 수 없는 그런 것. 하지 않으면 좋다는 것을 알지만 내가 불편해지는 것이 싫어서 하게 되는 그런 것. 이제는 경쟁이 가진 장점보다 문제점을 더 심각하게 들여다보아야 하는 시대가 되었다. 나도 경쟁을 부정하지는 않는다. 다만 경쟁을 조장하는 것을 반대할 뿐이다. 그리고 아이들의 자존감이 충분히 자리 잡을 수 있을 때까지만이라도 아이들이 경쟁을 조장하는 행위 속에 휘말리지 않도록 해 주었으면 하는 바람이 간절하다. 아이들의 자존감이 충분히 자리매김한다면 그 이후에 겪게 될 경쟁적 현상 속에서도 어려움을 충분히 극복하며 살아갈 수 있게 될 것이다. 아이들이 경쟁적 현상 속으로 몰아가는 시기는 자존감이 충분히 자리매김을 한 이후에 해도 늦지 않다는 것이 나의 주장이다. 그리고 적어도 교실에서 협동학습을 실천하고자 하는 교사들이라면 이 문제에 대하여 깊이 있게 고민하면서 접근하기를 바란다.

(4) 자기만족의 세계에 빠져 있는 문제

누구나 혼자의 힘으로는 충분히 성장하기 힘들다는 것을 안다. 협동적 학급운영도 마찬가지다. 진짜 협동적 학급운영의 전문가가 되려면 교육이란 무엇인가에 대한 본질적인 이해의 바탕 위에 협동학습에 대한 전문성을 얻을 수 있어야 한다. 그리고 그 길은 결코 혼자만의 힘으로 갈 수 없다. 그러나 특히 협동학습 구조를 어느 정도 적용할 줄 알게 되면 빠지게 되는 큰 함정이 바로 '자기만족의 세계-정저지와(井底之蛙)의 세계'이다. 처음에는 협동학습 기법의 적용에 신이 나서 마구 사용하게 되지만 이것도 얼마 지나지 않아 여러 문제 상황에 봉착하게 되고 해결방안을 찾지 못해 혼자 끙끙 앓고 있는 자신을 발견하게 된다. 그러다가 그 문제의 대부분은 기술적 접근으로는 풀리지 않는다는 것 또한 저절로 알게 된다. 어느 길이든지 전문가가 되는 길은 같다. 그 출발점은 바로 기본을 아는 일이요 혼자가 아니라 함께하는 일이다. 협동학습의 기본이 아니라 바로 교육의 기본, 교육의 본질을 아는 것이고 혼자 고민하는 것이 아니라 함께 고민할 때 교육도, 협동학습도 바람직한 방향으로 나아갈 수 있다는 사실을 깨닫지 못하면 협동학습은 아주 잘 드는 칼 하나를 아무것도 모르는 아이의 손에 쥐어 주는 것과 같다. 그 아이는 그것으로 무엇을 할지 모른다. 사람을 살리는 일에 쓴다면 다행이지만 사람을 해치는 일에 쓴다면 그것은 잘못된 사용이라 할 수 있다. 우물 안 개구리 격인 자신의 협동적 학급운영을 극복하려면 무엇보다도 먼저 교육의 본질에 대한 이해를 바탕으로 해야 한다. 그 위에 여러 교사들과 함께 고민하고 생각을 나누며 얻게 된 협동적 학급운영에 대한 노하우를 '나'다운 방식으로 풀어낸다면 협동적 학급운영은 성공적으로 이루어질 수 있다.

이를 극복하기 위한 방안으로 나는 다음과 같은 노력을 할 것을 제안한다.

첫째, 연구회 또는 모임을 찾아 자신의 성장에 도움을 줄 수 있는 멘토를 찾는 일이다. 멘토(한 사람이 될 수도 있고 여러 사람이 될 수도 있다.)를 정하고 그를 따라 하거나 모방하라는 것이 아니다. 그의 지혜를 배우라는 말이다. 멘토를 따라 하게 되면 다음에서 이야기하게 될 내비게이션식 협동학습의 함정에 빠지게 된다. 지혜는 방법이나 기술 속에 자연스럽게 녹아 들어가지만 기술이나 방법을 쓴다고 해서 지혜를 터득하게 되는 것은 아니다. 그리고 협동적 학급운영에서 지혜란 바로 철학이자 교육의 본질이라 말할 수 있다. 원리나 원칙이 없는 방법이나 기술은 매우 위험한 것이며 무미건조할 따름이다. 따라서 자기 자신의 발전을 위해서 철학이라는 지혜를 얻을 수 있는 멘토를 두는 일은 절대적인 것이라 할 수 있다.

둘째, 교육의 기본으로 돌아가라는 것이다. 협동학습도 결국 교육의 문제인 만큼 교육의 기본이라는 관점에서 해결의 실마리를 찾을 필요가 있다. 결국은 소통의 관점에서 아이를 변화시킬 수 있는 말 한 마디를 찾아 적절한 시점에 던지는 일이라 나는 감히 말하고 싶다. 그리고 협동학습 차원에서는 그것을 교사가 직접 하는 것도 좋지만 또래와의 긍정적 상호작용을 통해 이루어질 수 있도록 돕는 일이라 할 수 있다. 결국 협동학습의 기본은 긍정적인 상호작용, 개인적인 책임, 동등한 참여, 동시다발적 상호작용이라는 네 가지 원리에 있다. 항시 협동학습을 실천하는 교사라면 네 가지 원리를 잊어서는 안 된다. 어떤 순간에서도 이것이 잘 스며들어 있는가를 살펴야 한다.

셋째, 다른 교사의 수업을 많이 들여다보고 자기의 수업을 많이 열어야 한다는 것이다. 남의 수업을 보지 못하면 자신의 수업에 어떤 점에 개선이 필요하고 보완이 필요한지 모르게 되어 자아도취에 빠지기 쉽다. 더군다나 협동학습은 구조라는 다양한 사고의 틀이 교사로 하여금 자신을 '수업기술을 잘 갖춘 교사'로 착각하게 만들어 주기 때문에 더욱더 위험할 수 있다. 수업을 잘하는 교사의 수업을 보면 무엇인가 다르다. 때문에 다른 교사들의 수업을 들여다보고 자신의 수업을 다른 교사들에게 보여 주면서 보완해야 할 점들을 찾아가는 일은 협동학습 전문성 신장에 매우 중요한 일이 아닐 수 없다. 개인적으로 나는 100회 이상의 협동학습 수업 보기와 100회 이상의 협동학습 공개수업을 매우 강조하고 싶다. 그렇게 한번 해 보자. 그러면 어느새 성장해 가는 자신의 모습을 발견하게 될 것이다.

끝으로, 투자를 아끼지 말아야 한다는 것이다. 여기서 말하는 투자란 협동학습 전문성 신장을 위해 연수, 연구회 활동, 전문서적 읽기, 스스로 연구 활동을 하고 실천하고 피드백하고 데이터화하기 등을 총체적으로 일컫는 말이다. 특히 시간적, 금전적 투자가 가장 핵심일 것이다. 10년 1만 시간의 법칙이 그것을 잘 말해 주고 있다. 그런데 협동학습에 있어서 전문성을 신장시키고자 하는 욕심은 많지만 투자와 노력 없이 이루려는 사람들이 주변에 너무 많이 보인다. 연수도 듣지 않으려 하고 책도 읽지 않으며 개인적인 연구도 게을리하고 그저 연구회를 찾아 남들이 하는 이야기를 듣기만 하고 남들이 만들어 놓은 자료를 가져다가 따라 적용해 본다 한들 전문성이 신장될 까닭은 없다.

(5) 내비게이션식 협동학습의 문제

한때 다른 사람들과 나의 경험을 공유하는 일을 그만두었던 적이 있었다. 나는 협동적 학급운영을 하면서 경험했던 것을 단지 공유했을 뿐인데 다른 교사들은 내가 했던 것을 그대로 가져가 똑같이 따라 하면서 협동학습을 실천하고 있다고 생각하고 있는 모습이 보였다. 그래서 순간 나는 두려웠다. 물론 처음에는 다른 사람들이 했던 것을 모방하는 것은 어떤 측면에서는 당연할지도 모른다. 하지만 모방에서 멈추기 때문에 문제가 되는 것이다. 이는 단지 협동학습만의 문제가 아니다. 교단에는 남들이 해 놓은 것을 마구 가져다 쓰는 풍토가 매우 크게 확대되어 있다. 이 모든 것이 멀티미디어와 인터넷이 발달한 덕분이다. 그래서 자기 스스로 많이 고민하지 않아도 조금만 시간 투자를 하면 쓸 만한 자료들이 널려 있다고 생각하기 때문에 발생하는 문제이다. 나는 이런 식의 수업이나 학급운영을 내비게이션식이라 말한다. 이런 수업은 교사로 하여금 많은 고민을 하지 않아도 된다고 여기게 만든다. 그리고 누구도 뭐라 하지 않기에 쉽게 가져다 쓰게 되어 교사로 하여금 수업에 대한 전문성이나 발전에 별로 신경을 쓰지 않게 만든다. 그래서일까. 최근 들어 교과서만 가지고 수업연구 및 지도안 짜는 것에 대하여 굉장히 큰 어려움을 호소하는 사람들이 많다. 물론 공유되는 모든 자료가 나쁘거나 잘못되었다는 것은 아니다. 문제는 고민 없이 마구 가져다 쓰는 교사에게 있다는 것을 짚고 넘어가고자 하는 것이며 협동학습에서도 같은 현상이 그대로 일어나고 있다는 것을 말하고 싶었던 것이다.

이를 극복하기 위해서는 아래와 같은 과정이 필요하다.

첫째, 일단 누군가로부터(멘토가 가장 좋을 것이다.) 좋은 사례를 자주 접하고 배워서 자기의 교실로 끌어들여라. 그렇지 않으면 우물 안 개구리 상태를 벗어나기 어렵다.

둘째, 어느 정도 좋은 사례를 자기 교실로 끌어들이는 것을 넘어서 자신의 생각을 담아 부분적으로 바꾸어 실천해 나가라. 그러면 어느새 멘토의 지혜가 자신의 수업 속에 스며들어 자신이 조금씩 성장해 나가는 모습을 보게 될 것이다.

끝으로, 자신의 생각을 담는 일에 자신감이 생기면 멘토로부터 독립하여 자신만의 것(나다움이 물씬 풍기는 수업)을 쌓아 나가라.

이런 단계를 거치면서 10년만 몰입하여 보자. 그러면 어느새 자신도 전문가라는 단계에 들어서게 될 것이다.

(6) 교사로서 내 삶의 문제-내 삶은 교육적인가?

협동학습도 결국 가르침의 본질에 대한 문제로부터 풀어 나가야 제대로 이해할 수 있다는 것을 안다면 가르친다는 행위의 주체인 교사의 교육적 삶에 대한 고민도 반드시 필요하다고 말할 수 있다. 왜냐하면 아이들은 교사의 말과 행동이 다를 때 굉장히 빨리 알아차리고 그런 교사로부터 아무것도 배우려 하지 않기 때문이다. 보통 교사가 열정적인 척, 전문가인 척, 아이들을 사랑하는 척해도 어느새 아이들은 그걸 알아차린다. 그리고 진심으로 교사를 받아들이지 않으려 한다. 아이들은 '저 모습이 선생님의 진짜 모습이 아니야. 언제 자신의 본 모습을 드러낼지 몰라.' 하며 교사와 거리를 두고 마음의 문을 열지 않는다.(아이들은 이런 것들을 교사의 표정, 눈빛, 행동 등을 통해 금방 알아챈다.) 그런 교실에서 아이들과 교사 사이에 의미 있는 가르침과 배움은 일어나지 않는다. 따라서 이를 극복하기 위해서는 아래와 같은 질문을 통해 수시로 교사로서 자신의 삶을 돌아볼 필요가 있다.

- 내가 아이들이 배우는 내용에 대하여 잘 모른다면?
- '협동'을 강조하지만 나의 삶이 협동적이지 않다면?
- '책임'을 강조하지만 내가 책임감 있게 살지 못한다면?
- '소통'을 강조하지만 나의 소통능력이 떨어진다면?
- 다른 사람을 배려하라고 말하지만 내가 아이들을 배려하지 못한다면?
- 아이들에게 사회적 기술을 강조하지만 정작 나의 사회적 기술이 부족하다면?
- 아이들을 늘 평가하지만 나 스스로를 제대로 평가하지 못한다면?
- 교과서에 있는 내용대로 열심히 가르치지만 왜 가르쳐야 하는지를 나 자신도 잘 모른다면?
- 수업은 열정적으로 하지만 나 자신이 가르치는 교과에 대한 열정이 없다면?
- 아이들에게 일기쓰기가 좋다고, 중요하다고 하면서 정작 나는 내 삶을 글로 표현하는 것을 싫어하거나 실천을 게을리한다면?
- 아이들에게 삶을 즐기라고 말하지만 정작 교사로서 나 자신의 삶을 즐길 줄 모른다면?
- 교사로서 아이들에게 좋은 말은 잘하지만 그 말의 대부분이 나의 실제 삶과 다르거나 거리가 있다면?(어려운 이웃을 도우라고 하지만 정작 자신은 어려운 이웃을 돕거나 기부한 경험이 없다면?)
- 교사로서 수업은 열심히 하는데 아이들이 잘 이해하지 못한다면?
- 내가 아는 것은 많지만 아이들에게 그것을 제대로 설명하지 못한다면?
- 교과목을 특정 주제로 묶어 통합을 하려고 하지만 전체를 보는 나의 안목이 부족하다면?

02

위와 같은 질문은 수없이 만들 수 있다. 이런 질문들을 중심으로 '자신의 실제 삶과 교실에서 아이들과 교사로서 만나는 삶'이 어느 정도 일치하는가를 고민해 볼 필요가 있다. 아마도 서로 모순이 되는 삶을 살아가고 있는 경우가 꽤 많을지도 모를 일이다. 만약 실제 자신의 삶과 교사로서 교실에서 아이들에게 보여지는 모습이 다르다면 그 교실은 '교사는 부재 중'이라고 해도 과언이 아닐 것이다. 그저 교실에서 물리적인 공간만 차지하면서 권위주의를 가지고 아이들 앞에서 권력을 휘두르는 독재자의 모습만 존재할지도 모를 일이다. 그런 교사에게서 아이들은 진짜로 배우려 하지 않는다. 그런 교사는 아이들 삶에 어떤 가르침도 줄 수가 없다.

내가 원하고 원하지 않고를 떠나 부모나 교사는 아이들에게 하나의 모델로 존재한다. 때문에 아이들에게 말과 행동이 일치하는, 가르침과 실제 삶이 일치하는 모습을 많이 보여 줄수록 아이들은 그로부터 배움을 많이 얻는다. 하지만 반대의 경우라면 아이들은 아무것도 배우려 하지 않는다. 최근 TV 방송 프로그램 가운데 대국민 토크쇼 "안녕하세요"라는 프로그램을 가끔 볼 때가 있다.

출처 : http://www.kbs.co.kr/2tv/enter/hello/index.html

그런데 그 프로그램을 보다 보면 부모가 자녀들에게 바람직한 모델로 자리하지 못하는 경우를 종종 접하게 된다. 예를 들어 부모가 자녀보다 동물이나 식물 또는 프라모델과 같은 것에 더 집착하게 되는 사례를 자주 목격하게 된다. 이 경우 아이들은 그 부모로부터 무엇을 경험하고 느끼게 될까? 이 아이들이 자라서 나름대로 가정을 이루고 자녀들을 키우게 될 때 만약 잘못된 경우를 보게 된다면 그들의 부모는 자신의 자녀들에게 "아이들은 그렇게 키우면 안 돼!"라고 자신 있게 말할 수 있을까? 아이들이 보는 앞에서 자신의 부모를 돈으로, 물질적으로만 대접하는 것만을 보고 자란 아이들이 "아빠, 저도 나중에 어른이 되어서 아빠한테 그렇게 하면 되지요?"라고 말한다면 그것은 부모가 아이들에게 그렇게 살도록 가르친 것이다. 이와 마찬가지 상황이 교실에서도 그대로 존재한다. 그렇기 때문에 교사가 아이들에게 모델이 된다는 것은 교사가 의도하지 않은 것까지 포함하여 모든 교사의 말과 행동이 아이들 삶의 행동 양식에 지대한 영향을 끼치는 중대하고도 생생한 사례가 된다는 것을 의미한다. 그리고 그 모든 것이 아이들 삶에 긍정적인 방향으로 큰 영향을 미칠 때 우리는 그 사람을 참스승이라 이름 붙인다.

(7) 교과와 수업(가르침과 배움) 그리고 좋은 교사에 대한 이해 부족의 문제

사실 진짜 가르침과 배움은 무엇이고 좋은 교사란 무엇인가에 대한 고민이 없거나 부족하다면 협동적 학급운영을 성공적으로 이루어 나가는 데 어려움이 발생할 수밖에 없다. 수업이란 단순히 교과서 속의 정보를 전하고 이해하고 기억하게 하는 일을 넘어서는 것이다. 가르친다는 것은 먼저 행함으로써 배우도록 이끌어 주는 일이고, 배운다는 것은 앞서 간 사람들의 발자취를 따르는 것이라 본다면 적어도 가르치는 교사는 아이들보다 나은 존재여야 하지 않을까? 그리고 이 문제는 교과 수업 활동과도 그대로 연결짓기가 가능하다.

교과란 무엇인가? 교과를 가르친다는 것은 무엇인가? 아이들이 교과를 배운다는 것은 무엇인가? 수업은 왜 하지? 등등의 질문에 대한 답을 생각해 본 적이 있는가? 이에 대한 나름의 답을 가지고 할 때와 그렇지 않을 때는 확연히 다르다. 나는 교사가 어떤 과목이든 수업을 한다는 것은 단순히 그 속에 있는 지식이나 정보를 알게 한다는 것을 넘어서는 것이어야 한다고 본다. 예를 들어 내가 만약 지금 수학 수업을 하고 있다면 이는 수학을 통해 아이들 스스로 자신의 가능성을 깨달을 수 있도록 돕는 일이고 배움에 대한 책임을 가르친다는 것이며 수학을 통해 세상의 이치를 깨닫고 있는 그대로의 자기 삶과 세상을 바라볼 수 있도록 돕는다는 뜻으로 나는 해석한다. 이것은 단지 문제 푸는 방법과 원리를 가르치는 것 그 이상이다. 겉으로 보기에는 인류의 문화유산으로서 교과와 관련된 지식을 전수한다는 것으로 보일지 모르겠지만 그 바탕에는 그것(교과나 수업시간에 다루는 내용)과 아이 자신을 포함한 우리의 삶과 연결 짓기 위한 과정 및 노력이 들어 있는 것이다. 이런 생각을 바탕으로 배운다는 것과 가르친다는 것 그리고 좋은 교사의 의미를 교과와 연결 지어 정리하면 다음과 같다.

1. 아이들이 교과를 제대로 배운다는 것 : 교과가 실제의 삶 속에서 어떤 모습으로 존재하고 어떤 식으로 유용하게 이용되고 있는지를 깨닫고 자신의 삶과 의미 있는 연결짓기할 수 있다는 것을 의미(교과는 아이들이 세상을 들여다보는 창이 됨과 동시에 자신의 삶 속으로 들어가는 통로가 됨을 의미)
2. 교사가 교과를 제대로 가르친다는 것 : 교과를 배울 필요성과 그것의 소중함 그리고 그것의 결핍에 대한 불편함을 아이들이 잘 이해할 수 있도록 돕고 교과가 사랑받을 수 있도록 교과 및 내용을 소개할 줄 안다는 것을 의미(아이들의 삶과 교과 간에 중요한 연결고리를 만들어 줌)
3. 좋은 교사란 : 교과를 왜 배워야 하고 무엇을 어떻게 배우는 것이 좋은 것인지 그리고 어떻게 하면 아이들이 교과를 사랑하게 되는지에 대하여 잘 알고 있는 교사(존재 자체가 교과로 인식되게 만드는 교사, 교과에 대한 감각을 지니고 있는 교사, 교과에 대한 사랑을 보여 주고 그를 통해 세상을 노래할 줄 아는 교사, 교과를 통해 아이들과 인간적인 관계 맺기를 할 줄 아는 교사)

12) 마무리를 하며!

협동적 학급운영에게 길을 묻다.

우연히 "K팝스타 4"(2014년 12월 7일 방송편)를 보다가 가슴 깊이 새겨 둘 만한 장면이 나와 한번 소개해 보면서 교육적 상황으로 바꾸어 표현해 보고자 한다.

SBS 방송 "K팝스타 4"(2014년 12월 7일 방송 화면 캡처)

이날 뛰어난 기교와 가창력을 선보이며 본선 1라운드 심사를 받는 이희주 양의 무대를 본 후 박진영은 이런 감상평을 해 주었다.

"심장을 잃어버린 듯한, 머리만 남은 느낌이다. 불합격이다."

협동학습을 단순한 교육학적 지식 또는 서적으로도 충분히 익힐 수 있는 기술이나 법칙 정도로 인식하며 수업 기법으로만 풀어 나가려는 교실의 상황을 바라본다면 위의 말이 이렇게 바뀔 것이다.

"가슴으로 협동학습을 실천하지 못하고 머리로만 협동학습을 실천하려 한다는 느낌이다. 안타깝다."

같은 무대를 보며 유희열은 이런 말을 해 주었다.

"나도 음악 공부를 했던 사람인데 교수님이 말씀하신 게 기억난다. 졸업하기 전에 '왜 그렇게 작곡가들 공부, 이론 공부 시킨 줄 아니? 그거 따라 하지 말라는 것이다.'라고 했다."

마찬가지로 위와 같이 바꾸어 본다면 아래와 같이 바뀔 것이다.

"나도 여러 교육학 서적을 읽고 나름 공부를 하며 협동학습을 연구했던 사람이지만 왜 그렇게 열심히 교육학 서적을 읽고 이론 공부를 하며 협동학습 관련 서적들을 빠짐없이 탐독했느냐 하면 단순히 책 속에 있는 것 또는 앞서 실천한 사람들의 이야기들을 진리나 법칙인 것처럼 여겨 그들이 했던 것과 똑같이 무조건 따라 하는 것을 나 스스로 우려하고 거부했기 때문이다."

한편 같은 무대를 본 양현석은 이렇게 말을 해 주었다.

"실용음악과 다니면서 많은 지식을 습득하고 많은 길을 알고 있는 것 같다. 하지만 왜 대부분 실용음악과 나온 참가자들이 'K팝스타'에선 혹평을 받을까에 대하여 고민하지 않으면 안 된다. 무조건 지식을 습득하려 하지 말고 자기에게 필요한 것만 받아들이려 하되 최소한의 것만 받아들이고 나머지는 자기만의 것으로 채워 넣어야 한다. 그래야 다른 사람과 다른 훌륭한 가수가 될 수 있다."

마찬가지로 위와 같이 바꾸어 본다면 아래와 같이 바뀔 것이다.

"협동학습을 실천하고 있는 대부분의 교사들은 나름대로 많은 지식을 습득하고 많은 정보를 알고 있는 것 같다. 하지만 자신의 협동적 학급운영이 왜 어려움을 겪고 있는가 하는 것을 깊이 고민하지 않으면 안 된다. 무조건 협동학습 관련 기법이나 법칙, 남들의 사례를 따라 하려 하지 말고 자기에게 부족한 것을 찾아 채우려 하되 최소한의 것만 받아들이고 나머지는 자신만이 할 수 있는 것, '나'다운 것으로 채워 넣어야 한다. 그래야 다른 교사와 다른 자신만의 훌륭한 협동적 학급운영을 해 나갈 수 있게 된다."

가끔 사람들에게 이런 질문을 받는다. 어떻게 하면 협동학습을 잘할 수 있느냐고 말이다. 그 답은 나에게 물을 것이 아니라 협동학습에게, 협동적 학급운영에게 물어야 할 것이다. 그리고 그 답은 협동적 학급운영을 꾸준히 실천해 나가는 과정에서 시행착오도 겪으면서 자기 자신과 성찰적 대화를 꾸준히 하는(머리가 아닌 가슴으로 가르칠 줄 아는) 교사들만이 얻을 수 있을 것이라 나는 확신한다. 그리고 그렇게 답을 얻었을 때 나는 '각성'하였다는 표현을 쓴다.

자기 자신과 대화를 하는 일, 이를 위하여 시간적 여유를 갖는 일, 협동적 학급운영을 꾸준히 실천하는 과정 속에서 협동학습과 대화하는 일 등을 자주 하다 보면 어느새 각성의 단계에 들게 된다. 하지만 거기서 멈추어서는 안 된다. 각성이란 단지 그것의 힘을 깨닫기 시작했을 뿐, 아직 그것이 가진 무한한 힘을 활용할 수 있는 경지에는 이르지 못했다는 것이다. 각성의 단계에서 더 나아가면 진각성의 단계에 이르게 된다. 그 수준이 되면 그것이 가진 힘을 제대로 사용하여 많은 것을 변화시킬 수 있게 된다.

여러분도 협동학습을 제대로 하고자 한다면 자기 자신과, 협동학습과 많은 대화를 할 것을 권한다. 협동적 학급운영에게 길을 물어보라. 그리고 자기 가슴속 한가운데서 울려오는 목소리에 귀를 기울여라. 그리고 그 길에 자신의 모든 것을 걸어라. 그 자체를 즐겨라. 즐기는 사람은 당해 낼 재간이 없는 법이니까. 그 순간이 되면 협동학습은 여러분에게 자신의 곁을 내줄 것이다. 그 순간까지 힘들고 어렵지만 포기하지 말고 가라고 말해 주고 싶다.

 협동학습 수업을 질적으로 고민하다

협동학습 수업도 결국 수업에 대한 이야기다.
따라서 협동학습 수업 또한 '좋은 수업이란 무엇일까?'
하는 차원에서 깊이 생각해 보지 않으면 안 된다.
협동학습 수업을 질적으로 고민하면서
단지 어떤 교과, 어떤 단원, 어떤 차시에
어떤 구조를 넣는 것이 좋은가 하는 생각만 가지고는
절대로 아이들에게 배움이 일어나는
좋은 수업을 할 수는 없는 일이다.
그래서 나는 절대로 남들이 만들어 놓은
교과별, 단원별 협동학습 구조 활용(적용) 사례 등을
바라보는 것에 대하여 별로 고운 시각으로 보지 않는다.
그것은 그저 남들의 시각을 고민 없이 나의 것으로 받아들여
수업을 진행하는 것(내비게이션식 수업)에 불과하다.
그런 수업에 나다움은 결코 없다.
그런 수업에 "수업은 왜 하지?"라는
고민은 결코 들어 있지 않다.

1) 협동학습 수업에도 혁신적인 사고가 필요하다

협동학습 수업에 대한 질적인 고민을 시작하자.

혁신(革新 : 낡은 것을 바꾸거나 고쳐서 아주 새롭게 함. 한자 그대로를 풀어서 설명하면 가죽을 벗겨 내고 새롭게 한다는 것으로, 그 과정에는 뼈를 깎는 고통과 피나는 노력이 수반된다는 뜻이 담겨 있다고 보아야 한다. 어떻게 보면 무서운 말이기까지 하다.)이라는 말을 들으면 왠지 불편해지는 교사들이 많다. 특히 지금의 현실에 안주하고자 하는 교사들은 무엇인가 연구하고 노력하는 것을 굉

장히 불편해한다. 하지만 더 적절한 용어를 찾기 전까지는 이 용어를 쓰고자 한다. 그만큼 학교 현장에 깊이 뿌리내린 고질적 관행과 방향성을 바꾸기가 어렵다는 말로 이해하고 이 용어를 사용했으면 좋겠다는 생각이 든다.

여기에서 내가 하고자 하는 이야기의 핵심은 협동학습 수업에도 혁신적인 사고가 필요함을 인식하고, 협동학습 수업에 대한 질적인 고민을 시작하자는 것이다. 이러한 차원에서 작금의 현실을 들여다보고 이를 극복하기 위해서 어떤 노력들이 필요한가에 대하여 핵심적인 부분만을 짚어 보도록 하겠다.

(1) 지금까지의 협동학습 수업 : 수업 방법, 기술적인 면에 치중

우리나라 수업에 대한 고민의 역사를 보면 교사들의 수업 방법이나 기술적인 면에서의 개선이라는 측면에만 치우쳐 있다고 해도 과언이 아니다. 그리고 수업에 대한 모든 책임을 교사의 수업기술 및 방법적 측면에서의 전문성 부족으로 몰아가고 있는 분위기다. 하지만 그것만으로 좋은 수업을 기대한다는 것은 매우 힘든 일이다. 내가 볼 때 우리나라 교사들의 수업기술이나 방법적 측면만으로 보면 세계 최고 수준에 와 있다고 해도 과언이 아니다. 또한 교육청 및 연수원, 그리고 온라인 및 오프라인을 통틀어 생각해 보면 교사의 수업기술 측면을 이야기하는 강의 및 연수가 제일 많다. 게다가 연구비를 지원해 주는 각종 제도를 살펴보면 수업 방법 개선 측면을 다루는 주제로 지원하고 연구하는 교사들의 비중이 제일 높다. 협동학습도 그런 측면만 바라보면서 접근하는 교사들과 내용들이 대부분을 차지하고 있다. 하지만 이제는 협동학습 수업도 단순히 교과서 내용을 바라보고 그 내용에는 어떤 구조를 적용하여 수업을 하면 되는가 하는 고민(나는 이를 협동학습 기법의 기계적 적용, 공식화된 적용, 내비게이션식 적용이라고 말한다.)을 뛰어넘어 질적인 면에 집중하지 않으면 안 되는 시대가 되었다고 나는 생각한다. 이에 대한 좀 더 세부적인 내용은 뒤의 '스펜서 케이건 뛰어넘기' 부분에서 다루도록 하겠다.

(2) 협동학습 수업의 방향성 : 수업의 질적 개선, 교육의 본질에 집중

세월이 흘렀고 시대가 바뀌었으면 그 시대에 맞는 수업의 방향성이 필요하다. 협동학습 수업 또한 그런 차원에서 수업의 본질을 회복하고, 수업 방법의 혁신, 암기 중심 교육, 교과서 중심 수업, 성적과 결과 중심의 수업, 전달과 지시 및 설명 중심의 수업을 넘어서 아이들의 배움을 생각하는 수업의 질적인 성장, 아이들의 전면적인 성장과 발달 돕기, 아이들이 자신의 재능과 적성을 찾아가는 길에 동반자 되기, 자신의 삶을 행복하게 가꾸어 나가는 데 필요한 힘을 기를 수 있도록 돕기 등의 목적을 가지고 시작된 교육운동의 이야기다. 이제는 단지 교과서 내용을 어떻게 가르칠 것인가에 대한 고민을 한 차원 뛰어넘어 '왜 이것을 아이들이 배워야 하는가, 아이들의 삶과 어떤 관계를 맺고 있는가, 아이들은 이것을 어떤 시각으로 바라보고 있는가' 등을 먼저 생각하면서 아이들에게서 '배움'이 일어날 수 있도록 하기 위한 수업 개선에 그 방향성을 두어야 한다. 이에 대한 내용은 이 책 전반에서 충분히 다루고 있으므로 더 이상 언급하지 않도록 하겠다.

한편, 수업의 질을 고민하면서 함께 고려해야 할 중요한 요소 한 가지가 있다면 이는 '소통을 통한 관계 개선'이다. 수업의 질적인 변화 없이 소통 및 관계 개선에만 집중한다고 해서 아이들이 수업에 참여하는 것은 아니고 거꾸로 교실 속에서의 관계 소통 및 관계 개선에만 집중한다고 해서 수업의 질이 높아지는 것은 아니다. 이 두 가지는 서로가 필요충분조건 관계에 있다. 이 두 가지 측면을 잘 고려하여 수업을 잘 디자인해야만 수업의 질이 높아질 수 있다.

(3) 현실의 삶을 기반으로 아이들의 호기심을 끌어낼 수 있는 수업 디자인(특히 동기 유발 및 핵심 발문, 아이들의 체험적 활동이 포함된 설계) + 교사와 아이들 간, 아이들 간의 소통 + 협동적 배움(도움 주고받기) = 수업의 질 향상

수업의 질적인 향상을 위해서는 아이들의 참여(아이들의 수업이 주인이 되게)를 유도하는 접근 방식이 필요한데, 이는 '왜 이것을 아이들이 배워야 하지? 배움이 일어나도록 하기 위해 아이들이 무엇을 하게 하지?("어떻게 가르치지?"의 문제가 아니다.)'라는 고민에 답을 우선하여 찾을 때 비로소 수업 설계 및 디자인이 시작된다. 답을 찾은 이후에는 아이들의 실제 삶이 잘 반영되도록 교육과정 및 교과서(교육 내용)를 재구성하고, 이를 기반으로 한 적절한 자료(교재)를 제작하는 일이 중요하다. 그렇게 되면 아이들은 참여를 통해 자연스럽게 협동적 배움에 도달하게 될 것이다. 그 과정에서 교사는 친절하게, 예의를 갖추어 아이들에게 접근하고, 믿음과 기다림을 가지고 아이들의 반응에 대처하며, 아이들의 마음과 생각을 읽어 이해(Under-Stand)하고 경청하며 소통해 나가면 된다.

여기에는 반드시 '반성적 실천가'로서의 자세가 수반되어야 한다. 늘 수업 행위 중의 성찰을 성실하게 수행하고, 자신의 수업에 대한 성찰을 통해 진정한 전문가로서 거듭나기 위해 노력이 뒷받침될 때만이 가능한 이야기다. 그러다 보면 수업의 질 성장 및 아이들과의 관계 개선은 자연스럽게 이루어질 것이다.

그러나 이것 또한 말처럼 그리 쉬운 일만은 아닌 만큼 중요한 요소 몇 가지를 중심으로 살펴보면 다음과 같다.

1. 자신에게 필요한 것(결핍된 것, 부족한 것)이 무엇인지를 성찰하는 것이 선행되어야만 한다. 이 책의 곳곳에서 협동학습의 질적 성장을 위한 3대 핵심 요소로 철학, 수업기술, 전문성을

이야기하였고, 협동적 학급운영에 필요한 10가지 열쇠라는 것도 강조하였다. 이 가운데서 자신에게 무엇이 부족한지를 파악하고 그를 보완하기 위해 노력하는 것만이 가장 확실한 길이다.

2 현재 교실의 상황에 대한 점검 또한 필요하다. 아이들의 좋은 경험은 그들의 미래를 바꾼다. 하지만 적지 않은 경우 아이들의 좋은 경험이 아니라 교사 자신을 위한 수업 상황이 이루어지기 십상이다. 교사들은 "아이들이 잘 따라올 거야, 아이들이 잘할 거야."라고 말하면서 혼자 열심히 상상하고 계획하지만 실제로 아이들은 뜻대로 움직여 주지 않는다. 그래서 결국엔 통제, 지시, 전달이 중심이 되는 수업으로 가게 된다. 이를 극복하려면 자신의 수업 상황을 자꾸 돌이켜 보면서 그 원인부터 정확하게 짚어 내지 않으면 안 된다.(자신의 수업 동영상을 보면서 고민해 본다면 더 좋을 것이다.)

3 아이들의 관점에서 수업 생각하기는 필수다. 교사들은 흔히 자신의 관점으로 수업을 생각하고 고민하기 십상이다. 하지만 아이들의 관점에서 신경 쓰고 수업을 디자인하려는 노력이 필요(아이들이 과연 이 수업 내용 속으로 들어올까?)하다. 아이들은 사고하고 행동하고 상호작용하는 것을 즐긴다. 하지만 무엇을 주더라도 무조건 그렇게 하지는 않는다. 어떤 때 내가 내 수업을 돌이켜 보면서 '나라면 이 수업에 즐겁게 참여할 수 있겠는가?' 하고 생각하기도 한다.

대부분의 아이들은 재미를 위해 학교에 온다.(결코 꿈을 이루기 위해 오지 않는다. 그런 아이는 5%도 채 되지 않는다. 5%에 속한 아이들이 반기문 UN 사무총장과 같은 사람이 되는 것. 하지만 모든 아이를 반기문과 같은 사람으로 만들 수는 없는 것) 그러나 재미있는 수업을 위해서 교사 혼자만의 노력으로는 한계가 있다는 사실 또한 잘 알고 있다. 그래서 이를 극복하기 위해 교사들은 나름대로 자구책을 마련하여 생활한다. 하지만 잘되지 않는다. 왜냐하면 그렇게 마련한 자구책의 대부분은 인터넷 서핑을 통해 찾은 자료이거나 그냥 다운로드하여 쉽게 얻은 것이기에 큰 도움이 되지 않는다.(머리를 맞대고 함께 고민한 흔적이 없어서 가볍고 질이 떨어지기 십상이며 도움이 되더라도 일시적이며 연속적이지 못하다.) 이를 극복하기 위해서는 무엇보다 학교 안팎의 교사 문화를 바꾸는 일이 시급하다. 학교 안에서든 학교 밖에서는 함께 연구하는 풍토를 조성하는 일만큼 중요한 일은 없다. 수업은 결코 교사 개인의 노력에 의한 산물이 아니라는 인식을 갖고 늘 주변의 동료 교사들과 함께 노력하는 길만이 최선이라는 인식을 가지고 그에 알맞은 학교 문화와 풍토 조성을 위해 모두가 노력하지 않으면 안 된다.

4 간혹 불편한 상황에 접하게 될 경우 지혜롭게 대처할 줄 아는 교사의 자세가 중요하다. 불

편한 상황 가운데 가장 대표적인 것은 아이들의 도전이다. 가끔 아이들은 교사에게 도전적으로 반응을 보인다. 이에 대하여 경북대 김두식 교수가 쓴 책 불편해도 괜찮아(2010, 창비)의 내용을 빌려 설명하면 다음과 같다.

김두식 교수의 말에 의하면 '지랄 총량의 법칙'이라는 것이 있다. 모든 사람에게는 일평생 쓰고 죽어야 하는 지랄의 총량이 정해져 있다고 한다. 그런데 어떤 사람은 정해진 그 양을 10대(사춘기)에 다 써 버리고 어떤 사람은 나중에 늦바람이 나서 그 양을 다 소비하기도 하는데 어쨌거나 죽기 전까지 반드시 그 양을 다 쓰게 되어 있다는 것이다. 이를 바탕으로 아이들의 도전을 설명하면 다음과 같다.

음, 그래. 너희들에게 정해져 있는 지랄 총량을 미리 다 써 버리려고 그러는 것이구나.
(교사가 아이들의 상황을 바라볼 때 '아 저게 그때 일어날 수 있는 지랄이구나.'하고
이해할 필요가 있다.)

위와 같이 생각하고 아이들의 도전에 대하여 맞대응하기보다는 받아 주고 이해할 필요가 있다. 아이들의 상황을 일단 지켜본 뒤 끝나고 나면 "다 했니? 내가 뭐 도와줄까?" 하는 자세도 때로는 필요하다. 교사가 이런 반응을 보이면 아이들은 깜짝 놀라서 한 걸음 뒤로 물러나 생각하며 소통하려는 자세를 보이게 된다. 교사가 아이들의 도전에 같이 맞대응하게 되면 서로의 분노 게이지가 더 상승하여 돌이킬 수 없는 상황까지 치닫게 되는 상황이 더 많다.(통상 교사들은 이런 상황에 대하여 권위를 가지고 대응한다. "그래 한번 해 봐라, 누가 더 손해인가. 이렇게 한다고 네가 이길 것 같니? 이러면 부모님 모시고 오게 한다." 하는 식의 반응을 보이기 십상이다. 하지만 이럴 경우 아이들은 '아, 내가 지금 선생님께 덤비고 있구나, 내가 이래서는 안 되는구나.' 하고 생각하지 않는다. 특히 남학생의 경우 더 그러하다. 오히려 어떤 아이들은 일부러라도 더 도전적인 모습을 보이게 된다. 이것이 곧 아이들의 심리인 것이다.) 협동적 학급운영을 실천하는 교사라면 아이들의 도전적인 말과 행동(특히 욕설이나 주위의 물건을 던지는 등의 행위)에 대하여 '교사'에 대한 공격으로 받아들이지 않으려는 지혜가 반드시 필요하다. 그리고 아이들의 도전이 교사 자신에 대한 반응일 때는 다른 아이들이 보지 않는 곳에서 대화를 시도해 보는 것이 좋다.

(4) 협동학습 수업의 질적 고민을 위한 몇 가지 질문

협동학습 수업에 대하여 질적인 고민을 하면서 아래 질문에 대한 '나 자신', '학교 문화 및 풍토' 등에 대하여 살펴보기 바란다.

- 교내에 수업의 질적인 성장을 위해 동료 교사들끼리 함께 고민하는 문화, 모임, 지원체제가 조성되어 있는가?(교내 연구 동아리 활동 활성화 등)
- 교내에 수업을 준비하고 연구하는 풍토, 이를 지원하는 문화가 잘 조성되어 있는가?(교내 연구 동아리의 날, 학년 수업 연구의 날, 교내 수업 발표회 등)
- 교내에 공부하는 동학년, 공부하는 교무실 문화가 있는가?(반성적 실천가로서 전문적 연구 공동체가 형성되어 있는가?)
- 각자 자기 교실에서는 무엇인가 열심히 하는 것 같은데 함께 나누고 연구하려는 문화나 풍토가 부족하지는 않은가?
- 수업에 대한 질적인 고민보다는 '이런 아이 있어요, 이 아이 알아요? 이 아이 때문에 힘들어요.'와 같은 고민만 이야기하고 나누려 하지는 않는가?
- 연수로 답을 찾으려는 모습은 없는가?(실천이 담보되지 않은 연수는 시간 낭비일 뿐! 또한 새로운 것에 대한 불편함, 불안함이 매우 많은 집단이 교사들이라서 연수에 대하여 질적으로 아주 우수한 연수가 아니거나 스스로 필요에 의하여 찾아서 듣는 연수가 아니라면 그리 좋은 반응을 보이지는 않음)
- 수업에 대하여 고정관념은 없는가?(조용한 수업 분위기가 정말 좋은가? 소수만 대답하는 상황에 문제의식은 없는가? 수업 공개에 대한 부정적인 생각은 없는가? 등)
- 공개수업에 대한 관행을 벗어나기 위해 교내에서 어떤 노력들이 이루어지고 있는가?(정량적 체크리스트 문화 및 보여 주기 방식의 공개수업 넘어서기 등)
- 수업의 질적 성장을 위해 학교 밖에서 협동학습 관련 연구 모임 활동에 참여하고 있는가?

(5) 아이들에게 의미 있는 수업 : '앎 = 깨달음'이 있는 수업 = 소통(대화)이 있는 수업 = 협동적 배움의 기쁨을 느낄 수 있는 수업

- 그 속의 중요한 3요소 : 활동을 통한 깨달음, 협동적 과정을 통한 깨달음, 표현에 의한 깨달음 (이 3요소 속에는 대화=소통이 자리한다.)
- 협동학습이 그래서 중요한 의미를 갖는다.
- 활동을 통한 깨달음 : 모든 수업은 문제 해결 과제를 바탕으로 디자인

- 질문 → 탐구 → 표현의 과정으로 흐를 수 있게 디자인
- 교사의 설명은 줄이고 아이들의 활동을 통해 깨달을 수 있도록 디자인

- 협동적 과정을 통한 깨달음 : 학습활동에 아이들이 참여하도록 디자인
  - 또래의 생각을 자신의 사고로 만들고 문제 해결을 위한 도구로 삼게 하기
  - 서로 소통하는 관계 만들어 주기
- 표현에 의한 깨달음 : 집단 속의 나 표현하기
  - 스스로 깨닫게 된 지식을 확인하고 표현하기(표상 : 말, 글, 이미, 몸짓 등)
  - 친구로부터 전이된 표현
- 그 속(세 가지 깨달음이 있는 수업)에서 아이들은 스스로, 또한 함께 성장한다.(따로 또 같이 성장)
- 이를 위해 나는 내 수업 속에 몇 가지 기본 원칙을 정해 두고 실천한다.
  - 첫 수업 시간에 오리엔테이션을 확실히 하기
  - 매 수업시간마다 다음과 같은 활동을 반복하고 강조하기 : 궁금한 것은 먼저 물어보기, 물어보면 친절하게 알려 주기, 서로의 이야기 잘 듣기-동시에 말하지 않기, 목소리 크기 낮추기, 내 생각 적극 표현하기 등

2) 월별 테마에 따른 프로그램이나 게임, 놀이 방식의 학급세우기와 모둠세우기 뛰어넘기

나의 협동적 학급운영 초창기 모습이나 교육과정이 주5일 수업에 따른 내용으로 바뀌기 이전, 그리고 협동적 학급운영(특히 수업)에 대한 질적인 고민을 더 깊이 있게 하기 이전에는 나도 월별 주제나 테마를 정하여 학습세우기 및 모둠세우기 활동을 진행하였다. 그러나 교육과정이 바뀌고 아이들의 성장과 발달을 돕는 차원에서의 수업혁신에 대한 질적인 고민을 하기 시작하면서부터 이전에 해 왔던 것들에 대하여 새로운 시각과 관점을 가지고 접근하지 않으면 기계적인 모둠세우기, 학급세우기 활동(앞에서 나는 이런 식의 협동학습을 내비게이션식 협동학습이라 지칭하였다. 기계적으로, 공식적으로 접근하고 월별로 특정 테마나 주제에 따라 프로그램 놀이, 게임 등을 많이 적용하거나 누군가 정리해 놓은 사례들을 그대로 따라만 해도 모둠이나 학급이 세워진다고 믿게 만드는 그런 운영 방식들을 말한다.) 및 협동학습 수업이 될 수밖에 없다는 것, 그래서 더 이상 발전을 꾀할 수 없다는 것을 눈앞의 현실로 받아들이기 시작하였다. 사실 그런 고민은 오래전부터 해 왔던 터이지만 나 혼자만의 힘으로는 어려움이 많아 미약하나마 나의 교실에서 조금씩 실험적으로 해 보았던 일이었다. 그런데 혁신학교에 근무하기 시작하면서 불가능하다고 여겼던 일들의 가능성을 온몸

으로 직접 체감하기 시작하였고 이전부터 고민해 왔던 수업의 질적인 측면에 대하여 동료 교사 및 혁신학교 교사들과 함께 열린 마음으로 나누기 시작하면서 이전의 사고방식이나 패러다임들을 과감히 수정하기 시작하였다. 더욱 그럴 수밖에 없었던 또 한 가지 이유는 혁신학교로 학교를 옮겼던 그 시점을 기준으로 주5일제 수업의 전면 시행이 이루어지면서 이전의 각종 활동과 프로그램을 그대로 교실에 적용하기에는 시간적 여유가 많이 부족하였고, 보다 가치 있고 의미 있는 다양한 창의적 체험활동을 펼칠 수 있는 시간을 확보하기 위한 방안이 필요했기에 과감하게 과거의 틀을 벗어버리지 않으면 지금의 고민은 절대로 실현 가능성이 없을 것이라 여겨졌기 때문이기도 하다. 이런 차원에서 본다면 내가 제일 처음 집필했던 **살아 있는 협동학습**(2009)의 내용 중 많은 것들뿐만 아니라 현재 문제 삼고 있는 방식으로 서술되어 시중에 판매되고 있는 또 다른 협동학습 서적들을 부정하는 것이 된다. 하지만 그게 잘못되었다는 것이 아니다. 이전에 나 스스로 정리했던 내용들이나 또 다른 서적들에 담긴 내용들이 최선 또는 최상이 아니라고 할 때 바뀐 상황 속에서 그것보다 더 나은 협동적 학급운영 및 그 속에서의 모둠세우기, 학급세우기를 하지 않으면 더 이상 발전을 기대할 수 없다는 뜻으로 이해하면 좋을 것 같다. 그리고 이전의 내용들 또는 다른 협동학습 서적들 속에 담긴 여러 활동들의 취지나 의도는 결코 잘못되지 않았다는 것만은 확실히 밝혀 둔다. 다만 수업은 예술적 활동이고 왕도가 없다는 시각에서 볼 때 "더 나은 활동을 고민한다."는 전제하에 무엇이 문제이고 어떤 점을 더 깊이 있게 고민하여야 하는지를 하나둘씩 풀어 나가 보도록 하겠다.

(1) 주5일 수업에 따른 교육과정의 변화

주5일 수업에 따른 교육과정의 변화는 학교 현장에서 굉장히 많은 것을 바꾸어 놓았다. 가장 먼저 수업 일수가 짧아졌고, 그에 따라 방학도 굉장히 짧아졌다. 그러나 교과별 수업 시수 및 지도해야 할 내용들은 거의 변한 것이 없다. 때문에 교사들이 현실적으로 느끼는 학급운영(특히 수업)에 대한 부담은 더 커졌다고 볼 수 있다.

계다가 특별활동 영역도 상당히 많이 바뀌었다. 그러면서 교사가 교실에서 스스로 자율적, 창의적으로 프로그램을 마련하여 운영할 수 있는 융통성들이 굉장히 많이 사라졌다. 가뜩이나 수업에 대한 질적인 고민을 시작하면서부터는 교육과정을 재개념화하고 재구성하지 않으면 바람직한 수업을 할 수가 없다는 생각을 하게 되었고 특별활동 영역에서 아이들의 생태적 감수성과 인성, 학교폭력 예방이라는 측면을 굉장히 중요하게 다루면서 단순히 내 교실에서의 모둠세우기, 학습세우기 프로그램이나 놀이 활동들을 운영하기 위한 시간을 확보할 수 있을 만큼의 여유시간을 찾기 힘들게 되었다. 예를 들어 살펴보도록 하자. 다음 예시는 2010년까지 나의 교실에서 실천해 왔던 사례 중 어느 한 달의 사례다. 2007년까지는 학급세우기와 모둠세우기 활동을 따로, 매주 운영해 왔으나 교육과정 운영 및 프로그램 운영에 대한 어려움이 많아 2008년부터는 학급세우기 활동 및 모둠세우기 활동을 함께 묶어 운영해 왔다. 그러나 2011년부터는 모둠세우기 및 학급세우기 활동을 아주 특별한 상황이 아니라면 교육과정을 재구성하여 교과 수업 속에 자연스럽게 스며 들어갈 수 있도록 풀어내고 있다. 가장 최근의 사례는 뒤에 따로 안내하고자 한다.

4월의 협동적 학급운영 테마(주제) : 나, 너, 우리(나와 타인 인식)

서로에 대하여 알고 각자 자신의 정체성을 확인하고자 함에 목표를 둔다.

학급세우기 및 모둠세우기의 목표 : 협동적 학급운영을 위해 마음의 문을 열고 의사를 소통하며 서로에 대한 관심과 하나가 된 분위기를 만들어 보자.

급우들과의 바람직한 관계 형성을 위해서는 먼저 자신에 대한 긍정적인 인식이 전제되어야 한다. 자신에 대한 긍정적인 인식과 자신감은 다른 사람에 대한 긍정적인 인식에 토대가 될 것이 분명하며, 능동적인 참여를 이끌어 낼 수 있을 것이라 생각한다.

차시	활동 목표
1차시 (4월 1주)	나를 탐색하고 자신에 대하여 알아본다. — 나를 표현하기 활동 내용 : 그래프로 보는 나
2차시 (4월 2주)	친구에게 관심을 갖고 알아본다. — 서로에게 관심 갖기 1 활동 내용 : 이 사람을 찾아라!
3차시 (4월 3주)	나에 대하여 긍정적으로 인식한다. — 서로에게 관심 갖기 2 활동 내용 : 이런 사람 있으면 나와 봐!
4차시 (4월 4주)	내가 소중하듯 남도 소중함을 안다. — 나와 타인과의 관계 인식 활동 내용 : 나에게 소중한 네 개의 원

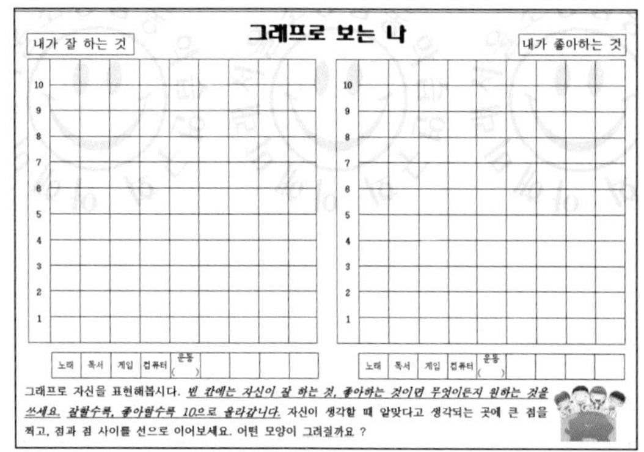

그래프로 보는 나

내가 잘 하는 것 / 내가 좋아하는 것

10 9 8 7 6 5 4 3 2 1

노래 | 독서 | 게임 | 컴퓨터 | 운동( )

그래프로 자신을 표현해봅시다. 빈 칸에는 자신이 잘 하는 것, 좋아하는 것이면 무엇이든지 원하는 것을 쓰세요. 잘할수록, 좋아할수록 10으로 올라갑니다. 자신이 생각할 때 알맞다고 생각되는 곳에 큰 점을 찍고, 점과 점 사이를 선으로 이어보세요. 어떤 모양이 그려질까요 ?

이 사람을 찾아라!

나와 생일이 같은 달에 있는 친구 ( )	컴퓨터 관련 자격증이 있는 친구 ( )	그림 그리기를 좋아하는 친구 ( )
운동을 잘하는 친구 ( ) (운동 이름 :)	나와 같은 색을 좋아하는 친구 ( )	나와 좋아하는 교과목이 같은 친구 ( )
비행기를 타 본 적이 있는 친구 ( )	전학을 1번 이상 다녀 본 친구 ( )	장래희망이 선생님인 친구 ( )

이 사람을 찾아라!

나와 생일이 같은 달에 있는 친구 ( )	컴퓨터 관련 자격증이 있는 친구 ( )	그림 그리기를 좋아하는 친구 ( )
운동을 잘하는 친구 ( ) (운동 이름 :)	나와 같은 색을 좋아하는 친구 ( )	나와 좋아하는 교과목이 같은 친구 ( )
비행기를 타 본 적이 있는 친구 ( )	전학을 1번 이상 다녀 본 친구 ( )	장래희망이 선생님인 친구 ( )

서로에게 관심 갖기 2 - 나에 대한 긍정적 인식 (4월 3주)
이런 사람 있으면 나와 봐 !!

◉ 활동 목표 : 나에 대하여 긍정적으로 인식한다. 자신감을 갖고 스스로를 표현한다.
◉ 대상 : 학급 아동(전 학년 가능)
◉ 차시 : 3/4
◈ 전개
(1) 각 개인에게(모둠 혹은 학급 전체) 종이와 연필을 나누어준다.
(2) 나만이 가진 특징들 중 남이 잘 모르는 특징, 남이 없을 것 같은 특징, 장기, 경험 등을 7가지(더 적거나 혹은 많아도 됨) 적는다.
(3) 이 때 다른 사람에게 적은 내용은 보여주지 않는다.
(4) 소재는 평범하지 않은, 재미 있는, 기발한, 놀림거리가 되지 않을 것들 중에서 흥미를 줄 수 있는 것들로 적는다.
(5) 모든 사람이 다 적었으면 이번에는 한 사람이 적은 내용 가운데 첫 번째 특징을 소개한다. (예 : 이가 한 개도 썩지 않은 사람은 나와 !!)
(6) 첫 번째 사람이 위와 같이 말 했는데, 학급 혹은 모둠 구성원 가운데 "나도 마찬가지야 !" 라고 말하는 사람이 있으면 그 사람의 수 만큼 벌점을 받게 되어 자기 종이에 벌점 2점을 쓴다. 이런 식으로 모두가 돌아가면서(번호순 혹은 지명) 첫 번째 항목을 모두 발표하고 각각 자기의 벌점을 적는다. 다른 사람이 발표한 내용가운데 나도 그 내용을 적었으면 벌점을 똑같이 받는다. 그리고 발표 순서에서는 빠진다.
(7) 다른 친구가 발표하는 특징이 자기에게 해당되면 자기가 적어놓지 않았더라도 손을 든다. 그러지 거짓으로 들지 않도록 한다.
(8) 이렇게 하여 7번째 특징까지 모두 돌아가며 발표를 마친다.
(9) 마지막으로 각각 자기가 받은 벌점이 얼마인지를 합산해 보고, 누가 가장 적은 벌점을 받았는지, 누가 가장 작은 벌점을 받았는지 알아본 후, 가장 벌점이 적은 사람에게는 "희귀 상" 을 주고, 벌점이 가장 많은 사람에게는 "두리뭉실 상" 을 주어 격려한다.

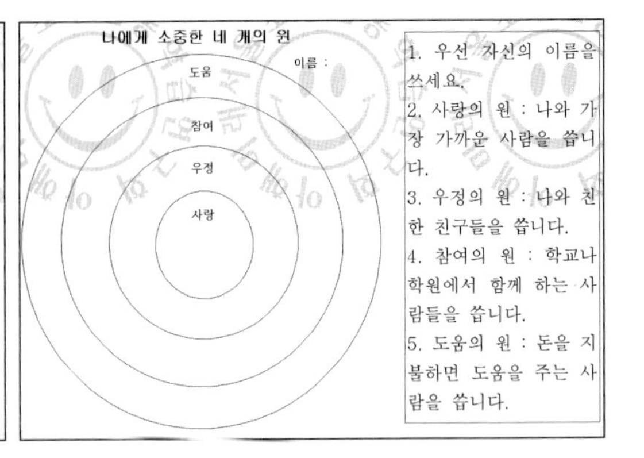

위에서 보는 바와 같은 활동을 매달 마련하여 실천한다고 할 때 그에 소요되는 시간 계산을 해 보면 아래와 같다.

월	3	4	5	6	7~8	9	10	11	12	2	총계
시간	3~4	3~4	3~4	3~4	3~4	3~4	3~4	3~4	3~4	3~4	최소 30~최대 40

이처럼 최소한 30시간, 최대 40시간까지 필요하다. 이마저도 모둠세우기 및 학급세우기 활동을 통합적으로 운영할 때의 시간이다. 만약 모둠세우기 활동과 학급세우기 활동을 따로 운영한다고 한다면 시간은 둘 다 합하여 최소 60시간, 최대 80시간까지 필요한 상황이다. 그것은 웬만한 1개의 교과목 수업 시수와 맞먹는다. 과연 교육과정 운영에 이런 시간적 여건이 가능하다고 보는가? 나의 경우 이런 문제점을 해결하기 위해 이전에도 가능하면 교육과정 속에 풀어내어 교과 수업 차원에서 재구성하여 실시하려고 많은 노력을 하여 겨우 가능하게 만들었었지만 그마저도 결코 쉽지 않은 일이었다.(학교행사, 예기치 못한 상황들로 인하여 방해를 받는 일이 굉장히 많았다.) 또한 이런 활동들은 꾸준히 일관성을 가지고 실천하지 않으면 결코 그 의미를 살릴 수 없기 때문에 어느 주나 달은 잘 실천하고 어느 주나 달에는 그냥 넘겨 버리는 식으로 운영해서는 안 되었기에 계획을 세우고 나면 어떤 활동보다도 더 적극적으로 시간을 확보하여 실천하려고 애를 썼다. 그러나 현재의 주5일 수업 운영 체제와 그에 맞춘 교육과정 속에서 앞의 사례와 같은 방식의 운영은 결코 실현할 수 없는 내용들이라 해도 과언이 아니다. 그럼에도 불구하고 아직도 그런 활동들을 강조하거나 굉장히 좋은 프로그램인 양 포장하여 내놓고 협동적 학급운영을 해 보고자 하는 교사들을 현혹시키거나 또는 그렇게 실천하지 못하여 자신의 협동적 학급운영을 늘 부족하게만 여기고 있는 교사들을 더 깊은 자괴감에 빠뜨리거나 협동적 학급운영을 나름대로 열심히 실천해 나가고자 하는 교사들을 혼란스러움에 빠뜨린다면 이는 심각하게 생각해 볼 문제가 아닐 수 없다고 본다. 이런 사례들을 접하면 절대

로 부러워하지 말기 바란다. 그냥 '으흠!' 하고 넘기면 된다.

(2) 단순한 놀이나 프로그램 운영이 갖는 한계

모둠세우기 활동이나 학급세우기 활동 사례를 가만히 들여다보면 놀이, 게임, 상담 프로그램 등의 활동들을 굉장히 많이 하고 있다는 것을 알게 된다. 교사 입장에서 나름 고민하고 생각한 활동들과 그 취지들을 아이들이 알아 주길 바라면서 교실에 끌어들이지만 아이들은 좀처럼 그런 의미들을 쉽게 받아들이려 하지 않는다. 게다가 활동을 마무리하는 단계에서 어떤 목적으로 이런 활동을 하게 되었는지를 설명해 주고, 활동을 통해서 느낀 점이나 소감, 이후에 실천하거나 노력해야 할 점 등에 대하여 함께 공유하고 나누면서 끝내지 않는다면 더욱더 아이들은 활동에 대한 의미를 찾지 못하고 그냥 교과 수업 대신에 한 시간 재미있게 놀았다는 생각을 갖게 된다. 교실에서 이루어지는 생일파티 하나만 봐도 그 한계를 잘 알 수 있다. 교사는 진심으로 생일을 맞이한 아이들을 함께 축하해 주고자 시간을 마련하지만 아이들은 꼭 그렇지만은 않다는 것을 많은 교사들은 이미 잘 알고 있다. 그래서 적지 않은 경우 프로그램 운영 뒤에는 후회를 하는 경우도 종종 경험하게 된다.

이런 문제점들을 보완하고 한 단계 발전된 협동적 학급운영을 실현하기 위해서는 모둠세우기 및 학급세우기 활동을 교과 수업이라는 맥락에서 살펴보고 교육과정을 잘 분석하여 적절한 교과목, 단원, 내용, 차시 등을 찾아 적절히 배치하고 운영해야만 한다. 그리고 시기에 따라, 교사의 의도와 소신에 따라 창의적 체험활동 차원에서 적절한 시간을 확보하여 교육과정 속에 넣어 두고 활동을 해 나가면 충분히 의미 있는 학급세우기 및 모둠세우기 활동을 해 나갈 수 있게 된다. (살아 있는 협동학습 및 이 책의 앞부분에서 학급활동과 수업을 하나의 맥락에서 통합적으로 바라봐야 한다고 강조한 바 있으며 이런 시각을 학급운영의 통합적 시각이라고 밝힌 바 있다.) 하나의 예를 들어 설명하면 아래와 같다.

3월에 협동적 학급운영을 시작하면서 학급세우기 및 모둠세우기 모두를 목적에 두고 교실에서 소통하면서 상대방을 배려하는 말을 해야 할 필요성을 알고 그를 실천할 수 있다는 목적 아래 국어 수업 차원에서 교과 수업을 펼칠 수 있다. 그에 대한 내용이 국어과 1학기 듣기/말하기/쓰기 교과서에 들어 있기 때문이다. 그리고 이런 활동들은 교육과정을 조금만 세심히 들여다보면 모든 학년에 교과목 및 단원, 내용들로 마련되어 적절하게 배치되어 있다는 것을 알 수 있다.

6-1학기 국어 8단원 함께하는 마음

❶ 상대방을 배려하는 말하기가 필요한 까닭 알기

❷ 상대방을 배려하여 말하는 방법 알기

❸ 상대방을 배려하는 말하기

요약하기	상대방의 처지를 생각하며 상대가 한 말을 차분히 요약하여 다시 말한다.
공감하기	상대방의 기분에 공감해 준다.
친밀감 확인하기	상대방의 반응을 생각하면서 서로 친밀한 사이임을 말로 확인한다.
격려하기	상대를 격려하는 말을 해 준다.

또한 위의 내용은 협동학습의 사회적 기술 센터 활동과도 딱 맞아떨어지기도 하기 때문에 순서에 따라 1학기 맨 마지막 활동으로 하기보다는 제일 처음 활동으로 순서를 바꾸어 진행한다면 아주 훌륭한 협동적 학급운영이 될 수 있다. 1년을 새롭게 시작하기 전에 적어도 교육과정을 꼼꼼히 살펴보기만 한다면 굳이 놀이나 게임 등의 활동이 아니더라도 수업 속에서 의미 있는 모둠세우기 및 학급세우기 활동을 해 나갈 수 있다는 생각과 실천의 노력이 필요하다. 그럼에도 불구하고 굳이 놀이나 게임 등의 활동을 끌어들이고자 한다면 수업이라는 맥락에서 "이 활동을 왜 하려고 하는가?" 하는 교사의 의도를 아이들이 충분히 이해하고 수용할 수 있도록 재구성하여 펼쳐 나가도록 하자.(공개수업을 할 때 도입 단계에서 본 차시의 수업 목표가 무엇인지 아이들이 찾을 수 있도록 진행하거나 아이들이 수업 목표를 잘 볼 수 있도록 확실하게 제시하고 수업 중에도 그것을 잘 느낄 수 있도록 수업을 디자인하고 전개를 해 나가면 된다. 쉽지는 않겠지만.)

(3) 모둠세우기 및 학급세우기 활동을 교과수업과 연계시키지 못한 문제점

나는 늘 행사나 어떤 프로그램을 교실로 끌어들이더라도 학급활동과 수업활동을 협동적 학급운영이라는 통합적 시각으로 바라보는 것이 필요하다는 것을 매우 강조해 왔다. 그러나 모둠세우기 및 학습세우기만을 위한 프로그램이나 놀이, 게임 활동은 그런 시각을 제대로 반영하지 못하였다는 점에서 분명히 문제가 될 수밖에 없고, 이런 한계를 극복하지 않으면 안 된다. 살아 있는 협동학습(2009)에 실린 내용 일부를 다시 가져와 설명을 돕자면 다음과 같다.

교실에서 학급운영이라는 이름으로 '학급 노래잔치', '생일잔치', '영화상영', '종이접기', '놀이와 노래 지도', '글쓰기 및 일기 지도' 등이 행해질 때 그 활동이 어떤 의도와 목적을 가지고 행해지고 있는가?(혹시 이벤트성으로 이루어지고 있는 것은 아닌가?) 이벤트성 학급운영은 학생들에게 재미는 줄 수 있을지 모르지만 그것이 교과지도와 관련되어 있지 않으면 그냥 시간을 보내기 위한 활동으로 전락하게 된다.(모둠세우기 및 학급세우기 활동도 이와 다르지 않다고 나는 생각한다.)

이벤트성 생일잔치 사례

보통 생일잔치를 계획하고 시간을 낸 뒤 학생들에게 간단한 간식을 준비하게 하거나 교사가 준비를 한다. 그리고 그달에 생일이 있는 아동을 모아 놓고 축하 노래를 불러 주고, 축하 편지나 카드, 간단한 선물 등을 주고받는다. 그 과정 속에서 교실은 몇 번 북새통을 이룬다.(간식을 먹으면서 교실은 한 번 더 난장판이 된다.) 그러면 교사는 학생들을 진정시키느라 진땀을 빼곤 한다. 그러면서 속으로 생각한다. '왜 이런 것을 했을까?(후회)'

[학급운영 속에서 교과지도와 연계된 생일잔치 사례]

- 생일잔치를 하는 이유 : 다른 사람과 내가 함께 행복해지기(잘 살기) 위함, 다른 사람을 위해 무엇인가를 내가 행하는 것이 행복한 것임을 알기
- 생일잔치를 위한 교육 목표 : 생명 존중, 만남, 부모님에 대한 고마움, 축하, 학급 자치
- 관련 교과와 단원, 차시 생각해 보기 : 도덕, 국어, 사회, 실과 등(모든 학년에 다 있다.)

위의 교과지도와 연계된 생일잔치 사례와 같은 차원에서 생각해 볼 때 학급행사라는 것도 매우 중요한 교과수업(배움의 장)이라는 것을 알 수 있다. 학급행사를 많이 하면 공부가 소홀해지는 것이 아니라 즐겁게 공부하는 분위기를 만들어 나갈 수 있고, 학급행사를 통해서 교과교육 목표를 달성해 나갈 수 있는 것이다. 다시 말해서 바람직한 학급운영이란, 앞서 말한 여러 가지 활동이나 행사들(통틀어서 학급활동이라고 함)이 교수-학습활동과 확실한 연계성을 가지고 이루어지면서 "교과 내용(무엇을, 왜 가르치는가?)을 어떻게 하면 좀 더 다양하고 풍부하며 학생들의 흥미와 호기심을 자극할 수 있는 내용으로 재구성해서 지도할 수 있는가?" 하는 고민 과정에서 얻어진 답이어야 한다는 것이다. 학급 노래잔치도 그 자체만을 위한 것이라면 이벤트성 행사가 되겠지만 사전 준비를 통해 음악, 국어, 미술 시간을 통합하여 계획한다면 아주 훌륭한 학급운영이 되는 것이다.(영화상영도 그냥 보여 주면 이벤트성 행사가 되겠지만 교과 내용과 관련된 영화를 엄선하여 시청하고, 영화 내용 속에서 교육적 요소를 뽑아내어 토의·토론, 감상, 현실에 대한 반성, 문제 해결 방안 찾기 등을 해 볼 수 있다.) 아래에 내가 직접 해 보았던 수업 사례를 제시해 본다.

(계속)

5학년 1학기 사회 3단원 환경보전과 국토개발 관련, 국어 5학년 1학기 말하기/듣기/쓰기 4마당 1. 분명하고 적절하게 관련, 국어 읽기 3마당 1. 감동의 울림 관련-2006, 2007년 나의 수업 사례

헤이세이 폼포코 너구리 대작전

사람들과 행복하게 함께 살고 싶은 너구리들

아이들에게 참으로 유익한, 아니 개발과 발전과 사람만 생각하는 우리 모두에게 아주 큰 반성과 생각을 하게 만드는 좋은 애니메이션 영화가 있다. 한 가지 아쉬운 점이 있다면 일본 작품이라는 것에 있지만 어느 나라 작품이면 어떤가!!!

최근 들어 서울에 뉴타운이다 뭐다 하면서 새로운 주택 단지가 이곳저곳에 들어서고 있는데 정말 안타까운 일들이 벌어지고 있다. 환경을 생각하지 않고 개발만을 우선으로 생각하고 있는 것 같아 씁쓸한 생각이 든다. 근래에 자주 듣게 되는 뉴타운 건설 계획, 택지 개발 등의 말들은 꽤 오래전에 만들어진 일본 애니메이션(일본의 유명한 애니메이션 감독 다카하타 이사오 감독) "헤이세이 폼포코 너구리 대작전"에서도 등장한다.

너무나 귀여운 도쿄 인근의 너구리들이 뉴타운 개발을 마구 해 대는 인간들과 한판 전쟁 벌이기가 주제인 이야기! 황당할지도 모르지만 너무나도 재미있고 감동적이며 우리 인간들에게 큰 깨달음을 충분히 줄 만한 이야기이다.

잘 익은 홍시를 좋아하는 귀여운 너구리들의 삶터를 위협한 것은 도쿄시의 뉴타운 프로젝트였다. 산이 여기저기 깎이고 생명마저 위협을 당하자 너구리들은 자구책을 여러 가지로 마련하게 된다. 먹이가 줄어든다고 나름대로 산아(새끼를 낳는 일)제한(줄이기)도 하고, 또 인간에 대응하기 위하여 인간 특성 연구 5개년 프로젝트에 돌입하기도 한다. 인간을 싹쓸이하자는 공격적인 너구리도 있었으나, 인간이 다 사라져 버리면 튀김과 맥도날드 햄버거를 먹을 수 없다며 개발만 막자는 선에서 합의에 도달하게 된다.

너구리나 여우들이 할 수 있는 변신술을 이용하여 인간들을 혼내며 여러 가지 방법을 쓰지만, 오히려 인간들에게 이용당하며 뉴타운 프로젝트는 착착 진행이 된다. 결국 일부 너구리들은 변신술

(계속)

무분별한 뉴타운 개발을 벌이는 인간들과의 한판 전쟁

산을 깎아 버리면 우린 어디로 가나요? 학생들은 어디에서 키우나요?

을 이용하여 인간 세상에서 인간으로 살아가기로 한다. 일상에 지친 샐러리맨으로 또는 장사치로……. 변신에 능하지 않은 너구리들은 먹이를 구하러 길을 건너다 차에 치여 죽기도 하고, 일부는 도시의 변두리로 몰려난다. 그리고 각자에게 묻게 된다.

"너구리나 여우는 변신이라도 할 수 있지만 다른 동물들은 어디로 갔는가?"

당장 내가 살 공간에 대해서만 고민하던 나에게, 아니 우리 인간 모두에게 낙천적이고 의지 강한 너구리들이 묻는다.

"우리는 어디에 살까요? 산을 깎아 버리면 우린 어디로 가나요? 학생들은 어디서 키우나요? 변신도 못하는 동물들은 어디로 가나요?"

생각해 보지 않을 수 없는 일이다. 우리 서울구산초 5-5반 친구들은 어떻게 생각하는가?

영상물을 활용한 통합 교육

- 개발과 보전의 문제 생각하기(자신의 입장 정리하기)-말/듣/쓰
- 자신의 생각과 입장을 뒷받침하는 근거 마련하기-말/듣/쓰
- 학급 토론 진행-사회
- 환경 문제의 합리적인 해결, 환경을 생각하는 국토 개발-사회
- 이야기 속에서 인물의 생각과 인물이 처한 환경 알아보기-읽기
- 이야기 속에서 인물이 왜 그런 일을 겪었는지, 왜 그런 일을 하게 되었는지, 앞으로 어떤 일을 하게 되는지 생각해 보기-읽기

이미 언급한 바와 같이 학급행사도 교과 활동과 관련지어 재구성해 본다면 학급활동 영역에 해당되는 행사가 곧 교수-학습활동이 될 터이고, 그 속에서 학생들은 다섯 가지 능력과 세 가지 깨달음을 체득해 나갈 수 있다. 그렇게 본다면 교수-학습활동 시간을 단순히 교과서 내용을 전달하는 시간으로 인식해서는 안 된다.(물론 학급활동이라는 것도 그 폭이 매우 넓어서 교수-학습활동과 별개의 영역에서 다양한 활동이 가능하기 때문에 꼭 교수-학습활동과 연관시킬 필요가 없는 부분

(계속)

도 있을 것이다.) 때문에 학급운영이라는 것이 두 영역으로 나뉜다 하더라도 그 두 영역은 각기 별개의 영역으로 존재하는 것이 아니라 서로 깊은 연관성을 가지고 함께 움직이고 있다는 거시적 관점을 우리는 늘 갖고 있지 않으면 안 된다.(내가 말하는 통합적 시각－거시적 관점)

교사가 학급운영과 교과지도를 별개의 것으로 분리하지 않고 하나의 큰 틀에서 바라보는 거시적 관점을 지니게 된다면 '교과지도를 잘하는 교사가 학급운영을 잘하는 교사(학급운영을 잘하는 교사가 교과지도를 잘하는 교사)'라는 가치관이 형성될 것이다. 이를 위해서는 다음과 같은 자세가 꼭 필요하다.

❶ "교과서란 무엇인가?"에 대한 명확하고도 철학적인 개념의 정립
❷ 교과수업을 다양한 각도에서 바라볼 수 있는 시각
❸ 교과수업은 교과서만을 충실히 가르치는 것이라는 생각에서 벗어나기
❹ 주변에 있는 모든 소재와 사물과 현상들이 수업자료가 된다는 생각
❺ 교과수업을 통해 이루어야 할 목표를 다양한 학급운영을 통해서도 얻을 수 있도록 재구성하려는 노력(학급운영에 대한 통합적 시각 ⇨ 학급운영 = 학급활동 + 교과지도활동)

위의 생일파티 사례와 같은 관점에서 각종 프로그램이나 놀이, 게임 활동을 바라본다면 어찌 보면 이벤트성 행사에 지나지 않는다고 봐도 과언이 아니다. 이를 어떻게 극복해야만 통합적 시각에서 협동적 학급운영 속의 모둠세우기, 학급세우기 활동을 질적으로 한 단계 더 향상시킬 수 있을까 하는 고민이 이제 필요한 시점이 되었다.

3) 학급과 모둠은 의미 있는 수업으로 세워라

잠재적 교육과정을 포함한 수업의 재구성, 주제통합, 프로젝트

최근 들어 주제통합 수업 및 프로젝트 수업 등을 진행하면서 느낀 점은 제대로만 지도한다면 그 어떤 활동보다 모둠 활동을 통해 아이들이 더 많이 성장하고 협동적 학급운영에서 추구하는 다양한 목표들을 훨씬 더 잘 달성해 나갈 수 있다는 것이었다. 특히 하나의 주제통합 수업이나 프로젝트 수업을 마치고 나면 아이들은 해결해 나가는 과정에서 의견 차이나 갈등도 때로는 경험하지만 끝내고 난 뒤 밀려오는 성취감 및 뿌듯함과 함께 모둠원들끼리 더 단합된 모습을 보였다. 이런 이유 때문에 나는 게임이나 놀이 방식의 학급세우기, 모둠세우기를 과감히 버리고 수업 중심의 모둠세우기, 학

급세우기 방식을 더 선호하게 되었다. 이를 위해 다음 학년 또는 학기를 준비하는 방학이면 교육과정을 신경 써서 살펴보고 너무 무리하지 않는 범위 내에서 적절한 주제를 찾아 미리 계획을 세워 준비한 뒤 학기에 2~3회 프로젝트 또는 주제통합(짧은 것은 2~3주, 조금 긴 것은 약 1개월 정도의 시간이 걸린다.) 수업을 진행한다. 아래 사례는 2014년 6학년 담임교사로 아이들을 지도하면서 2학기 사회과와 국어과를 중심으로 세계 배낭여행 프로젝트 수업을 진행했던 것을 정리해 본 것이다.

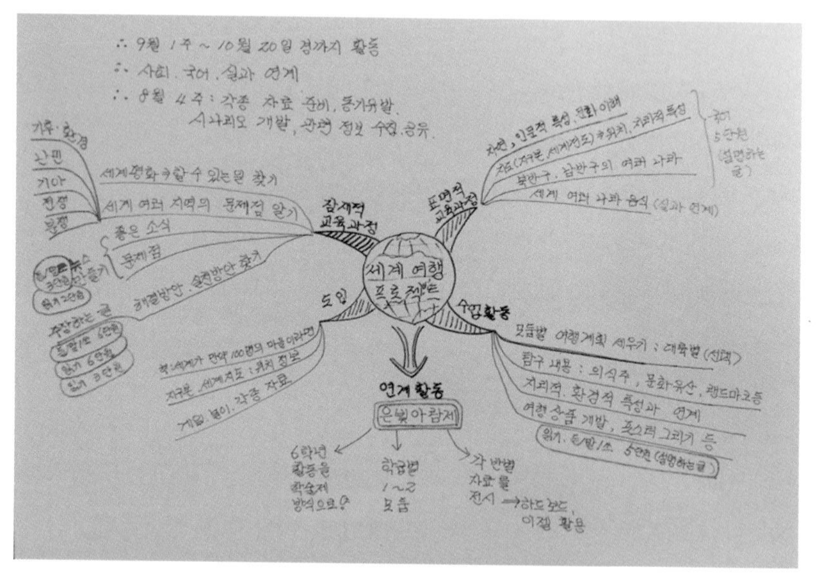

2학기 세계여행 프로젝트 수업을 위해 방학 중 6학년 교사들이 모여 협의한 내용

2014학년도 2학기 세계여행 프로젝트 수업 계획

기간	주요 활동	관련 교과	기타
8월 25일~29일	세계여행 프로젝트 활동을 위한 사전 활동 • 세계전도, 지구본 활용(사회과부도) • 여러 나라 살펴보기 • 북반구, 남반구 특징 살피기 • 자연, 인문적 특성, 문화 이해 • 세계지도 퍼즐	사회 2. 세계 여러 지역의 자연과 문화	세계전도, 지구본, 사회과부도, 놀이도구 등 준비

	세계가 만약 100명의 마을이라면(도서, 동영상) : 내용을 읽고 함께 생각해 보기 • 지식채널e : http://pann.nate.com/video/200399824 • 다음 TV-팟 동영상 : http://tvpot.daum.net/clip/ClipView.do?clipid=29678665 • 그래프(그림그래프 등)로 내용 파악하여 나타내 보기 • 우편엽서 디자인 참고 : http://blog.naver.com/PostView.nhn?blogId=srook2014&logNo=220083159121	국어 2. 정보의 해석(읽) 3. 문제와 해결(읽) 5. 언어의 세계(읽) 6. 생각과 논리(읽) 3. 문제와 해결(듣/말/쓰) 5. 언어의 세계(듣/말/쓰) 6. 생각과 논리(듣/말/쓰)	책 내용을 간략히 정리한 인쇄물 준비
9월 1일~5일 9월 8일~12일 (추석 연휴가 있어서 일정을 통합함)	프로젝트 활동 도입-1차 활동 • 각 모둠별로 대륙별 인문환경과 자연환경의 관계를 탐구하여 발표하기 • 교과서 속 핵심 내용을 1차적으로 정리(단원에서의 핵심 개념, 핵심 용어 등의 이해를 반드시 도울 수 있도록 하기) • 프로젝트 활동의 핵심 목표 및 방향 제시(인문환경과 자연환경의 관계 이해하기, 다양한 삶의 모습과 문화 이해하기-단순한 정보 나열이나 제시하기가 아님) • 모둠별로 협의하여 1대륙씩 분담 • 맡은 지역에 대하여 모둠별로 마인드맵을 활용한 주제망 짜기 및 계획 수립하기(계획서-역할 분담, 일정 계획 등이 잘 드러나게 정리)	미술 11. 생활을 아름답게 알리는 것 꾸미기	각 모둠별로 기본 계획서를 바탕으로 학급 전체에 브리핑. 이를 바탕으로 기본 계획 수정
	프로젝트 활동 준비 • 각 모둠별로 1차 발표를 위해 맡은 부분에 대한 정보 수집 • 수집된 정보 분류 및 정리(모둠별 협의회)		
9월 15일~19일 9월 22일~26일	1차 발표 준비 • 계획서 및 역할 분담에 따라 수집된 정보를 정리, 보완하고 발표자료 제작 • 각 모둠별로 전시장 관람 활동을 위한 발표 연습 실시 • 전시장 관람 활동으로 발표 실시	수학 6-1학기 6. 비율그래프	

9월 29일~10월 3일	**프로젝트 활동 도입－2차 활동** • 배낭여행 상품 개발(시나리오 제시) • 세계여행 프로젝트 속에서 다양한 테마를 아이들 스스로 정하여 활동을 시작할 수 있도록 이끌어 내기 [예 : 유럽 배낭여행 프로젝트, 아시아 배낭여행 프로젝트(이 내용 속에 지역별 문화, 전통, 각종 문제점, 세계평화를 위해 우리가 함께할 수 있는 일 등을 모두 담아서 정리할 수 있게 안내)] • 모둠별로 테마를 정하여 배낭여행 상품 개발 협의 및 준비, 정보 수집	도덕 7. 다양한 문화 행복한 세상	각 모둠별 자료 수집 및 정리
10월 6일~10일	**정보 수집 및 보완, 발표 자료 준비** • 지속적인 자료수집 및 보완 • 프레젠테이션 및 발행물 제작(브로셔 혹은 홍보물, 여행신문 등) • 전시자료(북아트) 제작 **각 모둠별 발표 연습하기** **모둠별로 뉴스 만들기 작업**	실과 2. 인터넷과 정보 3. 간단한 음식 만들기	모둠별로 자료 제작에 필요한 자료 제공
10월 13일~17일			
10월 20일~24일	**각 반별로 발표회 갖기** • 각 반별로 좋은 내용 한 작품 선정 • 은빛 아람제와 연결 짓기(6학년 축제 참여 방식은 학술제 형식이 중심이 됨)		

프로젝트 수업 실제 과정

프로젝트 수업을 위한 교사 협의회

- 방학 중 고민한 내용을 바탕으로 8월 21일~22일 프로젝트 기본 틀 잡기 협의
- 8월 25일 프로젝트 설계 및 일정 계획 확정, 1주 차 프로젝트 활동 시작 전 생각과 마음 열기 활동으로 적합한 활동 및 준비물 관련 협의(벤다이어그램 구조를 통한 지구본, 세계지도의 공통점 · 차이점 알기, 지구가 만약 100명의 아이들이라면 도서 활용 아이디어 나누기, 필요한 자료는 역할 분담을 통해 해결), 관련 자료 및 정보 수집, 자료 신청 등 : 세계지도 퍼즐 자료 신청 7세트, 생각 열기 활동을 위한 세계 여러 나라 탐색 관련 퀴즈 게임 PPT 만들기, 도서 관련 자료 제작 등

8월 26일 1차 수업(1교시) : 프로젝트 도입 활동

2학기 교육과정 살펴보기 및 세계여행 프로젝트 수업으로 들어가기 위한 워밍업 차원에서 세계 여러 나라에 대한 문화(자연환경 및 인문환경-주로 의식주)를 왜 우리가 공부할 필요성이 있는지를 함께 생각해 보는 시간을 가졌다. (우리는 왜 세계여행을 가는가? 그냥 관광을 위해서 가는 것은 큰 의미가 없다. 문화는 그 나라가 처한 고유의 환경에 영향을 받아 만들어졌고 그 나름대로의 특징과 의미가 있기 때문에 좋고 나쁨의 관점이 아니라 다름의 관점에서 바라보아야 하고, 그 속에서 우리나라와 다른 점은 무엇이고 우리가 버려야 할 것과 배워야 할 것, 발전시켜야 할 것, 우수한 우리 문화 가운데 세계적으로 널리 알려야 할 것 등을 생각해 보는 차원에서 세계여행도 가야 하고, 2학기 사회 수업도 그런 차원에서 바라보아야 한다. 또한 스펙을 쌓는다고 무조건 세계여행을 간다는 것도 잘못된 일이다. 그런 여행이 어떤 회사에 지원했을 때 자신이 하게 될 일 가운데 어떤 점과 관련을 맺고 있고 그 독특한 경험이 입사 후 자신이 해야 할 일에 어떤 영향을 줄 수 있는지를 살필 줄 알아야 진짜 스펙이 되는 것이다. 또한 방학 중 세계 여러 나라에서 일어난 사건, 사고 등을 살펴보면서 세계 평화와 연결짓기를 하였고, 세계여행 프로젝트 수업이 앞으로 우리가 할 수 있는 일도 찾아보는 시간이 될 것이라는 사전 안내를 해 주었다.)

8월 28일 2~3차 수업(1~4교시) : 1~2블록, 지구가 100명의 마을이라면

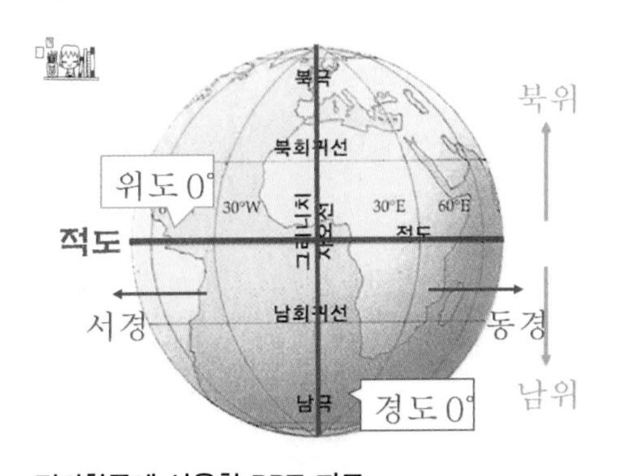

정리활동에 사용한 PPT 자료

본격적인 사회 수업으로 세계여행 프로젝트 활동을 위한 생각 열기 활동을 시작하였다. 세계 여러 나라를 여행하면서 꼭 필요한 것은 지도다. 지도는 두 가지 종류가 있다. 지구본과 세계전도인데, 두 가지는 각각 장점과 특징이 다르다. 그래서 두 가지의 특징과 공통점을 찾아보는 시간을 30분 정도 가졌다.(세계전도와 지구본을 비교 관찰하면서 벤다이어그램 구조 활용) 이후에 각자 생각한 것들을 함께 발표하고 공유하면서 정리하였고, PPT로 관련된 내용을 함께 살펴보면서 마무리 정리를 하였다. 이렇게 쓴 시간이 약 65분.

앞의 내용을 바탕으로 이제 우리가 관심 가져야 할 지구와 그 속에 살고 있는 사람들의 모습을 상상해 보면서 글을 함께 읽어 보았다.

교사 : 사람들의 살고 있는 다양한 모습을 분류한다면 어떤 기준을 가지고 분류할 수 있을까?
아이들 : 인종, 피부색, 언어, 성별, 나이, 직업, 재산 등이요.

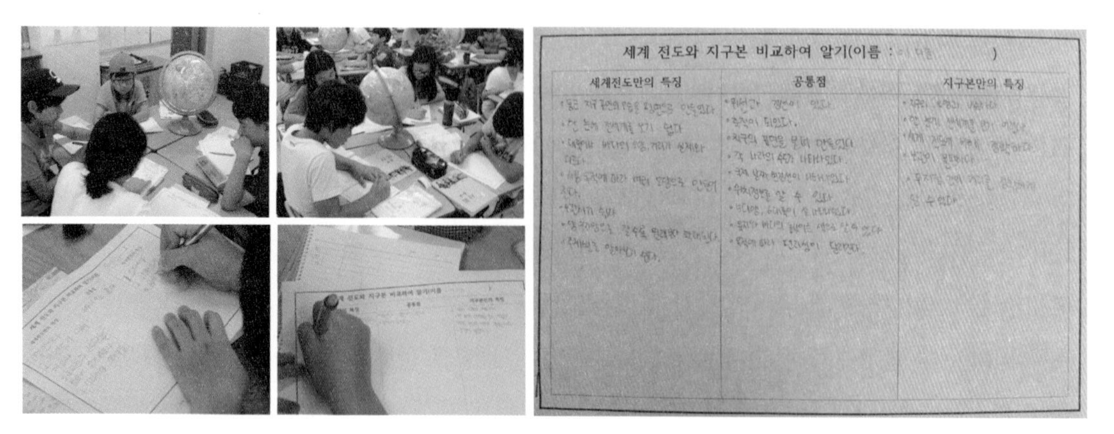

벤다이어그램 구조 활동을 통한 지도와 지구본의 차이점, 공통점 알기 활동 사례

교사 : 그런 분류 기준을 가지고 지구에 살고 있는 사람들을 100명으로 줄였을 때 어느 정도의 비율로 나타날지 한번 생각해 보자.

지구가 만약 100명의 마을이라면이라는 책의 내용을 읽은 후 괄호 안에 자신의 생각대로 적절한 비율을 써 보라고 하였다. 그렇게 자신의 생각을 쓰는 것으로 오전의 1블록 80분 수업이 마무리되었다.

잠시 쉬는 시간을 가진 이후에 이어서 바로 미술 수업과 연계하여 아래와 같은 수업을 진행하였다. 아침에 활동한 각자의 생각을 바탕으로 책 속에 나타나 있는 숫자에 대하여 동영상을 보면서 함께 공유하였다.

책 내용 예상하기(비율)

함께 본 동영상

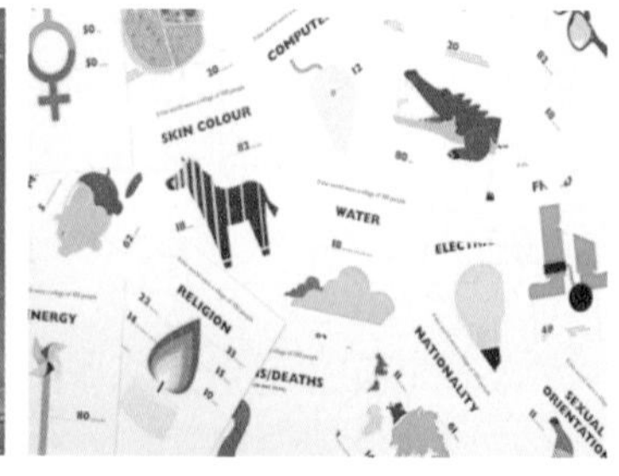

도서 관련 엽서 디자인

그를 바탕으로 지금 자신이 살고 있는 모습을 한번 생각해 보도록 하였다. 아이들 대부분은 자신이 참으로 많은 것을 누리고 행복하게 살고 있다는 것을 느꼈다. 그런 뒤에 이 이야기를 우편엽서로 디자인한 작품을 예시로 안내하면서 활동지에 기록된 수치를 1학기 수학 시간에 공부했던 기억을

떠올려 그림으로 표현한 비율그래프 디자인 수업으로 연결짓기를 하였다. 아이들이 창의적으로 잘 표현하였다. 어려워하는 아이들도 꽤 있었지만 나름 의미 있는 시간이었다. 이렇게 오후의 2블록 80분 수업 또한 잘 마무리되었다.

미술 시간 디자인 수업 활동 장면 및 활동 사례

9월 1일 프로젝트 수업을 위한 교사협의회

프로젝트 수업 협의 및 자료 점검(나라 정보 관련 PPT 퀴즈 자료 검토, 세계 여러 나라 지도 퍼즐 자료 활용 협의, 세계 여러 나라 백지도 활용 방안 협의—5대양 6대륙, 위도 및 경도의 기준점 표시하기, 날짜 변경선 표시하기 등 자료 활용하기), 이번 주 마지막 시간(2~3시간 정도)에 1차 발표 준비를 위한 모둠 구성 및 주제 선택하기 회의를 각 학급별로 진행하기로 함.(1차 발표는 모둠별로 대륙을 선택하고 그 대륙의 인문환경과 자연환경과의 관계를 중심으로 발표하는 것으로 함. 이를 위해 모둠별로 계획서를 짤 수 있도록 안내하기로 함)

9월 2일 4차 수업(1~2교시) : 나라 이름아 놀자!

아래와 같은 퀴즈 문제를 PPT로 제시하고 모둠별로 함께 찾아보는 활동을 1시간 동안 진행하였다. 번호순으로 구조를 활용하되 모둠별로 경쟁하지 않도록 최선을 다했다. 점수제도 운영하지 않고 특별한 상품도 걸지 않았다. 그래도 아이들은 즐겁게 참여하였다. 이번 주까지는 가볍게 세계 여러 나라를 살펴보면서 부담스럽지 않게 접근하려고 노력하였다. 이 활동은 사회과부도에서 세계 여러 나라를 간단하게 살펴보고 늘 알고 있었던 나라에서 잘 알려지지 않은 나라들로 눈을 돌려 보고자 하는 취지도 담겨 있었다. 아이들이 사회과부도를 살펴보면서 "이런 나라도 있었네. 처음 들어 본 이름의 나라다."라는 이야기도 하였다. 세계 여러 나라에 대한 정보도 선진국, 강대국 중심으로 공유되고 있다는 점에서 벗어날 필요도 있다고 판단된다. 평등이라는 관점에서 약소한 나라, 힘없는 나라에게도 우리는 큰 관심을 가지고 지켜볼 필요가 있다. 그런 차원에서 아이들에게 세계여행 프로젝트 활동은 큰 의미가 될 것으로 생각한다.

퀴즈 활동을 위해 문제를 만들어 6학년 교사들과 공유한 PPT 자료

이렇게 활동을 1시간 정도 하고 나서 세계 여러 나라 백지도를 나누어 주고 5대양 6대륙을 표시하고 날짜 변경선, 위도와 경도의 기준선 표시 등을 해 보는 활동을 1시간 정도 더 진행하였다. 이 활동에서 아이들은 특히 유럽과 아시아의 경계선 긋기에 어려움을 보였다. 러시아는 유럽과 아시아 모두에 걸쳐 있는데 그 경계를 정확히 보지 못하고 아시아에 있는 나라로만 표시하는 경우가 많았다. 이 부분을 명확하게 강조해 주었다.(올해는 아시안 게임이 열리는 해인데, 러시아는 아시안 게임에 참여하지 않는다. 축구의 경우에는 유럽대회에 출전하고 있다.)

세계 여러 나라 백지도에 표시한 5대양 6대륙 및 위도와 경도 기준, 날짜 변경선

9월 3일 5차 수업(3교시) : 세계지도 퍼즐 놀이

본격적인 프로젝트 수업 이전에 가볍게 흥미를 가질 수 있도록 돕는 최종 활동으로 세계지도 퍼즐 맞추기 활동을 모둠별로 진행하였다. 1세트씩 나누어 주고 퍼즐 조각 맞추기 활동을 하였는데, 별것 아닌 것 같았지만 그 어떤 수업보다도 의사소통이 잘 이루어지면서 상호작용 활동이 매우 활발하게 일어났던 활동이었다. 대부분의 모둠이 1시간 안에 조각을 다 맞추었다. 다음 시간에는 단원 학습을 위한 핵심 용어 정리 및 이해를 돕는 활동으로 시작하여 모둠별로 프로젝트 수업 발표를 위한 주제 선정 회의가 있을 것이라는 안내를 끝으로 마무리하였다.

세계지도 퍼즐 맞추기 활동 장면(200조각짜리 퍼즐)

9월 4일 6차 수업(1~2교시) : 핵심 용어 및 개념 정리 및 탐구 대륙 선정 회의

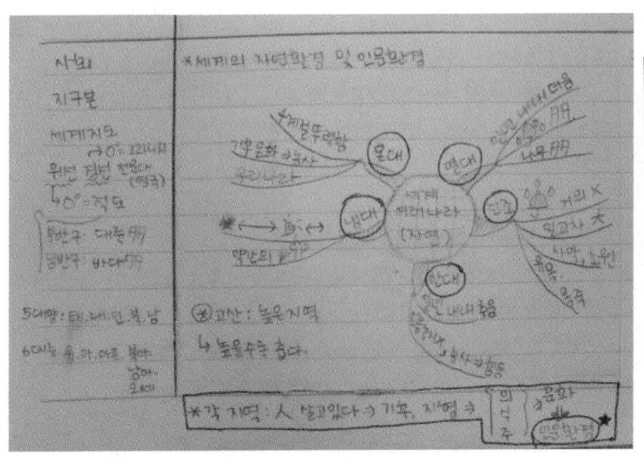
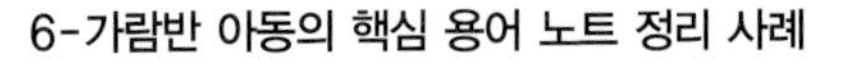

6-가람반 아동의 핵심 용어 노트 정리 사례

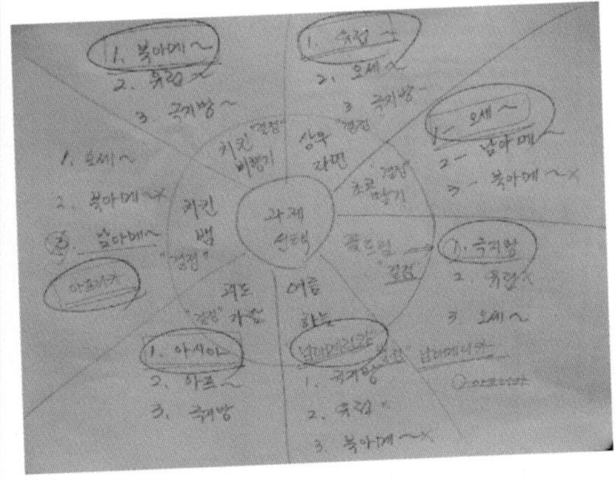

모둠별 대륙 선정 결과

프로젝트 수업에서 지역 선택을 위한 기초 활동으로서 북반구, 남반구, 대륙 등으로 나누어 간략히 살펴보고 이 활동에서 꼭 기억해 두어야 할 용어 및 개념 이해를 돕는 시간을 가졌다. 이를 위해 사회책, 사회과탐구를 중심으로 핵심 내용을 마인드맵으로 정리하면서 용어에 대한 이해 및 기억 활동을 도왔다(사회 pp. 52~57). 프로젝트 수업을 하면서 소홀하기 쉬운 부분인 만큼 각별히 신경을

쓰지 않으면 안 된다. 이 활동을 바탕으로 교과서 속에 나와 있는 대륙별 상황을 살펴보면서 모둠별로 어떤 대륙을 선택하고 정리해 나갈 것인지에 대한 협의 시간을 가졌다(사회 pp. 58~77, 사탐 pp. 48~58). 모둠원들끼리 교과서 내용을 살펴보면서 보다 많은 흥미와 호기심을 갖게 만드는 지역을 3곳 정하고(모둠 토론 후 동전 내놓기 구조 활용), 각 대표들이 모여 그 가운데 한 곳을 탐구지역으로 정하는 협의 과정을 거쳐 최종 확정을 하였다. 모둠은 7개인데 대륙은 6곳이라서 극지방(남극과 북극 : 연구 및 많은 탐구가 필요한 대륙이라서 많은 나라들이 앞다투어 연구 기지를 건설하고 있는 곳이면서 최근 들어 환경문제로 많은 문제점들이 드러나고 있는 곳이기도 하다. 또한 이 지역을 정복하기 위한 수많은 사람들의 도전이 이루어진 곳이기도 하다. 때문에 이곳 또한 탐구 영역으로 적절하다는 판단이 들었다.)을 추가하였다.

9월 4일 7차 수업(5~6교시) : 모둠별 주제망 짜기

1차 발표 안내

1. 일시 : 9월 25일, 목요일
2. 과정 안내 : 1차 자료 준비－9월 16일까지. 18일까지 자료 보완, 22일까지 발표 자료 제작, 24일까지 발표 연습, 25일 최종 발표(전시장 관람 활동)
3. 발표 내용 : 대륙의 자연환경(위치, 기후 특징), 대륙의 인문환경(의식주, 문화재, 재미있는 이야기, 역사 등－그것들이 지닌 의미나 가치 등), 사진 등도 함께 준비
4. 꼭 설명해야 할 내용 : 그 지역의 자연환경과 인문환경 사이의 관계, 그런 문화가 형성된 이유 등을 이해하는 것이 핵심
5. 주의할 점 : 너무 세세하고 자잘한 부분까지 정리하지 않습니다. 굵직하고 큰 틀을 가지고 있으며 영향력이 큰 정보들만을 중심으로 수집하고 정리, 발표합니다.

교과서에 있는 자료를 바탕으로 각 모둠별로 맡은 부분에 대한 기본적인 내용들을 살펴보고 정리하면서 앞으로 각 모둠에서 어떤 정보들을 수집하고 체계적으로 정리해 나가야 할 것인가에 대한 기초 자료를 만들어 보았다. 맡은 대륙에 대하여 소개된 교과서 속의 내용을 한눈에 알아보기 쉽게 마인드맵 구조로 정리해 보면서 빼도 될 것, 역할 분담을 통해 더 수집해야 할 정보들에 대하여 총체적으로 살펴보는 시간을 가졌다. 너무 많은 욕심을 내서 모든 것을 다 수집하고 정리한다면 어마어마한 분량이 될 것으로 예상되어 사전에 주요 자연환경(위치, 기후, 지형 등)과 인문환경(지역, 주요 나라 등의 문화, 특히 의식주, 그 지역 또는 나라에 얽힌 재미있는 이야기, 역사적 사실 등)을 중심으로 둘 사이의 관계를 잘 보여 줄 수 있는 자료를 수집할 수 있도록 안내해 주었다.

프로젝트 수업을 하면서 늘 주의를 기울여야 할 점이 있다면 이런 것들이다. 관련 교육과정에 근거하는가, 교육과정 속에서 다루어야 할 핵심 용어나 개념을 아이들이 활동 과정 속에서 얼마나 자신의 것으로 만들 수 있는가, 그 영역이나 주제에 대한 폭과 깊이를 어디까지(한계를 정하는 일)로 두어야 하는지, 결과뿐만이 아니라 과정까지 교사가 체계적으로 관리하고 점검해 줄 수 있는가, 계

회서를 마련하고 계획에 따라 진행되고 있는가를 체크하고 점검하는 일, 과정 및 결과 등에 대한 평가를 어떻게 할 것인가 등에 대한 점 등이다. 특히 내용 면에 있어서는 너무 많은 것을 담는 것보다 교육과정에 근거하여 중심을 두어야 할 점(여기에서는 자연환경 및 인문환경 사이의 관계, 각 대륙별 대표적인 문화와 그 다양성에 대한 이해)에 포커스를 맞추어 최소화시키는 것이 제일 중요한 것 같다. 그것을 조절하지 못하면 아이들이 다루는 내용이 너무 방대하여 활동은 한 것처럼 보이나 실제로는 별로 얻는 것이 없는 수업이 될 가능성이 높고, 대부분의 아이들은 그냥 단순한 정보만 죽 나열하고 읽어 버리면서 발표를 했다고 만족하는 모습으로 되어 버릴 수 있다. 이런 프로젝트 수업은 지양해야 할 일이다.

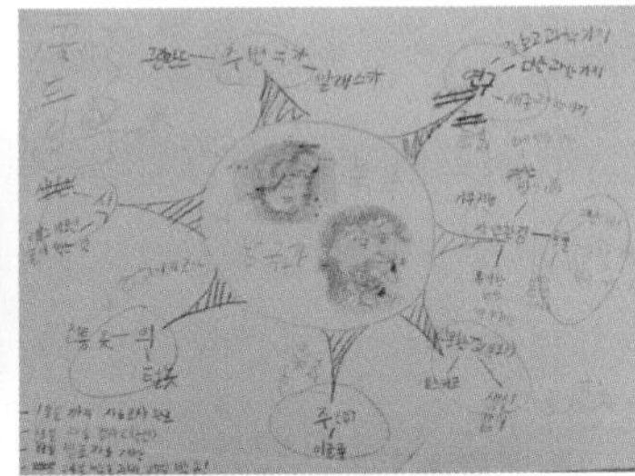
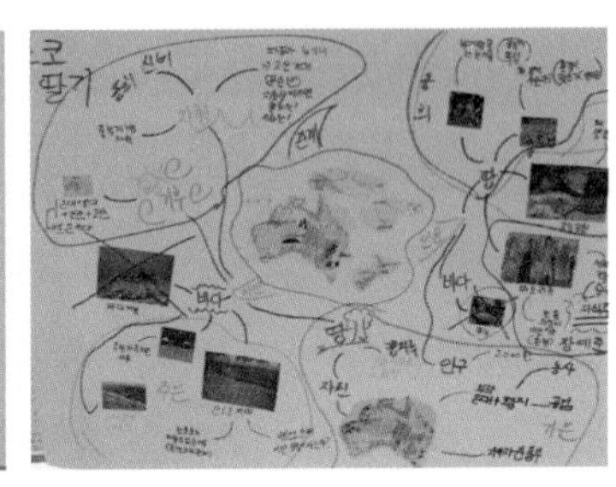

모둠별로 주제망 짜기 활동 및 결과 – 이 자체가 모둠별 계획서이기도 함(마인드맵 구조)

오늘 할 일에 대한 자세한 안내 및 1차 발표 일정에 대하여 공지한 이후 모둠별 프로젝트 수업 진행을 위한 주제망 짜기 활동을 하였다. 1학기에도 두 번 정도 해 보았지만 역시 이 활동을 아이들은 너무 어려워하였다. 과정을 지켜보면서 모둠별 활동에 적절히 개입하면서 지속적으로 설명한 뒤에야 겨우 마무리할 수 있었다.

오늘 활동이 프로젝트 수업의 가장 중요한 계획서이자 설계도를 마련하는 활동인데 아이들은 이 활동에서 얻은 경험을 자기의 것으로 얼마나 만들어 갔을지 의구심이 늘 든다. 프로젝트의 핵심이 스스로 선택하고 기획하고 실천하는 일이라면 기획 단계에서 대주제에 따른 소주제(주가지)를 어떻게 정하느냐가 이후의 활동에 성패를 매우 크게 좌우한다. 따라서 이 활동에 역시 가장 도움이 되는 활동은 마인드맵 구조이다. 주가지, 부가지, 보조가지로 생각을 늘려 가는 것이 제일이다. 그래서 각 모둠별로 마인드맵 활동으로 주제망 짜기 활동을 하도록 안내하였다. 그리고 그 속에 각 모둠별로 역할 분담 및 일정 계획이 구체적으로 드러나도록 작성하라는 말도 잊지 않았다.

9월 5일 8차 수업(5교시) : 모둠별 계획서(주제망) 최종 마무리

각 모둠별로 짜 놓은 주제망에 대한 수정 보완, 그리고 추석 연휴에 각 개인별로 정보 수집하고 준비해야 할 제반 사항들을 자유롭게 협의하고 논의하는 시간을 가졌다. 이 단계에서 어떤 토의 · 토

주제망 짜기 협의 모습

론이 이루어지느냐에 따라 뒤에 이루어질 활동은 큰 차이를 보인다. 오늘 활동 결과로 이제 활시위에서 활은 막 떠난 것 같다. 이제 각 개인별로 자신의 역할 수행을 충분히, 제대로 수행하고 그에 따라 각 개인의 책임이 서로 끼워 맞추어져 시너지를 발휘한다면 훌륭한 퍼즐 한 세트가 완성될 것이라 생각된다. 오늘 협의 과정에서 한 모둠은 모둠원 간의 참여도와 태도, 생각과 관점의 차이 등으로 인하여 갈등을 드러내기도 하였다. 그래서 적극 개입하였다. 그리고 선택의 몫은 그들에게 남겼다. 한 아동은 “이럴 바엔 혼자 하는 것이 나을 것 같습니다.”라고까지 말하였다. 그것도 그의 선택의 몫이다. “만약 그렇게밖에 방법이 없다면 나는 안 된다고 말할 수도 없다. 하지만 그런 상황까지 가지 않았으면 좋겠다는 것이 나의 바람이다.”라고 답변해 주었다. 앞으로 더 지켜볼 일이다. 적당히 물러나 있다가 적극 개입하기도 했다가 그냥 관찰만 했다가 하면서 적절히 그들이 좋은 결과를 볼 수 있도록 안내하는 것이 나의 몫일 것이다. 그래서 수업을 마치고 그 모둠만 남아 이야기를 나누었다. 모둠원들과 협의를 한 결과 진전이 있었다. 이것이 바로 배움일 것이다. 이 아이들은 함께 무엇인가를 해 나감에 있어서 어디에서 서로 배려하고 어떤 태도로 임해야 모두가 바라는 바대로 흘러갈 수 있다는 사실을 깨달았을 것이라 생각된다. 그래서 끝으로 아이들에게 “오늘 조금 힘들었지만 그래도 좋은 결과를 보여 주어서 고맙다. 오늘 너희들은 중요한 배움을 얻었다고 선생님은 본다. 너희들은 발전을 한 것이다. 이것이 선생님이 바라는 것이다. 그리고 우리 사회는 단순히 교과서에 있는 것을 더 잘 기억하고 외우도록 하는 것을 학교에 요구하지 않는다. 함께 협동적으로 주어진 과제나 문제를 해결해 나가는 데 필요한 힘을 길러 줄 것을 바란다. 교과서 내용을 기억하고 누가 잘 외웠는지를 평가하는 것은 진짜 교육이 아니다. 그래서 오늘 선생님은 너희들이 대견하다. 다음에도 이런 활동이 또 있을 터인데 그때는 오늘을 교훈 삼아 똑같은 실수를 범하지 않도록 했으면 좋겠다. 실수는 한 번이면 된다. 두 번째부터는 실수가 아니라 습관이 될 수 있는 것이니까. 그리고 그때가 되면 오늘 너희들이 깨닫고 배움을 얻었다는 것은 다 소용없는 일이었다는 것을 증명해 주는 일이 될 것이다. 자, 그럼 각자 맡은 일에 대하여 최선을 다하는 일만 남았다. 각자 자신의 몫을 충분히 해낼 수 있기를 바란다.”라고 말해 주면서 이 일을 마무리하였다.

9월 5일 프로젝트 수업을 위한 교사 협의회

이번 주에 진행된 각 학급의 실제 수업에 대하여 공유하고 다음 주 수업을 위한 세부적인 협의에 들어갔다. 특히 이번 주에 실시했던 모둠별 발표 주제 선정 및 안내 과정에서 주의해야 할 점 등에 대하여 여러 이야기가 나왔다. 나의 교실이 선진도 학급이라서 내 교실에서 진행되었던 과정을 동학년 선생님들께 설명하고 안내하면서 주의해야 할 점들에 대하여 강조하였다. 그러고 나서 이미 비슷한 과정까지 진행된 학급은 프로젝트 과정에서 핵심이 무엇이고 놓친 부분이 무엇인지에 대하여 미흡한 부분들은 각 학급별로 다음 주 첫 시간에 각 반의 아동들과 함께 수업 시간에 다시 한 번 돌이켜 보면서 활동을 보완하기로 하였다. 다음 주부터는 각 모둠별로 수집한 정보들을 분류하고 정리하는 작업들이 이루어질 것이다. 그 과정에서 교사는 적극 개입하여 필요 없는 자료, 보완해야 할 자료를 모둠별로 가려내는 데 도움을 주어야 하고 그 과정에서 핵심활동이 무엇인지를 항상 아이들이 잊지 않도록 강조하고 또 강조해 주어야 할 것이다.

9월 11일 9차 수업(1~2교시) : 모둠별 자료 수합 및 분류, 정리

각 모둠별로 적절한 정보 수집 기간을 가진 후에 처음으로 모여 자료를 수합하고 분류하며 정리하는 시간을 가졌다. 나는 우선 아이들이 수집해 온 자료들을 꼼꼼히 살펴보면서 이 활동의 핵심에 잘 부합되는 자료들을 모아 왔는지를 중심으로 점검해 주었다. 아이들은 이런 활동을 할 때마다 자꾸만 똑같은 실수를 저지른다. 그냥 무턱대고 인터넷 검색하고 무엇인가 나오면 그냥 읽어 보지도 않고 갈무리를 하여 인쇄해 오고 만다. 그래서 참으로 많은 자료들이 쓸 곳을 찾지 못하고 그냥 버려지는가 하면 그동안 자료 수집에 투자했던 시간과 노력들이 수포로 돌아가 아이들로 하여금 속상하고 안타까운 마음을 갖게 만든다. 이번 활동도 예외는 아니었다. 일부 아이들 빼고는 대부분이 정보의 나열과 제시만을 목적으로 한 자료를 수집해 왔다.(인문환경과 자연환경과의 관계를 잘 보여 주는 자료는 별로 없었다.) 그래서 각 모둠의 자료를 점검해 준 뒤에 모두를 대상으로 다시 한 번 예를 들어 설명해 주고 모둠별로 보완해야 할 부분들에 대하여 협의, 역할 분담, 자료 수집을 할 수 있도록 지도하였다. 그러다 보니 2시간이 훌쩍 지나갔다.

9월 16일 10차 수업(1교시) : 모둠별 최종 자료 수합 및 정리

지난 시간에 이어 자료를 수합하고 보완하는 시간을 추가로 가졌다. 지난번보다 자료의 질과 수준이 조금 나아지기는 했지만 아직도 부족한 모둠, 부족한 아이들이 꽤 있었다. 그 모둠, 그 아이들만을 대상으로 개별적인 지도에 들어갔다. 나름 준비가 된 모둠은 자료를 돌려가며 읽기 구조로 먼저 살펴본 후 협의를 통해 내용들을 요약하고 정리할 수 있는 시간을 가지도록 안내하였다. 역시 협동학습 기반의 초등학생 프로젝트 수업은 교사의 관리가 많이 필요한 활동이라는 것을 또 한 번 깨닫

는 시간이었다. 시간 말미에는 이번 주말까지의 각 모둠별 계획을 한 번 더 점검하면서 진행을 잘 해 나갈 수 있도록 강조해 주었다.(늦어도 금요일까지는 핵심 내용의 요약 및 정리가 완료되어야 그것을 바탕으로 다음 주 월요일까지 발표 자료를 만들 것이며, 수요일까지는 발표 연습을 마칠 수 있을 것이라는 사실을 알려 주었다.)

9월 18일 11차 수업(1~2교시) : 모둠별 자료 요약 내용 점검

모둠별로 수집된 자료를 요약하고 정리된 상황을 점검해 보았다. 한 모둠씩 차례로 나와 점검해 주면서 좀 더 보완해야 할 부분이 있는지, 요약 정리가 잘못된 부분은 없는지 잘된 부분은 어떤 곳인지 등을 알려 주었다. 아울러 이를 바탕으로 발표 자료를 어떻게 제작하는 것이 좋은지, 이를 보면서 어떤 식으로 발표를 해야 하는지 등에 대해서도 예를 들어 설명해 주었다. 대체로 자료 요약 정리가 어느 정도는 된 것 같았다. 미흡하지만 아이들이 나름 애를 쓴 흔적이 보였다. 이제 발표 자료를 만들고 발표 연습을 하는 일이 남았다. 다음 주 월요일까지는 발표 자료 제작이 완료되어야 화요일, 수요일에 연습을 한 후 목요일에 최종 발표를 할 수 있다고 안내해 주었다.

9월 22일 12차 수업(3~4교시) : 모둠별 발표 자료 제작 및 발표 연습

지난주까지 점검해 준 자료들을 바탕으로 발표에 쓸 게시 자료 제작 활동에 들어갔다. 발표를 위한 전시 자료는 최대한 간략하게 하고 게시물에 있는 사진과 요약된 내용을 바탕으로 이해한 만큼 풀어서 설명하는 방식으로 발표를 4명이 각각 1회씩 네 번을 해야 한다고 안내해 주었다. 본래의 계획대로라면 지난주까지 게시물이 완성되었어야 하는데 자꾸만 늦어지는 것이 조금 아쉬웠다. 그래도 이만큼이라도 된 것이 다행이라 생각한다. 모둠별로 많이 달랐다. 어느 모둠은 거의 완성되었는가 하면 어느 모둠은 완성도가 많이 떨어지기도 하였다. 아무튼 최선을 다해 노력해야 한다는 것을 강조하고 또 강조했다. 목요일 발표 당일에 결과가 모든 것을 말해 줄 것이다.

모둠별 발표 연습 장면

모둠별 발표 자료를 제작하는 모습

9월 25일 13차 수업(1~2교시) : 모둠별 발표(전시장 관람 구조)

드디어 발표가 이루어졌다. 점심시간에 발표장 마련을 위해 책상 위치를 조정하고 전시장 형태로 교실을 꾸몄다. 그리고 모둠별로 발표 자료를 전시하였다.

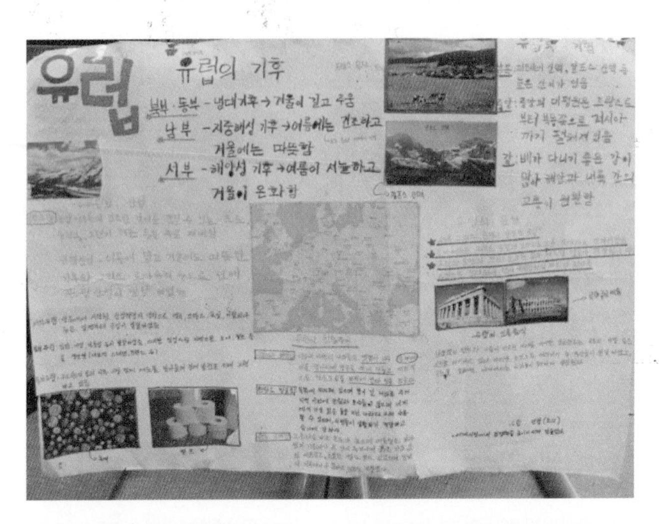

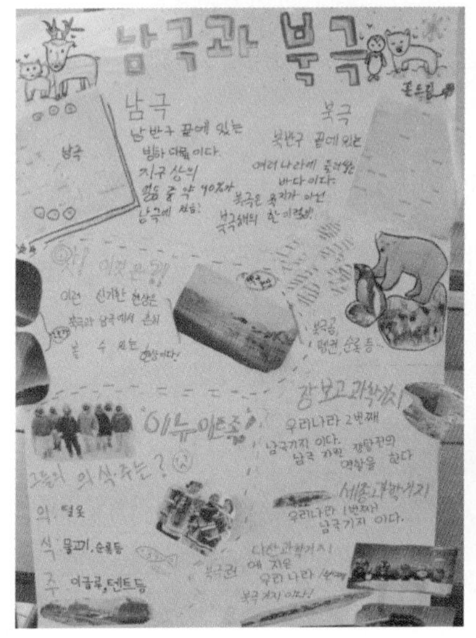

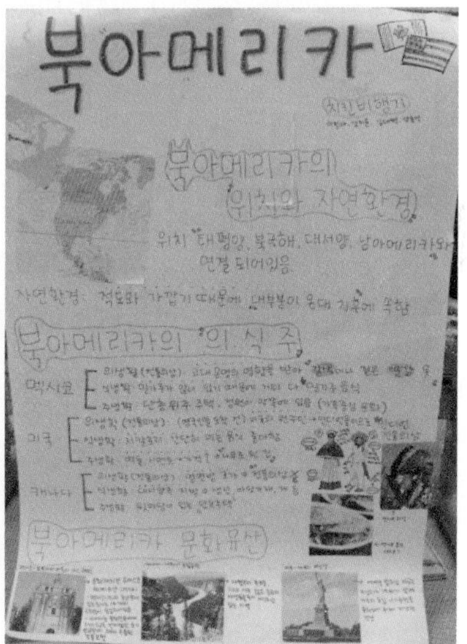

이렇게 발표 준비를 마친 후 전시장 관람활동을 통해 돌아가며 발표를 진행하였다. 모두 여섯 번의 발표가 이루어지는데 각 개인별로 1회 발표를 하는 사람이 2명, 2회 발표하는 사람이 2명씩 배정되었다. 모두 7모둠이라서 다른 6모둠원들에게 발표를 해야 하기 때문이다. 모둠별로 발표 순서를 정하고 발표에 들어갔다.

위의 사진에서 보는 바와 같이 전시장 관람 활동을 통한 발표는 아주 원활하게 진행되었다. 각 모둠별로 발표를 듣고 서로 질문도 오고 갔다. 발표를 마무리하기까지 약 60분 정도가 소요되었다. 발표를 듣는 아이들은 각자 노트를 들고 다니면서 중요하다고 생각하는 내용들은 기록하고 정리하게 하였다.

세계여행 1차 프로젝트 활동이 끝난 뒤에 아이들에게 끝낸 소감이 어떠한지를 물어보았다. 이렇게 발표를 해 본 적은 없었고, 힘들었지만 많이 배웠다고 하였다. 정말 제대로 발표활동을 해 보았다고 하였다. 다음 주 월요일에는 모둠별로 자기평가 및 자기성찰기록을 쓰는 것으로 1차 활동이 모두 마무리될 것이다.

9월 29일 14차 수업(1교시) : 평가(자기평가, 동료평가, 성찰기록)

동료 및 자기평가 활동지를 작성해 나가면서 본 수업 과정을 처음부터 돌아보는 시간을 가졌다. 이 과정을 통해 아이들은 지난 시간에 대한 성찰의 시간을 가졌다. 아쉬움은 무엇이었고 좋았던 점은 무엇이며 다음의 활동을 위해 각자 보완해야 할 점들을 살펴보았다. 또한 무임 승차자에 대한 고민을 위해 동료에 대한 냉철한 평가가 이루어지기도 하였다. 담임교사인 나는 이를 개인별 수행평가에 반영하지 않을 수 없다. 그래서 이 과정은 꼭 필수적인 것이라 할 수 있다.

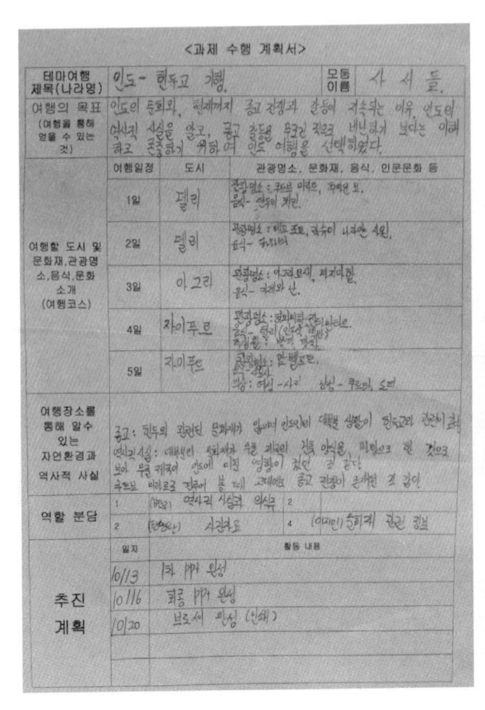

<과제 수행 계획서>

테마여행 제목(나라명)	인도 - 힌두교 기행.		모둠 이름	사서들.
여행의 목표 (여행을 통해 얻을 수 있는 것)	인도의 문화와, 현재까지 종교 전쟁과 갈등이 지속되는 이유, 인도의 역사적 사실을 알고, 종교 갈등을 우리의 시각으로 비난하기 보다는 이해하고 존중하기 위하여 인도 여행을 선택하였다.			
여행할 도시 및 문화재, 관광명소, 음식, 문화 소개 (여행코스)	여행일정	도시	관광명소, 문화재, 음식, 인문문화 등	
	1일	델리	관광명소 : 쿠트브 미나르, [illegible] 음식 - [illegible]	
	2일	델리	관광명소 : [illegible] 음식 - [illegible]	
	3일	아그라	관광명소 : 아그라 요새, 타지마할. 음식 - [illegible]	
	4일	자이푸르	관광명소 : [illegible] 음식 - [illegible] [illegible]	
	5일	자이푸르	관광명소 : [illegible] 음식 - [illegible] 의상 : 여성 - 사리 남성 - 쿠르타, 도티	
여행장소를 통해 알 수 있는 자연환경과 역사적 사실	종교 : 힌두와 관련된 문화재가 많으며 인도인의 대부분 생활이 힌두교와 관련이 [illegible] 역사적 사실 : 대부분의 문화재가 무굴 제국의 건축 양식을 [illegible] 것으로 보아 무굴 제국이 인도에 미친 영향이 컸던 것 같다. [illegible] 미루어 볼 때 고대에도 종교 전쟁이 존재했던 것 같다.			
역할 분담	1 (반장) 역사적 사실과 의식주		2	
	2 [illegible] 사진자료		4 (디자인) 문화재 관련 정보	
추진 계획	일자	활동 내용		
	10/13	1차 PPT 완성		
	10/16	최종 PPT 완성		
	10/20	브로셔 완성 (인쇄)		

프로젝트 과제 수행 계획서

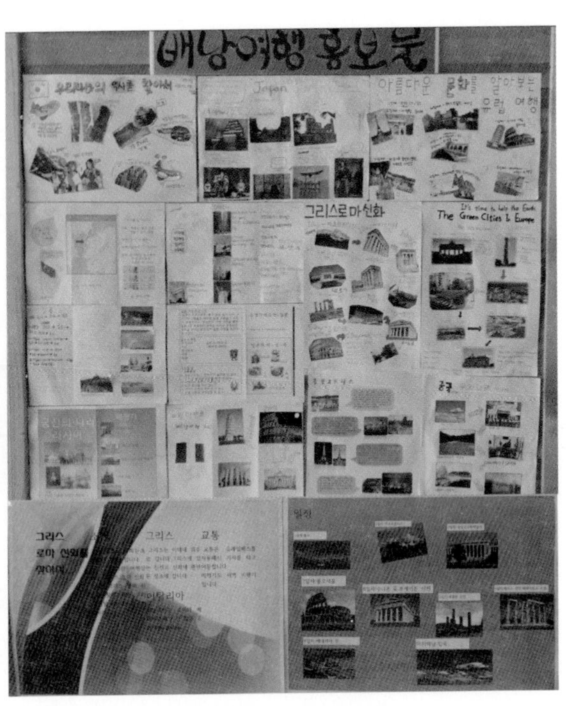

2차 세계여행 프로젝트 홍보물 및 브로셔

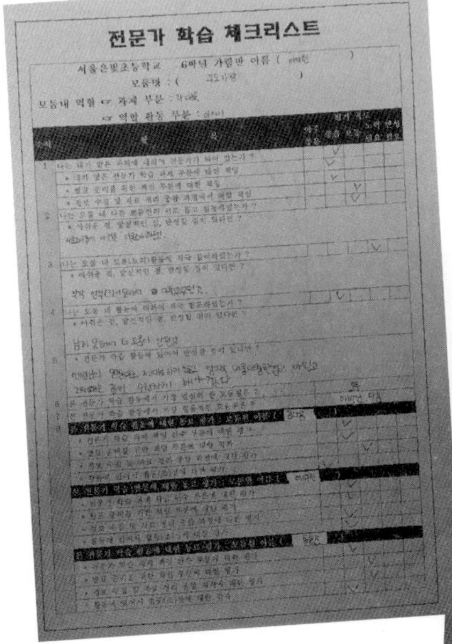

전문가 학습 체크리스트

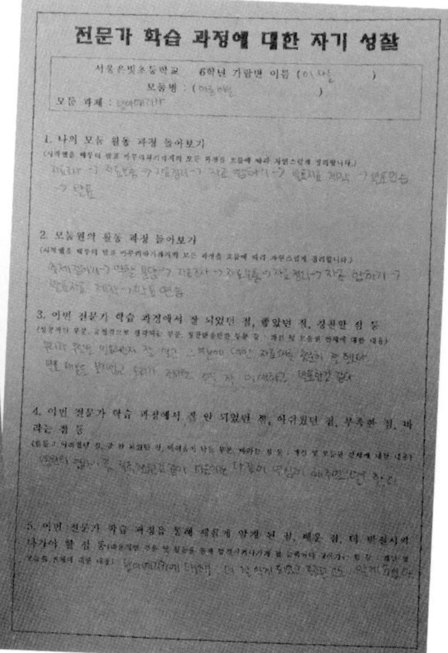

전문가 학습 과정에 대한 자기 성찰

1. 나의 모둠 활동 과정 돌아보기

2. 모둠원의 활동 과정 돌아보기

3. 이번 전문가 학습 과정에서 잘 되었던 점, 좋았던 점, 칭찬할 점 등

4. 이번 전문가 학습 과정에서 잘 안 되었던 점, 아쉬웠던 점, 부족한 점, 바라는 점 등

5. 이번 전문가 학습 과정을 통해 새롭게 알게 된 점, 배운 점, 더 발전시켜 나가야 할 점 등

프로젝트 수업 자기평가서 및 성찰기록

문제 : 세계 테마 여행 상품 개발

학습 목표 : 의미 있는 테마(주제)를 중심으로 세계 여러 나라의 문화를 체험할 수 있는 여행 상품 개발하기

〈시나리오〉

은빛 가람 여행사 여행 상품 개발 공모

2015년도 은빛 가람 여행사 특별 기획 상품 개발을 위해 아래와 같이 세계 여행 상품을 공모합니다.

1. 목적

(1) 하나의 테마(의미 있는 하나의 주제)를 중심으로 세계 여러 나라의 문화 및 유산들을 접할 수 있도록 한다.

(2) 단순한 관광 차원을 뛰어넘어 의미 있는 배움의 장이 될 수 있도록 한다.

(3) 인류가 남긴 문화유산 및 세계 여러 나라의 문화를 통해 인류 및 우리의 과거와 현재를 돌아보고 지속 가능한 미래를 생각해 보는 기회가 될 수 있도록 한다.

(4) 테마에 따라 돌아보는 문화 및 문화유산들 속에서 인문환경과 자연환경과의 관계 또는 의미 있는 역사적 사실들을 알아 갈 수 있도록 한다.

2. 개발 상품 내용

(1) 본 개발 상품은 개발하는 팀의 계획에 따라 테마, 여행 일정 및 기간, 여행 코스 등을 자유롭게 정하도록 한다.

(2) 경비는 따로 산출하지 않는다.

(3) 출발 당일부터 일정별, 시간대별로 교통편, 식사 내용, 여행 코스 등을 자세하게 안내하도록 한다.

3. 공모 기간 및 세부 사항

(1) 2014년 9월 30일~10월 22일(10월 23일에 프레젠테이션)

(2) 발표 당일 각 여행 코스별로 간략한 소개, 문화적 · 역사적 의미 또는 가치, 관련된 이야기, 눈여겨보아야 할 점 등에 대하여 제시하도록 한다.

(3) 프레젠테이션을 위하여 홍보물(발표 자료) 및 브로셔를 동시에 제작하여 배포한다.

(4) 홍보물은 4절지에 직접 손으로 디자인하여 제작한다.

(5) 브로셔는 컴퓨터를 활용하여 다양하게, 창의적으로 제작하여 배포한다.(단면 또는 양면 제작)

(6) 위의 모든 조건을 모두 만족시킬 수 있는 여행 상품을 개발하여 제시하도록 한다.

(7) 발표 방법 : 전시장 관람 활동(팀원 모두가 참여하여 개발하고 발표)

4. 우수 상품 개발팀을 위한 특별 혜택 : 소정의 상품 지급

2014년 9월 30일

은빛 가람 여행사 이사장

서울은빛초
6-가람여행
사이사장인

4) 학급세우기와 모둠세우기는 1년 전체를 아우르는 프로그램을 통해 시스템화하라 – 다 함께 잘 살기 프로젝트 시스템

가장 좋은 학급세우기, 모둠세우기 활동은 1년 전체를 아우를 수 있는 하나의 프로그램이면서도 협동적 학급운영에 적합한 활동이어야 한다. 나는 그를 위해 한참 고민 끝에 다 함께 잘 살기 프로젝트라는 이름으로 경제 교육 프로그램을 기획하였고 몇 년 전부터 실천해 오고 있다. 이는 교실을 하나의 작은 공동체 사회(실제 사회의 축소판)라 생각하고 실제 사회에서 이루어지고 있는 현상들을 교실 속의 상황에 맞게 바꾸어 적용한 것으로 이 프로그램의 궁극 목적은 협동적 배움이다. 그 내용은 경제 교육, 기본 생활 습관, 만족지연능력, 학급 자치, 자기 관리, 작은 사회의 이해를 통한 실제 사회(특히 자본주의)의 이해, 법과 제도의 이해, 교실 내에서의 직업 체험 활동(개인적인 책임 다하기, 개인적인 책임이 한데 어우러져 시너지 발휘하기)을 통한 협동적 교실(다 함께 잘 사는 사회) 만들기, 공정한 경제활동과 분배에 대한 이해 등이다. 이 활동을 통해 아이들은 '우리 사회는 우리 스스로가 만들어 나가는 거로구나! 우리가 무엇을 어떻게 하느냐에 따라 많은 것이 달라질 수 있구나!' 하고 느껴 가고 있으며, 1년 동안의 경험이 밑거름이 되어 미래에 우리 사회를 다 함께 잘 살 수 있는 곳으로 만들어 나갈 수 있는 사람으로 성장해 나갈 것이라고 나는 굳게 믿고 있다. 이 프로그램에 대한 자세한 내용은 제3장 '(9) 만족지연능력'에서 자세히 소개하고, 여기에서는 활동 과정을 간략히 안내해 보고자 한다.

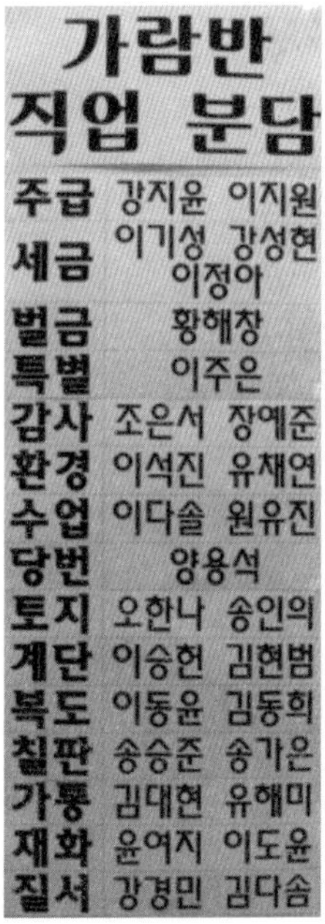

가람반
직업 분담

주급	강지윤 이지원
세금	이기성 강성현 이정아
벌금	황해창
특별	이주은
감사	조은서 장예준
환경	이석진 유채연
수업	이다솔 원유진
당번	양용석
토지	오한나 송인의
계단	이승헌 김현범
복도	이동윤 김동희
칠판	송승준 송가은
가통	김대현 유해미
재화	윤여지 이도윤
질서	강경민 김다솜

2014년 6-가람반

프로그램을 처음 시행하면서 복사물을 아이들에게 나누어 주고 내용을 함께 꼼꼼히 읽어 보면서 프로그램을 도입하게 된 취지, 목적, 내용, 활동 방법 등을 아주 소상하게 설명해 주었다. 아이들이 긴장하면서도 재미있겠다는 호기심 어린 눈빛을 보였다. 그런 이후에 다음 날부터 바로 시행에 들어가되 1주일간은 직업 선택을 위한 자기 소개서 제출, 프로그램에 적응하는 기간으로 삼았다.

첫 주에 각자 제출한 자기 소개서를 바탕으로 모두의 직업이 정해졌다. 직업이 정해지고 나서 첫 주의 마지막 날 최종 안내를 다시 한 번 하면서 1차로 직업수당 및 수업수당을 처음 지급하면서 통장 정리 및 직업별 활동을 본격적으로 시작하였다. 다음 주 월요일부터 토지세를 내기 시작하면서 아이들은 활동을 통해 열심히 노력하지 않으면 안 된다는 것을 곧바로 알게 되었다. 직업수당과 수업수당만으로는 파산을 면하기가 쉽지 않다는 것을 직감하게 되었다. 그러면서 특별수당을 통해 자신의 통장에 자산을 늘리기 위한 노력을 게을리하지 않으려는 모습이 역력히 보였다. 아이들은 각종 장부 및 통장 정리를 쉬는 시간에 틈틈이 하였고 나는 특히 1교시 시작 전과 5교시 시작 전에 각 직업별로 할 이야기가 있는지 미흡한 점이 무엇인지를 이야기할 수 있는 시간을 주어 활동이 잘 이루어질 수 있게 도왔다. 그렇게 3주 정도가 지나자 아이들은 나의 특별한 도움 없이 스스로 교실을 움직여 나가기 시작하였다. 3주째 들어서면서 한 아이는 이런 질문도 하였다.

아동 : 선생님, 스스로 배움공책 면제권은 300협동인데 안 해 왔을 때의 범칙금은 100협동이라면 차라리 100협동을 내고 안 하는 것이 더 낫지 않나요?

역시 아이들다운 질문이었다. 그래서 이렇게 답변해 주었다.

교사 : 쉽게 생각하면 그렇지. 그러나 좀 더 생각해 보면 그리 쉽게 생각할 일은 아니지. 일단 범칙금이란 법을 어긴 것으로 각 개인에게는 그리 좋은 일은 아니어서 심적으로도 부담감이 생기지. 그러나 면제권은 합법적으로 스스로 배움공책을 안 해도 된다는 권리를 부여받은 것이기 때문에 부담감이나 법을 어긴 것이라는 생각은 전혀 들지 않지. 그리고 범칙금은 나의 통장 잔고가 많을 때는 큰 부담이 되지 않지만 통장 잔고가 바닥을 드러낼 때는 매우 큰 부담이 될 수밖에 없다. 면제권을 구입하는 데 드는 300협동이라는 비용은 사실 3주 정도 너희들이 체험해 봐서 알겠지만 그리 쉽게 모을 수 있는 것이 아니라는 것을 알고 있지? 300협동이라는 비용을 지불해서라도 면제권을 얻고 충분히 남을 만큼의 자산을 모으려면 굉장히 많은 노력이 필요하다는 것 또한 이미 직감했을 것이라 생각한다. 어찌 보면 면제권은 '과소비'에 해당되는 재화일 수도 있지. 우리 사회에서 과소비가 될 수 있는 그런 재화에는 특별소비세 등이 붙어서 세금이 아주 높게 책정되어 있단다. 그래야 사람들이 함부로 그 재화에 돈을 지불하지 않게 될 터이니까. 이제 이해가 되었지?

3주째 들어서면서 아이들은 약간의 여유 자금이 생기자 서서히 재화를 구입하기 시작하였다. 그러면서 놀이 도구를 대여하여 놀이 시간, 점심 시간에 모여서 게임을 즐기는 아이들이 늘어났다. 십시일반 형식으로 10협동씩 모아 대여하는 아이들이 있는가 하면 조금 여유가 되는 한두 아이가 더 내서 도구를 대여하여 즐기는 아이들도 있었다. 나는 감사 담당을 통해 아이들이 보유하고 있는 자산을 파악하여 의도적으로 조절하기 위한 활동도 하였다. 아주 열심히 노력하여 빠른 시간 내에 자산을 500협동 정도까지 모은 아이들도 몇몇 있었다. 그 아이는 토지 소유를 목적에 두고 있는 것 같았다. 그래서 토지 소유가 그리 쉬운 것만은 아니라는 것을 알게 해 주기 위해 의도적으로 자산을 줄

6-가람반 재화 관리 수납장

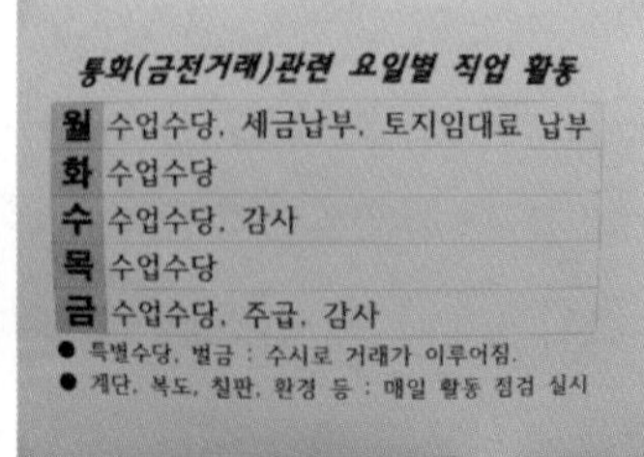

요일별 직업 활동 게시물

6-가람반 재화의 이용 사례 1

6-가람반 재화의 이용 사례 2

이는 활동도 하였다. 예를 들어 수업 준비 및 수업 분위기가 전체적으로 좋지 않은 시간에 모두 범칙금으로 100협동씩 부과하여 일부러 줄이기도 하였다. 그러면서 빠른 시간 안에 파산 선고를 받은 아이가 생겨 파산이라는 것에 대한 직간접적인 경험을 알려 줄 수 있도록 하였다.

정말로 4주째 접어들면서 파산 선고를 받은 아이가 두 명 생겼다. 매년 이 활동을 하다 보면 경제 프로그램에 대한 큰 의미를 두지 않아서 그냥 막 살아가는 아이가 있기 마련이다. 이 두 명의 아이도 그랬다. 대개 이런 아이들은 실제 돈도 아니니 뭐 그리 큰 부담을 가질 필요가 있겠느냐는 생각을 갖고 있다. 그러나 파산 선고를 받고 자리를 반납한 뒤 1주일간 뒤에 서서 공부하며 파산에 대한 책임으로 1주일간 교내 자율봉사활동(환경 정화 활동) 및 학급 내 봉사(매일 복도, 계단, 교실 청소) 등으로 부채를 소멸시켜 주는 경험을 하게 되자 그리 쉽게 볼 활동만은 아니라는 것을 깨달아 나가기 시작하였다. 1주일 봉사활동을 마친 뒤 다시 정상적인 생활을 시작할 수 있도록 자리를 무상으로 지급하고 토지세를 낼 수 있도록 금요일에 주급 및 수업수당을 일괄 지급하였다. 그러자 아이의 모습이 조금씩 변하기 시작했다. 스스로 배움공책을 잘하지 않던 아이가 열심히 하기 시작하였고 범칙금을 내지 않기 위해 노력하는 모습도 보였다. 이런 모습을 아이들이 직간접적으로 경험하면서 실제 우리 사회에서의 삶이 그리 쉽지만은 않다는 것을 조금이나마 이해하기 시작하였다. 그래서 아이들에게 나는 이런 말도 해 주었다.

교사 : 우리 사회에 잘사는 사람도 있고 그렇지 못한 사람도 있지. 그런데 잘사는 사람들은 그 나름의 이유가 있고 그렇지 못한 사람들도 그 나름의 이유가 있지. 특히 노력하는 정도에 따라 많이 달라진다는 것을 이미 알고 있을 것이다. 각자의 노력에 따른 결과는 자신이 스스로 책임지는 것이다. 자산을 모으는 일은 티끌을 모아 태산을 만들 듯이 어렵고 긴 시간이 걸리지만 자산을 소비하거나 날리는 일은 그리 많은 시간이 걸리지 않으며 한 방으로 모든 것을 잃을 수도 있다는 것,

그리고 이 사회에서 잘 살아가기 위해 적절한 직업을 선택하고 열심히 노력하지 않으면 풍족하고 자유로운 경제활동을 해 나갈 수 없다는 것을 여러분은 조금씩 이해하게 되었을 것이다. 그리고 여러분 가운데는 자기 집에서 살고 있는 사람도 있지만 전세로 살고 있는 사람도 많을 것이다. 특히 전세로 살고 있는 사람들은 부모님들께서 '내 집 마련'을 위해 얼마나 애쓰며 열심히 일하고 계신지 잘 이해하기 바란다. 여러분이 토지세를 내지 않기 위해 1000협동을 모으는 일보다 상상도 할 수 없을 만큼의 많은 노력을 여러분의 부모님께서는 하고 계시다는 것을 깨닫기 바란다.

그렇게 경제 프로그램은 우리 교실을 움직이는 시스템이 되었고 아이들은 그 속에서 나름 열심히 살아가게 되었다. 그러던 중 한 아이가 이런 제안을 하였다.

아이 : 선생님, 파산 선고를 받은 아이들을 구제할 방법은 없나요? 예를 들자면 실제 우리 사회도 기부라는 것이 있고, 그것을 통해 어려운 사람들이 도움을 받고 있는데 우리 교실도 그런 것을 만들면 안 될까요?

교사 : 그래, 좋은 의견을 내 주었구나. 어디 한번 함께 고민해 보자. 지금부터 이에 대한 토의 · 토론을 시작해 보도록 하자꾸나.

그렇게 토의 · 토론 수업은 시작되었다. 아이들의 머릿속에서 다양한 의견이 쏟아져 나왔다. 대체로 의견은 이러했다.

- 우리 반의 목표가 '다 함께 잘 살기'이니 파산 선고받은 아이들을 도와주는 것이 맞는 일이다.
- 파산은 그들의 노력이 부족해서 생긴 일이니 그들 스스로 노력해서 책임을 질 수 있도록 해야 한다.
- 우리 사회도 잘 살펴보면 노력을 안 하면서 살지만 여기저기에서 그들을 도와주는 모습을 볼 수 있다. 노숙자들을 위한 무료 급식이 그 예이다.
- 도움을 주는 것이 나쁘지는 않지만 자꾸 도움을 주게 되면 그것이 습관으로 변해 노력하지 않아도 남들이 자신을 또 도와줄 것이라는 생각을 갖게 되어 오히려 그 사람을 망치는 일이 될 수도 있다. 그러니 무조건 도움을 준다고 될 일은 아니다.

역시 6학년 아이들이라서 그런지 조금은 생각의 폭과 깊이가 있었다. 그렇게 열띤 공방 끝에 아이들끼리 결론을 내렸다. 나는 곁에서 지켜보기만 하였다.

파산 선고를 받은 아이들을 돕기 위한 방안

1. 파산 선고를 받은 아이가 생겼을 때 긴급회의를 갖는다.
2. 회의를 통해 파산 선고를 받은 아이를 도와 파산을 면할 수 있도록 도움을 줄 것인가 그냥 스스로 책임을 지도록 할 것인가에 대한 회의를 한다.
3. 회의를 하면서 파산 선고를 받은 아이의 이야기도 함께 들어 본다.(어떻게 해서 파산을 하게 되었는지, 도움을 받을 것인지 거부할 것인지, 도움을 받을 경우 다시 파산 선고를 받지 않기 위해 어떤 노력을 할 것인지 등에 대한 생각을 밝히도록 한다.)
4. 파산 선고를 받지 않도록 도울 경우 그 사람이 또다시 파산 선고를 받게 되면 그때는 스스로 책임을 질 수 있도록 한다.
5. 도움을 주기 위해 모두는 각자 자신이 갖고 있는 자산의 일부를 기부하되 그 방법은 일이 생겼을 때마다 달리 해결한다. (예를 들어 모두가 똑같이 10협동씩 기부하기 등. 다 함께 잘 살기 목표를 달성하기 위해 기부가 결정되면 모두가 함께 참여하는 것을 원칙으로 한다.)

실제로 파산 선고를 받은 아이가 이런 회의를 통해 구제를 받게 된 사례가 몇 번 있었고, 아직까지는 이렇게 구제를 받은 아이가 또다시 파산 선고를 받게 된 사례는 없었다. 하지만 언젠가는 그런 사례가 생길 것이다. 그때는 그 아이 스스로 책임을 지게 될 것이다. 이렇게 우리 반 아이들은 경제 프로그램 속에서 나름대로의 원칙을 세우고 그것을 잘 지켜 나가기 위해 매일 열심히 살아가고 있다. 나와 모두의 행복한 오늘을 위해. 아이들의 그런 모습을 지켜보면서 나는 이런 생각을 갖게 된다.

원칙이라는 것은 칼의 집과 같아서
아무것도 아닌 것 같지만 아무도 다치게 하지는 않는다.
오히려 사람을 다치게 하는 날카로움을 덮는 힘을 가지고 있는 것 같다.

5) 스펜서 케이건을 뛰어넘을 때 진짜 협동학습 수업이 만들어진다

스펜서 케이건(Spencer Kagan)은 수업을 암기 숙달, 사고력 신장, 정보 교환, 의사소통기술 등으로 구분하였다. 과거 암기중심 교육, 지식의 전달이 교육의 목표이자 수업의 핵심이었던 시절에는 그렇게 구분되었을지 모르겠지만 교육 및 수업에 대한 시각과 관점은 많이 변하였다. 이에 따라 과거와 똑같은 시각과 관점으로 오늘날의 수업(특히 수업을 예술적 시각에서 바라보고자 하는 노력이 현장에 자리매김을 하기 시작했다.)을 바라본다면 분명히 교육 및 수업의 본질이 희석 또는 왜곡되거나 어떤 문제(예를 들자면 수업의 결과를 수치화하고 평가 결과에 따라 서열을 매기는 행위가 당연하게 여겨지는 현실은 변하지 않는다.)가 발생하게 된다. 현재의 내 관점에서 바라볼 때 실제 수업은 이렇게 명확히 구분되고 나눠지는 않는다. 그리고 수업 상황을 그렇게 구분하고 어떤 상황에는 어떤 기법을 쓰면 좋다는 식의 기계적인 협동학습 구조 적용, 공식화된 협동학습 구조 적용, 내비게이션식 협동학습 구조 적용을 뛰어넘지 못하면 협동학습 수업의 질적 성장은 절대로 이루어지지 않는다.

지금 현장에는 수업을 암기 숙달, 사고력 신장, 정보 교환, 의사소통기술 등의 상황으로 단순하게 구분하고 각 상황에 적절한 구조들을 분류한 뒤 적당한 구조를 선별하여 적용하면 된다고 생각하는 방식의 협동학습 상황이 굉장히 널리 퍼져 있다. 특히 아래에서 보는 바와 같이 도메인 차트라고 해서 협동학습 구조와 특성, 수업 상황 등을 가로축과 세로축에 각각 배열하고 그것이 서로 만나는 지점의 구조를 선택하도록 만든 도표가 눈에 띄기도 한다. 구조 중심 협동학습 전문가인 스펜서 케이건도 도메인 차트를 만들어 활용할 수 있도록 안내를 해 왔다.

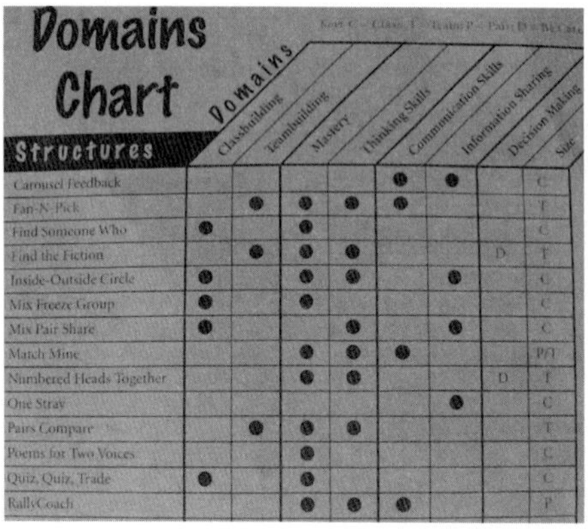

Domains Chart

Structures	Classbuilding	Teambuilding	Mastery	Thinking Skills	Communication Skills	Information Sharing	Decision Making	Size
Carousel Feedback					●	●		C
Fan-N-Pick		●	●	●	●			T
Find Someone Who	●		●					C
Find the Fiction		●	●	●			D	T
Inside-Outside Circle	●		●	●		●		C
Mix Freeze Group	●		●					C
Mix Pair Share	●			●		●		C
Match Mine			●	●	●			P/T
Numbered Heads Together			●	●			D	T
One Stray						●		C
Pairs Compare		●	●	●				T
Poems for Two Voices			●					C
Quiz, Quiz, Trade	●		●					C
RallyCoach			●	●	●			P

스펜서 케이건의 도메인 차트

구조	학급 세우기	모둠 세우기	암기 숙달	사고력 신장	의사소통 기술	정보 교환	의사 결정
돌아가며 말하기		○	○	○	○	○	
돌아가며 쓰기		○	○	○	○	○	
동심원	○		○	○		○	
번갈아 말하기			○	○	○		
번갈아 쓰기			○	○	○		
말하기 칩					○		
텔레폰			○		○		
이 사람을 찾아라.	○		○				
생각 - 짝 - 나누기		○		○	○	○	○
짝 점검			○	○	○		
부채 모양 뽑기		○	○	○	○	○	
번호순으로			○	○			
플래시카드			○	○	○	○	
향상 점수제		○	○		○	○	
과제분담학습		○		○	○	○	

우리나라에서 접할 수 있는 도메인 차트

하지만 이런 식의 적용은 각 협동학습 구조마다 갖고 있는 고유한 특성을 교사들이 제대로 인식하지 못하게 할 뿐만 아니라 수학이라는 것에 대하여 공식만 외우면 어떤 문제를 풀 수 있다고 생각하는 아이들처럼 협동학습 구조를 바라보는 교사들의 시각과 사고의 폭을 좁게 만들어 준다. 실제로 문장으로 된 수학 문제를 살펴보면 공식만 외우고 있는 아이들은 그 속에서 어떤 것을 가져다가 어떻게 대입해야 할지 잘 몰라 문제를 풀지 못한다. 그와 마찬가지로 교과 내용을 살펴보면 사실 내용들이 아주 특별한 몇 가지 사례를 빼고는 암기 숙달, 사고력 신장, 정보 교환 등으로 명확히 구분

순번	학습 활동 영역	적용 가능한 협동 학습 구조
1	읽기	모둠별 번호순으로 읽기, 돌아가면서 읽기 (단락별 낮은 소리로 읽기)
2	발표	돌아가며 말하기, 칠판 나누기, 생각-짝-나누기, 전시장 관람 구조
3	모둠별 탐구 보고서	매체를 활용하여 발표하기, 과제 완성의 절차 강조-과제 분담-참여과정 보고서에 첨부, 상호 평가, 역할 기여도에 따른 다면적 평가(일벌레, 무임 승차자 없도록)
4	학습지 풀기	짝 점검 학습지 제작, 번갈아 풀기, 향상점수제 활용, 모둠 칠판 활용하기
5	필기	마인드 맵 활용하기, 칠판나누기, 모둠 활동지 돌리기(정리 용지)
6	내용 정리	생각-짝-나누기, 모둠원 발표, 퀴즈 형식, 돌아가며 쓰기, 모둠문장 만들기
7	보상	즉각적인 보상 누적(개인별, 모둠별), 칭찬티켓, 향상점수제, 칭찬 박수
8	집중시키기	침묵 신호(각종 신호 활용)
9	암기하기	플래시 카드, 번갈아 말하기, 퍼즐 맞추기, 5단계 오엑스 퀴즈, 모둠 문제 만들기
10	창의적 생각 찾기	브레인스토밍, 번갈아 말하기, 돌아가며 말하기, 돌아가며 쓰기, 섞이고 짝짓기, 생각 - 짝 - 나누기, P. M. I 기법
11	잘 듣기 잘 말하기	말하기 여권(토킹 칩), 다시 말하기 카드, 하나 주고 하나 받기, 발표 카드
12	적용	함께 차트, 결심문장, 매트릭스
13	토의하기	돌아가며 말하기, 모둠 인터뷰, 생각-짝-나누기, 역할별 토의하기 등

학습 활동 상황에 따른 협동학습 구조 활용 분석표

되지 않아 협동학습 수업 속에서 어떤 단계에 어떤 구조를 넣는 것이 적절한지를 제대로 판단하지 못하여 그냥 '이거면 되겠지' 하는 마음으로 마구 적용하여 수업을 진행하게 된다. 그러나 협동학습에 대한 오랜 경험을 쌓은 교사의 입장에서 보면 수업 디자인 측면이나 구조의 선택 측면에서 굉장히 안타까운 마음을 갖게 만드는 수업이나 지도안을 많이 만나게 된다.

협동학습에 대한 경험이 많지 않을 때는 도메인 차트나 분석표 등이 도움이 되기는 하겠지만 경험을 충분히 쌓아 나가면서까지도 그에 의존한다면 더 이상 협동학습에 대한 질적 성장은 기대하기 어렵다. 진짜 협동학습 전문가들은 그런 것에 의존하지 않는다. 진짜 전문가는 많은 구조를 교실 속으로 끌어들이기보다는 몇 가지 구조만이라도 적재적소에 잘 활용하여 다양한 활동을 할 수 있는 능력을 갖고 있다. 그들이 그렇게 할 수 있는 이유는 몇 가지 구조일지라도 그 구조가 가지고 있는 특성들을 잘 이해하고 그것들을 다양한 맥락에서 여러 활동과 연결짓기를 할 수 있기 때문이다. 협동학습에 대한 오랜 경험을 갖고 있으면서도 도메인 차트나 분석표 등에 의존한다면 협동학습 초보자와 같은 수준을 결코 넘어설 수 없다. 나는 차라리 처음 시작할 때부터 도메인 차트나 분석표 등은 멀리하고 몇 가지 구조를 잘 들여다보고 그 특성을 파악하면서 서서히 자기 것으로 만들어 나가는 경험을 쌓아 나갈 것을 강력하게 권한다. 한 가지 구조만이라도 그것을 자유자재로 갖고 놀 수 있는 수준에 도달한다면 다른 구조의 활동능력 또한 그런 경지에 오르는 데 많은 시간이 소요되지 않을 것이다. 협동학습 구조의 공식적 적용은 아예 마음에서 멀리하도록 하자. 그러면 각기 다른 협동학습 구조(흔히 협동학습 기법이라는 것, 나는 이를 '사고의 틀'이라 칭한다.)가 갖고 있는 그릇의 모양을 잘 파악하여 그 속에 어떤 내용이든지 적절하게 다듬어(재구성하여) 담을 수 있게 될 것이다. 그 순간이 올 때까지 꾸준히 노력하고 시행착오를 경험해 나가기 바란다.

6) 수준 높은 협동학습 수업은 구조를 해체(구조를 뛰어넘을 때)시킬 때 일어난다

협동학습을 처음 시작하는 교사이거나 협동학습에 대한 경험이 많지 않은 교사일지라도 늘 수준 높은 수업을 꿈꾼다. 하지만 협동학습을 처음 시작하거나 경험이 많지 않은 경우에는 많은 시행착오를 경험할 수밖에 없다. 다만 차이가 있다면 누가 더 몰입하고 연구하여 시행착오를 줄이느냐만 있을 뿐이다. 그렇게 경험을 쌓아 가다 보면 구조의 적용만이 협동학습 수업을 만들어 내는 것이 아니라는 것을 어느 순간 깨닫게 된다. 때로는 구조의 적용이 아이들의 활동을 방해하고 있다는 생각이 들 때(예를 들어 아이들이 긍정적 상호작용 능력 및 다양한 사회적 기술을 잘 갖추고 있으며 활동에 몰입도가 높을 때, 특히 소그룹 단위로 놀이 활동을 할 때 아이들은 구조화된 활동을 하지 않는다. 이 상황을 잘 관찰해 보면 어떤 순서와 절차에 의존하지 않으면서도 활동은 물 흐르듯이 자연스럽게 진행된다는 것을 알 수 있다. 이 상황에서 교사가 개입하여 고정된 순서와 어떤 틀을 강요한다면 오히려 그 순서와 틀은 아이들의 활동을 방해하여 즐거움 및 몰입도가 떨어질 가능성이 높다.)도 있다. 그런 순간이 오면 구조를 과감히 버릴 줄(구조의 해체 : 구조를 적용하지 않아도 아이들이 협동적 상호작용을 잘 만들어 내는 경우)도 알아야 한다. 오히려 구조를 버렸음에도 불구하고 아이들이 협동적으로 활동을 잘해 나가고 있다면 이것이야말로 협동학습의 최고 경지에 오른 수준이라 말할 수 있다. 따라서 한다면 학년 초부터 학년이 마무리될 때까지 구조의 적용에만 기대할 것이 아니라 아이들이 어느 정도 정체성을 가지고 협동학습의 네 가지 원리(긍, 개, 동, 동)를 잘 실천해 나간다면 교사는 조심스럽게 구조를 버리는 연습을 해 나가는 것이 좋다. 그러면서 아이들에게 협동과제만 던져 주고 모둠 내에서 자연스럽게 역할 분담, 과제 해결, 도움 주고받기 등을 할 수 있도록 지도해 나간다면 가장 이상적인 협동학습이 실현될 것이라 생각한다. 다음 예시를 통해 살펴보자.

어떤 자료를 보면 협동학습 지도안 예시로 다음과 같은 내용이 제시되어 있다.

수학 3-2학기	7. 자료 정리	주제	알맞은 그래프로 나타내기(5/8)
목표	자료를 활용하여 알맞은 그래프로 나타낼 수 있다.		
도입	• 전시학습 상기(하얀 거짓말 구조) – 막대그래프, 그림그래프와 관련된 하얀 거짓말 활동 • 학습문제 확인 • 학습활동 안내(활동 1, 2, 3)		
전개	활동 1 : 그래프 그리는 방법 알기(돌아가며 쓰기) 막대그래프, 그림그래프의 특징과 그리는 방법을 돌아가며 쓰기 활동 2 : 그래프 그리기 모둠별로 뽑은 미션 확인하기 – 한 명이 전개도를 그릴 동안 짝은 점검해 주거나 도와주기 – 역할을 서로 바꾸어 전개도 그리고 점검하기		
이하 내용은 생략함			

위와 같은 수업에서 활동 2 단계를 한번 생각해 보도록 하자. 활동 2 단계는 협동학습 구조 '짝 점검'을 적용한 것이다. 한 사람이 문제를 풀면 다른 한 사람은 풀이하는 과정을 들여다보면서 점검해 주고 끝나면 역할을 바꾸어 같은 과정을 반복하게 된다. 그런데 2학기 7단원이라면 거의 학년이 끝나 갈 단계라고 볼 때 아이들이 협동학습 활동에 어느 정도 익숙해져서 모둠 내에서 상호작용을 잘 해 나가고 있다면(그렇게 잘 지도했다면) 굳이 구조를 쓸 필요는 없다고 생각한다. 아래와 같이 생각해 보자.

전개	활동 2 : 그래프 그리기 모둠별로 뽑은 미션 확인하기 – 미션에 대하여 모둠원 모두 스스로 해결해 보기 – 해결하는 과정에서 막히는 부분이 있으면 모둠원에게 도움 요청하기 – 도움 요청을 받은 모둠원은 답을 알려 주지 말고 힌트를 주며 도와주기 – 미션을 각자 완성하면 함께 결과를 공유하기

이전의 지도안과 같은 내용이지만 활동은 사뭇 다르다. 위와 같은 상황에서 각 모둠별로 아이들이 상호작용을 자연스럽게 해 나갔다면 협동학습 구조는 사용되지 않았지만 아이들은 가장 이상적인 협동학습을 해 나갔다고 볼 수 있다. 오히려 구조를 사용하지 않았음에도 불구하고 상호작용은 더 활발하게 일어날 수 있을 것이라 생각한다. 이런 상황을 바로 구조의 해체라고 한다. 아이들이 긍정적인 상호작용 능력을 잘 갖추었음에도 불구하고 '짝 점검' 구조를 활용한다면 오히려 구조의

적용이 자연스러운 협동적 활동을 방해하여 질 높은 협동학습 수업을 할 수 없게 된다.(만약 미션 내용의 수준이 낮아 각자 해결하는 과정에서 도움을 주고받을 일이 없게 된다면 이 활동은 굳이 협동학습을 할 필요가 없는 활동이라 해도 과언이 아니다. 난이도가 어느 정도 있어서 반드시 누군가는 도움을 주고받을 수밖에 없는 상황을 의도적으로 만들어 줄 때 비로소 협동학습의 적용이 이루어진다. 이를 위해 학습지 제작 및 발문 능력은 협동학습 교사에게 꼭 필요한 중요한 역량이라는 것을 앞에서 이미 밝힌 바 있다.)

여기서 잠깐!

위의 두 가지 사례를 볼 때 적지 않은 사람들은 앞의 사례를 협동학습, 뒤의 사례를 협력학습이라고 자꾸만 구분하려고 한다. 하지만 나는 이런 시각을 경계한다. 협동학습이 궁극으로 바라는 이상은 후자의 사례다. 후자의 경우와 같은 상황을 만들어 가는 과정에서 자연스럽게 협동하는 기술(협동학습의 네 가지 원리 및 사회적 기술 등)을 체화시킬 수 있도록 돕고 체계를 잡아 나가도록 하기 위해서 활용하는 것이 구조일 뿐이다. 일본의 유명한 농구 만화 "슬램덩크"에 보면 왼손은 단지 거들 뿐이라 했다. 협동학습에서 구조도 같은 맥락에서 생각하면 틀림이 없다. 구조는 단지 협동적 활동을 거들 뿐이다. 구조의 적용만이 협동학습의 본 모습이고 협동학습이라는 생각(그래서 협력학습이 협동학습보다 한 수 위라는 생각, 협동적 배움이 협력적 배움으로 나아가야 한다는 생각, 협동학습은 순서와 절차의 틀에 갇혀 있고 협력학습은 아이들의 자발성에 기초하여 보다 질 높은 배움을 이끌어 낸다는 생각)은 버려야 한다. 협동학습과 협력학습을 굳이 구분하려 들지 말자. 똑같은 현상을 단지 어떤 학문이나 이론을 근거(협동학습은 행동주의 심리학 및 학습구조 이론에 기반, 협력학습은 구성주의에 기반)로 하여 바라보느냐에 따라 용어를 달리 쓰고 있을 뿐이다.

여러분이라면 어떤 협동학습을 해 보고 싶은가? 구조의 적용에만 의존하는 협동학습을 하고 싶은가 아니면 아이들 모두가 상호작용 능력을 잘 체화하여 구조의 적용 없이도 자연스럽게 도움을 주고받을 수 있도록 하는 협동학습을 하고 싶은가? 판단은 어디까지나 여러분의 몫이다. 나는 가능한 후자 쪽의 활동이 이루어질 수 있도록 협동적 학급운영을 하고, 꼭 필요한 상황일 때만 최소한의 구조를 적용하여 수업에 투입하고, 그렇지 않은 상황이라면 구조를 해체하거나 가장 기본적인 구조(돌아가며 말하기, 읽기, 쓰기, 번갈아 말하기, 읽기, 쓰기 등)를 적용하여 활동하면서 긍정적 상호작용 활동에 익숙해질 수 있도록 최선을 다하면서 협동적 학급운영을 해 오고 있다.

내가 이렇게 생각하게 된 계기는 교사들을 대상으로 강의를 하면서부터였다. 교사들에게 과제를 주고 해결하라고 하면 교사들은 어떤 구조를 사용하지 않고서도 협동적으로 상호작용을 하면서 과제를 잘 해결해 나갔다. 그런 모습을 보면서 '아이들도 저렇게 한다면 얼마나 좋을까?' 하는 생각에서 불가능하지만은 않다는 결론을 내리고 그런 교실을 만들기 위해 나름대로 노력해 보았다. 특정 구조의 적용이 협동적 활동에 더 도움이 될 수 있다면 구조를 활용한 협동학습 수업을, 굳이 구조의 적용 없이도 모둠원들끼리 긍정적인 상호작용을 더 활발히 하면서도 소외되는 아이들 없이 다 참여하여 과제를 해결해 나갈 수 있다면 과감하게 구조를 해체하고 모든 것을 각 모둠 아이들에게 온전히 맡기는 협동학습 수업을 해 나가는 과정에서 많은 시행착오를 경험하였고 그 경험이 나름대로 쌓여 현재에 이르렀다. 지금 나는 정말로 꼭 필요한 상황에만 최소한의 구조를 사용하되 가능한 구조를 적용하지 않는 협동학습을 더 선호하고 있다. 그리고 나는 나의 판단이 옳았다는 것을 확신하고 있다. 협동학습을 실천하는 교사들에게 부탁한다. 제발 협동학습 구조를 마구 사용하면서 협동학습을 위한 협동학습을 하지 말고 아이들의 배움을 위한 협동학습, 수업의 본질을 생각하는 협동학습을 해 나가길 바란다.

7) 협동학습 수업 디자인의 질적 접근

바람직한 수업 지도안 짜기

협동학습 수업을 위한 수업 디자인에도 나름의 수준이 있다. 협동학습의 경험이 짧을 경우 질적인 부분까지 모두 해결하기에는 무리가 있을 수 있다면 협동학습 수업 디자인 경험의 정도에 따라 아래와 같은 접근법이 도움이 될 수 있다.

(1) 협동학습을 막 시작하는 단계에 있는 경우 : 구조 삽입의 경험 넓히기

'수업=수업 내용+구조(내용을 담는 그릇)'라고 할 때 어떤 협동학습 구조를 적용하는 것이 좋은지를 판단하려면 우선은 개발된 다양한 협동학습 구조(그릇)가 가지고 있는 특성을 잘 파악해야 한다. 그다음엔 구조를 다양한 수업 속에 적용해 보면서 그에 대한 활용능력을 키우고 구조를 적용할 때 생각해 볼 점이나 주의할 점, 다양한 수업 상황 속에서 아이들이 보여 주는 모습 등을 잘 관찰하면서 자신의 것으로 충분히 만들어 나가야 한다. 이런 시행착오의 과정을 수년간 거쳐야만 비로소 협동학습 구조에 대한 활용 능력이 어느 정도 생겨나게 된다. 이 단계에서는 내용이나 교육과정 자체의 재구성까지는 무리일 수 있다. 협동학습 구조가 자신에게 익숙해지기까지의 과정을 거치지 않고 협동학습 수업 디자인을 통해 질 높은 교수-학습활동이 이루어지길 바란다면 그것은 어디까지나 개인적인 욕심일 뿐이다. 보통 이 단계에서는 교과서 속의 단원 및 차시 목표에 충실한 수업, 교과서 내용을 바탕으로 적절한 구조를 선택하여 적용하기 중심의 수업이 이루어진다.

예를 들어 여러 가지 종류의 조각칼이 있다고 생각해 보자. 각각의 조각칼은 나름의 용도와 목적이 있다. 물론 꼭 그에 맞게 쓰지 않아도 어느 정도의 조각활동은 할 수 있다. 하지만 제대로 된 작품 활동은 하기 힘들다. 각기 다른 조각도가 제 용도와 상황에 맞게 활용될 때 가장 좋은 작품이 만들어질 수 있다. 따라서 좋은 작품을 만들기 위해서 각기 다른 조각도를 적재적소에 활용할 수 있는 능력을 키우는 것을 먼저 이루어야 한다. 협동학습 구조의 적용 또한 같은 맥락에서 이해하기 바란다.

이상적인 협동학습 수업 디자인은 내용과 구조의 관계가 적절할 때 이루어진다. 구조란 내용물을 담는 그릇에 비유할 때 내용물을 아무 그릇에 담는다고 해서 되는 것은 아니라는 것을 우리는 이미 잘 알고 있다. 충분한 경험을 갖고 있다면 내용을 잘 다듬고(재구성) 그에 딱 알맞은 구조를 선택할 가능성이 높겠지만 아직 경험이 부족하다면 내용을 다듬기보다는 주어진 내용(교과서)을 어떤 구조에 잘 담아 내놓을 것인가를 중심으로 고민하면서 노하우를 쌓아 나가는 것이 더 좋다고 할 수 있다.

(2) 협동학습 구조 활용에 익숙해져 있는 경우 : 수업의 본질에 집중하기

수업의 본질에 집중하기의 핵심 : 교육과정의 재구성

1. 교과서 자체가 수업의 본질에 맞게 자연스럽게 접근할 수 있도록 되어 있다면 굳이 재구성할 이유가 없다.
2. 교과서 자체가 아이들의 사고과정의 흐름에 적절하게 구성되어 있다면 굳이 재구성할 필요가 없다.
3. 그러나 현재의 교과서는 그렇게 구성되어 있지 않다.

사실 구조 활용에 익숙해져 있는 경우와 그렇지 않은 경우로 나눈다는 것 자체가 문제가 있다고 볼 수 있다. 협동학습 구조의 적용에 대한 경험이 부족하더라도 모든 수업은 디자인할 때 수업의 본질(수업은 왜 하지?)에 집중해야만 하고, 그것을 위해 협동학습 구조의 적용이 가장 좋다고 판단되는 순간에만 활용해야만 하기 때문이다. 하지만 협동학습 구조의 적용능력을 어느 정도 갖춘 후에 수업의 본질을 함께 고민하면서 수업을 디자인할 때와 그렇지 않을 때는 분명 수준이 다르기 때문에 협동학습 구조의 적용능력이 교사에게 익숙해지기까지는 충분한 시행착오를 겪는 과정이 필요하다는 것으로 이해하면 무리가 없을 것이다. 그렇게 협동학습 구조의 적용에 어느 정도 자신감이 생기게 되면 그때부터는 수업의 본질에 집중하여 협동학습 구조를 신중하게 선택하고 적용하기 위한 자세가 요구된다.(그렇다고 해서 자신감이 생기기 전까지는 본질에 집중하지 말라는 것으로 이해하지 않기를 바란다.)

일반적인 지도안에 협동학습 구조 삽입하기 방식에 대하여

다른 사람이 짜 놓은 일반적인 지도안에 협동학습 구조 삽입하기 방식으로 지도안을 쉽게 짤 수 있다고 생각하는 교사들도 많고 그렇게 강의하는 교사들도 있다. 나 또한 그렇게 생각했던 시절이 있었다. 하지만 지금 나는 그런 방식의 지도안 짜기에 대하여 그리 고운 시각으로 바라보지는 않는다. 왜냐하면 그런 방식의 디자인 속에서는 수업에 대한 질적인 고민이 이루어질 수 없기 때문이다.(다른 사람의 수업 지도안 속에 "이 수업은 왜 하지?"라는 고민은 나타나 있지 않을뿐더러 단순히 구조 삽입을 통해 지도안을 나의 것으로 가져오게 되면 자신도 "이 수업을 왜 하지?"라는 고민을 하지 않게 되기 때문이다. 결국 다른 사람이 고민하여 디자인한 수업을 실제 과정만 일부분을 살짝 변경하여 자기 것으로 가져와 대신 보여 준 것과 다름이 없는 것이다. 바람직한 수업 디자인은 나의 고민이 그 속에 묻어나는 것, 나만이 할 수 있는 것, 나다움이 잘 드러날 수 있는 것이어야 한다.)

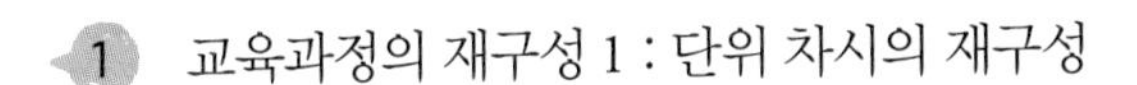

1 교육과정의 재구성 1 : 단위 차시의 재구성

교육과정 재구성 사례를 바라보는 바람직한 자세

1. 수업의 본질에 집중하려는 자세가 필요하다.
2. 사례로 제시된 수업의 재구성을 각자의 교실 및 아이들의 상황에 맞추어 바라보려는 자세가 필요하다.
3. 제시된 사례에서 그 교사가 자신의 수업을 어떻게 계획하고 구성하였는가에 주목할 필요가 있다.
4. 재구성한 교사가 자신의 관점에서 문제의식을 가지고 대안적 차원의 사례 한 가지를 제시한 것일 뿐이라는 사실을 잊지 말아야 한다.(반드시 저렇게 재구성하여 가르치는 것이 정답이라는 식의 자세는 지양해야 한다. 만일 그렇게 된다면 또 하나의 내비게이션식 수업이 만들어질 우려가 있다. 나는 절대로 남의 것을 그대로 따라 하는 내비게이션식 협동학습과 수업을 반대한다.)

사례 1 6학년 2학기 국어 읽기 1단원 1차시 수업을 보면 수업 목표가 '시를 읽고 인물 사이의 갈등이 무엇인지 알기'로 되어 있다. 그러나 이것만을 위해 시를 공부한다는 것은 무엇인가 아쉬운 마음이 든다. 물론 단원 목표가 '인물 사이의 갈등을 파악하며 문학작품을 읽기'라고 되어 있지만 '갈등 파악하기'를 위해 시를 공부한다는 것에 대하여 많은 고민이 필요하다. 이런 관점에서 단원 목표를 바탕으로 단위 차시의 수업을 재구성한다면 이렇게 될 수 있다.

재구성한 차시 목표	시 속에 나타난 인물 사이의 갈등을 파악(표면적 교육과정)하고, 등장인물의 마음에 공감할 수 있다.(잠재적 교육과정)
시 수업 왜 하지? (시 교육은 실제 삶의 반영, 시를 통해 자신을 돌아보기 — 연결짓기)	1. 시의 상황 속으로 온전히 들어가 시를 자기 것으로 느낄 수 있다.(상상하기 및 공감하기) 2. 이런 시가 나올 수밖에 없는 상황을 이해하고 주인공의 마음에 공감할 수 있다.(주인공과의 소통, 공감) 3. 시 속의 상황을 통해 실제 나의 삶을 돌아볼 수 있다.(실제 삶의 반영, 시를 통해 자신의 내면 성찰하기)
수업의 흐름	1. 집에서 엄마가 하루 종일 일하시는 모습을 상상하고 어머니의 마음은 어떨까 헤아려 보기 2. 시 속에서 어머니의 마음은 어떠했을지 상상하며 읽기 3. 내용 이해하기(1~5번까지 '번호순으로' 구조 활용 : ① 1번 문제 제시 ② 잠시 생각한 뒤 모둠원들과 생각을 공유 ③ 번호순으로 돌아가며 모둠칠판에 정리 및 발표하기 ④ 다른 질문도 앞의 과정 반복하기) (1) 엄마가 집을 나간 이유는 무엇이라 생각하나요? (2) 시 속의 엄마 마음은 어떠할까요? (3) 시 속의 남자 셋 마음은 어떠할까요? (4) 남자들이 약속을 왜 하게 되었나요? (5) 갈등이란 무엇이며 왜 일어나는 것인지 알아보기 (6) 실제 나의 삶(나의 집)을 돌아보고 성찰하기(최근에 시 속에 나타난 것과 비슷한 나와 엄마 사이의 갈등 또는 엄마에게 죄송한 마음이 들었던 적에 대하여 돌아보기) — (잠시 혼자 생각한 후)모둠 내 '돌아가며 말하기' 구조를 활용하여 경험 나누기(시간적 여유가 있다면 몇 명만 전체 발표) (7) 내가 주인공이 되어 할 수 있는 일을 찾아 부모님을 돕고 그 과정 및 느낌을 그날 일기로 쓰기(과제 — 배움공책에!)

사례 2 6학년 1학기 수학 1단원 분수의 나눗셈 4차시 (자연수)÷(진분수)를 공부하는 내용을 보면 알고리즘을 학습한 이후 바로 문제풀이 중심으로 이어져 있다. 그러나 나는 이 부분에서 알고리즘을 학습한 이후 바로 문제풀이에 들어가면 제대로 된 이해가 부족한 아이들이 많이 발생한다는 것을 경험을 통해 알게 되었다. 이 부분을 공부하는 이유는 단지 문제풀이를 위한 것이 아니라 (자연수)÷(진분수)의 실개념과 그 의미를 설명할 수 있고, 그 과정에서 수학적 사고를 깊이 할 수 있기 위해서이다. 이런 관점에서 단위 차시의 수업을 아래와 같이 재구성하였다.

재구성한 차시 목표	(자연수)÷(진분수)의 의미를 설명할 수 있다.
이 수업 왜 하지?	1. (자연수)÷(진분수)의 실개념 이해 2. (자연수)÷(진분수)의 의미에 대한 설명 3. 수학적 사고의 깊이 더하기
수업의 흐름	1. $4\div\frac{3}{5}$을 어떻게 계산하는지 알아보기 $4\div\frac{3}{5}=\frac{\boxed{20}}{\boxed{5}}\div\frac{\boxed{3}}{\boxed{5}}=\boxed{20}\div\boxed{3}=\frac{\boxed{20}}{\boxed{3}}=6\frac{\boxed{2}}{\boxed{3}}$ 2. 심진(心震)을 일으키는 질문하기(기존의 사고 뒤집기) [질문] 철수는 다음과 같이 분수의 계산을 하였다. • $3\div\frac{2}{5}=7\frac{1}{5}$, 이렇게 생각하는 이유는 아래와 같다. $\frac{2}{5}$ $\frac{2}{5}$ $\frac{2}{5}$ $\frac{2}{5}$ $\frac{2}{5}$ $\frac{2}{5}$ $\frac{2}{5}$ $\frac{1}{5}$ ☞ 철수의 생각에 대하여 설명하시오. (자신의 생각과 다른 점이 있다면 설명해 봅시다.) –'모둠 토론' – 1단계 : 각자 먼저 생각하기 – 2단계 : 각자 생각한 내용을 돌아가며 나누기 – 3단계 : 모둠 내 자유롭게 토론하기 – 4단계 : 결론 내리기 3. 각 모둠별로 내린 결론을 전체와 공유하기 및 정리하기

실제 수업에서 아이들은 그럴듯한 철수의 생각에 한동안 심리적으로 흔들렸던 기억이 난다. 그래서 철수의 생각에서 무엇이 잘못되었는지를 찾아내지 못하였다. 수식으로만 풀면 틀렸다는 것이 확실하지만 문제 속에 감추어진 지적 장애물(심진을 일으키는 요소)로 인하여 아이들은 판단의 갈림길에 서서 생각에 잠겼고 어디에서 오류가 생긴 것인지를 쉽게 찾아내지 못하였다. 하지만 모둠토론 과정에서 마침내 어디가 잘못된 것인지를 찾아내 설명할 수 있게 되었다. 철수의 생각을 제시함으로써 아이들은 심진에 빠졌다가 다시 자신의 지적 판단력을 제자리로 돌려놓게 되었고 (자연수)÷(진분수)의 의미를 설명할 수 있게 되었으며 이와 관련하여 수학적 사고의 깊이를 더할 수 있게 되었다.

2 교육과정의 재구성 2 : 한 단원 전체의 재구성

사례 1 6학년 2학기 사회과 1단원을 보면 우리나라의 정치를 다루고 있다. 그 내용을 전체적으로 조망해 보면서 아래와 같이 꼭 필요한 주제만 모았고, 단원의 도입부인 1~2차시를 재구성한 사례를 제시해 보았다.(2014년 2학기 나의 교실 수업 사례 : 아이들이 주인공이 되는 주제통합수업, 2014, 이윤미 외 9인, 살림터 참조)

민주주의 공화국 시민 되기 수업 주제망(사회 2학기 1단원 주제)				
작은 주제	1. 민주 시민	2. 대한민국 정부	3. 대한민국 국회	4. 대한민국 법원
내용	1. 민주 공화국이란 무엇인가? 2. 세계 민주화 과정 3. 우리나라의 민주화 과정 4. 대한민국 국민의 권리와 의무 5. 인권의 소중함	1. 대통령(역할－국내외, 선출) 2. 정부(각 부처, 역할, 장관 임명 등) 3. 국무회의 4. 대통령제와 3권 분립 5. 국가 인권위원회	1. 국회의원(역할 및 선출) 2. 인사청문회에 대하여 3. 국회의원의 입법 활동 4. 법률 제안서 쓰기	1. 법원(역할) 2. 대법원장(역할 및 선출) http://www.youtube.com/watch?v=By-WV98qhdI(대법원장의 말) 3. 민사재판 4. 형사재판

[1~2차시 수업]

재구성한 차시 목표	민주 공화국의 의미를 설명할 수 있다.(살기 좋은 민주 공화국을 만들기 위한 초석 쌓기)
이 수업 왜 하지?	1. '민주'의 의미와 '공화국'의 의미 제대로 이해하기 2. '민주 공화국'의 시민이라는 것에 대한 이해 돕기

(계속)

수업의 흐름(80분)

1. 헌법 제1조 1항 제시하기 : 대한민국은 민주공화국이다. 대한민국의 모든 권력은 국민으로부터 나온다.
2. 대한민국 헌법 제1조 노래(윤민석 노래) 익혀 부르기
3. 시민혁명의 사례 살펴보기

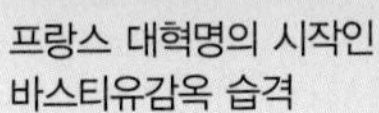

프랑스 대혁명의 시작인 바스티유감옥 습격

2011년 2월 9일 이집트 타흐리르 광장

4.19 혁명 당시 대학생들의 시위 모습

☞ 프랑스 대혁명 참고 : http://blog.daum.net/kas027/8474462
☞ 이집트 혁명 참고 : http://uninanum.tistory.com/545
☞ 4.19 혁명 참고 : http://tvpot.daum.net/clip/ClipView.do?clipid=56744878
http://blog.naver.com/PostView.nhn?blogId=bestjhm7&logNo=220101003708

- 위의 세 가지 사례의 공통점을 찾아 한 문장으로 정리하기 : 모두 ㅇㅇ들이 직접 나서서 만들어진 혁명이다. 그것을 만든 것은 바로 ㅇㅇ의 힘이다.('ㅇㅇ'에 들어갈 말 찾기 : '생각 내놓기' 구조 활용)
- 시민과 국민의 차이점 알기 : '함께 차트'에 각자의 생각을 표현하기
- 교사가 시민과 국민의 차이점 설명해 주기

4. '민주'의 의미와 '공화국'의 의미 알아보기
   - 사전을 통해 그 의미 살펴보기
5. 대한민국 헌법 제1조를 읽는 세 가지 방식(동영상 보기)
   http://blog.naver.com/PostView.nhn?blogId=pgpwjdq&logNo=30171435405
6. 대한민국 헌법 제1조 노래(윤민석 노래) 가사 바꾸어 부르며 의미 되새겨 보기

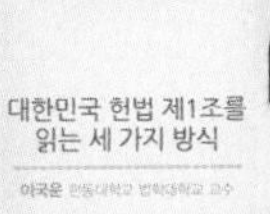

대한민국 헌법 제1조를 읽는 세 가지 방식-이국운 한동대학교 법학부 교수

(예시) (1절) 대한민국은 민주 공화국이다. 대한민국은 민주공화국이다. 대한민국의 모든 권력은 국민으로부터 나온다.
(2절) 대한국민은 민주시민이다. 대한국민은 민주시민이다. 대한민국의 모든 교육은 홍익인간에서 시작된다.
(1절은 본래 있는 노래이고, 2절은 개사한 것이다.)

사례 2 6학년 1학기 국어과 읽기 2단원을 보면 '정보의 이해'라는 제목으로 [1차시] 글쓴이의 관점에 대하여 알아보기 [2~3차시] 글쓴이의 관점을 파악하는 방법 알기 [4차시] 글을 읽고 글쓴이의 관점 파악하기 [5~6차시] 글쓴이의 관점을 생각하며 글 읽기에 대하여 공부하도록 되어 있다. 6학년 국어과 교육과정에는 '관점'이라는 낱말이 많이 등장한다. 관점을 파악하며 글을 읽는다는 것은 주어진 주제나 정보가 작가의 관점에 따라 달리질 수 있다는 것을 이해하면서 글을 비판적으로 수용하는 과정이라 말할 수 있다. 또 한편으로 '관점'이라는 것은 하나의 사물이나 현상을 다각도로 보는 것만을 가리키는 것이 아니라 어떤 사실이나 현상, 원인 등에 대한 판단을 의미하기도 한다. 이런 생각에 바탕을 두고 이 단원에서는 단지 바탕글을 읽고 이해하는 것보다 상황에 대한 판단이나 인물을 평가하는 시선도 하나의 관점이라는 것을 아이들이 배워 알게 하도록 하는 데 중점을 두어 아래와 같이 재구성해 보았다.

학습 주제	학습 제재	활동 내용
1. 관점이란?	"해는 어디에서 뜨나?" 이야기 들려주기 • 세 사람의 관점 살펴보기, 관점이 다른 이유 생각해보기 • 살아온 환경이 달라 생각까지 다른 사례 찾아보기	관점에 대한 생각 나누기, 관점이 다른 이유 생각하기, 관점이 바뀔 수 있음을 이해하기
2. 같은 상황 다른 관점	ㅇㅇ나라에 신발 수출하기 • 이야기를 읽고 자신의 관점 정하기 • 6단 논법으로 자신의 생각 정리하기	관점 파악 후 자신의 관점을 정하여 글을 쓰고 토론하기
3. 한 인물 다른 관점	사회운동가 헬렌 켈러에 대하여 • KWL 차트 구조로 내용 정리하기 • 차트 내용을 중심으로 헬렌 켈러에 대하여 소개하기	LWL 차트를 활용하여 헬렌 켈러를 읽고 설명하기
4. 앞으로의 전망에 대한 관점	종이책의 미래 • 이야기를 읽고 자신의 관점 정하기 • 6단 논법으로 자신의 생각 정하기	종이책의 미래에 대한 자신의 생각을 바탕으로 토론하기
5. 한 사건을 바라보는 서로 다른 시선(시각, 관점)	관점을 바꾸어 이야기 다시 꾸미기 • 개미와 베짱이 이야기 다시 쓰기 • '이야기 만들기' 구조 또는 '동시다발적으로 돌아가며 쓰기' 구조 활용	베짱이를 다른 관점에서 바라보면서 이야기 다시 쓰기

(계속)

잘 알려지지 않은 헬렌 켈러의 또 다른 모습－사회운동가 서울은빛초 6-가람반 이00		
K	이미 알고 아는 것	1. 청각, 시각 장애인이다. 2. 설리반 선생님의 도움이 컸다. 3. 5개 국어를 할 줄 알았다. 4. 장애를 극복하며 대학도 졸업했다.
W	궁금한 점	1. 헬렌 켈러의 학교생활은 어떠했을까? 2. 결혼은 했을까? 3. 어떻게 해서 사회운동을 시작하게 되었는가?
L	이 글을 통해 알게 된 점	1. 노동자들을 위해 헌신하였다. 2. 인종차별, 여성 인권, 여성 참정권을 위해 힘써 일했다. 3. 정부로부터 감시를 받으며 생활하였다. 4. 죽은 이후에 사람들은 사회운동가로 살아갔던 헬렌 켈러의 모습을 감추었다.

헬렌 켈러에 대하여

나를 포함하여 대부분의 사람들은 헬렌 켈러를 '장애를 극복하여 살아간 훌륭한 사람, 위인'이라고 알고 있습니다. 하지만 헬렌 켈러에게는 우리가 알고 있는 모습 이외에 잘 알려지지 않은 또 다른 모습도 있습니다. 그것은 바로 사회운동가로서의 모습입니다.

헬렌 켈러는 어려서 찾아온 병으로 인하여 장애를 겪게 되지만 설리반 선생님의 도움으로 장애인 최초 학사학위를 받게 되고 5개 나라 언어를 익히면서 대학을 졸업했습니다. 그 후로 헬렌 켈러 인생의 제2장이 시작됩니다.

헬렌 켈러 인생의 제2장은 노동자의 권리 찾기, 여성 참정권 운동, 인종차별 반대 운동을 벌이는 것으로 채워집니다. 비록 장애가 있었지만 잘못된 것은 바로잡으려고 헌신적인 노력을 했던 사회운동가의 모습은 우리 모두가 배울 만한 점입니다.

하지만 그런 헬렌 켈러의 활동을 불편하게 여기는 사람들이 그를 감시하고 누군가가 그를 뒤에서 조종한다고 생각하였습니다. 그리하여 그가 죽은 뒤에 사회운동가로서 열심히 뛰었던 헬렌 켈러의 모습을 모두 지워 버리기에 이르렀고 그 결과로 시간이 지나면서 사회운동가로서 헬렌 켈러의 모습은 사람들의 기억에서 서서히 잊혀져 갔습니다.

그러나 다행히도 헬렌 켈러가 세상을 떠난 후에도 사회운동가로서 그의 모습을 생생히 기억하는 사람들이 많이 남아 있어 우리들에게 아름다운 감동의 이야기를 들려주고 있습니다. 그리고 우리들은 그런 헬렌 켈러의 모습에 '위인'이라는 이름을 붙여 존경하고 있는 것이라 여겨집니다. 우리들은 헬렌 켈러의 헌신적이고 열정적인 모습을 잊어서는 안 됩니다. 장애를 가진 불편한 몸으로도 사회적으로 어려운 사람들을 위해 제 몸을 아끼지 않았던 그녀의 모습에서 진정한 용기와 정의를 배워야 할 것입니다.

8) 협동학습 수업 디자인의 질적 접근 사례 1 : 수학과 수업 디자인

2L의 물을 크기가 같은 그릇 3개에 똑같이 나누어 담을 때 그릇 1개에 담긴 물의 양 알기

다음의 내용은 5학년 2학기 수학 2. 분수의 나눗셈 2차시에 대한 지도 사례이다. 이 내용은 수업컨설팅 요청이 있어서 의뢰를 해 온 선생님과 함께 수학 수업에 대하여 이야기를 나누면서 재구성하고 실제 수업을 했던 것을 간략히 정리해 본 것이다. 학습목표는 (자연수)÷(자연수)를 곱셈으로 나타내기로, (자연수)÷(자연수)를 곱셈으로 나타내면 (자연수)×$\frac{1}{\text{자연수}}$이 된다는 것을 아이들이 배워 알도록 하기 위함이다. 이를 위해 교과서는 여는 활동으로 위와 같은 장면을 제시하면서 띠 막대 모양의 그림으로 알아보기, 띠 막대 모양을 보고 2÷3의 몫을 분수로 나타내 보기, $\frac{2}{3}$는 2의 몇 배인지 곱셈식으로 알아보기, 2÷3을 곱셈으로 나타내 보기, 직사각형의 넓이 구하는 방식으로 색칠하여 알아보기 등의 질문을 나열해 보았다. 하지만 내가 바라볼 때 교과서의 구성은 그 원리를 이해할 수 있도록 돕기보다는 그저 주어진 질문에 답을 하고 따라가다 보면 결국 (자연수)÷(자연수)=(자연수)×$\frac{1}{\text{자연수}}$이 되니 이후부터는 이와 같은 방식으로 문제를 풀고 정답만 구하면 된다는 식으로 구성되어 있다는 생각이 들어 의뢰를 해 온 선생님과 이 부분에 우선 집중하여 이야기를 나누었고 다음과 같은 결론에 이르렀다.

> 교과서에 있는 내용대로 수업하게 될 때 아이들은 $2\div3=\frac{2}{3}=2\times\frac{1}{3}$이라고 결론을 내며 (자연수)÷(자연수)=(자연수)×$\frac{1}{\text{자연수}}$이 된다는 것을 공식처럼 기억하고 문제를 기계적으로 풀어 정답 찾기에 집중할 수밖에 없다. 그렇게 되면 (자연수)÷(자연수)의 원리와 그에 대한 실제적인 개념의 이해라는 목표는 도달할 수가 없게 된다.

위와 같은 생각에 따라 본 차시 수업에 대한 목표를 다음과 같이 설정하였다.

> 이 부분의 핵심은 결과가 중요한 것이 아니라 왜 그런 원리가 적용되는지를 탐구하고 정확히 설명할 수 있어야 하며 (자연수)÷(자연수)의 실제적인 개념을 알아내는 과정이 중요한 것이어야 한다.

이렇게 설정한 목표에 따라 아래와 같은 활동지를 만들어 보도록 옆에서 도움을 주었다. 아래와 같은 활동지를 제작하는 데 있어서 핵심 원리는 다음과 같다.

> ① 기본 원리 탐구 ② 결론 내리기 ③ 결론을 부정하는 문제 제기－심진(心震)을 일으켜 기존의 사고 뒤집기 ④ 기본 원리를 바탕으로 한 실제적인 개념 이해의 깊이 더하기 (나는 오래

전부터 이런 원리를 직접 만들어 나의 수업에 많이 적용하고 있다.)

사례 1차 기본 활동지

3L의 오렌지 주스를 4명이 똑같이 나누어 담으려고 한다. 한 명이 몇 L의 오렌지 주스를 먹을 수 있는지 그림으로 그려서 알아보시오. (아래 그림에 색칠하여 표시하시오.)

- 4명 : 민영, 은수, 혜정, 다솔
- 1L들이 오렌지 주스 3개 : 3L(①, ②, ③)

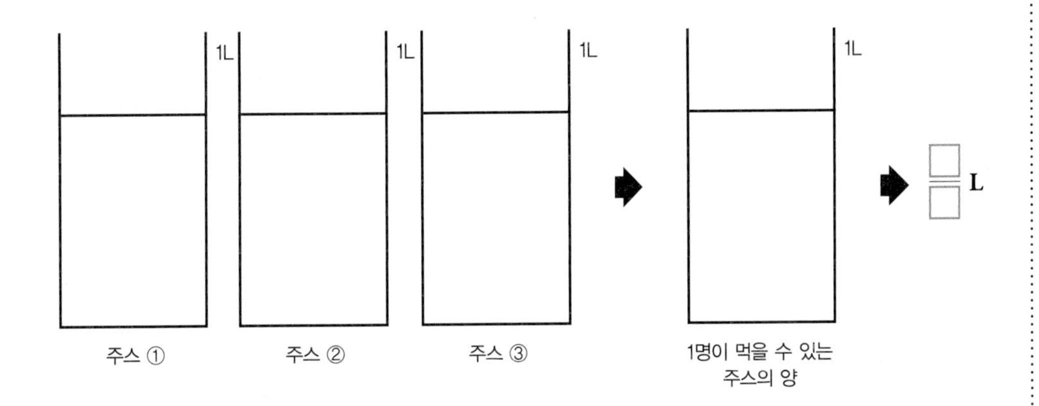

(1) ①번 주스를 먼저 4명에게 똑같이 나누어 주도록 하자.(위의 주스 ①번 그림에 표시하기 ― 네 가지 색으로 표시하기 또는 4명의 이름을 넣어 표시하기)

(2) ②번 주스도 4명에게 똑같이 나누어 주도록 하자.(위의 주스 ②번 그림에 표시하기 ― 네 가지 색으로 표시하기 또는 4명의 이름을 넣어 표시하기)

(3) ③번 주스도 4명에게 똑같이 나누어 주도록 하자.(위의 주스 ③번 그림에 표시하기 ― 네 가지 색으로 표시하기 또는 4명의 이름을 넣어 표시하기)

(4) ①번과 ②번, ③번 주스 그림을 보고 1명이 먹을 수 있는 주스의 양을 오른쪽 그림에 표시하도록 하자.(색으로 칠하여 표시하기)

(5) 1명이 먹을 수 있는 주스의 양을 분수로 표시하기

이렇게 제작된 활동지를 모두에게 나누어 주고 모둠별로 ① 혼자 생각하기 ② 어깨 짝 토론 ③ 모둠원과 함께 공유하기 순서에 따라 활동할 수 있도록 하였다. 활동이 끝난 후 각 모둠의 ②번 아동으로 하여금 모둠 칠판에 활동 결과를 기록하여 들어 보이라고 하였다. 대체로 다음과 같이 잘 표시해 주었다.

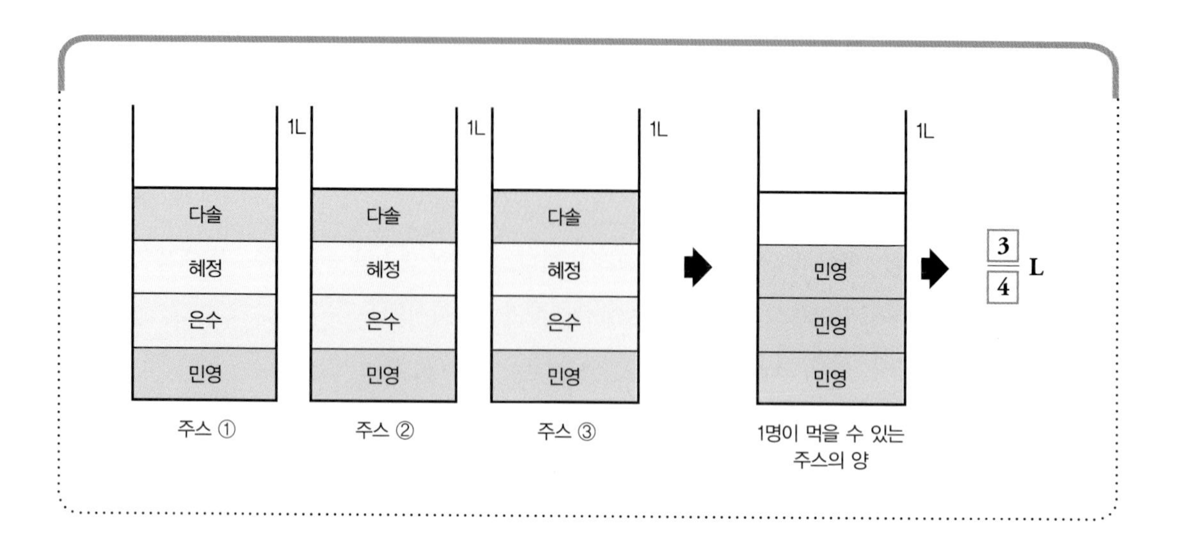

컨설팅 과정에서 여기까지 마치고 나면 아이들에게 다른 생각은 없는지 확인하는 질문을 해 보도록 하였다. 왜냐하면 다른 결론이나 생각을 가진 아이들이 없는지 알아보고, 혹시 있다면 왜 그런 생각을 하게 되었는지를 알아보면서 오개념을 바르게 잡아 주기 위함이었다. 그러나 실제 수업에서는 그런 아이들이 없었다. 이후에 교사는 아이들에게 다음과 같은 문제를 제시하였다. 제시된 문제는 앞에서 얻어 낸 결론(활동 1의 답 $\frac{3}{4}$)을 부정하는 것처럼 보이게 함으로써 기존의 사고에 심진(心震)을 일으켜 주어진 문제와 관련하여 확실한 개념형성 및 이해를 도울 수 있도록 만들어진 것이라 할 수 있다.

사례 **2차 심화 활동지 : 모둠 토론**

※ 아래 상우의 설명에 대하여 각 모둠별로 토론해 보자.

상우는 활동 1번 문제를 아래와 같이 해결하였다.

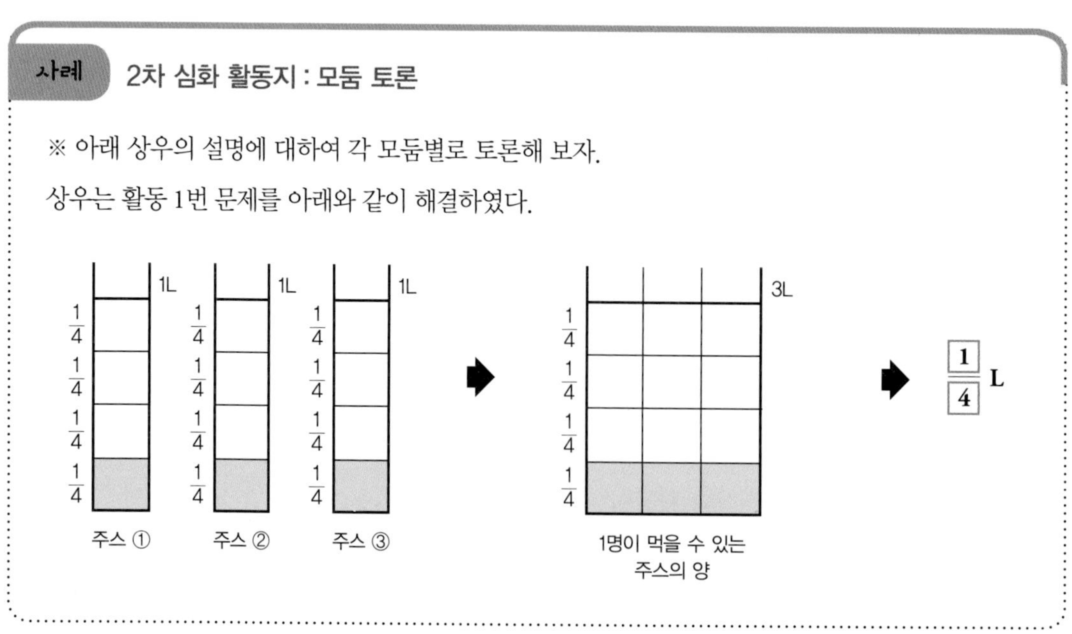

(계속)

[상우의 설명]

(1) 주스 ①과 주스 ②, 주스 ③을 합하여 오른쪽 그림과 같이 붙여 놓고 보면 전제 3L를 4등분한 것과 같이 된다.

(2) 전제 3L를 4등분한 후 하나의 덩어리가 1명이 먹을 수 있는 주스의 양이 된다.

(3) 그러므로 결론은 $\frac{1}{4}$이 답이 되어야 하며 $\frac{3}{4}$은 틀린 답이라 할 수 있다.

실제 수업에서 위와 같은 활동지를 받아든 아이들 가운데 상당수는 상우의 의견에 "아하, 이게 맞는 것 같은데!" 하며 고개를 끄덕이는 것 같았다. 또한 몇 명의 아이들은 맞는 것 같기도 하고 틀린 것 같기도 하다면서 고개를 갸우뚱거리기도 하였고, 몇몇 아이들은 무엇이 잘못되었는지 대충 알 것 같다면서 논리적으로 설명하기 위한 고민을 시작하였다. 이 하나의 활동지로 인하여 (자연수)÷(자연수)에 대한 해결 방법을 제대로 알았다고 생각했던 아이들은 다시 고민을 하기 시작했다. 새롭게 한 가지를 알게 되었다고 생각했던 선험적 사고가 흔들리기 시작했던 것이다. 여기서부터 아이들은 (자연수)÷(자연수)에 대한 보다 깊은 사고 단계의 수업으로 다시 빠져들어 갔다. 모둠별로 심화 활동지에 대한 고민을 하면서 어떤 모둠에서는 "어렵다. 잘 안 된다. 이거 맞는 것 같은데?" 등의 이야기가 나오는가 하면 어떤 모둠에서는 "아하! 이거였구나. 이제 알겠어. 상우의 생각은 잘못되었어."라는 이야기가 나오기도 하였다. 그렇게 모둠별로 충분한 시간을 갖게 한 뒤 컨설팅을 의뢰했던 교사는 각 모둠에서 내린 결론에 대하여 서로 공유하는 시간을 갖도록 하였다. 교사는 직접 무엇이 잘못된 것인지 설명해 주지 않고 각 모둠에서 나온 이야기들을 서로 연결짓기해 줌으로써 아이들로 하여금 스스로 핵심 개념을 제대로 할 수 있도록 하고 오개념을 바로잡아 나갈 수 있도록 도와주었다.

위와 같은 수업을 한 이후에 컨설팅을 마무리하면서 의뢰를 했던 교사는 이런 글을 내게 전해 왔다.

[컨설팅 의뢰 교사] 교육과정, 수업의 재구성이라는 것에 대한 의미를 확실하게 이해할 수 있게 되었습니다. 교과서에 있는 그대로 수업을 한다는 것에 대하여 깊이 있게 고민해 보는 시간이었습니다. 그리고 분수에 대하여 잘 안다고 생각해 왔던 나 자신에 대해 돌아보는 시간이기도 하였습니다. 교육은 교사의 질을 넘지 못한다는 말을 다시 곱씹어 보면서 교과에 대한 전문적 지식을 더 쌓아 가지 않으면 결코 좋은 수업을 할 수 없다는 것을 깨닫는 소중한 기회를 제게 주셔서 감사했습니다.

9) 협동학습 수업 디자인의 질적 접근 사례 2 : 국어과 수업 디자인

다음의 내용은 6학년 2학기 국어과 7단원 즐거운 문학(말하기/듣기/쓰기)에서 5~6차시 블록수업으로 재구성해 본 사례이다.(기존의 지도안 틀을 탈피함)

사례 국어과 교수-학습 지도안

7. 즐거운 문학

국어과 / 말하기 듣기 쓰기 6학년 2학기
5~6/6차시(80분 Block수업)
교과서 134~137쪽 근거

- 일시 : 2014년 12월 2일 5~6교시
- 장소 : 6-가람반 교실
- 수업자 : 담임교사 이상우
- 모둠 구성 : 이질 모둠(4인 1모둠)

☞ 아이들은 반어적 표현(목소리의 높낮이, 빠르기, 톤 등)과 비언어적 표현(표정, 시선, 몸짓 등)을 공부하였고, 이를 바탕으로 선정된 이야기 속 등장인물의 성격을 파악한 후, 알맞은 표현 방법을 찾아 실감나게 연기를 할 수 있도록 계획하였다.

☞ 활용된 연극 기법 : Tableau 기법(일명 정지장면 기법)

교육연극 소개하기

Tableau란?
'그림, 그림 같은 묘사, 극적 장면'이라고 한다. 보통 '정지장면'이라고 부르는데, 몸을 순간적으로 움직임이 없는 정지된 상태로 두어 표현하는 방법을 말한다.

♠ 장점
(1) 표현 활동에 부담이 없다.
(2) 글의 내용을 보다 깊이 있게 이해할 수 있다.

목표 등장인물의 생각과 마음을 이해하며 실감나게 연기할 수 있다.
- 사회적 기술 목표 : 경청하기, 타인의 입장 되어 보기

1 그룹 배정하기

도입 : 10분

1그룹 : 연기하기, 2그룹 : 질문하기

사전에 선정된 이야기(시 1편－읽기책 1단원 "남자들의 약속", 연극 1편－말/듣/쓰기책 7단원 "토끼전", 희곡 1편－읽기책 7단원 "크리스마스 캐럴")를 깊이 생각해 보며 읽어 온 것을 바탕으로 연기할 그룹과 질문할 그룹을 선정한다.

- 선정 방식 : 제비뽑기
- 1그룹(연기 그룹) : 3개 모둠, 2그룹(질문 만들기 및 질문) : 3개 모둠
- 연기할 부분 : 이야기의 마지막 부분(연극, 희곡), 주어진 내용 전체(시)－연기 그룹에서 협의 후 선정하여 연습할 준비에 들어간다.
- 연기할 시간 : 약 2분 이내

2 모둠별 토의 · 토론하기

전개 1 : 25분

1그룹 : 연기할 내용 협의 및 연습, 2그룹 : 질문할 내용 협의

- 1그룹 : 각 그룹별로 선정된 이야기나 시에 따라 연

(계속)

(3) 짧은 시간 동안에 많은 학생이 참여할 수 있다.

학습구조 소개

♠ 생각 내놓기 활동

(1) 혼자 생각하기(쪽지에 기록)
(2) 기록한 것을 내려놓으면서 각자의 생각을 말하기
(3) 다른 사람들은 같거나 비슷한 생각을 기록한 것이 있으면 함께 내려놓기
(4) 순서대로 돌아가면서 2, 3단계 반복
(5) 서로 다른 의견이나 생각들이 자연스럽게 분류되도록 한다.
(6) 다양하게 나온 생각들을 정리하여 따로 기록한다.

기할 내용 협의 및 역할 배정 후 곧바로 연습에 들어간다.

☞ 시나 이야기 속 인물의 입장이 되어 생각하고, 연기를 실감나게 할 수 있도록 한다.(몰입)

• 2그룹 : 주어진 이야기 및 시에 대하여 다시 한 번 자세히 읽어 가면서 질문을 만들어 본다.(현실 속의 인물이라 생각하고, 그에게 직접 듣고 싶은 것에 대한 질문을 만들어 본다.)

☞ 먼저 각 개인별로 질문을 제작한다.(시와 이야기에 대한 질문을 각 편마다 네 가지씩 만들어 보도록 한다. —혼자 생각하기)

☞ 각자 만든 질문을 모둠원들과 공유하고 좋은 질문을 선정해 본다.('생각 내놓기' 활동을 통해 선정)

3 전개 2 : 25분
발표 및 질문 · 답변하기

1그룹 : 각 모둠별로 연기 및 질문에 답하기, 2그룹 : 1그룹의 연기를 보고 질문하기

• 발표 순서에 따라 연기를 펼쳐 보이도록 한다.
• 각 모둠별로 '약 2분 이내'의 연기 활동 끝에 정지동작(Tableau)을 만들고, 이를 지켜보는 나머지 학생들(질문을 만들었던 모둠)은 각자 정리해 놓은 질문을 한 가지씩 돌아가면서 해 보도록 한다.
(예 : "극중의 인물 '○○'에게 묻겠습니다. 당신은 왜 ~ ~와 같이 행동을 하게 되었나요?")

☞ 해당 질문을 받은 인물은 그에 대한 답변을 극 중 인물의 입장에서 답변해 보도록 한다.(이때 정지동작을 일시적으로 풀고 답변을 한 다음 다시 본래의 동작으로 돌아간다.)

• 연기 활동 및 질문과 답변 주고받기 활동은 각 모둠별로 7~8분 정도씩 진행하도록 한다.
• 필요한 경우 교사도 청중의 입장에서 좋은 질문을 직접 하거나, 사전에 질문을 만드는 작업에 함께 참여해 보도록 한다.

(계속)

정리 : 20분

4 활동 정리 · 느낌 나누기

1그룹 : 연기활동을 직접 하면서 느낀 점이나 소감 나누기, 2그룹 : 연기활동을 보고 느낀 점이나 소감 나누기

- 각 개인별로 연기활동을 직접 하거나 연기활동을 보면서 느낀 점이나 소감을 써 본다.

☞느낀 점이나 소감을 기록할 수 있는 활동지를 배부한다.(활동 후 제출할 수 있도록 함)

- 개인별로 쓴 글을 모둠 내에서 돌아가면서 발표한다.
- 각 모둠에서 자신의 느낌이나 소감을 잘 발표한 친구를 한 명씩 선정해 본다.
- 모둠별로 1명씩 발표해 보도록 한다.
- 교사가 마무리 조언을 하도록 한다.

참고하기

교육연극에 대하여

교육연극(educational theatre)이란 연극적 요소를 교육 활동에 적용하여, 효과적으로 교수-학습 목표에 도달하고자 하는 방법을 말한다. 다시 말해서 연극을 교육의 매체, 또는 방법으로 활용하는 것을 말한다. 교육연극은 과정을 매우 중시하며, 필요에 따라 연극적 요소를 부분 또는 전체적으로 활용한다. 또한 기존의 연극적 방법을 그대로 활용하기도 하고, 변형하거나 새로운 방법을 개발하여 활용하기도 한다. 학교 현장에서는 주로 D.I.E.(Drama in Education), T.I.E.(Theatre in Education) 개념으로서의 교육연극이 활용된다.

- D.I.E. : '직접 하는 것'이란 의미. 체험과 과정을 중시 여김. 공연을 위한 연극보다 수업 활동이 중심(간단한 연극 놀이, 정지 동작, 즉흥극, 인형극 등을 학습 목표에 도달하기 위해 활용함).
- T.I.E. : 관객을 대상으로 실제 공연을 통해 교육이 이루어진다는 것을 전제로 함. 교사 또는 전문가가 극을 만들어 공연을 한 후 관객이 참여하여 다양한 활동을 하게 하는 경우를 말함.

본래 이 단원의 목표는 아래와 같다.

- 등장인물의 성격을 생각하며 실감나게 연극하기
  - 등장인물의 성격에 어울리게 반언어적 표현과 비언어적 표현을 잘 사용하여 표현한다.

– 무대의 특성을 살려 인물의 위치와 움직임을 잘 표현한다.
– 무대, 의상, 소품, 음악, 분장, 조명 등을 잘 사용하여 표현한다.

앞에 제시된 바와 같이 재구성한 이유는 단원 목표를 살리면서도 학교 현장에서의 현실을 감안하여 많은 시간과 공을 들여 무대를 꾸미지 않고도 연극을 할 수 있는 방안을 마련해 보고자 하였고, 대본을 외우고 연습하는 데 소요되는 많은 시간을 절약하면서도 부담 없이 활용할 수 있는 방법을 마련해 보고자 하는 취지에서였다. 또한 교육연극–정지장면기법이 가진 장점은 굳이 정해진 대본이 없이도 얼마든지 설정된 상황에 따라 연기하는 아이들이 즉석에서 창의적으로 연기를 할 수 있다는 점, 그리고 수업 중 연기하는 아이들과 연기를 감상하는 아이들 간의 상호작용 및 연결짓기가 가능하다는 점 등이 내가 원했던 수업의 취지와 딱 맞아떨어졌기 때문이기도 하다. 이와 같은 활동을 통해 다음과 같은 효과를 얻을 수 있다는 생각을 바탕으로 수업을 디자인하였다.

1. 시나 소설, 동화 등을 연극으로 재구성해 봄으로써 글 속의 사건을 다른 입장에서 바라볼 수 있도록 해 준다.
2. 현상을 다양한 시각과 관점에서 바라보도록 함으로써 창의적 사고가 가능해진다.
3. 서로 다른 장르나 형태로 바꿔 보는 활동을 통해 문학의 깊이와 다양성을 이해하는 데 도움을 줄 수 있다.
4. 다른 사람의 작품을 내면으로 수용하여 자신의 경험과 개성에 따라 창의적으로 재창조하는 활동이 가능해진다.
5. 이야기 속에 드러나지 않는 것들을 추론하거나 이야기 주제나 상황과 관련하여 생각의 폭을 넓힐 수 있게 된다. 이 활동은 언어적 상상력과 창의적 사고로 이어질 수 있다.

10) 협동학습 수업 디자인의 질적 접근 사례 3 : 사회(역사)과 수업 디자인

다음의 내용은 5학년 1학기 사회과 1단원 하나 된 겨레 6차시 고조선 사람들의 생활모습을 알아보는 것을 목표로 하는 수업을 재구성해 본 것이다. 이 내용은 개인적으로 수업 컨설팅을 받고 싶다는 요청이 들어와 퇴근 후 직접 만나 이야기를 나누면서 재구성하고 실제 수업을 했던 사례이다.

컨설팅을 요청해 온 최○○ 선생님은 평소 역사 수업에 대하여 고민이 많았다고 한다. 역사 수업이 단지 역사적 사실을 나열하고 기억하도록 하는 일이 아닌데 수업을 하다 보면 그렇게 되어 버리는 것 같아서 아쉽다는 말을 하였다. 그래서 협의회 날짜를 정하고 도움을 주기 위한 내 생각을 정리해 보았다.

우선 '역사 수업'에 대한 인식부터 정리해 볼 필요가 있어서 주변 사람들에게 질문을 해 보았다. "'역사 수업' 하면 제일 먼저 어떤 생각이 떠오르는가?"라는 질문에 이런 답변이 내게 돌아와왔다.

답변 A 이거 중요하니 외워라. 시대순으로 외워라. 이 지도 중요한 것이다.

답변 B 이 내용 매우 중요하니 별표 ○개 그려라.

이와 함께 선생님의 강한 어조와 눈빛, 그리고 그에 맞추어 밑줄을 긋고 별표를 하거나 어디인지 눈으로 따라가며 바쁘게 반응을 보이기만 하는 자신의 모습이 떠오른다는 것이었다. 내게도 그런 아련한 추억들이 많다. 나는 단기 기억력이 조금 부족하다고 생각하고 있는데 특히 역사 수업에서 잘 외워지지 않는 내용들 때문에 내 머리를 쥐어박으면서 형형색색의 형광펜과 볼펜으로 덧칠을 하고 밑줄을 그어 가면서 달달 외웠던, 그러나 상당히 많은 것들은 아예 시험에 나오지도 않았던 가슴 아팠던 기억들, 또한 시험이 끝나고 나면 대부분은 망각의 바다를 건너 버리고 마는 안타까운 기억들이 다시 떠오른다. 그러나 상당히 오랜 세월이 지난 지금의 일반적인 역사 수업 상황을 보면 그때의 역사 수업과 별 차이를 느끼지 못한 것이 현실이다. 교사나 아이들이나 왠지 모를 갑갑함과 어려움, 생각할 여유도 별로 없이 간단한 질문과 답변, 설명, 교과서 읽고 넘어가기, 간단한 조사와 내용도 잘 모르는 것을 줄줄 읽는 것으로 끝나 버리는 발표, 별로 관심 없다는 듯이 잘 듣지도 않는 아이들, 선생님이 읽어 주는 교과서의 글자만 눈으로 좇아가기만 하는 아이들, 각종 도표와 사진을 보고 그것을 본 느낌이나 소감 등을 이야기하기보다는 별표를 그리거나 교과서에 제시된 설명이나 제목 정도만을 간략히 살펴보고 넘어가는 현실.

위와 같이 나의 생각을 정리하여 최○○ 선생님과 만나 공감대를 형성하고, 역사를 진정으로 깊이 있게 이해하고 음미하며 역사적 사실을 통해 그 의미를 찾기보다는 수박 겉핥기식으로 통사적 접근만을 반복하는 현재의 역사 수업 속에서 우리는 '더 이상 아이들에게 지루함과 어려움만을 안겨 주는, 그래서 멀게만 느껴지는 그런 수업을 지양하고, 한 차시 수업만이라도 의미 있는 역사 수업을 해 보자'는 같은 목표를 설정하고 고민을 시작하였다.

본 차시에 대하여 지도서나 여타 다른 안내서들을 보면 핵심 내용을 다음과 같이 정리하고 있다.

고조선 사람들의 생활모습 알아보기

1. 고조선의 유물들
   - 대표적인 유물로는 탁자 모양 고인돌, 미송리식 토기, 비파형 동검이 있다.
   - 고조선이 청동기 문화가 발달한 나라였음을 알게 해 준다.
2. 고조선의 법을 통해 알 수 있는 사회 모습
   - 고조선은 사회 질서가 매우 엄격하였다.
   - 고조선은 인간의 생명을 소중히 여기던 사회였다.
   - 고조선은 농사를 짓는 사회였다.
   - 개인의 재산이 인정되는 사회였다.
   - 노비가 있었고, 신분의 차이가 있는 사회였다.
3. 철기의 시작
   - 기원전 5세기경 철기 시대가 시작되었다.
   - 철로 만든 농기구를 사용하여 농업을 발전시켰다.
   - 철을 사용하여 무기를 만들었다.
4. 고조선 멸망 후 나타난 나라들
   - 고조선은 한나라의 침략으로 멸망하였다.
   - 고조선 멸망 후 부여, 고구려, 옥저, 동예, 진한, 마한, 변한 등의 나라가 생겨났다.
   - 부여는 고조선 북쪽 넓은 평야 지역에 위치했다.
   - 고구려는 고조선의 중심부가 있었던 한반도 북쪽에서 성장했다.
   - 옥저와 동예는 해안가에 자리 잡았다.
   - 남쪽에는 마한, 진한, 변한 등의 나라가 생겨났다.

나는 위와 같은 내용을 아이들에게 다 이해시키는 것보다 어느 하나라도 제대로 음미해 보면서 과거의 역사를 현재의 교실로 가져와 오늘을 되돌아보는 계기로 삼아 보자는 제안을 하였고 최○○ 선생님은 그에 동의하여 '고조선 8조의 법'에 집중해 보겠다고 하였다. 나도 그게 좋겠다고 생각하였다. 그리하여 오랜 협의 끝에 다음과 같은 수업으로 디자인하게 되었다.

02

<table>
<tr><td>교과</td><td>사회/국어</td><td>일시</td><td></td><td>대상</td><td></td><td>지도교사</td><td></td></tr>
<tr><td>단원</td><td colspan="3">1. 하나 된 겨레(사회)
3. 생각과 판단(듣/말/쓰기)</td><td>차시</td><td>국(6/6)
사(6/18)</td><td>교과서</td><td>사회 23~25
국어 59~63</td></tr>
<tr><td>주제</td><td colspan="7">고조선 사람들의 생활 모습 살펴보기</td></tr>
<tr><td>목표</td><td colspan="7">고조선 8조의 법을 통해 현재 오늘날 우리 사회를 돌아볼 수 있다.</td></tr>
<tr><td>순서</td><td colspan="7">수업 흐름(80분 수업)</td></tr>
<tr><td>도입</td><td colspan="7">• 교과서 23~25쪽 '돌아가며 읽기'
• 책을 읽으면서 궁금하다고 생각한 것에 대하여 질문하기
• 학습 문제 제시

고조선 8조의 법을 통해 오늘날 우리 사회를 돌아볼 수 있다.</td></tr>
<tr><td>전개</td><td colspan="7">• 법(法)이란 무엇인가에 대하여 이야기 나누기
– 법(法)이라는 글자의 의미 : 물 흐르는 듯 흘러가는 자연스러운 이치
– 원인과 결과가 맞아떨어지는 현상
– 그른 행동을 하면 잘 못 살고, 착한 일을 하면 좋은 삶의 결실을 거두고, 해야 할 일을 하면 그만큼의 이득이 따르고 하지 않아야 할 일을 하면 그만큼의 불이익이 따르는 것이 법이다.</td></tr>
<tr><td>기본 활동</td><td colspan="7">• '법' 하면 떠오르는 느낌 나누기 : '모둠 문장'
– 법이란 ○○이다. 왜냐하면 ~ ~ ~ 이기 때문이다.
• 고조선 8조의 법과 그를 통해 알 수 있는 내용 살펴보기</td></tr>
<tr><td>심화 활동</td><td colspan="7">• 고조선 시대와 현재 내가 살고 있는 우리 사회, 우리 교실을 생각해 보면서 나와 우리의 8조법 만들기를 해 보기
– 우리 모두 평화롭게 살기 위해, 우리 사회가 아름다운 사람들이 살아가는 곳이 되기 위해 해야 될 일과 해서는 안 되는 일이 무엇인지 살피기
– 살핀 내용을 바탕으로 법조항 만들어 보기
☞ 우리 학급 8조법 만들기 : 모둠별 '생각 내놓기' 토의 · 토론</td></tr>
<tr><td>정리 하기</td><td colspan="7">• 만든 법조항 발표하고 게시하기</td></tr>
</table>

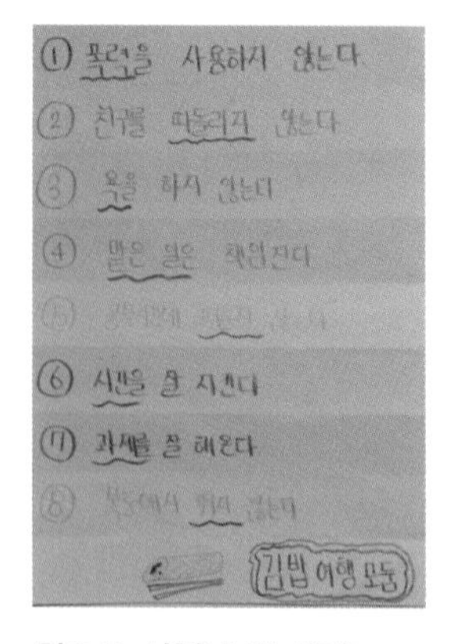

최○○ 선생님 반 사례

나는 최○○ 선생님의 수업 장면을 직접 보지 못했다. 상황이 여의치 않아 동영상 촬영도 하지 못했다고 한다. 하지만 수업 직후 만난 선생님의 표정을 통해 수업의 소감을 읽을 수 있었다. 매우 밝은 표정으로 나를 맞이하면서 "'역사 수업을 이렇게도 할 수 있구나!' 하고 깨달았습니다."라고 말해 주었다. 흥분된 목소리로 자신의 수업 과정을 내게 그대로 그려 주고 있는 최○○ 선생님의 이야기를 들으면서 나 또한 다시 한 번 역사 수업에 대하여 방향성을 다지는 계기가 되기도 하였다.

내가 생각하는 역사 수업의 방향성

1. 아이들이 쉼 없는 자기 성장과 마음 자람을 할 수 있도록 돕기
2. 역사 수업을 통해 자기를 성찰하고 민족의 삶을 생각하기
3. 역사 수업을 통해 자기와 타인을 이해하도록 돕기
4. 역사적 사실을 현재로 가져와 오늘의 현실과 자기를 살피는 계기로 삼기
5. 과거의 역사적 사실을 오늘 참되게 부활시키기(연결짓기)
6. 아이들 스스로 자기 삶의 창조자로, 역사 발전의 주체자로 성장하도록 돕기

11) 마무리를 하며!

지금까지 제시한 여러 사례나 지도안 예시를 보면 기존에 흔히 볼 수 있었던 틀이나 방식들과는 사뭇 다른 점이 느껴졌을 수도 있을 것이다. 하지만 우리가 흔히 보아 온 방식의 지도안(특히 '도입 — 동기유발, 학습문제 제시, 활동 1, 2, 3, 정리하기'라는 획일적인 틀에 따라 제작된 지도안)은 하나의 예시일 뿐이지 꼭 그 틀을 유지해야만 한다는 원칙이나 규정은 그 어디에도 없다. 그럼에도 불구하고 교사들은 늘 그렇게 제작한다.

나는 그런 고정관념이 하루 빨리 깨지기를 바라는 교사 중 한 사람이다. 그런 생각을 바탕으로 다양한 형태와 틀을 만들어 창의적으로 지도안 제작하는 것을 즐긴다. 익숙한 것이 아니라서 보기에는 혼란스러울 수도 있다. 하지만 옳고 그름이 아니라 다름이라는 시각을 가지고 바라본다면 문제될 것은 없다. 오히려 지금은 지도안 제작 측면에서도 사고와 발상의 전환이 필요한 시점이라고 봐야 할 것이다. "반드시 이렇게 제작해야 한다."는 틀은 없다. 지도안 제작도 수업 디자인이라는 예술적 관점으로 바라보고자 하는 자세가 이제는 더 많이 요구된다고 나는 확신한다. 왜냐하면 수업에는 왕도가 없으니까.

진정한 배움의 목적은
절대적인 지식을 습득하고 축적하는 데 있는 것이 아니라
소통의 가치와 의미를 최대한 실현시키는
맥락을 창출하는 데 있다.

협동학습 그리고 꿈

 협동학습을 이루려는 꿈

교육(가르치고 배운다는 것)이란
꿈과 희망을 노래하는 것
그리고 진정으로 꿈과 희망을 가지고
노력하면서 그것들을 이루어 온 교사의 노래만이
아이들의 가슴을 움직일 수 있다는 것
그래서 교사의 꿈은 매우 중요하다.
이 글을 읽는 교사들에게 묻는다.
그대들은 꿈이 있는가?
그 꿈을 키우기 위해 어떤 노력을 하고 있는가?

1) 꿈꾸지 않으면 사는 게 아니다

교사라면 누구나 알고 있을 노래 가사의 일부이다. 대안학교인 간디학교의 교가로 잘 알려진 노래 '꿈꾸지 않으면.' 그 가사를 음미하며 천천히 듣거나 부르다 보면 어느 순간 '울컥'할 때도 있다.

꿈꾸지 않으면 사는 게 아니라고 별 헤는 맘으로 없는 길 가려네
사랑하지 않으면 사는 게 아니라고 설레는 마음으로 낯선 길 가려 하네
아름다운 꿈 꾸며 사랑하는 우리 아무도 가지 않는 길 가는 우리들
누구도 꿈꾸지 못한 우리들의 세상 만들어 가네
배운다는 건 꿈을 꾸는 것 가르친다는 건 희망을 노래하는 것
배운다는 건 꿈을 꾸는 것 가르친다는 건 희망을 노래하는 것
우리 알고 있네 우리 알고 있네
배운다는 건 가르친다는 건 희망을 노래하는 것

나는 지금(2014년 현재) 혁신학교에 근무하고 있다. 그리고 혁신학교는 모든 교사가, 모든 학부모가, 모든 아이가 꿈꾸는 그런 학교를 만들기 위해 이제 막 걸음마를 시작한 상태다. 내가 근무하는 서울은빛초등학교는 내게 또 다른 꿈과 희망을 노래하게 만들어 주었고, 이곳에서도 이 노래는 자주 부르고 듣게 된다. 그리고 그럴 때마다 내 눈가는 어느새 촉촉해지곤 한다. 2011년 개교를 하고 신입생을 맞이한 첫날, 모든 교사가 무대 위에 올라 신입생 및 전교생과 학부모를 앞에 두고 이 노래를 축가로 불러 주며 나를 포함한 많은 교사들이 눈시울을 붉혔던 기억은 지금도 생생하다. '이런 순간이 또 오려나?' 하는 생각도 든다. 그런 만큼 꿈이 현실로 다가올 수 있도록 하기 위해 많은 교사들이 노력하는 곳, 그래서 나는 충분히 행복하다. 그리고 또한 나는 살아 있음을 느낀다.

꿈을 꾼다는 것은 내가 살아 있다는 증거!

꿈이 없는 삶을 이야기할 수 없는, 꿈을 꾸고 그것을 현실로 만들어 나가기 위해 많은 어른과 아이들이 함께 울고 웃으며 생활하는 곳인 학교. 그곳에서 수많은 아이들과 함께 꿈은 이루어진다는 말을 되새기며 마음속으로 바라고 또 바라고 믿음을 가지며 하루하루를 살아가고 있던 나는 평생을 가져갈 그 무엇인가를 찾아다니다가 협동학습을 만나게 되었고 그것을 통해 비로소 큰 꿈을 갖게 되었다. 그 이후 15년 가까이 세월이 흘렀고 지금의 나는 나름대로 꿈을 조금씩 이루어 가고 있고 그만큼 내 꿈도 조금씩 성장해 가고 있다는 것을 알게 되었다. 내 부모와 아내 그리고 내 아이들이 곧 내가 살아가는 이유라면 꿈은 곧 내가 열심히 살아가는 힘이 되어 주는 중요한 원동력이 되어 주었다. 협동학습은 내가 많은 것을 이루게 해 주었는데 그 가운데서도 무엇보다 가장 소중한 것은 '경험'이라는 큰 자산을 갖게 해 주었다는 것이었다.

생각해보기

1. 여러분은 지금 꿈을 갖고 있는가?
   - 갖고 있다면 그 꿈은 무엇인가?
   - 갖고 있지 않다면 그 이유는 무엇인가?

2) 꿈이 없는 교사, 꿈꾸지 않는 교사는 아이들을 가르칠 자격이 없다

꿈에는 세 가지 종류가 있다. 첫째는 잠자면서 꾸는 꿈, 둘째는 이룰 수 없는 꿈, 셋째는 실현 가능한 꿈. 그리고 이 세 가지 꿈은 누구나 꿀 수 있다. 그러나 누구나 꿈을 현실로 만들어 가지는 못한다. 그래서 실현 가능한 꿈을 꾸고 그것을 이루기 위해 열심히 노력하며 살아가는 사람들을 보면 참으로 아름답기까지 하다.

나는 가끔 강의에서 내 앞에 앉아 있는 교사들에게 묻는다. "당신은 꿈이 있습니까?" 이런 나의 갑작스런 질문에 대부분의 교사는 매우 당황스런 표정을 보이곤 한다. 왜냐하면 교사가 된 이후에 '꿈'이라는 것을 제대로 가져 보지 못하였거나 어느 순간 자신의 꿈을 잊고 살았기 때문이다. 교사가 되었다고 꿈을 이루었다고 생각하면 큰 착각이다. 제대로 된 꿈은 성장의 언어로 표현되고 그런 꿈은 점점 진화한다. 한 단계 꿈을 이루고 나면 그다음 단계의 꿈이 파생되어 생겨나게 마련이다. 하지만 현실에 안주하거나 무엇인가에 바쁘게 쫓겨 다니기만 하는 순간 어느새 꿈을 잊고 살아가거나 꿈을 아예 놓아 버리고 살아가게 된다. 나름은 꿈이 있다고 대답하는 사람들을 보면 그것은 꿈이라 하기에 무리가 있는 것들이 대부분이다. 예를 들자면 "남편이 승진하는 것, 가족들이 모두 건강하게 사는 것, 아이가 좋은 대학에 가는 것, 살 빼는 것, 돈을 ○억 정도 버는 것, 세계여행을 다니는 것, 내 집을 갖는 것 ……등"이다. 이런 것들은 꿈이 아니다. 어떤 것은 그저 '바람이나 꼭 하고 싶은 일 — 버킷 리스트(bucket list)'일 뿐이고 어떤 것은 꿈을 이루는 과정에서 자연스럽게 얻어지는 '산물'일 뿐이며 어떤 것은 '내가 아닌 다른 사람(남편, 아이, 부모)의 꿈'을 대신 말해 주고 있는 것일 뿐이다. 그것을 꿈으로 인식하는 순간 그 사람은 어느 순간 자신이 나아가야 할 방향을 잃게 된다. 만약 살을 빼는 꿈을 이루었다고 치자. 그다음에는 살을 뺀 것이 무엇으로 이어질 것인가? 모델에 도전할 것인가? 살을 뺀 다음에는 새로운 꿈을 또 세워야 하는데, 꿈이라는 것이 그렇게 쉽게 세워지고 달성되고 할 만큼 가벼운 것은 아니다.

그렇다면 지금 이 책을 읽은 여러분에게 다시 한 번 묻는다. "지금 여러분은 제대로 된 꿈이 있습니까?" 만약 아니라고 대답하는 상황이라면 지금 어찌 보면 여러분은 아이들을 가르칠 자격이 없다고 볼 수 있다. 특히 교사는 아이들에게 늘 꿈을 꾸며 살라고 말해 주고, 아이들이 꿈을 이루어 나가는 데 필요한 역량과 재능을 이끌어 내고 신장시키는 것을 도와주며 지속적으로 지켜봐야 하는 직업을 갖고 있는 사람들인데 자신은 꿈을 갖고 있지도 않거나 혹은 있더라도 바로 눈앞의 과제를 해결하는 데 급급하여 밀린 과제처럼 뒤로 미루어 놓고 그것을 이루기 위한 어떤 노력도 하지 않고 있다면 분명히 모순이 아닐 수 없다. 어느 날 아이들이 "선생님은 꿈이 뭐예요?"라고 묻는다면 어떻게 답할 것인가? "선생님은 꿈을 이루었어. 교사가 되는 게 꿈이었거든."이라고 답할 것인가? 게다가 교사로 살아가고 있는 그 길이 자신의 꿈꾸어 왔던 그 길인지, 아니면 어쩌다 보니 여기까지 오게 된 것인지에 따라서도 분명히 많은 차이가 있을 수 있다. 아이들에게 "늘 꿈을 크게 꾸고, 그 꿈을 이루기 위해 열심히 노력하며 살아라!"고 말하기 전에 자신의 꿈부터 제대로 세워야 하지 않을까? 그리고 자신이 지금 가고 있는 이 길이 꿈을 이루어 가는 과정에 있는 것인지 아니면 전혀 다른 길인지 생각해 볼 일이다.

협동학습과 나의 꿈이 만나다.

내게도 나름의 꿈이 있다. '내가 가르치는 아이들과 학부모 및 주변의 동료교사들에게 좋은 영향을 줄 수 있는 교사가 되는 것, 그리고 더 나아가 내가 가르친 아이들도 그 길(더불어 사는 삶)을 갈 수 있도록 돕는 것'이 나의 평생 꿈이다. 그 과정에서 협동학습을 만나 아이들 및 학부모들과 행복하게 지내고 있고 주위의 교사들에게 그 즐거움을 나누며 살고 있으며 앞으로도 협동학습에 대한 전도사 역할을 하며 살아갈 것이다.

생각해보기

1. 교사로서 여러분의 꿈은 무엇인가?(없다면 지금부터라도 세워 두기 바란다.)
2. 교사로서 여러분의 꿈과 협동학습은 관련이 있는가?
3. 여러분은 협동학습을 왜 시작하게 되었는가?

3) 모든 꿈에는 질적인 차이가 존재한다

꿈은 누구나 꿀 수 있는 것이며, 꿈에는 커트라인도 없다고 흔히들 말하지만 꿈도 꿈 나름이며 꿈에도 분명히 질적인 차이가 존재한다. 몇 가지 분류기준을 세워 두고 이야기해 보자면 아래와 같다.

우선 '크고 원대한 꿈과 작고 소박한 꿈'으로 나누어 볼 수 있다. 쉽게 말해 작은 점포 하나를 가지고 가족과 소박하게 살아가는 꿈을 꿀 것인가 아니면 그 업계에서 전 세계적인 프렌차이즈망을 가지고 전 세계를 주름잡는 꿈을 꿀 것인가 등이 바로 그에 대한 것이다. 21세기는 조금만 생각의 폭을 넓히면 어떤 일이든 글로벌적인 차원에서 많은 사람들을 대상으로 할 수 있다.

다음으로 '사적인 꿈과 공적인 꿈'으로 나누어 볼 수 있다. 많은 사람 — 인류를 이롭게 할 꿈인가 아니면 나 자신만을 위한 꿈인가 등이 바로 그에 대한 것이다. 드라마 가운데 '허준'의 삶을 그린 것이 있다. 등장인물 가운데 대조적인 두 인물이 있는데 바로 허준과 유도지다. 유도지의 꿈은 자신의 명예와 권력, 금전적인 이익에 관련된 것임에 비하여 허준의 꿈은 오로지 백성의 건강을 위한 것이었지 자신의 안일함과 영달을 위한 꿈은 아니었다고 할 수 있다.

끝으로 '착한 꿈과 그렇지 않은 꿈'으로 나누어 볼 수 있다. '착하다'의 상대적인 표현은 '악하다'라고 할 수 있는데, 꿈과 관련해서는 일부러 악한 꿈을 처음부터 세우고 사는 사람은 거의 없을 것이다. 그 꿈을 이루는 과정과 결과에서 때로는 좋지 않은 모습이 나타나기 때문에 나쁘게 보이는 것이다. 때문에 '착한 꿈과 그렇지 않은 꿈'으로 표현을 해 본 것이다. 이는 자신의 꿈이 다른 사람을 행복하게 만드는가 아니면 그렇지 않거나 그와 관련이 없는가 등에 대한 것이다. 누군가 한 사람에게 이렇게 물었다. "당신은 꿈이 무엇인가요?" 그랬더니 그 사람이 이렇게 말했다. "저는 의사가 되어서 돈 없고 어렵게 사는 사람들의 병을 고쳐 주며 살아가는 게 꿈입니다." 똑같은 질문을 또 다른 사람에게 했더니 그 사람은 이렇게 말했다. "저는 의사가 되어서 돈을 많이 모은 뒤 개인병원도 내고, 여행도 많이 다니고 즐겁게 사는 게 꿈입니다." 자, 이 두 사람의 꿈 중 어떤 꿈이 착한가? 답은 이미 나와 있다.

어떤 꿈을 꾸고 그것을 어떻게 이루어 가며 살 것인지는 온전히 개인의 몫이다. 이왕이면 크고 공적이며 착한 꿈을 세우고 그것을 이루며 사는 것이 더 좋지 않을까 생각하겠지만 누구나 다 그렇게 살아갈 수는 없는 일이다. 그렇게 살아가는 소수의 사람들이 바로 세계적으로 이름을 날리며 세상을 이롭게 하는 영향력 있는 사람들일 것이고, 그 사람들의 수는 불과 5%도 안 된다고 본다. 나머지 95%는 소박하면서도 지극히 평범한 꿈을 꾸며 살아간다. 그렇다면 지금 당신은 어떤 꿈을 세워 두고 있는가?(세울 계획인가?) 또한 교사로서 당신이 지도하고 있는 아이들이 어떤 꿈을 세우고 그 꿈을 키워 나가기를 바라는가? 한번 깊이 있게 되새기며 고민해 볼 일이다.

무엇을 하든 자신의 길을 가라.

어떤 사람들은 내게 빨리 진급하라고 말한다. 대학원도 가고 연구점수도 빨리 채우고……. 하지만 내게는 나 자신만의 길이 있다. 그리고 그 길은 나 자신만이 제일 잘 안다. 또한 나는 나 자신만의 길을 갈 때 제일 용감하고 당당해질 수 있다. 그 길은 단지 개인적인 명성이나 부를 얻기 위함 혹은 승진을 위해 하는 일이 아니다. 내가 시행착오를 통해 얻은 경험을 다른 사람들과 나눔으로써 다른 사람들이 협동학습을 실천하는 데 좀 더 시행착오를 덜 경험하도록 돕고 협동학습의 바람직한 적용을 통해 모두가 신나고 행복한 교실을 만들어 나갔으면 하는 바람, 그리고 협동학습을 경험하며 자란 아이들이 성장하여 다른 사람들과 함께 더불어 사는 삶(그런 세상을 만들어 나갈 것이라는 꿈)을 살아갈 것이라는 기대 때문이다. 나는 내 꿈이 나름은 크고, 공적이며 착한 것이라 믿는다.

생각해보기

1. 여러분이 협동학습을 통해 이루고자 하는 것(꿈)은 무엇인가?(단지 수업기술 획득? 아니면 자신에 대한 평가? 연구점수 혹은 승진점수? 그게 아니라면?)

4) 누구에게나 세 번쯤은 온다는 꿈을 이룰 기회를 잡는 방법은 있다

새해, 새 학기가 되면 여기저기에서 강의 요청이 수도 없이 들어온다. 그래서 일정 조정하기 바쁘고, 때로는 같은 연구회 동료에게 대신 강의를 부탁하거나 많은 경우 정중히 거절하기도 한다.

나의 모든 강의 혹은 컨설팅이나 코칭이 다 그런 것은 아니지만 적지 않은 사람들이 내 이야기를 들은 이후에 “선생님 강의, 너무 좋아요. 강의를 통해 많이 깨닫고 배웠습니다. 무엇보다도 이번 강의를 통해 그동안 잊고 있었던 소중한 것들을 다시 떠올리게 되어서 정말 기쁩니다. 어떻게 하면 선생님처럼 그렇게 될 수 있을까요?”라고 말한다. 아주 오래전에 조치훈 바둑 기사가 세계 바둑 선수권 대회에서 1위를 한 뒤의 인터뷰에서 “어떻게 1위에까지 오르게 되었는가?” 하는 질문에 “1위를 하려고 바둑돌을 놓은 것이 아니라 그냥 한 수 한 수를 두다 보니 1위도 하게 되더군요.” 하고 답변을 했던 기억이 난다. 산꼭대기에 오르기 위해 산을 오르다 보면 힘들고 지쳐 포기하고 싶은 마음도 들지 모르지만 주위를 둘러보며 그냥 한 걸음 한 걸음 걷다 보면 어느새 정상에 우뚝 선 자신의 모습을 보게 되는 것과 같은 이치라 여겨진다. 앞의 질문에 대한 답변도 같은 맥락에서 이렇게 말할 수밖에 없다. “그냥 많이 보고, 듣고, 공부하고, 계획하고, 준비하고, 실천하고, 피드백하고, 데이터를 정리하다 보니 지금에 와 있다.”는 말 외에 달리 할 말이 없다. 사람들은 어떤 뾰족한 수, 특별한 방법이 있다고 보는 것 같다. 하지만 여기에는 왕도가 없다. 그저 몰입하는 수밖에!!

나는 지난 2003년 첫 강의를 시작으로 지금까지 수많은 나눔의 자리를 가져오면서 자연스럽게 내 앞에서 이야기를 듣고 있는 선생님들이 언제 웃고 언제 심각해지며 언제 자신을 돌이켜 보게 되는지를 알게 되었다. 사실 그들은 내 이야기 때문에 웃고 심각해지고 자신을 돌이켜 보게 된 것이 아니었다. 내 의도와는 상관없이 그들은 스스로 웃고, 스스로 심각해지며, 스스로 자신을 돌아보게 되었던 것이다. 그 이유는 내 이야기가 자신의 생각, 자신의 경험, 자신의 고민과 같다고 생각하기 때문이다. 가끔 강의 후 선생님들과 함께 이어지는 식사 등의 자리에서 모니터링을 해 보면 "선생님의 이야기 속에 지금 제 고민이 다 들어 있어요.", "선생님 말씀이 구구절절이 다 옳아요.", "선생님께서 말씀하시는 그런 것들이 제가 꿈꾸는 것들입니다.", "저도 그런 협동학습을 하고 싶어요."라는 말들이 들려온다. 그럴 때면 더욱 열심히 노력해야겠다는 생각도 하지만 지금까지 묵묵히 나의 길을 걸어온 내 삶에 감사하게 된다.

협동학습에 왕도는 없다. 그저 매일 꾸준히 실천하고 또 실천하라!

내가 처음부터 순탄한 길을 걸어왔고, 많은 것을 가지고 있었고, 풍족한 환경에서 성장해 왔더라면 (그렇다고 불행한 삶을 살아온 것은 아니다.), 불과 몇 년이었지만 교사가 되기 전에 여러 경험을 직접 해 보지 않았다면, 그리고 내 또래의 사람들보다 늦은 나이에 교사가 된 만큼 더 열심히 노력하고 공부하고 실천해 나가면서 나 자신을 성찰해 나가는 숱한 경험을 직접 해 보지 않았다면 많은 선생님들이 공감할 수 있는 이야기, 많은 선생님들이 귀 기울여 들을 만한 이야기, 내 삶 속 고뇌의 흔적이 묻어나는 이야기를 할 수 없었을 것이다. 그래서 지금도 아이들과 교실에서 함께 생활하면서 어려움이 있을 때마다, 한 번도 해 보지 못한 새로운 도전이나 경험 앞에 놓일 때마다 그리고 지금의 현실에 만족하며 그냥 안주하려고 하거나 한계에 다다랐다고 여겨질 때마다 '이것을 잘 극복하고 나면 다른 사람들을 웃게 하거나 심각한 고민에 빠뜨릴 이야깃거리가 또 하나 나오겠구나. 이 모든 것이 언젠가는 내 자산이 되어 줄 것이고, 내 힘의 밑거름이 되어 줄 것이다.'라고 생각한다. 그리고 그 모든 것을 온전히 내 것으로 받아들이며 순간순간을 맞이하고 보낸다.

생각해보기

1. 협동학습을 실천하고 있다면 여러분은 하루 어느 정도 협동학습의 실천과 피드백, 연구 활동에 시간 투자를 하고 있는가?

5) 수많은 경험이 곧 자산이 되어 꿈을 이룰 수 있는 능력 발휘의 순간이 꼭 온다

대한민국에서 '교사'라는 이름으로 살아가는 사람들을 보면 평균적으로 순탄한 삶을 살아왔다고 볼 수 있다. 물론 순탄치 못한 삶을 살다가 교직에 나온 사람들도 적지 않다. 그러나 순탄한 삶을 살았든 그렇지 못했든 그 속에서도 나름대로 꽤 의미 있는 경험들을 하고 산다. 교사로, 남자로, 여자로, 아내로, 남편으로, 아들로, 딸로, 아버지로, 엄마로, 주부로, 사위로, 며느리로, 자식을 키우는 아들 혹은 딸로 많은 것들을 경험하면서 산다. 그러면서 나름대로는 교직생활에 도움이 될 만한 노하우와 능력 등을 쌓아 가기도 한다. 그런데 가끔 40대 중반을 넘어선 분들에게 "지금까지 (교사로) 살아오면서 이루어 놓은 것이 있다면 뭐가 있나요?"라고 물으면 딱히 돌아오는 시원스런 답은 별로 없다. 그저 매년 새로운 아이들을 만나고 가르치는 교사로 살아가는 일, 평범한 가정을 꾸리고 나름 행복하게 살아가는 일 정도랄까.(물론 그 또한 굉장히 큰일을 해 놓은 것이라 할 수 있겠지만) 어떤 분은 갑작스러운 내 질문에 잠시나마 깊이 고민한 끝에 "아무것도 이루어 놓은 것이 없는 것 같아서 갑자기 허무해지네!"라고 말하기도 한다.

참으로 안타까운 마음이 든다. 조금만 깊이 생각해 보면 교사들은 늘 다른 순간을 맞이하며 아이들과 함께 울고 웃으며 생활한다. 어제 혹은 지난주와 비슷한 시간표에 비슷한 일상이 반복되는 것 같지만 결코 똑같은 경험은 한 번도 하지 않는다. 그것들에 대한 생각들을 잠시 멈추어 서서 돌이켜 보며 글로 적어 내기만 해도 매년 1권 정도의 책은 거뜬히 쓰고도 남을 만큼의 살아 있는 경험과 역사적인 스토리가 쌓이게 된다. 아이이든 어른이든 한 사람 한 사람은 자기 인생에서 나름의 역사와 스토리가 있는 삶의 주인공이라 할 수 있다. 무엇인가 작은 것이라도 이루고 사는 사람들을 보면 늘 자기 삶의 주인이 되어 살아가고 있고, 그 나름대로의 역사가 살아 숨 쉬고 있음을 알게 된다.

그럼에도 불구하고 자신의 삶이 허무해진다거나 별로 이루어 놓은 것이 없다 말하는 그 내면에는 자기 자신의 삶 속에 스스로 주인공이 되어서 살아오지 못했다는 자조 섞인 한탄과 아쉬움이 담겨 있을 것이라 여겨진다. 그도 그럴 것이 어떤 면에서 각자의 교직생활을 들여다보면 나름의 역사와 스토리 속에 주인공이 자기 자신이 아니라는 것을 깨닫는 순간이 오기 때문일 것이다. 이런 분들을 보면 교직생활을 정말 간절히 원해서 택한 것이 아닐 수도 있고(부모나 주변의 권유, 가정 형편, 성적에 따른 선택, 시대적 상황이나 직장 선호도나 인기 등에 따른 선택, 어쩌다 그냥 여기에 오게 되었다는 등), 원했든 그렇지 않았든 간에 교단에 서서 수십 년간 자신이 주도적으로 무엇인가를 계획하고 실천하여 이루어 왔거나 그 일을 통해 성취감을 얻은 사람이 아닐 가능성이 높다. 자신의 인생이라는 역사 속에서 그들은 잡무에 쫓겨 교과 진도 나가기에 급급한 삶을 살아가거나, 남들이 만들어 놓은 자료를 다운로드하여 그냥 사용하는 데 익숙해져 있거나, 이미 교과서 내용을 그대로 구현해 놓은 인터넷 서비스(아이스크림 서비스 등)를 사용하여 수업하는 데 길들여져 있거나, 교과서에 있는 내용 그대로를 아이들에게 설명하고 전달하는 데 익숙해져 있거나, 승진을 하기 위해 점수 따는 누군가의 성취를 도와주었거나 혹은 그 일에 자신의 의도와 달리 동원되었거나, 아이들 앞에서는 왕처럼 군림하면서 시키는 것에 익숙하지만 막상 교직사회에서는 관리자들의 권위주의 앞에서는 머리를 조아리고 허리를 숙이며 아무 말도 못하고 시키는 대로만 하면서 뒤돌아서서 그들이 없는 곳에서 마음껏 씹어 대며 뒷담화를 하거나, 그러다 일이 잘못되면 그 책임을 뒤집어쓰거나, 누군가에게 상처를 받거나 하는 등의 삶을 살아왔기 때문일 것이다. 이런 분들은 자신의 삶 속에서도 주연이 아닌 조연이나 단역으로 살아가고 있다고 해야 할 것이다. 물론 이런 것들이 전혀 가치가 없으며 무조건 나쁘고 잘못되었다고 볼 수는 없겠지만 적어도 자신의 인생에 대한 허무함을 느낄 정도의 길이었고 과거였다면 더 이상 하지 말아야 하는 것이 아닐까?

누구나 다른 사람이 주연으로 살아가는 이야기 혹은 역사 속에 조연이나 엑스트라로 살아가기 위해 이 세상에 태어나지는 않았다. 그리고 그 모든 사람들에게 공평하게 꿈을 이룰 수 있는 능력 발휘의 기회, 곧 인생의 전환기는 꼭 온다. 그러니 그때를 대비하여 많은 경험을 쌓고 노하우와 실력을 키워 나가며 늘 준비를 하고 있어야 한다. 그러다가 내가 쌓아 놓은 노하우와 실력이 어느 순간에 쓰일 때가 온다. 내가 꿈꾸어 왔던 그런 일이나 계획들이 현실로 내 앞에 펼쳐지면서 나의 역량이 제대로 발휘되는 순간이 분명히 오게 된다. 이때가 바로 인생의 전환기인 것이다. 이때를 놓치지 말고 잡게 되면 분명히 자기 삶에 주인이 되어 살아가게 된다.

내가 지금까지 만난 세 번의 굵직한 기회

첫 번째 꿈을 이룰 수 있는 기회는 교육대학교에 입학하여 4년간 공부를 마친 뒤 임용고시에 합격하여 교사가 된 것이다. 두 번째 꿈을 이룰 수 있는 기회는 협동학습을 만나게 된 것이다. 그리고 내게 다가온 세 번째 꿈을 이룰 수 있는 기회는 다른 교사들과 협동학습에 대한 나의 경험을 나누는 자리를 갖게 된 것이다. 약 10년 전(2003년), 나름의 꿈을 가지고 이런저런 경험을 쌓아 가던 때 우연히 내가 실천했던 경험들을 다른 사람들과 공유해 보지 않겠느냐는 제안(강의 섭외)이 들어왔고, 나는 이때다 싶어서 얼른 하겠다고 수락을 하고 여러 동료교사들 앞에 서게 되었다. 이때가 바로 모든 상황이 잘 맞아떨어진 내 인생의 세 번째 전환기였다. 첫 강의에서 나름의 성공적인 경험을 발판 삼아서 사람이 적게 오든 많이 오든 상관없이 나 스스로 강좌를 개설하고 사람들을 끌어모으면서 소수의 인원으로 연구회를 결성하기에 이르렀고, 어느 순간이 되자 나 스스로 자리를 만들지 않아도 다른 사람들이 자리를 만들어 놓고 나를 찾아 줄 정도까지 되었다. 그럴수록 지금의 현실에 만족하지 않고 지속적으로 나만의 스토리를 계속 성장, 보완, 발전시켜 가며 늘 새로운 내용으로 여러 교사들을 만나 가고 있고 지금도 진행형이다. 그때 만약 겸손한 태도를 보이며 다른 동료교사 앞에 서는 것을 주저했더라면 지금의 나는 없었을 것이다. 그런 모든 것이 바탕이 되어 지금의 혁신학교에까지 오게 되었고, 이것 또한 혁신학교가 나를 불러 주기를 기다렸다가 부름을 받잡고 온 것이 아니라 나 스스로 기회를 기다리며 준비를 하고 있다가 적극적으로 문을 두드려 열고 들어온 것이었으며 그랬기 때문에 나는 지금의 학교생활에 아주 만족하고 있고 나의 경험들을 동료교사들, 아이들 및 학부모들과 함께 나누고 공유하면서 또 다른 배움을 얻고 성장해 가고 있어서 매우 행복하다.

생각해보기

1. 여러분에게 '협동학습과의 만남'이 자신의 꿈을 이루는 데 있어 어떤 기회가 되어 주고 있는가?
2. '협동학습과의 만남'을 '자신의 꿈을 이루는 일'에 대한 관점에 입각하여 앞으로의 모습을 디자인해 보라.

6) 자신만의 콘텐츠(경험, 정보, 자료 등)를 미리 준비하지 않으면 꿈을 이룰 기회가 왔을 때 주저하거나 망설이게 된다

10년 가까이 방학 때마다 30시간 정도씩 오프라인에서 협동학습을 주제로 직무연수를 개설하여 진행해 오고 있는데, 연수 이후 적절한 시간이 흐른 뒤에 몇몇 분들을 대상으로 꾸준한 실천을 해 오고 있는지에 대한 모니터링을 하곤 한다. 가끔은 다양한 모임의 자리에서 강의를 들었던 선생님들을 만나기도 하는데, 그때마다 협동학습을 꾸준하게 실천해 오고 있는지에 대하여 묻기도 한다. 그런데 대부분은 협동학습을 잠깐 적용하다가 '협동학습, 너무 힘들고 어려워요. 이것도 아니다 싶어 접었어요. 가끔 수업시간에 방법만 적용하고 있어요.'라는 생각을 가지고 포기하거나 기술적인 접근만 하는 선에서 머물고 있는 교사들을 만나게 된다. 그들은 협동학습 전문성에 대한 자신의 폭과 깊이는 생각하지 않고 '협동학습, 별거 아니네. 협동학습, 문제 많아. 협동학습, 너무 어려워.'라는 생각을 하거나 또는 협동학습을 제대로 적용하는 데 필요한 자신의 역량이나 그릇의 크기가 얼마 되지 않는데도 협동학습 탓을 하거나 아이들이 자신의 뜻을 따라 주지 않는다는 핑계를 대며 잘되지 않는 이유를 아이들 탓으로 돌리곤 한다. 그런 분들이 가끔 내게 이렇게 물어 온다. "협동학습 좋은 것은 알겠는데 어떤 방법을 써야 잘되는지 그걸 알려 주세요. 무엇을 하면 협동학습 잘할 수 있어요?"라고 말이다. 그럴 때면 나는 이렇게 답변한다. "그렇게 만들어 줄 수 있는 어떤 한 가지 방법이 있으면 나도 좀 알려 주세요."라고 말이다. 태산도 한 줌 한 줌의 흙, 크고 작은 돌 등이 모이고 쌓여서 이루어졌는데 어떤 흙과 돌이 모여서 되었는지 구체적으로 알려 달라고 하면 그 많은 흙과 돌들에 대하여 여러분은 어떻게 설명해 줄 수 있겠는가? 바람직한 협동학습은 그 철학을 기반으로 하여 그에 도움이 되는 시의 적절한 다양한 활동 및 관계 맺기, 소통 기술, 교사의 준비, 교사의 경험, 노하우, 전문성 등이 복합적으로 시너지를 발휘하면서 만들어지는데 그것에 대한 안내를 어떻게 한 방에 만족할 수 있도록 안내할 수 있겠는가?

모든 교사는 나름 협동학습을 성공적으로 운영할 수 있는 역량과 힘을 충분히 갖고 있으며 잠시 멈추어 서서 자기 자신을 돌이켜 보고 반성을 하는 성찰의 과정을 통해 발전 및 성장 가능성을 발견할 수 있는데 왜 협동학습에 접근하는 사람들 가운데 70~80%에 가까운 사람들이 중도에 포기하는 것일까 하는 고민을 해 보았다. 그리고 그에 대한 나름의 결론을 내렸다. 그것은 자신에게 다가올 그 기회—능력 발휘의 순간 혹은 충분히 무르익을 시간—가 오기까지 자신만의 콘텐츠(경험, 정보, 자료 등)를 차곡차곡 쌓아 가면서 미리 준비하고 정리해 가며 기다리지 않았기 때문이라는 것이다. 그런 사람들에게 결코 기회는 오지 않는다. 오더라도 잡지 못하거나 주저하거나 망설이게 된다.

나는 지금까지 살아오면서 단지 운이 좋아서 꿈을 이룬 사람은 보지 못했다. 우연히 좋은 기회를 만나서 자신의 꿈을 이룬 사람을 본 적이 없다. 우연히 누군가가 그를 도와주어서 좋은 결과를 얻게 된 사람을 본 적이 없다. 그 우연도 스스로의 노력으로 만들어 가는 것이다. 우연은 곧 필연이라 할 수 있고 그 필연은 스스로의 준비와 노력에 의해 만들어 갈 수 있는 것이다. 우연을 예측할 수 있는 범위 내에서 필연으로 만들어 가는 것도 그의 역량이고 힘인 것이다.

먼 훗날, 적절한 나이가 되어서 많은 후배들을 바라볼 때 혹은 교단을 떠나거나 세상을 등지는 날 "그래도 나는 후회 없는 삶을 살다 간다. 나는 무엇인가 이루어 놓은 것이 있어서 행복했다. 무엇인가 내 나름대로의 흔적을 남기고 떠나게 되어서 기쁘다."라고 말하고 싶은가? 그렇다면 지금부터라도 5~10년 정도 뒤를 내다보면서 그 안에 올지도 모를 기회의 순간을 만들기 위해 자신의 모든 열정과 에너지를 모아 몰입을 해야 한다. 그럴 자신이 없다면 꿈은 꾸지 말아야 한다.

협동학습에 속성과정은 없다 -10년 1만 시간의 법칙에 예외는 없다.

내 경우, 발령초기부터 학급운영에 관심이 많았다. 이를 위해 많은 정보와 자료를 수집하여 체계적인 정리도 하면서 나름대로 내 생각을 담은 자료를 만들어 다른 사람들과 온라인에서 공유도 해 가면서 경험 및 노하우를 쌓아 가던 때 무엇(철학 및 체계성, 학문적 뒷받침 등)인가 부족한 것을 느끼게 되었고 그때 만나게 된 것이 바로 협동학습이었다. 만약에 내가 그 당시 그런 고민을 하고 있지 않았더라면 스스로 찾아다니다가 만난 협동학습이 내게 이런 기회를 가져다주었겠는가? 지금까지도 많은 사람들은 우연히든 스스로 필요에 의해서든 협동학습을 만나고 있고, 앞으로도 만날 것이다. 하지만 협동학습은 모든 교사에게 기회를 가져다주지 않는다. 오직 준비하고 기다리는 교사들에게만 그 기회의 문을 열도록 허락해 줄 것이다. 그 시기까지 충분히 인내하고 견디면서 실천적 경험과 노하우, 자료와 정보, 철학과 학문적 바탕 등을 쌓아 가고 체계화하는 인고의 노력을 감내하는 길밖에는 답이 없다. 협동학습을 포기하거나 꾸준히 실천해 나가지 못하는 교사들은 그 순간이 오기까지 준비하고 노력하면서 기다리지 못하였기 때문인 것이다.

자기 스스로 운이 좋은 사람이라 여기고 싶은가? 협동학습, 꼭 필요한 것이라고 말하고 싶은가? 협동학습을 통해 나름의 기회 ― 모두가 행복한 교실, 성취, 아이들의 바람직한 발달과 성장, 더불어 살아가는 삶과 세상, 만족감, 자아실현, 참교육, 교사로서의 성장과 발전 등 ― 를 자신의 것으로 만들고 싶은가? 그렇다면 기회가 올 때까지 끊임없이 노력해야 한다. 어느 한 분야에서 충분히 인정받을 만큼의 성취를 이루기 위해서는 10년 1만 시간(하루 3시간 정도씩 10년 정도를 보내면 1만 시간 정도의 산술적인 답이 나온다.) 정도의 시간 투자와 몰입이 필요하다는 연구 결과도 있다. 자신만의 콘텐츠와 역량을 쌓아 가면서 꿈을 이룰 수 있는 때를 기다려야 한다. 다시 말해서 기회가 올 수 있는 길을 스스로 만들어 가라는 것이다. 그 기회는 단순히, 우연한 기회에 행운처럼 다가오는 것이 아니다. 기회는 자기 자신이 만들어 가는 것이어서 어떤 면에서 바라보면 충분히 예측할 수 있는 것이기도 하다.

생각해보기

1. '10년 1만 시간 법칙'에 견주어 현재 협동학습을 실천하고 있는 여러분 자신을 생각해 보라.
2. 여러분은 협동학습과 관련된 콘텐츠를 어떻게, 얼마만큼 쌓아 가고 있는가?(전문서적 읽기 및 연구, 실천, 피드백, 자료와 정보 수집, 데이터 만들기 등)

03

7) 꿈의 성취라는 운과 기회는 그냥 오는 게 아니라 다가오도록 스스로 만드는 것이다

가끔 어떤 사람을 보면 운이 매우 좋은 것처럼 보일 때가 있다. 그 사람은 하는 일마다 잘되는 것처럼 보이고, 하는 일마다 대박을 터뜨린다. 반면 어떤 사람은 운이 매우 나쁜 것처럼 보일 때가 있다. 그 사람은 하는 일마다 망하거나 하는 일마다 잘되지 않아 손해를 보곤 한다. 그러나 가만히 들여다보면 운이 좋다고 생각하는 사람은 운과 기회를 자기의 것으로 만들기 위해 많은 준비와 노력을 한 뒤에 무슨 일을 하더라도 한다. 하지만 운이 나쁘다고 생각하는 사람은 그저 대박의 꿈에 사로잡혀 준비와 노력도 전혀 하지 않은 채 시작하기만 하면 잘될 것 같은 꿈에 부풀어 일을 벌이기만 한다. 분명 큰 차이가 있을 수밖에 없다. 흔히 사람들은 운이나 기회가 외부에서 우연히 주어지는 것, 그냥 어쩌다가 찾아오는 것으로 생각하기 쉽다. 하지만 대부분의 현실적인 꿈을 이룰 운이나 기회는 그것들이 다가오도록 스스로 만들 수 있는 것이다. 개인의 노력과 의지 여하에 따라 자신의 통제가 가능하다는 말이다.

스팀 청소기로 유명한 여성 사업가 하면 한경희 CEO를 떠올린다. 그 회사의 스팀 청소기는 국내뿐만 아니라 해외에까지도 좋은 제품으로 인정받아 많은 매출을 올리고 있다. 그런 한경희 CEO가 처음 미국 시장에 진출할 때 한 TV홈쇼핑 방송국에 찾아가 설득을 한 끝에 약 6분 정도의 시간을 겨우 할애받을 수 있었다고 한다. 그렇게 스스로 기회를 만든 후 한경희 CEO는 6분이라는 짧은 시간을 위해 약 8개월 동안 철저한 준비를 하였다고 한다. 스팀 청소기를 제대로 소개하기 위한 준비뿐만 아니라 미국 사람들의 취향, 미국 사람들이 궁금해하거나 예상되는 질문을 뽑아 적절하게 답변할 수 있도록 연습하고 또 연습을 하였고, 시선처리나 카메라를 보는 각도, 얼굴 표정, 말투, 의상 등에도 세심한 준비를 하였다고 한다. 그렇게 준비한 끝에 실제로 6분이라는 짧은 시간 동안 처음 계획한 물량 1,000대를 모두 판매하게 되었고, 그 이후에 오히려 미국 홈쇼핑 방송국 쪽에서 연락이 와 2시간이라는 긴 시간을 할애받았으며 그때는 약 4만 대 가까이 판매를 할 수 있었다고 한다. 만약 그렇게 철저한 준비를 하지 않았다면 어떻게 되었을까?

위와 같은 사례는 주변에서 얼마든지 찾아볼 수 있다. 확실한 시장 조사나 준비, 사람들의 취향이나 성향, 유동인구, 유사 업종의 정도 등을 파악하지 않고 마냥 꿈에 부풀어 점포를 열었다가 몇 개월 가지 못하고 문을 닫는 경우를 자주 보게 된다. 모두가 스스로 기회를 만들지 못했기 때문이다. 하지만 대박집이라고 소문난 점포들을 보면 그 사장이나 주인은 그 순간이 오기까지 오랜 시간 동안 철저한 준비와 분석을 해서 점포를 열고 길게 보면서 부단한 노력을 통해 늘 상품을 개발하고, 업그레이드하고 사람들을 끌어들이기 위해 물심양면 투자를 아끼지 않았다는 사실을 깨달을 수 있다. 이 모든 것은 스스로 기회와 운을 통제하여 자신에게 다가오도록 만든 것이라는 사실을 증명해 주는 사례들이다. 무조건 열심히 노력한다고 해서 이루어지는 것은 절대로 아니다. 노력은 누구나 할 수 있는 일이다. 그것 외에 실패하지 않기 위한 여러 가지 전략과 전술을 마련하고 자기 주변의 상황과 여건을 긍정적인 방향으로 만들어 나가는 통제력과 자신만의 노하우가 분명히 필요하다.

협동학습 전문가가 되는 유일한 방법은 몰입의 즐거움을 아는 것!

협동학습뿐만 아니라 교사로서 만나게 되는 모든 분야에서 '어느 한 영역이라도 전문가라 불릴 수 있을 만큼 상당한 수준에 오른다'는 꿈을 설정해 두는 사람들을 많이 보게 된다. 그러나 그런 사람 가운데 극히 소수의 사람만이 그 꿈을 현실로 만든다. 거기에는 어떤 차이가 있을까에 대해 고민해 본 결과 내린 결론은 이렇다. "나는 어떤 노력을 해서 꿈을 현실로 만들 것인가?" 하는 전략과 전술을 단기, 중기, 장기적으로 치밀하게 구상하여 세우고 10년 이상 몰입할 수 있어야만 비로소 꿈을 이룰 수 있다. 그런데도 많은 교사들은 어떤 하나의 분야나 영역(교과 전문성, 교수 이론, 상담, 교육학 등)에서 그런 모습을 보이지 못하고 있다. 내가 몸담고 있는 협동학습 연구회의 사례를 들어 말하자면 이렇다. 수시로 함께하고 싶다고 찾아오는 많은 교사들을 만나지만 거의 80%에 가까운 교사들은 얼마 지나지 않아 나오지 않는다. 함께 활동하게 되면 축적된 많은 자료를 얻어 갈 수 있고 그것을 가져다가 사용하기만 하면 모두가 쉽게, 빠른 시간 내에 협동학습 전문가가 될 것으로 생각하고 찾아오는 것 같다. 하지만 연구회 모임에 참여하는 수준에서 머물 뿐, 대부분의 교사들은 협동학습 전문성 신장을 위한 연구 활동에 우선순위를 높이지 않고, 몰입하고자 하는 자세나 의지도 약한 데다가 스스로 관련된 전문서적도 읽지 않고 데이터를 축적하지도 않으며 실천적 노력과 함께 많은 시행착오도 겪으려 하지 않는다. 그러다가 스스로 어떤 한계에 다다르면 연락을 끊고 나오지 않는다. 심지어는 이런 말까지 한다. "이 연구회 별것 아니야. 참여해 보았더니 특별하게 축적된 자료나 체계도 없고, 그냥 알아서 공부만 하래." 이런 상황이라면 결코 협동학습에 대한 성취의 기회는 오지 않는다. 학문적 성취를 이룬다는 것이 그저 남들이 이루어 놓은 것을 모임에서 듣고 그대로 가져다 쓰고 적용해 보기만 하면 이룰 수 있을 만큼 그렇게 쉬운 것이라면 누구나 쉽게 전문가가 될 수 있을 것이다.

생각해보기

1. 여러분은 협동학습을 단지 교수이론, 수업기법이나 방법, 교과서 내용을 전달하는 수단으로만 여기고 있지는 않는가?
2. 여러분은 협동학습 전문가가 되기 위하여 단기, 중기, 장기 계획을 세워 두고 있는가?

8) 꿈의 성취라는 운과 기회는 이미 시작할 때부터 결정되어 있다

손자병법에는 누구나 잘 알고 있는 전투 수칙 한 가지가 있다. 적을 알고 나를 알면 절대로 지는 싸움은 하지 않는다는 말인데, 이것을 꿈의 실현과 관련지어 말해 보면 이렇다. 자신의 꿈에 관련된 일을 본격적으로 시작하기 전에 폭넓고 깊은 사전 조사나 정보 수집을 통해 체계적으로 데이터를 정리해 두고, 강점과 약점을 잘 파악한 뒤 자신의 약점을 보완하고 강점을 잘 살릴 수 있는 전략과 전술을 바탕으로 단기, 중기, 장기적인 계획을 치밀하게 세워 실천해 나간다면 반드시 이룰 수 있다는 말로 바꿀 수 있다. 이런 싸움이나 전투에서는 결코 지는 일은 없다. 다시 말해서 시작하기도 전에 이겨 놓고 싸운다는 말이며 지는 싸움은 결코 하지 않는다는 표현이기도 하다. 그러니 어떻게 보면 꿈의 성취라는 운과 기회는 이미 시작할 때부터 결정되어 있다고 말할 수 있는 것이며, 스스로 자신 앞으로 다가오게 만들 수 있다는 것이며 스스로 통제가 가능하다고 말할 수 있는 것이다. 그 순간이 되면 꿈을 이룰 수 있는 기회와 운은 그 사람 곁에서 늘 머물게 되고 그 사람 안에서 충분히 활동하며 그의 성취를 돕게 된다.

전투와 관련된 오랜 기록 가운데 역사에 길이 남을 훌륭한 장군 한 사람을 꼽으라면 나는 이순신 장군을 최고로 친다. 미국 해군사관학교에서도 인정할 만큼의 훌륭한 해군 지휘관인 이순신 장군. 기록에 따르면 그는 승률 100% 23전 23승이라는 전무후무한 기록을 갖고 있다. 어떻게 해서 이런 위대한 기록을 남길 수 있었을까? 자료를 살펴보니 손자병법에 나와 있는 대로였다. 그는 해전에 나가기 전에 그 전투가 이길 수 있는 싸움인지 살펴보고 이길 수밖에 없는 싸움이 되게 하기 위해 철저한 준비를 하고 나섰던 것이었다. 어떻게 보면 지는 싸움은 아예 하지도 않았다는 것, 시작도 하기 전에 이겨 놓고 전투를 하였다고 볼 수 있는 것이다. 질 수밖에 없다고 생각되는 싸움은 장군으로서도 큰 고민이 아닐 수 없을 것이다. 나가게 되면 수많은 부하들을 잃게 될 것은 자명한 사실인데 질 줄 알면서 누가 감히 전투에 나서겠는가. 이기는 싸움을 한다는 것은 전투의 시작과 과정, 결과까지 모든 판세를 들여다볼 줄 안다는 것이다. 그러니 질 것 같은 싸움에는 감히 나서지 않았을 것이며, 그 상황을 이길 수 있는 상황으로 만들 때까지 충분히 준비하고 기다렸다고 볼 수밖에 없다. 이는 비겁한 것이 아니라 오히려 지혜로운 것이다. 판세를 예측한다는 것이 얼마나 힘든 일인지 여러분은 아는가? 이것은 보통의 능력으로는 어려운 일이다. 그러니 이순신 장군은 12척의 배로 10배가 넘는 100여 척의 왜선에 맞서 싸워 대승을 거둔 명량해전이라는 전무후무한 기록을 남길 수밖에 없었던 것이다. 결과적으로 이 싸움은 시작하기도 전에 이미 결정이 나 있었다고 해도 과언이 아니다. 무조건 싸움은 이겨야 한다고 생각하기 쉽겠지만 결코 싸움은 이기기 위해서 해서는 안 된다. 싸움은 시작 전에 이겨 놓고 해야 한다. 그리고 이길 수 없는 싸움에는 섣불리 나서서는 안 된다. 겁쟁이라고 불리더라도 결코 해서는 안 될 일이다.

나는 어떤 일을 시작하기도 전에 매우 신중해진다. 그것을 해야 할 것인가, 해도 될 것인가, 내가 그것을 할 준비가 되어 있는가, 그것을 이루기 위한 노력을 할 자신감은 있는가 등에 대하여 상당히 오랜 시간 동안 고민한다. 어떤 때는 지나치리만큼. 그러다 해야겠다고 결정하게 되면 끝을 보고 만다. 협동학습을 시작하기 전에도 상당히 오랜 시간 동안 고민을 했다. 협동학습을 처음 만났을 때, 내가 만나고 싶었던 것이라서 기쁘기도 했지만 과연 내가 이것을 끝까지 해 나갈 수 있을 것인가 하는 고민에 쌓였었다. 그러다 시작하기로 마음을 먹게 되었다. 나는 협동학습을 본격적으로 시작하기 전에 내 나름대로 방대한 분량의 교육 자료를 체계적으로 정리해 두고 있었다. 뿐만 아니라 이런 저런 시행착오를 겪으며 경험도 쌓아 나가고 있었고 교육학 서적도 꾸준히 읽어 나가고 있었다. 그러다 협동학습을 만나면서 모든 관심사를 그와 관련된 것으로 좁히고 데이터를 쌓아 나가며 학문적 바탕도 나름대로 쌓아 가기 시작하였다. 아울러 현장에서 협동학습에 대한 많은 시행착오를 겪으며 실천적인 경험과 노하우도 쌓아 나가고 있었다. 그러던 차에 나의 경험을 다른 사람들과 한번 나누어 보지 않겠냐는 제안이 들어와 수락하게 되었고, 그것을 시작으로 하여 나의 부족함을 채워 가며 지금에 이르렀다. 그리고 지금도 실천을 바탕으로 한 연구를 게을리하지 않으며 다른 사람들의 경험과 연구 결과들을 내 것으로 만들기 위해 낮은 자세로 임하며 배우고 받아들이고 있고, 연간 수십 권의 책을 읽어 나가고 있는 중이다. 그래도 나는 아직 협동학습에 대하여 배고픔을 느낀다. 그렇게 15년이라는 세월을 보냈다. 그리고 끝까지 가 볼 생각이다.

협동학습을 알고 나를 알면 협동학습 전문가가 될 수 있다.

주위에 협동학습(다른 분야나 영역의 모든 일도 마찬가지다.)을 시작하려는 교사들을 보면 '이 사람은 자기 내적으로나 외적으로도 준비가 안 된 상태에서 섣불리 시작하다 보니 어려움을 겪다가 포기할 수밖에 없겠구나, 저 사람은 나름대로 준비가 되어 있어서 충분히 나름의 성취를 얻게 될 가능성이 높겠구나.' 하는 것을 경험을 통해 직감적으로 알게 되기도 한다. 전자에 해당되는 교사들을 보면 협동학습에 대한 폭과 깊이를 얕고 좁게 생각하여 교과서 내용을 전달하는 기법으로만 활용하여 협동학습의 진정한 힘을 깨닫지 못하고 있음을 나는 안다. 그리고 하다가 잘되지 않으면 협동학습 탓을 하거나 아이들 탓으로 돌린다. 자신의 부족함을 모르거나 감추려 하거나 시인을 하지 않거나 그것을 채우기 위한 자기만의 노력을 하지 않고 타인으로부터 채우려 하기 때문이다. 가끔 이런 분들을 만나면 이런 질문을 듣는다. "어떻게 하면 잘할 수 있어요? 그 방법을 구체적으로 알려 주세요." 이럴 때가 제일 난감하다. 난 그걸 해결하기 위해 15년 가까이 해 오고 있는데 그것을 속성으로, 그것도 몇 가지 활동으로 이루려 하는 것 같아서 별로 답변해 주고 싶은 마음이 들지 않을 때가 많다. 하지만 후자의 분들은 정말로 존경스러울 정도로 자신의 목표를 이루기 위해 노력해 나가는 것을 볼 수 있다. 난 그런 분들을 몇 분 알고 있고, 내 마음속에는 그분들을 나의 역할모델로 두고 있다. 그분들 가운데는 나의 선배도 있고 후배도 있다. 배워야 할 점이 있다면 후배고 선배고 가릴 필요가 없다.

생각해보기

1. 여러분은 협동학습을 어떤(무엇에 대한) 학문이라 생각하는가? (어떤 관점에서 바라보고 있는가?)
2. 협동학습 전문가가 되기 위해 꼭 필요한 세 가지 요소를 생각해 보라.
3. 필자가 생각하는 협동학습 전문가의 3요소는 '철학, 전문성, 수업기술'이다. 철학에는 어떤 내용들이 있고, 전문성에는 어떤 것들이 포함되며, 교사로서 갖추어야 할 수업기술에는 어떤 것들이 있을지 생각해 보자.

9) 티끌 모아 태산이 만들어지듯 꿈도 작은 성취와 기회가 쌓여 큰 것을 이룬다

참으로 많은 사람이 한 방의 인생 역전을 기대하며 살아가는 것 같다. 로또 복권방 앞에 줄 서 있는 사람들을 보면 그런 생각이 든다. 그런 실낱같은 희망과 기대감도 없이 산다면 무슨 낙이 있겠느냐 하는 생각도 없는 것은 아니지만 말이다. 하지만 로또만 바라보며 살아가는 사람은 그리 많지 않다. 대부분의 사람들은 어떤 성취의 기회나 운이 자신 앞으로 다가오길 엿보며 성실하게 한 걸음 한 걸음 앞으로 나아가고 있다. 그러나 무작정 앞으로 나아간다고 해서 꿈이 이루어지지는 않는다. 꿈을 현실로 만들기 위한 충분한 준비가 될 때까지 경험을 쌓고 실력을 쌓고, 데이터를 쌓아 나가다 보면 기회는 분명히 만들어진다. 그때가 되면 과감히 앞으로 나아가야 한다. 그런데 그런 기회는 자주 오는 것이 아니다. 흔히 세 번 정도는 온다고 하지만 그것도 "나 기회인데, 너에게 왔어!" 하고 신호를 주고 오지 않는다. 그래서 어떤 사람은 그 기회가 왔는데 알아보지 못하고 그냥 보내고 나서 오랜 시간이 지난 후에 '아, 그때가 바로 기회였구나!' 하고 후회를 하기도 하지만 더 많은 사람들은 그것조차 느끼지 못하고 '왜 나는 이렇게 운이 없는 것일까? 왜 하늘은 이렇게도 내게 무심할까? 나는 왜 하는 일마다 이럴까?' 하고 한숨만 쉰다.

주위에 나름의 성공과 성취를 이룬 사람들을 잘 살펴보면 큰 한두 번의 기회를 잘 살려 지금에 이른 것처럼 보이지만 더 세밀히 들여다보면 몇 번의 큰 기회 사이에 여러 번의 자잘한 기회들이 있었고, 그 작은 기회들을 놓치지 않고 잘 살려서 큰 기회가 오도록 스스로 만들고 통제해 나갔다는 사실을 알게 된다. 그런 사람들은 작은 것에서부터 차근차근 성취를 경험하면서 자존감과 성취감('나도 할 수 있다. 나도 쓸 만한 사람이다.'라고 생각)을 점점 크게 갖게 되고 그것을 토대로 점점 더 큰 꿈에 도전하고 성취를 이끌어 낸다.('나, 정말 능력 있는 사람이야. 나 정말 괜찮은 사람이야.'라고 생각) 그렇게 충분한 경험을 쌓아 가며 나이를 먹게 되면 그 순간부터는 이기는 싸움, 이겨 놓고 하는 싸움(반드시 꿈이 이루어질 수 있도록 만반의 준비를 다 해 놓고 도전)만 하게 된다. 그러나 대부분의 사람들은 쉽게 꿈을 갖고 쉽게 생각하고 쉽게 도전하고 그만큼 쉽게 포기하곤 한다. '어, 저거 괜찮겠는데. 한번 배워서 써먹어야겠는데. 왜, 이것 한번 도전해 봐야겠군.' 하고 생각하여 쉽게 돈과 시간을 투자하곤 한다. 그러다가 조금 깊이 들어가 어려운 난관에 봉착하게 되면 그 순간 자신의 생각이 잘못되었음을 깨닫고 쉽게 도전한 만큼 쉽게 포기하곤 한다. 기회를 맞이하는 자세나 준비가 전혀 되어 있지 않거나 어설프게 되면 작은 틈새 기회조차도 살리지 못하고 그냥 넘겨 버리게 된다.

교실에서 협동학습의 성공을 가져다주는 좋은 방법은 없다.

나의 연구회가 매년 방학 때마다 진행하는 30시간짜리 직무연수가 끝난 뒤 혹은 연구회 홈페이지나 주위 사람들을 통해 알게 되어 모임에 찾아오는 사람들을 많이 본다. 그러나 대부분의 교사들은 속성으로 전문가가 되려고 하거나 연구회에 나와서 바로 적용할 수 있는 노하우와 자료들을 얻을 수 있다는 생각으로 찾아온다. 이 세상에 몇 시간 만에 속성으로 배우고 바로 전문가가 되어 실전에서 노하우와 살아 있는 다양한 경험들을 쌓아 갈 수 있는 학문이 과연 몇 개나 있을까? 연수나 몇 번의 연구회 참여로 듣고 배운 것을 교실에 적용해 보지만 실상은 생각처럼 잘되지 않는 경우가 대부분이다. 교실의 여러 가지 상황과 협동학습이 자신을 잘 받아 주지 않는다. 그래서 이렇게 말한다. "생각처럼 잘되지 않아요. 협동학습 어려워요. 협동학습의 성공을 위한 좋은 방법은 무엇인가요?" 이건 마치 어린아이와 같은 질문이다. 어떤 한 가지 방법이 협동학습을 성공에 이르게 하지는 않는다. 크고 작은 다양한 요소들이 잘 맞아떨어져 시너지를 발휘할 때 비로소 가능한 일이다. 이를 위해 충분히 공부도 하고, 관련 서적도 읽고, 소소히 기본 활동도 적용해 보고, 데이터와 노하우도 쌓아 나가고, 곁에 전문적으로 협동학습을 함께 연구할 파트너도 두고, 시행착오도 겪으면서 잘되었다면 무엇이 그렇게 만들었는지(그 반대의 경우도 마찬가지)를 찾아 지속적으로 실천해 나가는 등 역량이 어느 정도 갖추어졌을 때 비로소 협동학습을 온전히 교실로 가져와 철학에 바탕을 둔 협동적 학급운영을 해 나갈 수 있다. 여기까지 이르려면 상당한 시간 투자와 노력이 필요하다. 그러나 그 긴 터널만 지나게 되면 수많은 작은 실패와 성취의 경험들이 자존감을 높여 주어 협동학습에 대한 자신감과 전문성으로 보답을 하게 될 것이다. 성취도 실패도 모두 내 안에 달려 있음을, 모든 것은 '나의 책임'이라는 것을 잊지 말자.

생각해보기

1. 여러분의 교실에서 협동학습의 실패와 성공을 경험한 뒤 계획 및 준비, 과정, 결과, 피드백 등에 대하여 정리를 해 두고 있는가?
2. 협동학습의 실패 경험 뒤에는 무엇이 있었고, 성공의 경험 뒤에는 무엇이 있었는지 생각해 보자.(단지 한 차시 수업만을 바라보더라도 같은 맥락으로 고민)

10) 꿈을 이루는 길에 행복하고 좋은 일만 있는 것은 아니다

아마도 로또를 사 놓고 번호가 발표될 때까지 두근두근 설레는 가슴을 부여잡고 살아가는 사람은 거의 없을 것이다. 우리의 꿈도 마찬가지가 아닐까 생각한다. 어떤 사람들은 꿈을 만들어 나가는 시작단계에서부터 두근두근 심장이 뛰는 가슴 벅찬 감정을 주체하지 못해서 어떤 일을 내기도 한다. 예를 들자면 새로운 사업을 시작하면서 대박을 꿈꾸며 처음부터 너무 큰 비용을 쓰거나 사업 초기에 조금 잘나간다고 하여 무리한 확장을 시도하다가 얼마 지나지 않아 사업을 접는 것과 같은 일이다. 가끔 보면 시작하기 전부터 김칫국부터 마시는 사람들이 꽤 많다.

사실 모든 일을 조금만 들여다보면 아무리 좋은 일일지라도 즐거움만 있는 것은 아니고, 모든 일이 처음부터 끝까지 가슴 설레게 만들지는 않는다는 사실을 알게 된다. 좋은 일에는 항상 안 좋은 일이 발생할 수 있으므로 일이 잘될 때 조심하라는 경계의 뜻을 담고 있는 '호사다마(好事多魔)'라는 말 또는 인생의 길흉화복은 변화가 많아 예측하기 어렵다는 뜻을 담고 있는 '새옹지마(塞翁之馬)'라는 말을 보더라도 모든 일에는 좋은 것과 나쁜 것이 반복된다. 어떤 분야에서 대단한 성취나 자신의 꿈을 이룬 사람들의 이야기를 들어 보면 좋은 일도 많았지만 그 못지않게 불행하거나 고통스러운 순간을 많이 경험했다는 것을, 그래서 몇 번이고 포기하고 싶다는 생각을 하게 되거나 실제로 그런 마음을 먹게 된 위기의 순간도 있었다는 것을 알게 된다. 그러나 결국에 가서 꿈을 이루게 되면 그 모든 과정이 비록 힘들고 어려웠지만 모두 "아름다웠던 추억이었다."고 말할 수 있는 것이라 여겨진다. 그런 어려운 시기를 몇 번이고 넘겨 가며 어렵게 이룬 꿈이기 때문인지 그런 사람들에게 다시 과거로 돌아갈 수만 있다면 돌아가겠느냐는 질문에 조금도 망설임 없이 이구동성으로 "아니요! 저는 지금에 최대한 만족해요."라고 대답을 한다. 그런 대표적인 사람으로 '발레리나 강수진'을 말한다면 아무도 부정하지 않을 것이다. 몇 년 전에 한 방송사 TV 프로그램에 나와 많은 사람들에게 감동을 주었던 내용 중 일부를 한번 옮겨 본다.(출처 : http://blog.naver.com/dlwogus80/140057980603)

세계적인 발레니라 강수진 씨가 개그맨 강호동과 대면했다. 강수진 씨는 MBC "황금어장"의 인기코너 '무릎팍 도사' 녹화에 참여했다. 독일 슈투트가르트 극장에서 진행된 이날 녹화에서 강수진 씨는 우아하고도 귀여운 매력으로 MC들을 사로잡았다. "시간이 지날수록 부모님에 대한 마음이 애틋해진다"는 강수진 씨는 시작부터 눈물을 쏟아내 MC들을 당황하게 만들었다. MC들은 "나 벌써 울고 싶은데…"라며 눈물을 글썽이는 그녀를 "아직은 아니다"라며 진정시켰다는 후문. 독일에서 유명인사인 강수진. 그녀는 "독일에서 새로 개발된 난에 내 이름을 따서 '강수진 란'이라는 이름이 붙었다"며 "집에 있었는데 지금은 죽었다"고 밝혔다. 또 "아픔 없이는 무용도 없다"며 "연습뿐인 일상이지만 발레를 하면서 자유를 느낀다"고 털어놔 숨길 수 없는 예술혼을 드러냈다.

많은 사람들이 한 번쯤 강수진 씨의 발을 보고 자극을 받아 본 적이 있을 것이다. 바로 한국이 낳은 세계적인 발레리나 강수진의 발이다. 일반인은 잘 모르겠지만 토슈즈 안에는 나뭇조각이 덧대어져 있어 무용수들이 곧게 설 수 있도록 도와준다. 하지만 발레리나가 하늘 높이 날아올랐다 다시 무대 위에 내려서는 순간 그의 발은 나뭇조각에 짓이겨져 짓무르고 피가 흐르게 된다. 상처에서 흐르는 피와 고름은 공기가 통하지 않는 토슈즈 안에서 강력한 접착제가 되어 토슈즈를 벗을 때마다 생살을 떼어내는 고통을 준다고 한다. 한 해 토슈즈를 250켤레나 사용할 만큼 연습벌레로 소문난 강수진의 발은 언제나 상처가 아물 날이 없다. 슈투트가르트 발레단 초기, 남들은 2~3주에 걸쳐 신을 토슈즈 네 켤레를 단 하루 만에 갈아 신은 적도 있었다고 한다. 그녀는 독일 슈투트가르트 발레단의 유일한 종신단원으로 독일 현지뿐만 아니라 세계적인 사랑을 받고 있는 발레리나이다. 그녀가 이화여대 무용과에서 주최한 2006년도 무용과 진로특강 — "세계적 발레리나 강수진의 춤 세계"에서 자신의 춤에 대해 이야기했다. 강수진은 40대의 나이에도 불구하고 20대와 변함없는 젊음과 활기찬 열정을 보여 주었다. 다음은 강수진의 말이다.

♥ 남과 나를 비교하는 것에 애쓰지 말라.

많은 사람들이 동양인, 특히 한국인이기 때문에 발레를 할 때 신체적으로 떨어지는 면이 있지 않냐고 질문을 한다. 그러나 그것은 자기 생각하기 나름이다. 만약 그렇게 생각한다면 콤플렉스가 생기게 되고 벗어나기 힘들게 된다. 유학 온 사람들이 그런 콤플렉스에서 벗어나지 못하는 경우를 많이 보았다. 좀 넘어지고 약해 보여도 무엇인가 특별한 사람이 눈에 띈다. 더군다나 지금은 내가 유학을 갔을 당시(82년)보다 상황이 많이 바뀌었기 때문에 적응하기 훨씬 쉬워졌다. 특히 발레에 있어서는 기술만 가지고는 할 수 없는 것이다. 자신이 없으면 표현이 나오질 않는다. 즉 기술도 자신이 없으면 소용이 없다. 이를 위해서는 자기 자신을 사랑하는 것이 중요하다. 자신의 개성, 성격은 사람마다 다르다. 그렇기에 남과 비교하느라 에너지를 소비하는 것은 시간 낭비이다. 모든 분야에서 가장 중요한 것은 '자신'과의 싸움이다. 매일매일 자신을 극복하기 위해 노력한다면 바빠서 남과 비교할 시간도 없다. 나는 근육 하나를 키우기 위해 엄청 많은 노력을 했다. 발레하는 학생들에게 말을 하자면 힘들다고 3일, 5일 연습하고 쉬는 것은 무엇인가 되려고 하는 사람에게는 해서는 안 될 행위다. 나는 나를 혹평하는 편이기 때문인지 내가 세계적 발레리나가 될지는 몰랐다. 단지 하루하루를 열심히 살면 후회를 못할 것이라고 생각을 했다.

♥ 어디서든지 듣고 배우려고 애쓰라.

나는 무엇이든지 들으려고 애를 썼다. 연습할 때도 배우지만 다른 분야의 것도, 심지어 의사소통하고 인간관계에서 발생하는 일들에서도 배우려고 애를 썼다. 내가 발견한 것은 하면 할수록 무엇이든지 성숙해진다는 것이었다. 그런데 자기가 무엇을 가졌는지 모르는 사람이 매우 많은 것 같다. 그것은 억눌려서 나오지 않는 것이라고 생각한다. 나도 이전에 작품들을 대할 때 '내가 과연 이 작품을 할 수 있을까'라고 생각했지만 감정을 조절하는 법을 익힘으로써 해낼 수 있었다.

♥ 지독한 연습벌레가 되라, 그리고 그 역할에 빠져들라.

한 작품을 할 때 연습은 매우 중요하다. 가끔씩 3주밖에 연습할 시간이 없고 무대에 올라갈 때도 있지만, 내게 중요한 것은 그것이 아니다. 내게 중요한 것은 무대에 서기 위해 화장할 때부터가 아닌, 연습할 때부터 이미 내가 아니고 그 역이 되는 것이다. "로미오와 줄리엣"에서는 이미 줄리엣이 되어 있는 것이다. 변신을 다양하게 할 수 있기 때문에 내가 발레를 사랑하는 것 같다. 발레는 내게 슬픔, 행복, 즐거움을 다 느끼게 해 준다. 그렇기 때문에 예술이 아름다운 것이 아닐까? 내가 한국 사람들에게 요청하는 바는 한국인이 가지고 있는 화끈함을 연습에 투영시키고 그 열정을 무대에서 보여 주는 것이다. 나는 몇십 년 발레를 했지만 늘 무대에 설 때마다 떨린다. 그러나 그 떨림이 나쁜 것만은 아닐 것이다. 발레는 다른 예술들보다 활동할 수 있는 시간이 짧다. 죽을 때까지 하기 힘들다. 그래서 연습은 필수다. 나는 3시간만 자고 연습에 몰두했다. 새벽 5시에 일어나서 연습했고, 밤 12시가 넘어도 연습실로 늘 향했다. 시간은 사람이 만든 개념 아닌가. 시간을 안 보면 시간 가는 지도 모르겠더라. 나는 한 번 쉬면 회복기가 더 길어진다는 것을 발견했다. 부상당했을 때도 연습은 계속되었다. 침대에서 일어나지 못하는 한이 아니면 계속 연습실로 향했다. 나는 우리 발레단에서 가장 나이가 많은 사람이지만 가장 오랫동안 깨어 있는 사람이다. 물론, 부상 때문에 팔이나 다리를 들어 올리지 못하거나 구부리지 못할 때도 있었다. 그러나 막상 무대에 서서 흥분하면 내 몸의 아드레날린이 활성화되었고 몸의 움직임이 달라지는 것을 느낄 수 있었다. 그렇기에 게으른 사람은 무엇인가 하기 어렵다는 말을 하고 싶다. '나는 저 사람보다 부족하다'라는 사실에서 계속 벗어나지 못하면 안 된다. 하면 할수록 발전할 수 있다. 물론 재능도 중요하다. 그러나 재능보다 중요한 것은 연습이다. 같은 동작도 계속해서 연습하면 다른 의미를 읽을 수도 있다.

♥ 늦어지는 것에 두려워하지 말라.

나는 발레를 다른 사람들보다 늦게 시작했다. 말 그대로 늦둥이인 셈이다. 요즘은 발레단에서 군무에서 바로 주역으로 올라가는 사람도 있지만 나는 군무에서 하프솔로, 솔로, 마돈나의 단계를 다 거쳤다. 즉 주연이 되는 데 7년이나 걸린 것이다. 그러나 나는 오히려 내가 늦었기에 감사하다. 요즘은 솔로가 되어도 못하면 다시 군무로 내려가는 경우도 있다. 나는 늦게 발레를 시작했지만 차근차근 밟아 갔기에 다시 내려가는 일이 없었다.

♥ 프로그램에서 강수진이 했던 인상적인 말들

"아침에 눈을 뜨면 늘 어딘가가 아프고, 아프지 않은 날은 '내가 연습을 게을리했구나!' 하고 반성하게 돼요. 몸이 피곤한 날 도저히 못할 것 같다는 생각이 들다가도 일단 토슈즈를 신고 연습실에 서면 말할 수 없이 행복했습니다."

"저는 발레를 하면서 경쟁자를 생각한 적도 어떤 목표를 가져 본 적도 사실 없습니다. 모든 작품, 모든 동작, 모든 연습에 그저 최선을 다했을 뿐이에요."

"전 발레의 테크닉은 두 번째 문제라고 생각합니다. 가장 중요한 것은 자기 자신과의 싸움에서 지지 않는 인내심을 기르는 것이라고 생각합니다."

"발레리나의 길은 아픔을 일상으로 껴안아야 하고 개인의 사사로운 욕망과는 거리를 두어야 하는 고단하고 외로운 길입니다. 그 길을 견디게 하는 것은 발레에 대한, 예술에 대한 사랑입니다."

"저는 살면서 단 한 번도 다른 삶을 동경해 본 적이 없습니다. 발레에 인생을 바쳤고, 지금까지 최선을 다해 발레를 해 왔고, 그래서 내 삶에 후회는 없습니다."

강수진 씨도 다른 사람들처럼 여러 가지 다양한 경험을 하며 살아간다. 발레리나로서, 아내로서,

엄마로서, 여자로서……. 그러나 그 모든 것을 다 완벽하게 수행해 내면서 행복한 일만 경험하고 살아가는 사람은 한 사람도 없다. 여기에는 반드시 선택이 필요하다. 나머지는 버리라는 말이 아니다. 또한 수많은 불운도 겪게 되고 고통도 겪게 되고 슬픔도 겪게 된다. 그러나 충분히 인내하고 생각하고 고민해 보면 아주 만족할 만큼은 아니더라도 나름은 적절히 이겨 내면서 자신의 꿈에 매달릴 수 있다. 그러기 위해서는 주변의 사람들과 충분한 소통과 이해, 배려, 역할 분담 등도 필요할 것이다. 그런 고민 끝에 강수진 씨는 '나다운 꿈'을 선택했고 여러 역경을 극복하면서 그것을 이루었다.

어느 하나만이라도 확실하게 잘할 수 있도록 하자.

나도 '나다운 꿈'을 정하였고, 협동학습을 연구하면서 그 꿈을 조금씩 이루어 가고 있다. 내게도 좋은 일만 있었던 것은 아니었다. 건강문제, 가족과의 다양한 일들과 가정 내에서의 여러 가지 역할, 주위 동료교사들과의 크고 작은 일들, 학교에서 맡은 업무와 수업 연구, 협동학습 연구회 활동, 강의 및 개인적인 협동학습 연구 활동, 집필 활동, 혁신학교 관련 일 등 어려운 일들이 꽤 많았다. 돌이켜 생각해 보면 좋은 일과 힘든 일은 30:70 혹은 40:60 정도로 힘든 일이 더 많이 찾아오는 것 같다. 그래도 참아 내기 힘든 60~70%의 일마저도 기꺼이 끌어안고 올 수 있었기 때문에 나는 조금씩 내 꿈을 이루어 오고 있다. 항상 내 주위의 사랑하는 사람들이 큰 힘이 되어 주어 인내하며 극복해 오고 있으며 무엇보다도 내가 좋아하고 자신 있게 잘할 수 있는 '협동학습 전문가가 되는 일' 하나에 모든 힘을 집중하고 있다. 모든 것을 다 잘 해낸다는 것은 매우 힘든 일이다. 어느 것 하나만이라도 확실하게 선택하여 잘 해내려는 지혜가 필요하다. 협동학습 전문가가 되고자 한다면 협동학습에 '올인'하도록 하자.

생각해보기

1. 여러분이 선택한 협동학습 연구 및 실천 활동에 가장 큰 걸림돌이 되는 것은 무엇인가?
2. 최대 걸림돌을 극복하기 위해 어떤 방법을 선택하였고, 어떤 노력을 하고 있는가?
3. 협동학습 전문성 신장을 위해 여러분은 시간 관리 및 활용을 어떻게 하고 있는가?

11) 꿈을 이루는 데 있어서 편안함과 게으름, 잠, 뒤로 미루는 일, 자만심 등은 큰 적이다

가끔 강의 혹은 아이들과의 수업에서 '로또에 당첨된다면' 하는 질문으로 이야기를 나누게 하곤 한다. 당첨되는 순간 물질적 풍요로움으로 인한 '편안함'은 자연스럽게 따라오게 된다. 때문인지 많은 아이들과 교사들은 이런 식의 답변을 많이 한다. "은행에 넣어 두고 이자 받아 가면서 평생 즐기며 살 것이다. 당장 하던 일(교직)을 그만두고 여행도 다니고 즐기며 살 것이다. 일단 지금 하던 일은 때려치우고 재테크를 잘하여 불려 가면서 평생 편안하게 살 것이다." 쉽게 생각해 보면 참 부러운 일이다. 하지만 좀 더 깊이 들어가 보면 그 속에는 꿈도, 성취 혹은 자아실현에 대한 어떤 것도 찾아볼 수 없다는 것을 알게 된다.

꿈을 이루는 데 있어서 편안함과 게으름, 잠, 뒤로 미루는 일, 자만심 등은 큰 적이다. 일단 편안함은 사람을 나태함과 게으름에 빠지게 만든다. 편안함만을 추구하는 사람들을 보면 눈곱만큼도 존경할 만한 구석을 찾아볼 수가 없고, 내 마음이 끌리지도 않는다. 그리고 그런 사람들에게서는 꿈도 이상도 찾아보기 참 힘들다. 또한 편안함과 게으름은 자연스레 사람을 늘어지게 만들어 잠에서 헤어나지 못하도록 만들게 되고 해야 할 일들 가운데 쾌락적인 것만 남겨 두고 나머지는 뒤로 미루게 만든다. 그런 과정이 오래 반복되다 보면 성취의 경험도 떨어지게 되고 자존감도 낮아지게 되며 하고자 하는 일도 마음처럼 잘되지 않아 늘 자신감이 결여된 모습과 나약한 태도로 생활을 하여 주위 사람들로부터 신뢰를 잃어버리는 결과를 얻게 된다. 내 주변에 존경할 만한 사람들을 보면 그들의 하루는 나와 똑같은 24시간이 아닌 것처럼 보인다. 자신의 꿈을 이루기 위해 잠잘 시간까지도 줄여 가며 몰입하는 모습을 자주 보게 되는데, 그분들의 말로는 그래도 별로 힘들지 않다고 한다. 그것이 바로 '몰입의 즐거움'일 것이다. 나도 책을 보거나 데이터를 정리하거나 연구 활동을 하거나 집필을 하거나 나만의 성찰에 필요한 시간을 갖거나 하는 등의 이유로 늦게 잠들 때가 많다. 그리고 학교에서도 집에서도 틈새를 찾아 잠깐씩이라도 꾸준히 책을 읽으려는 노력을 기울이기 위해 눈길이 향하는 곳곳에 읽을 책을 놓아두기도 하고, 읽던 책을 늘 갖고 다니곤 한다. 하지만 내가 존경하는 분들을 보면 더 지독하게 잠을 자지 않고 연구 활동에 모든 열정과 시간을 쏟는다. 그래서 나는 항상 그분들을 나의 롤 모델로 정하고 노력하고 있다.

한편 조금 다른 상황이지만 자만심 또한 꿈을 이루는 데 있어서 큰 적이 될 수 있다. 어떤 사람들 보면 약간의 성취를 이룬 뒤에 자만심에 사로잡혀 남들이 자신을 알아주는 그 맛과 우월감에 도취(특히 강의를 하는 사람들은 그런 환상에 사로잡히기 십상이다.)한 나머지 더 이상 성장이나 발전을 이루지 못하게 되기도 한다. 하지만 어떤 사람은 그에 자만하지 않고 겸손한 태도로 자신의 꿈을 더 성장시켜 보다 큰 꿈을 이루기도 한다. 어떤 한 가지 꿈을 이루는 일에 성공을 하게 되면 누구나 적정 시간은 그에 도취하여 흥분된 상태로 적절한 시간을 보내게 된다. 그 가운데 어떤 사람은 그에 빠져 영원히 헤어 나오지 못하지만 어떤 사람은 금방 빠져나와 또다시 자신의 꿈을 찾아 떠나게 된다.(스포츠 선수 가운데 수영 선수인 박태환은 한때 전자의 경우에 해당되는 사례를 보여 주었고, 피겨 스케이팅 선수인 김연아는 박수를 받을 때 최고의 자리에서 물러났다가 다시 훌륭하게 복귀하여 후자의 경우에 해당되는 사례를 보여 주었다.) 자만심은 그 사람의 성장을 멈추게 하는 가장 큰 독이 되는 요소다. 자만심을 갖게 되면 더 이상 발전을 위한 노력을 멈추게 되고, 그 순간까지의 성취가 전부가 된다. 그렇게 되면 성장 또한 멈추게 된다. 아니 성장을 멈추게 되는 것이 아니라 그 순간부터 퇴보의 길로 접어들게 된다. 왜냐하면 꿈을 이루며 살아가는 다른 사람들과 거리가 점점 더 멀어지게 되기 때문이다. 내가 '성장'의 상대적인 말로 '정지, 멈춤'이라는 말보다는 '퇴보'라는 말을 더 선호하는 이유도 여기에 기인한다.

꿈을 이루는 데 있어서 멀리해야 할 요소들

주변에 여러 사람들을 살펴보면 편안함과 게으름, 잠, 뒤로 미루는 일, 자만심 등과 늘 친구로 살아가는 사람들이 적지 않다. 그러면서 늘 시간, 잡무, 아이들, 집안일, 아이들, 남편 혹은 아내 탓을 하거나 남들을 부러워하기만 한다. 여러분은 지금 어떠한가? 나름 꿈을 이루면서, 크고 작은 성취감을 느끼며 살아가고 있는 주변의 동료들을 부러워하며 살아갈 것인가 아니면 자신도 꿈을 이룬 사람 가운데 1인으로 인식하며 남들이 자신을 부러워하게끔 살아갈 것인가? 선택은 여러분에게 달려 있다. 결정하라. 꿈을 이루는 데 독이 되는 요소들과 친구가 되거나 아니면 그것을 멀리하거나!

생각해보기

1. 여러분의 꿈을 이루는 데 있어서 가장 독이 되는 요소는 무엇인가?
2. 그것을 극복하기 위해 어떤 노력이 필요한가?
3. 협동학습을 전문적으로 연구하는 데 있어서 방해가 되는 것들은 무엇인가?
4. 그것을 극복하기 위한 방안에는 어떤 것들이 있겠는가?

12) 교사로서 꿈을 이루는 데 있어서 가장 큰 외적 자산은 동료교사—롤 모델(멘토)이다

꿈은 내적 자산과 외적 자산의 조화를 통해 이루어진다. 외적 자산 가운데 가장 큰 것은 바로 사람인데, 교사에게 있어서 외적 자산이라 할 수 있는 사람이라고 하면 동료교사라 할 수 있다. 하지만 동료교사라고 해서 다 자산이 되지는 않는다. 그 가운데서도 나 자신의 롤 모델이 되어 줄 수 있을 만큼 무엇인가 배울 것이 많은 그런 선후배를 말한다. 그런데 교육현장에서는 그런 선후배 교사 한 사람을 곁에 두기가 참으로 어렵고 힘들다. 어떤 사람들은 "로또 복권에 당첨될 확률만큼 어렵다."라고 말할 정도다. 그만큼 우리 교육 현장에서 롤 모델이 되어 줄 만큼 훌륭한 교사를 찾아보기 힘들다는 안타까운 현실을 말해 주는 것이 아닐까? 더군다나 신규 교사로서 발령을 받았을 때 첫 학교에서 어떤 선배교사들과 함께 생활하면서 무엇을 보고 배우고 듣느냐에 따라 그 교사의 평생 교육관과 태도가 결정지어질 가능성이 높다고 한다면 새내기 교사 시절에 그런 교사와 함께 근무해 본다는 것은 정말로 '로또 복권'에 당첨된 것만큼 기뻐해야 할 일이다.

나의 경우에도 처음 발령을 받았을 때 선배들로부터 가장 많이 들었던 말이 "빨리 진급해라."는 말이었다. 그리고 그런 데만 신경 쓰고 참교사다운 모습, 아이들을 위한 교육활동에는 별로 신경을 쓰지 않는, 진급하는 데 도움이 되는 일에만 신경을 쓰는 그런 선배들이 많았다. 물론 지금도 그때와 별로 달라진 것은 없겠지만. 그러다 보니 정말로 많이 배워야 할 시기에 제대로 배운 것이 없었다. 그러던 시기에 협동학습을 만나게 되었지만 주변에 누군가 도움이 될 만한 분들이 없었기에 혼자서 책으로만 접하고, 직접 적용해 보고 실패도 해 가면서 지금에 이르렀다. 만약에 내가 처음 협동학습을 시작할 때 상당한 전문성을 쌓은 동료교사가 있었더라면 나는 지금 어떻게 되어 있을까 하는 상상도 가끔은 해 본다. 그만큼 나의 곁에는 적절한 롤 모델이 늘 없었다. 지금 내가 갖고 있는 롤 모델도 곁에서 함께하지는 못하고 먼발치에서만 바라보거나 가끔 어떤 모임의 자리(내가 참여하는 연구회 포함)에서 얼굴만 대면하며 간접적으로나마 그분들의 연구 성과물(책, 연구물, 강의, 경험이 담긴 이야기 등)을 통해 도움을 받고 있을 뿐이다. 그래서 더 안타깝다. 때문에 나는 늘 내 후배들에게 좋은 롤 모델이 될 수 있기를 희망하고, 그럴 만큼의 역량을 갖추기 위해 늘 노력하고 있다.

여기에서 한 가지 꼭 짚고 넘어가고 싶은 것이 있는데 롤 모델(멘토)을 정한다는 것은 그 사람과 똑같이 닮아 가라는 일도 아니고, 그 사람이 하는 것을 똑같이 따라 하라는 것도 아니며 무조건 그에게 의지하라는 것도 아니다. 롤 모델을 두라는 것은 그를 통해 지식을 전달받는 것이 아니라 지혜를 얻으라는 뜻이다. 그리고 롤 모델을 정하기 위해서는 우선 자기 자신에 대한 성찰(원하는 것이 무엇인지, 자신에게 부족한 것은 무엇인지, 자신의 재능은 무엇이고 적성은 무엇인지 등에 대한 명확한 이해)이 먼저다. 그래야만 자신의 꿈을 이루어 나가는 데 필요한 지혜를 얻을 수 있다. 멘토는 멘티에게 꿈을 이루는 지름길을 하나에서부터 열까지 모두 알려 주는 사람이 아니다. 그리고 그런 능력을 가진 멘토는 세상에 결코 없다.

조금 다른 측면의 이야기일 수도 있겠지만 가끔 보면 어떤 자리경쟁(특히 승진 등)으로 인해 동료 교사를 잃는 사람을 보게 된다. 자신의 승진 혹은 자리보전을 위해 동료들을 외면, 이용, 무시 또는 짓밟으려 하기 때문에 일어나는 일들이다. 아무리 권력, 명예, 자리, 돈 등이 중요하다고 하지만 자신이 일하는 곳에서 가장 끔찍한 일은 자신의 자리를 잃거나 그 자리에 오르지 못하는 게 아니라 동료를 잃는 일이라는 사실을 잊고 있는 것은 아닐까?

자리에 연연하여 사람을 잃는 일은 없어야 한다.

나의 꿈은 진급이 아니다. 때문에 자리에 연연하지 않는다. 그것은 나의 길이 아닐 뿐만 아니라 자리에 연연하다 그로 인한 여러 문제가 발생하기 때문이다. 나는 자리로 인하여 자주 비겁해지는 모습을 접하게 된다. 또한 진급을 하지 못할까 혹은 진급이 늦을까 불안해하는 모습도 자주 본다. 진급을 생각하다 보면 분명히 비겁해져야 하는 순간이 올 것이고 때로는 자신을 속이기도 해야 하고, 가지 말아야 할 길도 가야 할 때가 있을 것이다. 그러다 보면 분명 사람을 보지 못하거나 놓치는 일이 발생한다.

자신의 꿈을 이루는 데 있어서 가장 큰 외적 자산은 사람인데, 내가 협동학습의 매력에 빠져든 이유 중 하나가 바로 사람 그 자체와 소통을 중시하는 점 때문이었다. 협동학습을 처음 시작할 당시에는 아이들을 보지 못해서 그들을 스티커나 모둠 점수 등으로 경쟁시키면서 내 욕심대로 아이들을 통제했었던 기억이 난다. 그 속에서 아이들은 갈등과 반목을 거듭할 뿐이었다. 뒤늦게 깨달은 것이 바로 '사람'이었고, 이제는 교실에서 무엇보다도 나와 아이들 모두가 서로를 잃지 않도록 하는 일에 최선을 다한다. 그리고 그것은 절대적이다. 성공적인 협동학습을 위해서 교사가 가장 신경 써야 할 일은 있는 그대로의 나, 있는 그대로의 아이들 모두가 서로에게 마음을 여는 일밖에는 없다.

생각해보기

1. 여러분은 새내기 교사 시절부터 지금까지 자신의 롤 모델이 되어 줄 사람을 곁에 두고 있는가?
2. 여러분은 후배들에게 롤 모델이 될 만큼의 역량을 갖추고 그 역할을 하고 있는가?
3. 여러분은 주위의 동료교사, 그리고 아이들을 잃지 않기 위해 어떤 노력을 하고 있는가?
4. 여러분 주위에 바람직한 협동학습 전문가로서 롤 모델이 되어 줄 사람은 있는가?(어떤 면에서 그 사람을 선택하였는가?)

13) 마무리를 하며!

지금까지 내가 협동학습을 만나 꿈을 꾸고 조금씩 그것을 내 앞의 현실로 다가서게 하기까지 경험하고 생각했던 몇 가지 중요한 것들만 정리해 보았다. 꿈을 꾼다는 것은 희망을 노래하는 것이라고 하지만 노력 없이는 부질없는 일이라는 것도 너무나도 잘 알고 있다. 그런 것을 경험하였기에 아이들에게 꿈에 대하여 조금이나마 자신 있게 이야기하고 나의 경험을 통해 아이들이 자신의 꿈을 어떻게 만들어 나가고 꿈을 현실로 만들어 나가기 위해 어떤 노력을 해야 하는지에 대하여 이야기할 수도 있게 되었다. 그런 협동학습을 만나게 되었다는 것에 대하여 나는 진심으로 감사하는 마음을 갖는다. 그리고 오늘도 협동적 학급운영을 통해 아이들이 꿈을 키워 나갈 수 있도록 하기 위해 최선을 다하여 노력하고 있다. 나의 꿈은 현재 진행형이다.

‘나다운 꿈’과 협동학습

있는 그대로의 ‘나 자신’이 반영된 꿈은
곧 “나는 어떤 사람으로 살고 싶다. 나는 어떻게 살고 싶다.”는 삶의 방향성을 의미한다.
있는 그대로의 ‘나 자신’이 반영된 꿈은
곧 그 사람이 살아가는 데 있어서
자신의 길을 찾아가는 등대와도 같고
망망대해에서 풍랑 속에 휩쓸리더라도
다시 목표를 향해 나갈 수 있도록
방향을 제시해 주는 나침반과도 같다.
그래서 꿈이 있고 없고는
그 사람의 삶에 큰 영향을 준다.
그래서 꿈이 있는 사람이 아름다운 법이다.

1) 꿈의 실체를 해부한다

(1) 꿈에 대한 불편한 진실 1

여러분은 최근 들어 ‘나의 꿈이 무엇인지’, ‘내가 하고 싶은 일이 무엇인지’, ‘내가 잘하는 일이 무엇인지’를 진실로 고민해 보았는가? 또한 여러분의 자녀들은 그런 것들에 대하여 진지하게 고민하고, 가족들과 이야기를 나누며 살아가고 있는가?

어찌 보면 지금의 우리 현실에서 이런 질문을 한다는 것이 잘못된 것일 수도 있다. 아이이든 어른이든 제대로 그런 것들을 고민하고 살아갈 만큼의 시간과 여유를 주지도 않았는데 그런 것들을 깊이 있게 고민할 만큼의 시간이 어디 있었겠는가? 고등학교 때까지 대학 가기 위하여 입시에만 매달려 온 우리나라 학생과 학부모, 학교가 오로지 명문대학 가는 것에만 급급하고 학생의 적성과 흥미는 고려하지 않고 성적순으로 대학 및 학과를 선택하였으니 그런 교육풍토에서 학생들이 어찌 자기 스스로 꿈과 끼와 적성을 찾을 수 있었겠는가. 더 나아가 많은 사람들은 대학 졸업 후에도 스펙, 대

기업, 좋은 일자리 등만을 선호한 나머지 오랜 시간 동안 자신의 꿈과 끼와 적성을 찾지 못해 이 회사 저 회사를 기웃거리며 방황을 하고 있는 모습을 보이기도 한다. 왜 그들은 이렇게 살아가게 되는 것일까?

요즈음 나를 포함하여 대부분의 사람들은 참 살아가기 힘들다는 생각을 하게 된다. 꿈은 있지만 남들이 말하는 것과 같은 그런 길을 가지 않으면 안 될 것 같은 불안함에 휩싸여 달리는 경주마처럼 눈가리개를 하고 타인들과 경쟁의 대열에 합류하여 오로지 앞만 보고 열심히 달리기만 한다. 극히 소수의 몇 사람을 빼고는 자신만의 길을 과감하게 선택하고 나아가는 것을 꺼린다. 그런 탓인지 요즈음 '꿈'이라는 말이 매우 귀한 말처럼 들리고 있고, '꿈 마케팅'이라는 말이 생겨날 정도로 대한민국은 '꿈'의 열병을 앓고 있는 중이다.

우리나라 사람들은 고등학교 때까지는 이런 말을 주로 듣는다. "열심히 공부만 하고, 대학에 들어가면 그때 실컷 놀아라. 그러니 대학만 가라. 대학은 꼭 가야 한다." 그러나 많은 사람들은 대학의 문을 넘지 못한다. 설령 대학 문을 넘더라도 거기에서도 서열이 매겨진다. 대학도 대학 나름이라는 것이다. 그래서 또 힘든 삶이 시작된다.

한편 어렵게 대학의 문턱은 넘었지만, 대학만 가면 어른들 말처럼 실컷 놀 수 있을 것 같았겠지만 막상 들어가 보면 취업을 위한 전쟁터에 나아갈 준비를 해야 한다고 하면서 온간 '스펙 쌓기'를 강요한다. "대학교 때 제대로 스펙 쌓지 못하면 취업은 어렵다. 취업 준비 제대로 해라. 딴짓하지 말고 스펙 쌓기에 열중해라." 그렇게 대기업, 일류 기업, 좋은 일자리만을 위한 '해바라기' 노릇하기에 급급한 나머지 또다시 경주마처럼 눈가리개를 끼고 그냥 앞만 보고 달리게 된다. 물론 그중에서도 일부의 사람들만 자신의 기대에 만족한 결과를 얻고, 나머지는 비정규직 사원 혹은 취업 재수생의 길로 들어서면서 힘든 삶은 더 연장된다. 그래서일까 그들의 꿈은 '정규직 사원'이라 불릴 만큼 단순해졌다. 그런 탓에 "직장의 신"이라는 드라마가 대한민국 사회의 비정규직 노동자들의 마음을 뒤흔들며 통쾌한 웃음과 눈물을 가져다주었던 것 같았다.

그렇게 겨우 직장에 취직하면 "결혼을 해라. 결혼을 빨리 해야 안정된 삶을 살아가게 된다. 기왕할 거라면 빨리 해라."는 말을 많이 듣게 된다. 그러나 그것도 마음처럼 쉽지 않다. 부모가 재산이라도 많으면 모를까. 결혼 자금을 마련하려면 일찍 결혼한다는 것은 꿈도 꾸지 못할 일. 그래서인지 결혼 연령대가 점점 늦어지고 있는 추세다. 게다가 한 사람의 봉급으로는 생계를 제대로 꾸려 나가기 힘든 세상이라서 결혼상대로 맞벌이는 굉장히 중요한 조건이 된 지 오래다.

그러나 결혼을 하고 나면 출산과 양육 문제에 바로 직면하게 된다. "결혼하고 나면 애를 바로 낳아서 키워라. 그래야 노후가 편하다."라는 말을 많이 듣게 된다. 하지만 그게 어디 말처럼 쉬운가. 임신, 출산, 육아, 여성에 대한 배려가 아직 부족한 우리나라 현실에서 특히 워킹 맘으로 살아가면서 아이를 낳아 키운다는 것은 굉장한 희생과 용기를 필요로 하는 일. 게다가 영어 몰입교육, 사교육, 입시, 경쟁교육 등 아이 한 명 낳아 대학까지 보내는 데 '5억'이 든다는 말이 돌고 있을 정도니 대한민국의 부모들은 정말로 등골이 휠 정도다. 그래서 요즈음은 결혼은 했지만 아이를 낳지 않고 살아가는 부부들이 점점 늘고 있다. 그리고 그에 따른 수많은 문제점들도 발생하고 있는 상황이고…….

여기서 끝나면 다행이다. 그 뒤로 이어지는 수많은 어려움들. 그래서 오늘날 대한민국을 살아가는 많은 사람들은 '꿈'을 잊은 지 오래다. '꿈'이라는 말이 요즈음의 화두이자 하나의 트렌드로 자리 잡을 정도까지 되었다는 것은 곧 그것이 그만큼 '결여'되었거나 부족하다는 것을 증명해 주고 있는 것이다.

꿈의 실체와 유효기간

대다수의 사람들은 이렇게 살아가고 있다. 마치 이미 정해진 길을 그냥 앞만 보고 곧바로 달려가는 것처럼! 그러다가 남들처럼 살지 못하고 그 길을 조금만 벗어나면 '이상한 사람' 취급을 하며 무시하고 손가락질하거나 잘못되었다고 비난을 하곤 한다. 그 속에서 과연 '나'라는 존재는 있는 것일까 하고 생각해 볼 필요가 있다. 남들과 비슷한 혹은 동일한 삶을 살아가는 현실 속에서 나는 누구이고 나는 어디에서 왔으며 어디로 흘러가고 있는지, 그리고 진정 내가 원하고 꿈꾸는 삶은 무엇인지, 난 무엇 때문에 이렇게 살아가고 있는지, 나는 꿈을 포기하고 살고 있는 것은 아닌지 진지하게 고민해 봐야 한다. 그래서 지금의 나에게 누군가가 던진 '꿈의 실체는 무엇이고, 꿈은 언제까지 꿀 수 있는가?'라는 질문이 나를 넘어서 우리 모두에게 정말 절실하게 느껴지고 의미심장하게 다가온다.

생각해보기

1. 여러분이 생각하는 '꿈의 실체'는 무엇인가?
2. 여러분은 꿈을 언제까지 꿀 수 있다고 생각하는가?
3. 여러분은 꿈다운 꿈을 몇 살에 가져 보았는가? 그리고 언제쯤 갖는 것이 바람직하다고 생각하는가?

(2) 꿈에 대한 불편한 진실 2

한 TV채널에서 다큐멘터리를 본 기억이 난다. 스펙 경쟁과 취업에 시달리는 20대 청춘들에 대한 이야기였다. 내용 중 한 인터뷰 장면이 인상 깊다. 인터뷰 속에서 20대 한 여학생에게 이런 질문이 던져졌다.

"꿈이 무엇인가요?"

그 여학생은 수줍은 얼굴을 하고 이렇게 답변을 했다.

"사실 저는 꿈이 없어요."

어린 시절부터 꿈을 가지라고, 꿈을 크게 꾸며 살라고, 꿈은 이루어진다고 모두가 한목소리를 내고 있는 이 세상에서 "꿈이 없어요."라고 말하는 사람이 있다는 것, 그것도 아주 많다는 것은 매우 깊이 있게 고민해 볼 일이다. 어떤 시각에서 바라보면 꿈이 없다고 말한다는 것은 대단한 용기를 필요로 하는 일인지도 모른다. 흔히 막연한 꿈으로라도 포장해서 그럴듯하게 말을 해야 하지 않을까 생각할 수도 있겠지만 당당하게 꿈이 없는 현재의 자기 자신을 내보인다는 것이 쉬운 일은 아니기 때문이다.

2013년, '꿈-청춘-멘토'라는 말들이 여기저기에서 사용되고 있는 시대! 그러나 나이를 불문하고 자신 있게 '나의 꿈'을 말한다는 것은 여간 힘든 일이 아니다. 왜냐하면 그것은 '자신에 대한 성찰, 자신이 무엇을 원하는지 정확하게 아는 일, 그리고 그것에 대한 확신'으로부터 시작될 수 있는데, 이는 나이가 많이 들어서도 굉장히 어려운 일이기 때문이다. 그러니 곧게 앞만 바라보고 열심히 달려가도 부족한 20대 학생들에게서 확신에 찬 꿈 이야기를 듣는다는 것은 어찌 보면 너무 큰 기대를 하고 있는 것일지도 모른다.

꿈을 말하기 위해서는 자신에 대한 성찰을 바탕으로 자신이 원하는 것이 무엇인지를 정확하게 하는 것으로부터 출발한다고 볼 수 있는데, 보통 사람들은 자신에 대한 성찰(내가 누구인지, 내가 어떤 사람이고 어떤 재능과 적성을 갖고 있는지 등에 대하여 아는 일)조차도 제대로 하기 어렵다. 그러니 자신이 무엇을 하고 싶고 무엇을 원하는지 안다는 것은 말처럼 그리 쉬운 일은 아니다. 설령 자신의 꿈을 자신 있게 말하는 많은 사람들도 있겠지만 그것을 자세히 들여다보면 꿈이 아닌 것을 꿈으로 믿고 살아가는 경우도 허다하다. 버킷 리스트에 해당되는 것이 바로 그런 것들이다. 명성, 좋은 직업 및 직업적 성공, 권력, 경제력, 자신 혹은 타인에 대한 기대, 평상시 해 보고 싶었던 일, 특별한 경험, 어떤 차, 어떤 집 등. 그러나 이런 것들을 꿈으로 인식하는 순간 대부분 사람들의 삶은 허무해지고 씁쓸한 느낌마저 들지 않을 수 없다. 그런 것들이 대단해 보이고 남 보기에는 좋을지 모르겠지만 역사 속에서 그런 것들을 이루고 살아가는 이들은 과연 몇이나 되던가? 오히려 남들이 알아주지는 않더라도 묵묵히 자기만의 소박한 꿈을 이루어 가며 행복하게 살아오는 이들이 더 많은

데 각종 언론매체나 가진 자들 및 유명인들은 순수하고 소박한 꿈들을 우리의 기억 속에서 지워 버리려 하고 있는 것 같아서(자신들의 기득권 유지를 위한 방편으로 이용하고 있다는 생각마저 든다.) 안타까운 마음마저 든다. 꿈은 결코 그런 것들이 아니다. 누구나 꿀 수 있고, 이룰 수 있는 것이다. 그리고 누구나 그 속에서 행복해질 수 있는 그런 것들이다. 아니 그런 것들이어야 한다.

협동학습이 여러분의 교실에서 아이들의 꿈을 키워 나가도록 돕는가?

아이들에게 "왜 학교에 오니?"라고 질문을 해 본 적이 있는가? 많은 아이들은 그냥 '공부하기 위해' 혹은 '꿈을 이루기 위해'라고 답한다. 그보다 더 솔직한 답은 '부모님이 가라고 해서'이다. 그런 아이들에게 "꿈이 뭐니?"라고 물으면 그저 막연한 꿈, 막연한 기대, 막연한 희망을 말한다. 그리고 그게 끝이다. 그런 아이들이 바람직한 꿈을 꾸고 그것을 실현해 나가도록 돕는 일을 하는 것이 바로 교사고, 그곳이 학교이고 교실이며 그 과정이 수업이다. 그런데 우리는 과연 교실에서 자신의 아이들이 꿈을 키워 나가도록 돕고 있는가? 그냥 교과서 내용을 암기하는 기계로, 점수 따는 기계로, 그것도 아니면 그냥 학교에 와서 놀다 가는 아이로 만들어 가고 있는 것은 아닌가? 그런 곳에서 협동학습은 그저 교과서 내용을 전달하는 도구로서만 활용될 뿐, 협동학습의 진정한 의미는 결코 발현되지 못할 것이다.

생각해보기

1. 여러분의 교실에서 협동학습은 과연 어떤 의미이고, 어떤 역할을 하는가?
2. 협동학습은 여러분의 교실에서 모두의 꿈을 이루어 나가는 것을 돕고 있는가?

(3) 꿈에 대한 불편한 진실 3

우연히 인터넷에서 이런 글을 보았다.(한 연예인의 블로그였는데, 밝히는 데 문제가 있을 것 같아서 생략하고, 그냥 옮겨 본다.)

> (앞부분 생략) 별다른 화려한 꿈 없이 그저 행복하게 열심히 살아가는 사람들에게조차 '당신은 아직 꿈을 찾지 못한 것일 뿐이니 꿈을 찾아라!'라고 가르치고 그렇지 못한 사람은 마치 나태하거나 낙오된 사람인 것처럼 은연중 주입하는 건 1차적으로는 장사가 잘되기 때문인

것이 어느 정도 있을 것이고, 그보다 더 넓은 범위에서 보면 꿈을 가진 인간은 조종하기가 쉽기 때문이 아닐까 하는 생각이 들었다. 버릴 수 없이 절실한 꿈을 가진 인간은 그 꿈을 볼모로 잡혔을 때 누구보다 큰 희생을 감수하면서 누구보다 열심히 일하게 된다. '꿈을 볼모로 잡혔을 때'란 물론 '열심히 하면 꿈을 이룰 수 있다는 희망을 가졌을 때'이고.

더 깊이 들어가자면 '꿈'이라는 건 어느 범위까지가 꿈인가. (중략) 잘 보면 '꿈을 가져라!' 하고 외치는 목소리들은 대체로 모종의 경제적, 사회적 성과에 대한 그림을 포함하는 것만을 꿈인 것처럼 말하는 경향이 있다는 걸 쉽게 발견할 수 있다. 사적인 욕구나 정신적인 성취까지 포함해 꿈이라 부르는 경우는 많지 않다. '평생 사랑할 와이프를 만나는 게 꿈이야' 하는 말에는 웃으면서 그 자리에서 동조하긴 하지만 아무도 그 꿈을 심각하게 받아들이지는 않는다. '걔는 그게 꿈이래' 하는 소리를 들으려면 아무튼 뭔가 가시적으로 성과를 내는 성질의 꿈이어야 하는 것이다. 그런데 세상 모두를 그런 걸 추구하는 사람으로 만들겠다는 흐름은 아무리 봐도 다른 의도가 얽히고설킨 것으로밖엔 안 보인다.

꿈은 있는 사람도 있고 없는 사람도 있는 게 자연스럽고 당연한 상태인 것 같다. 꿈이 없다고 좌절할 이유도 없는 것이고, 꿈이 있다 해서 없는 사람보다 우월할 것도 없는 것이라고 생각한다. 이제 와서 정리해 보니 이런 이유 때문에 그동안 '꿈 마케팅'이 불편했었던 것 같다.

이 글 속에는 우리가 갖고 살아가는 꿈에 대한 세 번째 불편한 진실이 숨어들어 있다. 꿈은 보통 희망적인 언어로 생각하는데 언제부터인가 절망적인 언어로 바뀌어 가고 있다는 것! 앞의 글을 보자. 절망, 통제, 주입, 장사, 조종, 볼모, 희생 등. 왜 이렇게 생각할까 고민해 보았다.(물론 일리가 있는 부분도 있다. 그리고 앞의 글에 대하여 논쟁을 벌이고자 옮겨 놓은 것은 아니니 오해 없기 바란다.) 그리고 그것은 바로 꿈이라는 것에 대한 실체를 제대로 이해하고 있지 못한 데서 비롯되고 있다는 결론을 내렸다. 그저 남들이 만들어 놓은 허상(명예, 권력, 돈, 인기 직업 등 사회적 성공을 꿈의 의미로 해석하는 것)을 쫓아다니면서 그것을 꿈이라 인식하고 이루려 하지만 이루지 못하는 사람들이 대부분이라서 비관, 실망, 절망에 이르게 되어 부정적인 인식을 갖게 되지 않았나 생각된다. 그리고 그것들 대부분은 관점의 문제로부터 기인한다는 것 또한 나의 결론 중 하나이다. 어떤 관점을 갖느냐에 따라 인식이 달라지고 경험이 달라지고 인생과 삶이 달라진다.

여러분 스스로 꿈에 대한 관점을 디자인하라!

테레사 수녀의 말을 통해 한번 '관점'의 의미를 곱씹어 보기 바란다.

"전쟁 반대 집회엔 가지 않겠습니다. 평화 집회엔 날 초대해 주세요."

마더 테레사는 평소에도 전쟁에 반대한다고 말하지 않았다. 오히려 마더 테레사는 평소에도 평화를 사랑한다고 말해 왔다. 마더 테레사는 집중하고 있는 생각이 현실이 된다는 것을 알고 있었던 같다. 똑같은 것도 어떤 시각으로 보느냐에 따라 달라진다. 꿈도 마찬가지다. 꿈은 결코 남들이 만들어 놓은 것을 따라가는 것이 아니라 자기 스스로 만들고 자기 스스로 실현해 나가는 것이다. 그러니 남들이 꿈이라고 말하는 것을 함부로 믿지도 말고 쫓으려 하지도 말자.

협동학습도 마찬가지다. 학문적으로 협동학습에 대한 정의는 내려져 있지만 그 속에서 벗어나지 못하면 결국 그 틀 안에 갇혀 협동학습의 진정한 힘은 볼 수 없게 된다. 협동학습의 전문가가 되고 싶은가? 그렇다면 협동학습, 교육, 수업 등에 대한 여러분 자신만의 관점을 디자인하라.

생각해보기

1. 협동학습은 여러분이 어떤 관점에서 바라보느냐에 따라 그 역할과 영향력이 달라진다. 그렇다면 협동학습을 어떤 관점에서 바라보아야 진정한 힘을 느낄 수 있겠는가?

2) 꿈을 갖고 싶은가? 그렇다면 자기 자신과 대화(셀프 멘토링)를 하라

나의 꿈은 어릴 적부터 한 번도 변한 적이 없었다. 교사가 되는 것이었다. 그리고 지금은 그 꿈을 이루었다. 그런데 꿈을 이루고 나니 더 이상 무엇인가 아무것도 보이지 않았던 때가 있었다. 그냥 출근해서 교실로 들어가 아이들을 만나고, 수업하고, 아이들을 보내고, 교재 연구하고, 퇴근하고……. 이렇게 반복되는 하루하루를 30년 동안 반복하며 살아가야 한다고 생각하니 무엇인가 가슴속이 답답해지는 느낌을 지울 수 없었다. 그러면서 내 가슴은 이렇게 말하고 있었다. "내가 바라던 교사라는 꿈은 이런 모습이 아니었는데!" 그러면서 나는 나 자신과 깊은 대화 속으로 빠져들기 시작했다. "너는 어떤 교사가 되는 것이 꿈이었는데? 너 자신부터 만족할 수 있는 그런 교사가 되기는 한 것이니?" 그렇게 생각하고 바라보니 나 자신이 부끄럽고 한없이 초라해 보이기까지 했다. 그때가 내 나이 서른하고도 둘이었다. 그래서 또 다른 꿈을 만들기 시작했다. 이왕 교사가 된 김에 "어떤 한 분야에서만이라도 나 스스로 만족할 수 있는 교사가 되어 보자."라는 결심을 하고 '학급운영 및 국어과 수업 전문성 신장'이라는 나름의 목표를 설정하기에 이르렀다. 그러면서 국어과 수업 연구 및 학급운영을 위한 연구, 자료 제작, 실천, 피드백 등에 집중적인 시간 투자를 하기 시작하였고, 내 생각과 연구 결과물들을 다른 사람들과 나누기 위해 개인 홈페이지를 만들어 올리고 공유하기도 하였다. 그러나 타는 듯한 목마름은 해소가 되지 않았다. '나 스스로 만족할 수 있는 교사'라는 것은 적어도 내 교실과 내 수업 속에서 아이들이 즐겁고 행복하게 살아가는 모습을 보는 것, 아이들이 자신을 알아 가고, 자기 삶에 주인이 되어 다른 사람들과 더불어 살아가도록 도와주는 교사가 되는 것이었는데 그 부분은 해결이 되지 않았다. 나름 학급운영도 잘하고 있다고 생각했는데 아이들은 이기적이고 타인에 대한 배려가 부족하며 다른 사람에 대한 슬픔과 아픔을 공감해 주는 모습들을 보이지 않았다. 다 함께 행복하게 잘 살아가기가 이렇게 어렵던가? 하는 물음 속에 답을 찾기 위해 이리저리 떠돌다가 '협동학습'을 만나게 되었고 "아, 바로 이것이었어. 내가 찾던 것이!"라는 확신에 빠져들기 시작했다. 그렇게 나는 '나다운 꿈(나 스스로 만족할 수 있는 교사 ⇨ 아이들이 즐겁고 행복하게 살아가며 자기 삶의 주인이 되도록 돕고, 더 나아가 다른 사람과 더불어 살아갈 줄 아는 아이들로 성장하도록 돕기 ⇨ 협동학습을 통해 이루어 보자.)'을 본격적으로 설정하고 실천에 옮겨 나갔다. 내 꿈을 다시 설정해 두고 나니 잠자는 시간, 다른 사람들과 어울리는 시간조차도 아깝다는 생각이 들 정도였다. 그렇게 많은 시간을 보내면서 나는 조금씩 이전의 나와 다른 교사가 되어 가고 있었고, 꿈은 더 이상 꿈이 아니라 내 앞의 현실로 다가왔으며 교사로서의 내 삶은 더 즐겁고 만족스러웠고 행복하기까지 했다. 지금도 나는 내 가슴과 대화를 하며 내가 선택한 교사로서의 삶과 나의 꿈에 100% 만족하며 살아가고 있다.

한편 수년 전부터 학교 현장에도 멘토링 붐이 일어나고 있다. 특히 신규 교사가 발령을 받아 오면 학교에서는 그 교사에게 멘토가 되어 줄 사람을 정하여 엮어 주기도 한다. 내게도 가끔 그런 역할을 해 달라고 학교에서 혹은 주위에서 요청이 들어오곤 한다. 하지만 대부분 나는 거절한다. 왜냐하면 내게 그들이 요구하는 것은 자신의 문제를 족집게식 과외공부처럼 내가 대신 다 찍어 주고 풀어 달라고 요구하고 나오기 때문이다. 나는 절대로 그들이 아니기에 그들에게 어떤 문제가 있고 그들의 장점은 무엇이며 무엇을 힘들어하는지 그리고 그들이 진정으로 원하는 것이 무엇인지 나는 알지 못한다. 최소한 내게 멘토가 되어 달라고 요청해 오는 사람들이 적어도 그들의 문제가 무엇인지 스스로 파악하고 있다면 그나마 다행이라 여겨진다. 하지만 대부분은 그렇지 않다. 그래서 나는 거의 대부분 거절하곤 한다. 보통 이런 식이다. "협동학습, 어떻게 하면 잘할 수 있어요? 어떻게 하면 선생님처럼 할 수 있어요?" 하며 다짜고짜 찾아와 조언을 해 달라고, 자신의 문제까지 내가 다 알아서 찾아내 주고 해결방안까지 제시해 달라고 하는 식이다. 그리고 거절하고 나면 뒤돌아서서 내 험담을 하기도 한다. 그래서 이럴 때 나는 화가 난다. 하지만 나는 끝까지 나쁜 사람으로 남기로 마음

먹고 있다. 어차피 그런 사람들은 도움을 주어도 잘되지 않는다. 그리고 잘되지 않으면 자신 탓은 하지 않고 내 탓을 하면서 나를 나쁜 사람으로 만든다. 어차피 나쁜 사람으로 남을 것이라면 차라리 내가 편한 방식으로 나쁜 사람이 되기로 결심했기 때문이다. 그리고 진심으로 내게 찾아온 사람이 걱정이 되는 경우에는 이런 말은 꼭 하고 헤어진다. "선생님, 지금 당신에게 필요한 것은 도움을 줄 멘토가 아니라 자기 자신과의 대화, 자기 성찰, 셀프 멘토링입니다."라고 진심을 담아 조심스럽게 건넨다. 어찌 보면 이것이 나를 찾아온 그분들에게 내가 해 줄 수 있는 최선의 것일 수 있다고 생각하기 때문이다. 정말로 그들에게 필요한 것은 남들이 무엇인가를 열심히 실천하는 모습 속에서 자신의 바람과 희망, 꿈을 찾을 것이 아니라 자신이 진정으로 원하고 바라는 것이 어떤 모습인지를 깨닫는 일, 그리고 그것을 위해 자신에게 있는 것과 없는 것이 무엇인지를 아는 일, 그리고 그것을 위해 자신은 노력할 준비가 되어 있는지를 파악하는 일이지만 그들은 그런 일에 시간과 노력을 집중하고 투자하지 않았기 때문에 지금의 어려움을 겪고 있는 것이라 말해 주고 싶은 마음뿐이다.

아무리 바쁘더라도 틈틈이 '멍' 때릴 시간을 가져라.

요즈음 젊은 사람들의 멘토가 되고 있는 혜민 스님의 저서 중 멈추면 비로소 보이는 것들이라는 책이 있다. 이 책은 바쁜 일상에서 머리로는 알지만 가슴과 행동으로는 이어지지 않는 문제 등에 대하여 자기 자신을 들여다볼 수 있게 해 준다. 그 내용 중 이런 것이 있다.

- 완벽한 사람은 없다. 오직 자신의 부족함을 잘 아는 사람과 잘 모르는 사람만이 있을 뿐이다.
- 나에게 솔직해져 보라. 도대체 무엇이 나를 행복하게 하는지, 세상이 일방적으로 정해 놓은 성공의 기준이 아닌, 내 안에서 무엇을 원하는지, 남들에게 행복하게 보이는 것이 중요한 것이 아니고 나 자신이 정말로 행복한 것이 중요하다.

위와 같은 것을 깨닫기 위해서는 하루에도 몇 번씩 '멍' 때릴 시간을 가져 보는 일이 필요하다. 그리고 그 시간에 자신의 내면과 대화를 나누며 그 목소리에 귀를 기울여 보자.

생각해보기

1. 여러분은 교사로서 매일 자신의 내면과 대화를 나누고 있는가?(있다면 어떤 이야기를 주로 나누는가?)
2. 여러분은 어떤 사물과 대화를 나누어 본 적이 있는가?(관점을 바꾸어 사물을 바라보면 사물도 분명히 어떤 말을 하고 있다는 것을 알게 된다.)
3. 여러분은 협동학습과 대화를 나누어 본 적이 있는가?

3) 자기이해지능(자기 성찰)이 부족하면 꿈은 절대로 가질 수 없다

나 스스로 생각해 보니 어렸을 때부터 꿈을 갖고 살아오기는 했지만 어떻게 보면 막연한 꿈(그냥 교사가 되는 것)을 꾸며 살아왔다는 사실을 뒤늦게 알게 되었다. 그러면서 '나다운 꿈'을 설정하고 실천에 옮기기 시작한 것이 30대 초반. 개인적으로 내 또래의 다른 사람들보다 늦었다고 생각해 왔었는데 지금 와서 살펴보니 결코 늦은 것이 아니라는 것을 깨닫게 되었다. 주위를 살펴보니 20대, 30대에 자신의 꿈다운 꿈을 제대로 세우고 그의 실현을 위해 열심히 노력해 나가는 사람들의 수는 매우 적다는 사실을 알고 나는 굉장히 놀랐다. 가뜩이나 교직이라는 곳은 더 그랬다. 교사들이 흔히 말하는 꿈은 그저 진급해서 교장, 교감이 되는 범위를 벗어나지 못했다. 그리고 모든 교사들이 다 진급의 꿈을 향해 가는 것이 아니어서(진급을 생각하는 교사의 수는 그렇지 않은 교사의 수보다 훨씬 적다. 30% 내외 정도) 더 그럴 수밖에 없었다. 대부분의 교사들은 그저 아이들을 막연하게 가르치는 일에만 전념하였다. 게다가 주변의 동료교사들과 이야기를 나누어 보니 자신의 지금 이 길이 본래부터 가고자 했던 길은 아닌데 어쩌다 보니(교육적인 신념과 철학 및 가치관이 아닌 가정형편, 직업 선호도, 입시 성적에 따른 대학선택, 직업 안정성 등의 현실적 이유) 지금 이 길에 있더라는 사람도 굉장히 많았다. 그러니 교사들 가운데서도 '나다운 꿈, 자신의 소질과 적성을 바탕으로 한 꿈'을 설정해 두고 그 길을 가는 사람은 정말로 보기 힘들 수밖에 없다. '왜 이럴까?' 하는 고민 끝에 나름의 결론에 도달하였다. 그것은 곧 '자기이해지능(자기 성찰)'이었다.

꿈은 자기 자신에 대한 이해를 바탕으로 만들 때만이 비로소 가치를 지닌다. 그러나 꿈을 찾는 것보다 자기 자신을 안다는 일 자체가 더 어렵다는 것을 알고 있는 사람은 그리 많지 않다. 그러니 수많은 사람들이 꿈은 꾸되 꿈의 노예가 되어 살아가고 있을 수밖에 없다. 꿈을 꾸려면 그보다 앞서 자기 성찰이 이루어져야 한다. 자신이 무엇을 하고 싶고, 무엇을 잘하며, 무엇을 좋아하는가 등에 대한 이해. 그러나 이는 생각보다 무척 어려운 일이다. 이 세 가지는 무척 사람을 혼란에 빠지게 만든다. 실제의 사례로 나는 어릴 적부터 사람들 앞에서 노래하는 것을 무척 좋아했다. 그리고 틈이 나면 노래를 듣고 부르기도 했다. 그러자 내 어릴 적 선생님께서는 "너 한번 가수가 되어 보렴." 하고 내게 말해 주기까지 했다. 그러나 나는 '가수'가 되기엔 소질도 부족하고 관심도 없었다. 그저 조금 노래를 부를 줄은 알았으나 가수가 되는 것, 가수라는 직업을 갖는 것보다는 노래를 듣고 부르는 것 자체가 좋았을 뿐이었다. 이와 같이 '무엇인가를 좋아한다는 것'의 실체와 그것이 '겉으로 드러나는 현상'과의 괴리감은 무척 크다고 할 수 있다. 그 속에서 대부분의 사람들은 제대로 갈피를 잡기 힘들어한다. 내가 만약 주변 사람들의 말을 믿고 어릴 적 교사의 꿈을 접었더라면 나는 지금 가수로서 나 스스로 만족스러운 길을 가고 있을까 하고 생각해 보기도 했다. 그러나 끔찍한 생각부터

들었다. 나는 지금도 노래를 듣고 부르는 것을 좋아하지만 결코 가수라는 길과 맞지 않다고 확신하기 때문이다.

'교직'과 '협동학습'의 선택에 어느 정도 만족하는가?

교사라고 해서 다 똑같은 교사는 아니라 생각한다. 교사가 어떤 생각, 어떤 사고, 어떤 관점, 어떤 철학을 갖고 아이들을 만나느냐에 따라 아이들의 삶은 크게 영향을 받는다. 그러나 그런 것들에 대한 뚜렷한 관점을 세우고 현직에 나오는 교사는 거의 없다. 나의 경우도 어릴 적부터 꿈은 교사가 되는 것이었지만 구체적으로 어떤 교사가 될 것인가에 대한 꿈은 현직에 나와서 비로소 구체적으로 고민하고 세우기 시작하였다. 그리고 그 꿈을 이루는 데 도움이 될 수 있는 것들을 찾아다녔고 비로소 협동학습을 만나게 되었다. 나는 지금의 나와 꿈에 100% 만족하며 산다.

- 자기이해지능(자기 성찰력 : 강점과 약점, 성격과 기질을 파악하는 힘)을 높이려면 무엇이 필요한가? — 자기 성찰은 시간이 지나면 자연스럽게 얻어지는 것이 아니다. 어떤 목적을 설정하고 그를 이루기 위한 많은 시간과 노력이 반드시 필요하다. 그 속에서 자신이 좋아한다고 생각해 왔던 것이 정말로 좋아하는 것인지, 자신이 잘한다고 생각해 왔던 것이 정말로 잘하는 것인지 등을 확인해 보아야 한다. 실제의 삶 속에서 몸으로 부딪쳐 가며 얻게 되는 살아 있는 경험(일에 대한 노하우와 사람)만이 자기이해지능을 높이는 지름길이다.
- 자기이해(자기 성찰)는 어느 시기에 이루어지는 것이 가장 좋은가? — 교육의 궁극 목적은 아이들의 성장과 발달이다. 그것은 곧 자기이해를 바탕으로 성인이 되어 사회 구성원으로 살아가는 데 무리가 없도록 도움을 주는 일이다. 그렇게 볼 때 자기이해는 초-중-고등학생 시절에 이루어지는 것이 가장 이상적이라 말할 수 있다.
- 여러분은 교실에서 아이들이 자기이해를 할 수 있도록 돕고 있는가? — 교사는 학급운영(수업과 학급활동)을 통해 아이들의 자기이해를 도와야 한다. 그것을 돕기 위해 수업을 하고 생활지도 등을 하는 것이다. 그러나 지금의 교육현장에서 그런 것을 돕는 모습은 보기 어렵다. 오직 성적이 전부인 교실, 통제와 복종을 강요하는 교실, 음악과 체육과 미술 등의 재능보다는 수학, 영어, 국어, 과학, 사회 성적을 더 중요하게 생각하는 교실이 대부분이다. 그런 곳에서 자기이해란 사치스러운 말일 뿐이다.
- 다중지능에 대하여 여러분은 얼마나 이해하고 있는가? — 사람들은 모두 8가지 범주의 지능을 가

지고 있으며 그 가운데 몇 가지 강점 지능과 약점 지능을 가지고 있다. 교육활동은 그것들을 파악한 뒤 강점 지능을 살리고 약점 지능을 보완하도록 돕는 일이다. 그런 교실에서 성장하는 아이들은 어른이 되어 자신의 꿈을 잘 키워 나갈 수 있다.

- 협동학습은 자기이해와 어떤 관련이 있는가?—협동학습은 모둠 활동을 바탕으로 다양한 특성을 가진 또래 아이들이 만나 가면서 경험을 쌓아 가고 그 속에서 협동적으로 서로의 강점 지능과 약점 지능을 파악하고 보완, 성장시켜 나가도록 돕는 활동이다.

생각해보기

1. 여러분은 지금 여러분의 선택(교사로서의 삶)에 만족하는가?
2. 여러분은 어떤 교사로 살아가는 게 꿈인가?
3. 여러분은 왜 협동학습을 선택하였는가?(교사로서의 꿈과 협동학습은 어떤 관련이 있는가?)
4. 지금 여러분은 협동적인 삶을 살아가고 있는가?
5. 지금 여러분의 교실에서 실천하고 있는 협동학습에 만족하는가?
6. 협동학습을 실천하는 교사로서 '자기 성찰'을 통해 반드시 세워 두어야 할 관점이나 철학이 있다면?

4) 꿈은 곧 있는 그대로의 '나 자신'을 말해 준다

우리의 교육 현실에서 있는 그대로의 '나 자신'을 바탕으로 한 꿈을 세우고 이루어 나간다는 것은 매우 힘든 일이다. 학생 시절에 이루어져야 할 자기이해가 입시문제로 인하여 제대로 이루어지지 않았기 때문이다. 오직 학생들은 문제풀이 기능과 암기능력만 발달시켜 왔을 뿐 '나 자신'이라는 그릇의 모양과 그 특성 및 크기를 제대로 파악하지 못하고 성인이 되었고, 그렇게 대학을 가서도 스펙 쌓기 및 취업이라는 또 다른 경쟁에 가로막혀 두 번째 자기이해의 기회를 놓칠 수밖에 없다.(대학도 자기 성찰을 바탕으로 학과를 선택하여 들어간 학생은 그리 많지 않다. 점수에 맞추어 학과와 대학을 선택한 사람들이 대부분이다.) 그렇게 경쟁 속에서 살아남게 되어 직장에 들어가면 비로소 자기 자신을 돌아보기 시작하게 된다. 그때가 돼서야 사람들은 자신이 진정으로 바라는 것이 무엇이고 잘하는 것은 무엇이며 좋아하는 것이 무엇인지, 그리고 어떤 삶을 살아가고 싶은지, 어떤 꿈을 꾸며 살아가고 싶은지 등을 진지하게 고민하기 시작한다. 그때의 나이가 약 30대 전후. 들어간 직장이 자신의 소질과 적성에 잘 맞으면 다행이지만 그럴 가능성은 극히 드물다. 대개의 경우 만족감이 떨어지는 상태에서 여러 가지 이유로 그냥 다닐 수밖에 없어 눌러앉게 된다. 남들이 보기에 잘나가든 아니든.(실제로 늦은 나이에 자신이 하던 일을 그만두고 자신이 꿈꾸어 왔던 길을 가기 위해 새로운 삶을 선택하는 사람들도 꽤 많다. 오히려 그런 사람들은 대단한 용기를 가진 사람들이다. 대부분의 사람들은 그럴 용기조차도 없어 그냥 그렇게 살아가고 있다.)

제대로 된 꿈을 꾼다는 것은 그만큼 '나 자신'을 확실히 이해하지 않고서는 불가능하다. 자신이 무엇을 잘하고, 무엇을 좋아하고, 강점은 무엇이고 약점은 무엇인지 아는 일. 그것에 바탕으로 두고 어떤 일을 하고자 한다면 제대로 되지 않을 일은 별로 없다. 다만 문제가 되는 것은 우리나라 현실에서 자기이해를 바탕으로 한 제대로 된 꿈을 꾸기 시작하는 시기가 너무 늦다는 것이다. 그래도 나만 늦은 것이라는 생각은 하지 않는 것이 좋다. 대부분의 보통 사람들은 다 그렇게 살아간다. 그래서 불안해할 필요까지는 없다. 늦은 시기에라도 자기이해를 제대로 해내기만 한다면 제대로 된 꿈을 세우고 이루어 나가는 데 별 무리가 없다. 오히려 진정으로 걱정해야 할 일이 있다면 늦은 나이임에도 불구하고 자기이해가 부족할 경우이다. 분명히 그런 사람들이 우리 주변에는 많다. 교직 안에서도!

있는 그대로의 '나 자신'이 반영된 꿈은 곧 내 삶의 나침반과 같다.

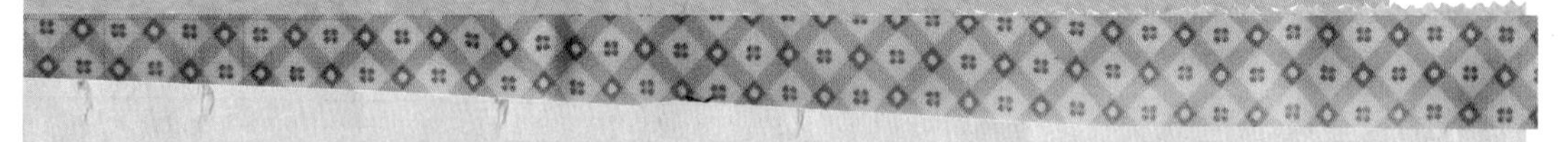

있는 그대로의 '나 자신'이 반영된 꿈은 곧 "나는 어떤 사람이고 싶다. 나는 어떻게 살고 싶다."는 삶의 방향성을 의미한다. 있는 그대로의 '나 자신'이 반영된 꿈은 곧 그 사람이 살아가는 데 있어서 자신의 길을 찾아가는 등대와도 같고 망망대해에서 풍랑 속에 휩쓸리더라도 다시 목표를 향해 나갈 수 있도록 방향을 제시해 주는 나침반과도 같다. 그래서 꿈이 있고 없고는 그 사람의 삶에 큰 영향을 준다. 그래서 꿈이 있는 사람이 아름다운 법이다.

꿈은 단순한 목표와는 그 의미가 다르다. 어찌 보면 한 방향으로 일관된 목표들의 총합일 수도 있는데, 그 총합의 핵심을 정리해 보면 그 사람이 추구했던 삶의 방향성과 가치관이 그대로 드러나게 된다. 그것이 바로 '나다운 꿈'인 것이다.(일관된 목표가 아니라면 그 목표들 간에 연관성 및 방향성은 사라지게 되고, 그 총합의 핵심은 정리되지 않는다. 이럴 경우 목표 자체가 꿈이라 믿고 살아갈 가능성이 높다.)

- 나는 늦깎이 Dreamer!

나의 경우 '나다운 꿈'은 교사가 된 이후에 비로소 시작되었다. 어릴 적부터 내 부모님께서는 "착하게 살아라, 어려운 사람을 도우며 살아라, 다른 사람들에게 힘이 되어 주는 사람이 되어라."고 말씀해 주셨다. 그리고 나 또한 그렇게 살겠다고 다짐도 했고, 그런 길 가운데 하나가 '교사'라 생각하여 초등학교 시절부터 교사가 되겠다는 꿈을 한시도 놓지 않았다. 그리고 그게 나의 꿈이라 믿고 살았다. 그런데 막상 교사가 되어 꿈을 이루었다고 생각해 보니 무엇인가 허전한 느낌을 지울 길이 없었다. 그래서 현장에 나와서부터 처절하게 이런 고민에 대한 답을 찾으려고 나 자신과 많은 대화를 했다. '교사가 되긴 했는데, 그렇다면 나는 어떤 교사가 되고자 하는가?' 많은 시간 동안의 자기 성찰 끝에 드디어 아래와 같이 '있는 그대로의 나 자신이 반영된 꿈 – 평생 내가 가야 할 길'을 만들고 다듬어 나갔다. 그리고 그것을 위해 협동학습을 선택했다.

'내가 가르치는 아이들과 학부모 및 주변의 동료교사들에게 좋은 영향을 줄 수 있는 교사가 되는 것, 그리고 더 나아가 내가 가르친 아이들도 그 길(더불어 사는 삶)을 갈 수 있도록 돕는 것.'

생각해보기

1. 여러분은 있는 그대로의 '나 자신'을 어떻게 파악하고 있는가?(자기 성찰을 어느 정도 이루었는가?)
2. 여러분은 있는 그대로의 '나 자신'이 반영된 꿈을 갖고 있는가?
3. 여러분 자신이 반영된 협동학습의 실천을 생각해 보았는가?

5) 있는 그대로의 나 자신이 반영된 꿈은 조금씩 성장해 나간다

꿈은 성장의 언어다. 나 자신이 반영된 꿈은 분명히 조금씩 커 간다. 처음엔 미약했지만 나중에는 창대해진다. 그것이 꿈의 속성이다. 여기에서 '커 간다'는 것의 의미는 양적 성장과 질적 성장 모두를 가리킨다. 다시 말해서 나 자신이 반영된 꿈의 외연과 내포가 확대된다는 말이다.

그런데 '나다운 꿈'의 성장은 살아오면서 자신이 쌓아 온 데이터(경험에 의하여 쌓아 올린 자료 등)에 가장 큰 영향을 받는다. 어제까지 축적된 데이터가 오늘의 나를 만들고, 오늘의 나는 보다 성장한 내일의 나를 만든다. 이렇게 자신만의 꿈을 성장시켜 오는 사람들 가운데 자신이 쌓아 온 데이터가 독특할 경우 그 사람은 타인에게 굉장히 큰 영향을 미치게 되고 그 독특함은 곧 그 사람을 대신하는 수식어로 자리매김하게 되며 그 과정에서 자연스럽게 그 사람만의 브랜드 가치가 만들어지게 된다. 그리고 사람들은 그 브랜드 가치에 열광을 하기도 한다. 또한 그 브랜드 가치는 수많은 가지를 쳐 나가면서 또 다른 브랜드 가치를 창출해 내게 된다. 그래서 꿈은 성장의 언어일 수밖에 없다.

그러나 꿈이라는 것을 단지 목표, 버킷 리스트, 성공, 경쟁에서 승리하는 것 따위로 인식하는 순간 위와 같은 의미는 모두 사라지고 만다. 목표, 성공, 승리, 버킷 리스트 따위의 것들은 어디까지나 남들이 만들어 놓은 덫에 불과하다. 누군가가 만들어 놓은 매트릭스에서 벗어나지 못하는 한 진정한 자기이해나 성찰은 어렵게 되고, 나 자신이 반영된 꿈에서도 멀어지게 된다. 그런 관점에서 바라본다면 흔히 사람들이 '부러우면 지는 것이다.'라고 말하는 것의 의미를 다시 한 번 되새겨 볼 필요도 있다. ⇨ 누군가를 부러워한다는 것은 남들이 만들어 놓은 '매트릭스'에 빠져들었다는 것을 말하는데 타인에 대한 부러움과 질투는 곧 자기에 대한 비하나 비관으로 이어지게 되고 자기 성찰을 멀리하게 되며, 그 결과로 꿈을 꾸거나 이루어 나가는 일뿐만 아니라 성장도 멈추거나 도태될 수밖에 없게 된다. 그러니 꿈에 관한 한 절대로 '나 자신의 반영'이라는 관점을 잊지 말기 바란다. 또한 남들이 만들어 놓은 '꿈의 허상'에 일희일비하며 쫓아가려고 애쓰지 말기 바란다. 그것은 남의 길일 뿐 절대로 나의 길이 아니다.

'나 자신'이 반영된 꿈은 자신만의 독특한 브랜드를 창출한다.

누구든지 자신의 분야에서 독특한 시각과 사고로 자신만의 데이터를 쌓아 올리면 타인들은 그를 전문가라고 불러 준다. 나는 그것을 그 사람의 '브랜드 가치'라고 표현한다. 내가 협동학습을 10여 년 가까이 연구해 오면서 나의 브랜드 가치는 '교사'에서 '협동학습 전문가'로 확대되었다. 그런 와중에 나의 경험을 나눌 수 있는 자리가 마련되면서 '강사'라는 브랜드 가치가 추가되었고, 나의 경험들을 정리해 두었다가 어느 날 한 권의 책으로 묶어 보았더니 '저자'라는 브랜드 가치가 하나 더 늘어나게 되었다. 한편 협동학습을 토의 · 토론이라는 관점에서 바라보자 '토의토론 전문가'라는 브랜드 가치가 생겨나기도 했다. 그러면서 많은 교사들이 자신의 협동학습 및 수업을 봐 달라고 부탁을 해 오기 시작하였고, 나의 경험을 바탕으로 그 분들과 대화를 나누는 과정에서 자연스럽게 '수업 코칭 및 수업 컨설팅 전문가'라는 브랜드 가치가 근래에 들어 새롭게 나에게 따라 붙었다. 이 모두가 하나의 꿈에서 나온 일관된 것이었으며 나의 꿈은 같은 방향으로 계속 성장해 나가고 있다.

생각해보기

1. '자신이 반영된 여러분의 꿈'은 성장의 언어로 표현할 수 있는가?
2. 여러분은 '자신의 꿈이 반영된 독특한 브랜드 가치'를 갖고 있는가?
3. 협동학습이 여러분만의 브랜드 가치를 만들어 가는 데 도움을 주고 있는가?

6) 꿈의 실현을 위한 핵심요소이자 교실에서 꼭 키워 나가야 할 핵심역량

(1) 가치관

있는 그대로의 '나 자신'이 반영된 꿈은 '나는 어떤 사람이고 싶다. 나는 어떻게 살고 싶다'는 삶의 방향성을 포함한다. 그리고 우리는 삶의 방향성을 '가치관' 또는 '철학'이라고 표현하는데 이는 인생에 있어서 나침반과도 같은 역할을 하며 '나'라는 사람의 고유한 특성을 담고 있다. 그래서 그 형태는 '꾸며 주는 말+꾸밈을 받는 말'과 같이 표현된다.

사람들에게 감동을 주는	+	연기자
〈꾸며 주는 말〉		〈꾸밈을 받는 말〉

그냥 '교사'라는 말 속에는 어떤 방향성도 담겨 있지 않다. 그러나 가치관을 세우게 되면 그것을 통해 그 사람이 살아가는 모습과 방향성을 엿볼 수 있다. '아이들과 학부모에게 인정받는'이라는 가치관을 가진 교사는 어떤 어려운 일을 겪더라도 그 방향성을 나침반 삼아 아이들과 학부모에게 인정받기 위해 최선을 다해 살아가게 될 것이고, '높은 사회적 지위를 갖고 싶은'이라는 가치관을 가진 교사는 승진을 목표로 모든 노력을 다하며 살아가게 될 것이며, '퇴직 전까지 안정된 삶을 살아가고 싶은'이라는 가치관을 가진 교사는 그저 아무 탈 없이 아이들을 가르치고 봉급을 받으며 평범하게 살아가는 모습을 보이게 될 것이다. 이처럼 어떤 가치관을 가지고 살아가느냐에 따라 그 삶의 형태는 매우 큰 차이를 보이게 된다. 그리고 이러한 가치관은 자기 내면과의 대화를 통해 '내가 왜 이것을 하려고 하는가?'라는 원초적인 질문에 대한 답을 구하는 일을 통해서만 세워질 수 있다.

이렇게 볼 때 학교는(교육은) 어린 시절부터 아이들이 자신만의 바람직한 가치관을 세울 수 있도록 도움을 줄 수 있어야 하는데, 그것이 실제적으로 일어나는 곳은 교실을 포함한 모든 배움의 장이며 그 과정을 학급운영이라고 말한다. 또한 그 과정에서 도움을 줄 수 있는 가장 좋은 사람은 또래 친구이고 교사인데, 아이들은 교수학습 활동과 그 이외의 활동(학급활동 : 생활지도, 청소, 아침자습, 급식, 상담, 독서, 각종 행사활동 등)을 통해 다양한 형태와 내용의 상호작용을 경험하면서 자신만의 가치관을 세워 나간다.(이하 모든 핵심역량에 동일하게 적용되는 내용이다.)

꿈은 고정불변이 아닌 성장의 언어다.

가치관을 담은 꿈에서 꾸며 주는 말과 꾸밈을 받는 말은 고정불변의 것이 아니다. 꿈이 성장의 언어라 말할 수 있는 이유는 바로 여기에 있다. 만약 꿈이 변화하지 않는다면 나는 그냥 '참교사'라는 방향성으로만 살아가고 있을지도 모를 일이다. 물론 그것도 나쁜 것은 아니라 생각한다. 하지만 관점을 바꾸어 보면 변화가 없다는 것은 발전이 없거나 제자리걸음을 하고 있거나 심한 경우에는 퇴보하고 있다고 볼 수도 있다. 나의 경우 최초의 꿈은 '참(꾸며 주는 말)교사(꾸밈을 받는 말)'였다. 그러나 20년 가까이 교사로서의 삶을 살아오면서 '참'이라는 말의 의미(외연 : ① 주어진 개념이 적용될 수 있는 사물의 범위나 개체들의 집합 ② 사물의 바깥 테두리)를 확장시키고 성장시켜 아래와 같은 꿈을 설정하기에 이르렀다.

'내가 가르치는 아이들과 학부모 및 주변의 동료교사들에게 좋은 영향을 줄 수 있는 교사가 되는 것, 그리고 더 나아가 내가 가르친 아이들도 그 길(더불어 사는 삶)을 갈 수 있도록 돕는 것.'

그리고 그 과정에서 내가 하는 교사라는 일은 끊임없이 내포(어떠한 속성이나 뜻을 속에 지님)를 분화시켜 나갔고 여러 개의 브랜드 가치(꾸밈을 받는 말)도 만들어 냈다. 지금 내 꿈을 통해 만들어진 꾸밈을 받는 말(브랜드 가치)은 '강사, 저자, 협동학습 전문가, 토의 · 토론 전문가, 수업 코칭 및 수업 컨설팅 전문가'이다. 앞으로 또 어떤 것이 만들어질지 기대가 되기도 하고 궁금해지기도 한다.

생각해보기

1. 교사로서 여러분의 꿈에서 가치관은 어떻게 세워졌는가?
2. 그 가치관과 협동학습은 어떤 관련성이 있는가?
3. 여러분은 아이들이 어떤 가치관을 가지며 성장하기를 바라는가?(어떤 아이로 자라기를, 어떤 모습으로 자라기를 바라는가?)
4. 여러분은 자신의 교실에서 아이들이 자기 자신만의 바람직한 가치관을 세울 수 있도록 돕고 있는가?
5. 위의 3, 4번 질문에 대한 답에서 협동학습은 어떤 역할을 하고 있는가?

(2) 재능과 적성

재능이란 재주와 능력을 아울러 이르는 말로 쉽게 표현하면 '잘하는 것'을 가리킨다. 적성이란 어떤 일에 알맞은 성질이나 소질을 이르는 말로 쉽게 표현하면 '좋아하는 것'을 가리킨다.

자신이 잘하는 것을 찾는 일은 오직 다양한 경험을 통해서만 가능하기 때문에 어린 시절부터 많은 경험을 제공해 주는 것이 최선이다. 하지만 우리나라 학교교육은 그런 면에서 매우 취약하다. 오직 공부 잘하는 것, 학업 성적(특히 국어, 수학, 영어)만을 최우선으로 하기 때문에 다른 영역에서의 재능은 무시되거나 중요하게 다루어지지 않고 있는 현실이다. 노래를 잘 부르는 것, 그림을 잘 그리는 것, 운동을 잘하는 것이 재능이듯 언어능력이 뛰어난 것, 수학적 사고력이 뛰어난 것, 암기력이 뛰어난 것, 과학적 탐구능력이 뛰어난 것 또한 재능이라는 사고의 변화, 그리고 모든 재능은 동등한 가치를 지닌다는 인식의 전환이 필요하다.

그러나 학부모들은 말할 것도 없고 교사들 또한 공부(언어, 수학, 논리, 기억 등)와 재능(음악, 미술, 체육 등)을 별개의 것으로 여기는 경향이 강하다. 그래서 아이의 음악적 재능에 관심을 갖다가 소질이 없다고 여기면 "다른 재능을 찾아보도록 하자."고 말하지만 수학이나 영어 성적이 떨어지면 "너는 왜 이렇게 노력을 안 하니. 공부에 관심을 갖지 않고 놀기만 하니까 성적이 이 모양이지!"라고 아이를 야단치기까지 한다. 더 심한 경우에는 공부를 하다 성적이 잘 나오지 않으면 "공부 쪽은 아닌 것 같으니 운동이나 시키지요, 뭐!"라고 말하기까지 한다. 아이의 재능이 무엇인지 모르고 무조건 공부부터 시켜 보다가 아니면 운동이나 시키겠다는 그 생각부터가 재능이라는 것에 대한 바른 이해가 부족하다는 것을 증명해 주고 있는 것이다.

재능이라는 것은 무조건 열심히 한다고 해서 생기는 것은 아니다. 수학적 재능이 없는 아이들에게 꾸준히 공부만 하라고 해도 약간의 성적은 오를 수 있겠지만 그 이상은 결코 불가능한 일이다. 마찬가지로 악기에 재능이 없는 아이에게 열심히 연습만 하라고 해도 약간의 성장한 연주 실력을 갖추는 것까지는 보일 수 있어도 그 이상은 분명히 무리일 수밖에 없다. 이렇게 볼 때 학교와 가정에서는 대학입시에 필요한 재능만 관심을 가지고 키워 주려고 할 것이 아니라 아이 한 사람 한 사람의 강점지능이 무엇인지를 파악할 수 있도록 돕고, 그렇게 파악한 강점지능을 지속적으로 성장시켜 갈 수 있도록 관심과 지원을 아끼지 말아야 한다. 그나마 다행인 것은 최근 들어 다중지능이론이 퍼져 나가면서 재능이라는 것에 대한 인식의 전환이 조금씩 일어나고 있는 상황이지만 아직도 그 변화는 미약하기만 하다. 이를 극복하기 위해서는 교실에서 다중지능을 접목시킨 다양한 형태의 수업을 설계하고 아이들이 그 속에서 자신의 강점지능을 활용하여 활발한 표현활동을 전개하며 협동적인 상호작용을 이루어 나간다면 아이들은 보다 확실하게 자신의 재능을 찾아 나가게 될 것이다. 내가 협동학습(긍정적인 상호작용, 다양한 경험과 정보의 공유, 자신의 강점지능과 타인의 강점지능의 조합으로 시너지 효과 경험, 자신의 강점지능으로 타인의 약점지능 보완하기, 타인의 강점지능으로 자신의 약점지능 보완하기 등이 가능)과 다중지능(언어, 음악, 논리수학, 공간, 대인관계, 자기이해, 자연친화, 신체운동 8개 영역 지능 : 꿈을 이룬 사람들의 공통점은 8개 지능 영역 가운데 상위 두세 가지 지능의 조합을 통해 자신에게 가장 알맞은 꿈과 직업을 선택하였다는 점이다.)을 함께 공부해 나가고 있는 이유도 여기에 있다.

한편 좋아하는 것을 찾는 일 또한 다양한 경험을 바탕으로 오랜 시간 동안 자신을 관찰하고 내면과 대화를 하면서 끈기 있게 찾아 나갈 때만이 비로소 가능한 일이다. 사람들은 흔히 자신이 하고 싶어 하는 것, 단순히 바라는 것, 그저 동경의 대상에 불과한 것, 시대적 분위기에 따른 인기 있는 분야나 활동 등에 대하여 자신이 좋아하는 것으로 착각하는 경향이 있다. 그러나 막상 그것을 경험해 보면 자신이 좋아했던 것이 아니라는 것을 알게 되는 경우가 대부분이다. 그리고 어릴수록 그런 경향은 강해진다. 때문에 어린 시절에는 어제까지만 해도 장래 희망이 과학자였다가 드라마에서 훌륭한 의사의 모습이 그려지는 것을 보면 그 순간 장래 희망이 의사로 바뀌기도 하고, 요리사라는 직업을 아주 희망적으로 그려 놓은 방송을 보게 되면 그 순간부터 장래 희망이 요리사로 바뀌기도 한다. 적성이라는 것은 그만큼 찾기가 힘들다. 적성을 알기 위해서는 그 속성을 이해할 필요가 있다. 적성이라는 것의 제1 속성은 '몰입'을 가져다준다는 것이다. 어떤 일에 미친 듯이 몰입해 본 적이 이는 사람은 알 것이다. 심지어는 잠자는 것, 먹는 일조차도 잊어버리게 만든다. 그러면서도 힘든 줄 모르고 집중해서 그 일을 해낸다. 제2 속성은 '자발성'이다. 누가 시켜서 하는 것이 아니라 자기 스스로 원해서 한다는 것이다. 그렇기 때문에 누군가 말리면 더 하고 싶어지고 누군가 격려해 주면 더 신이 나서 하게 되는 것이다. 제3 속성은 '꾸준함'이다. 무엇인가에 몰입하여 빠지게 되면 아무리 그 일을 해도 지치거나 싫증이 나지 않는다. 그래서 절대로 포기하거나 멈추지 않는다. 그것이 사람이든, 일이든, 놀이든. 이런 속성을 모두 가지고 있는 대표적인 것이 바로 '게임과 도박'이다. 그래서 많은 사람들이 '게임과 도박'에 한 번 빠지게 되면 주위의 소중한 것을 잃어버리는 한이 있더라도 그만두기가 어려운 것이다. 그러나 그 일이 만약 바람직한 일이라고 한다면 그 일에 빠진 사람은 그 속에서 논다는 생각을 하며 즐거움을 느끼게 된다. 그 순간 어떤 사람보다도 높은 수준에 도달하게 된다. 그래서 기는 사람 위에 뛰는 사람 있고, 뛰는 사람 위에 나는 사람이 있다고 하지만 나는 사람 위에는 '노는 사람'이 있다고 해도 될 만큼 어떤 일에 푹 빠져 즐기는 사람은 결코 넘어설 수가 없게 된다.

꿈의 실현에 있어서 재능과 적성이라는 것을 모두 갖추었을 때 가장 최상이라 할 수 있다. 그리고 그런 사람들이 자기 분야에서 다른 사람들로부터 꿈을 이루어 가는 사람으로 인정을 받으며 살아가게 된다. 따라서 학교와 가정에서는 아이들의 재능과 적성 두 가지 모두를 살피고 키워 나갈 수 있는 환경을 갖추는 일에 최선을 다해야 한다. 그래야 아이들은 즐겁고 행복하게 살아가게 될 것이다.(이에 대하여 EBS 다큐 프라임 "아이의 사생활 4부 – 다중지능"편을 시청해 보기 바라며 그중 일부 내용을 아래에 소개해 보고자 한다.)

다중지능이론을 주창한 하워드 가드너에 의하면 지능이란 단 한 분야의 능력이 아닌 두뇌 발달,

인간 발달, 진화, 문화적 자극을 통해 발달하는 여러 분야의 지능으로 나뉜다는 것이다. 인간의 지능은 언어, 음악, 논리수학, 공간, 신체운동, 대인관계, 자기이해, 자연친화지능과 같이 독립된 8개의 지능으로 구성되는데, 각 개인의 강점과 약점은 서로 다르다는 것이다. 그리고 이 다양한 지능의 조합으로 수많은 재능의 발현이 이루어진다는 것이다. 즉, 내가 음악이나 국어를 더 잘 기억하고 싶다고 해서 되는 게 아니고 저절로 그렇게 되는 것이라는 말이다. 본인의 의도와는 상관없이 자신이 무엇인가 더 끌리는 것. 그게 바로 다중지능이론인 것이다.

♥ 자기가 가진 능력을 활용하여 성공한 사람 vs 자기가 가진 능력을 활용하지 못한 사람

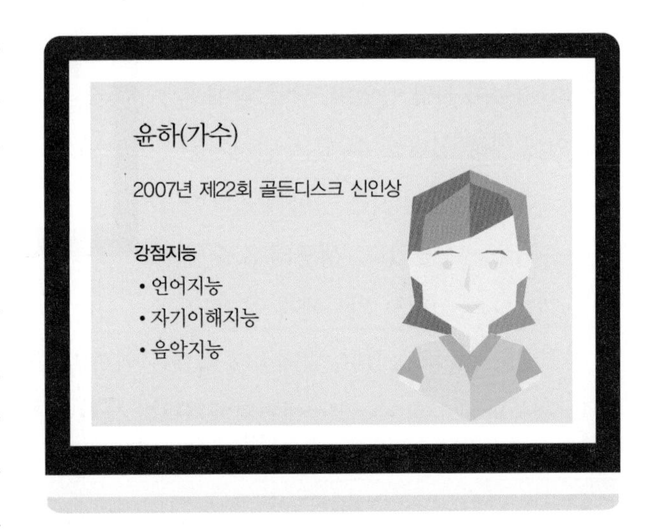

교사, 연구원, 예비 의사 등. 이런 직업은 누구나 쉽게 가질 수 없는, 그러나 누구나 한 번쯤은 꿈꿔봤을 직업을 가진 사람들이다. 하지만 이들은 자신의 직업에 대하여 심각하게 고민하고 있고 이직을 생각하고 있었다. 이들은 직업과 적성 설문 결과에서 가장 불만이 많은 사람들이었다. 이런 상황에서 이들을 대상으로 다중지능 설문을 해 보았더니 오른쪽에 보는 바와 같이 그들이 갖고 있는 강점지능은 모두 그들이 희망하는 직업과 일치하고 있었다.

이번에는 정반대로 자신의 직업 영역에서 어느 정도 꿈을 이루었다고 평가되는 사람들을 대상으로 다중지능 설문을 해 보았다. 이들의 성공과 다중지능 사이에 어떤 연관성이 있는지를 알아보기 위함이었다. 그 결과 자신의 직업에 불만을 가졌던 이들에 비하여 정반대로 자신의 강점지능과 직업이 일치하고 있었다는 점을 알게 되었다. 특히 가수 윤하를 예로 들어 보면, 그는 일찍부터 자신의 길을 발견해 성공한 경우에 해당되는 경우로 어릴 때부터 음악지능을 강점으로 갖고 있었다. 네

살 때부터 피아노를 치기 시작하였고, 여기에 일본 드라마에 대한 흥미가 더해져 일본 음악에 대한 관심으로 이어졌다고 한다. 그리고 일본 드라마를 보면서 일본어를 익혔고 이것이 일본에서 가수로 데뷔를 하는 데 큰 힘이 되었다고 한다. 이렇게 일본 음악 및 일본 드라마를 좋아하게 되면서 자연스럽게 일본 음악으로 관심을 넓히게 되었다는 가수 윤하의 사례를 통해 성공한 사람들이 자신이 좋아하는 분야와 재능을 어떻게 결합해 나가는지를 살펴볼 수 있었다.

오늘을 살아가는 성인뿐만 아니라 자라나는 모든 아이들은 현재 또는 미래에 '자기가 가진 능력을 활용하여 성공한 사람 vs 자기가 가진 능력을 활용하지 못한 사람' 이 양쪽 어딘가에 분명히 놓이게 된다.

♥ 성공한 사람들의 성공 비결 : 상위 세 가지 강점지능의 조합

이상봉, 윤하, 박세은, 송명근 이들 네 사람의 성공 이유가 단지 강점지능 때문인지를 알아보기 위해 이들의 지능 프로필을 자세히 들여다보았다.

우선 디자이너 이상봉은 무대에 필요한 공간지능이 가장 높았고, 남들 앞에서 디자인에 대해 설명할 수 있는 언어지능도 높았다. 송명근 박사는 수학에 필요한 논리수학지능이 높았고, 생명의 소중함을 느끼는 지능이면서 의사에게 꼭 필요한 자연친화지능도 높았다. 발레리나 박세은 역시 무대에 서는 사람의 특성답게 신체운동지능이 높았고, 청중과 교류할 수 있는 대인관계지능이 상위 강점지능에 들어가 있었다. 가수 윤하의 경우에도 싱어송 라이터답게 언어지능이 상위 강점지능에 들어가 있었다. 이렇듯 성공한 사람들은 강점지능의 조합을 통해 자신에게 가장 알맞은 꿈과 직업을 선택하였다는 것을 알 수 있다. 상위 세 가지의 강점지능이 가장 효과적으로 조합된 곳, 바로 그곳에서 꿈이 만들어지고 실현된다.

그런데 위의 네 사람에게서 공통적으로 나타나는 강점지능이 하나 있는데, 그것은 바로 자기이해지능(자기 성찰)이었다. 이는 자기이해지능이 뛰어난 사람은 일관되게, 지속적으로 자신이 원하는 일에 몰두할 수 있다는 것을 말해 주고 있는 것이다. 예를 들어 운동을 좋아하는 사람 중에서도 운동이 재미있어서 그냥 하는 사람이 있는 반면 가끔씩 내가 왜 이 운동을 해야 하는지 그 이유를 마음 깊이 새겨 두는 사람이 있다. 이 두 사람 가운데 어떤 사람이 운동에 지속적으로 몰입해 나갈 수 있는지를 아는 일은 그리 어렵지 않다. 이처럼 자기이해지능이 높은 사람은 어려운 상황에서도 끊임없이 자신이 가고 있는 방향을 생각하며 좋은 결과를 내기 위해 고민하고 늘 최선을 다해 노력한다.

♥ 다중지능을 높이기 위한 부모와 교사의 역할

사람들은 누구나 한 개인 안에서 각각 강점을 보이는 영역과 약점을 보이는 영역을 모두 갖고 있다. 잘하는 것이 있으면 못하는 것도 있다는 말이다. 발레리나 박세은과 디자이너 이상봉은 수학논리지능이 약해 순서를 외우는 것이 둔하고, 가수 윤하는 공간지능이 약해 사람 얼굴을 잘 알아보지 못하나 길을 찾지 못해 헤맨 적도 있다고 하며 의사 송명근도 사람의 이름을 기억하는 일에 어려움을 겪는 일이 많다고 한다. 이처럼 사람은 선천적으로 강점지능과 약점지능을 가지고 태어난다. 이것은 개인의 의지나 의도와는 큰 연관성이 없다. 단지 약점지능을 사회경험 속에서 보완해 주고 극복하면 되는 것이다. 아이가 논리수학지능보다 공간지능이 좋다면 비행기 조종사가 될 수도 있다. 그러나 열심히 노력하고 좋은 선생님을 만나면서 동기부여가 된다면 논리지능 또한 좋아질 것이다. 그러므로 어떤 부모나 교사도 아이를 포기해서는 안 된다. 왜냐하면 아이들은 가능성의 존재이기 때문이다. 즉 아이에게 무엇이 결여되었는지를 보는 것이 아니라 아이에게 무엇이 있는지를 찾아내는 것이 부모와 교사의 역할이다. 더불어 부모는 아이가 갖고 있는 능력에 무조건 긍정해 주어야 한다.

아이에게 무엇이
결여되었는지를 보지 말고
무엇이 있는지를 보라.
그러면 아이는 변할 것이다.

대럴드 트레퍼트
(위스콘신 의과대학 임상심리학과 교수)

아이들이 어떤 분야에
호기심을 갖고 몰입한다면
결국 그 분야에서 성공하는
사람이 될 것이다.

미하이 칙센트미하이
(피터드러커 경영대학 심리학 교수)

아이가 관심 있어
하는 것을 북돋아 주면
그것이 아이의 인생에서 가장
중요한 것이 될 것이다.

하워드 가드너
(하버드대학교 교육학과 교수)

♥ 아이가 진정으로 원하는 것이 무엇인지 알 수 있도록 도와주자

공자는 논어에서 이런 말을 했다. “알기만 하는 사람은 좋아하는 사람만 못하고, 좋아하는 사람은 즐기는 사람만 못한다.” 이 말은 진정한 성공을 위해서는 즐겨야 한다는 것을 말해 주는 것이다. 많은 부모들과 교사들이 성공의 기준을 세워 두고 그 기준에 따라 아이가 성취해 놓은 것을 평가하지만 진정으로 아이가 그 일을 즐기고 있는지 생각해 본 사람은 많지 않을 것이다. 중요한 것은 스스로 즐기도록 도와주는 것이다. 자기이해지능을 보완해 주고 강점으로 만들어 스스로 원하는 일을 찾아 즐길 수 있게 옆에서 부모와 교사는 도와주고 응원해 주면 되는 것이다.

♥ 다중지능이론의 교육적 시사점

각 사람마다 지능의 발달영역이 다르기 때문에 교육에 있어서 획일적인 교육보다는 다중지능에 맞게 그에 적합한 교육을 통해 개인의 발달을 향상시켜야 한다고 말한다(출처 : http://blog.naver.com/1004navi/80160421896).

1. 개인의 다양한 적성을 고려하여 교육적 평가가 이루어져야 한다.
2. 개인이 갖고 있는 강점 규명이 있어야 하며, 그것을 계발할 수 있는 기회를 주어야 한다.
3. 기존의 획일적인 교육에서 벗어나 강점지능, 잠재력을 극대화시킬 수 있는 새로운 교육개혁이 필요하다.
4. 기존의 언어적 능력, 논리 및 수학적 능력만을 지나치게 강조하는 종래의 지능은 지양해야 한다.
5. 인간이 지니고 있는 다양한 능력에 대응할 수 있는 교수법 개발이 필요하다.

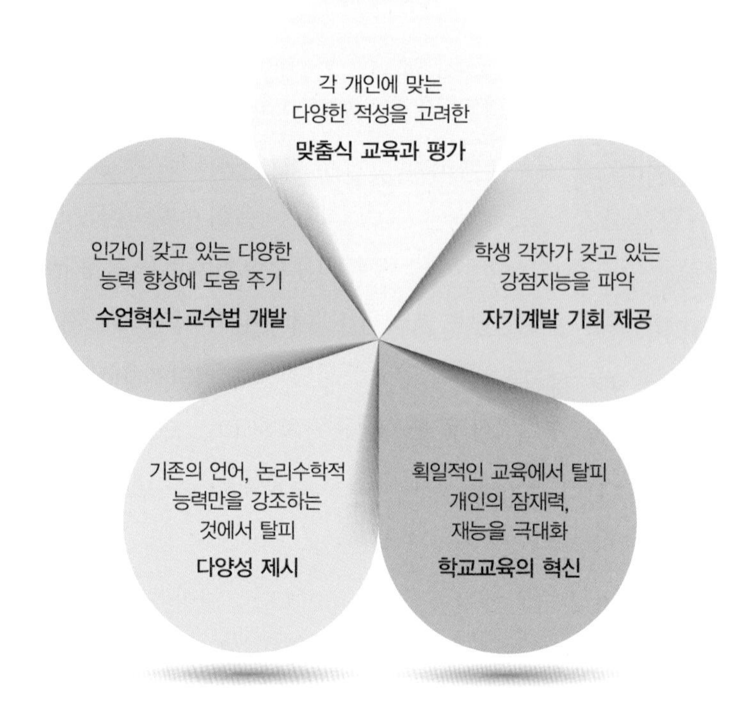

재능과 적성을 갖추는 일에 있어서의 경우의 수

모든 사람이 재능과 적성을 갖추고 자기 영역에서 일한다면 모두가 꿈을 이루며 살아가게 될 것이다. 하지만 그런 사람들의 수는 그리 많지 않다. 자신의 재능이 무엇이고 어떤 일에 적성이 맞는지조차 파악하지 못하고 살아가는 사람들이 대부분이기 때문이다. 재능과 적성을 갖추는 일에 있어서 경우의 수를 살펴보면 아래와 같다.

- 꿈과 관련된 재능과 적성을 모두 고려한 경우 : 가장 이상적인 상황이다. 이런 사람은 자기 분야에서 주변 사람들로부터 인정도 받고 충분히 꿈을 이루어 가며 살아갈 것이다.
- 꿈과 관련된 재능과 적성을 전혀 고려하지 못한 경우 : 가장 최악의 상황이다. 이런 사람은 자기 성찰이 부족하여 자기 내면의 이야기를 듣지 못하고 평생 다른 사람이 만들어 놓은 꿈을 좇기만 하며 살아갈 확률이 높다.
- 꿈과 관련된 재능을 적성보다 우위에 둔 경우 : 일반적으로 한 분야에서 자신의 재능을 잘 펼쳐 나가다 보면 자연스럽게 자신의 일을 좋아하게 되는 상황이 오기 마련이다. 하지만 재능을 잘 발휘하여 일을 열심히 해 나가고 인정을 받기도 하지만 자신의 일을 좋아서 하는 것이 아닌 경우도 있다. 이런 경우 경제적인 부분을 해결하기 위해 재능을 발휘할 수 있는 일을, 자아실현의 꿈을 위해서 자신이 좋아하는 일을 선택하여 동시에 해 나가는 사람들이 보통이다.(예 : 낮에는 직장에서 능력껏 일하고, 저녁에는 자신이 좋아하는 음악활동을 위해 언더그라운드 밴드 활동을 하는 경우)
- 꿈과 관련된 적성을 재능보다 우위에 둔 경우 : 일반적으로 어떤 일을 좋아하게 되면 그 분야에 대한 약간의 재능 또한 갖고 있는 경우가 대부분이다. 이럴 경우 길게 바라보면 처음에는 약간 어려움을 겪을 수도 있겠지만 좋아서 하는 일이기 때문에 시간이 지나도 지치거나 싫증을 내는 일 없이 끝까지(잘할 때까지) 노력하는 모습을 보이게 된다. 그리고 무엇보다도 일에서 오는 성과나 결과보다는 그 자체를 즐기게 되어 누구보다도 행복한 삶을 살아갈 가능성이 높으며 그 과정에서 자연스럽게 실력이나 재능 또한 향상되는 모습을 보이게 된다. 한마디로 '노는 사람, 즐기는 사람'은 당해 낼 재간이 없다는 것이다.
- 재능이 우위에 있든 적성이 우위에 있든 꿈을 이루는 데 있어서 무엇보다도 중요한 것은 '잘할 때까지 피눈물을 흘릴 정도로 노력하는 일'이다. 재능만 믿고 노력을 게을리하거나 좋아하는 일이라고 하여 자신의 실력을 쌓아 가는 일을 게을리한다면 절대로 꿈을 이룰 수 없다. 어떤 분야이든 노력하는 사람만이 자신의 꿈을 현실로 만들어 간다.

(계속)

생각해보기

1. 여러분은 교실에서 어떻게 아이들이 자신의 재능과 적성을 파악하고 길러 낼 수 있도록 돕고 있는가?
2. 여러분은 자신이 지금 가고 있는 길에서 재능과 적성을 갖고 있는가?
3. 여러분의 제자가 자신의 진로를 선택할 때 "잘할 줄 아는 것을 선택해야 하나요? 아니면 좋아하는 것을 선택해야 하나요?"라고 묻는다면 어떻게 대답을 해 줄 것인가?(물론 좋아하면서 잘하는 것을 선택하면 최상이겠지만 그렇지 않은 상황이라면)
4. 협동학습이 여러분의 교실에서 아이들의 재능과 적성을 키워 나가는 데 어떤 도움을 주고 있는가?

(3) 실천력

생각한 바를 실제로 행하는 능력을 실천력이라고 하는데, 실천이 뒷받침되지 않는 꿈은 그림의 떡일 뿐이다. 꿈을 갖고 있다는 것만으로는 아무것도 이룰 수가 없다. 반드시 생각한 바를 실천해야 한다. 예를 들어 자전거를 잘 타고자 한다면 일단 자전거에 앉아 페달을 밟아야만 한다. 기타를 잘 치고자 한다면 일단 기타를 손에 쥐고 줄을 튕겨 봐야 한다. 그러나 많은 사람들은 아래와 같이 사소한 것에서도 실천에 옮기지 못하는 자신을 발견하게 된다.

- '일어나야지'라고 생각하지만 실제로 일어나는 것은 상당한 시간이 흐른 뒤다.
- '샤워해야지'라고 생각하지만 '조금 있다가 하지'라고 했다가 결국 못하게 된다.
- '청소해야지'라고 생각하지만 '잠시 쉬었다 하자'라고 했다가 결국 못하게 된다.
- '옷을 세탁소에 맡기자'라고 생각하지만 정작 미루다가 갖다 주지 못한다.
- '살 빼기 위해 내일부터 운동해야지'라고 생각하지만 그 내일이 1년이 된다.
- '딱 한 번만 피고 담배 끊어야지'라고 생각하지만 그 생각이 1년 내내 간다.
- '조금만 쉬었다가 공부 좀 해야지'라고 생각하지만 어느새 하루가 다 간다.
- '게임 딱 한 판만 해야지'라고 생각하지만 어느새 밤을 꼴딱 새고 만다.

철학자 괴테는 "생각하는 것은 쉬운 일이다. 행동하는 것은 어려운 일이다. 생각한 대로 행동하는 것은 더욱 어려운 일이다."라고 말했다. 이처럼 자신의 생각을 실천으로 옮기는 것은 매우 어려운 일이기 때문에 꿈을 실현해 나가는 사람의 수도 그리 많지 않은 것이라 여겨진다. 아무리 많은 것을 알고 있으며 철저한 계획을 세웠다고 해도 실천력이 부족하다면 말짱 도루묵이다. 실천이 담보되지 않은 계획과 꿈은 쓰레기일 뿐이다. 실천력이라는 것에 대한 결론은 단순하다. 어렵다고 생각하는 일을 실천하면 성공하는 것이고 어렵다고 포기하면 실패하는 것이다. 한 가지 더 중요한 것이 있다면 어제까지 없던 실천력이 갑자기 생기지는 않는다는 것이다. 실천력은 어제까지의 습관에 따른 결과로 오늘까지 지속되는 일이다. "지금까지는 내가 이렇게 보잘것없이 지내지만 두고 봐라. 내일부터는(앞으로는) 분명 달라질 것이다."라고 말할 일은 결코 일어나지 않는다. 실천력이란 꾸준함인 것이다.

그런데 실천력 뒤에는 후속적으로 따르는 중요한 한 가지 역량이 있다. 그것은 지속력이다. 미국의 유명 마케팅 컨설턴트인 제프리 제이 폭스는 "실천력이 몸에 배도록 무엇인가를 하라. 무엇인가를 하는 일은 무엇인가를 하지 않는 것보다 더 위험하다. 그러나 아무것도 하지 않으면 아무것도 얻을 수 없다."고 했다. 이는 실천력과 지속력을 가지려면 어떤 자세로 임해야 하는가를 보여 주는 말이다. 작은 티끌도 모이면 태산이 되듯 단순한 일도 지속하게 되면 실천력을 높일 수 있게 된다. 그리고 지속력 또한 실천에 의한 결실을 맺는 전 과정에서 생겨난다. 실천의 전 과정에서 실패도 경험하게 되지만 작은 성공의 경험들이 쌓여 일을 지속시키는 원동력이 된다. 큰 꿈은 결코 한 번에 이루어지지 않는다. 가랑비에 옷이 젖듯이 자신의 꿈을 이루기 위해서 오늘부터라도 작은 것부터 실천에 옮겨 보도록 하자.

나의 경우 평소에 실천력을 기르기 위해 이런 방법을 많이 쓴다.

1. 내가 세운 계획이나 꿈은 실천(현) 가능한 것인가를 먼저 고민한다.
2. 내가 세운 계획이나 꿈은 나에게 얼마나 간절한 것인가를 생각한다.
3. 일단 고민이 끝나면 다른 사람들에게 내가 하고자 하는 일에 대하여 알린다.
4. 고민이 끝나면 당장 일을 시작하고, 한 번 시작한 일은 끝을 보고야 만다.

생각 끝에 일단 일을 시작하게 되면(물론 때로는 우선 저지르고 보는 경우도 많다.) 한 걸음씩 앞으로 나아가면서 작은 성취의 경험이라도 맛볼 때마다 나 스스로에 대하여 많은 칭찬과 선물을 준다.(가족들과 맛있는 것 먹기, 가족들과 짧은 여행이나 나들이 가기, 평소 갖고 싶었던 물건 구매하기 등)

끝으로, 실천력을 기르고자 하는 사람들을 위해 책 한 권을 추천하고자 한다. 이 책은 쉽게 그리고 지루하지 않게 읽을 수 있을 것이다. 이 책은 읽은 사람들에게 실천력을 어떻게 키워 나갈 것인가에 대한 나름의 길을 알려 줌과 동시에 읽으면서 무엇인가 실천해 나갈 수 있도록 구성되어 있다. 또한 이 책의 좋은 점은 자칫 딱딱하게 접근하기 쉬운 사례를 우화 형태로 제시하여 단조로움을 없앴다는 것이다. 쉽게 말해서 책을 읽으면서 책에 보다 더 가까이 접할 수 있도록 해 주고 책을 읽는

03

행동을 계속 실행할 수 있도록 해 준다는 점에서 책 제목을 그대로 책 속에서 실현했다고 볼 수 있다. 이 책을 읽어 보고 책 속의 내용을 자신의 것으로 만들어 하나하나 실천해 나간다면 분명히 자신의 생각을 눈앞의 성과로 만들어 내는 실천력을 손에 쥘 수 있을 것이라 확신한다. 차를 타고 조금만 가면 그렇게 보고 싶어 하는 바다가 있는데 늘 '다음에'라고 말하는 사람 모두에게 강력히 추천한다.(실행이 답이다, 이민규 저, 더난 출판사, 2011)

지금 하세요! 늦기 전에.

지금 뜰로 나가 나무를 심으십시오, 내 뜰에 내 꽃을 피우고 싶으면.
내 뜰에 내가 나무를 심지 않는 이상 당신은 언제나 남의 꽃을 바라보는 사람일 뿐, 내 꽃을 피우는 사람은 될 수 없으니까요.
지금 사랑한다고 말하십시오, 사랑하고 싶으면.
표현되지 않는 사랑으로 그를 내 곁에 머무르게 할 수는 없습니다.
그는 사랑의 목소리가 들려오는 그곳을 향해 언제든지 아무런 아쉬움 없이 떠날 테니까요.
지금 옆에 있는 이에게 말하십시오, 친절한 말 한마디가 생각나면.
당신이 머뭇거리고 있는 동안 그는 다른 쪽으로 가 버릴 것이고 다시는 똑같은 기회가 오지 않을지도 모르니까요.
지금 내 가족을 사랑하십시오, 행복한 가정을 만들고 싶으면.
부모님은 아쉬움에 떠나고 아이들은 너무 빨리 커 버려 사랑을 전할 시간이 얼마 남지 않았으니까요.
지금 편지를 쓰십시오, 그리운 이가 있으면.
지금 편지를 보내지 않으면 당신에 대한 그의 기억이 날마다 작아져 다음 편지가 도착할 즈음에는 당신의 이름마저 생각나지 않아 편지를 반송할지도 모르니까요.
지금 시작하십시오, 하고 싶은 일이 있으면.
지금 그 일을 시작하지 않으면 그 일은 당신으로부터 날마다 멀어져 아무리 애써 손을 뻗어도 닿지 않는 날이 가까이 다가오고 있으니까요.
지금 좋은 생각의 씨앗을 마음 밭에 뿌리십시오, 좋은 사람이 되고 싶으면.
지금 뿌리지 않으면 내 마음 밭에는 어느덧 나쁜 생각의 잡초만 무성해져 다시 애써 좋은 생각의 씨앗을 뿌려도 싹조차 나지 않을지도 모르니까요.
지금 하십시오, 더 늦기 전에.

– '좋은 글' 중에서(출처 : http://blog.daum.net/kdn2003/8881165)

생각해보기

1. 여러분은 교실에서 어떻게 아이들이 실천력을 기를 수 있도록 돕고 있는가?
2. 여러분 자신의 실천력은 어느 정도 된다고 생각하는가?(목표나 계획, 꿈을 가지고 실천에 옮겨서 성공한 경험은 몇 번이나 있는가?)
3. 여러분의 교실에서 아이들이 실천력을 키워 나가는 데 협동학습은 어떤 도움을 주고 있는가?

03

(4) 습관

오랫동안 되풀이하여 몸에 익은 채로 굳어진 개인적 행동을 습관이라고 하는데, 그중에는 삶에 도움이 되는 것도 있지만 해악이 되는 것도 있다. "어떤 이가 작은 습관을 하나 만들었다. 그는 그것을 늘 끌고 다녔다. 그 습관이 자라서 큰 습관이 되었다. 지금 그는 그 습관에 끌려 다닌다.(생략)" 짧은 동화 긴 생각(이규경 저)에 나오는 이 이야기는 나쁜 습관 하나가 인생을 얼마나 어려운 길로 끌고 갈 수 있는지를 동화적으로 설명하고 있다. 사람은 40세 정도가 지나면 자신의 습관과 결혼해서 살기 마련인데 그 습관이 바람직하지 않다면 그 사람은 자신의 꿈을 이루며 살아가기 힘들다고 할 수 있다. 때문에 공자는 '허물이 있으면 버리기를 두려워하지 말라'고 충고했던 것 같다. 그 외에도 습관에 대한 위인들의 명언 몇 가지를 살펴보면 아래와 같다.

- "습관은 제2의 천성으로 제1의 천성을 파괴한다."(파스칼)
- "습관은 인간 생활의 위대한 안내자다."(데이비드 흄)
- "노력을 중단하는 것보다 더 위험한 것은 없다. 그것은 습관을 잃는다. 습관은 버리기는 쉽지만 다시 들이기는 어렵다."(빅토르 위고)
- "행동의 씨앗을 뿌리면 습관의 열매가 열린다."(나폴레옹)

이 외에도 습관에 대한 말들은 많은데 그 말들 속에 담겨 있는 공통점 한 가지는 "습관은 인생에 미치는 영향이 지대하다."는 점이다.

그렇다면 꿈을 이루는 데 있어서 독이 되는 습관들은 어떤 것들이 있을까? 2013년 미국 경제전문지 포브스는 다양한 나이, 직업, 직위를 가진 500명을 대면 조사해 '성공을 막는 13가지 습관을 보도했다.

1. 맞춤법 실수를 한다.
2. 행동보다 말을 먼저 한다.
3. 성급하게 결정을 내린다.
4. 불평불만을 늘어놓는다.
5. 허풍을 떤다.
6. 남 탓을 한다.
7. 요령을 피운다.
8. 열정 있는 척한다.
9. 목적 없이 산다.
10. 부탁을 다 들어준다.
11. 인생을 쉽게 생각한다.
12. 생각 없이 행동한다.
13. 현실을 부정한다.

한편 생각하기에 따라 조금 다를 수 있겠지만 야후의 여성 웹진 샤인이 포브스 선정 올해의 해외 부자(2009년) 400명을 대상으로 설문한 결과 백만장자들에게 있는 6가지 공통된 습관을 다음과 같이 소개하고 있다.

1. 실수에서 배워라(Learn from your mistakes) : 백만장자들은 교훈을 얻는 데 초점을 맞춘다. 같은 실수를 되풀이하지 않기 위해서다.
2. 가치 있는 것을 찾아라(Look for value) : 백만장자들은 가격보다는 물건의 가치에 주목해 장기적인 관점에서 가치가 높은 쪽에 투자한다.
3. 나만의 틈새시장을 찾아라(Find your niche) : 돈을 많이 버는 대부분의 사람들은 자신만의 틈새, 즉 나만의 영역을 찾아내 이를 확고히 한 사람들이다.
4. 돈을 잘 관리해라(Be in control of your money) : 백만장자들은 자신의 지출 습관, 부채, 재정 상황을 잘 파악하고 있다.
5. 불필요한 경비를 줄여라(Avoid frivolous fees) : 불필요하게 돈이 빠져나가는 일을 막아야 한다. 결국 재산 증식이란 티끌 모아 태산인 것이다.
6. 스스로를 믿어라(Believe in yourself) : 성공 비결은 스스로를 믿는 것. 백만장자들은 자신에 대한 믿음이 강했다.

끝으로 교사로서 나는 스스로에게, 그리고 내가 지도하고 있는 아이들에게 반드시 꼭 가져야 할 습관으로 '메모하기'를 늘 강조한다. "항상 머리를 창의적으로 쓰는 사람이 성공한다. 그 비결은 바로 메모하는 습관이다."라고 강조한 메모의 기술의 저자 사카토 겐지의 말처럼 메모는 일의 효율성과 창의적인 아이디어의 씨앗이 되는 만큼 어떤 꿈을 갖든 어떤 분야에서 자신의 일을 행하든 꼭 갖추어야 할 필수 습관이 아닐까 생각한다.(협동학습 수업에서도 다른 사람의 이야기를 듣고 자신의 메모장이나 노트에 기록하는 것을 강조하는 이유도 여기에 있다. 또한 수업 시간에 특별한 말이 없어도 메모 혹은 노트 필기를 스스로 할 수 있도록 지도하는 이유도 동일하다.)

03

습관 개선, 66일의 비밀

어떤 습관을 갖고 있든 좋은 것은 지속해 나가고 나쁜 것은 고쳐 나가도록 해야 하는데, 습관을 고치는 것은 결코 쉽지 않다. 행동수정이론에 의하면 이미 몸에 밴 습관 하나를 고치거나 새로운 습관을 몸에서 받아들이는 데 최소한 2~3개월 정도가 걸린다고 한다. 영국 UCL(University College London)에서는 습관을 만드는 데 걸리는 시간에 대해서 실험을 진행하였는데, 지원자들에게 하나의 행동계획을 만들게 하여 12주 동안 매일 하게 한 후 인터넷으로 질문에 대한 답변을 하게 하였다. 질문의 핵심은 무의식적으로 습관적인 행동을 하게 되었는지에 관한 것이었다. 사람마다 차이는 있지만 연구에 참가한 사람들이 새로운 습관을 형성하는 데 걸린 평균시간은 약 66일, 즉 습관을 만드는 것은 어렵지 않고 오랫동안 반복하기만 하면 습관이 된다는 것이다(2010년 1월 KBS 신년다큐 "습관"편, 관련 자료는 2011년 6월 EBS "60분 부모", 습관 개선 프로젝트편). 결국 습관이라는 것은 뇌에 박힌 정보처리 패턴이기 때문에 그것이 좋은 것이든 나쁜 것이든 자기 자신과의 싸움이라 할 수 있다. 그렇다면 우리가 가질 수 있는 가장 좋은 습관은 무엇일까? 나는 '자신과의 싸움을 이겨 내고 더 성장하고자 하는, 스스로를 사랑하는 마음을 갖는 것'이 아닐까 생각한다.

생각해보기

1. 여러분은 자신에게 있는 긍정적인 습관과 고쳐 나가야 할 습관에 대하여 생각해 보았는가?(있다면 각각 어떤 것들이 있는가?)
2. 지금 현재 여러분의 아이들(자녀, 지도하는 아이들)이 꿈을 이루기 위해 가져야 할 중요한 습관으로 어떤 것을 중요하게 다루고 있는가?
3. 여러분은 현재 아이들(자녀, 지도하는 아이들)의 바람직한 습관 형성에 대하여 어떤 노력을 기울이고 있는가?
4. 여러분의 교실에서 아이들의 바람직한 습관형성을 위해 협동학습은 어떤 도움을 주고 있는가?

(5) 절박함

흔히 사람들은 부자 3대 가는 일은 없다고 말한다. 옛날부터 부자의 자녀들은 돈이 갖고 있는 마력에 빠져 가난이라는 상황이 가져다주는 절박함을 느끼지 못하기 때문에 자신의 재산을 제대로 지켜내지 못한다고 하여 그런 말이 생겨났던 것 같다. 하지만 최근 들어서는 부자들도 그 비밀의 열쇠를 풀기 시작했다. 그래서 부자 3대 그 이상 갈 수 있도록 많은 노력들을 하고 있다. 그 대표적인 사례가 자신의 자녀들에게 곧바로 회사의 높은 자리를 내주지 않고 계열사 혹은 타 회사의 말단직에서부터 경험하게 함으로써 자신들의 분야에서 살아남기 위한 절박함을 스스로 터득해 낼 수 있도록 하고 있다. 또한 나름대로 자기 분야에서 성공한 사람들을 살펴보면 적지 않은 사람들이 갖은 어려움(사업 실패, 빚더미에 쌓이는 등 궁지에 몰려 막다른 길에 다다른 처지를 경험함)을 겪게 되지만 그것을 이겨 낸 것이 무엇인가라는 질문에 '절박함'으로 답변하는 사람들이 많다는 점을 보면 무슨 일이든 죽기 살기로 해야만 어려움 없이 살아갈 수 있다는 오늘날, 자신의 꿈을 이루면서 살아가는 데 꼭 필요한 것 하나가 바로 절박함이 아닐까 생각한다.

이와 관련된 여러 책 가운데 **잘되는 나를 만드는 최고의 습관**이라는 책이 있는데 여기에도 '절박함'이라는 것을 꽤 비중 있게 다루고 있어서 간략히 소개해 보면 다음과 같다.

책 소개

잘되는 나를 만드는 최고의 습관

(고다마 미쓰오 지음, 이동희 옮김, 전나무숲, 2008)

우리는 누구나 무한한 잠재능력을 가지고 세상에 태어난다. 그런데 누군가는 자신의 잠재능력을 100% 발휘해 성공적인 인생을 살지만 또 다른 이들은 자신의 잠재능력의 5%도 발휘하지 못한 채 평범한 삶을 살아간다.

저자는 이러한 차이가 발생하는 근본적인 이유가 절박함과 습관에 있으며 누구라도 절박한 마음을 가지고 좋은 습관을 익히면 성공할 수 있다고 말한다.

이 책은 지금보다 나은 삶을 꿈꾸는 이들에게 삶에서 행운을 불러오고, 기회를 잡을 수 있는 습관을 만드는 법을 알려 준다.

'어느 날 아침에 깨어 보니 갑자기 박태환처럼 수영을 잘할 수 있게 됐다.'

이런 꿈같은 이야기는 이 세상에 존재하지 않는다. 재능이란 최저 10년 이상 꾸준하게 노력을 한 사람만이 얻을 수 있는 것이다.

이치로 선수나 박찬호, 박세리, 타이거 우즈도 처음에는 초보자였다. 자신의 재능을 갈고닦기 위해 인생에서 많은 시간을 투자했기에 그들은 프로가 될 수 있었던 것이다. 누구든지 자신의 인생에서 챔피언이 되고 더 나은 삶을 살기 위해서는 절박함을 가지고 성공하는 습관을 만들어야 한다.

나는 지금의 길을 가기 위해 '배수의 진'을 쳤다.

배수지진(背水之陣) : 물을 등지고 진을 치다.

강을 등지고 진을 침으로써 물러설 곳 없는 상황에서 목숨을 걸고 싸움에 임한다는 고사성어다. 삼국지에 나오는 고사로서 한(漢)나라 유방(劉邦)이 휘하 장수 한신에게 명하여 조(趙)나라 정벌에 나섰을 때 사용했던 병법으로 한신은 한나라 병사들을 강을 등지고 진을 치게 함으로써 무려 열 배에 가까운 조나라 군사들을 물리치고 조나라를 멸망케 하였다는 고사에서 유래되었다.

나는 어린 시절부터 한 번도 '교사'라는 꿈을 잊지 않았었다. 하지만 처음 대학 입학 후 개인적인 가정 상황으로 인해 제대로 다녀 보지 못하고, 아버지께서 하시던 일(장사)을 맡아야 하는 상황이 왔었다. 그러다가 군대를 가게 되었고, 제대할 무렵 '사회에 나가서 또 장사를 해야 하나?' 하는 고민에 휩싸였었다. 마지막 휴가를 나와 부모님께 진지하게 "마지막으로 한 번만 더 공부를 해서 내가 가고 싶은 길을 가고 싶다."고 말씀을 드렸고, 제대한 후에 어려운 가정 형편에도 불구하고 나의 꿈을 포기할 수가 없어 배수의 진을 쳤다는 생각으로 밤낮을 가리지 않고 공부했던 기억이 난다. 다행히 좋은 결과를 보게 되어 지금까지 오게 되었는데, 만약 그때 내가 그렇게 절박한 마음으로 공부하지 않았다면 난 지금 어디서 무엇을 하고 있을까 생각해 보면 끔찍하다는 생각까지 든다.

생각해보기

1. 여러분은 무엇인가에 대하여 '절박함'을 가져 본 기억이 있는가?
2. 여러분은 아이들(자녀, 지도하는 아이들)에게 '이루고자 하는 꿈에 대한 절박함'에 대하여 어떻게 지도하고 있는가?(지도할 것인가?)
3. 여러분은 현재 자신의 꿈에 대하여 어느 정도의 절박함을 갖고 있는가?
4. 여러분은 협동학습 전문가가 된다는 것에 대하여 어느 정도의 절박함을 가지고 연구 및 실천에 임하고 있는가?

(6) 소통

지금 현재 우리 사회의 발전을 가로막는 가장 큰 걸림돌이 무엇이냐 물으면 많은 사람들은 '소통의 부재'라고 말할 것이다. 소통이란 '서로 잘 통한다'는 뜻을 갖고 있는데, 이는 '내 생각도 맞고 다른 사람의 생각도 맞을 수 있다는 생각' 아래에서 진정으로 일어날 수 있는 일이다. 하지만 우리 사회에는 그것이 부족하다. 왜냐하면 오직 내가 맞으면 남이 틀려야 하고 남이 맞으면 내가 틀려야 한다는 이분법적 논리에 의해서 사람들이 사물을 바라보고 판단하기 때문이다. 특히 조직 속에서 소통이 부족하면 분명히 전쟁 혹은 독재로 이어지기 십상이다.

우리는 흔히 소통이 잘되지 않을 때 "상대방이 내 이야기에 귀를 기울여 주지 않는다."라고 말한다. 하지만 그러는 데에는 다 이유가 있다. 상대방도 똑같은 생각을 하고 있기 때문이다. 소통이 잘 이루어지지 않는 상황을 보면 대체로 양쪽의 귀가 다 막혀 있음을 알게 된다. 단지 차이가 있다면 어느 쪽이 더 막혀 있는지 그 정도의 차이만 있을 뿐이다. 진정으로 소통을 원한다면 우선 '나 자신'부터 돌아보아야 한다. 나부터 상대방의 이야기를 듣지 않고 내가 하고 싶은 말만 하고 있는 것은 아닌지, 나는 대화라고 생각하지만 명령, 훈계, 무시, 부탁, 불평, 강요만 하고 있는 것은 아닌지 돌이켜 봐야 한다. 상대방과 내가 소통의 주체로서 서로를 인정한다면 서로가 서로를 대하는 태도 또한 바뀌게 된다. 쌍방 간에 바뀐 태도가 서로를 긍정적으로 변화하게 만들고 서로를 이해하게 만들면 비로소 소통이 이루어지게 된다.

아주 오래된 영화이기는 하지만 기억을 더듬어 소통의 중요성과 관련하여 이야기를 해 보고자 한다. 제목은 "굿 윌 헌팅"이다.

이 영화는 로빈 윌리엄스와 맷 데이먼이 주연으로 나와 멘토와 멘티 관계를 흥미 있게 엮어 나가는 스토리로, 상영 당시 사람들에게 잔잔한 감동을 주었던 기억이 난다.

그 가운데 옆의 포스터와 같은 장면에서 다음과 같은 명대사가 나온다.

"나는 너를 알고 싶다. 네가 누구인지, 어떤 사람인지…….
바로 그런 이야기들이 내 마음을 잡아 끌게 되는 것이고
그러면 나는 네 마음속으로 들어가는 것이니까.
하지만 넌 그런 이야기를 하지 않지. 너는 너 자신에 대해서 이야기하는 것에
공포를 느끼기 때문이야. 이젠 네 차례다."

정말 그런 것 같다. 자기 자신 혹은 자신의 생각에 대하여 이야기하는 것에 대한 공포. 상대방의 시선 등을 생각하여 제대로 말을 하지 못하는 공포. 그러나 소통의 중요성은 이루 말할 수 없고, 한 제과점의 광고조차 오래전에는 "말하지 않아도 알~아!"라고 했지만 이제는 "말하지 않으면 몰라!"라고 같은 상품의 광고를 바꾸어 재미있게 보여 주고 있다. 아무리 가까운 사이일지라도 말하지 않으면 절대로 그 사람의 마음과 생각을 알아낼 길은 없다.

한편 소통이 잘 이루어지지 않는 구체적인 상황을 경험을 통해서 살펴보면 다음과 같이 몇 가지 상황이 제일 많다.

[상황 1] 상대방의 말을 일부만 듣거나(잘 듣지 않음) 제대로 듣지 못하는 경우

엄마 : 아들아, 마트에 가서 우유 좀 사다 줘. 참, 계란 있으면 여섯 개 사다 주고.

(잠시 후 아들은 우유 여섯 개를 사 가지고 들어왔다.)

엄마 : 왜 우유를 여섯 개나 사 왔니?

아들 : 엄마가 계란 있으면 우유 여섯 개 사오라고 했잖아요.

[상황 2] 관점의 차이에서 오는 경우

질문 : 이탈리아 나폴리, 오스트레일리아 시드니, 브라질 리우데자네이루의 공통점은 무엇인가?

답 : 세계에서 가장 아름답다고 하는 3대 항구이다.

그런데 실제로 그곳에 있는 사람들은 그런 생각을 잘하지 못한다고 한다. 왜냐하면 '아름답다'는 관점은 항구 부근에 사는 사람들의 관점이 아니라 먼 항해를 떠났던 '뱃사람들'의 관점에서 나왔던 느낌이었기 때문이다.

[상황 3] 상대방의 입장을 고려하지 않는 경우

〈실험 1〉 미국 워싱턴 포스트지에서 재미있는 실험을 한 적이 있다. 세계 최고의 바이올리니스트 조슈아 벨에게 거리의 악사처럼 허름한 옷을 입히고, 35억짜리 스트라디바리우스를 마치 시시한 깽깽이처럼 들고 거리에서 연주해 보라고 한 것이다. 사람들이 가장 많이 다닌다는 워싱턴 데팡스 지하철역에서 실시한 실험이다. 조슈아 벨은 연주회 입장권이 수천 달러나 하는 스타이니 사람들이 사인해 달라고 마구 덤비면 어떡하나 걱정까지 하면서 말이다. 그러나 그 걱정은 기우였다. 아침 출근시간에 혼잡한 지하철역에서 바이올린 연주를 했는데, 행인들은 조슈아 벨을 알아보기는커녕 그 아름다운 음악을 귀담아듣는 사람조차 없더란다. 다들 휴대전화로 통화하느라 정신없고, 바삐 출근하느라 걸음을 멈추는 사람도 없었단다. 그런데 역 내의 구두닦이만이 그 음악을 알아들었다고 한다. 조슈아 벨은 이날 35억짜리 바이올린으로 연주하여 150달러를 벌었다.

〈실험 2〉 위의 일이 있은 후, 우리나라에서도 비슷한 이벤트가 있었다. 바이올리니스트 피호영 씨(성신여대 교수)가 모자를 눌러쓰고 서울 지하철 강남역에서 70억짜리 스트라디바리우스를 들고 연주를 하였다. 물론 그를 알아보는 이가 있을까, 우리나라 사람들의 귀의 수준은 어떠한가를 테스트하기 위함은 아니었지만 말이다. 그는 이날 연주로 1만 6,900원을 벌었다.

〈실험 3〉 영국 런던의 워털루역에서도 바이올리니스트 타스민 리틀이 같은 이벤트를 하였다. 천여 명의 행인 가운데 8명만이 발길을 멈추었고, 이날의 연주로 타스민은 2만 5,000원을 벌었다.

이 내용은 "열린 귀, 황금 귀"(대전일보, 윤혜경 음악 칼럼니스트, 2012.9.14)라는 제목으로 보도되었던 기사 내용인데 '우리는 얼마나 예리한 귀를 가졌는가?' 그리고 '얼마나 정직한 귀, 열려 있는

귀를 가졌는가?'를 알아보기 위한 실험이었다고 한다. 음악을 좋아하고, 음악을 자주 듣고, 음악회도 자주 가지만 어떤 형식이나 격식, 포장에 적응되어 있는 귀를 갖고 있지는 않은지 점검해 볼 필요가 있다는 점을 우리들에게 알리기 위함이었다고. 그런데 나는 여기에서 이 실험 자체가 어떤 변인을 제대로 고려하지 못했다는 생각이 든다. 이 결과는 귀의 문제가 아니라 바로 소통의 문제로 봐야 할 것이라 여겨진다. 왜냐하면 여러분도 한번 상상해 보면 알 것이다. 서울에서 가장 바쁘게 사람들이 움직이는 곳이라 할 수 있는 강남역 오전 8시! 어떤 장면이 연상이 되는가? 빨리 서둘러 학교를 가는 학생들, 회사 출근 시간에 늦을까 종종걸음으로 달려가는 사람들, 제각기 나름의 이유로 목적지를 향하여 바쁘게 움직이는 사람들, 각자의 고민과 걱정거리로 가득 찬 사람들이 오고 가는 곳. 그런 사람들을 대상으로 최고의 연주가가 최고의 악기를 가지고 45분간 최상의 연주를 한들 귀에 들어오겠는가? 이 실험은 연주를 듣는 상대의 처지를 이해하지 못한 실험이라 봐야 할 것이다. 그래서 당연히 보도된 바와 같은 결과를 접할 수밖에 없었던 것 아닐까? 상대방의 처지를 고려하지 않는 소통은 절대 먹히지 않는다. 특히 조직사회에서는 더욱더 그렇다.

[상황 4] 상대방과 눈높이의 차이를 고려하지 않은 경우

학생 : 선생님, 저 이 문제를 잘 못 풀겠어요.

선생님 : 그래, 어디 보자. 이건 쉬운 것인데 왜 잘 안 풀린다고 할까?

(학생은 선생님 앞에서 할 말이 없어진다. 자신은 쉬운 문제도 못 푸는 학생이라는 말을 들은 것과 같이 생각하기 때문이다. 그다음부터는 선생님에게 쉽게 다가가지 못하게 된다.)

찾아온 학생이 무엇인가 어렵다고 할 때는 그 학생의 관점, 눈높이에 맞추어 함께 고민하고 이해를 해 주어야만 비로소 소통이 가능해진다.

이렇게 살펴본 네 가지 상황을 바탕으로 생각해 본다면 소통을 위해 우리가 꼭 해야 할 일은 '끝까지 제대로 듣기, 관점의 차이 좁히기, 상대방의 입장 고려하기, 상대방과 눈높이 맞추기'라고 할 수 있다.

진정한 소통은 세 가지 자세로 듣기에서부터 시작된다.

聽

'청(聽)'이라는 글자의 풀이를 통해 경청의 의미를 살펴보면 다음과 같다.

글자의 구성

耳 + 王 + 十 + 目 + 一 + 心

귀(이) 임금(왕) 열(십) 눈(목) 한(일) 마음(심)

글자의 뜻

왕의 귀처럼 큰 귀로, 열 개의 눈을 가지고 진지하게, 온 마음으로 느끼며 들어 주어라.

- '聽'자의 풀이 : 청(聽)이라는 글자는 앞에서 말하고 있는 사람이 왕인 양 들으며 마주하고 있는 사람과 눈을 마주하며 듣고 마음을 열어 한마음으로 들으라는 의미라 할 수 있다.
- 나는 '王'자를 구슬 옥(玉) 변으로 보고, 이를 이렇게 해석하고자 한다.
  ① 구슬이 굴러가는 듯한 작은 소리에도 귀를 활짝 열고 상대방의 말에 귀를 기울여라.
  ② 경청을 위한 1단계로 귀로 소리를 듣는다는 것을 의미한다.
- 필자는 '十 + 目'자를 열 개의 눈이 아니라 상형문자로 보고 이렇게 해석하고자 한다.
  ① 오랜 옛날 궁병이 활을 쏠 때, 쓰고 있는 투구에서 앞으로 길게 뻗어 나온 가지와 화살촉과 목표를 일치시키고 활시위를 당겨 쏘았다고 한다.
  ② 궁병이 목표를 향해 활을 쏘듯 진지한 눈빛으로 상대방을 쳐다보며 들으라는 의미를 담고 있다고 나는 해석한다. 다시 말해서 눈으로 들으라는 뜻이다.
- '聽'에 대한 나의 견해를 모두 정리하면 다음과 같다.
  ① 의식적, 무의식적인 의지를 가지고 잘 들으려고 노력하는 것
  ② 그 사람이 말하고자 하는 마음까지 바라보는 것
  ③ 소리를 본다는 의미 : 소리를 본다는 것은 대단한 노력과 인내를 요구
  ④ 귀로도 듣고, 눈으로도 듣고, 마음으로도 듣는 것이 바로 '聽'
  ⑤ 말하는 것은 씨를 뿌리는 것이고 듣는 것은 수확하는 것과 같다.
  ⑥ 말하는 사람보다 오히려 듣는 사람 쪽이 훨씬 더 큰 보답을 받는다.
  ⑦ 바람직한 소통은 말을 잘하는 것이 아니라 말을 잘 듣는 것이다.
  ⑧ 협동적 학급운영의 비결은 말을 잘하는 것이 아니라 잘 듣는 데 있다.
  ⑨ 경청은 듣는 사람뿐만 아니라 말하는 사람도 긍정적으로 변화시킨다.

⑩ 경청의 가장 큰 적은 자기 자신을 비우지 못하는 것이다.(말하는 사람에게까지 자신의 눈높이를 낮추는 겸손한 태도가 필요하다.)

⑪ 상대방에 대하여 비판하고 판단하며 듣는 것은 금물이다.(판단을 멈추고 말하는 사람과 마음을 함께하는 일이 매우 중요하다.)

⑫ '聽'의 모든 것을 교사가 먼저 보여 주고, 아이들이 본받게 하라.

신은 인간에게 두 개의 귀와 하나의 혀를 주셨다.
인간은 말하는 것의 두 배만큼 들을 의무가 있다.
(듣기의 소중함을 강조한 말－그리스의 철학자 제논)

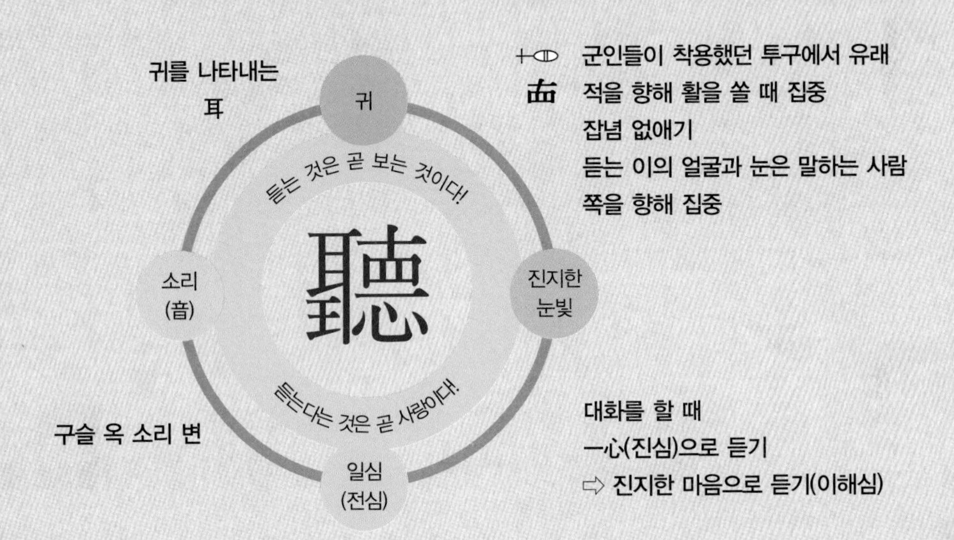

이렇게 소통이라는 것에 담긴 경청의 의미를 분석해 보았다. 교실에서 아이들과 교사 사이, 아이들 사이의 소통에 있어서 경청의 의미를 담은 상호작용이 오고 간다면 협동적 학급운영은 자연스럽게 이루어질 것이고, 그곳에서 아이들과 교사는 모두가 행복한 나날을 보내게 될 것이다. 끝으로 경청을 위한 다섯 가지 요령을 제시해 보면 다음과 같다.

① 공감을 위한 준비 : 나의 마음속에 있는 판단과 선입견, 충고하고 싶은 생각들을 모두 다 비워 내자. 그냥 들어 주자.

② 상대를 인정하기 : 상대방의 말과 행동에 잘 집중하여 상대방이 얼마나 소중한 존재인지를 인정하자. 상대를 완전한 인격체로 인정해야 진정한 마음의 소리가 들린다.

③ 말하기를 절제하기 : 말을 배우는 데는 2년 걸리지만, 침묵을 배우는 데는 60년이 걸린다고

(계속)

한다. 내가 이해받으려면 내가 먼저 상대에게 귀 기울여야 한다. 먼저 이해하고 다음에 이해받으라.

④ 겸손하게 이해하기 : 겸손하면 들을 수 있고, 교만하면 들을 수 없다. 상대가 내 생각과 다른 말을 해도 들어 줄 줄 아는 자세가 가장 중요하다.

⑤ 온몸으로 답하기 : 경청은 귀, 눈, 입, 손, 마음 등 온몸으로 하는 것이다. 상대의 말에 귀 기울이고 있음을 다양한 방식으로 계속 표현하라.

생각해보기

1. 여러분 가정과 학교에서 각각 소통이 가장 안 되는 사람 1명의 얼굴을 한번 떠올려 보고, 왜 그렇게 생각하는지 생각해 보자.(그의 입장에서, 내 입장에서)
2. 우리 교실에서 가장 소통을 잘 못하는 사람은 누구라고 생각하는가?
3. 여러분 자신은 소통의 시녀가 아닌 소통의 왕이 되기 위해 어떤 노력이 필요하다고 생각하는가?
4. 여러분은 교실에서 아이들과 어떤 방식으로 소통을 하고 있는가?
5. 여러분은 교실에서 아이들에게 소통의 중요성을 어떻게 지도하고 있는가?
6. 여러분의 교실에서 협동학습은 아이들의 소통능력 향상에 어떤 도움을 주고 있는가?

(7) 문제해결력

문제해결력이란 어떤 문제를 해결하기 위해 목표를 세우고 목표를 달성하기 위한 일련의 수단이나 방법을 생각해 내는 능력이라고 정의할 수 있다. 그리고 그 수단이나 방법이 창의적일 때는 '창의적 문제해결력'이라고 말한다.

오늘날을 살아가면서 창의성 또한 꼭 필요한 역량이라고 말할 수 있는데, 이는 그냥 생기는 것이 아니라 어떤 영역에서 그 사람의 재능이나 적성이 잘 맞아떨어질 때 시너지가 발휘되면서 자신도 모르게 폭발적으로 나타나는 독특한 사고과정의 산물이라 할 수 있다.

그리고 문제해결력은 창의성과 깊은 관계를 맺고 있다. 왜냐하면 문제해결력은 남들이 보지 못하는 면을 보거나 남들이 생각하지 못하는 것을 바탕으로 할 때 차별성을 갖게 되어 다른 사람들로부터 더 많은 인정을 받게 되는데, 창의성의 시작은 어떻게 보면 문제해결력에서부터일 수 있기 때문이다.

우리나라에서는 아이들의 창의성과 문제해결력을 키워 주어야 한다고 강조하면서도 그런 활동은 사회적으로도 교육적으로도 정말로 보기 힘들다. 입시중심-암기중심의 교육에서는 정답형 사고만이 도움이 되기 때문이다. 최근 들어 혁신학교를 중심으로 수업혁신이라는 개념이 확산되면서 다양한 수업활동이 이루어지고 있어서 참으로 다행인데, 그 가운데에서도 창의성과 문제해결력을 기를 수 있는 가장 좋은 수업활동은 경험해 보지 못한 낯선 상황을 맞이하게 함으로써 몸으로 직접 체험하고 느끼면서 각각의 현상에 대하여 고민하고 이해의 폭을 넓혀 나갈 수 있도록 하는 프로젝트 수업이라고 말할 수 있다.(어떤 사람들은 많은 독서량과 다양한 체험학습을 강조하지만 막연한 독서와 맹목적인 다양한 체험활동은 오히려 별로 도움을 주지 못할 가능성이 많다.) 그런 사례는 우리 주변에서도 자주 접할 수 있는데 참으로 재미있는 현상은 방송 프로그램에서 그런 시도를 하면서 우리에게 즐거움을 던져 주고 있다는 것이다. 그런 대표적인 것이 바로 "아빠, 어디가?"라는 프로그램인데, 여기에서 우리 교사들은 참으로 배울 점들이 많은 것 같아서 안내해 보고자 한다.

우선 이 프로그램은 시작부터 예상하지 못한 다양한 문제 상황을 제시한다. 바로 미션의 제시다. 아이들과 아버지들은 프로그램을 시작하자마자 혹은 아침에 눈을 뜨자마자 미션 카드를 받게 되고, 그로 인하여 낯선 상황, 낯선 환경에 놓이게 된다. 그럼으로 인하여 시시각각으로 다가오는 모든 상황을 직접 몸으로 맞이하고 경험하면서 고민에 고민을 더하고 이해의 폭도 넓혀 가면서 문제를 하나씩 해결해 나가는 모습을 보게 된다. 그런 대표적인 장면이 바로 아이들의 장보기 프로젝트 장면이다. 장보기 경험이 한 회 두 회 거듭될 때마다 장보기 미션도 조금씩 업그레이드되고, 그 속에서 자연스럽게 아이들에게 체득되는 학습효과는 이루 말할 수 없을 정도로 크다.

무엇을 사 오라는 미션을 받았는지, 고기는 어디에서 어떤 부위로 얼마만큼 사야 하는지, 고등어를 사는데 어떤 상태로 되어 있는 것을 사야 하는지, 돈은 얼마를 내고 얼마를 받아야 하는지, 남은 돈은 얼마이며 그것은 어떻게 활용할 것인지 등에 대하여 모든 것을 스스로 해결해 나가는 아이들의 모습이 잘 그려져 있다.

또한 여기에 또 다른 학습효과가 나타나는 장면이 있는데, 추첨에 의해 집이 결정되는 장면이 바로 그것이다. 이 장면에서 아이들은 다른 사람들도 관찰하고 자신이 알고 있는 경험과 기억을 총동원하여 추론을 해내기도 하며 뽑기를 한다. 그리고 그 결과로 자신에게 다가온 현실에 눈물로 수긍하는 장면도 나오지만 현재 자신의 선택과 결정, 그리고 다양한 행동들이 앞으로 다가올 일에 어떤 영향을 미칠지 등 그것들의 무게감에 대하여 생각하기도 하면서 조금씩 신중한 모습과 책임감을 키워 나가는 모습도 발견하게 되어 참으로 좋은 프로그램이라 여겨졌다.

다음으로, 모두 왕자님 공주님으로 떠받들어 주기만 하는 집을 떠나 처음으로 접하는 모든 상황에 대하여 협동적으로 문제를 해결해 나가도록 상황을 설정한 것에서 협동학습을 실천하고 있는 나로서는 굉장한 감동을 받았다. 무서워서 혼자 문제해결을 못하는 아이가 생겨도, 장을 보다가 돈을 잃어버리는 경우가 생겨도, 배고픈 상황에서 혼자에게만 먹을 것이 생겨도 아이들은 모두 한마음이 되어 협동적으로 어려움을 헤쳐 나갈 것인가에 대하여 서서히 고민하기 시작하는 모습들이 그려지고 있기 때문이다. "나만 아니면 돼!"라는 무한 이기주의에 아직 물들지 않은 아이들이기 때문일지도 모를 일이지만.

요즈음 우리 아이들의 도덕성(도덕지능)이 날로 취약해져 가고 있다는 말이 많이 나온다. 특히 친절, 공감, 배려 등에 대한 이해심이 더 많이 떨어진다고 한다. 교과서 속에서는 늘 친절을 베풀고, 다른 사람들을 이해하고 배려하며 살아가라고 하고 있는데 실제의 모습은 그와 정반대로 가고 있으니 정말 안타깝기만 하다. 공부 잘하고 논리적으로 자기가 하고 싶은 말을 제대로 표현할 줄 아는 인재도 중요하겠지만 '더불어 살아갈 줄 아는 창의적 문제해결력을 갖춘 아이들'로 자라도록 하기 위해 학교교육과 사회와 가정이 좀 더 신경을 써 주었으면 좋겠다는 바람이 간절하다. 그리고 학교에서는 그런 교육활동을 좀 더 많이 해 주었으면 하는 바람 또한 크다.

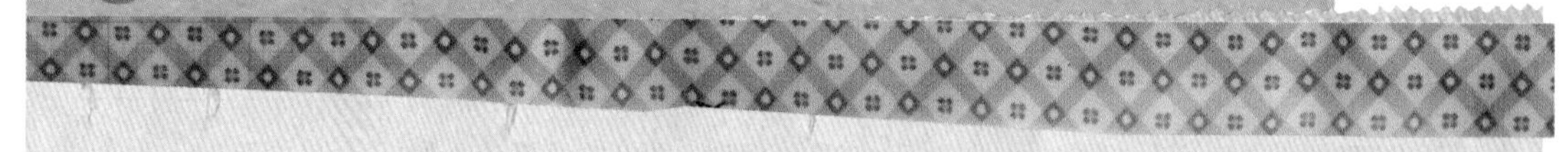

창의적 사고를 어떻게 신장시켜 나갈 것인가?

무엇보다도 구성적 · 협동적 사고에 바탕을 둔 개방적 · 수용적 분위기가 만들어져야 한다. 아이의 생각을 들어 보고 그의 경험과 생각이 좌뇌보다도 우뇌에 의하여 받아들여질 수 있는 그런 교실, 개성과 다양성이 허용되고 인정되는 교실이 되어야 한다.

둘째, 아이들의 자존감을 높여 주어야 한다. 창의성은 여유로움과 긍정적 사고방식과 무엇인가 하나에 몰입하는 집중력에 의해서 만들어진다. 그러니 교실에서는 절대로 아이들의 기를 죽이는 일은 없어야 한다. 특히 국어, 수학, 영어 등의 성적이 좋지 않다고 부진아로 몰아세우며 아이들을 한 줄로 서열화시키는 일은 더욱더 없어야 한다. 체육만 잘해도, 음악만 잘해도, 미술만 잘해도 국어, 수학, 영어 잘하는 아이들 못지않게 인정과 존중을 받는 교실. 그런 곳에서 아이들의 창의성은 날로 커 갈 수 있다.

셋째, 직접적인 경험은 창의성에 날개를 달아 준다. 창의성은 유에서 유를 만들어 내는 것이다. 그러니 나름대로의 지식과 다양한 경험이 없다면 창의성 또한 없다고 보아야 한다. 따라서 어린 시절부터 아이들에게 많은 것을 직접 경험하게 해 주어야 한다.

넷째, 아이들이 많은 생각을 할 수 있는 환경을 제공해야 한다. 특히 수업 시간에는 우뇌적 사고에 의한 분위기 속에서 좌뇌에 의한 상호작용을 할 수 있도록 해 주어야 한다.

생각해보기

1. 여러분은 교실에서 일어난 모든 활동(특히 수업)에서 창의성 및 문제해결력을 어느 정도 중요하게 다루고 있는가?
2. 그것을 중요하게 다루기 위해 주로 어떤 수업 활동을 하고 있는가?
3. 여러분의 아이들이 창의성 및 문제해결력을 길러 나가기 위한 최선의 환경을 제공하고 있는가?
4. 협동학습 수업은 여러분의 교실에서 아이들의 창의성 및 문제해결력 향상에 도움을 주고 있는가?

(8) 독서력

풍부한 독서경험은 모든 학습을 풍요롭게 만들어 준다. 지식 기반을 형성하는 토대는 바로 독서하는 자세에서 출발하며, 학습능력의 성패 역시 독서 역량에 달려 있다 해도 과언이 아니다. 같은 맥락에서 교사의 연구 활동 또한 풍부한 독서량에 달려 있다고 할 수 있다. 여러 연구 결과에서도 나타나 있듯이 성공하는 사람들의 공통적인 특성 가운데 하나가 바로 '풍부한 독서력'이라는 점을 감안한다면 책읽기가 자신의 꿈을 실현해 나가고 성장시켜 나가는 데 있어서 절대적이라는 사실을 짐작할 수 있을 것이다.

대개의 활동에 있어서 경험은 '마중물(펌프질에 필요한 물)'에 해당된다. 마중물이 있어야 펌프에서 물이 나오듯이 자신이 세운 목표나 꿈을 이루기 위해 무엇인가 하나둘씩 실천해 나가려면 이 마중물(경험)이 반드시 필요하다. 그리고 이러한 경험에는 직접경험과 간접경험이 있는데, 우리가 모든 것을 직접 경험하는 것은 불가능하다고 볼 때, 간접경험의 중요성은 매우 커질 수밖에 없는 것이고, 그러한 간접경험의 가장 대표적인 것이 바로 '독서'라 할 수 있다.

연준혁 · 한상복 저, 위즈덤하우스, 2012

주변을 둘러보면 교사로서 특정 영역에서 나름대로 자신만의 역할을 톡톡히 해내고 있는 사람들을 살펴보면 그들의 독서량은 타의 추종을 불허할 만큼 대단하다. 하지만 여러분도 그들처럼 자신의 관심사를 정하고, 그에 대한 다독(多讀 : 많이 읽기)과 다상량(多想量 : 많이 생각하기)을 해 나간다면 충분히 자신의 전문성을 신장시킬 수 있을 것이라 확신한다.

끝으로 꿈을 만들어 나가고자 하는 모든 사람들에게 정말 큰 도움이 될 만한 책 한 권을 소개하는 것으로 마무리하고자 한다.

이탈리아 속담에 이런 말이 있다. '행운은 최소한 한 번은 모든 사람의 문을 노크한다.' 운이 좋다는 말은 쉽게 생각하면 기회가 찾아

왔을 때 그것을 잘 포착하는 것이라 생각할 수도 있다. 하지만 행운이라는 것이 그렇게 단편적이지만은 않다. 이 책에서는 행운을 볼 수 있는 사람, 행운을 이용할 수 있는 사람, 그리고 그것을 관리할 수 있는 사람, 행운이 따르는 사람 이렇게 네 부류로 나누어 말하고 있다. 그리고 단순히 운에 대한 이야기만 하는 것이 아니라 그것을 맞이하는 우리의 자세와 태도에 대하여 역설하기도 하였다. 그 가운데 내 마음을 가장 흔들어 놓은 말은 바로 이것이다.

최고로 운이 좋은 사람들은 무한한 내면의 세계에서
'나다움'과 '만족'을 찾아낸 사람들이다.

학교 독서교육의 방향성을 수정해야 한다.

지금까지 학교 현장에서 수년간 해 왔던 독서교육의 방향성에 대한 고민은 분명히 필요하다고 본다. 지금까지 해 온 독서정책은 양적 독서의 방향이었다. 몇 권을 읽었는가, 누가 많이 읽었느냐에 따라 상을 주는 방식을 지향해 왔는데 그로 인하여 아이들은 질적 독서를 제대로 하고 있지 못한 상황이다. 책을 읽기는 했는데 무슨 내용인지 모르는 아이들이 많다. 이제는 책 한 권을 읽더라도 그 속에서 무엇을 느꼈고, 무슨 생각을 하였으며 그 내용이 내가 살아가는 모습과 어쩐 점에서 비슷하고 어떤 점에서 다른지, 내가 좀 더 노력해야 할 점은 없는지 등을 생각하면서 읽을 수 있도록 방향성을 수정해 나가야만 한다. 이를 위해서는 학교에서 독서상을 없애고, 문학수업을 질적으로 더 강화시켜 나가야 한다. 또한 책을 읽고 그 내용을 바탕으로 한 토의 · 토론 수업, 미션이나 과제를 해결해 나가는 데 있어서 책을 읽고 정보를 수집하여 새로운 콘텐츠를 만들어 내는 등의 수업 등이 좀 더 현장에서 많이 이루어져야만 할 것이다.

생각해보기

1. 여러분은 1년에 책을 어느 정도 읽고 있는가?(그리고 주로 읽고 있는 책은 어떤 종류의 책인가? 주로 교양서적인가 교육활동에 필요한 전문서적인가?)
2. 여러분의 교실에서 아이들이 질적 독서를 하기 위해 어떤 방안을 마련하여 실시하고 있는가?
3. 여러분은 책 속의 정보를 활용한 다양한 수업 활동(문제해결학습, 프로젝트학습, 탐구학습, 협동학습, 토의 토론학습 등)을 어느 정도 실천해 나가고 있는가?

(9) 만족지연능력

만족지연능력이란 미래의 더 큰 성취를 위해 현재의 충동적인 욕구나 행동을 자제하면서 즐거움과 만족을 참아 낼 수 있는 능력을 말한다. 인생을 살다 보면 수많은 선택의 기로에 서게 되는데, 그때마다 순간의 이익에 끌려 가지 않고 미래에 생기게 될 더 큰 이익을 위해 자신의 욕구를 참아 낼 수 있는 만족지연능력이 뛰어난 사람들은 그렇지 않은 사람들보다 학업 성취나 사회적인 활동 측면에서 더 좋은 모습을 보여 주고 있다. 이를 위한 재미있는 실험 사례가 바로 스탠포드대학의 심리학자 미셸 박사가 실험한 마시멜로 이야기다. 그에 대하여 소개하면 아래와 같다(출처 : http://blog.naver.com/kyk17477/110160284501).

마시멜로 실험 이야기 1

선생님이 네 살 난 아이들에게 마시멜로 사탕이 한 개 들어 있는 접시와 두 개 들어 있는 접시를 보여 준다. 지금 먹으면 한 개를 먹을 수 있지만 선생님이 돌아올 때까지 먹지 않고 있으면 두 개를 주겠다고 한다. 그러고는 마시멜로가 하나 들어 있는 그릇을 아이 앞에 남겨 놓고 방에서 나간다. 아이들의 반응은 선생님이 나가자마자 먹어 버리거나, 참다 참다 중간에 먹어 버리거나, 끝까지 참고 기다리거나다. 마시멜로를 당장 먹거나 먹지 않거나가 뭐 그리 중요할까?

스탠포드대학의 심리학자 미셸 박사는 1966년에 만났던 653명의 네 살배기 꼬마들을 15년 후 10대가 된 다음에 다시 만났고, 1981년 그 유명한 마시멜로 연구 결과를 발표했다. 마시멜로를 먹지 않고 오래 참은 아이일수록 가정이나 학교에서의 삶 전반에서 참지 못한 아이들보다 훨씬 우수했고, 대학입학시험(SAT)에서는 또래들에 비해 뛰어난 성취도를 보였다. 심지어는 부모의 평가도 훌륭했다(10대의 아이를 키워 본 부모는 자기 자식이지만 10대 아이를 칭찬하기가 얼마나 어려운지 익히 알고 있을 것이다). 이후의 추적 연구는 인내하지 못한 꼬마들이 비만, 약물중독, 사회 부적응 등의 문제를 가진 어른으로 살고 있는 데 반해 인내력을 발휘한 꼬마들은 성공한 중년의 삶을 살고 있음을 보고했다. 유사 연구들에 따르면 마시멜로 효과는 너무나 강력해서 지능지수보다도 더 예측력이 우수했고, 인종이나 민족에 따른 차이도 없었다.

지금 하고 있는 일이 매우 재미나지만 딱 그 일을 그만둘 수 있는 힘, 현재 하고 있는 일이 너무너무 지루하지만 그것을 계속할 수 있는 힘! 기다릴 수 있는 힘, 참는 힘, 자기 통제력, 절제력, 만족지연능력(delay of gratification)이다. 마시멜로 실험 결과는 어릴 때의 만족지연능력이 어른이 되었을 때의 삶의 질을 결정함을 이야기해 준다.

수많은 가정에서 유사 마시멜로 실험이 이루어졌다. 그리고 많은 부모들은 실망했다. 내 아이가

(계속)

게임이 너무 재미있지만 딱 그만할 수 있는 힘, 만족지연능력

마시멜로 앞에서 너무나도 쉽게 무너진 것이다. 마시멜로 앞에서 15분을 버티지 못한 내 아이! 15분만 참으면 앞으로의 인생이 달라질 텐데, 그 15분을 견디지 못하다니.

15분을 참은 아이의 부모는 즐거웠다. 참지 못한 아이들의 부모는 바로 눈앞의 결과에 실망했을 뿐만 아니라 아이의 미래가 어두울 수도 있다는 사실을 받아들일 수가 없었다. 다양한 반론을 제기했다.

"우리 아이는 실험 전에 굶었기 때문에 배가 고파서 먹을 수밖에 없었다. 우리 아이는 마시멜로를 워낙 좋아하기 때문에 먹을 수밖에 없었다."

안타깝게도 이 실험은 아이들의 공복시간을 일정하게 하고, 좋아하는 사탕의 종류를 선택하게 한 실험이기 때문에 이런 항의는 공허한 울림일 뿐이었다. 그렇다면 15분을 버티지 못한 아이의 미래는? 그 아이를 지켜보아야 하는 부모의 불안감은? 절제력이 없는 아이를 절제력이 뛰어난 아이로 만드는 방법은?

마시멜로 실험 이야기 2 : 단지 뚜껑만 덮었을 뿐인데!

마시멜로 실험을 통해 만족지연능력이 낮은 아이의 부모들에게 실망감을 주었던 미셸 박사 팀이 이 부모들에게 새 희망을 주는 후속 실험 결과를 발표했다(W. Mischel, Y. Monica, L. Rodriguez, 1989).

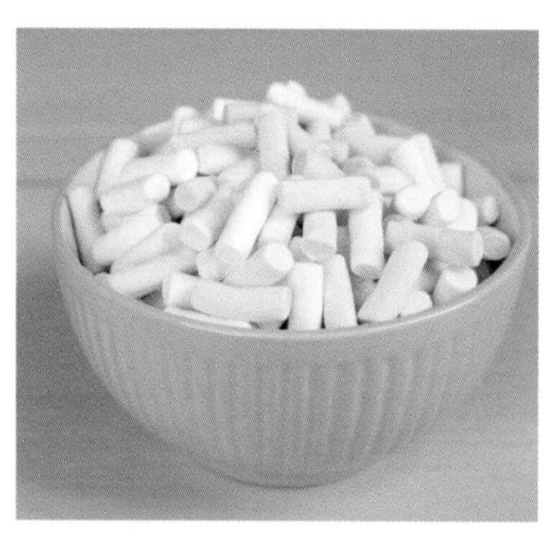
마시멜로 실험에서 단지 뚜껑만 덮어도 실험의 결과는 달라진다.

1980년대의 두 번째 실험은 1960년대의 첫 번째 실험과 모든 것이 동일하고 몇 가지 점만 차이가 있었다. 가장 눈에 띄게 다른 점은 아이 앞에 남겨 놓은 마시멜로 그릇에 뚜껑을 덮었다는 것이다. 단지 마시멜로를 덮어 놓는 것만으로도, 즉 마시멜로를 직접 보지 않는 것만으로도 아이들이 기다리는 시간은 거의 두 배나 길어졌다. 뚜껑을 덮지 않았던 실험에서는 평균 6분 이하를 기다린 아이들이 뚜껑을 덮자 11분 이상을 기다렸다. 1960년대 첫 번째 실험에서 오래 기다린 아이들은 마시멜로를 보지 않으려고 손으로 눈을 가리거나, 자신의 머리카락으로 눈을 덮거나, 천장을 쳐다보거나 등의

(계속)

여러 가지 흥미로운 행동을 했다. 이 아이들은 마시멜로를 쳐다보지 않는 행동을 스스로 만들어 냈고, 두 번째 실험의 아이들에게는 어른이 마시멜로를 보지 않도록 환경을 만들어 준 것이다.

선생님이 돌아올 때까지 기다리는 동안 어떤 생각을 하는지가 참고 견디는 시간에 영향을 미칠 것이라는 가정하에 아이들에게 세 종류의 지시를 했다. ① 재미난 일을 생각하라는 지시를 받은 아이들, ② 생각하기에 관해 아무런 지시도 받지 않은 아이들, ③ 기다린 다음 받게 될 두 개의 마시멜로를 생각하라는 지시를 받은 아이들.

재미난 생각을 하도록 지시받은 아이들은 마시멜로가 눈에 보이건 보이지 않건 간에 큰 차이 없이 평균 13분 정도를 기다렸다. 생각에 관해 아무런 지시도 듣지 않은 아이들은 고전적 마시멜로 실험 결과를 보였다. 기다린 다음에 받게 될 보상인 두 개의 마시멜로를 생각하라고 한 아이들은 평균 4분 이하를 기다렸고, 그냥 마시멜로 뚜껑을 덮었을 때는 2분 이하를 기다렸다.

1960년대 실험에서 만족지연을 오래 한 아이들은 시키지 않았어도 혼잣말하기, 노래하기, 손과 발을 사용해 놀기 등 스스로 만들어 낸 재미난 놀이를 했다. 재미있는 생각을 하라는 지시가 비슷한 만족지연 효과를 보이게 한 것이다.

마시멜로 앞에서 아이들이 참지 못한 이유는 무엇일까? 타고난 성향(trait)이나 타고난 두뇌 활동성(innate brain activity)일까? 아이의 양육환경일까? 위의 연구 결과를 보면 적어도 참을 수 없는 이유 중 하나는 마시멜로 그릇 뚜껑을 덮지 않은 어른이었고, 앞으로 올 수 있는 보상을 집중적으로 생각하면서 참으라고 했던 어른이었던 것이다.

마시멜로 실험 이야기 3 : 결과에 대한 요인 찾기

기다렸다 먹는 것보다는 지금 먹는 것이 훨씬 더 이익이야!

심리학 잡지 코그니션(2012)에 록펠러대학의 키드(C. Kidd) 팀이 발표한 마시멜로 실험은 마시멜로를 눈앞에 두고 기다릴 수 있는 아이와 기다릴 수 없는 아이를 만드는 요인은 무엇인가에 대한 일부 해답을 보여 주고 있다.

3~5살 아이들 28명에게 컵을 예쁘게 꾸미는 미술 작업을 할 것이라고 설명하고 크레용이 놓여 있는 책상에 앉게 한다. 그러고는 조금만 기다리면 책상에 놓여 있는 크레용 외에 다른 꾸밈재료를 줄 터이니 기다리라고 한다. 몇 분 후 14명의 아이들에게는 새로운 미술 재료를 주고(신뢰 환경, reliable environment), 14명의 아이들에게는 재료가 있는 줄 알았는데 없다고 사과하며 약속했던 새로운 재료를 주지 않는다(비신뢰 환경, unreliable environment).

신뢰와 비신뢰를 경험한 각각의 아이들에게 이어서 고전적인 마시멜로우 실험을 했다. 신뢰 환경의 아이들은 평균 12분을 기다렸고, 14명의 아이들 중 9명은 15분이 끝날 때까지 마시멜로를 먹

(계속)

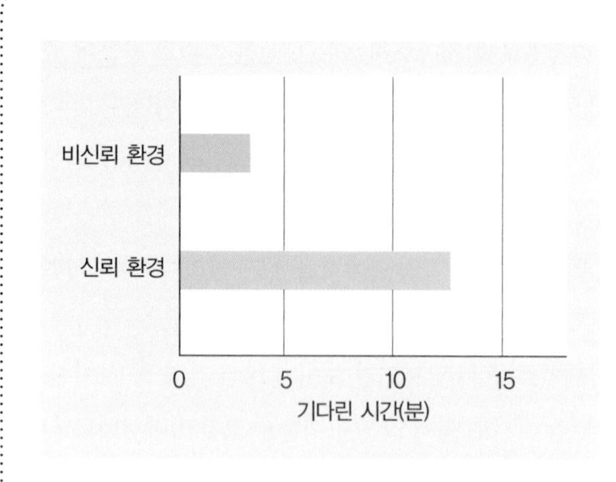

지 않았다. 비신뢰 환경의 아이들은 평균 3분을 기다렸고, 15분까지 기다린 아이는 단 한 명이었다. 선생님의 행동이 믿을 만하다는 경험을 한 유치원 꼬마들이 선생님의 행동은 믿을 수 없다는 경험을 한 꼬마들보다 네 배 이상의 시간을 참으며 기다린 것이다.(옆의 그림)

이 실험은 15분을 견디지 못한 아이를 참을성이 없는 아이라고 명명하는 대신에 마시멜로 그릇에 뚜껑을 덮어 놓은 것만으로 두 배 이상의 시간 동안, 어른이 약속을 지킨다는 것을 경험한 것만으로 네 배 이상의 시간 동안 참을성을 보여 주는 아이로 만들 수 있다는 것을 알게 해 주었다. 인내력, 절제력, 통제력이 있는 아이 뒤에는 인내력, 절제력, 통제력을 발휘할 수 있도록 환경을 만들어 준 어른이 있는 것이다.

마시멜로 실험 이야기 4 : 마시멜로를 대신하는 정크 푸드

2006년 런던대학의 심리학 교수 세이어와 교육학 교수 아데이는 영국의 초등학생과 10대 청소년을 대상으로 한 인지능력에 관한 대규모 연구 결과를 보고했다.

요즘 아이들은 10년, 20년 전 과거의 아이들보다 아는 것이 더 많다. 아는 것은 분명히 많은데 그것을 활용하는 능력은 확실히 떨어진다.

이들은 2006년 현재 학생들이 7년 전 아이들에 비해 문제해결력이나 이해력 등의 인지능력이 떨어지며 심지어는 15년 전이나 20년 전 학생들이 대부분 풀었던 문제를 반도 풀지 못한다는 놀라운 조사 결과를 보고했다.

논리적 사고력, 분석적 사고력 등을 나타내는 인지능력의 저하는 전 연령대에 걸쳐 일관되게 나타났다. 이러한 연구 결과에 충격을 받은 영국의 교육전문가와 아동전문가들이 모여서 대책 회의를 했다(London's Daily Telegraph, 2006). '무엇이 학생들을 멍청하게 만드는가?(What makes pupils stupid)'라는 주제하에 다양한 전문가 토론이 이루어졌고 대표적 요인으로 5가지 요인이 꼽혔다. ① 정크 푸드(junk food, 건강에 좋지 못한 것으로 여겨지는 인스턴트 음식이나 패스트푸드), ② 지나

(계속)

정크 푸드는 체액을 산성화시켜 아이들의 주의집중능력을 저하시킨다.

치게 경쟁적인 학교(over-competitive schooling), ③ TV, ④ 인터넷 게임, ⑤ 작은 어른(mini-adult)을 양산하는 마케팅.

체액을 산성화하여 아이들의 주의집중능력을 저하시키는 정크 푸드가, 생각하고 이해하기보다는 시험치는 법을 알려 주는 학교의 경쟁적 환경이, 수동적 사고과정을 조장하는 과다한 TV 시청이, 현실에서의 실제 놀이 시간을 뺏어 가는 인터넷 게임이, 어른의 옷을 입고 어른 흉내를 내게 함으로써 어린 시절을 앗아 가는 마케팅이 우리 아이들을 멍청하게 만드는 대표 요인으로 자리매김했다.

요즘 아이들은 10년, 20년 전 과거의 아이들보다 아는 것이 더 많다. 아는 것은 분명 더 많은데 그것을 활용하는 능력은 확실히 떨어진다. 세이어 박사는 단순 지식을 활용하는 능력인 분석적, 논리적, 창의적 사고과정에서 요즘 아이들이 과거의 아이들보다 특히 더 뒤진다고 이야기한다. 분석적, 논리적, 창의적 능력은 바로 SAT 시험에서 주로 평가하는 인지능력이다. 마시멜로 실험에서 절제력을 보인 아이들이 또래들보다 뛰어난 성취도를 보인 바로 그 시험이다.

마시멜로를 앞에 놓고 절제력을 보인 아이가 인생 전반에서 성공한 삶을 산다는 것을 첫 번째 스탠포드 마시멜로 실험이 보여 주었다. 마시멜로 뚜껑을 덮거나 재미있는 생각을 하는 것만으로도 절제력이 증가한다는 것을 두 번째 스탠포드 마시멜로 실험이 보여 주었다. 아이에게 약속을 지키는 것이 아이의 절제력을 기르는 데 얼마나 효과적인 요인인지를 록펠러대학의 세 번째 마시멜로 실험이 보여 주었다.

아이가 자라서 어른이 되는 과정은 수많은 마시멜로 실험의 연속일 것이다. 그때마다 부모가 마시멜로 그릇에 뚜껑을 덮어 줄 수도 없고, 그때마다 약속한 마시멜로를 얻을 수 있도록 해 줄 수도 없을 것이다. 그러나 아이가 아직 부모의 품 안에 있을 동안은, 아이의 두뇌가 마시멜로처럼 말랑말랑할 동안은 뚜껑을 덮어 주고 약속을 지키는 일이 비교적 수월할 것이다. 내 아이와 내 아이의 인생을 멍청하게 만드는 일들을 예방할 수 있을 것이다. 어떻게? 슬로 푸드를 먹이고, TV와 인터넷 게임의 대안을 제공해 주고, 시험을 위한 공부는 하지 않도록 하고, 아이다운 옷을 입히고, 그리고 이것들을 실천하겠다고 한 약속을 함께 지키는 것으로.

03

마시멜로 실험 이야기를 접하면서 우리나라 전통적인 밥상머리 교육에서 해답을 찾고 싶다는 생각이 문득 떠올랐다.

눈앞에 가장 좋아하는 반찬이 모락모락 김을 내며 유혹해도, 도저히 참을 수 없을 만큼 배가 고파도 아이는 부모가 수저를 들 때까지 식사를 할 수 없는 전통적인 우리나라 밥상머리 교육. 이는 기다림을 훈련하는 과정이었다. 우리 조상들은 아이로 하여금 매일매일 기다리게 하는 의식을 만들어 놓았던 것이다. 식사를 할 때의 예의범절에 대한 강조와 함께 사실상 우리의 전통 밥상머리 교육은 절제 능력과 긴밀하게 연결되어 있다는 것을 새삼 깨닫게 된다.

우리나라 조상들은 만족지연능력이 가져다주는 다양한 변화들이 이미 오랜 옛날부터 삶의 경험 속에서 자연스럽게 체화되었고 그것을 가정에서의 밥상머리 교육을 통해 아이들에게 자연스럽게 전수될 수 있도록 하는 생활 속의 지혜를 터득하고 있었던 것은 아닐까?

만족지연능력은 단순히 여기에만 머물지 않는다. 왜냐하면 우리나라의 현실만 보더라도 자본주의 시장경제체제 속에서 살고 있기 때문에 경제관념과 직결되는 문제로 인식해도 틀리지 않다. 돈의 노예가 되지 않기, 어릴 적부터 경제관념 키워 주기, 돈에 대한 만족지연능력 키워 주기, 미래 소비를 위해 현재 지출을 줄이기, 이것은 금전적인 것에 국한되지 않고 다양한 욕구 등에 대한 만족지연능력을 갖게 해 준다. 이에 대한 좋은 방송 내용이 있어 조금 자세히 소개해 보고자 한다.

아래 내용은 2014년 7월 30일에 방송된 EBS 다큐프라임 "미래를 바꾸는 교육" 3부 '경제, 자본주의를 살아가는 힘'의 내용을 정리해 본 것이다. 여기에서는 생존의 필수 전략, 경제교육의 중요성, 만족지연능력 등을 이야기하고 있다.

최근 경제 위기 이후에 경제교육의 중요성이 새롭게 인식되고 있다. 금융이라는 것이 단지 알면 좋은 상식이 아니라 이제는 모르면 굉장히 위험한 생존의 필수전략이라고까지 OECD는 이야기하고 있다. 돈을 안다는 것은 자본주의 사회에서 곧 생존을 의미한다. 돈에 휘둘리지 않고 자신의 삶에 주인공이 되는 일, 경제교육은 곧 우리 아이들의 미래인 것이다.

(계속)

1. 세계의 경제교육

이미 미국, 영국, 일본 등은 국가가 직접 나서 아이들이 어릴 때부터 경제교육을 실시하고 있다. 특히 미국의 사례는 주목할 만한 사례라 할 수 있다. 미국은 학교에서 경제교육을 필수로 배워야 하며 2004년에는 조기경제교육을 법률로 지정하고 정부의 전폭적인 지지를 받고 있다. 또한 미국은 학교경제교육활성화를 위하 전미경제교육협의회가 만들어지고 수업시간에 활용할 수 있는 다양한 경제교육 프로그램들이 개발되어 현장에서 적용되고 있다고 한다. 그 가운데 미국의 제임스 프랭클린 스미스 학교의 경제교육 프로그램에 대하여 소개해 보면 다음과 같다.

학급에서만 사용할 수 있는 화폐(브레니악)를 만들고 아이들은 다양한 경우에 그 화폐를 받게 된다.(과제를 해 왔을 경우 1개당 2브레니악을 지급한다. 또한 과제의 양에 따라서도 지급하는 액수가 달라진다. 한편 학급 내에서 자신이 맡은 일을 성실하게 수행하였을 경우 주급이 지급된다. 따라서 돈을 벌기 위해서는 과제를 꼼꼼히 해 오고 자신이 맡은 일을 성실히 수행해야 한다.)

실제 삶을 반영하여 아이들은 월초에 자기가 맡고 싶은 업무에 대하여 이력서를 써서 지원(적합한지를 보기 위해 자신의 자질이나 특성에 대하여 작성)하고, 선정이 되면 한 달간 일을 하고 그에 따른 주급을 받게 된다. 주로 학급을 운영하는 데 필요한 여러 가지 일들을 아이들이 분담해서 맡고 있다.(우리나라로 치면 1인 1역)

공용 컴퓨터 관리, 도서관 사서, 은행원, 칠판 지우기, 선생님 돕기 등의 일이 있다. 기본 주급은 10브레니악인데, 친구들의 신뢰가 필요한 업무는 15브레니악을 받을 수 있다. 교실 속에서 만들어지는 작은 사회를 통해 아이들은 실제 경제생활을 체험해 볼 수 있다. 이렇게 번 돈은 학년 말에 열리는 바자회에서 학용품을 구입할 수 있다. 경제활동을 열심히 하지 않은 아이들에게는 불리한 점이 있다. 왜냐하면 벌금과 각종 임대료가 매우 부담이 되기 때문이다. 특히 2주마다 책상 임대료로 50브레니악을 내야 하는데 주급보다 더 비싸다. 때문에 2주마다 내는 임대료가 부담스러운 아이들은 돈을 많이 모아 한꺼번에 300브레니악을 지불하고 책상을 살 수도 있다.(어른들이 집을 구입하여 소유하는 것과 같은 이치) 때문에 아이들은 더 많은 브레니악을 모으기 위해 과제도 잘해 오고 학교 규칙을 잘 지키기 위해 노력을 하고 있다.

일부 아이들은 화폐를 더 모아 다른 아이들의 책상을 더 구매하여 임대 수익을 별도로 얻는 아이들도 생겨난다. 이런 일련의 활동을 통해 아이들은 돈을 사용하고 관리하는 데 주어지는 책임이 자기 스스로에게 있다는 것을 배워 간다.

2. 조기 금융 · 경제교육은 선택이 아니라 필수

이제는 더 이상 황금 보기를 돌같이 하라는 말은 적용되지 않는 시대가 되었는지도 모른다. 자본주

(계속)

의 사회에서 황금과 돌의 가치는 하늘과 땅 차이이기 때문이다. 따라서 어릴 적부터 조기 경제교육은 필수적이라 할 수 있지만 가정에서도 학교에서도 체계적으로 경제교육을 한다는 것은 결코 쉽지 않은 일이다.

경제교육의 가장 핵심은 아이들이 어떤 경제 문제에 직면했을 때 혼자만의 힘으로 합리적으로 판단하고 선택할 수 있는 힘을 길러 주는 것 그리고 그 경제적 사고능력을 길러 주는 것이라 할 때 이 또한 살아가는 힘이 아닐 수 없다.

3. FQ지수를 늘려라

방송 내용 중에는 경제활동과 관련하여 생각하는 힘을 길러 주는 것을 진짜 경제교육이라고 강조하면서 이를 FQ(Financial Quotient)지수라고 부르고 있다. 자신이 살아가는 데 필요한 돈을 어떻게 이해할 것이며 그 돈에 대한 가치관을 어떻게 형성할 것인가에 대한 문제인데 돈에 관한 지식과 가치관, 태도 또는 어떤 돈을 쓸 수 있는 기능 등 모두를 가리킨다고 보면 된다. 이를 알아보기 위해 한 초등학생 아이들을 대상으로 설문을 한 결과를 제시하였다. 이 설문조사를 통해 아이들의 평소 돈에 대한 태도와 소비습관까지 알 수 있었다.

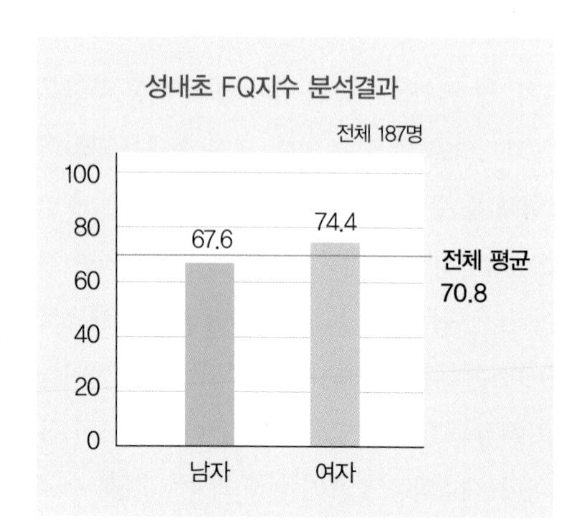

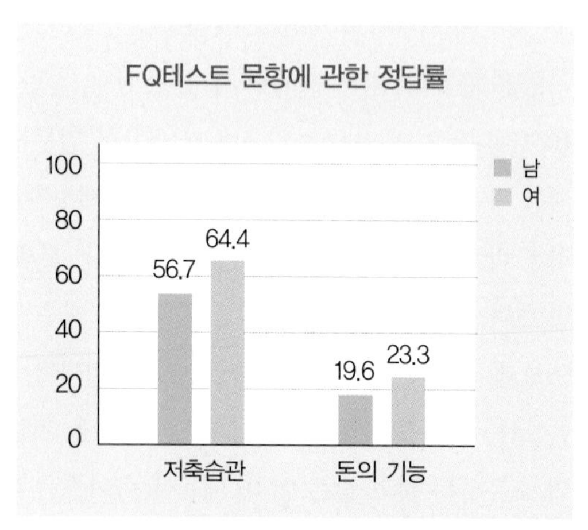

위의 통계에서 보는 바와 같이 여자 평균이 남자 평균보다 조금 높게 나왔으며 저축습관을 묻는 질문에서는 바르게 응답한 아이들이 절반을 간신히 넘었고, 무엇보다 돈의 기능에 대하여 남녀 아이들 모두 잘 이해하지 못한 것으로 나타났다.

이 중 FQ지수가 높은 아이들과 보통의 아이들을 대상으로 용돈을 주고 소비하는 태도를 알아보기 위한 실험을 진행하였는데 그 결과를 통해 같은 돈을 써도 FQ지수가 높은 경우 더 큰 만족을 얻은 소비를 한다는 것을 알 수 있었다.

(계속)

4. 경제교육의 적기

경제교육 시기에 대해서 학부모들은 7세 이후를 꼽았지만 전문가들은 만 3세, 우리나라 나이로 5세 정도부터 아이들의 발달단계에 맞는 경제교육을 시작해야 한다고 말하고 있다.

정윤경 교수(카톨릭대학교 심리학과)의 말에 의하면 아이의 경제교육 적령기는 자기의 욕구가 뭔지를 구체적으로 의식할 수 있고 그것을 표현할 수 있고, 실제로 그것을 기다리고 참을 수 있는 능력이 생기기 시작할 때 시작하는 것이 바람직하다. 그 시기는 만 3세 전후가 된다.

5. 아이들의 만족지연능력을 길러 주어라

이 지점에서 만족지연능력에 대하여 매우 중요하게 다루고 있다. 만족지연능력이란 미래의 더 큰 보상을 위해 순간적인 충동이나 욕구나 행동을 자제하며 즐거움과 만족을 지연시키는 능력을 말하는데 이 능력은 만 3세 시기부터 자란다고 한다. 때문에 가정에서는 아이들을 지도할 때 부모가 한쪽 방향으로 치우치지 않도록(부모의 주관적인 방향과 아이가 원하는 방향 사이의 중심을 잡는 일) 하면서 적절한 조절능력을 키워 주어야 한다고 말하고 있다.

그와 동시에 이를 어릴 적부터 길러 주기 위한 요령으로 아래와 같은 절차와 방법을 제시하고 있다.

① "정말 가지고 싶지?" 하고 마음 읽어 주기
② "우리가 3번에 1번만 사기로 했잖아." 하고 안 되는 이유 제시하기
③ 그에 대한 대안을 제시하기

일상생활을 이와 같이 지속해 나간다면 서서히 아이들에게 조절능력이 만들어지게 되고 그것을 기반으로 하여 좀 더 높은 단계의 경제교육이 좀 더 수월하게 이루어질 것이라 말하고 있다.

6. 아이들 스스로 경험하면서 배워 갈 수 있도록 하여라

아래에 보는 바와 같이 통계자료에 의하면 한국의 부모가 미국의 부모에 비하여 용돈을 주는 비율이 비교적 큰 차이가 나는 것으로 나타나 있다.

우리나라 학부모들은 아이들에게 용돈을 쥐어 주면 그 돈으로 올바른 소비를 하지 못하기 때문에 용돈을 주지 못하는 경우가 많다고 한다. 하지만 전문가들의 의견은 이와 다르다.

"우리나라 부모님들은 자꾸 아주 무해한 무공해환경에서 아이들을 키울 수 있을 것이라고 생각하는 것 같아요. 뭔가 자기가 차단하고 자기가 대신 환경을 다 만들어 놓고 그러니까 아이들은 아무것도 못하는 것이거든요. 교육에서 제일 중요한 것은 아이들이 넘어지고 다치고 시행착오를 겪어

(계속)

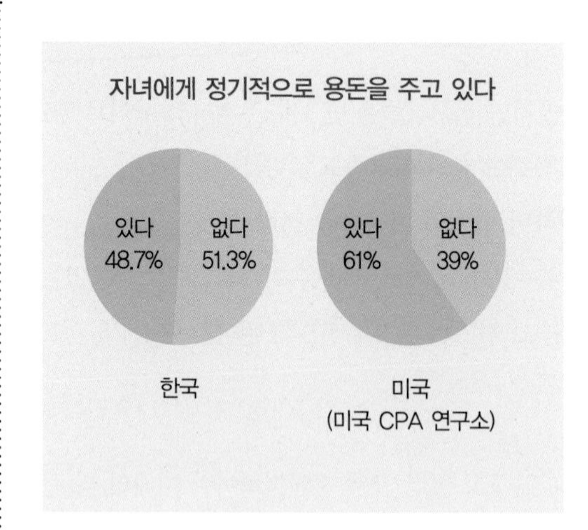

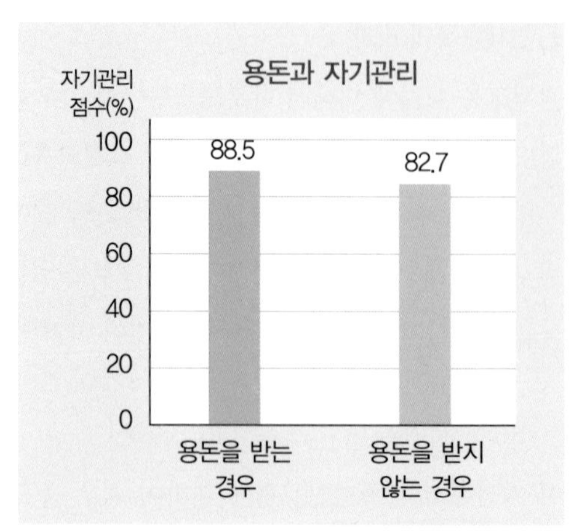

봐야 한다는 거예요. 용돈을 주게 되면 그 돈을 잘못 쓸까 봐 걱정하시는데 잘못 써 봐야 해요."

또한 실제 용돈을 정기적으로 받는 아이들이 그렇지 않은 아이들에 비해 자기관리 측면에서 더 높은 점수를 기록한 것으로 나타났다. 용돈을 받은 아이들이 스스로 선택하고 의사결정을 내리는 데 더 익숙하다는 의미로 해석되고 있다.

이에 대하여 한 전문가는 다음과 같이 말하고 있다.

"자기주도성의 핵심은 계획과 통제라고 생각합니다. 아이들은 스스로 계획하고 통제함으로써 자기주도성이 길러진다고 보는데요, 용돈은 이 중에서도 피드백을 가장 강력하고 즉각적으로 받을 수 있습니다."

이 프로그램은 끝에서 이렇게 메시지를 던지고 있다.

인생을 살아가면서 만나게 되는 수많은 선택의 갈림길에서
행복을 향해 걸어갈 수 있도록 합리적으로 생각할 수 있는 힘을 키워 주는 것
그것이 경제교육의 목표이자 아이들에게 물려주어야 할 진정한 유산이다.

협동적 학급운영을 위한 경제 프로젝트 수업을 해 보자.

위에서 소개했던 프로그램을 보면서 깜짝 놀랐다. 왜냐하면 내 교실에서도 비슷한 프로그램을 운영하고 있기 때문이다. 물론 그 프로그램은 내가 직접 고안한 것이 아니다. 여러 책들도 참고하고 비슷한 활동을 하고 있는 사람들의 생각을 내 교실로 끌어들인 것이다. 그런 아이디어들에 대한 최초 출발점이 미국의 경제교육 프로그램이었다는 것을 알게 되었다.

다 함께 잘 살기 프로젝트(경제 프로그램)

이 프로그램의 궁극 목적은 배움이다. 그 내용은 경제교육, 생활습관, 만족지연능력, 학급자치, 자기관리, 작은 사회의 이해를 통한 우리 사회(특히 자본주의)의 이해, 법과 제도의 이해, 협동적 교실(다 함께 잘 사는 사회) 만들기, 공정한 경제활동과 분배에 대한 이해 등이다. 이 활동을 통해 아이들이 '우리 사회는 우리 스스로가 만들어 나가는 거로구나! 우리가 무엇을 어떻게 하느냐에 따라 많은 것이 달라질 수 있구나!' 하고 경험을 통해 배울 수 있다면, 그리고 그것이 밑거름이 되어 미래에 우리 사회를 모두가 잘 살 수 있는 곳으로 만들어 나갈 수 있을 것이라 확신한다.

2014 은빛6-가람 시민사회 기본법

1. 우리 모두는 시민사회 활동을 통해 참다운 배움을 경험한다.
2. 우리 모두는 다 함께 잘 살기 위해 시민사회의 법을 철저히 지킨다.
3. 우리 모두는 활동을 경험하는 동한 선생님의 안내와 지도에 잘 따른다.
4. 선생님은 시민사회 활동에서 최종 결정권을 갖고 있다.
5. 시민사회 활동은 학년이 마무리될 때까지 계속된다.
6. 시민사회 활동은 자본주의 경제를 기반으로 한다.
7. 우리 사회의 이름은 '은빛6-가람 시민사회'이다.

I. 시민사회 운영

1. 시민사회 운영을 위한 핵심 요소

자본주의를 기반으로 하는 시민사회의 핵심 3요소는 바로 토지, 노동, 자본(임금)이다.

1) 토지 : 교실에서 토지는 아이들의 자리에 해당된다. 자리는 임대를 기본으로 한다.
   (1) 매주 월요일 임대료 200협동을 내도록 한다.
   (2) 일시불로 1,000협동을 내면 토지가 개인소유로 바뀐다.
   (3) 개인소유의 토지를 다시 되팔 경우 1,000협동을 받을 수 있다.

토지권리증

서울은빛초등학교
6-가람 이 다 솔

위 사람은 2014학년도 협동적 학급운영 프로그램 "다 함께 잘 살기 프로젝트" 경제 활동 속에서 운영되는 토지(자리)에 대하여 영구적으로 소유하게 되었음을 증명합니다.

2014년 9월 25일

서울은빛초 6-가람 시민사회장 (시민사회장 이상우인)

2) 노동 : 교실에서 각자 맡은 역할(수업+1인 1역)을 수행하고

(계속)

그 대가로 〈매일 수업수당 30협동〉 + 〈매주 금요일 맡은 일의 특성에 따라 차등 지급되는 주급〉을 받는다.

(1) 주급은 주어진 역할에 따라 약간씩 차등 지급된다.

(2) 자기 역할을 다하지 못하면 주급은 100% 지급되지 않는다.

(3) 역할 분담 : 자기가 잘할 수 있는 역할에 대하여 자기 소개서를 내고 지원한다. 역할 배정은 함께 고민하여 정하도록 한다. 조정이 안 되면 교사가 최종 정리한다.

(4) 노동은 모두를 위한 봉사활동이며 신성한 것으로 한 사람도 빠짐없이 참여한다.

<table>
<tr><th colspan="2">역할</th><th>인원(임금)</th><th>역할</th><th>인원(임금)</th></tr>
<tr><td colspan="2">주급 담당(임금, 수당 및 융자 관리)</td><td>2</td><td>토지 임대료 담당(토지세 관리)</td><td>2</td></tr>
<tr><td colspan="2">세금 담당(매주 세금 관리)</td><td>3</td><td>계단 담당(매일 계단 청결)</td><td>2</td></tr>
<tr><td>벌금 담당(매일 벌금 관리)</td><td rowspan="2">월, 수 게시</td><td>1</td><td>테이블과 복도 담당(매일 테이블, 복도 청결)</td><td>2</td></tr>
<tr><td>특별 수당 담당(매일 수당 관리)</td><td>1</td><td>칠판 담당(매일 칠판 관리)</td><td>2</td></tr>
<tr><td colspan="2">감사 담당(매주 월, 수 전원 감사)</td><td>2</td><td>가정통신 담당(가정통신 배부)</td><td>2</td></tr>
<tr><td colspan="2">교실 환경, 에너지 담당(매일 환경, 에너지 관리)</td><td>2</td><td>공공재화 담당(각종 상품 관리 및 판매)</td><td>2</td></tr>
<tr><td colspan="2">수업 자료 담당(수업 자료 준비)</td><td>2</td><td>질서 및 규칙 점검 담당(질서 유지, 규칙 준수 점검)</td><td>2</td></tr>
<tr><td colspan="2">각종 당번, 순서 담당(특별구역, 점심식사, 청소)</td><td>1</td><td></td><td></td></tr>
</table>

※ 감사 담당은 주 2회(매주 수요일, 금요일에 모든 시민들의 재산을 조사하여 교실에 게시한다.)

※ 재산이 부족한 시민은 교사와 상의 후 주급 담당으로부터 이자를 지불하면서 '협동'화를 빌릴 수 있다.

3) 임금(자본) : 노동의 대가로 받는 것으로 시민사회의 일원은 한 사람도 빠짐없이 한 가지씩 역할을 수행하고 담당시민으로부터 주급을 받는다.

(1) 주급 및 수업 수당 : 수업, 역할에 대한 책임을 완수함으로써 얻는다.

– 매일 수업 수당 30협동씩, 매주 금요일 역할에 따른 주급이 지급된다.

(2) 특별 수당 : 봉사활동, 과제 수행, 학급활동에의 기여도 등에 따라 추가 수당이 지급된다.

– 특별 수당 : 특별 활동에 대한 수당 지급(아래 표 참고)

– 모범시민 수당 : 모두에게 귀감이 될 만한 봉사를 했을 때

(3) 범칙금 납부 : 협동적 학급운영에 반하는 활동을 하였을 때 그에 따른 범칙금 부과(아래 표

(계속)

참고)

- 활동에 따라 범칙금이 차등 부과된다.
- 상황에 따라 범칙금이 가중 : 왕따, 신체 폭력, 상습 과제 불이행, 심각한 수업 방해 등(필요시 다모임)

(4) 과제나 각 개인이 책임을 져야 할 역할, 범칙금 납부 등을 대신 해 주는 것은 허용하지 않는다.

(5) 개인끼리 '협동'화를 주고받는 일은 없도록 한다.

스스로 배움공책	매우 잘함	잘함	보통	부족	불이행
	30협동	20협동	10협동	−50협동	−100협동
각종 수행평가	만점		크게 향상		
	50협동		30협동		
프로젝트 수업	매우 잘함	잘함	보통	불이행	
	80협동	50협동	30협동	−200협동	
지각	수업 방해	준비물 부족	과제 불이행	허위 기록	
−50협동	−200협동	−50협동	−100협동	−2,000협동	
규칙-바른말	규칙-걷기	규칙-싸움	규칙-실내화	책임 불이행	
−50협동	−50협동	−100협동	−50협동	−100협동	
기타 다양한 활동에 대한 상 · 벌금					
10~1,000협동 사이 상금(상황에 따라 학급 다모임을 통해 결정) −2,000~−50협동 사이 벌금(상황에 따라 학급 다모임을 통해 결정)					

※ 수업 시작 후 2분 이내에 수업 준비가 이루어지지 않으면 모두에게 −50협동이 벌금으로 부과된다.
※ 준비물을 제대로 갖추지 않은 시민이 6명을 넘기면 모두에게 −100협동의 벌금이 부과된다.
※ 이 외에도 교사의 판단에 따라 상금과 벌금을 달리 부과할 수 있다.

4) 세금 및 특별 수당 · 벌금

(1) 세금은 토지와 임금 및 수당에 대해서만 부과한다. 토지는 일정한 금액으로, 임금 및 수업수당, 특별수당에 대해서는 부과할 당시의 총자산(보유금액)에 대한 누진세율을 적용하여 매주 월요일에 세금 담당에게 납부한다.

(2) 벌금은 교실에서 발생하는 다양한 위반 사항에 대하여 부과되는 것으로 벌금 담당에게 즉시 납부한다.(놀이시간, 점심시간, 하교 전)

(3) 특별수당은 모두에게 귀감이 되는 일을 하였을 때 부여되는 것으로 특별수당 담당에게 즉시

(계속)

받는다.(놀이시간, 점심시간, 하교 전)

(4) 복권 당첨금은 불로소득세율을 적용받는다.(특별세율 30%)

임금	수업 수당	세금	토지 임대료	특별 수당 및 벌금
매주 금요일 지급	매일 지급	매주 월요일 납부	매주 월요일 납부	즉시 지급 및 즉시 납부

※ 화폐를 주고받는 모든 활동은 장부에 필히 스스로 기록하고 담당 시민의 확인 서명을 한다.

※ 모든 시민은 장부(통장)를 스스로 관리하고 기록한다.

※ 감사 담당자는 수요일, 금요일에 모든 장부를 점검하고 관리한다.

5) 시민사회 화폐

(1) 시민사회 화폐의 단위는 '협동'으로 한다.

(2) 모든 시민은 개인 금전출납부(통장)를 통해 화폐를 받고 지출한다.

(3) 실제 모의 화폐가 직접 오고 가는 활동은 없다.

(4) 시민들끼리 화폐를 주고받는 일은 절대로 없다.

(5) 시민들은 화폐를 이용하여 주어진 경제활동을 할 수 있다.

(6) 각종 직업(역할)을 담당한 시민은 관련된 활동의 장부를 잘 기록하여 시민사회에서 화폐의 흐름을 잘 파악할 수 있도록 한다.

2. 경제 활동의 방향성 : 공정하고 건전한 경제 활동과 분배를 통한 좋은 교실 만들기

1) 공정한 경제 활동 : 교실에서 이루어지는 모든 상황은 협동적 학급운영의 기본 바탕을 뒤흔드는 일이 없도록 한다. 이를 위해 경쟁을 조장하는 행위는 엄격히 금한다. 이에 대해서는 교사가 적극 개입한다.

2) 분배 : 부의 재분배를 위해 세금을 시민들에게 부과한다. 세율은 과세 물건의 수량이나 금액이 커질수록 점점 높아진다.(누진세) 세금은 매주 월요일에 납부한다.

(1구간) 0 ~ 1,200협동 이하 : 6%

(2구간) 1,200협동 초과 ~ 4,600협동 이하 : 15%

(3구간) 4,600협동 초과 ~ 8,800협동 이하 : 24%

(4구간) 8,800협동 초과 ~ 15,000협동 이하 : 35%

(5구간) 15,000협동 초과 ~ : 45%

[세금 계산 방법 : 초과 누진 세율에 따라 계산 ⇨ 현재 우리나라 적용, 급간 세율은 현재 우리나라 최고 38%이지만 여기에서는 북유럽의 최고 급간을 따랐다.]

(계속)

☞ 총자산이 10,000협동일 경우 세액 계산 사례

현재 총자산	세금 계산 과정 및 결과(1의 자리 버림으로 계산)
1,200협동(1구간)	1,200협동×6%=70협동
4,600협동(2구간)	(4,600협동−1,200협동)×15%=510협동
8,800협동(3구간)	(8,800협동−4,600협동)×24%=1,000협동
10,000협동(4구간)	(10,000협동−8,800협동)×35%=420협동
총세액	70+510+1,000+420=2,000협동

구간별 최고 자산 세액 예시	납부 세금 총액 예시
재산 총액 1,200협동(1구간)	70협동
재산 총액 4,600협동(2구간)	70+510=580협동
재산 총액 8,800협동(3구간)	70+510+1,000=1,580협동
재산 총액 15,000협동(4구간)	70+510+1,000+2,170=3,750협동
재산 총액 20,000협동(5구간)	3,750협동+[(20,000−15,000)×45%]=6,000협동

3) 대출 : 개인적으로 재산이 부족한 시민은 교사와 상의 후 주급 담당으로부터 이자를 지불하면서 '협동'화를 빌릴 수 있다.
   (1) 세금, 벌금 등을 낼 수 없을 경우에 한하여 100협동, 200협동, 300협동, 400협동, 500협동의 5가지 대출 상품만 대출이 가능하다.
   (2) 이자율은 1주에 10% 고정으로 한다.(하루를 빌려 쓰고 갚아도 10%를 납부, 빌려 주는 시점으로 1주일 후에 10%를 은행에 납부한다.)
   (3) 빌린 '협동'화는 2주 이내에 반드시 갚도록 한다.
   (4) 2회까지만 융자가 허용된다. 3회부터는 파산 선고를 한다.
   (5) 4주(2회 대출) 안에 원금과 이자를 모두 갚지 못하면 파산 선고를 한다.
4) 상품 구매 활동
   (1) 협동적 학급운영 속에서 존재하는 상품은 아래 표와 같다.
   (2) 시민은 각기 자신의 자산에 따라 상품을 구매하고 소비한다.
   (3) 상품은 융자를 받아서 구매할 수는 없다.
   (4) 공공재화 담당자가 상품 관리 및 판매를 한다.
   (5) 분기 또는 학기에 1회 학급 내 알뜰 바자회를 실시할 수도 있다. 이때 사용되는 화폐는 각 개

(계속)

인별로 모아 둔 '협동'화를 사용한다.(학급운영비의 여유가 있다면 바자회 행사에 도움이 될 수 있는 물품을 구매하여 비치한다.)

순서	상품명(가격)	순서	상품명(가격)
1	스배공 면제권(300)	6	모둠 자리 선택권(200)
2	우노카드 1일 이용권(100)	7	학급야영 실시권(400×28명)
3	테이블 1주일 식사권(50)	8	모노폴리 1일 이용권(200)
4	자유 체육권(200×28명)	9	급식 1순위 이용권(개인 30)
5	영화 상영권(300×28명)	10	카프라 1일 이용권(100)
특별 상품	격주 복권 판매(1인 1매까지, 1회 100원, 총 30장 중 1,000(1), 700(1), 500(2), 300(3), 100(3)협동 당첨) : 총자산이 3구간을 넘는 사람은 복권을 구매할 수 없다.(중산층 이하의 서민을 위한 장치로 마련되었음. 부의 재분배 및 서민 복지 차원 : 사행심 조장을 막기 위해 1인 1매까지만 판매가 가능하도록 하였음) 복권 당첨금은 불로소득세율에 따라 특별세율 30%를 부과한다.		

5) 파산 선고

(1) 채무 능력이 없을 경우(세금을 낼 수 없거나 은행에서 빌린 돈을 갚을 능력이 없을 경우)에 파산 선고를 한다.

(2) 파산 선고를 받은 시민은 1주일간 특별 봉사활동을 통해 모든 채무상황을 해결하고 처음부터 다시 시작한다.(봉사활동은 협의를 통해 결정)

(3) 파산 선고를 받게 되면 특별 봉사활동과 함께 특별 지역의 토지를 무상 임대받아 그곳에서 모든 수업 활동을 수행한다.

3. 교사의 역할

- 교사는 중앙은행이자 운영자로서의 역할을 적극 수행한다.
- 시민들이 활동에 대한 취지나 이해를 구체적으로 도울 수 있는 역할을 수행한다.
- 문제 상황이 발생하였을 때는 적극 개입하여 해결하되 교육적 지도를 통해서 모두가 이해하고 동의할 수 있도록 최선을 다한다.
- 역할 분담에 있어서 활동성이 떨어지거나 관계맺기를 어려워하는 아이에게 가장 많은 사람과 수시로 접촉할 수 있는 역할을 맡기게 되면 자연스럽게 학급의 여러 친구들과 접촉을 늘려 가게 되면서 자신의 자리를 잡을 수 있도록 도와줄 수 있다.(일은 자신의 존재 가치를 증명해 보일 수 있는 것)

(계속)

- 아이들이 협동적 학급운영 속에서 경제활동을 통해 자기만의 특별한 자리를 찾을 수 있도록 돕는다.
- 이 활동을 통해 개인 자신만 수당이라는 이익을 보는 것이 아니라 학급 공동체가 원활하게 돌아감으로써 모두가 함께 이익(다 함께 잘 살기)을 볼 수 있다는 생각을 심어 줄 수 있도록 최선을 다한다.(한 사람이 자기 일을 소홀히 하면 다른 사람들이 그로 인해 피해를 받는다. 협동학습의 원리와도 상통한다.)

4. 각종 활동지

효율적인 시민사회 운영을 위해 아래와 같은 장부를 만들어 활용한다.

☞ 모든 장부는 시민이 직접 자신의 장부를 직접 기록(내용 및 계산)하고 활동별로 담당 시민에게 가서 확인 서명을 반드시 받도록 한다.

☞ 화폐관련 담당 시민은 각 장부가 정확히 기록되었는지 꼼꼼히 살피고 확인 서명을 한다.(허위 기록이 발견될 때에는 −2,000협동이 벌금으로 부과됨)

1) 시민 개인별 금전 출납부(통장) 예시

○○○의 개인 금전 출납부

날짜	수입	지출	잔액	확인
9월 12일	주급 100협동		1,200협동	강지윤
9월 15일		세금 70협동	1,130협동	황해창
		토지 임대료 200협동	930협동	원유진
	스배공 30협동		960협동	이승헌
		복도에서 뜀 50협동	910협동	이다솔
		수업 방해 200협동	710협동	이다솔
	수업수당 30협동		740협동	이승헌
9월 16일	수업수당 30협동		770협동	이승헌
		스배공 면제권 300협동	470협동	송인의

(계속)

2) 공공재화 판매 장부 예시

공공재화 판매 기록 장부 담당자(　　　　　　)				
날짜	상품명	수량	구매자	가격
9월 8일	테이블 1주일 이용권	1	이석진	50협동
	테이블 1주일 이용권	1	유해미	50협동
	스배공 면제권	1	이다솔	300협동
	우노카드 1일 이용권	1	강경민	100협동
	테이블 1주일 이용권	1	오한나	50협동
	모노폴리 1일 이용권	1	양용석	200협동
9월 9일	복권	1	이지원	100협동
	복권	1	원유진	100협동

3) 토지 권리증(자리)

앞에 제시된 바와 같이 토지(자리)를 소유하게 된 시민에게 권리증을 부여한다. 권리증은 다른 사람에게 넘겨줄 수 없으며 오직 토지 임대료 담당자를 통해서만 사고팔 수 있다.(시민과 시민 간의 거래는 금지됨)

4) 주급 관리 장부 예시

주급 및 수업수당 관리 기록 장부 담당자(　　　　　　)															
번호	이름	/		/		/		/		/		/		/	
		주급	수업수당	주급	수업수당	주급	수업수당	주급	수업수당	주급	수업수당	주급	수업수당	주급	수업수당
1															
2															
3															
4															
5															
6															

(계속)

7																
8																

5) 세금 관리 장부 예시

세금 관리 기록 장부

담당자(　　　　　　　)

번호	이름	/			/			/			/		
		자산	구간	세액	자산	구간	세액	자산	구간	세액	자산	구간	세액
1													
2													
3													
4													
5													
6													
7													
8													

6) 벌금 관리 장부 예시

벌금 관리 기록 장부

담당자(　　　　　　　)

번호	이름	/	/	/	/	/	/	/	총계
1									
2									
3									
4									
5									
6									
7									
8									

(계속)

7) 특별수당 관리 장부 예시

특별수당 관리 기록 장부

담당자(   )

번호	이름	/	/	/	/	/	/	/	총계
1									
2									
3									
4									
5									
6									
7									
8									

8) 토지 임대료 관리 장부 예시

토지 임대료 관리 기록 장부

담당자(   )

번호	이름	/	/	/	/	/	/	/	/
1									
2									
3									
4									
5									
6									
7									
8									

(계속)

9) 감사 담당자 관리 장부 예시

감사 담당자 관리 기록 장부

담당자(　　　　　　)

번호	이름	/		/		/		/		/		/		/	
		통장	기록 장부	통장	기록 장부	통장	기록 장부	통장	기록 장부	통장	기록 장부	통장	기록 장부	통장	기록 장부
1															
2															
3															
4															
5															
6															
7															
8															

10) 질서 및 규칙 점검 담당자 관리 장부 예시

질서 및 규칙 점검 기록 장부 담당자 (　　　　)	질서 및 규칙 점검 기록 장부 담당자 (　　　　)	질서 및 규칙 점검 기록 장부 담당자 (　　　　)
위반 일시 :　　월　　일	위반 일시 :　　월　　일	위반 일시 :　　월　　일
위반 내용 :	위반 내용 :	위반 내용 :
본인 확인 (　　　　　)	본인 확인 (　　　　　)	본인 확인 (　　　　　)
담당자 보관용	벌금 담당자 보관용	규칙 위반자 보관용

(계속)

11) 각종 당번 및 순서 담당자 관리 기록 장부 예시

당번 및 순서 관리 기록 장부

담당자(　　　　　　　　)

번호	이름	/			/			/			/		
		특별 구역	급식	청소	특별 구역	급식	청소	특별 구역	급식	청소	특별 구역	급식	청소
1													
2													
3													
4													
5													
6													
7													
8													

12) 계단 담당자 관리 기록 장부 예시

계단 청결 담당자 기록 장부

담당자(　　　　　　　　)

/		/		/		/	
청소상태	확인	청소상태	확인	청소상태	확인	청소상태	확인
/		/		/		/	
청소상태	확인	청소상태	확인	청소상태	확인	청소상태	확인

(계속)

13) 테이블 및 복도 담당자 관리 기록 장부 예시

테이블 및 복도 청결 담당자 기록 장부

담당자(　　　　　　　　)

/		/		/		/	
청소상태	확인	청소상태	확인	청소상태	확인	청소상태	확인
/		/		/		/	
청소상태	확인	청소상태	확인	청소상태	확인	청소상태	확인

14) 칠판 담당자 관리 기록 장부 예시

칠판 담당자 기록 장부

담당자(　　　　　　　　)

/		/		/		/	
청소상태	확인	청소상태	확인	청소상태	확인	청소상태	확인
/		/		/		/	
청소상태	확인	청소상태	확인	청소상태	확인	청소상태	확인

15) 수업준비 및 자료 담당자 관리 기록 장부 예시

수업준비 및 자료 담당자 관리 기록 장부

담당자(　　　　　　　　)

/		/		/	
1교시		1교시		1교시	
2교시		2교시		2교시	
3교시		3교시		3교시	
4교시		4교시		4교시	
5교시		5교시		5교시	

(계속)

6교시		6교시		6교시	
확인	교사	확인	교사	확인	교사
/		/		/	
1교시		1교시		1교시	
2교시		2교시		2교시	
3교시		3교시		3교시	
4교시		4교시		4교시	
5교시		5교시		5교시	
6교시		6교시		6교시	
확인	교사	확인	교사	확인	교사

16) 교실환경, 에너지 담당자 관리 기록 장부 예시

교실환경, 에너지 담당자 관리 기록 장부 담당자(　　　　　　)											
/						/					
교실 청소	특별 구역	계단 청소	복도 청소	테이블	칠판 관리	교실 청소	특별 구역	계단 청소	복도 청소	테이블	칠판 관리
해당 구역 담당시민 서명						해당 구역 담당시민 서명					
/						/					
교실 청소	특별 구역	계단 청소	복도 청소	테이블	칠판 관리	교실 청소	특별 구역	계단 청소	복도 청소	테이블	칠판 관리
해당 구역 담당시민 서명						해당 구역 담당시민 서명					

(계속)

II. 시민사회 경제 시스템 – 자본주의 기반

토지	임금	세금
• 임대(200협동)가 기본이다. • 구매, 판매(1,000협동)가 가능하다.(단 토지 임대료 담당자를 통해서만 가능) • 개인 간의 거래는 불가하다. • 원하는 모둠 자리가 있으면 구매 가능하다.(이때 원래 앉았던 시민들은 다른 자리로 이동)(200협동) • 이를 지불할 수 없을 경우 은행 대출을 하거나 파산 선고를 받게 된다.	• 모든 시민은 맡은 역할을 수행하고 매주 주급을 통장으로 받는다. • 모든 시민은 매일 특별수당으로 수업 수당을 받는다. • 시민 개인 간에 화폐가 오고 가는 일은 절대로 없어야 한다.(빌려 주는 일 절대 금지) • 다양한 특별수당이 지급되기도 하지만 규칙을 어겼을 경우 그에 따르는 범칙금 납부도 해야 한다. • 범칙금을 납부할 수 없을 경우 은행 대출을 하거나 파산 선고를 받게 된다. • 공공재화 담당을 통해 상품을 구매할 수 있다. • 상품은 대출을 통해 구매할 수 없다.(영화 상영, 학급야영, 자유 체육권을 얻기 위해 대출을 받는 일은 금지)	• 토지에 대한 세금과 소유하고 있는 총자산에 대한 세금 두 가지로 구분된다. • 세금의 목적은 부의 재분배를 통해 빈익빈 부익부 현상을 막고 소득 양극화 현상을 억제하기 위함이다. • 토지에 대한 세금은 매주 담당시민에게 납부한다. • 보유하고 있는 총자산에 대한 세금은 초과 누진세율을 적용하여 담당시민에게 납부한다. • 불로소득세는 특별세법에 따라 30%의 세율을 적용받는다.(복원)

자본주의 경제의 3요소와 시민사회 활동

생산
살아가는 데 필요한 재화를 생산해 내는 것. 경제활동 프로그램 속에서는 수업 속에서 배움을 생산, 역할 활동을 통해 서비스 생산

분배
재화를 사람들에게 나누어 주는 것. 경제활동 프로그램 속에서는 임금, 수당이 해당

소비
돈을 사용하여 물건을 소비하는 것. 경제활동 프로그램 속에서는 물품을 구매하거나, 각종 세금 및 벌금을 납부하는 것이 해당

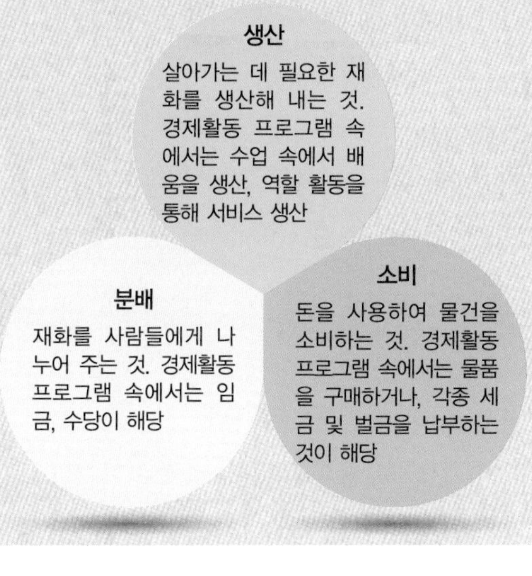

생산의 3요소와 시민사회 활동

토지
생활에 필요한 땅. 교실에서는 곧 수업을 받는 자리를 가리킴

노동
필요한 것을 얻기 위해 노력하는 행위. 교실에서는 수업 및 역할수행 활동을 가리킴

자본
재화를 만들어 내는 데 필요한 생산수단, 노동력, 돈. 교실에서는 화폐를 가리킴

(계속)

III. 시민사회 속에서의 직업 선택

자본주의 사회를 기반으로 하기 때문에 공정한 경제활동의 원리에 입각하여 직업을 선택하고 활동하며(자유와 경쟁) 그 결과에 따라 주급이 지급된다.

- 직업 선택의 기본 원칙 : 노동은 모두를 위한 봉사활동이며 신성한 것으로 한 사람도 빠짐없이 참여한다.(국민의 3대 기본 의무에 해당)
- 자기가 잘할 수 있는 역할에 대하여 자기 소개서를 내고 지원한다.
- 역할 배정은 지원서를 바탕으로 교사가 최종 결정하되 최대한 시민들의 의사가 반영될 수 있도록 한다.
- 시민사회 직업의 종류는 아래와 같다.
- 직업은 변경(게시판에 공시를 하고 그 직업에 대한 희망자가 나타나면 맞교환을 하거나 새로운 직업을 선택하여 수행) 및 추가(시민들의 의견을 받아 적절성 여부를 판단하여 결정)가 가능하다.

순서	직업	주급(임금)	활동 내용
1	주급 담당자	100협동	매주 시민들의 주급, 수업 수당, 융자 등을 지급하고 관리
2	세금 담당자	130협동	매주 시민들로부터 세금을 받음
3	벌금 담당자	120협동	수시로 시민들로부터 벌금을 받음
4	특별 수당 담당자	120협동	수시로 시민들에게 특별 수당을 지급
5	감사 담당자	120협동	매주 월, 수요일로 나누어 시민 전원 통장 및 장부 감사(개인별 주 1회씩)
6	토지 임대료 담당자	100협동	매주 시민들로부터 토지세를 받음
7	계단 담당자	200협동	매일 교실 앞 계단 청결 유지
8	테이블, 복도 담당자	200협동	매일 테이블, 복도 청결 유지
9	칠판 담당자	150협동	매일 칠판 관리
10	가정통신 담당자	120협동	수시로 가정통신 배부
11	교실환경, 에너지 담당자	100협동	매일 교실 환경, 에너지 관리
12	수업 자료 담당자	120협동	수업 준비 및 자료 담당
13	공공재화 담당자	120협동	각종 상품 관리 및 판매
14	질서 및 규칙 점검 담당자	130협동	질서유지 및 규칙 관련 활동 모니터링
15	각종 당번 및 순서 담당	100협동	특별구역, 점심식사, 청소 당번 및 순서 관리

(계속)

직업선택을 위한 자기 소개서 서울 은빛초 6학년 가람반 이름 ( )	
희망 직업	1순위( ), 2순위( ), 3순위( )
위와 같이 지원한 이유	
희망 직업과 자신의 장점(특기)과의 관련성	
자신의 다짐(각오) 한마디	

생각해보기

1. 교사로서 자신의 경제 관련 능력은 어느 정도라고 생각하는가?
2. 자신은 어려서부터 가정에서든 학교에서는 적절한 경제교육을 받은 경험이 있는가?(어려서부터 받았다면 도움이 되었는가? 어려서부터 받았더라면 도움이 되었을 것이라 생각하는가?)
3. 여러분은 자신의 교실에서 경제 관련 교육을 어떻게 실시하고 있는가?
4. 여러분은 자신의 교실에서 아이들의 경제관념 및 만족지연능력을 길러 주기 위해 어떤 노력들을 하고 있는가?
5. 프로그램이 주어진다면 경제 프로젝트 수업을 해 볼 의향은 있는가?
6. 직접 경제 프로젝트 수업을 고안하고 계획하여 해 볼 의향은 있는가?

(10) 창의적 사고력

창의적 사고력은 맥락적 사고와 관련이 있고, 맥락적 사고는 상상력을 바탕으로 한다. 다시 말해서 상상력이 부족하면 맥락적 사고를 못하게 되고, 그것이 부족하면 창의성 또한 부족하게 된다는 말이다. 이에 대하여 각각 정리해 보면 다음과 같다.

1 맥락적 사고력

무엇을 상상하거나 생각하든 그 이하를 보는 사람이 있고 딱 그만큼만 보는 사람이 있으며 그 이상을 보는 사람도 있다. 무엇이 이 셋의 차이를 만드는가에 대한 답이 바로 맥락적 사고이다.

맥락적 사고가 결여된 사람은 단순히 관찰-믿음-적용만 한다. 그리고 스스로 무엇인가를 만들어 내지 못하고 다른 사람의 것을 가져다 쓰기만 한다. 그리고 권위에 의존한다. 그런 사람들은 눈에 보이는 것, 귀로 듣는 것만 믿으려 한다. 그래서 때로는 과도하게 정보 수집에 집착하거나 의존한다. 그런 모습을 뛰어넘지 못하는 한 무엇을 상상하든 그 이상을 볼 수 없다는 것은 자명한 일이다.

맥락적 사고는 창의적 사고의 밑바탕이 되는 중요한 요소이다. 그리고 교사들은 수업을 통해 아이들의 경험을 맥락적이고 의미 있게 만들 수 있도록 자극하고 도와줘야 한다. 이러한 맥락적 사고와 창의적 사고와의 관계를 간략히 살펴보면 아래와 같다(출처 : 노는 만큼 성공한다, 2005, 김정운, 21세기북스, pp. 76~85).

- 창의적 사고를 하려면 낯설게 하기를 할 수 있어야 한다.
- 낯설게 하기를 하려면 맥락적 사고(대상이 어떤 맥락에 있는가를 파악하는 능력 : 게슈탈트)를 할 수 있어야 한다.
- 낯설게 하기란 너무 익숙해져 있어서 있는 줄도 모르는 것을 다르게 만들어 내는 능력으로, 똑같은 대상을 다른 방식, 다른 관점으로 보는 것을 말한다.
- 맥락을 이해하고 그 맥락을 바꿀 수 있는 능력이 바로 창의적인 사고다.
- 아무것도 없는 것에서 갑자기 희한한 것을 만들어 내는 것이 창의적 사고력이 아니라 있던 것을 새롭게 보게 하고 비틀고 다른 관점을 제공하는 능력이 바로 창의적 사고력이다.
- 정보와 정보들의 관계를 이전과 다르게 정의하는 능력이 창의적 사고력이다.
- 정보의 맥락을 바꾸는 능력 또한 창의적 사고력이라 한다.

이렇게 볼 때 맥락적 사고를 하려면 아래와 같은 인식이 필요하다.

- 대상이나 본질 자체는 절대로 바뀌지 않는다.(맥락만 바뀐다.)
- 대상이나 본질은 항상 맥락에 의해 규정된다.(어떤 맥락에 있느냐를 파악)
- 맥락이 바뀌면 대상에 대한 규정은 저절로 바뀐다.
- 관점을 바꾸면 맥락이 바뀐다.

[예시] 국어과 쓰기 시간

이야기 바꿔 쓰기를 할 때 바로 이런 것을 아이들에게 지도한다.

(교사) 이야기를 바꿔 쓸 때 장소, 시대, 사건, 인물을 바꾸거나 추가하여 쓴다.

(아동) 교사의 지도에 따라 원래 이야기에 장소, 시대(간), 사건, 인물을 바꾸거나 추가하여 써 내려간다. 이것이 바로 맥락적 사고의 사례라 할 수 있다.

⇨ 어떤 사물의 다양한 쓰임새에 대하여 이야기하는 수업 속에서 맥락적 사고를 잘하는 아이는 굉장히 많은 것을 이야기하지만 그렇지 않은 아이는 본래의 쓰임새만으로 자신의 사고나 관찰을 다 했다고 생각하여 사고를 멈춘다.

(예) 여러분도 다음과 같은 질문을 통해 맥락적 사고를 직접 경험해 보기 바란다. ⇨ 1,000원짜리 지폐 한 장이 있다. 이것으로 할 수 있는 것을 모두 말해 보시오.

03

맥락적 사고를 키울 수 있는 가장 좋은 방법은 여행이라 말하고 있는 책 한 권을 소개하니 관심 있으면 한번 읽어 보기 바란다.

책 소개

여행하면 성공한다

(김영욱 · 장준수 지음, 라이프 콤파스, 2011)

'열심히 일한 당신, 떠나라!'라고 한 광고는 말하였다. 여행은 지친 일상에서 잠시 벗어나 마음의 휴식과 재충전을 가져다준다고 흔히 사람들은 말한다. 그런데 이 책은 여행을 통해 얻는 것이 단지 휴식이나 재충전 그 이상의 것이라 말하고 있다. 그것을 살펴보면 아래와 같다.

(1) 자아발견 (2) 호기심 (3) 통찰 (4) 창의성 : 여행을 재미있게 하려는 고민은 맥락적 사고의 훈련이 되고, 맥락적 사고를 잘하게 되면 재미를 만들어 낸다. 맥락적 사고를 잘하게 되면 결국 창의적이 되고, 결국 잘 노는 사람이 창의적인 사람이 되기도 하는 것이다. (5) 기획력 (6) 자기 주도 (7) 자기애 (8) 자신감 (9) 열정 (10) 감성

> 그런데 이 많은 것들을 얻으려면 얼마나 많은 여행을 떠나야 할까 하는 생각도 든다. 하지만 이 책은 일상에서도 여행을 연습하고, 여행하는 것과 같은 효과를 얻을 수 있다고 한다. 그것은 바로 '여행하듯이 생활하는 것'이다. 이런 생각을 가지고 아이들의 배움과 구성주의적 수업을 연관 지어 맥락적 사고를 한번 해 보니 이런 글이 떠올랐다.
>
> 교사와 아이들은 배움의 긴 여정을 떠나는 여행자
> 배움은 그 자체가 목적이 아니라 스스로 구성해 나가는 긴 여행
> 아이들과 교사의 일상, 삶 자체가 바로 여행인 것
> 그 속에서 교사와 아이들은 동행하면서 서로 배움을 주고받는다.
> 그것은 교사와 아이들의 삶을 가꾸는 일=배움=수업인 것이다.

2 창의적 사고력

창의적 사고력이란 새로운 것을 만들어 내거나 발견해 내는 능력을 말한다. 창의적 사고의 결과는 어떤 문제에 대한 새로운 해결안, 새로운 방법이나 고안, 새로운 예술적 대상이나 형태 등으로 구체화된다. 이에 대하여 좀 더 살펴보면 아래와 같다.

첫째, 창의적 사고력은 '무'에서 '유'를 만들어 내는 것이 아니라 '유'에서 '유'를 만들어 내는 힘을 말하는데, 이것은 바로 맥락적 사고와 '융합과 분리' 과정을 통해 발휘된다. 그러나 이 또한 나름대로의 지식과 정보 및 소통과정(예 : 여럿이 함께하는 브레인스토밍을 통해 창의적 사고활동은 시너지 효과를 발휘한다.)이 없다면 키워 나가기 어려운 것이다. 아는 만큼 보인다고 하듯이 창의적 사고력도 아는 만큼(다양한 지식과 경험) 생길 수 있는 법이다. 여기서 말하는 지식과 경험이란 살아 있는 유의미한 지식과 경험을 말하는 것으로, 삶을 가꾸는 일과 관계없는 지식과 경험은 해당되지 않는다. 그동안 우리 학교 교육이 후자의 것만 신경을 써 온 것은 아닌가 한번 고민해 보지 않을 수 없는 일이다.

둘째, 창의적 사고력은 상상력을 바탕으로 하는데, 이러한 상상력은 획일적이고, 지배적이고, 일방적이고 정답만을 추구하고 폐쇄적이며 상호작용이 없는 곳에서는 절대로 생기지 않는다. 상상력은 오히려 열려 있고, 평온함과 여유가 있으며 개방적이고 수용적인 분위기 속에서 마음껏 발휘될 수 있다. 그리고 그러한 상상력의 밑바닥에는 사실 감수성이라는 것이 있다는 사실을 우리는 깨달아야 한다. 감수성(외부로부터의 자극을 받아들이는 힘)에서부터 상상력과 창의적 사고력이 생겨난

다는 말이다. 그러나 전통적으로 우리 교실은 아이들의 상상력을 억제해 왔고 감수성에 바탕을 둔 표현력 신장에 어떤 노력도 기울이지 않았다고 해도 과언이 아닐 만큼 순종적이고 고분고분하며, 선생님이 말하는 정답 찾기를 잘하고 선생님 말씀만 잘 듣는 아이들을 성실한 아이로 인식하며 그런 아이들을 만들기 위해 노력해 왔다. 그래서 우리 아이들은 교실에서 무엇인가를 상상하라고 하면 눈만 깜박이며 앉아 시간만 때우고 있는 것이다.

셋째, 창의적 사고력은 자존감을 바탕으로 한다. 이러한 자존감은 자신을 아끼고 사랑하며 긍정적인 사고 및 세계관을 갖게 해 준다. 그리고 이러한 사고는 매사에 적극적으로 임하게 해 주고 그 결과로 항상은 아니지만 참으로 성공의 경험을 많이 맛보게 된다. 그러나 전통적인 교육에서는 그런 경험을 아이들에게 별로 주지 못했다. 국어, 수학, 영어 등의 과목에 너무 집중한 나머지 음악, 체육, 미술 등을 잘해도 국어, 수학, 영어 등을 못하면 부진아로 낙인이 찍혀 자존감을 자꾸만 무너뜨려 왔다. 그런 교실에서 많은 아이들은 꿈을 미처 키워 보지 못한 채 패배자로 분류되어 무기력한 모습으로 무엇을 해도 쉽게 포기하고, 지친 모습을 보이고, 자신감 있게 나서지 못하며 실패를 두려워하여 어떤 일도 시도조차 하지 못하고 있는 실정이다. 자존감이 무너지면 한 번 쓰러졌을 때 다시 일어설 수 있는 용기와 희망 또한 함께 무너지는 경우가 많아 매우 큰 어려움에 봉착할 가능성이 높다.

넷째, 창의적 사고력은 잘 노는 일을 통해 발휘된다. 이를 증명해 준 사람이 바로 스티븐 잡스다. 그의 회사는 노는 것처럼 일하고, 일하는 것처럼 노는 곳이라는 말을 들은 적이 있다. 일을 놀이처럼 한다는 말은 그만큼 즐긴다는 것이고, 즐긴다는 것은 부담이 없다는 것이다. 여기서 말하는 부담이라는 것은 우리가 제일 듣기 싫어하는 말들이다. 대표적인 예가 '평가, 판단, 비난, 비판, 충고, 꾸지람' 등이다. 브레인스토밍이라는 활동을 할 때에도 처음부터 평가나 판단을 하게 되면 다양한 생각이나 사고를 끌어내기 어렵다는 것을 너무나도 잘 알고 있을 것이다. 이처럼 창의적 사고력은 자유롭고 허용적인 분위기 속에서 키워진다. 그러나 우리의 전통적인 교실은 아이들에게 놀 수 있는 공간과 시간적 여유를 제공해 오지 못했을 뿐만 아니라 참 많은 경우 "안 돼. 그런 것은 필요 없어. 그것은 틀렸어. 그것은 나빠. 이런 것은 이렇게 해야 해. 그렇게 하면 안 돼."라는 말을 너무 많이 사용해 왔다. 그래서 아이들은 자신의 생각을 밖으로 함부로 꺼내지 못하게 되고 그런 교실에서는 이런 진리 아닌 진리가 자리하게 된다. "차라리 말이라도 안 하면 중간은 하지."

다섯째, 창의적 사고력은 여유를 통해 발휘된다. 조급함과 '빨리빨리'주의는 사람들의 깊이 있는 사고와 소통을 막고, 형식주의와 실적주의, 대충주의를 낳는다. 그렇게 근·현대사를 맞이한 것이 바로 대한민국이었다. 그리고 그것이 부정과 부실과 적당주의 및 편법을 낳고 말았다. 정치는 정치대로, 경제는 경제대로, 교육은 교육대로! 그리고 그것의 한계가 지금 대한민국의 변화를 요구하고 있다.

그렇다면 창의적 사고력은 어떻게 신장시켜 나갈 것인가?

무엇보다도 구성적 · 협동적 사고에 바탕을 둔 개방적 · 수용적 분위기가 만들어져야 한다. 아이들이 교실에서 무엇을 생각하고 말하더라도 그것이 수용되고 인정되는 분위기가 필요하다. 1÷2=1/2만이 아니라 1÷2=2가 될 수도 있는 그런 교실이 되어야 한다. 그 아이의 생각을 들어 보고 그의 경험과 생각이 좌뇌보다도 우뇌에 의하여 받아들여질 수 있는, 개성과 다양성이 허용되고 인정되는 그런 교실이 되어야 한다.

둘째, 아이들의 자존감을 높여 주어야 한다. 창의적 사고력은 패배의식에 젖어 있고 불안함을 보이며 피곤함에 늘 지쳐 있으며 조급함으로 인해 어쩔 줄 몰라 하는 상황에서는 절대로 발휘되지 않는다. 창의적 사고력은 여유로움과 긍정적 사고방식과 무엇인가 하나에 몰입하는 집중력에 의해서 만들어진다. 그러니 교실에서는 절대로 아이들의 기를 죽이는 일은 없어야 한다. 특히 국어, 수학, 영어 등의 성적이 좋지 않다고 부진아로 몰아세우며 아이들을 한 줄로 서열화시키는 일은 더욱더 없어야 한다. 체육만 잘해도, 음악만 잘해도, 미술만 잘해도 국어, 수학, 영어 잘하는 아이들 못지않게 인정과 존중을 받는 교실. 그런 곳에서 아이들의 창의성은 날로 커 갈 수 있다.

셋째, 직접적인 경험은 창의적 사고력에 날개를 달아 준다. 창의적 사고력은 유에서 유를 만들어 내는 것이다. 그러니 나름대로의 지식과 다양한 경험이 없다면 창의적 사고력 또한 부족하다고 보아야 한다. 따라서 어린 시절부터 아이들에게 많은 것을 직접 경험하게 해 주어야 한다. 우리나라에서도 혁신학교 운동이 시작되고, 교육과정에서 창의적 체험활동을 강조하면서 다양한 체험활동이 현장에서 확대되어 가고 있는 상황이다. 이는 매우 긍정적이라 할 수 있다. 하지만 여기에도 지금 당장은 한계가 있다. 아이들이 마땅히 좋은 경험을 할 수 있는 장소가 그리 많지 않다는 것이고, 학교 현장의 여건도 그리 쉽지만은 않은 상황이다.(교사의 부담, 학부모의 금전적 부담, 성적 중심 교육에서 체험학습의 중요성을 인식하지 못하는 현실, 다양한 연령층의 학생들을 대상으로 한 프로그램의 부재 등) 이에 대한 대책 마련이 시급하다.

넷째, 아이들이 많은 생각을 할 수 있는 환경을 제공해야 한다. 특히 수업 시간에는 교사의 질문에 따라 아이들이 먼저 충분히 생각하고, 그 생각들을 서로 나누면서 상호작용할 수 있도록 해 준다면 아이들의 창의적 사고력은 충분히 신장될 수 있다. 또한 자기 생각을 갖고 있는 아이들은 그 활동에서 분명히 능동적으로 참여하게 된다. 참여(활동에 주도적 · 능동적으로 참여)와 출석(물리적 공간을 차지할 뿐 그 상황에서 수동적으로 자리할 뿐)의 차이는 바로 자기 사고가 있느냐 없느냐에 따라 달라진다. 우뇌적 사고에 의한 분위기 속에서 좌뇌에 의한 상호작용을 할 수 있도록 해 주어야 한다. 물론 여기에도 어려움은 있다. 특히 교육과정 및 법적 · 제도적 문제(과목 수, 학습량, 과도한 수업 시수, 과밀학급, 교사의 잡무, 승진구조, 교사의 인식 및 노력 부족, 입시 문제 등)는 하루 빨리 손을 봐야만 한다.

교사에게도 창의성은 없어서는 안 될 중요한 능력

지금껏 교사들은 아이들에게 창의성을 키워야 한다고 강조하며 아이들의 창의성을 키워 주기 위한 많은 활동을 해 왔다. 그러나 정작 자신의 창의성은 소홀히 한 것은 아닐까 생각한다. 창의성이 없는 교사에게서 과연 아이들은 창의성을 얼마나 배울 수 있을까? 창의성이 있는 교사에게서 창의성이 있는 아이들이 나온다고 나는 믿는다. 교사들 또한 창의성을 키우기 위해 많은 노력을 해야 하는데 그 가운데 가장 최선은 사물과 현상을 다른 시각에서 바라보기 위해 노력하는 연습이다. 이를 나는 '관점 디자인하기'라 말한다. 이는 수업 디자인, 교육과정 재구성 등에 가장 핵심이라 말할 수 있다. 수업을 바라보고 사회 현상과 사물을 바라보는 관점을 디자인할 수 있다면 아이들에게 살아있는 배움을 제공할 수 있는 단초가 마련될 수 있다. 쉽게 길러질 수 있는 능력은 아니지만 꾸준히 노력하면 될 수 있다. 이에 도움이 되는 책 한 권을 소개하면 아래와 같다.

관점을 디자인하라(프롬북스, 2013)는 국내 유일의 '관점 디자이너(perspective designer)' 박용후가 쓴 책이다. 그는 (주)카카오 커뮤니케이션 전략고문, 뽀로로의 (주)오콘, 모바일 결제 분야의 (주)다날, 국민 게임 애니팡을 개발한 (주)선데이토즈, 도시락 업체 (주)한솥도시락 등 13개 기업의 홍보전략 업무를 맡고 있다. 매월 13곳에서 봉급이 들어온다는 이야기다. 대단하지 않은가! 저자는 우리가 그동안 당연하다고 여겼던 수많은 것들을 부정하고, 관점을 바꾸면 세상을 바꿀 수 있는 생각의 힘, 창조적 아이디어를 떠올릴 수 있다고 말한다. 이를 통해 지금까지와는 다른 삶을 살 수 있다고 전한다. 이 책은 '보는 것과 아는 것의 차이', '관성대로 살지 말고 관성을 만들어라', '관점을 바꾸면 산타클로스가 보인다', '나를, 상품을, 기업을 판다는 것', '끝없이 성장하는 인맥 나무를 키워라'의 총 5장으로 구성되어 있다. 나는 이 책을 읽으면서 '나다운 수업을 만들기 위한 수업 관점 디자이너가 되자'는 생각을 이전보다 더 많이 하게 되었다. '나만의 온리원 수업', 그것을 위해 쉽지는 않지만 당연하다고 생각하는 것을 의심하고 일상의 모든 것 속에는 '우리가 보지 못하는 것들이 존재한다'는 사실을 인정하는 일부터 차근차근 접근하려고 노력했다. 특히 나 스스로 "왜?"라는 질문에 답을 찾을 때나 아이들에게 질문을 할 때도 어떻게 하면 무조건 정답부터 찾는 조급함에서 벗어날 수 있을까를 생각하게 되었다. 이에 대하여 박용후는 영화 "올드보이"를 들어 설명한다. "이 영화를 본 사람들 대부분은 영화의 주인공 최민식이 했던 말, '누가 나를 가뒀을까?', '왜 가뒀을까?'라는 질문에 집중한다. (중략) 유지태는 '대답'이 아니라 '질

(계속)

03

문'이 틀렸다는 사실, 즉 '왜 15년 동안 감금해 두었을까?'가 아니라 '왜 15년 만에 풀어 주었을까?'가 맞는 질문이라는 점을 지적한다"(p. 41). 그에 따르면 "왜 15년 동안 가두어두었을까?"라는 질문은 '닫힌 질문'이며, 이 경우에는 '갇힌 생각', '닫힌 생각'을 하게 된다. 그와 달리 "왜 15년 만에 풀어 주었을까?"라는 질문은 '열린 질문'이고, 이것은 '풀린 생각', '열린 생각'을 하게 만드는 '올바른 질문'인 것이다. 이를 통해 나는 교사로서 질문도 틀릴 수 있다는(잘못될 수 있다는) 것을 깨달았고, 제대로 된 질문 속에서 사고의 전환, 생각의 전환, 관점의 전환이 일어날 수 있다는 사실 또한 깨닫게 되었다. 이 밖에도 책에서는 수많은 사례들을 통해 사물을 보는 관점의 전환에 대해 설명하고 있다. 교사로서 창의성을 키우고 싶다면, 창의적인 생각을 통해 수업으로 연결짓기를 하고 싶다면 이 책을 나는 꼭 읽어 보라고 권한다.

생각해보기

1. 여러분은 자신이 창의적인 교사라고 생각하는가?
2. 여러분 자신은 창의적인 수업을 하고 있는가?
3. 여러분은 아이들에게 다양한 관점을 심어 주고 그를 바탕으로 창의적인 생각이 잘 드러날 수 있도록 수업을 디자인하고 있는가?(특히 발문)
4. 여러분 스스로는 자신의 창의적인 사고와 관점을 디자인하기 위해서 어떤 노력들을 하고 있는가?
5. 나다운 수업, 자신만이 할 수 있는 온리원 수업을 위해 여러분은 어떤 노력을 하고 있는가?

7) 남의 도움을 받아 실현해 나간 꿈보다 스스로의 힘으로 실현해 나간 꿈의 가치가 더 크다

지금까지 약 10년 가까이 강의를 해 오고 있다. 처음에는 내 생각이 다른 사람들의 협동학습 실천에 조금이라도 도움이 되었으면 하는 바람을 가지고 나의 실패 경험을 나누어 주고 그들이 시행착오를 덜 겪을 수 있도록 하기 위함이었다. 하지만 최근에 들어서는 그런 생각보다는 협동학습을 속성으로 배우고자 하는 사람들의 생각을 어떻게 하면 바꿀 수 있을까, 협동학습 강의에서는 협동학습에 대한 최소한의 이해만 하고 나머지는 자기 스스로의 힘으로 깨우쳐 나갈 수 있도록 마중물 역할이 되어 줄까 하는 마음으로 많은 선생님들을 만나 간다.(정말 좋은 강의는 기술이나 방법을 전해 주는 것이 아니라 듣는 이로 하여금 자신을 돌아보게 하며 무엇인가 깨달음을 주고 고민거리를 안겨 주며 생각의 폭과 깊이를 더해 주는 것이라 생각한다.) 이런 생각을 갖게 된 것에는 나름의 계기가 있었다.

몇 년간 강의를 하고 다니면서 많은 선생님들을 만났었는데, 어느 순간 그 선생님들의 교실을 바라보니 그들 자신의 협동학습은 없고 내가 연수의 자리에서 보여 주었던 것들을 흉내 내거나 따라 한 모습만 자리하고 있었다. 그것을 보면서 이들이 진정으로 협동학습을 하고 있는 것인가, 아니면 내가 실천했던 모습을 그냥 따라 하면서 협동학습을 하고 있다고 착각하고 있는 것인가 하는 고민에 휩싸이게 되었다. 남이 하고 있는 것을 그대로 따라 한다고 해서 자신의 것이 되었다고 생각하면 안 된다. 그것은 그냥 짝퉁일 뿐이다. 나 자신이 아무리 노래를 잘하여 조용필과 목소리까지 똑같이 부르더라도 나는 흉내만 낼 뿐 결국 조용필이 될 수 없는 것과 같은 이치다. 내가 흉내 내는 조용필 속에는 '나다움'은 없다. 나 자신만의 색깔과 특성은 찾아볼 수 없다. 그리고 무엇보다도 중요한 사실은 흉내 내는 것으로는 결코 조용필을 뛰어넘는 가수가 될 수 없다는 것이다. 그 이후로 심사숙고를 한 끝에 나름의 결론을 내리게 되었던 것이다.

진정으로 협동학습의 성공을 여러분의 교실에서 꿈꾼다면 협동학습 기법이나 기술은 쉽게 전수받을 수 있지만 그것들을 실제의 활동과 연결시키는 일에는 기법이나 기술 이면에 자리한 굉장히 많은 요소들과 변인들이 자리하고 있다는 것을 여러분은 알아 두어야 한다. 그리고 그것들을 고려하여 기법이나 기술을 적용하고 자신이 꿈꾸는 협동학습을 실현해 나가는 데는 스스로의 힘으로 한 걸음 한 걸음 나아가면서 혹독한 시행착오와 성공 및 실패의 경험을 바탕으로 터득한 지혜가 필요하다는 것을 절대로 잊어서는 안 된다. 또한 지혜라는 것은 기법이나 기술과는 달리 절대로 남들에게 전수 혹은 전달이 불가능한 일이라는 사실 또한 깨달아야 한다. 왜냐하면 지혜는 실천의 과정 중 피땀 어린 열정과 눈물과 가슴속을 파고드는 아픔 속에서 피어난 정수(精髓, 사물의 본질을 이루는 알짜나 알맹이)이기 때문이다. 이것은 결코 수백 시간의 강의 등을 통해서도 전해 줄 수 없는 것으로, 직접 몸으로 부딪치고 뒹굴어 가며 깨져 본 사람만이 가질 수 있는 최고의 것이다.

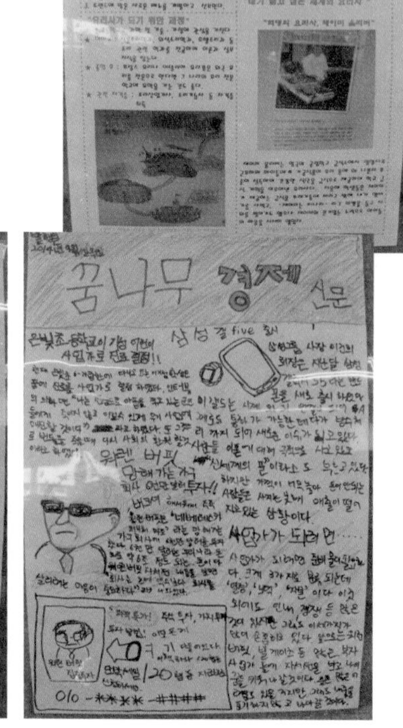

2014년 나의 학급 꿈 신문 게시판 및 개인별 사례

남의 도움을 받아 실현해 나간 꿈은 결국 자기 스스로 만들어 나간 것이 아니기 때문에 그 꿈에 대한 판단 또한 남에게 의지하게 되고 그 꿈에 대한 주인의식도 사라지게 된다. 결국 꿈을 이루었다고 해도 남의 시선과 판단에 따라 불안해하기도 하고 헷갈려 하기도 하면서 이런저런 이야기에 쉽게 흔들리게 된다. 그런 꿈보다 조금은 천천히 가더라도 스스로의 힘으로 하나둘 실현해 나간 꿈의 가치가 더 크고 소중하다고 말할 수 있으며 그런 꿈이야말로 주인의식을 가지고 작게 시작하여 크게 만들어 갈 수 있을 것이라 확신한다. 결국 가장 핵심은 앞에서도 여러 차례 언급한 바와 같이 자기 성찰-셀프 멘토링만이 답이다. '나다운 꿈'을 세우고 꿈의 방향과 목표를 정확하게 이해하며 그 꿈에 주인이 되어 자기 자신과 꾸준히 대화하고 성찰하면서 자신의 재능과 적성에 대한 각성을 바탕으로 열심히 실천해 나간다면 이루지 못할 꿈은 없다.

처음부터 가슴 설레게 하는 꿈은 허상이다.

많은 사람들은 무슨 일을 시작할 때 가슴 설렌다는 말을 많이 한다. 그리고 자신이 어떤 일을 시작하기만 하면 잘될 것으로 믿고 있다. 때문에 그 일이 잘되었을 경우를 상상하면서 그 허상에 사로잡혀 기분이 붕 떠 있기 때문에 그런 말을 하는 것이다. 하지만 막상 일을 시작하면 생각처럼 잘되지 않는 데 반하여 다른 사람들의 일은 다 잘되기만 하는 것처럼 느껴진다. 그러다 보면 열정도 자신감도 줄어들게 된다. 그러다가 정말 힘든 순간이 오게 되면 '이 길이 아니었나 보다.' 하고 생각하면서 또 다른 '가슴 설레게 하는 꿈'을 찾아 나선다.

남녀가 이성을 만날 때도 마찬가지다. 첫 만남부터 가슴 설레게 만드는 사람을 만나는 꿈을 많이 갖는다. 하지만 그런 완벽한 사람이 얼마나 될까? 그런 생각을 가지고 사람을 만나게 되면 한 번 두 번 만날 때마다 상대방의 장점보다는 단점이 먼저 보이게 되고 몇 번 더 만나게 되면 '이 사람이 아닌가 봐.' 하고 실망하여 헤어지곤 한다.

이런 모든 사례는 주변에서 흔히 볼 수 있다. 모두가 환상에 빠져 진실을 보지 못하고 있는 경우다. 나는 그런 꿈, 그런 사람은 애초부터 존재하지 않는다고 생각한다. 이 세상에 어떤 꿈이, 어떤 사람이 늘 좋기만 하던가. 때로는 어려운 고비도 있고, 힘겨운 상황도 있고, 가슴 아픈 일도 있고, 싸우기도 하고 잠시 멀어졌다가 다시 가까워질 때도 있다. 그러면서 그 꿈에, 그 사람에 한 걸음씩 더 가까이 다가서게 되는 것이 세상의 이치다.

(계속)

나는 이 세상에 처음부터 가슴 설레게 하는 꿈, 그런 사람은 없다고 생각한다. 다만 내가 그 꿈에 대하여 얼마만큼(가슴 설렐 때까지) 열정을 가지고 노력하였는가, 그 사람에 대하여 얼마만큼(가슴 설렐 만큼) 정성을 다하여 진심으로 만남을 가져왔는가 하는 것만이 있을 뿐이라 생각한다. 그리고 오랜 시간이 흐른 뒤에 자신의 땀과 열정의 결과로 "가슴 설레는 꿈이었다. 가슴 설레는 사람이었다."고 말할 수 있는 것 아닐까? 처음부터 판단하지 말자. 그리고 무슨 일이든 어떤 사람이든 가슴 설레도록 끝까지 만들어 가자. 그 길만이 답이다.

생각해보기

1. 여러분은 자신의 꿈에 대하여 가슴 설렐 때까지 노력해 본 적이 있는가?(그리고 그 꿈을 이루었는가?)
2. 여러분은 배우자(혹은 현재 만나고 있는 사람)에게 가슴 설렐 만큼 정성을 다해 노력하고 있는가?
3. 여러분은 자신의 교실에서 아이들에게 가슴 설렐 만큼 열과 성의를 다해 지도하고 있는가?
4. 여러분은 협동학습을 실천하면서 자신의 것으로 만들기 위해 가슴 설렐 때까지 시간과 노력을 투자하고 있는가?

8) 마무리를 하며!

지금까지 '꿈'을 주제로 나와 협동학습에 대한 이야기를 곁들여 다양한 이야기를 해 보았다. 아직은 부족한 이야기가 많다. 남은 부분들은 여러분 스스로가 채워 나갔으면 하는 바람이다. 꿈과 협동학습과 교육에 대한 이야기를 마무리하며 몇 가지 질문과 '10가지 ㄲ'을 여러분에게 남겨 두고자 한다. 여러분이 나의 질문에 대한 답과 '10가지 ㄲ'을 갖기 위해 노력할 것을 적극 권해 드리며 기나긴 시간 동안 고민해 왔던 나의 모든 것을 내려놓고자 한다. 부디 이 글들이 여러분의 꿈을 이루어 나가는 데 도움이 될 수 있기를 바라며…….

하나. 나는 꿈이 있는가 아니면 없는가?
둘. 나는 꿈을 정해 두고만 있는가 아니면 그것을 이루기 위해 노력하고 있는가?
셋. 나의 꿈은 점점 성장하고 있는가 아니면 늘 똑같은 모습인가?
넷. 나는 교사로서 조금씩 성장하고 있는가 아니면 제자리걸음 또는 퇴보하고 있는가?
다섯. 나의 협동학습 전문성은 성장하고 있는가 아니면 제자리걸음 또는 퇴보하고 있는가?

꿈

교사라면 누구나 꿈을 갖고 살아가야 합니다.
꿈은 우리 교사들에게 희망과 소망을, 이상과 미래를, 자신과 아이들에 대한 기대를 일깨워 줍니다.

끼

끼는 곧 재능입니다.
교사에게 있어서 끼는 세상을 바르게 볼 수 있는 시각을 가지고 아이들을 바른 길로 이끌어 줄 수 있는 재능을 말합니다.

꾀

교사에게 있어서 꾀는 항상 슬기롭고 지혜롭게 아이들을 가르치도록 이끌어 주며 문제를 잘 해결해 나가도록 이끌어 주는 정신적 능력을 의미합니다.
꾀는 지적 자산이며 지혜입니다.

끈

끈은 교사와 아이들을 연결하고 이어 주는 역할을 합니다.
즉 올바른 교육적 행위를 위한 교사와 학생 사이의 '관계구조의 핵심'이 바로 끈입니다. (교육적 행위의 시작)

깡

교사에게 있어서 깡은 열정입니다.
민주와 자유와 평등과 협동에 대한 꿈은 강력한 엔진과도 같이 어떠한 폭압에도 굴하지 않는 깡이 없이는 결코 이루어질 수 없습니다.

꼴

교사의 태도(꼴)가 학생들에게 모델이 되지 못하면 학생들에게 믿음을 줄 수가 없습니다.
태도(꼴)는 학생들이 교사를 신뢰하고 따르도록 만드는 중요한 다리가 됩니다.

꾼

꾼은 곧 전문가를 의미합니다.
다시 말해서 아마추어가 아니고 교사로서 철저한 프로페셔널리스트, 전문가가 되어야 한다는 뜻입니다.
이를 위해서는 부단한 노력과 연구의 자세가 필요합니다.

깔

깔은 자기 자신만의 빛깔을 의미합니다.
누구나 자신만의 빛깔을 가지고 살 듯 교사로서 자신만의 빛깔-철학은 꼭 필요합니다.
그것이 바로 오늘과 내일을 살게 해 주니까요.

꼭

꼭 교사로서의 책무성과 의무를 다하라는 말입니다. 진실을 규명할 특권과 의무, 용기, 스스로 자유로움, 자신에 대한 성찰, 아동의 본성에 대한 신뢰와 인내심, 분별력과 엄격함, 그리고 민주성

끝

끝은 모든 욕심과 사심을 내려놓음을 뜻합니다. 꿈과 이상과 목표는 높게 두되 끝에 가서는 모든 것을 내려놓고 있는 그대로를 바라보는 자세가 필요합니다. 그것이 아이들을 사랑하는 지혜입니다.

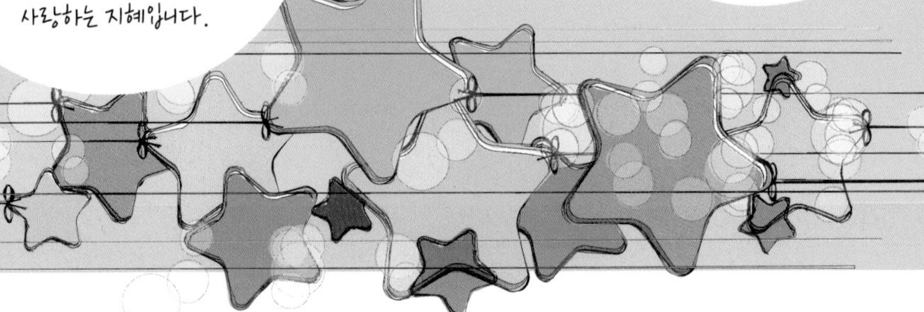

협동학습 구조 몇 가지

(살아 있는 협동학습 1에 소개되지 않은 활동중심으로)

협동학습에서 구조란
농구에서 왼손이 하는 역할과 같은
위치에 있다고 생각한다.
왼손은 거들 뿐이다.
이와 같이 협동학습에서 구조를
전부라 여겨서는 안 된다.
구조는 단지 협동학습을 거들 뿐이다.
구조가 없이도 협동학습은 가능하다.
비구조화된 활동에도 협동학습의
네 가지 원리가 녹아들어 간다면
훌륭한 협동학습이 이루어질 수 있다.
오히려 그 상황은 협동학습이 가장 이상적으로
실현되고 있는 것이라 말할 수 있다.

1. ○가고 ○남기
2. 하나 주고 하나 받기
3. 짝 대변인
4. 교실 산책 피드백
5. P. M. I.
6. 만일 그래프
7. 신호등 토의 · 토론
8. 두 마음 토의 · 토론
9. 토의 · 토론망
10. 동심원 활동
11. 사전지식 브레인스토밍
12. 집단 탐구를 위한 Co-op Co-op
13. 피라미드 토의 · 토론
14. Stahl의 의사결정 모형
15. 5W 차트
16. 증발 구름

○가고 ○남기

기본이해

이 활동은 셋 가고 하나 남기, 하나 가고 셋 남기 등과 같이 각 모둠에서 수행한 과제를 몇 명이 이동하여 동시다발적으로 발표하거나 혹은 발표를 듣는 활동이다.

모둠에서 맡은 자신의 역할이 무엇이냐에 따라 다른 모둠으로 이동해서 설명을 듣고 알아 오거나 다른 모둠으로 가서 설명을 해 주고 오는 방식으로 활동을 하는데, 자신이 맡은 역할에 대한 책임감을 가지고 할 수 있는 활동이라 할 수 있다.

진행방법(셋 가고 하나 남기)

1. 각 모둠에서 맡은 주제에 대한 학습 활동을 철저히 수행한다.
2. 각 모둠에 남아서 발표를 할 사람과 다른 모둠으로 이동하여 설명을 듣고 올 사람을 정한다.(모둠에 맡길 수도 있고, 교사가 지정해 줄 수도 있다.)
3. 정해진 순서와 신호에 따라 남아 있는 사람은 자신의 모둠을 찾아온 친구들에게 학습한 내용을 자세히 설명해 주고, 이동한 사람들은 다른 모둠원이 학습한 내용에 대하여 꼼꼼히 설명을 듣고 정리해 둔다. 필요한 경우에는 질문을 할 수도 있다.
4. 교사의 신호와 이동 순서에 따라 앞의 ③번 활동을 반복하면서 서로 다른 과제 수행을 한 모둠을 모두 돌아다니면 활동이 마무리된다.(예 : 교실에 모둠이 7개이면 6번의 이동이 발생한다.)
5. 모든 모둠을 빠짐없이 다닌 후 이동한 사람들은 자신의 모둠으로 돌아와 남아 있던 사람에게 다니면서 알아 온 내용들을 모두 전달해 준다.
6. 하나 가고 셋 남기는 이동하는 사람이 전문가가 되어 탐구한 내용을 들고 다른 모둠으로 돌아다니면서 알려 주는 방식으로 활동을 하게 된다.

활동효과

1. 맡은 역할에 대한 책임감이 강조되어 활동에 더 집중을 하게 된다.
2. 활동지, 공책 등을 활용할 경우 책임감 및 집중도는 더 높아진다.
3. 개인적 활동이 소집단 활동으로, 대집단 활동으로 확장되는 효과를 얻게 된다. 결국 학급 구성원들은 모두 같은 내용을 학습하게 된다.
4. 다른 모둠에 가서 정보를 얻는 아동은 흥미를 가지고 참여할 수 있으며, 그 과정에서 듣기 능력

도 향상되고, 모둠으로 돌아와서는 알아 온 정보에 대한 설명이 필요하기 때문에 발표력도 향상될 수 있다.

5. 모둠에 남아서 설명하는 아동은 기본 사고(지식, 이해) 수준의 정보를 나누어 주지만 설명하고 질문에 대한 답변 및 보충설명, 사례제시 등을 하는 과정에서 적용 · 분석력 등의 고급 사고력 및 발표력을 향상시킬 수 있다.
6. 자리를 이동하는 아동과 남아 있는 아동 사이의 역동적인 활동이 전개된다.
7. 소집단 내에서 동시다발적으로 발표하기 및 듣기 훈련 활동이 진행된다.
8. 교사중심의 전달 방식보다 아동들의 참여도, 집중도가 더 높아진다.

주의할 점이나 활동 팁

1. 보다 좋은 활동을 위해 각 모둠에서는 관련 자료를 미리 만들어 복사해 놓은 뒤에 찾아오는 다른 모둠 사람들에게 배부할 수도 있고, 돌아다니는 사람들은 활동지를 만들어 기록하거나 노트를 들고 다니면서 정리 활동을 할 수 있다.
2. 발표 시간을 미리 안내해 주고 시간이 되면 미리 약속된 신호에 따라 이동할 수 있도록 한다.(미리 동선도 안내)
3. 모둠에 남아 있는 발표자를 중간에 교체하여도 좋다.
4. 자칫하면 이동하는 동안이나 발표가 이루어지는 동안 소음이 크게 발생할 수가 있으므로 각별한 지도가 필요하다.
5. 이동하기 전에 자신의 모둠에서 탐구한 내용에 대한 충분한 숙지는 필수다.
6. 각 모둠에서 탐구한 내용은 필요시 교사가 미리 살펴봐 주어야 한다. 그렇지 않으면 잘못된 정보나 불필요한 내용까지 전달하게 되어 제대로 된 학습 활동이 이루어지지 않게 된다.
7. 필요시에는 활동을 마치고 교사가 최종 정리를 해 주는 것도 좋다.
8. 주로 내용이 많지 않으며 복잡하지 않은 정보(기본 사고 수준)나 기술(기능 : 종이접기 방법 등) 등을 나눌 때 많이 사용되는데, 듣기 능력이 떨어지거나 정리, 메모하는 능력이 떨어지는 경우 또는 학년 수준이 낮거나 기억력 등이 부족한 경우에는 활동하기에 어려울 수도 있다.
9. 정말 이 활동이 가장 효과적인지를 세심히 살펴서 적용할 필요가 있는 활동 가운데 하나라 할 수 있다. 예를 들자면 아래와 같다.

활동 주제 : 각 계절별 별자리 탐구(봄, 여름, 가을, 겨울)

위와 같은 활동을 할 때 8개의 모둠이 있다면 적용할 수 있는 구조와 방법이 여러 가지 있다.

[방법 1] 셋 가고 하나 남기 : 아래와 같이 모둠을 2그룹으로 나누고, 3명이 다른 3개의 모둠을 다니면서 설명을 들어 오고 1명은 자신의 모둠에 남아 찾아온 다른 모둠원들에게 설명을 해 준다.

A그룹	1모둠 ⇨ (이동)	2모둠 ⇨ (이동)	3모둠 ⇨ (이동)	4모둠 ⇨ (이동)
B그룹	1모둠 ⇨ (이동)	2모둠 ⇨ (이동)	3모둠 ⇨ (이동)	4모둠 ⇨ (이동)

[방법 2] 하나 가고 셋 남기 : 아래와 같이 모둠을 2그룹으로 나누고, 1명이 다른 3개의 모둠을 다니면서 설명을 해 주고, 3명은 자신의 모둠에 남아 찾아온 다른 모둠원으로부터 설명을 듣는다.

A그룹	1모둠 ⇨ (이동)	2모둠 ⇨ (이동)	3모둠 ⇨ (이동)	4모둠 ⇨ (이동)
B그룹	1모둠 ⇨ (이동)	2모둠 ⇨ (이동)	3모둠 ⇨ (이동)	4모둠 ⇨ (이동)

[방법 3] 모둠 내 직소 : 각 모둠별로 4명의 구성원들이 각자 한 가지 소주제를 책임지고 탐구, 조사해 온 뒤 모둠 내에서 다른 모둠원들에게 돌아가며 설명을 해 주고 듣는 방식으로 진행한다.(예 : 모둠원 1은 봄철, 2는 여름철, 3은 가을철, 4는 겨울철 별자리에 대하여 책임지고 탐구, 조사해 온 뒤 다른 모둠원들에게 설명한다.)

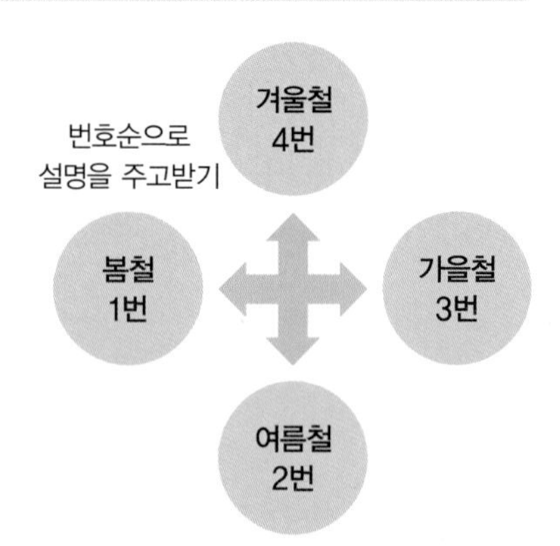

[방법 4] 발표 자료를 전지나 2절 혹은 4절 크기의 종이에 차트 형식으로 만들어 전시장 관람 활동을 이용하여 발표를 할 수도 있다. 이 경우 형식은 셋 가고 하나 남기 활동과 흡사하게 이루어진다.

A그룹	1모둠 ⇨ (이동)	2모둠 ⇨ (이동)	3모둠 ⇨ (이동)	4모둠 ⇨ (이동)
B그룹	1모둠 ⇨ (이동)	2모둠 ⇨ (이동)	3모둠 ⇨ (이동)	4모둠 ⇨ (이동)

살펴본 바와 같이 하나의 주제도 여러 가지 방법으로 활동이 가능하다. 때문에 내가 맡고 있는 아동들의 연령과 수준, 활동 주제나 내용의 수준 등을 잘 고려하여 적절한 구조를 선택하는 교사의 지혜가 필요하다. 무조건 아동들이 활동적으로 임한다고 하여 좋게만 볼 수는 없는 일이다. 가장 이상적인 경우라면 자신이 탐구해 온 정보를 충분히 이해한 뒤에 자료를 그냥 읽어 주는 것이 아니라 이해한 만큼 자신의 언어로 풀어서 설명할 줄 알아야 하고, 그것을 듣는 사람은 그렇게 배워서 자신의

것으로 또 다른 자신만의 언어로 설명할 줄 알아야 하는 것이다. 하지만 특히 초등학교 아동들은 탐구 과제를 내주면 네이버 지식IN 자료를 무분별하게 복사해 와 읽어 주는 것으로 자신의 책임을 다 한 것으로 여기는 경우가 많다. 그래서 이해를 어느 정도 하였는지의 여부를 떠나 자칫하면 활동은 활발히 한 것처럼 여겨지나 결과적으로는 정확하지 않은 정보 혹은 잘못된 정보나 빈약한 정보를 주고받고 마는 상황을 초래할 위험성이 많은 활동들이 바로 가고 남기, 전시장 관람 활동, 직소 모형 등이라 할 수 있다. 나의 경우에는 초등학교 아동들에게 별로 권하고 싶지 않은 활동이다. 하지만 이런 경우에 나는 가끔 가고 남기 활동을 유용하게 써먹는다. 특히 간단하면서도 다양한 기술이나 기능, 복잡하지 않으면서 깊이가 깊지 않은 정보 등을 동시에 모두에게 전달하고자 할 때 유용하게 활동한다. 예를 들어 아래와 같이 색종이 접기를 할 때 네 가지 종류의 색종이 접는 방법을 각 모둠별로 알아 오게 한 후 가고 남기 구조를 활용하면 다른 모둠원들에게 다양한 종이접기 방법을 손쉽게 알려 줄 수 있다. 또한 잘못 배워 왔거나 잠시 잊었더라도 다시 배워 오거나 같이 배운 다른 모둠원들이 있기 때문에 별로 큰 문제가 발생하지 않는다.

A그룹	학 ⇨ (이동)	비행기 ⇨ (이동)	꽃 ⇨ (이동)	물고기 ⇨ (이동)
B그룹	학 ⇨ (이동)	비행기 ⇨ (이동)	꽃 ⇨ (이동)	물고기 ⇨ (이동)

참고 : 이동하는 방법과 횟수에 대한 안내

학급 내 모둠이 너무 많으면 과제의 수를 적절히 조절하고, 모둠을 2그룹 또는 3그룹으로 나누어 활동하게 하면 효과적이다.

1. 6모둠일 경우 : A, B 두 그룹으로 나누고 과제를 세 가지로 하여 각 모둠이 1개씩 과제를 맡으면 이동은 각 그룹별로 두 번만 해도 된다.

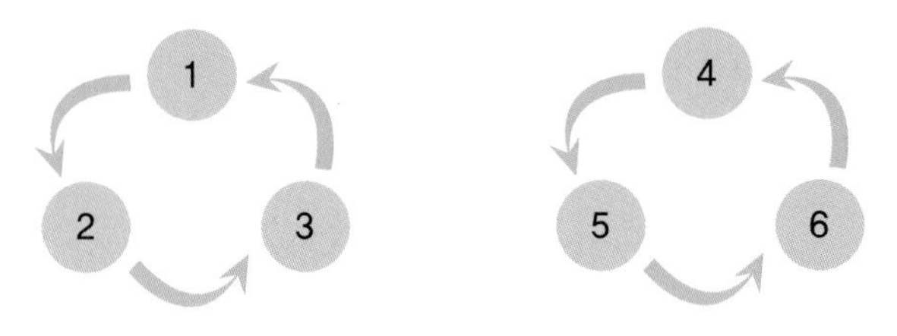

6모둠 3과제일 경우

2. 9모둠일 경우 : A, B, C 세 그룹으로 나누고 과제를 세 가지로 하여 각 모둠이 1개씩 과제를 맡으면 이동은 각 그룹별로 두 번만 해도 된다.

9모둠 3과제일 경우

3. 8모둠일 경우 : A, B 두 그룹으로 나누고 과제를 네 가지로 하여 각 모둠이 1개씩 과제를 맡으면 이동은 각 그룹별로 세 번만 해도 된다.

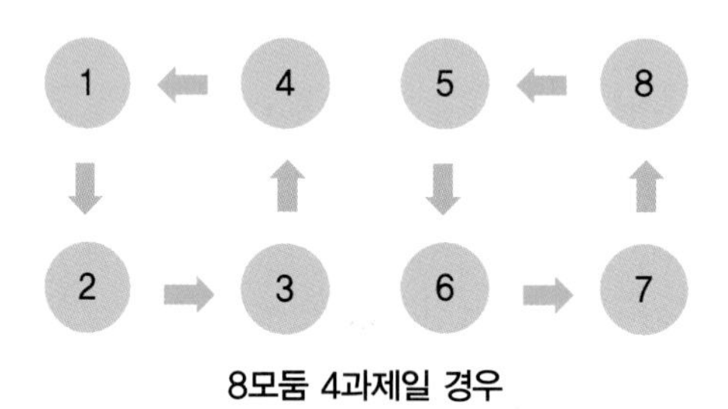

8모둠 4과제일 경우

4. 둘 가고 둘 남기의 경우 사례

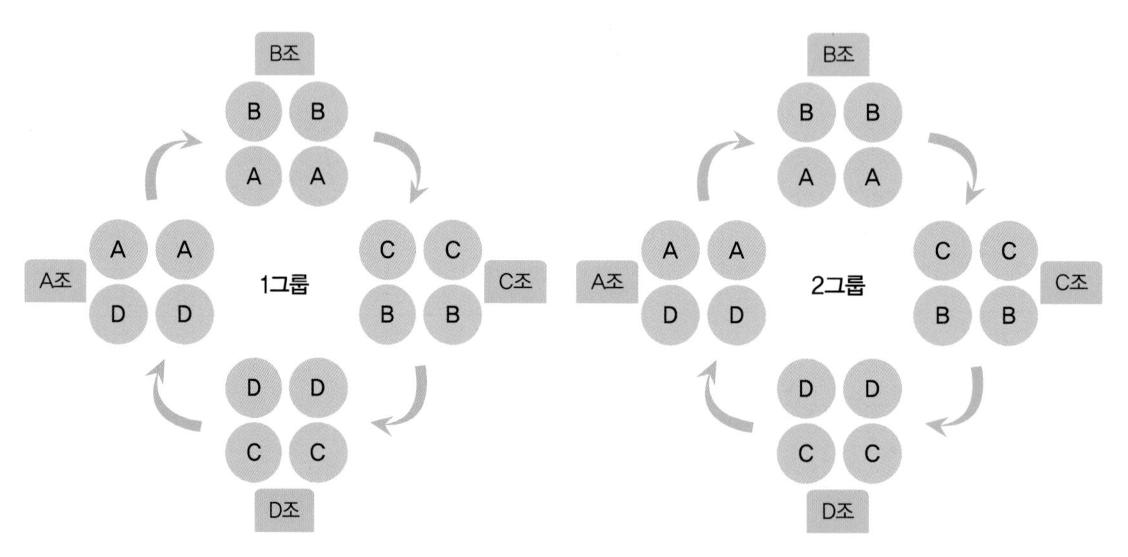

8모둠 4과제일 경우 1, 2그룹으로 나누어 활동하는 사례

5. 셋 가고 하나 남기의 경우 사례

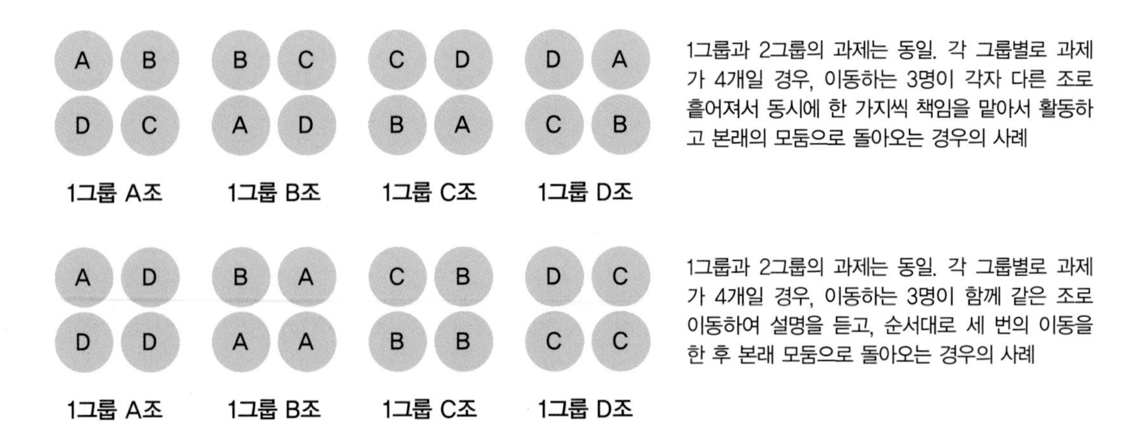

6. 협동학습에서는 주로 4인 1모둠을 원칙으로 하기 때문에 각 모둠별로 인원수가 4명이 아닐 경우에는 문제가 발생할 수 있으며, 모둠의 수도 위의 사례와 같은 경우가 아닐 때(예를 들어 5모둠이거나 7모둠일 경우 등)에는 활동하기에 어려울 수도 있다.

7. 활동 주제의 사례
   ① 주제가 세 가지일 경우 : 조상들의 의생활, 조상들의 식생활, 조상들의 주생활
   ② 주제가 네 가지일 경우 : 봄철의 생활모습, 여름철의 생활모습, 가을철의 생활모습, 겨울철의 생활모습
   ③ 주제가 기능적인 요소일 때 : 1조는 물고기 모양으로 색종이 접기, 2조는 꽃 모양으로 색종이 접기, 3조는 비행기 모양으로 색종이 접기, 4조는 사람 모양으로 색종이 접기

 하나 주고 하나 받기

기본이해

이 활동은 각 모둠별로 생각이나 정보를 공유한 후에 다른 모둠원들의 정보와 서로 교환하는 것을 목적으로 한다. 다른 모둠원의 정보를 모아 오는 것(지식 습득 및 공유)을 주목적으로 하는데, 1차적으로 아이들은 모둠에서 서로 정보를 나누며 공유를 하고, 모두 자리에서 동시에 일어나 돌아다니면서 다른 모둠원들과 1:1로 만나 지식을 한 가지씩 공유하도록 한 것이 가장 큰 특징이라 할 수 있다. 이 구조는 지식 습득만이 아니라 아이디어의 공유를 목적으로 할 때도 많이 활용된다.

진행방법

1. 각 개인별로 활동지를 1장씩 받아들고 주제와 관련하여 모둠원들과 함께 정보를 공유하고 '하나 주고' 항목에 기록한다.(어떤 주제이냐에 따라 모둠원 모두가 동의하는 정보만 기록할 수도 있고, 다양하게 쏟아지는 정보를 모두 기록할 수도 있다. 또한 정보를 모둠원들과 함께 공유하기 전에 적당한 시간 동안 주제에 대하여 혼자 생각해 보는 시간을 갖는 것이 더 좋다고 할 수 있다.)
2. '하나 주고' 항목에 적당한 양의 정보가 누적되었거나 미리 정해 놓고 활동한 시간이 다 지났으면 모두 자리에서 일어나 다닐 준비를 한다.
3. 시작 신호와 동시에 말을 하지 않고 '짝 없음' 신호로 손을 번쩍 들어 보이면서 다른 모둠원들과 만나 간다.

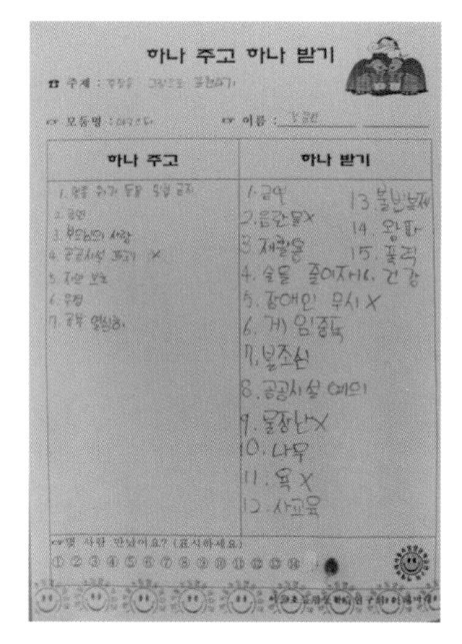

활동지 및 결과물 사례

4. 다른 모둠원과 짝을 이루면 반갑게 맞이하고 '하나 주고' 항목에 있는 정보를 하나씩 주고받는다. 이때 받는 정보가 나에게 없으면 '하나 받기' 항목에 기록한다. 상대방에게 받은 정보가 이미 나에게 있으면 "다른 정보를 하나만 더 주세요."라고 알린다. 그러면 다른 정보를 하나 더 알려준다. 만약 상대방에게 내가 가진 정보를 다 주었는데도 이미 있는 정보들이라서 줄 것이 없다면 "미안합니다."라는 인사말을 남기고 헤어진다.
5. 다시 짝 없음 표시를 한 뒤 앞의 ④번 활동 과정을 반복한다.
6. 충분한 시간 동안 활동을 하거나 혹은 활동지를 다 채운 경우 또는 약속된 개수를 채운 경우에

는 자신의 모둠으로 돌아가거나 활동을 아직 마치지 못한 친구들을 도와준다.

7. 활동을 정리하고 자리로 돌아온 뒤 각자 가지고 온 다양한 정보들을 '돌아가며 말하기' 등을 활용하여 나누고 공유한다.

혼자 생각하기

자리에서 일어나 서로 나누기

모둠으로 돌아와 나누기

활동 주제 : 이름 :	모둠명 :
하나 주고	하나 받기
몇 사람 만났어요? (표시하세요) ① ② ③ ④ ⑤ ⑥ ⑦ ⑧ ⑨ ⑩ ⑪ ⑫ ⑬ ⑭ ⑮	

활동효과

1. 손에 무엇인가 들고 있다는 것은 굉장히 강한 활동 욕구를 갖게 한다.
2. 주어진 시간이나 채워야 할 빈칸, 할당량 등이 정해지면 해결에 대한 강한 의지를 갖게 만든다.
3. 출발 전에 모둠원들과 다양한 정보를 미리 공유하기 때문에 자신이 갖고 있는 정보에 대한 부담감이 줄어들고 이미 검증된 것이라 여겨 자신감도 갖게 된다.
4. 자리를 벗어나 다른 모둠원들과 짝을 이루어 하는 활동이라 매우 활기찬 수업이 이루어진다.
5. 활동이 매우 역동적(발표, 듣기, 메모 등)이고, 활동에서 소외되는 아동들이 거의 없다.(일단 모둠에서 정보 공유 활동을 1차적으로 하고 돌아다니기 때문에 내 생각만을 가지고 다른 사람을 만나 갈 때보다 자신감이 많이 생기고, 부담감도 그만큼 줄어든다.)

6. ‘우리의 생각 : 합의된 집단적 지식’을 가지고 활동에 참여하기 때문에 아동들이 능동적이게 된다.
7. 한 가지 과제나 주제에 대하여 모든 아동들이 보다 많은 양의 새로운 지식과 정보를 공유(많은 사람들을 만나 나누게 됨)할 수 있도록 하고자 할 때 많이 활용되며, 그 결과로 아동들의 인지구조 변화에 많은 도움을 준다.
8. 서로 한 가지씩 지식과 정보를 주고받으면서 긍정적인 관계(지적 공동체 : 협동적 배움)를 맺어 나간다.
9. 아동들의 의사소통 활동에 참여가 극대화된다.(절반은 말하고, 절반은 듣기)
10. 여러 사람과 지식 및 정보를 공유하고 생각을 나누는 데 시간이 많이 걸리지 않는다. 아울러 빠른 시간 안에 말하고, 메모하고, 정리하고, 이동하기 때문에 아동들의 이해력 및 듣기능력, 정리능력, 발표력 등이 신장된다.

주의할 점이나 활동 팁

1. 수신호 등을 이용하여 ‘짝 없음’ 신호를 미리 약속하고 하지 않으면 자칫 교실이 굉장히 큰 소란스러움 속으로 빠져들 가능성이 높다.
2. 약속을 미리 해 두지 않으면 남자는 남자끼리, 여자는 여자끼리 모여 정보를 주고받는 모습을 발견하게 된다. 이럴 경우를 미리 예상하여 서로 다른 이성 친구를 같은 수만큼 만나고 돌아가야 한다는 등의 약속을 정해 두고 실시한다.
3. 돌아다닐 때 책이나 클립보드 등을 받침대로 활용할 수 있도록 한다.
4. 정보를 채우는 활동에만 매몰되지 않도록 하기 위해 다른 모둠원과 짝을 이루고 헤어질 때 “안녕, 만나서 반가워. 좋은 정보 고마워. 나중에 또 보자.” 등의 사회적 기술을 발휘하고 습득할 수 있도록 지도한다.
5. 활동량은 개수(예 : 받은 정보의 양을 6개 채운 사람들은 못 채운 친구들을 도와주거나 자리로 돌아간다.)로 정할 수도 있고, 시간제한(예 : 나누는 시간은 5분, 주어진 시간 동안 최대한 많이 나누도록 한다.)을 두고 할 수도 있다.
6. 활동을 충분히 하였으면(서로 많은 것을 주고받았으면) 교실 모퉁이나 어느 지점에 서서 소극적인 모습을 보이거나 아직 내용을 많이 채우지 못한 친구에게 도움을 주도록 안내하는 것을 잊지 말아야 한다.
7. 활용 사례 : 에너지를 아껴 쓸 수 있는 방법에 대하여 나누기, 다른 사람들의 인권을 보호하기 위해 우리가 할 수 있는 일 찾아보기, 하나의 낱말이 여러 가지 뜻으로 사용되는 낱말 찾아보기 활동 등에 많이 사용된다.

3 짝 대변인

기본이해

이 활동은 어떤 주제나 질문에 대하여 먼저 모둠 내에서 짝을 지어 이야기를 나눈 후 발표를 할 때 자신의 생각이 아니라 짝의 생각을 대신 말할 수 있도록 하여 듣기를 기반으로 한 의사소통능력 향상, 핵심 파악 능력 및 기억력 향상, 발표력 및 자신감 향상 등에 매우 효과가 높다.

진행방법

1. 교사가 주제나 질문을 안내하면 먼저 혼자 생각할 시간을 갖는다.
2. 모둠 내에서 짝을 이루어 자신의 생각을 서로 번갈아 가며 나눈다.(필요시 메모를 해 두어도 좋다.)
3. 교사가 학급 전체 구성원 가운데 한 명을 지명하고 같은 질문을 한다.
4. 호명된 아동은 짝에게 들은 내용을 그대로 전체에게 전한다.

활동효과

1. 자신의 생각이 아니라 짝의 생각을 대신 발표하기 때문에 듣기 능력 향상에 도움이 된다.
2. 짝의 생각을 대신 발표하는 것이라 자신의 생각을 발표하는 것보다 심리적 부담이 훨씬 줄어든다.
3. 경청을 바탕으로 한 의사소통능력 향상에 도움이 된다.

주의할 점이나 활동 팁

1. 전체 앞에서 발표를 할 때 짝의 의견을 먼저 말하고 이어서 자신의 생각도 함께 말할 수 있도록 하면 발표력 향상 및 자신감 향상에도 도움이 된다.
2. 3단계 인터뷰 활동과 비슷한 점이 있다. 하지만 3단계 인터뷰 활동은 미리 질문을 많이 만들어 놓고 하기에 좋은 활동인 반면 짝 대변인 활동은 질문을 1개만 놓고도 활동을 할 수 있어서 매우 간편하고 부담이 적다.
3. 특히 저학년 아동 시기부터 꾸준히 적용해 나간다면 학년이 올라갈수록 경청하는 습관을 길러 의사소통능력 향상에 도움을 줄 수 있다.
4. 교내 모든 학급에 일률적으로 적용한다면 듣기 능력 향상에 매우 큰 효과를 거둘 수 있다.

5. 짝이 발표한 내용이 본래 자신이 말한 내용과 다르거나 보충할 것이 있다면 수정하거나 보완을 해도 좋다.
6. 활동 사례 : 정답이 없으면서 어떤 현상이나 상황, 경험 등에 대한 각기 다른 느낌이나 감정 등을 주고받은 후 발표할 때 많이 사용한다.(예 : 지난 방학 동안에 있었던 일 가운데 기억에 남는 일은?, 진정한 친구란 무엇인가? 등의 질문에 대하여 각자 생각을 번갈아 나누고 발표하기)

교실 산책 피드백

기본이해

이 활동은 각 모둠별로 완성한 작품이나 활동 결과물, 전시물 등에 대하여 돌아다니면서 피드백을 하는 것을 말한다. 주로 학습 활동 결과에 따른 칭찬, 좋은 점, 인상 깊은 점, 제안할 점, 보완하면 좋겠다고 생각하는 점 등을 아동 스스로 찾아보고 피드백을 주고받을 수 있도록 하고자 할 때 사용하면 효과가 매우 높다.

진행방법

1. 각 모둠별로 주어진 과제를 해결한다.
2. 각 모둠별 과제를 전시한다.
3. 모둠별로 다른 모둠의 활동 결과물들을 둘러보고 피드백을 해 준다.(메모지, 쪽지 등을 활용)
4 다른 모둠원들이 남긴 글을 보고 필요한 경우에는 토의 · 토론을 하여 자신의 모둠활동 결과물들에 대한 수정, 보완 작업을 실시한다.

활동효과

1. 모둠별 학습 결과에 대한 칭찬이나 피드백 등의 활동을 주고받을 때 좋다.
2. 모둠별 과제 마무리 단계 직전에 한번 전개해 봄으로써 모둠 활동 결과물에 대한 점검, 수정, 보완 작업을 하는 데 많은 도움이 된다.

주의할 점이나 활동 팁

항목	피드백
좋은 점	
제안	
인상 깊은 부분	

1. 피드백은 종이 쪽지를 써서 붙이거나 활동 결과물에 미리 쓸 칸을 만들어 두어 돌아다니면서 관찰하는 다른 모둠원들이 써 줄 수 있도록 하면 좋다.
2. 좀 더 구체적으로 피드백을 받고 싶다면 활동 결과물 주변에 또 다른 활동지를 만들어 두고 각 항목별로 관찰한 사람의 생각을 적도록 하면 좋다.
3. 다른 모둠의 활동 결과물들을 관찰하러 돌아다닐 때 교사와 함께 미리 약속한 동선에 따라 질서

있게 움직여도 좋고 보다 자유로운 분위기에서 혼란스러움을 최소화시키는 범위 내에서 순서에 상관없이 다녀도 좋다.

4. 순서를 정하여 이동할 때는 교사의 신호에 따라 움직인다. 이때 교사는 적절한 이동 시간 간격을 미리 정해 두고 신호를 주는 것이 좋다.
5. 활동 사례 : 모둠별 협동작품을 완성하기 직전이나 완성하고 난 후, 모둠별로 발표 자료나 각종 전시자료, 탐구 조사 결과물 등을 전시하고 피드백 받고자 할 때 많이 활용한다.

5 P. M. I.

기본이해

이 활동은 ‘좋은 점(Plus)’, ‘나쁜 점(Minus)’, ‘흥미로운 점(Interesting)’으로 나누어 문제점에 대한 비판적 분석을 해 나가는 데 도움을 준다. 앞에 놓인 문제점이나 제안된 아이디어의 장점(P), 단점(M), 흥미로운 점(I)을 따져 본 후 그 아이디어를 평가하고 개선방안을 찾아가는 기법으로서 하나의 아이디어나 문제점에 대해 집중적으로 분석해 보고자 할 때 간단하면서도 효과적으로 활용할 수 있으며 이를 통해 비판적 분석능력을 기르고 문제점에 대한 대안을 찾아 나갈 수 있다. 현재 이 구조는 마인드맵 형식으로 변화를 주어 활용되기도 하며, 발명 교육이나 창의성 교육 등에도 많이 활용되고 있는 편이다.

서울초등협동학습연구회 아해미래 홈페이지 자료

진행방법

1. 교사는 모둠에게(개인에게) 주제를 제시한다.
2. 각 개인과 모둠에게 활동지를 배부한다.(개인 활동을 먼저 하고, 이를 바탕으로 모둠 의견을 모

아이디어	버스 안에 있는 좌석은 모두 치워 버려야 한다.
P (Plus)	• 버스에 더 많은 사람이 탈 수 있다.(공간 활용) • 버스를 타거나 내리기가 더 쉽다. • 버스를 제작하거나 수리하는 비용이 보다 적게 들 것이다.
M (Minus)	• 버스가 갑자기 서면 승객들이 넘어질 것이다.(위험성) • 노인이나 장애를 가진 분들은 버스를 이용할 수 없을 것이다.(불편함) • 쇼핑백을 들거나 아기를 데리고 다니기가 어려울 것이다.
I (Interesting)	한 가지는 좌석이 있고, 다른 한 가지는 좌석이 없는, 두 가지 유형의 버스를 생각하게 하는 흥미로운 아이디어이다. • 같은 버스라도 유형을 달리하면 일을 더 많이 할 수 있다는 흥미로움이 있다. • 버스에서는 편안함이 그렇게 중요하지 않을 수도 있다는 재미있는 아이디어이다.

을 수도 있고, 개인 활동이 없이 바로 모둠 활동으로 넘어갈 수도 있다.)

3. 각 개인은 모둠 내에서 돌아가며 말하기(또는 돌아가며 쓰기)로 개인 생각을 말하고, 기록이는 모둠 활동지에 기록한다.(P → M → I 순서로 정리)
4. 모든 내용이 정리되면 기록이는 내용을 모둠원들에게 한번 읽어 준다.
5. 문제해결방안이나 개선점을 찾는 주제라면 이를 바탕으로 토의 · 토론을 해 나가도록 한다.
6. 정리된 자료는 발표물, 형성평가자료, 게시물 등으로 활용한다.

활동효과

1. Edward De Bono가 개발한 CoRT(Cognitive Research Trust) 프로그램 속의 사고 기법으로서 긍정적, 부정적, 재미있는 측면 등으로 나누어 대안의 모든 측면을 고려해 본 다음 의사를 결정하는 데 도움을 주어 열린 마음과 태도로 활동에 임할 수 있도록 해 준다.
2. 어떤 문제 상황에 대하여 충동적으로 아이디어를 내거나 정서적으로 반응하는 것을 막고 시야를 넓혀 주는 데 큰 도움이 된다.

주의할 점이나 활동 팁

1. 자신의 모둠 또는 한 개인(자신 또는 타인, 위인, 책 속의 인물 등)에 대한 분석에도 활용할 수 있다.
2. 이야기 속의 상황 속에서 문제점을 찾아 대안을 제시하는 데도 활용할 수 있다.
3. 시간을 충분히 확보하여 개인 활동시간을 갖도록 하는 것이 더 바람직하다.
4. 본래 'I'는 'Interesting'인데 개선을 뜻하는 'Improvement'로 변화를 주어 활용할 수도 있다. 최종 대안으로 한 가지만을 결정해야 할 경우에는 아래와 같은 활동지를 마련한 뒤, 나온 의견들을 종합적으로 살피면서 최종 대안 및 그렇게 결정된 이유를 정리, 발표할 수도 있다.
5. 활동 사례 : 이동 수단의 발달이 우리 생활에 미친 영향 알아보기, 과학의 발달이 우리 생활에 미친 영향 알아보기, 인터넷의 발달이 우리 생활에 미친 영향 알아보기, 우리 마을에 쓰레기 소각장이 들어올 경우에 대한 토의 · 토론 활동 등의 사례에 사용된다.

(　　　　　　) 모둠 – 모둠원 (　　　,　　　,　　　,　　　)				
문제 및 해결 방안	P	M	I(개선방안)	결정 여부
문제점	1.			
	2.			
	3.			
결정 및 발표 내용	우리 모둠이 결정한 해결 방안은 (　　　　　　　　　　　)입니다. 왜냐하면			

서울초등협동학습연구회 아해미래 홈페이지 자료

〈개인별 P.M.I 활동지〉

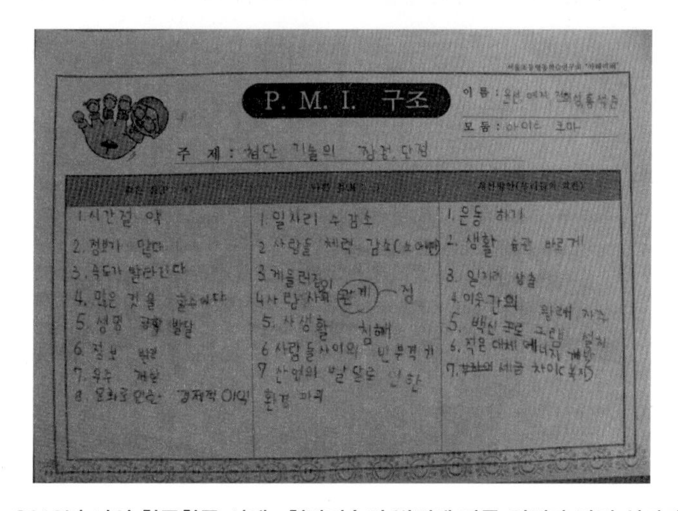

2010년 나의 학급활동 사례 : 첨단기술의 발전에 따른 장점과 단점 살피기

〈개인별 P.M.I. 활동지〉

이동수단의 발달이 우리 생활에 미치는 영향

○○○○초등학교 제 3학년 ○반 ( ) 모둠 이름 ( )

이동수단의 발달이 우리 생활에 미친 영향은 무엇인지 좋은 점, 나쁜 점, 미래생활에 미치는 영향으로 나누어 생각해 봅시다.

P(Plus) 이동수단의 발달이 우리에게 가져다준 좋은 점	
M(Minus) 이동수단의 발달이 우리에게 가져다준 나쁜 점	
I(Interesting) 이동수단의 발달이 미래생활에 미치는 영향	

6 만일 그래프

기본이해

이 활동은 일어난 상황을 정리해 보게 한 뒤, 그와는 다른 상황(쉽게 생각하여 반대되는 상황만 생각할 필요는 없다.)을 생각해 보게 함으로써 그 뒤에 일어날 수 있는 다양한 결과에 대하여 예측할 수 있도록 도와준다.

만일 그래프는 주어진 상황에 대하여 한 사람 한 사람의 다양한 생각을 스스로 정리해 보고 다른 사람들과 공유할 수 있도록 해 주기도 하지만 모둠의 다른 사람과 서로 이야기를 나누어 보게 함으로써 미리 예측한 결과를 서로 비교 · 분석해 보면서 다양한 아이디어, 문제해결방안 또는 교훈과 감동 등을 얻을 수 있도록 해 주고, 서로의 가치관에 대한 이해 및 수용이 가능하도록 돕는다.

진행방법

1. 교사는 아동들에게 하나의 상황을 제시한다.
2. 아동들은 주어진 상황에 대하여 다양한 방향으로 자신의 생각을 정리한다. (꼭 "있다 : 없다", "했다 : 안 했다"와 같이 이분법적으로 생각할 필요는 없다는 것을 미리 알려 주는 것이 좋다.)

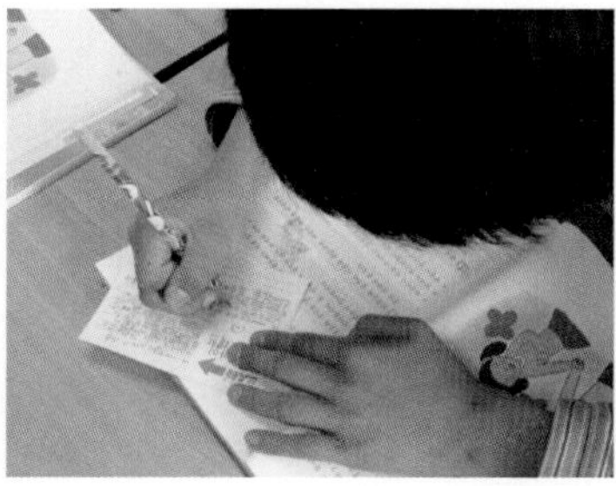
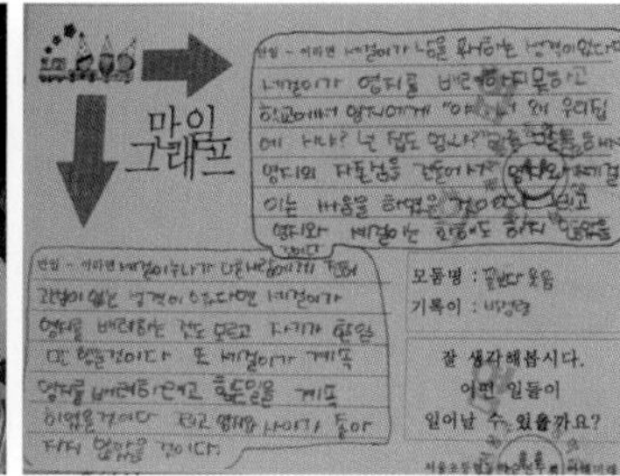

5학년 국어 읽기 "우리집에 이사 온 아이"–인물의 성격과 사건의 전개에 주의하며 글 읽기

부록

3. 각자 정리한 생각을 바탕으로 모둠 내에서 서로의 생각을 나눈다.

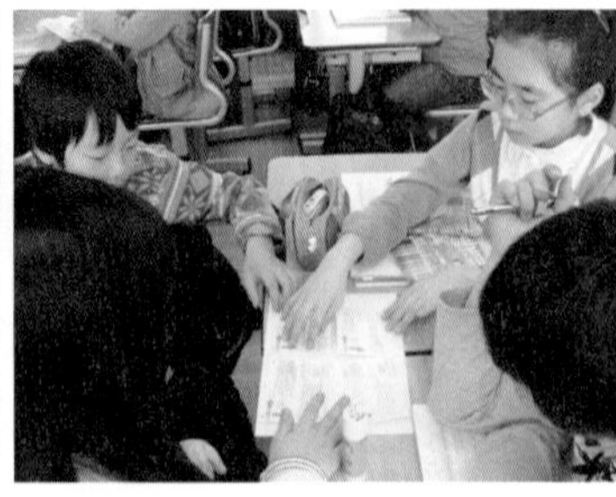

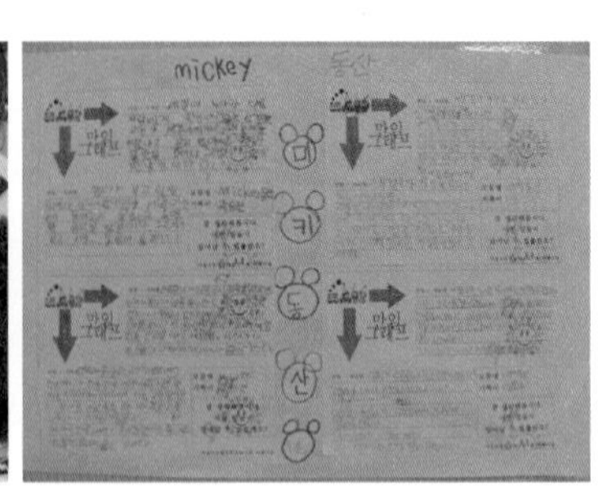

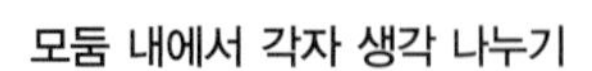

모둠 내에서 각자 생각 나누기　모둠원의 결과물 모으기　모둠원의 결과물을 모은 사례

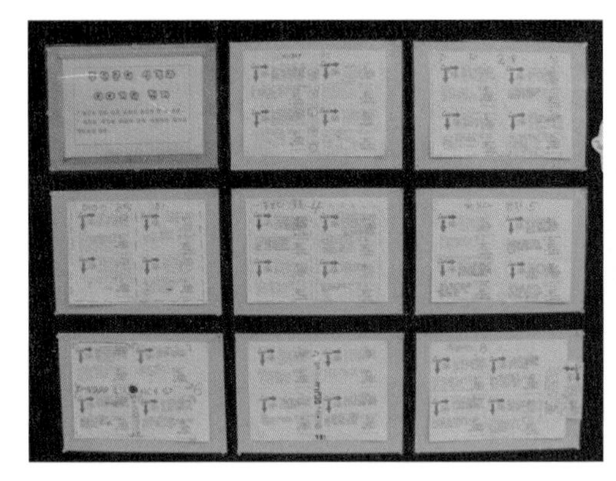

각 모둠의 활동 결과물을 모아 게시물로 활용한 사례 : 2010년 나의 학급 뒷벽 게시물

4. 나눈 생각을 바탕으로 서로 비교, 분석하여 바람직한 방향을 선택한다.
5. 선택한 결과를 바탕으로 과제를 완수한다.

활동효과

1. 주어진 상황에 대한 결과를 미리 예측해 봄으로써 바람직한 문제해결방안을 찾을 수 있도록 해 준다.
2. 여러 사람과 생각을 나눔으로써 같은 상황에 대해서도 가치관에 따라 다양한 생각을 할 수 있다는 점, 각자의 입장을 이해할 수 있도록 해 준다는 점, 교훈과 감동을 얻을 수 있다는 점에서 긍정적이라 할 수 있다.
3. 상황을 정확히 분석하고 그에 따라 벌어지게 될 결과를 미리 예측, 서로가 생각한 결과에 대한 비교, 분석이 가능하도록 해 준다.
4. 비교 분석한 결과를 토대로 바람직한 방향으로의 의사결정에도 도움을 준다.

주의할 점이나 활동 팁

1. "만일 ~ 이라면"의 가정하에 "있다 : 없다", "했다 : 안 했다"와 같이 이분법적으로만 생각할 필요는 없다는 것을 미리 알려 주는 것이 좋다.
   (예 : 인물의 성격과 이야기의 전개에 있어서 "세걸이가 용기 있는 아이였다면, 세걸이가 소심한 아이였다면, 세걸이가 남을 잘 무시하는 아이였다면, 세걸이가 잘난 척을 잘하는 아이였다면……")
2. 개인적인 생각은 노트에 정리해도 좋고, 규격화된 활동지에 쓴 뒤 모아서 큰 종이에 붙인 뒤 전시물로 활용해도 좋다.(앞의 사진)
3. 의사결정을 위해 특정 상황에 따른 다양한 방향으로의 결정과 그에 따르는 장단점을 예상하고 그를 바탕으로 비교 분석을 하고자 할 때 활용할 수도 있다.

종범이가 친절한 아이였다면?

아이들 가운데 힘이 센 아이가 있었다면?

내가 종범이 또는 아이들 가운데 한 명의 입장이었다면?

(　　　)모둠
이름(　　　　　)

〈활동지 사례〉 : 5학년 1학기 국어 말하기/듣기/쓰기 3. 삶의 향기
이야기의 일부분을 바꾸어 표현하는 방법 알기("종범이"를 읽고)

신호등 토의 · 토론

기본이해

주로 협동학습 구조는 소집단(모둠) 중심의 상호작용 활동인 데 비해서 신호등 토의 · 토론은 대집단을 대상으로 한 활동에 많이 활용된다는 점에서 크게 구분된다고 할 수 있다. 하지만 현장에서 많이 활용되고 있기에 소개해 보고자 한다.

신호등 카드 사례

이 활동은 다른 활동에 비하여 진행의 주도권을 교사가 갖고 있다는 점부터 많이 다르다. 주로 교사가 주제와 관련하여 질문을 던지면 아동들이 그에 따른 각자의 의견을 발표해 나가게 되는데, 주어진 주제에 대하여 찬성이면 녹색 카드를, 중립이거나 또 다른 생각이 있으면 노란색 카드를, 반대면 빨간색 카드를 들게 하고, 색깔마다 고르게 발표할 수 있도록 진행된다.

교사가 수업을 진행해 나가면서 교사와 아동들 사이에 질문과 답변이 오고 가는 면만을 보면 보통 강의식 수업과 큰 차이점을 못 느낄 수도 있겠지만 ① 아동들 모두가 자신의 의사를 어떤 식으로든(신호등 카드) 표현을 할 수 있도록 해 주며, ② 아동들은 단순한 '예, 아니요'의 의사표현을 넘어서 '그렇게 생각하는 까닭, 이유'를 설명할 수 있어야 한다는 점, ③ 그리고 발표를 하지 않아도 카드로 의사 표현을 하는 것만으로도 토의 · 토론 활동에 참여하고 있다는 효과를 줄 수 있다는 점에서 분명한 차이를 느낄 수 있다.

진행방법

1. 교사는 아동들에게 신호등 카드를 배부한 뒤 주제를 제시한다.(질문하기)
   질문 유형 : "여러분은 학교에서 교복을 입는 것에 대하여 어떻게 생각하나요?"('예/아니요'로 답을 할 수 있으면서도 그 까닭/이유를 설명할 수 있는 것이어야 한다.)
2. 아동들은 선생님이 던진 질문이나 주제, 문제를 신중히 생각하여 자기 의견을 공책이나 메모지에 정리한다.(필요하다면 활동지를 만들어 배부)
3. 교사의 신호에 따라 아동들은 자신의 의사 표시를 위해 결정, 찬성, 반대, 중립의 신호등을 든

다.(물론 수업 전에 색깔별 카드의 의미와 활용법을 설명한다.)

4. 교사는 찬성, 반대, 중립 신호등을 든 아동들을 고르게 지명, 의견을 듣는다.
5. 아동들은 계속해서 자신이 선택한 카드를 들고 있도록 한다.
6. 한 가지 주제나 질문만으로 토론 수업을 계속 해 나가도 좋고, 같은 방식으로 계속 다른 질문을 던져 가면서 토론 수업을 진행해 나가고, 아동들의 의견을 듣도록 해도 좋다.

신호등 카드 활용 수업 사례-2010년 나의 학급

활동효과

1. 아동들의 흥미를 높이고 참여를 적극적으로 유도할 수 있다.(자신의 의견을 카드로 표현하는 것만으로도 토론 활동에 참여하는 효과를 얻을 수 있다.)
2. 참여하는 아동들의 이야기를 신중하게 듣도록 해 준다.(비교 분석 가능)
3. 자신의 생각에 대한 근거를 제시하는 능력을 키워 준다.
4. 간단한 준비만으로도 참여하는 모든 아동들의 생각과 의견을 빠른 시간 내에 파악할 수 있다.
5. 짧은 시간 활용(여러 가지 주제나 질문에 대하여 간단하게 살펴볼 때)해도 좋고, 장시간 활용(특정 주제를 깊이 있게 논의하고자 할 때)해도 충분히 좋은 활동이 된다.

주의할 점이나 활동 팁

1. 때로는 발표 잘하는 친구를 먼저 지명하여, 의견 발표의 요령을 아동들이 알게 할 필요도 있다.
2. 노란색 카드를 든 친구를 설득하는 방향으로 이야기를 진행하면 효과가 좋을 때도 있다.
3. 누군가를 먼저 지명할 때, 같은 의견(같은 색깔 카드)이지만 그 근거가 다른 아동의 의견을 추가로 더 들어 보고 다른 의견(다른 색깔 카드)을 들어 보도록 하는 것이 더 좋다.
4. 토의 · 토론 중간에 신호등 카드를 다시 한 번 들게 하여 이전과 생각이 달라진 아동은 없는지 살

펴보고, 있다면 왜 바뀌게 되었는지를 들어 보는 것도 좋다. (토의 · 토론을 하면서 카드의 색이 한쪽으로 몰리면 의견이 모아지는 것, 계속 다양하게 나오면 논쟁적인 활동이 되고 있다고 보면 된다.)

5. 자리배치는 교실 앞쪽(교사)을 바라보도록 하되, 가능하면 오른쪽에서 보는 그림과 같은 형태가 제일 좋다고 할 수 있다. 이런 자리배치 형태는 모두 마주 보는 듯한 느낌을 주며 교사가 아동들을 고르게 둘러볼 수 있도록 해 주어 주로 대집단 토의 · 토론 활동을 할 때 많이 쓰이고 있다.
6. 활동 사례 : 대집단(학급 전체) 토의 · 토론이 가능한 주제라면 얼마든지 활용이 가능한 구조라 할 수 있다.

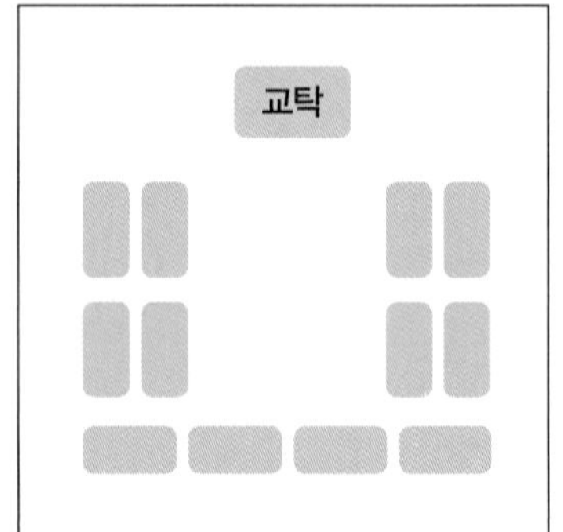

마체형 – ㄷ자형

신호등 토의 · 토론 정리표		
토론주제		
배경설명		
내용	찬/반/중립	입장 선택의 이유 및 근거 정리
배경설명 후의 입장 결정		
주제 관련		
자료 확인 후의 입장 결정		
토론 후의 입장 결정		

활용을 적극 고려해 볼 필요가 있는 신호등 토의 · 토론 활동지 사례

 두 마음 토의 · 토론

기본이해

이 활동은 소집단 중심의 찬반 토론 수업을 할 때 간단하지만 매우 효과적으로 사용할 수 있는 방식이다. 일반적으로 토의 · 토론 수업의 실제 장면을 살펴보면 특정 아동이 토의 · 토론 시간을 독점하는가 하면 일부 아동은 참여에 소극적이어서 바람직한 토의 · 토론 활동이 이루어지지 않고 있는 실정임에 비하여 두 마음 토의 · 토론은 구조화된 활동 자체가 소집단 구성원 모두를 자연스럽게 적극적이고도 동등한 참여 속으로 끌어들일 수 있도록 해 준다는 장점을 갖고 있다. 따라서 이 활동에 참여하는 아동들은 재미와 역동적인 움직임을 경험해 볼 수 있어서 매우 유용하다 할 수 있다. 특히 중립자에게 찬성 및 반대 입장의 주장과 그를 뒷받침하는 근거를 정리하면서 자신의 입장(어떤 쪽의 손을 들어 줄 것인가/그에 대한 이유)을 밝힐 수 있도록 한다는 점에서 매우 특이한 점을 갖고 있다.

진행방법

1. 교사는 아동들에게 찬성과 반대로 나뉘어 토의 · 토론할 수 있는 갈등 상황의 주제를 제시한다.(주제는 문장으로만 제시해도 좋으나 이야기 형식이나 기사 자료와 같은 형식으로 제시해 주면 더 좋은 활동이 될 수 있다.)
2. 교사는 모둠원들에게 각자의 역할을 부여한다. 여러 안내서에 따르면 보통은 3인 1조로 소집단 구성을 소개(2명은 토론자, 1명은 중립자)하고 있으나 협동학습의 특성상 4인 1조를 중심으로 한다는 점에서 '관찰자' 1명을 더 두고 그에게 특별한 임무를 부여하였다.

협동학습 모둠에서 두 마음 토론을 위한 역할 및 책임 활동 예시		
1번	찬성 토론자	찬성하는 입장에서 토의 · 토론 활동에 참여한다.
2번	반대 토론자	반대하는 입장에서 토의 · 토론 활동에 참여한다.
3번	중립자	중립적인 입장에서 양측의 주장과 근거를 들어 보고, 자신의 입장을 정리하여 밝힌다.(어떤 쪽의 손을 들어 줄 것인가/그렇게 판정한 이유) 실질적으로 모둠 내에서 중립자는 사회자 역할을 해 나가도록 한다.
4번	관찰자	모둠에서 이루어진 토의 · 토론 활동을 지켜본 결과 및 소감을 학급 전체 앞에서 발표하도록 한다.

※ 역할은 교사가 지정할 수도 있고, 모둠 내에서 상의하여 결정하도록 할 수도 있다.

3. 모둠 내에서의 자리배치를 T자형으로 하고, 중립자가 찬성 및 반대 토론자 모두를 정면에서 바라볼 수 있는 중간 위치에 앉도록 하며 관찰자는 중립자 옆에 자리하여 활동을 주의 깊게 바라보면서 활동 과정 및 소감을 수시로 정리해 나가도록 안내한다.
4. 활동 규칙을 자세하게 안내한다.
   ① 규칙 1 : 중립자가 고개를 돌려 쳐다본 토론자만 이야기할 수 있도록 한다.
   ② 규칙 2 : 토론자(찬성 측/반대 측) 사이에는 어떤 대화도 하지 않는다.
   ③ 규칙 3 : 토론자는 필요한 경우 딱 1회만 중립자에게 자기를 주목해 줄 것을 요청한 뒤 자신의 생각을 말할 수 있다.
   ④ 규칙 4 : 중립자 또한 어떤 이야기도 하지 말고 듣기만 하도록 한다.

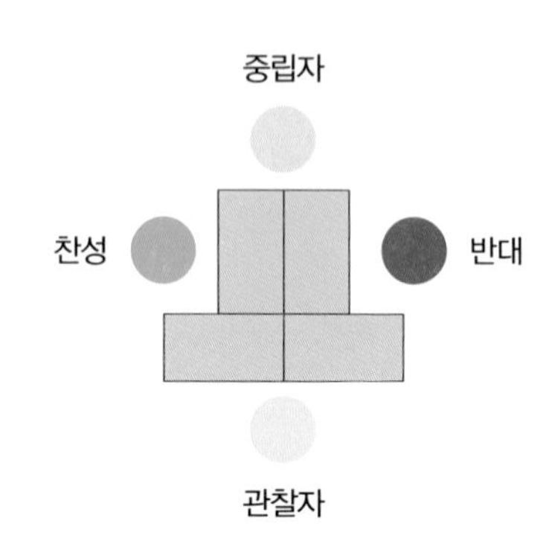

모둠 내 자리 배치 형태

   ⑤ 규칙 5 : 중립자는 꼭 한 번씩 번갈아 가며 토론자의 이야기를 들어 줄 필요는 없으나 가능하면 고르게 이야기할 수 있도록 기회를 준다.
   ⑥ 규칙 6 : 중립자는 이야기를 듣다가 중간에 고개를 다른 토론자에게로 돌릴 수도 있으나(이야기를 충분히 이해했을 때, 별로 듣고 싶지 않을 때, 같은 이야기가 반복되고 있을 때, 주제와 먼 이야기를 하고 있을 때, 시간을 혼자서 너무 많이 사용하고 있을 때, 설득력이 떨어질 때 등) 가능하면 이야기하던 토론자가 말을 마칠 수 있도록 충분한 시간을 주는 것이 좋다. 이때 중립자가 고개를 돌리면 이야기를 하던 토론자는 즉시 이야기를 멈추어야 한다.
   ⑦ 규칙 7 : 반드시 시간제한을 둔다.
   ⑧ 규칙 8 : 중립자는 자신의 개인적인 입장에서 벗어나 주제에 대한 중립을 반드시 지켜야 한다.(토론자의 이야기만을 바탕으로 판정을 내린다.)
5. 아동들은 교사의 시작 신호에 따라 규칙을 지켜 가며 토의 · 토론 활동을 해 나간다. 이때 가능하면 중립자는 판단의 근거로 삼을 만한 내용들을 메모하며 듣도록 한다.
6. 주어진 시간이 지나면 모둠 내 중립자는 양측에서 이야기한 것을 바탕으로 하여 어느 편의 이야기가 타당한지 판단하여 마음의 결정을 내린다.(약간의 시간을 주어 판단의 근거를 정리하도록 하는 것이 좋다.)
7. 각 모둠의 중립자는 모둠 내에서 판단의 근거를 들어 가며 판정을 내리도록 한다.(여러 안내서에 따르면 이 단계에서 중립자가 학급 전체에 발표하도록 되어 있는데, 필자의 경우 협동학습 모둠

의 특성상 중립자는 모둠 내에서만 판정을 내리고 정리하는 방식으로 활동을 진행하였다.)

8. 교사의 진행에 따라 각 모둠의 관찰자는 모둠 내 토의 · 토론 과정 및 판정 결과, 판정을 지켜본 자신의 소감 등을 학급 전체에 발표할 수 있도록 한다.

활동효과

1. 모든 아동이 열심히 참여하는 모습을 볼 수 있다.(흥미와 참여)
2. 조금이라도 설득이 되지 않으면 중립자가 바로 다른 쪽 방향으로 고개를 돌리기 때문에 열심히 자신의 입장에 대한 근거를 찾아 이야기하게 된다.
3. 모든 모둠원이 무엇인가 하지 않으면 안 되도록 활동을 구조화하였기에 협동학습의 네 가지 원리가 잘 녹아들어 갈 수 있도록 해 준다.
4. 중립자에게는 토론자의 이야기를 듣고 비교 · 분석을 할 수 있도록 해 주고, 관찰자에게는 활동 전 과정을 지켜보면서 종합적인 정리를 할 수 있도록 해 준다.

주의할 점이나 활동 팁

1. 중립자가 고개를 돌리면서 활동하는 것보다 모둠 마이크를 활용하여 토론자 앞으로 가져가면 그 사람이 말할 수 있도록 하는 것이 더 좋다.
2. 주제가 잘 선정되어야 한다. 토론 주제가 너무 막연하거나 별로 아동들의 흥미를 끌지 못한다면 활동은 잘 이루어질 수 없다.
3. 두 마음 토의 · 토론은 참여자가 적절한 토론능력을 갖추고 있을 때 비로소 효과가 높아질 수 있다. 따라서 가능하면 주제와 관련하여 어느 정도의 사전지식이나 정보를 아동들에게 제공하거나 미리 공부해 올 수 있도록 안내해야 한다.
4. 특히 중립자는 자신의 개인적인 입장에서 벗어나 주제에 대하여 중립에 설 수 있도록 지도해야 한다.(판정은 순전히 토의 · 토론 과정에 따른 것이어야 한다.)
5. 마무리 단계에서 정리를 잘해 주어야 한다. 특히 어떤 가치를 다루는 주제일 경우에는 교사 나름대로의 입장과 교육적인 측면을 고려하여 아동들에게 논리적으로 잘 설명해 줄 필요도 있다.
6. 다른 어떤 활동보다도 논리적 판단능력과 친분관계 등에 얽매이지 않는 자세, 관련 주제에 대한 보다 많은 정보력 등을 요구하는 만큼 연령대가 낮은 아동들보다는 높은 아동들에게 적절한 활동이라 할 수 있다.
7. 활동 사례 : 쟁점이 되는 사안에 대하여 모둠별로 토의 · 토론 활동을 할 때 활용도가 높은 활동이다.(예 : 인터넷 실명제는 꼭 필요한 것인가?, 흥선대원군의 쇄국 정책은 과연 옳은 것이었나? 등)

 토의 · 토론망

기본이해

우리 모두는 민감한 주제를 놓고 토의 · 토론 활동에 참여한 적이 있거나 토의 · 토론하는 장면을 본 경험을 갖고 있는데, 이럴 때 보면 토의 · 토론에 너무 집중한 나머지 매우 흥분된 감정을 주체하지 못한 자신을 발견하거나 그런 상태에 놓이게 된 참석자들을 접하게 된다. 하지만 때로는 진지한 자세로 대화에 참여하기도 하였을 것이다. 이처럼 토의 · 토론 활동에는 동전의 양면성과도 같은 점이 존재한다. 대화를 서로 주고받으면서 자신의 생각을 정리하기도 하고 상대방의 주장에 대하여 반박하기도 하지만 동시에 상대의 주장과 대안, 다양한 정보들을 받아들이기도 한다. 바로 이 점에 착안하여 고안된 것이 바로 토의 · 토론망(discussion web)이다.

토의 · 토론 수업이 아동들의 고급 사고력 신장에 매우 도움이 된다는 것은 누구나 잘 알고 있는 사실이다. 하지만 아동들을 토의 · 토론 활동에 적극 끌어들이는 일은 여간 어려운 일이 아니다. 하지만 토의 · 토론망은 주로 제시되는 이야기(문학 작품 등)나 구체적이면서도 현실적, 역사적, 사회적 상황 등이 있어서 모든 아동을 토의 · 토론 활동으로 쉽게 끌어들일 수 있다는 장점을 갖고 있다.

진행방법

1. 교사는 이야기나 역사적 사실 속에 등장하는 인물의 행동에 대해 의견이 대립되거나 논쟁의 여지가 있는 자료를 제시한다.
2. 아동들은 이야기와 관련된 배경 지식을 활성화하고(브레인스토밍, 마인드맵 등), 글을 읽는 목적을 정하게 된다.
3. 아동들이 글을 읽은 뒤 토의 · 토론망을 소개하고, 토의 · 토론 주제를 이끌어 내기 위한 발문을 시작한다.

(예 1) 경제활동 속에서 경쟁은 과연 도움을 주기만 하는 것인가?(5학년 2학기 사회과 1단원 우리나라의 경제성장 중 “자유와 경쟁” —동네에 피자집이 1개만 있었다가 1개가 더 생겼다.)

(예 2) 첨단 산업과 기술의 발달은 우리에게 이롭기만 한 것인가?(5학년 2학기 사회과 2단원 정보화 시대의 생활과 산업 중 “첨단 기술과 산업의 발달” – 첨단 기술로 우리의 생활과 산업이 많이 변해 가고 있다.)

4. 아동들은 모둠 내에서 2명씩 짝을 이뤄 역할을 정한다.(찬성 2명, 반대 2명)
5. 모둠 내 두 팀은 서로 반대되는 입장에서 토의 · 토론 활동(질문과 답변, 주장과 근거 제시 등)을 해 나간다. 필요한 경우 제시된 자료나 이야기 본문을 참고할 수 있도록 한다.
6. 토의 · 토론 과정에서 나오는 다양한 의견 및 근거들을 토의 · 토론망(활동지)에 정리해 나간다.(충분히 설득력 있는 논거들을 마련해야 한다.)
7. 정리 후에 모둠 내에서 의견이나 입장이 서로 같은 아동들끼리 다시 미니 모둠을 만들도록 한다.(1:3, 2:2, 어느 한쪽으로의 쏠림 현상 등 다양한 모습이 나타날 수 있다.)
8. 모둠 내 미니 모둠은 주제나 문제에 대한 의견이 충분히 일치하도록 논의할 시간을 갖는다.(토의 · 토론망 활동지를 앞에 놓고 이를 바탕으로 의견을 주고받으면서 어느 한쪽으로 합의하기)
9. 각 모둠은 합의한 결론에 대한 근거와 함께 토의 · 토론망 활동지에 정리한다.

경제활동 속에서 경쟁은 과연 도움을 주기만 하는 것인가?

아니다 — 근거 제시	그렇다 — 근거 제시
1. 기업에게 경쟁에 따른 무리한 투자를 요구하여 손실을 가져올 수 있다.	1. 기업은 좋은 물건이나 상품을 개발하기 위해 노력하게 된다.
2. 경쟁에서 뒤떨어진 기업에게는 큰 손실을 가져다주어 사회적, 경제적으로 큰 어려움을 겪게 된다.	2. 기업은 좋은 서비스를 제공하기 위해서 노력하게 된다.
3. 극단적으로 가게 되면 경쟁하는 모든 기업은 결과적으로 모두 손해를 보게 된다.(출혈경쟁)	3. 기업의 이익이 증가하고 기업의 이미지가 좋아져 더 나은 기업으로 발전하게 된다.
4. 경쟁을 위해 사용한 만큼의 비용은 모두 물건 값에 포함되어 소비자에게 부담을 주게 된다.	4. 경쟁을 통해 국가는 외화를 벌어들일 수 있다.
5. 과정보다는 결과를 중요하게 생각하게 되어 도덕적으로 많은 문제가 발생할 수 있다.(부정부패 등)	5. 경쟁을 통해 일자리가 증가하고, 국가 경제가 발전하게 된다.
6. 지나친 경쟁은 독과점, 매점 매석, 담합 등의 현상을 초래하게 되어 사회적, 경제적 문제가 된다.	6. 소비자는 질이 좋은 물건을 얻을 수 있다.
7. 지나친 경쟁은 상품의 질이나 가격, 제품의 양 등에 영향을 주어 소비자가 손해를 보게 될 수 있다.	7. 소비자는 보다 저렴한 가격에 물건을 구입할 수 있다.
8. 지나친 경쟁은 사람의 가치를 소홀하게 생각하도록 만들어 비인간적인 사회가 될 수 있다.	8. 소비자는 다양한 상품을 놓고 선택할 기회가 많아진다.

결론

경제활동 속에서 경쟁은 도움을 주기도 하지만 많은 폐해가 나타나기도 하는 만큼 지나친 경쟁적 상황이 나타나지 않도록 노력해야 할 필요가 있으며, 경쟁보다는 협동적 활동을 통해 서로 함께 잘되어 갈 수 있는 방향을 찾아 나가도록 노력해야 할 것이라 생각한다. 물론 협동만 강조하다 보면 기술 개발이나 발전을 위한 노력을 게을리할 위험도 있겠지만 협동적 상황이 경쟁적 상황보다는 사회적 문제를 덜 발생시킬 수 있고, 비리나 빈익빈 부익부 현상을 최소화시킬 수 있을 것이라 생각한다.

10. 각 모둠은 내린 결론 및 그에 대한 근거를 입장별(찬성 혹은 반대)로 순서를 정하여 발표한다. 이때 근거는 각 모둠별로 한 가지씩만 발표하게 한다.(앞에서 모두 발표하게 되면 뒤에 발표하는 모둠은 새로운 의견을 낼 수 없게 되는 현상이 일어나는 것을 막기 위함이다.) 이를 위해서 각 모둠은 적극적 듣기 활동에 신경을 써야 한다.
11. 앞의 과정을 마무리하면 아동들은 논의 주제에 대하여 각자 개인적인 의견을 정리할 수 있도록 한다.(논술하기) 협동적 활동 이후에 이루어지는 개별적 과정인 이 단계는 글을 통해 최종적으로 자신의 생각을 이끌어 낼 수 있도록 해 주며 글을 쓰는 과정에서 반대편 의견에 대한 반박, 같은 의견에 대한 새로운 생각을 덧붙여 나갈 수 있도록 해 준다.

활동효과

1. 언어 활동의 네 가지 측면(말하기, 듣기, 읽기, 쓰기)을 모두 포함하고 있다.
2. 아동들이 협동적 활동을 통해 상호작용하는 기회를 다양하게 맛볼 수 있다.
3. 특히 문학 수업이나 사회과에서 토의 · 토론 수업을 할 때 유용하다.
4. 아동들이 토의 · 토론 활동에 적극적으로 참여할 수 있도록 해 준다.
5. 어떤 주제나 문제점에 대하여 두 가지 측면을 모두 고려하고 평가할 수 있다는 생각의 틀을 갖도록 해 준다.
6. 자신의 의견을 주장하기 전에 상대편의 주장 및 그 근거를 한 번 더 찾아보고 생각할 수 있도록 해 준다.
7. 아동들은 자기 자신의 주장에 대하여 체계적이고 타당한 근거를 들어 글을 쓸 수 있게 된다.(논술문)

주의할 점이나 활동 팁

1. 5~6단계에서 참가자들은 양쪽의 입장 모두 옳다는 생각을 잠시 접어 둘 필요가 있다. 이 단계는 Pro-con(찬반 논쟁 학습)에서처럼 일종의 역할놀이와 같은 차원에서 하는 활동이기 때문이다. 따라서 아동들에게 이런 취지와 목적을 명확히 알리고 부담을 갖지 않도록 충분히 설명해 주는 것이 좋다.
2. 위의 ①번과 같은 이유로 모둠 내에서 2개의 팀으로 나눌 때는 교사가 임의로 나누어 줄 필요도 있다. 다만 모둠 내에서 토의 · 토론 능력 등이 떨어지는 아동들끼리 한 팀이 되지 않도록 해야 한다는 점은 잊지 않도록 한다.
3. 가능한 시간을 확보하여 논술문 쓰기 활동까지 이어지도록 하되, 시간이 부족하면 과제로 제시

하거나 온라인 토의 · 토론방(학급 홈페이지)에 올릴 수 있도록 안내를 한다.

4. 활동 사례 : 자유과 경쟁 사례를 통해 그 장점과 단점을 살펴보기, 과학의 발전이 가져온 좋은 점과 나쁜 점 살펴보기 등의 활동에 활용된다.

10 동심원 활동

기본이해

이 활동은 아동들이 안쪽과 바깥쪽으로 2개의 원을 만들고, 안쪽에 선 아동들과 바깥쪽에 서서 마주 본 아동들끼리 짝이 되어 정보나 생각을 나누는 것으로서, 교실 안에서 보다 많은 사람들과 깊이 있고 의미 있는 생각과 정보를 나눌 수 있도록 하는 데 도움을 준다. 동심원 토의 · 토론은 보통 지식 습득 활동에도 많이 활용되지만 쟁점 분석 활동에도 많이 활용되고 있는 상황이다. 하지만 교실 여건이 이 활동을 하기에 조금은 불편한 점(동심원 가운데가 비어 있게 되는 활동 구조상, 넓은 공간이 필요한데 교실에서는 아동들이 많을 경우 책상과 의자가 활동에 방해가 될 수 있다.)이 있어서 활동을 할 때 생각과 고민이 필요하다.

진행방법

1. 교사는 아동들에게 과제를 제시하고, 아동들은 잠시 생각할 시간을 갖는다.
2. 동심원 구조 활동에 필요한 자리 배정을 한다.(예 : 각 모둠의 1, 2번은 바깥쪽 원, 각 모둠의 3, 4번은 안쪽 원을 만든다. 남자는 바깥쪽에, 여자는 안쪽에 할 수도 있다.)
3. 배정된 자리에 맞게 아동들은 둥글게 안쪽 원과 바깥쪽 원 2개를 만든다.
4. 안쪽의 원과 바깥쪽의 원에 선 아동들은 서로 마주 본 사람들끼리 짝이 되어 토의 · 토론 활동을 하게 된다.
5. 주어진 시간 동안 활동을 한 후 교사의 신호에 따라 2개의 원이 엇갈리게(예 : 바깥쪽 원은 시계 방향, 안쪽 원은 그 반대 방향) 돌게 되는데, 이때 다시 새롭게 마주 본 사람과 짝을 만들어 또다시 정보를 교환한다.
6. 여러 사람을 만나 충분히 활동을 했으면 본래 모둠으로 돌아가 자신이 알아 온 정보나 지식을 모둠원들과 '돌아가며 말하기' 방식으로 나눈다.
7. 교사가 활동을 정리하도록 한다.

활동효과

1. 서로의 생각을 보다 깊고 넓게 할 수 있다.
2. 역동적으로 발표하고 듣고, 메모할 수 있도록 해 준다.
3. 많은 사람들을 만나 다양한 정보와 생각을 나눌 수 있다.(사고력 신장)

4. 아동들의 토의 · 토론 활동에 참여가 극대화된다.(절반은 말하고, 절반은 듣기)
5. 여러 사람과 정보를 공유하고 생각을 나누는 데 시간이 많이 걸리지 않는다. 아울러 빠른 시간 안에 말하고, 메모하고, 정리하고, 이동하기 때문에 아동들의 이해력 및 듣기능력, 정리능력, 발표력 등이 신장된다.

주의할 점이나 활동 팁

1. 활동은 '번갈아 말하기' 방식으로 정보를 교환하고 듣는 사람이 메모하고 기록하는 방법을 가장 많이 활용하지만 때로는 '번갈아 쓰기' 방식으로 말을 사용하지 않으면서 서로의 생각을 글로써 주고받는 방식으로 진행하기도 한다.
2. 그냥 서서 활동을 할 수도 있지만 여건이 허락된다면 책상을 모두 교실 가장자리 주변으로 밀어놓고, 의자만 교실 가운데로 가져가 2개의 원을 만든 뒤 앉아서 활동하는 방법을 생각해 볼 수 있다.
3. 안쪽과 바깥쪽 2개의 원이 서로 반대 방향으로 이동할 때는 교사가 나름대로 규칙을 세워 이동하게 하는 것이 좋다.(예 : 안쪽 또는 바깥쪽 중 어느 한쪽의 원만 세 번 이동하기, 안쪽과 바깥쪽의 원 모두 서로 반대 방향으로 두 번만 이동하기, 안쪽과 바깥쪽의 원 모두 가벼운 발걸음으로 돌아가 교사가 멈춤 신호를 주면 정지한 후 마주 보고 있는 아동과 짝이 되기 등)
4. 쟁점 토의 · 토론 활동에 이용할 경우 원을 만드는 방식은 달리하는 것이 좋다.
   ① 교사가 주제를 제시하면 아동들은 충분히 생각할 시간을 갖는다.
   ② 안쪽 원은 찬성 측, 바깥쪽 원은 반대 측 입장을 선택한 아동들끼리 선다.
   ③ 마주 본 아동들끼리 짝이 된 후, 교사가 제시한 주제에 대하여 안쪽에 선 아동이 먼저 자신의 의견과 그에 대한 근거나 이유를 말한다.
   ④ 바깥쪽에 선 아동도 자신의 의견과 그에 대한 근거나 이유를 말한다.
   ⑤ 이후에 번갈아 말하기 구조를 활용하여 토의 · 토론 활동을 한다.
   ⑥ 교사의 신호에 따라 안쪽의 원과 바깥쪽의 원이 서로 반대 방향으로 돈다.
   ⑦ 다시 마주하게 된 아동과 짝이 되어 앞의 3, 4, 5, 6단계 활동을 반복한다.
   ⑧ 토의 · 토론 활동이 몇 차례 반복된 후에 아동들은 자기 자리로 돌아가 들은 의견을 종합 · 정리하여 최종 보고서를 쓴 후 제출한다.
5. 활동 사례 : 자석이 우리 생활에 이용되는 사례 찾아보기

철로 된 물체를 끌어당기는 성질을 이용한 사례	
일정한 방향을 가리키는 성질을 이용한 사례	
자석으로 정보를 기록한 사례(소리, 그림, 문자 등)	

 사전지식 브레인스토밍

기본이해

여러분이 개미에 대해 알고 있는 것은 무엇인가? 지렁이에 대해서 어느 정도나 알고 있는가? 달에 대해서는 어느 정도 알고 있는가? 세종대왕에 대해서는 얼마나 알고 있는가? 만일 여러분이 이런 것들에 대한 글을 읽게 된다면 읽기 전에 잠시나마 이미 알고 있는 것들에 대해 머릿속에 떠올리게 될 것(사전 지식에 대한 점검)이다. 이처럼 우리 모두는 어떤 글을 읽거나 어떤 주제에 대하여 이야기를 나눌 때 이미 알고 있는 지식이나 적절한 정보를 떠올림으로써 관련된 주제나 글 속의 새로운 자료와 연결시켜 주제나 글의 내용을 예측하거나 상상할 수 있게 된다.(효율적인 책읽기나 주제에 대한 탐구는 글을 읽거나 어떤 주제에 대하여 탐구를 해 나가기 전에 자신이 알고 있는 것을 활성화시키는 것을 포함한다.) 따라서 적절한 사전지식을 확인하도록 하는 일은 새로운 주제에 대한 탐구나 책 읽기를 시작하는 방법으로 매우 유용하다 할 수 있다. 왜냐하면 수업과 관련하여 아동들이 떠올리는 사전지식과 경험은 새로운 주제에 대한 학습이나 책 읽기를 성공적으로 이끌어 나가는 데 결정적인 역할을 하며, 인지구조의 재구성에 필수적인 요소이기 때문이다. 이렇게 볼 때 교사는 아동들이 새로운 주제에 대한 탐구나 독서 활동을 시작하기 이전에 이미 알고 있는 것이 무엇인지를 체크해 봄으로써 아동들이 기존의 지식을 유용하게 처리할 수 있도록 도와주고, 아동들이 이미 알고 있는 것을 드러낼 수 있도록 해 주며, 장차 배우게 될 내용과 관련짓도록 돕는 일에 최선을 다하지 않으면 안 되는데, '사전지식 브레인스토밍' 활동이 바로 그런 목적(학습 전에 아동들의 사전지식을 끌어내는 일)을 달성하는 데 매우 유용한 틀이라 할 수 있다.

사람들은 글에 있는 정보와 자신의 배경지식 사이의 상호작용에 의해 의미를 재구성해 간다. 따라서 학습 주체가 적절한 배경지식을 사용하지 못하는 경우 글을 잘못 해석하거나 특정 주제에 대해 제대로 이해하지 못하게 된다. 이것이 바로 스키마 이론인데, 스키마는 새로운 정보를 받아들일 수 있는 틀을 제공하며, 중요한 정보를 판단하게 하여 정보를 선택적으로 받아들일 수 있도록 해 주고, 글 속에서 생략된 정보를 추론할 수 있게 하는 등의 다양한 기능을 가지고 있다. 따라서 스키마를 새로운 주제의 탐구나 독서 과정의 적절한 시기에, 최대한 활용하면 지식 습득 및 이해에 지대한 영향을 미치게 된다. 학교 현장에서는 이를 위해 연상하기, 예측 및 추론하기, 질문하기 등을 많이 활용하고 있다. 이러한 스키마 이론이 일상생활 속에서는 "아는 만큼 보이고 본 만큼 안다.", "새로운 것을 알 때도 100% 모르는 것에서 알 수 없다.", "배경지식이 많을수록 새로운 지식의 활용도가 높다.", "기존의 가지고 있던 지식을 통해서 지식 구조를 만들어 낸다."와 같은 말로 이해되고 있다.

진행방법

'사전지식 브레인스토밍' 활동을 위한 전략으로서 가장 많이 활용되고 있는 것은 〈알기-LINK〉, 〈목록작성-분류-명명〉, 〈알파벳 표 채우기〉 등이다.

알기-LINK(List-Inquire-Note-Know) 활동 – 학급 전체 활동(대집단)

이 활동은 사전지식에 대한 논의가 아동 주도로 이루어지도록 하고자 할 때 많이 활용된다.

1. 교사는 공부하게 될 단원이나 탐구 주제에서 핵심어나 개념을 뽑아낸다.
2. 뽑아낸 단서를 칠판의 중앙에 큰 글씨로 적는다.
3. 아동들은 그 핵심어와 관련하여 떠오르는 것들을 모두 정리한다.(약 5~10분)
   (예 : "태양계" 하면 떠오르는 것들을 모두 써 보자.)
4. 아동들에게 한 가지씩 생각한 것들을 발표하도록 한다. 그리고 아동들이 발표한 내용을 칠판에 써 나간다.(학급 전체 활동)
5. 더 이상 나올 내용이 없으면 칠판에 적힌 항목들에 대하여 아동들이 다양한 질문을 할 수 있도록 안내한다.
6. 교사는 아동들의 질문에 대하여 적절한 답변과 함께 "왜 그렇게 생각하니?, 왜 그런 질문을 하게 되었니?, 그 부분이 바로 우리가 앞으로 탐구해 나가야 할 내용이다."와 같은 반응을 보이면서 그들의 사고를 자극한다.
7. 이 단계에서 교사는 아동들이 칠판에 적힌 단어나 개념들에 대해 서로 관련을 맺도록 해 주고, 각자의 이해와 공유 및 확장 과정에서 상호작용이 잘 일어날 수 있도록 지도한다.(질문하는 동안 잘 들어 주기, 서로 존중해 주기, 칭찬하기 등)
8. 질문하는 단계가 마무리되면 칠판에 적힌 낱말들에 대하여 주고받은 내용들을 스스로 정리해 보는 시간을 갖도록 한다.(사전 경험 및 교실 내에서 이루어진 논의를 근거로 정리)
9. 이후 읽을 책이나 탐구할 주제에 대한 학습이 마무리되면 활동을 통해 새롭게 알게 된 사실들을 따로 정리할 수 있도록 지도하는 것이 좋다.

목록작성-분류-명명(List-Group-Label) 활동

이 활동은 읽을 책이나 주제에 대하여 어느 정도 적절한 지식이나 정보를 갖고 있는 아동 개인을 상대로 하거나 주제에 대하여 공동탐구를 해 나가야 할 모둠에게 효과적인 전략이라 할 수 있다.

1. 핵심 주제나 낱말을 제시하고, 아동 개인 또는 모둠원들에게 그 낱말로 연상되는 것들을 모두 적을 수 있도록 한다.(약 5~10분)
2. 모둠원들과 함께 할 경우, 돌아가며 말하기 방식 또는 브레인스토밍 방식으로 모둠에서 나온 생각들을 하나의 활동지에 기록하도록 한다.(관련이 없거나 관련성이 떨어지는 것들은 합의를 통해 제외시킨다.)
3. 충분한 의견 공유가 이루어졌거나 개인적인 활동이 마무리되었다면 이를 바탕으로 하여 공통점을 갖는 항목끼리 묶어 나갈 수 있도록 한다. 이때 적절한 활동지를 배부하여 각 항목별로 구분하여 정리해 나가도록 안내한다.(활발한 토의 · 토론 활동이 이루어질 수 있도록 지도하되, 항목은 최소한 3개 정도 이상이 될 수 있도록 한다.)
4. 마지막으로 범주화 단계를 거친다. 이 단계는 각자 혹은 모둠원들이 정리한 것을 검토하고, 각 항목에 알맞은 적절한 이름을 붙이는데, 이는 각 하위 목록의 제목으로 이용될 수 있다.
5. 각 개인 혹은 모둠에서 범주화시킨 결과물들을 공유한다.(이때 목록을 조직한 근거도 함께 설명할 수 있도록 한다.)
   [예 : 양서류(탐구 주제) ⇨ 생각한 것들(개구리, 도롱뇽, 물가 근처에 사는 생물, 두꺼비, 벌레를 먹음, 냉혈, 연못, 어항, 점액성 피부 등) ⇨ 분류하고 범주화하기 ⇨ 제목 붙이기(양서류 동물의 종류, 서식처, 특징 등)]

알파벳 표 채우기(Sequential Roundtable Alphabet) 활동 : 자음표 채우기

이 활동은 폭넓은 배경지식을 갖고 있는 아동들에게 매우 효과적인 전략이라 할 수 있다.(주로 용어, 사실, 사건에 대한 기억을 촉진시켜 준다.)

1. 각 개인이나 모둠에 알파벳 채우기 표를 배부한다.(우리나라의 경우 자음표를 만들어 배부하면 된다.)
2. 각 알파벳(자음)으로 시작되는 단어를 연상하여 적는다.(정해진 시간 안에 가능한 많은 내용을 채우도록 한다.)
3. 각 개인 또는 모둠에서 적은 내용을 모둠원들과 함께 공유하고 정리한다.

4. 모둠에서 공유한 내용을 학급 전체에 발표한다.

자음표 채우기 (주제 :)	ㄱ	ㄴ	ㄷ	ㄹ
ㅁ	ㅂ	ㅅ	ㅇ	ㅈ
ㅊ	ㅋ	ㅌ	ㅍ	ㅎ

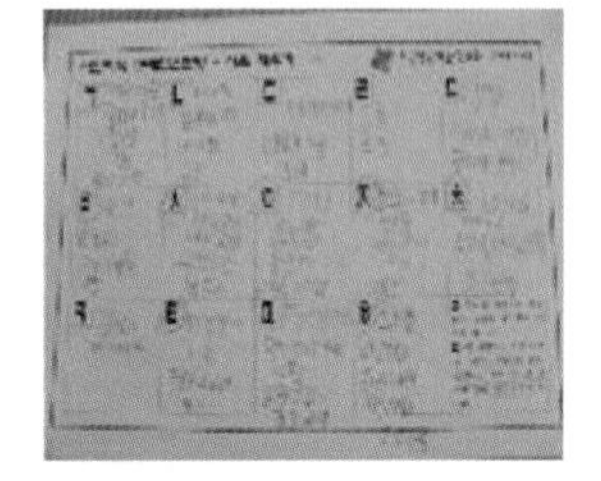

자음표 채우기 활동 : 2010년 나의 학급 사례

활동효과

1. 아동들은 이미 알고 있는 지식을 바탕으로 하여 새로운 것들에 대한 학습을 준비하거나 새롭게 공부할 내용에 대한 예측을 할 수 있다.(단원 도입 활동을 할 때 매우 많이 활용된다.)
2. 이미 알고 있는 것을 바탕으로 글을 읽거나 학습을 해 나감으로써 학습 동기가 높아지게 된다.
3. 보다 넓은 사전지식을 갖고 있는 아동들과 지식과 정보를 공유하게 됨으로써 모든 아동이 학습 주제나 책에 대하여 나름대로 친숙한 상태에서 학습 또는 책 읽기를 시작할 수 있다.
4. 배경지식이 전혀 없던 아동들도 학습을 시작하기 전에 어느 정도 기초가 되는 정보를 접하거나 습득할 수 있다.
5. 배경지식에 오류가 있거나 잘못된 지식과 정보를 갖고 있었던 아동들에게는 그것을 수정해 나갈 수 있는 좋은 기회가 된다.
6. 아동들이 스스로 질문을 만들고, 설명을 듣고, 생각을 꺼내 놓은 과정에서 참여에 대한 책임을 지게 된다.
7. 충분한 학습 후에는 그 내용을 바탕으로 복습도 가능하게 해 준다.(단원을 총정리하는 차원에서도 자주 활용된다.)

주의할 점이나 활동 팁

1. 어떤 활동을 하더라도 상대방에 대한 의견을 존중해 주고, 수용하는 자세가 필요하다.(특히 주제와 관련성이 떨어지는 의견들이 나왔을 때 더욱 그렇다.)
2. 사회적 기술이 부족할수록 '비판하지 않기' 원칙이 잘 지켜지지 않으며, 허용적인 분위기가 형성되지 않은 상태에서는 '자유 발언' 원칙이 잘 지켜지지 않는다.
3. 활동 주제가 너무 어렵거나 브레인스토밍 활동에 익숙하지 않으면 '질보다 양'의 원칙도 지켜지지 않게 된다.

 집단 탐구를 위한 Co-op Co-op

기본이해

집단 탐구를 위한 Co-op Co-op 모형은 '자율적 협동학습 모형'이라고도 불리는데, 이 활동은 아동들의 자연적인 호기심과 표현력 등을 발전시킬 수 있는 조건을 제공하는 것을 중요하게 생각한다. 그리고 이러한 능력을 발휘시킬 수 있는 조건은 아동 자신이 흥미와 관심을 갖고 있는 주제에 대하여 같은 관심을 가진 동료들과 함께 그 주제에 대한 토론과 조사를 할 수 있는 학습 환경을 만들어 주는 것이라는 데 핵심이 있다. Kagan이 개발한 자율적 협동학습 모형은 한 학급에서 토의 · 토론 과정을 통해 학습할 주제를 아동들이 직접 선정하고, 각자의 흥미에 따라 소집단을 구성한 다음 소집단 내에서 각 구성원들은 자신이 맡아 수행할 주제를 다시 선택 · 조사 · 정리 · 재구성하여 집단의 과제를 완성하고, 각 집단의 과제가 함께 모여 학급 전체의 학습과제를 완성하게 된다는 것인데, 소집단 간의 상호 협동적 활동을 통하여 학급 전체의 학습목표를 달성하도록 한 것이 가장 큰 특징이라 할 수 있다. 이처럼 학급 전체가 협동적으로 학습과제를 해결하기 위해 소집단들이 협동학습을 한다고 하여 '협동을 위한 협동학습'이라는 이름으로도 불리고 있다. 이 모형의 특징을 살펴보면 다음과 같다.

1. 아동들의 자연적인 호기심과 지적 능력, 표현력을 이끌어 내고 신장시키는 것을 강조한다.(호기심에 따라 행동 ⇨ 새로운 경험 ⇨ 그 속에서 새로운 지식을 습득하고 만족감을 얻는다.)
2. 집단 내의 협동과 집단 간의 협동을 강조해서 학급 전체가 특정한 주제와 관련된 학습 경험을 나눌 수 있도록 되어 있다.(집단 구성원들끼리 함께 공부 ⇨ 지식 습득 및 이해의 폭 확장 ⇨ 산출한 결과물들을 학급 전체와 공유 ⇨ 다른 집단의 구성원들도 함께 지식 습득 및 이해의 폭 확장)

진행방법

1. 학습 주제 소개하기 — 교사는 수업 초기에 아동들이 앞으로 탐구하게 될 주제에 대한 자신의 흥미를 발견하고 이를 적극적으로 표현하도록 유도하고 격려한다. 보통 교사가 학습 주제를 아동들에게 소개하는 데 있어서 강의, 인쇄물, 비디오 또는 아동들의 관심을 자극할 수 있는 자료 읽기 등의 방법을 많이 사용한다. 이 단계의 가장 큰 목적은 아동들의 흥미와 호기심을 유발해 자발적인 학습 동기를 불러일으키고 참여도를 높이는 것이라 할 수 있다.
2. 아동 중심의 학급 토의 · 토론 — 아동들은 주제에 대하여 이미 알고 있는 것, 더 알고 싶은 것 등

을 브레인스토밍하고, 교실 전체 토의 · 토론을 하게 된다. 이 과정에서 한 주제에 대해 다양한 소주제들이 만들어지게 된다. 이렇게 만들어진 다양한 소주제를 바탕으로 토의 · 토론을 거쳐 주제들을 분류한 뒤 최종적으로 다룰 소주제들을 결정한다. 이 단계에서 토의 · 토론 활동의 목적은 아동 스스로가 주제에 대하여 공부를 해 나가도록 이끄는 것뿐만 아니라 자신의 호기심을 자극하고 발견해서 학습에 더 많이 참여하도록 하는 데 있다. 따라서 Co-op Co-op 모형의 성패는 1단계와 2단계에 있다고 해도 과언이 아닐 것이다.

3. 소집단 구성을 위한 소주제 선택하기 — 2단계까지의 활동을 통해 생산된 다양한 학습 주제 중에서 모든 아동 스스로가 학습하고자 하는 소주제를 각자 선택한다.
4. 소주제별 소집단 구성하기 — 아동들 각자가 스스로 선택한 주제를 중심으로 소집단을 구성한다. 이 단계에서 주의해야 할 점이 있다면 집단 구성에 있어서 한 집단 내의 이질성을 최대화시켜 아동들 간의 긍정적인 상호작용이 일어날 수 있도록 해야 한다는 점인데, 이는 말처럼 그리 쉽지만은 않다.(특정 소집단에 잘하는 아이들이 몰릴 수도 있고, 그 반대의 상황이 벌어질 수도 있다.)
5. 모둠세우기를 통한 집단 세우기 및 사회적 기술 개발 — 자율적 협동학습 모형은 '우리는 하나'라는 집단의식이 형성되기 전에는 성공적으로 과제를 완수할 수 없다. 따라서 소집단이 구성되면 모둠세우기 활동은 필수적이라 할 수 있다. 모둠세우기의 5대 목표를 살펴보면 다음과 같다.

① 서로에 대해 알기
② 모둠 정체성 세우기
③ 상호 지원
④ 차이점 존중하기
⑤ 시너지 개발

한편 토의 · 토론 활동이 원활하게 이루어질 수 있도록 하기 위해 사회적 기술을 개발하고 지속적으로 유지될 수 있도록 해야 하는데, 꼭 필요한 것으로는 아래와 같은 것이 있겠다.

① 상대방의 말 경청하기
② 도움이 되는 비판하기(사람 비판 금지)
③ 지원적인 질문
④ 갈등 해결 기술

바람직한 이질 모둠 구성 및 성공적인 주제 탐구 활동을 위해 앞의 3~5단계를 다음과 같이 진행하기도 한다.(실제로는 이 방법을 더 선호한다.)

3단계 : 학습 집단 구성하기(보통은 미리 교사가 이질 모둠을 구성해 놓는다.)

4단계 : 모둠세우기 및 사회적 기술 개발

5단계 : 구성된 모둠원들이 서로 토의 · 토론하여 소주제를 선정(서로 신뢰하고 의사소통기술을 잘 개발, 습득하였다면 모둠은 자신들의 특성에 맞는 알맞은 주제를 선택하게 된다. 교사는 그 과정에서 각 모둠을 순회하면서 촉진자 역할을 충실히 해내도록 한다. 만일 이 과정에서 여러 집단이 같은 소주제를 선택하게 된다면 서로 접근 방법을 다르게 하여 진행하거나 다른 집단이 또 다른 소주제를 선택하도록 유도해 나갈 필요가 있다. 아울러 매우 중요한 소주제임에도 불구하고 그것을 선택한 모둠이 없을 경우, 이를 충분히 알려서 이를 다룰 수 있는 모둠이 생겨나도록 해야 한다.)

6. 소주제의 정교화 — 소주제별로 모인 소집단은 소집단 내에서의 토의 · 토론 활동을 통해서 자신들이 맡은 소주제를 보다 정교한 형태로 구체화시키고, 연구할 범주를 정하도록 한다.
7. 각 개인별 과제 선택과 분업 — 소집단 구성원들은 소주제를 몇 개의 하위 과제로 나누고 구성원 모두가 자신이 원하는 과제를 분담하도록 한다. 아동들이 개별적으로 선택한 과제는 모둠이 선택한 소주제의 각기 다른 한 부분을 말한다. 이들 하위 과제들은 어느 정도 서로 중첩되는 부분이 있어서 모둠 구성원들은 서로 수집한 정보를 나눌 수 있도록 해야 하며 각기 자신만의 독특한 과제 수행을 통해 모둠에 기여할 수 있어야 한다. 이때 교사는 아동들의 수준에 따라 과제가 잘 분담되었는지 살펴보고, 그렇지 않은 모둠이 있다면 조절해 줄 필요가 있다.(과제 분담에 도움을 주는 방법 : 과제와 아동의 능력 사이의 적절성 안내, 과제 수행을 위해 활용할 수 있는 자원 안내하기, 나누어진 과제에 대한 자세한 안내 등)

모둠 구성원들이 집단에 중요한 기여를 하도록 하는 방법

1. 다른 동료의 집단에 대한 기여도를 평가하도록 한다.
2. 각자의 과제에 대한 보고서나 프로젝트를 만들도록 한다.

교사가 각자의 기여도를 점검하도록 한다.

8. 각 개인별 책임 과제 완수(하위 과제 해결) — 각 모둠의 구성원들은 자신이 맡은 과제를 개별학습(자신만의 독특한 방식으로 과제 수행)하고 소집단 내에서 발표할 준비를 한다. 이때 교사는 아동들이 되도록 많은 준비를 하고 자신이 선택한 과제에 대하여 책임을 지게 함으로써 집단 전체의 성패가 자신에게 달려 있음을 깨닫도록 지도해야 한다.

모둠 내 개인 과제 발표 사례

9. 모둠 내에서의 개인별 과제 발표 — 이 단계에서 아동들은 자신이 맡은 과제에 대한 학습 및 조사 결과를 발표함으로써 서로의 학습 경험을 공유하게 되는데, 이때의 과정은 직소모형과 비슷한 양상을 보이게 된다. 이때 아동들은 발표(토의 · 토론)자, 기록이, 진행자 등의 역할을 분담하여 발표의 질을 높이도록 해야 한다.

역할 분담하기	[illegible]	한국의 전통문화, 교통수단
	김은수	숙박, 회당 [illegible]
	[illegible]	한국의 전통 맛, 비용
	김유진	아름다운 자연, 이동거리
일정 계획	10.20~21	정보 수집
	10.22	장소, 식당, 숙소 [illegible]
	10.23	비용, 교통수단, 이동거리, 활동시간 [illegible] 작성
	10.24	검토, 보충
	10.26	제출
	10.27	PPT 홍보물
	10.28	발표 연습
	10.29	발표

나의 학급 사례 : 역할 분담

10. 소집단별 학급 전체 발표 준비 — 모둠 내에서 과제에 대한 발표가 모두 마무리되면, 아동들은 그동안에 나타난 결과물들을 종합적으로 정리하고 수정 · 보완해서 학급 전체에 보고할 수 있도록 준비한다. 이때 각 소집단별로 준비한 것들은 단지 모둠 내에서의 개인별 과제를 종합한 것 이상의 의미를 담고 있는 것이 될 수 있도록 해야 한다. 이를 위해 발표 방식을 다양하게 할 필요가 있으며(예 : 논쟁, 전시, 설명, 역할극, 프레젠테이션, 인터넷 홈페이지 활용, 전시장 관람구조 활용 등), 교사는 발표를 연습할 수 있는 기회를 충분히 제공해 주어야 한다.

모둠별 발표 준비(홍보물)

11. 소집단별 학급 발표 — 소집단별 학급 발표 단계에서는 소집단별로 전체학급에 대해 발표하고 교실 전체가 그에 대하여 토의 · 토론 활동을 해 나간다. 이때 소집단별로 발표시간을 정해 주고, 다른 모둠에 속한 아동으로 하여금 시간 관리를 해 나갈 수 있도록 한다. 발표의 특성에 따라 질의 · 응답 혹은 피드백이 필요할 수도 있는 만큼 교사의 적절한 지도와 안내가 필요한 단계라 할 수 있다.

모둠별 발표 사례 : 나의 학급 사례

12. 평가와 반성 — 학업성취에 대한 개인별 평가는 형성평가 등의 시험을 통해 이루어지기도 하고, 소집단별 평가는 학급 전체 아동들에 의한 발표 평가, 소집단 보고서에 대한 교사의 평가, 소집단 구성원들에 의해 이루어지는 집단 내 개인의 기여도에 대한 평가, 각 아동들의 과제 보고서나 과제 발표에 대한 교사의 평가, 개인별 활동에 대한 반성(성찰 일기) 등을 통해 이루어진다. 이를 위해 교사는 발표 내용이나 형식에 있어서 장단점에 대한 것들을 학급 구성원 모두가 토의 · 토론해 나갈 수 있도록 유도하고, 형식적인 평가 양식을 개발하여 체크해 나가도록 한다.(특히 활동이 마무리되기까지의 과정에서 학생들이 보여 준 사회적 기술에 대한 반성, 집단 구성원 각자에 대한 집단에의 기여도를 반드시 체크해 나갈 수 있도록 한다.)

개인별 성찰 일기 쓰기(반성)

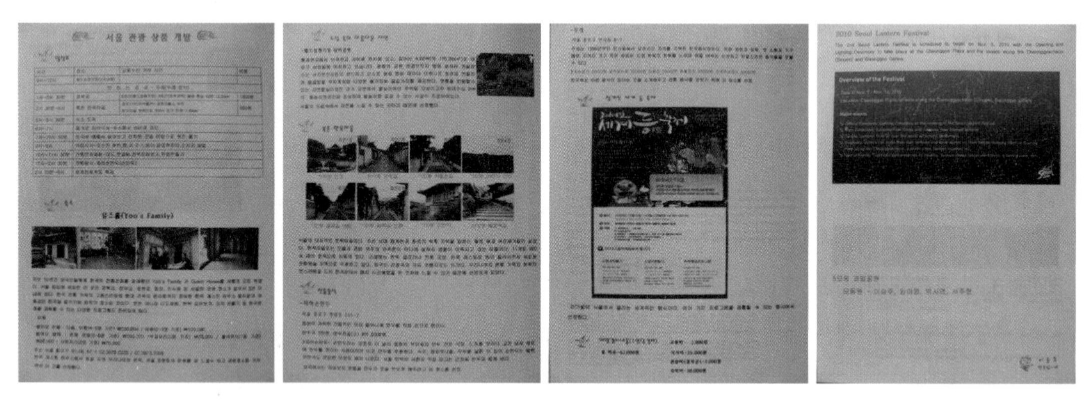

나의 학급 모둠별 보고서 사례

지금까지 안내한 자율적 협동학습 모형의 주요 절차를 간단히 나타내 보면 아래와 같다.

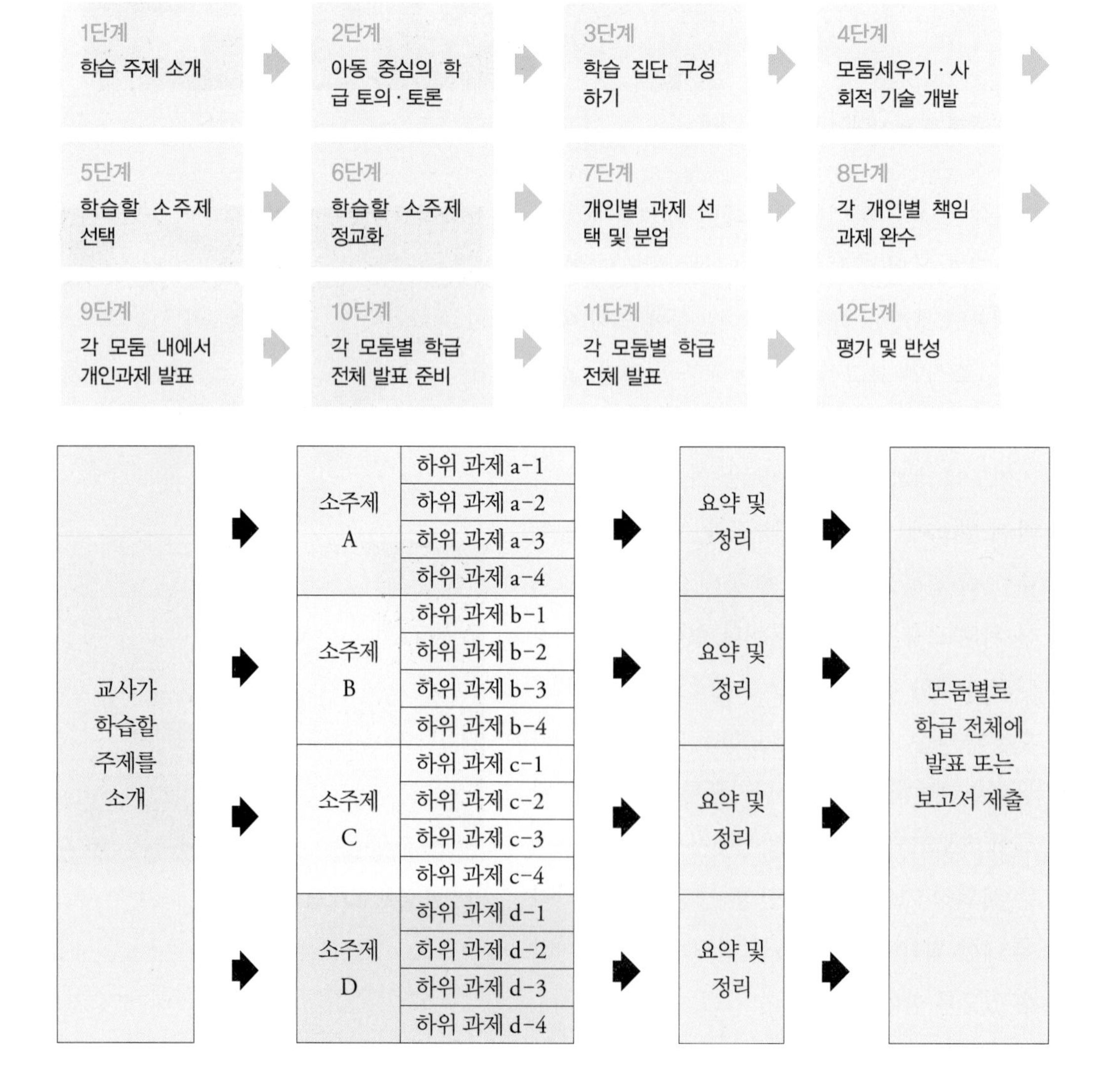

활동효과

1. 아동들이 학습할 주제와 집단을 직접 선택할 수 있어서 자율성이 신장되고 자연스럽게 내재적 동기유발이 이루어진다.(학급 전체가 학습할 주제를 토의 · 토론 ⇨ 학생 각자는 자신의 흥미에 따라 소주제 선택 ⇨ 소주제를 중심으로 집단 구성 ⇨ 협동적으로 활동 ⇨ 외적 보상이 불필요)
2. 소집단 구성원 한 사람이라도 자신의 책무에 소홀하게 되면 집단 전체의 실패로 이어지며, 이는 곧 학급 전체의 실패로 직결되기 때문에 이 활동에 참가하는 아동 모두는 '나의 실패는 곧 전체의 실패'라는 생각을 가지고 책무성을 높여 나갈 수 있게 된다.
3. 아동들이 주제를 탐색하고, 소집단 형성 및 수행할 과제를 선택하는 과정에서 토의 · 토론 활동이 자연스럽게 일어나게 되고, 폭넓고 심도 있는 사고를 할 수 있게 되어 학생들의 고급사고력 신장에 도움이 된다.
4. 소집단별로 학습 결과물들을 생산해 내는 과정에서 아동들은 분업적 · 협동적 활동을 통해 통합 학습능력을 신장시키고, 긍정적인 상호작용을 통해 사회적 기술(특히 관계 맺는 기술)을 터득해 나가며, 듣는 기술을 통해 감정 이입 및 관점 선택 능력을 신장시키고 다른 사람의 주장과 자기의 주장을 적절하게 조절할 수 있는 능력을 향상시킬 수 있게 된다.
5. 소집단별로 정리한 결과물들을 학급 전체에 발표하기 위해 준비를 하는 과정 속에서 토의 · 토론 능력, 협상능력, 비판적 사고력, 의사결정능력 등 다양한 고급사고를 경험하게 된다. 또한 조사한 내용을 전체 학급에 발표하는 과정을 통해 같은 학급의 다른 아동들에게 다양한 정보를 제공할 수 있게 된다.(소주제 영역에서 깊이 있는 지식과 정보를 습득) 그 결과로 아동들은 다른 소집단의 발표에 대해 적절한 판단과 지지를 보내면서 역시 사고력과 발표력을 신장시키게 된다.

주의할 점이나 활동 팁

1. 그 어떤 활동보다 과제에 대한 개인적인 책무성이 강조되는 만큼 아동들이 과제 해결에 최선을 다할 수 있도록 지도하고 관리할 필요가 있다.(예 : 과제 점검표를 만들고 매일 아침에 각 모둠별로 체크한 후 교사가 관리, 과제 해결에 어려움을 겪고 있는 아동들을 찾아 문제 해결을 위한 도움 주기, 학급 홈페이지 등을 활용하여 매일 과제를 올리고 점검하기, 모둠 구성원들이 홈페이지를 통해 과제에 대한 다양한 정보를 나눌 수 있도록 하기, 결석으로 인한 차질 예방 등)
2. 과제에 대한 개인적인 책무성이 강조된 만큼 소집단 내에서 과제가 적절하게 배분(특히 난이도면)되었는가에 관심을 가져야 한다.
3. 아동들이 자유롭게 주제를 선정하도록 하는 만큼 교사가 생각하는 것과 거리가 멀어질 수도 있

으므로(예 : 보다 본질적인 주제를 다루었으면 좋겠는데 아동들은 지엽적인 주제를 선택하고자 할 때, 꼭 다루어야 할 중요한 소주제가 나오지 않았을 때 등) 아동들이 의견을 제시할 때 교사는 학습목표와 관련지어 핵심적인 주제로 유도할 필요가 있다.

4. 실제로 소주제를 선택할 때 특히 아동들의 흥미와 관심을 끄는 소주제가 있기 마련이다. 이럴 때 소주제 선택을 통한 집단 구성에 교사가 강제로 개입을 하게 되면 내적 동기가 그만큼 떨어지게 되어 '자유로운 주제 선택'이라는 원칙을 크게 벗어나게 된다. 따라서 이럴 때 교사는 아동들이 선호하지 않는 소주제에 대하여 아동들의 흥미를 유도할 수 있는 자료 제시나 안내 및 설명을 해 주어 아동들이 자발적으로 다른 소주제로 이동할 수 있도록 해 주어야 한다.

13 피라미드 토의 · 토론

기본이해

피라미드 토의 · 토론이란 엄밀히 말하면 역피라미드 토의 · 토론 방식의 의견 수렴 및 합의 방식으로 이해하면 좋을 것 같다. 이 활동은 주어진 논제에 대한 각자의 의견을 브레인 라이팅 기법에 의해 1인당 의견이 적힌 종이 카드를 4매씩 작성한 후, 옆 사람과 1 : 1 토의 · 토론 과정을 거쳐 카드 매수를 4매로 줄인 다음, 다시 다른 팀과 만나 2 : 2 토의 · 토론 과정을 거쳐 매수를 또다시 4매로 줄인다. 다시 다른 팀과 만나서 4 : 4의 토의 · 토론 과정을 거쳐 매수를 또 4매로 줄여 나가며 점차로 인원수를 확대해 간다.(8 : 8명, 16 : 16명 등) 참여자 수에 따라 2~4개의 팀이 남을 때까지 진행하고 마지막 팀별로 발표자를 선정한다. 마지막 4장의 카드(의견)를 전지에 붙이거나 칠판에 기록하고 대표자가 전체 앞에서 발표하도록 되어 있다.

이 피라미드 토의 · 토론은 서로 다른 생각들이 토의와 토론의 과정을 거쳐 합의점을 찾아가는 과정을 시각화하여 보여 줌으로써 본격적인 토의 · 토론에 앞서 활동에 참석하는 패널의 입을 열게 하는 마음열기 활동으로 많이 쓰는 방법이다. 그러나 학교 현장에서는 의견을 합의해 나가면서 하나의 의사결정으로 수렴해 나가기 위한 방안으로 많이 활용된다.

진행방법

1. 교사는 토의 · 토론 활동을 위한 주제를 제시한다.
   (예 : 도시의 교통문제를 해결하기 위한 좋은 방안 네 가지 생각하기)
2. 아동 모두에게 1인당 쪽지(이면지를 똑같은 크기로 자른 규격화된 종이-의견 카드)를 4장씩 나누어 준다.(필기도구는 각자 준비하기, 받침대가 필요하다면 따로 마련하기, 받침대는 책으로 대신해도 무방하다. 쪽지 종이도 꼭 4장씩 나누어 줄 필요는 없다. 교사의 의도에 따라 장수의 조절은 얼마든지 가능하다.)
3. 토의할 주제에 대한 각자의 생각을 주어진 시간 동안 기록한다.(쪽지 1장에 한 가지 의견을 기록한다. 모두 네 가지 의견을 기록한다.)
4. 각자 4장의 쪽지를 들고 두 사람(옆 사람 혹은 앞 사람)이 1 : 1로 짝을 이루어 앉는다.
5. 짝을 이룬 사람들끼리 4장씩 모두 8장의 의견이 적힌 쪽지를 가운데에 놓고 주어진 시간 동안 1 : 1 토의 · 토론 과정을 거쳐 4장의 쪽지만 남기고 나머지 4장은 버린다.(의견 줄이기 과정 : 이때 버린 쪽지를 모아 둘 바구니는 따로 마련한다. 교실 바닥에 그냥 버려지지 않도록 한다. 토의

하여 의견 수를 줄이는 시간은 교사가 적절히 안배하여 조절한다. 보통은 5~7분 정도씩 할당하면 좋다. 남길 의견 수는 적절히 조절한다.)

6. 이러한 과정을 거쳐 2 : 2명, 4 : 4명 순으로 확장시켜 나간다. 이때도 의견 수는 항상 네 가지로 줄이도록 한다.
7. 최종적으로 1개 팀이 남을 때까지 계속 진행한다.
8. 최종적으로 4개의 대안이 정해지면 학급 전체의 의견으로 정리되어 모두에게 공유된다. 이후에는 교사가 모든 활동에 대한 정리를 해 준다.

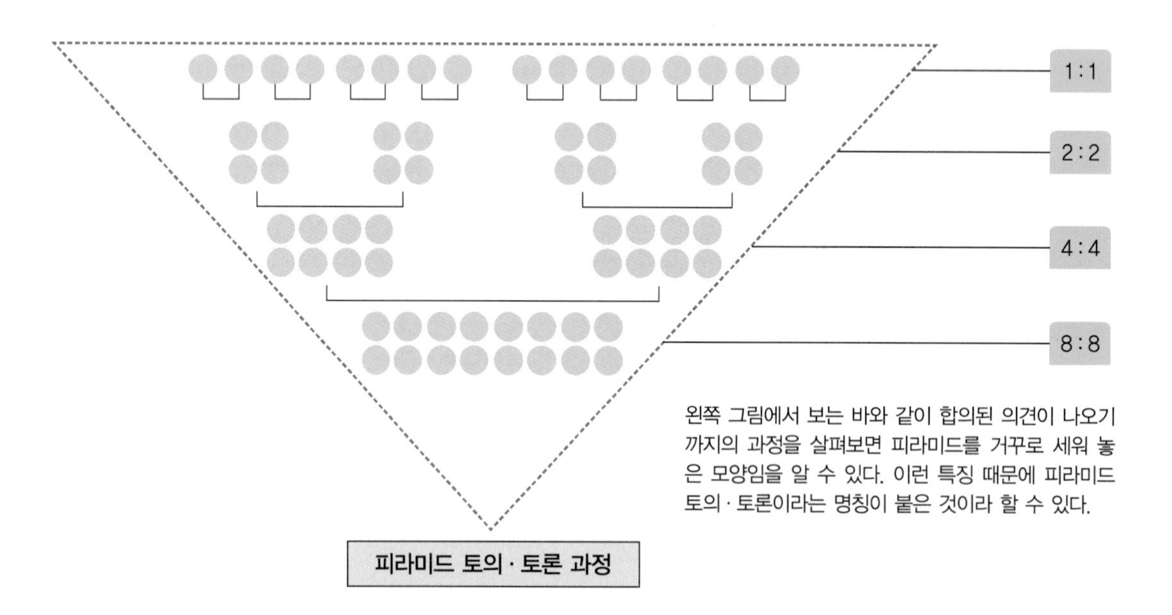

왼쪽 그림에서 보는 바와 같이 합의된 의견이 나오기까지의 과정을 살펴보면 피라미드를 거꾸로 세워 놓은 모양임을 알 수 있다. 이런 특징 때문에 피라미드 토의·토론이라는 명칭이 붙은 것이라 할 수 있다.

피라미드 토의·토론 과정

활동효과

1. 이 활동을 통해 결정된 사항은 구성원 모두가 함께 여러 차례 토의·토론을 통해 합의한 의견이어서 신뢰도가 매우 높고, 그에 무게가 많이 실리게 된다.
2. 같은 주제에 대하여 비슷한 주장을 반복해서 하게 되므로 발표력 및 표현력, 듣기능력이 점점 향상되어 가는 경험을 하게 된다.
3. 피라미드 토의·토론을 많이 활용하는 이유는 아동들이 토의·토론 과정에 참여하여 자신의 생각과 의견을 내놓도록 하기 위함이요, 자기가 왜 그런 의견을 내놓게 되었는지에 대하여 충분한 근거를 바탕으로 논리적 설명이 가능하도록 하기 위함이며, 다른 사람의 생각을 듣고 내 생각과 비교해 가면서 좋은 의견에 대한 이해를 바탕으로 합의를 이끌어 내는 방법과 자세를 터득할 수 있도록 하기 위함이다.(자기의 생각을 상대방에게 표현하고 양보와 관철을 위해 설득과 바람직

한 대화를 경험하게 하는 것이 토의 · 토론 수업의 주된 목표라 할 수 있다.)

4. 어떤 사안에 대한 여러 가지 대안 중 우선순위를 정하고자 할 때나 조직의 구성원이 지켜야 할 규칙이나 합의안을 도출할 때 효과적이다.(중 · 고학년 이상에서 학급 규칙 등을 만들 때)
5. 처음에는 두 사람이 1 : 1로 만나서 논제에 대한 자신의 주장으로 상대방을 설득시키지만 합의가 끝나 두 사람의 의견이 정해지면 그 순간부터 두 사람은 상대편이 아니라 동지가 되어 짝 모둠을 형성하게 된다. 이 순간부터 두 사람은 앞으로 만나게 될 다른 상대편인 두 사람을 설득시키기 위한 공동작전을 펼쳐야 한다는 점이 매우 특이한 점이다.(오늘의 상대방이 내일의 동지가 되는 것) 이렇게 네 사람, 여덟 사람으로 확장시켜 나가는 과정에서 자신의 주장을 좀 더 논리적으로 체계화할 수 있고, 상대방을 잘 이해하고 받아들일 수 있는 기회가 되어 토론에 익숙하지 못한 아동들에게 적용하면 매우 효과적이라 할 수 있다. 단 수업 시간이 부족하여 여유 있게 토론을 하지 못하게 되는 경우가 많으므로 시간확보에 특별히 유의해야 한다.
6. 아동들이 1 : 1, 2 : 2, 4 : 4 식으로 토의 · 토론 활동을 해 나가면서 여러 생각들을 줄이고 묶는 경험을 통해 이해력 및 종합적 사고력을 키우게 된다.
7. 다수의 생각을 줄이는 과정에서 각각의 생각들에 대한 가치(중요성)나 경중(사소함 또는 핵심적인 것)을 따지거나 비교 분석(포함 관계 등)을 해 나가면서 분석적 · 평가적 사고력을 키우게 된다.
8. 자신 및 타인의 생각이 적힌 의견 카드(시각적 자극)를 보면서 활동하게 되는데, 자신(또는 모둠) 및 타인(또는 타 모둠)의 생각이 적힌 카드가 결정되거나 그 반대의 경우를 직접 지켜보면서 활동을 하게 되므로 집중도가 매우 높아진다.

주의할 점이나 활동 팁

1. 의견 카드는 꼭 4매로 한정 지어서 생각할 필요는 없다. 상황 또는 학년 수준에 따라서 2~3매 혹은 5매, 또는 그 이상으로 약속할 수도 있다.
2. 의견을 줄이는 과정에서 각각의 의견은 수정될 수도 있고, 새롭게 떠오른 생각을 제시하여 토의 · 토론 활동을 진행할 수도 있다.
3. 학급의 아동 수가 홀수일 경우 어느 한 사람은 처음부터 둘이 한 팀이 되어 시작하면 된다. 이 경우 '상'수준의 아동과 '하'수준의 아동이 한 팀을 이루어 시작할 수 있도록 하는 것이 좋다. 또한 학급 전체 인원이 4의 짝수 배수(8명, 16명, 24명 등)가 안 될 경우에는 '팀 : 팀'을 이루어 활동하는 데 있어서 활동을 못하는 팀이 생길 수 있다. 이럴 경우 그 팀은 토너먼트 방식의 게임에서의 부전승 개념으로 이해하여 다음 팀을 만날 때까지 기다릴 수 있도록 하면 된다.
4. 한 팀의 수가 커지면 토의 · 토론 활동에서 소외되는 아동 또는 관심을 갖지 못하여 주변에서 배

회하는 아동이 발생할 수 있고, 합의를 이끌어 내는 시간도 많이 걸릴 수 있다. 따라서 적정한 크기의 팀(보통은 8 : 8 토의 · 토론을 통해 16명의 팀이 만들어질 때까지 진행하는 경우가 많다.)이 만들어지게 되면 최종적으로 1팀으로 의견이 모아지지 않더라도 그 단계까지 모아진 각 팀들의 의견들을 바탕으로 학급 전체 토의 · 토론을 통해 의사 결정을 하는 것이 좋다.

5. 이 활동은 팀별 인원수가 그다지 중요하지는 않다. 제일 중요한 것은 주장과 설득을 위한 근거, 그리고 대화의 요령인 것이다.(합의 과정에서 다수결 등의 과정이 없도록 하는 것이 좋다. 오직 상대방 의견에 대한 이해와 설득, 그리고 양보와 타협에 의한 합의만이 필요할 뿐이다.)
6. 자리에서 일어선 채로 토의 활동을 하게 되면 질서가 없고 산만해지기 때문에 팀을 만난 다음에는 주변에 있는 자리에 앉아 토의할 준비를 하고, 교사의 신호에 따라 동시에 토의를 시작하고 동시에 끝낼 수 있도록 한다.
7. 팀을 이루어 토의 · 토론하는 시간은 교사가 타이머를 이용하여 적절히 조절할 수 있도록 한다.
8. 이 활동을 하기 전에 개인별로 브레인스토밍하는 것이 도움이 된다.
9. 교실 속에서 현실적으로 8 : 8 그 이상까지 가는 것이 매우 힘들 수도 있다고 판단된다면 모둠 내에서의 피라미드 토의 · 토론으로 변화를 주어서 해 보는 것도 좋다.[예 : 주제에 대하여 개인별로 두 가지(2장의 의견 쪽지에 기록)씩 생각해 두기 ⇨ 얼굴짝끼리 1 : 1로 토의 · 토론을 하여 의견 쪽지의 수를 두 가지로 줄이기 ⇨ 모둠 내에서 2 : 2 토의 · 토론을 하여 의견 쪽지의 수를 다시 두 가지로 줄이기 ⇨ 모둠 내에서 한 가지만 결정해야 할 경우에는 동전 내놓기로 한 가지 결정하기]

 Stahl의 의사결정 모형

기본이해

Stahl은 개인적 의사결정과 집단적 의사결정을 통합한 상황 의사결정 모형을 제시하였는데, 의사결정의 과정에서 집단의 만장일치를 고려하면서 어떤 전략을 사용하여 의사결정을 해야 하는지를 직접 익히게 하는 모형을 개발하여 의사결정의 과정이 대립과 논쟁의 과정으로서 토론이 아니라 대안 제시와 협상의 과정으로서 토론임을 보여 주었다. 에피소드 모형이라고 불리는 이 모형은 아동들이 배워야 할 내용을 하나의 일화(에피소드)로 만들어 그 일화를 완성하는 과정에서 자연히 달성해야 할 목표와 내용을 학습할 수 있도록 한 것이다. 이 모형의 특징을 살펴보면 다음과 같다(학교 토론수업의 이해와 실천, 구정화, 교육과학사, 2009, pp. 214~218).

1. 이미 대안들이 제시되어 있다.
2. 제시된 대안을 평가하고 대안에 대한 개인적인 결정을 먼저 내린다.
3. 각 개인들이 내린 결정에 비추어 집단 의사결정과정에서 협상을 어떻게 해야 하는지를 배울 수 있도록 구성되어 있다.
4. 의사결정 자체가 목적이 아니라 그 과정에 필요한 기능(대안의 평가 및 서열화, 강제 선택, 협상 능력, 창안 결정)을 익히도록 하는 데 목적이 있다.
5. 다수결 의사결정의 단점을 막기 위해 만장일치를 원칙으로 삼는다.
6. 미완성 상황을 제시하고, 학생들이 완성해 나가는 과정에서 집단 내 토의 · 토론 활동이 왕성하게 일어나게 함으로써 달성해야 할 목표와 내용을 자연스럽게 배워 나갈 수 있도록 하였다.

진행방법

학습지 만들기

1. 상황의 제시 : 의사결정을 위한 단초를 제시하는 일상의 상황을 말한다. 가능하면 현실의 상황이면서도 학생들이 일화 속의 실제 주인공이 될 수 있는 상황을 제시하는 것이 훨씬 더 효과적이다.(역사적 사실, 현실 속의 사례 바탕)
2. 대안의 제시 : 제시된 상황에서 행위자가 그 상황에서 선택할 수 있는 여러 가지 대안을 세우는데, 일반적으로 대안의 수는 3배수로 제시해 준다. 왜냐하면 세 범주로 분류하는 것이 학습과제

이기 때문이다.(보통 6~9개 정도를 제시한다.)

3. 범주의 제시 : 주어진 대안에 대하여 세 가지 범주로 묶을 수 있도록 하는 안내 역할을 하는 것이다.('반드시 관철시킬 것, 논의를 보류할 수 있는 것, 포기할 수 있는 것' 등과 같이 세 가지 범주로 제시한다.)
4. 격려문과 의사결정기록표 제시 : 의사결정을 해야 할 당사자라는 것, 의사결정방식은 만장일치제라는 것, 개인의 의사결정이 집단의 의사결정에 많이 반영될수록 성공이라는 것 등의 격려문을 주어 토론에 적극 참여하도록 유도한다.

2010년 학습지 사례

관련단원 및 교과-사회 5-1학기 3-3. 국토 가꾸기, 도덕 7. 서로 다른 주장)

은평구 진관동 주민의 선택

당신은 은평구 진관동에서 태어나고 자란 사람으로 은평구 진관동에 거주하고 있으면서 누구보다도 은평구의 자연환경을 사랑하고 아끼고 있는 구민이면서, 구의회 의원이다.

은평구는 본래 숲이 많고 잘 가꾸어져 공기가 맑고 자연환경이 잘 보존된 곳이었으나 최근 은평뉴타운이 들어서면서 은평구의 쓰레기 발생량이 증가하게 되자 쓰레기 문제를 자체적으로 해결하기 위해 새로운 방법을 모색하게 되었고, 여러 가지 방안을 모색한 결과 쓰레기 소각장을 건설하기로 결정하였다. 이에 따라 몇 군데의 후보지를 선정하여 입지 조건 및 경제성과 타당성을 고려한 결과 은평구 진관동이 가장 적합한 매립지로 확정이 되었다. 그리고 이 결과를 각종 방송 매체와 신문사를 통해 보도하면서 쓰레기 소각장 설치에 따른 여러 문제에 대해서는 적절한 보상과 예방을 할 것을 약속했다.

그러나 소각장이 설치됨으로써 생기는 악취 및 대기오염, 소각 시 발생되는 환경오염물질, 각종 질병, 쓰레기 운반 문제, 분리수거 문제, 땅값의 하락 등을 가져올 것을 우려하여 구의원인 당신은 은평구 진관동 주민대표들로 '쓰레기 소각장 설치 반대 위원회'를 구성하여, 그 대책회의를 하였다. 대책회의 결과 대다수 위원들은 소각장이 이미 결정되어 진관동 주민들이 반대를 한다고 해도 은평구가 결정을 철회하지 않을 것을 예상하였고 그렇다고 살던 지역을 떠날 수도 없다는 것에 의견일치를 보았다. 그리하여 은평구의 결정인 쓰레기 소각장 설치와 진관동 주민들의 희망인 우리 고장 지키기를 모두 만족시킬 수 있는 대안 및 조건을 은평구청에 제시하기로 결정했다. 그 내용은 다음과 같다.

(계속)

1. 쓰레기 소각장이 들어가는 토지의 보상금에 대해서는 세금을 전액 면제한다.
2. 일일 소각하는 쓰레기의 양은 주민대표와 협의하여 한정한다.
3. 생활쓰레기 가운데 환경오염물질이 발생되는 쓰레기는 절대로 소각하지 않도록 약속하고, 그 분류 방안을 마련한다.
4. 소각장이 들어서는 것에 반대하여 이사를 결정한 주민에 대해서는 이사에 필요한 모든 비용을 은평구에서 부담한다.
5. 관리 및 운영은 은평구가 하되, 철저하게 감독하고 감시할 수 있도록 감독권을 은평 구민 대표에게 일임한다.
6. 소각장 설치로 인한 각종 질병 예방 및 치료는 전액 은평구에서 부담한다.
7. 은평구 거주 주민들에 한하여 쓰레기 종량제 봉투 보급을 구청이 1/2 부담, 구민이 1/2 부담할 수 있도록 한다.
8. 공기정화시설 및 환경오염물질 발생 억제 시설을 갖추어 은평구의 공기가 오염되지 않도록 대책을 마련하고, 기준치 이상의 오염물질 발생 시 즉시 가동을 중지한다.
9. 은평구 이외의 지역에서 발생하는 쓰레기는 절대로 반입하지 않는다.

그러나 이 조건을 은평구가 모두 받아들이지 않을 것을 잘 알고 있다. 그래서 협상하기 전에 다음과 같은 계획을 세웠다.

가. 진관동 주민들의 건강과 재산권 보호를 위해 반드시 은평구청이 받아들이도록 해야 할 조건 세 가지를 선택한다.
나. 지금 당장은 아니지만 차후에라도 협상에 임하여 은평구청이 받아들이도록 해야 할 세 가지 조건을 선택한다.(위의 '가'항보다는 덜 중요한 것)
다. 최악의 경우 포기할 수 있는 세 가지 조건을 선택한다.(은평구청이 강력하게 거부할 수 있는 것이면서도 진관동 주민에게 가장 덜 중요한 것)

쓰레기 소각장 설치는 진관동 주민 개개인 모두에게 중요한 문제이므로 주민 모두가 참여하여 제시된 안건에 대해 다수결이 아닌 만장일치제로 단일한 의사결정을 하여야 한다. 그러므로 당신은 위의 가, 나, 다를 먼저 결정하고, 주민들을 상대로 합리적으로 설득하여 당신의 의견이 반영되도록 한다면 주민들로부터 장래 은평구청장이 될 인물로 인정받게 될 것이다.

(계속)

개인 의사결정표		
선택기준	선택 내용	이유
가. 진관동 주민들의 건강과 재산권 보호를 위해 반드시 은평구청이 받아들이도록 해야 할 조건 세 가지를 선택한다.		
나. 지금 당장은 아니지만 차후에라도 협상에 임하여 은평구청이 받아들이도록 해야 할 세 가지 조건을 선택한다.(위의 '가'항보다는 덜 중요한 것)		
다. 최악의 경우 포기할 수 있는 세 가지 조건을 선택한다.(은평구청이 강력하게 거부할 수 있는 것이면서도 진관동 주민에게 가장 덜 중요한 것)		

모둠 의사결정표		
선택기준	선택 내용	이유
가. 진관동 주민들의 건강과 재산권 보호를 위해 반드시 은평구청이 받아들이도록 해야 할 조건 세 가지를 선택한다.		
나. 지금 당장은 아니지만 차후에라도 협상에 임하여 은평구청이 받아들이도록 해야 할 세 가지 조건을 선택한다.(위의 '가'항보다는 덜 중요한 것)		
다. 최악의 경우 포기할 수 있는 세 가지 조건을 선택한다.(은평구청이 강력하게 거부할 수 있는 것이면서도 진관동 주민에게 가장 덜 중요한 것)		

수업절차

1. 수업 목표 설정 및 제시 : 교사는 수업 목표에 따라 교과 내용을 구조화된 열린 상황 이야기(일화)로 만든 후 아동들에게 목표를 제시하고 설명한다.
2. 교사의 배경 설명 : 교사는 수업하고자 하는 내용에 대해 필요하다고 생각되는 기본적인 배경을 설명해 준다.
3. 학습 과제지 배부 : 교사는 일화가 적혀 있는 학습지를 나누어 준 다음 아동들에게 이를 읽게 하고 더 필요한 정보들을 공부하도록 안내한다. 그리고 집단 토의 · 토론을 통해 모둠 구성원 모두가 그 정보들에 대한 충분한 검토 및 이해를 하고 있는지 확인한다.
4. 개인 의사결정 학습지 배부 및 개인 의사결정 : 개인 의사결정 학습지는 집단 결정을 하기 전에 개인적인 의사결정을 내려 보도록 하기 위해 준비된 것이다. 개인적인 의사결정이 끝나면 집단 토론을 통해 자신의 생각과 다른 구성원들의 생각을 나누어 수정 보완하게 된다.

나의 학급 활동 사례 : 개인 생각 정리하기 단계 활동

5. 집단 의사결정 학습지 배부 및 집단 의사결정 : 집단 의사결정 학습지를 배부한 다음 모둠원들이 충분히 토의 · 토론 활동을 통해 ○개의 규칙 중에서 반드시 성사시켜야 할 ○개 규칙, 양보할 수 있는 ○개 규칙, 차후에 협상해도 되는 ○개 규칙을 결정할 수 있도록 한다. 이때 다수결이 아닌 만장일치로 단일한 의사결정을 하여야 한다.

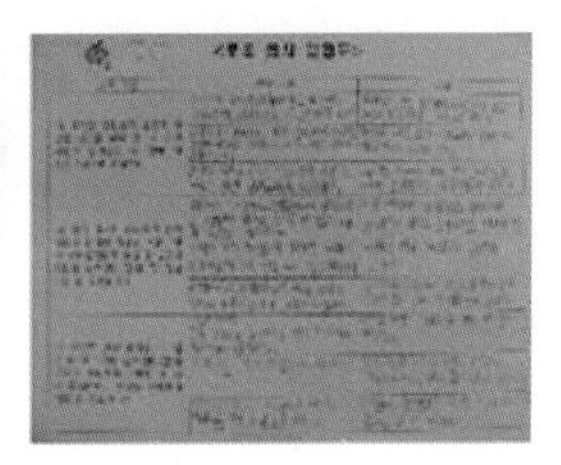

나의 학급 활동 사례 : 개인 생각을 바탕으로 모둠별 토의 · 토론을 통해 집단 의사결정하기

6. 각 모둠의 의사결정 발표 : 소집단의 의사결정이 끝났으면 학급 전체를 대상으로 각 소집단의 집단 의사결정 결과를 보고하고, 교사는 미흡한 부분을 보완해 주도록 한다. 이 때 각 모둠의 구성원들은 다른 모둠에서 나온 결과를 자신들의 모둠과 비교해 보면서 어떤 점이 같고, 어떻게 다른지 비교해 본다.
7. 평가 : 활동이 모두 끝나면 개인적인 평가를 한다.(활동 전체에 대한 소감 및 반성 등)

나의 학급 활동 : 전체 발표

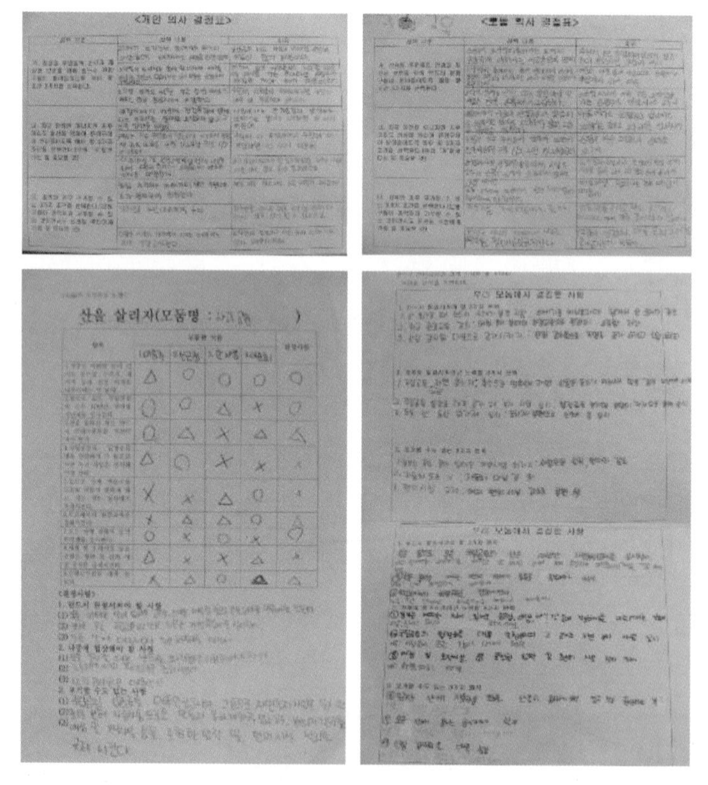

<개인 의사 결정표>

<모둠 의사 결정표>

산을 살리자(모둠명 :   )

나의 학급 활동 사례 : 의사결정 및 활동 결과물 사례

활동효과

1. Stahl의 모형은 수업을 진행하는 동안 아동들이 다음과 같은 네 가지 의사결정능력을 신장시킬 전략을 사용하도록 구조화해 놓은 것이 장점이다.

① 서열화 능력 전략(ranking-order decision strategy) : 여러 대안들의 장단점을 신중히 검토한 후 현실성 있게 우선순위를 정하는 것을 말한다. 또한 아동들은 서열화를 한 이유에 대해서도 합리적인 기준을 제시하면서 논할 수 있어야 한다.

② 강제 선택 전략(forced-choice decision strategy) : 여러 대안 중 어떤 대안을 선택하면 나머지는 포기해야만 한다는 전략이다. 의사결정에 있어서 현실적으로 강제선택은 필수 과정인데, 서열화 단계를 잘 거쳤다면 선뜻 결정하기 어려워도 서열이 1순위에 가까울수록 포기할 수 없는 것이고, 후순위일수록 포기할 수 있도록 해 주어 선택의 중요성을 깨닫게 해 준다.

③ 협상 전략(negotiation strategy) : 의사결정에는 찬성과 반대만 있는 것이 아니다. 특히 타협은 민주주의 사회에서 가장 필수적인 전략이다. 그러므로 이러한 경험이 의사결정 모형에 포함되어야 한다. 이 전략은 여러 대안들을 몇 가지로 범주화하여 정리하는 것이다. 보통은 세 가지로 범주화한다. 첫째는 가장 선호하는 대안, 둘째는 기꺼이 포기할 수 있거나 첫 번째 범주를 선택하기 위해 버릴 수 있는 대안, 셋째는 차후에 선택할 수도 있는 대안으로 범주화하는 것이다. 이 과정에서 학생들은 범주화 및 협상 능력을 신장시키게 된다.

④ 창안 결정 전략(invention decision strategy) : 아동들의 선택 기회는 열려 있어야 한다는 생각에 따라 아동들이 제시된 대안을 중심으로 수정, 결합, 창안할 수 있도록 한 것이다. 이때는 새로운 대안을 내놓을 수도 있고, 여러 개의 대안을 결합하여 새로운 대안을 제시할 수도 있다. 그리고 최후의 대안을 제시하기 전에 예상되는 결과들, 손해와 이익, 얻는 것과 잃는 것 등을 기술하도록 하는 것이 좋다. 이는 성급한 표면적인 의사결정을 막기 위해서이다.

2. 모둠 내 토의 · 토론 활동 속에서 현실적인 상황과 비슷한 경험을 하게 함으로써 아동들의 의사결정능력을 향상시켜 준다.
3. 역사나 사회 수업 등에 활용할 경우 학습자들이 실제적인 의사결정의 주인공처럼 생각하고 활동할 수 있다. 또 만장일치제이기 때문에 반대하는 사람을 설득하는 과정에서 논리적이고 비판적 사고를 기를 수 있다.
4. 개인적 의사결정과 집단적 의사결정이 통합되는 것을 볼 수 있다.
5. 아동들이 배워야 할 내용을 하나의 일화(에피소드)로 만들고, 그 일화를 완성해 나가는 과정에서 자연스럽게 학습 목표를 달성하고 내용을 익힐 수 있도록 하였다.
6. 의사결정과 관련하여 특히 사회과 수업에서 많은 효과를 볼 수 있다. 사회과 교육의 목표는 훌륭한 민주시민을 양성하는 데 있고, 최근에는 의사결정능력이 사회과의 중요한 목표로서 부각되었는데, 이는 현대사회가 다원적이라는 인식에 바탕을 두고 있기 때문이다. 복잡하고 다원화된 현대 사회의 다양한 특징 중 하나는 '개인 및 집단 간 가치 갈등의 심화'인데, 이를 극복하기 위한

방안으로 사회과에서 개인적, 집단적 문제에 적극적으로 참여하고 이를 합리적으로 해결할 수 있는 의사결정능력이 중요하게 부각되었다고 볼 수 있다.

주의할 점이나 활동 팁

1. 대안을 만들어 제공하거나 직접 만들어 보도록 할 때는 3의 배수로 제시하거나 만들도록 한다. 왜냐하면 범주화할 때 보통 세 가지 영역으로 나누는데, 이때 대안을 동일한 수로 분류시키는 것이 혼란스러움을 줄일 수 있다. 물론 아동들의 수준이나 상황에 따라서 각 범주마다 동일한 수로 대안을 분류하지 않아도 된다고 말해 주는 것도 하나의 방법이 될 수 있다.
2. 일화는 무엇보다도 현실성이 있어야 하고, 아동들의 피부에 와 닿을 만큼의 상황이어야만 한다. 때문에 보통은 실제 있었던 사건이나 역사적 사실을 바탕으로 하여 일화를 제시하는 경우가 많다. 이를 통해 아동들은 자신의 의사결정과 실제 현실에서 이루어진 의사결정을 비교해 보면서 많은 것들을 깨닫고 느끼게 된다.
3. 일화는 교사 혼자의 힘으로 제작하려고 하기보다는 여러 교사들(예를 들자면 동학년 교사들)의 조언을 받아 수정, 보완하는 것이 더 좋겠다.
4. 교사가 제시한 대안에서만 개선방안을 찾는 것보다는 학습자 스스로도 대안을 창안할 수 있도록 기회를 제공한다면 사고의 폭과 깊이가 더 넓고 깊어질 수 있다. 따라서 일화를 제작할 때 학년 수준에 따라 아동들의 의견을 적을 수 있는 자리를 적절하게 비워 두는 것이 좋다.(예 : 초등학교 중학년은 모두 제시, 초등학교 고학년은 2~3개 비워 두기, 중학생은 4~6개 비워 두기, 고등학생 이상은 모두 비워 두고 요구사항을 스스로 만들어 보기)
5. 의사결정 과정상의 시간적 제약(시간이 많이 필요)을 극복하기 위하여 상황 설명에 필요한 시간을 줄이고 집단 의사결정 시간을 늘려서 토의 · 토론 시간을 충분히 확보하도록 한다.
6. 주어진 시간 내에 마무리하지 못한 모둠이 발생할 경우 시간을 더 주지 말고, 일단 의사결정이 마무리된 모둠을 먼저 발표하게 한 뒤 마무리되지 못한 모둠에서는 왜 그런 일이 일어났는지를 생각하고 발표하게 함으로써 어떤 점들이 힘들고 어려운지, 어떤 전략이 부족했는지 등에 대하여 고민해 볼 수 있도록 한다. 이 경우 교사는 만장일치를 통해 의사결정이 마무리된 모둠이나 서로 다른 의견을 끝까지 조정하면서 토의 · 토론 활동을 했던 모둠도 모두 훌륭한 활동이며 좋은 경험을 한 것이라는 사실을 반드시 알리고 격려해 주어야 한다.

의사결정이란?

의사결정(decision-making)이란 어떤 문제 상황에 직면하였을 때 문제해결을 위하여 최종적인 판단을 내리는 과정과 그에 따른 행위를 뜻한다. 의사결정을 하기 위해서는 정확한 사실에 대한 정보를 획득해야 하고 과학적인 방법에 의해 결과를 예측할 수 있어야 하며 일반화가 가능한지에 대해 판단해야 한다.

1. 의사결정 방법에는 여러 가지가 있을 수 있는데 사회과에서 의도하는 의사결정은 무엇보다도 문제를 합리적으로 해결하기 위해서 이성에 바탕을 둔 반성적 사고과정이어야 한다.
2. 의사결정의 토대는 정확한 사실(exact fact)이어야 한다. 정확한 사실이란 문제 상황과 관련된 '참'인 사실 정보라는 의미뿐만 아니라 사실 정보가 그 상황을 전체적으로 설명함에 있어서 한쪽으로 치우치지 않도록 균형을 이루면서도 광범위한 사실을 나타내는 정보여야 한다는 것이다. 즉 문제 상황과 관련된 지식은 타당하다고 입증된 사실이어야 하며, 한 영역으로부터의 지식이 아닌 다양한 원천으로부터의 지식, 즉 다학문적 · 간학문적 지식이 필요하다.
3. 의사결정과정이 합리적이고 타당하기 위해서는 대안의 발생가능성과 의사결정자의 유용성이 충족되어야 한다. 아무리 바람직한 결과를 초래할 것이라고 판단되는 대안이라 하더라도 그 실행에 어려움이 크거나, 그 결과가 합리적이지 못할 것으로 예측된다면 그 대안에 따르는 의사결정을 할 수 없을 것이다.
4. 의사결정은 사회적, 도덕적으로 공정(fair)해야 한다. 즉 사회정의에 부합해야 한다. 이렇게 볼 때 합리적 의사결정능력은 학교교육 내용의 지식적인 면과 정의적인 면을 포함하는 것으로 자신의 지식과 가치를 적용하여 문제를 해결하는 종합적인 능력이라고 볼 수 있다.(최명숙, 의사결정형 협동학습이 초등학교 학생의 가치 선택 능력 신장에 미치는 효과, 석사학위논문, 진주교육대학교 교육대학원, 2002)

5W 차트

기본이해

이 활동은 주어진 글(텍스트)의 내용을 읽고 육하원칙에 따라 질문을 만들고 답을 찾아봄으로써 본문 내용을 자연스럽게 이해할 수 있도록 돕는다. 본문의 중요한 내용에 대하여 육하원칙에 따라 질문으로 만들어 보고 다른 사람들이 답을 찾을 수 있도록 함으로써 질문을 만드는 아동뿐만이 아니라 질문에 대한 답을 찾는 아동들도 본문 내용을 상세하게 살펴볼 수 있다.

진행방법

5 W 차트

제목 : 김 정 호 의 집 념

이 름 : ________

모둠명 : ________

who(누구)	what(무엇)	when(언제)	where(어디에서)	why(왜)

※ 아래 낱말을 이용하여 짧은 문장을 만들어 봅시다.

(1) 대량 제작 :

(2) 이마가 볼뎅어리일세! :

(3) 집념 :

(4) 필생의 사업 :

(5) 열정이 눈물겨웠다. :

1. 교사는 5W 차트 활동지를 제시한다.
2. 각 개인별(또는 모둠별)로 본문을 읽어 보고 문제를 만든다.
3. 질문지를 완성한 후 모둠원들끼리 문제가 적힌 활동지를 바꾼다.
4. 모둠 내에서 바꾼 질문지를 돌아가며 읽고 풀이한다.(예 : 1번부터 번호순으로 자기가 갖고 있는 문제를 풀고 답을 말한다.)
5. 한 모둠원이 자신의 활동지 문제에 대한 답을 말하면 나머지 모둠원들은 그에 대하여 정답 또는 오답 표시를 해 준다.
6. 답이 맞으면 칭찬을 해 주고, 틀리면 격려를 하면서 다시 생각하여 찾을 수 있도록 기회를 준다.
7. 같은 과정을 반복하며 모든 모둠원들이 각자 갖고 있는 활동지를 해결한다.

활동효과

1. 5W는 (1) What happened?(무슨 일이 발생했는가?) (2) Who was there?(누가 있었나?) (3) Why did it happen?(왜 그런 일이 일어났는가?) (4) When did it happen?(언제 일어났는가?) (5) Where did it happen?(어디에서 일어났는가?) 등의 5가지 W로 시작하는 질문을 만들고 그에 대한 답을 생각해 볼 수 있는 활동으로 사건의 개요를 구체적으로 정리하거나 기록할 수 있도록 해 준다.

2. 이야기 본문의 내용을 구체적으로 정리하거나 이해할 수 있도록 돕기 위해 많이 활용한다.
3. '누가-무엇을-언제-어디서-왜'의 질문은 모든 관련된 관점을 보다 명확하게 고려할 수 있도록 하기 위하여 텍스트나 문제 상황, 현상, 기회 등을 보는 관점(시야)을 확장시키는 데 도움이 된다.
4. 문제 상황에 도달했을 때 '누가? 무엇을? 어디서? 언제? 왜?'라고 물어봄으로써 고려해야 할 모든 대안들을 커버하고 있다는 것에 대한 더 큰 확신을 갖게 된다. 이런 상황에서는 토의 · 토론을 원활하게 해 주는 활동으로도 적극 활용된다.
5. '1H-어떻게?'라는 질문을 추가하고 그에 대한 답을 찾아봄으로써 5W로 창출한 아이디어들을 실행하기 위한 다양한 방법들을 모색해 볼 수 있어 토의 토론 활동을 위한 사고의 틀로 많이 활용되기도 한다.

주의할 점이나 활동 팁

1. 너무 자잘한 내용까지 질문으로 만들지 않도록 세밀한 지도가 필요하다.
2. 각각의 5가지 W 질문 항목에 대하여 중요한 질문을 여러 가지 만들어 볼 수 있도록 안내를 하고 그에 따른 충분한 시간을 주어야 한다.(꼭 필요할 경우 가정학습 과제물로 제시해도 좋다.)
3. 모둠원들과 활동지를 바꾸고 번호순으로 문제를 풀고 답을 할 때 최대한 자유로운 분위기 속에서 칭찬과 격려가 오고 갈 수 있도록 한다.
4. 답을 확인하는 과정 속에서 서로 생각이 다를 경우는 교사에게 모둠 질문을 하여 해결할 수 있도록 한다.
5. 활동 사례 : 각 학년별 국어과 내용 가운데 소설이나 동화, 위인전, 설명문 등의 내용을 정리할 때 또는 각종 문제 사안이 발생하였을 때 활용하면 좋다.

안건	5W 1H 질문
목적	왜(Why) – 우리는 지금 이 회의(토의 · 토론)를 하고 있는가?
활동	무엇(What) – 지금의 안건과 관련 있는가?(무엇이 핵심-중점 사안인가?)
장소	어디에(Where) – 이 안건(사안)이 일어나고 있는가?
임원	누가(Who) – 이 활동에 관련되어 있는가?(영향을 주고받는가?)
시간	언제(When) – 이 사안이 주로 일어나고 영향을 주는가?
방법	어떻게(How) – 이 사안을 해결할 것인가?

16 증발 구름

기본이해

이 활동은 개인의 딜레마, 의견 불일치, 찬반 논쟁, 의사결정 문제와 같은 갈등 상황을 다룰 때 많이 활용된다. 주로 갈등 상황을 바라보기 위한 사고의 틀로서 서로 비난하지 않고 문제를 분명하고 정확하게 정의하는 데 활용하면 좋은 효과를 거둘 수 있다. 좀 더 자세히 소개하면 아래와 같다.

1. 먼저 증발 구름(Evaporating Cloud)의 구조부터 이해할 필요가 있다.

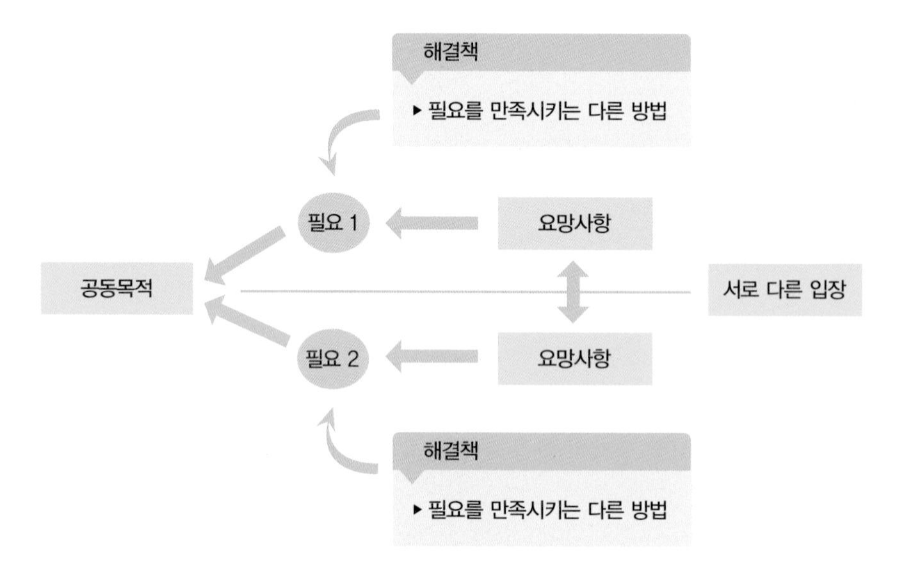

2. 위의 그림에서 보는 바와 같이 2개의 다른 요망사항은 두 사람 모두 동시에 성취하지 못하는 갈등을 나타낸다.
3. 필요는 공통의 목표를 해결하기 위해 충족되어야 할 조건으로 각자가 요망사항을 원하는 이유를 말한다. 쌍방 각자의 필요를 달성하기 위해 각각 자기의 요망사항을 성취하는 것이 필수목적이다. 이 필요조건은 각각이 공통목표를 달성하기 위해서 일리가 있는 것으로 구성되어야 한다.
4. 공동목적은 쌍방 모두가 이루기를 바라는 상황이다. 그렇지만 그 목적에 도달하기 위해서는 각자가 자기의 필요를 달성할 수 있어야만 한다. 공동목적을 안다는 것은 해결책을 찾아내려는 욕구를 증진시키는 역할을 한다.
5. 해결책은 윈-윈 방식으로 해결하기 위해 최소한 한쪽이 자기의 필요를 만족시킬 수 있는 다른 방법을 찾아내는 것을 말한다.(두 사람 모두의 만족을 위해)

6. 요망사항은 각각의 필요를 만족시키기 위해서 필요한 또 다른 조건으로서 직접적인 갈등이 일어나게 되는 부분이다. 즉 필요는 각각이 서로 '다르다'라는 정도의 의미라면 전제조건은 현실적으로 동시에 충족시키기 어려운 '대립 상황'으로 이해하면 될 것이다.
7. 우리 자신의 문제를 잘 해결하기 위해 가장 먼저 해결해야 할 선결 요건은 누구도 비난하지 않도록 공정하고 명백하게 '우리 문제를 정의하는 일'이다.

진행방법

1. 교사는 갈등 상황이 담긴 문제를 제시한다.
2. 모두가 함께 문제를 정의한다.

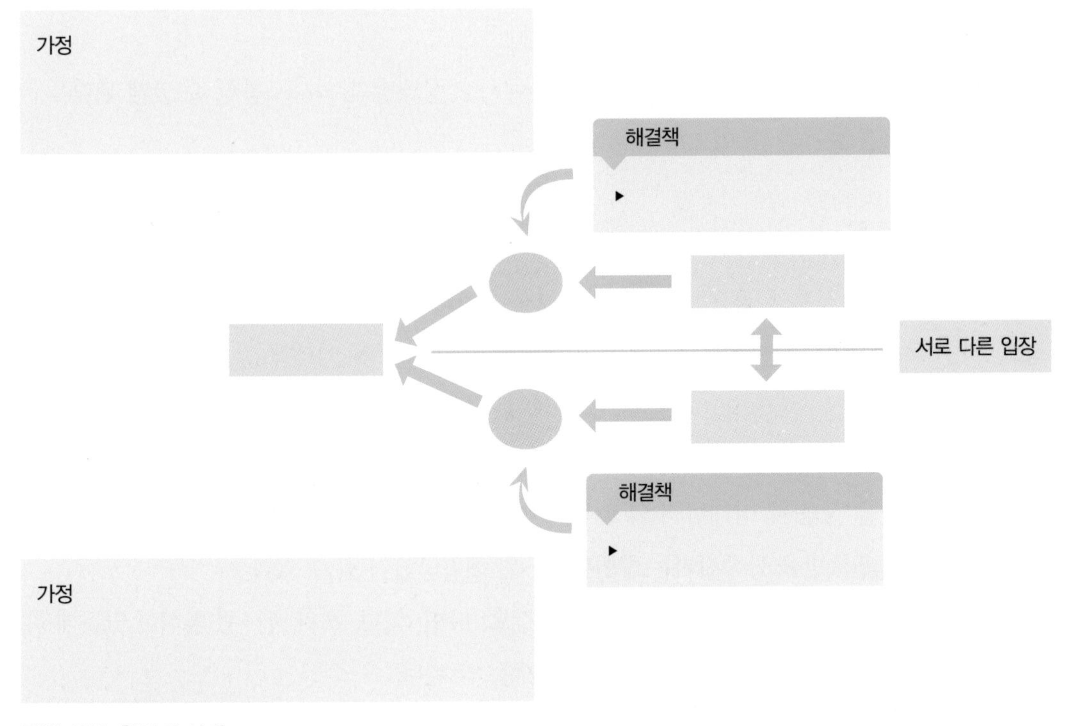

증발 구름 활동지 사례

3. 제시된 문제를 바탕으로 문제 상황에 대한 정의를 내린 후 공정한 방법으로 분석하여 증발 구름 틀 속에 정리한다.
4. 증발 구름 틀 속에 정리할 때는 '요망사항' ⇨ '필요' 쪽으로 관점을 전환한다.
5. 문제 해결 방안을 찾을 때는 반드시 윈-윈 해결책을 제시하여야 한다.
6. 윈-윈 해결책을 위해 상대방의 입장에 서서 자신의 필요를 만족시킬 수 있는 다른 방법을 찾아

보도록 노력한다.(자신의 요망사항만을 만족시키기 위한 대안을 찾지 않도록 한다.)

7. 함께 찾은 방법을 공유한다.

활동효과

1. 문제의 양면을 열린 마음으로 볼 수 있게 해 준다.
2. 자기 및 타인을 배려할 수 있는 의식을 갖게 한다.
3. 양쪽 모두가 존중받고 있다는 느낌을 갖게 한다.
4. 갈등 상황에서 자신의 위치를 이해할 수 있게 해 준다.
5. 감정이입 및 상대방의 입장을 이해할 수 있도록 돕는다.
6. 갈등에 연계된 감정을 이해할 수 있게 된다.
7. 문제를 공정한 방법으로 분석할 수 있도록 돕는다.
8. 갈등의 핵심적 논쟁에 집중하게 되고, 갈등 상황에서도 상대방과 의사소통할 수 있게 된다.
9. 윈-윈 해결방안을 도출할 수 있도록 돕는다.

주의할 점이나 활동 팁

1. 문제를 정의하는 노하우가 필요하다. 상황을 제대로 바라보기 위해서는 갈등 상황에 대하여 문장으로 정리하는 것이 가장 우선되어야 하기 때문이다. 이를 위해 아래와 같은 문장으로 정리하면 큰 무리가 없다.
   (예 : ……는 ……를 하기 위해, ……를 ……한다.)
2. 윈-윈 해결방안을 찾을 때 상대방의 입장에 서서 자신의 필요를 만족시킬 수 있는 방법을 찾도록 한다.(자신의 필요만을 만족시키는 방법은 윈-윈 해결방안이 될 수 없다.)
3. 갈등을 해결하는 방법은 팽팽한 의견 줄다리기, 강요, 타협, 회피, 포기, 윈-윈 방식이 있는데 특히 타협이라는 방법을 윈-윈 방안이라고 착각해서는 안 된다.
4. 해결방안을 찾기 위해서는 요망사항과 필요 사이의 '필요충분조건'을 찾아야 한다. 그 '필요충분조건'에 해당되는 다양한 이유를 '가정'이라고 한다. 가정은 각 요망사항과 필요 사이를 논리적으로 연결하기 위해서 우리가 전제조건 이외에 반드시 참이라고 생각해야 하는 '숨은 가정'들이다. 이 가정(assumption)이 실제로 갈등의 해소를 불러올 수 있는 핵심적인 고리이다. 숨은 가정들을 차근차근 검토하다 보면 논리적 허점이 발견되는 경우도 있고, 숨은 가정을 만족시키면서 2개의 필요를 모두 충족시킬 수 있는 제3의 대안을 추출할 수도 있다. 이에 대하여 아래의 예를 통해 이해하기 바란다.

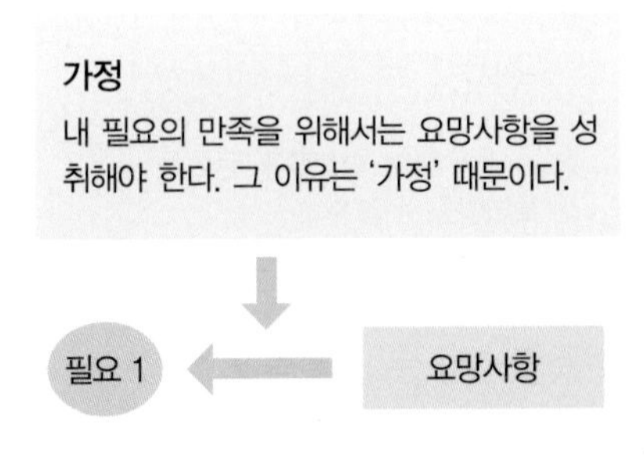

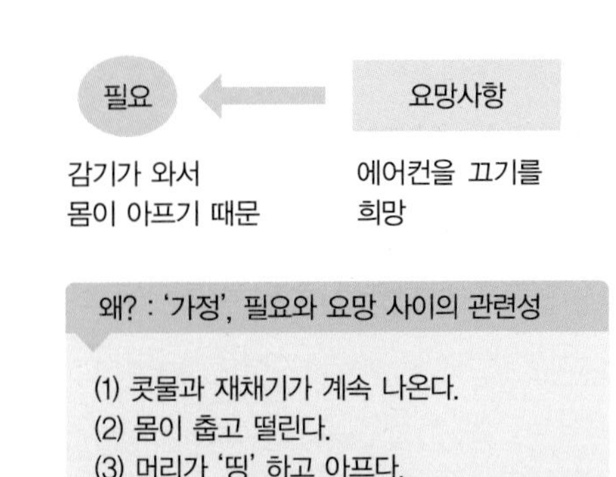

- 타당하지 않은 가정
  - 내 몸은 에어컨이 없는 경우에만 아프지 않고, 감기도 낫는다.
- 몸이 아프지 않고 감기가 낫도록 하기 위한 다른 제안
  - 몸이 좋아질 때까지 에어컨 바람이 가지 않는 곳으로 자리를 이동하기
  - 실내 온도를 조금만 더 높이기
  - 에어컨의 강약 및 바람의 방향 조절하기

5. 갈등은 사물을 서로 다른 관점에서만 바라보기 때문에 발생한다는 점을 꼭 이해할 필요가 있다.
   - 증발 구름 활동을 위한 세부적인 절차

     (1) 공동목표를 확인

     (2) 공동목표 달성을 위해 서로가 상대방의 필요를 확인하고 설명한다.(나는 상대방의 필요를 확인하고 설명)

     (3) 내가 확인하고 설명한 상대방의 필요를 충족시키기 위한 요망사항을 설명한다.

     (4) 공동의 목표를 달성하기 위한 나의 필요를 설명한다.

     (5) 나의 필요를 충족시키기 위한 나의 요망사항을 설명한다.

     (6) 갈등이 생긴 원인은 요망사항의 갈등에 있음을 확인한다.

     (7) 중요한 것은 요망사항이 아니라 필요를 충족시키는 데 있음을 강조한다.

     (8) 요망사항의 가정을 깨고 공동의 목표를 달성시킬 수 있음을 이해한다.

     (9) 해결책을 제시하고 그것이 양쪽의 필요를 모두 충족시킬 수 있음을 이해한다.

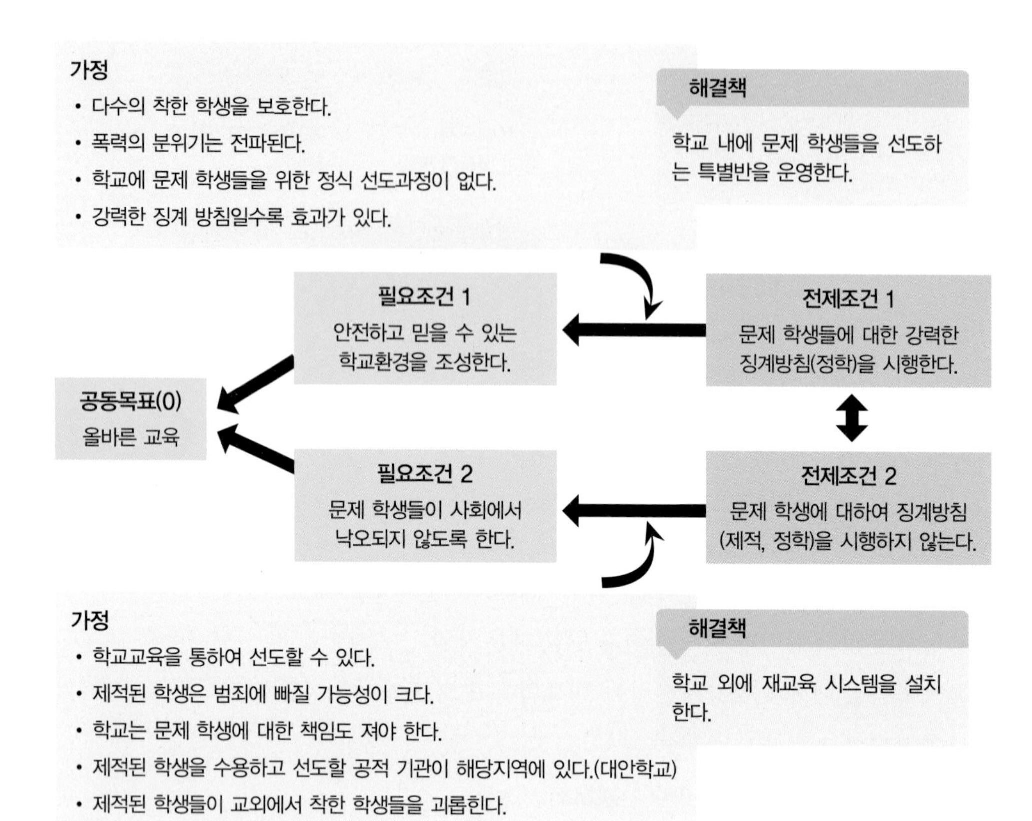

예시 1

출처 : 문제 학생에 대한 처리 방안(http://blog.naver.com/jhlee1026200/20139655031)

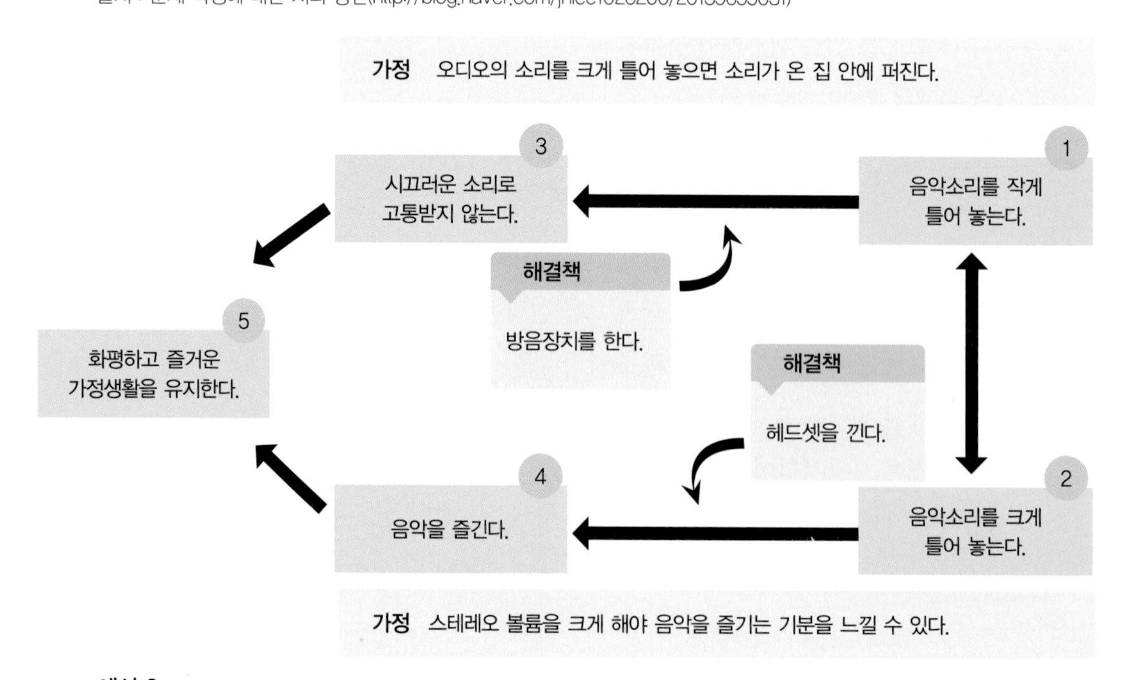

예시 2

출처 : 음악소리 크기 해결 방안(http://blog.naver.com/ssambbag_72/50070722677)

예시 1에서의 문제 정의 (증발 구름을 해결하기 전)	예시 2에서의 문제 정의 (증발 구름을 해결하기 전)
A는 올바른 교육을 위해 안전하고 믿을 수 있는 학교환경을 조성해야 한다고 생각한다. 그리고 이를 위해 문제 학생에 대한 강력한 징계방침(제적, 정학)을 시행해야 한다고 생각한다.(B도 같은 방식으로 정의)	동생은 화평하고 즐거운 가정생활 유지를 위해 시끄러운 소리로 고통받지 않기를 원한다. 그리고 이를 위해 언니가 음악소리를 작게 틀어 놓기를 원한다.(언니도 같은 방식으로 정의)